2019年10月于北京

虔诚祈愿

寿宴全家福
（右2挚友张顺江之女张红雨，亲同家人）

家人与部分学生及眷属合影

寿宴主桌合影

参加寿宴者合影
（家人、至亲代表、部分学生及眷属，《中国考古学·宋辽金元明卷》撰写班子成员）

1999年60岁摄于办公室

2014年全家福
前排：妻赵桂兰、孙孟令哲、孟凡人
后排：外孙女刘滢琛、女儿孟洁、子孟浩、儿媳周宝玥（自左向右）

2005年10月与夫人参观宁夏西夏王陵

2006年10月与夫人于西安城墙

2005年10月与夫人参观新疆喀什香妃墓

2007年8月与夫人于新疆伊犁霍尔果斯
口岸中哈界碑

2006年与夫人于新疆吉木萨尔二工河南山

2007年与夫人于新疆赛里木湖

1951年全家福
前排：坐者父母、父母间四弟孟繁信、父右侧三弟孟繁忠
后排：二弟孟繁义、孟繁仁

1943年全家福
我与二弟、父母、叔叔（后立者）合影

1961年全家摄于北京

1953年初二小影

1955年初中毕业照

1965年春节摄于南京

1958年高中毕业照

1963年大学毕业照

1959年5月56和58级考古班华县考古实习后游华山

1959年北京大学历史系考古班在石景山钢铁
厂半工半读结束时合影

1962年58级考古班在湖北省博物馆毕业实习时合影
（于武汉长江大桥，后排左3为宿白先生）

1962年冬58级考古班在湖北省博物馆毕业实习时合影
（左1孟凡人、左2张以容、左3程欣仁、左5赵雅琴、
左6张岱海）

1963年7月北京大学58级考古班毕业照

1964年在山东黄县中村劳动实习时合影

1975年冬为重建新疆考古队到新疆进行考古调查选点
孙秉根、刘观民、孟凡人（自左向右）

1979年深秋考察吉木萨尔县博格达山北麓唐代
"他地道"北段

1979年秋于吉木萨尔北庭
高昌回鹘佛寺遗址

1980年秋宿白先生考察吉木萨尔北庭高昌回鹘佛寺遗址
发掘现场后在哈萨克族人家作客

1979年夏于吉木萨尔南山考察

1980年于吉木萨尔佛寺遗址

1983年7月于甘肃玉门关考察

1983年秋在新疆巴州巴音布鲁克草原考古调查

1986年秋在阿克苏考古调查
胡秉华、孟凡人、维吾尔族司机（自右向左）

1986年夏在阿克苏考古调查

1986年秋在别迭里达坂考古调查

1986年夏在别迭里达坂（唐代勃达岭）考察
左1薛玉尧、左5孟凡人

1986年在库车考察佛寺遗址　　　　　　　　1992年与高德于克孜尔石窟

1994年视察洛阳唐城遗址　　　　1994年11月考古所汉唐考古研究室人员参观西安汉城工地

1994年11月参观西安汉城北宫遗址　　　1994年11月都城考古研讨会后三室全体人员在宋陵合影

1995年于新疆尼雅遗址

1995年尼雅遗址考察途中（前数第五为孟凡人）

1995年于新疆尼雅遗址发掘工地
1任式楠、4小岛、5岳峰、6孟凡人（自左向右）

1995年于新疆尼雅遗址出土"五星出东方"织锦墓地
（左1孟凡人、左2日方小岛）

1995年于新疆尼雅遗址发掘工地
孟凡人、小岛、任式楠（自左向右）

1995年于尼雅遗址

1997年8月内蒙古考古所副所长魏坚（左1）陪同
参观元上都工地（左2杨泓、右1孟凡人）

1997年8月于内蒙古考察辽上京遗址

1996年秋于三峡坝址基石

1997年8月于河北宣化辽墓
（视察内蒙队途中考察活动）

1997年8月于内蒙古赤峰辽祖陵

1999年8月于黑龙江渤海上京城遗址
（左孟凡人、右王永谦）

2000年9月西藏考古调查于碉楼旁

1991年4月末丝路考察于莫斯科红场
（左1孟凡人、左3齐东方、
左2中央电视台记者）

1991年4月末参加联合国教科文丝路
考察于莫斯科红场

1995年11月在日本奈文
研究出土文书

1991年5月联合国教科文草原丝路考察团作客
吉尔吉斯斯坦东干（中国称回族）村
（中间孟凡人、左吴玉贵、右齐东方）

1991年5月联合国教科文草原丝路考察
于吉尔吉斯斯坦共和国工地参观
（前排左2孟凡人）

1995年访问日本

1995年11月访日本奈良国立文化财研究所
王巍、日方陪同人员、李毓芳、刘晋祥、任式楠、奈文研町
所长、孟凡人、安家瑶（自左向右）

1995年5月于日本正仓院外

1995年访问日本

参加1997年9月日本佛教大学举办的"日中尼雅遗址共同
研究学术讨论会"中方成员与日方佛教大学领导合影

1995年5月于日本冲绳县博物馆
（左1 刘晋祥、2 李毓芳；右1 安家瑶、2 孟凡人、3 任式楠）

1997年9月末在日本佛教大学
学术讨论会上发言

1997年在日本佛教大学参加"日中尼雅遗址共同研究
学术讨论会"中日双方学者合影

1998年10月陪同国家文物局长张文彬视察
吐鲁番交河故城

1998年秋陪同考古所王立邦书记视察新疆库车县
苏巴什寺院遗址

1998年秋陪同考古所王立邦书记参观敦煌研究院
与樊锦诗夫妇合影

1999年8月与中国社会科学院党组书记副院长王忍之
在克孜尔石窟合影
王忍之秘书、孟凡人、王忍之、张显清（自左向右）

2001年9月陪同中国社会科学院秘书长朱锦昌视察
吐鲁番交河故城

1999年陪同中国社会科学院副院长王忍之视察
拜城县考古工地

1996年与冯孝唐在西安唐大明宫工地

1997年8月于内蒙古巴林左旗辽祖陵

2000年9月于西藏考古调查寺院遗迹

2000年9月西藏考察

2005年10月于西夏陵3号陵

2017年6月于吉木萨尔讲解北庭回鹘寺遗迹

1999年4月在桂林与广西师范大学出版社总编讨论
斯坦因《西域考古图记》译稿的修改

1999年4月在广西师范大学接待中心
审阅《西域考古图记》译稿

2000年斯坦因《西域考古图记》译著出版发行

2000年5月17日向季羡林先生赠送斯坦因《西域考古图记》译著时合影

2003年楼兰学术考察车队在库尔勒准备出发

2003年楼兰学术考察

2003年楼兰学术考察

2003年楼兰学术考察

2003年楼兰学术考察

2003年楼兰学术考察中接受记者采访

1995年11月在新疆库尔勒参加中国西域楼兰学
与中亚文明国际学术研讨会

1997年8月考古所清西陵会议

2001年在新疆特克斯县（八卦城）评选中国历史文化名城

2017年6月于吉木萨尔参加北庭学术研讨会

2017年6月10日接受吉木萨尔电视台采访

19世纪90年代初58级考古班部分同学在北海合影　　1998年北京大学百年校庆58级与56级考古班部分同学合影

2005年2月部分同学在张文彬宿舍门前合影　　1998年北大百年校庆58级考古班部分同学在北大聚餐合影

2018年北大120周年校庆与58级历史班同学合影　　2018年北京大学120周年校庆与58级历史班同学合影

1996年6月新华硕士论文答辩会后合影

2005年6月肖小勇博士论文答辩后合影

1997年6月学生巫新华博士毕业合影

2000年6月学生刘文锁博士毕业合影

1999年6月与博士生巫新华、李肖、刘文锁、硕士生王樾合影

聚才揽粹著新篇

——孟凡人先生八秩华诞颂寿文集

肖小勇　主编

科学出版社

北京

内 容 简 介

　　为庆祝中国社会科学院考古研究所孟凡人先生80华诞，先生的弟子们组稿、撰稿编辑这本论文集以作纪念。该文集共收录文章40篇，时代从史前至明清时期，涉及的领域较广，包括史前考古、秦汉至明清考古、都城考古、墓葬考古、手工业考古、瓷器考古、建筑考古、佛教考古、丝绸之路考古、科技考古，以及简牍、文书、岩画、封泥、钱币、文物保护和国外考古等，内涵十分丰富。文章的作者基本为中国社会科学院考古研究所、相关地区的文物考古研究机构和各大学的专家和知名学者，所提供的论文均是其各自专长研究范畴的新发现和最新研究成果，具有较高的学术价值。

　　本书适合从事考古、历史研究的专家学者，以及各大专院校相关专业的师生阅读参考。

图书在版编目（CIP）数据

聚才揽粹著新篇：孟凡人先生八秩华诞颂寿文集 / 肖小勇主编. —北京：科学出版社，2019.10
　ISBN 978-7-03-062528-1

　Ⅰ.①聚… Ⅱ.①肖… Ⅲ.①考古学–中国–文集　②史学–文集
Ⅳ.①K870.4-53　②K0-53

中国版本图书馆CIP数据核字（2019）第221993号

责任编辑：孙　莉　赵　越 / 责任校对：邹慧卿
责任印制：肖　兴 / 封面设计：张　放

科 学 出 版 社 出版
北京东黄城根北街16号
邮政编码：100717
http://www.sciencep.com

中国科学院印刷厂 印刷
科学出版社发行　各地新华书店经销

*

2019年10月第　一　版　开本：889×1194　1/16
2019年10月第一次印刷　印张：28　插页：10
字数：800 000

定价：**268.00元**
（如有印装质量问题，我社负责调换）

编 委 会

主　　　编: 肖小勇

执 行 主 编: 新　华

编委会成员: 肖小勇　巫新华　李　肖

　　　　　　刘文锁　新　华　王　樾

自序

我这一辈子

从1939年诞生到2019年，人生走过了八十年的历程。至此，我想趁八十华诞之际，对八十年人生略作回顾，对八十年所走过的道路和人生轨迹略作梳理。为此，拟以自说自话的形式，重点讲述人生不同阶段及其间互相衔接和转换纵横断面的概况，道出不同阶段人生的感悟。使这些前后连续贯通的各种场面，组合成类似微缩版的人生小全景。如此，八十年的历程，足可代表人的一生，故全文才以"我这一辈子"作为自序的标题。

一、家世与儿时的点滴记忆（1939—1945年）

我的祖籍在山东寿光，曾祖父时因灾荒逃难到辽宁省义县。祖父在义县做生意，因火灾家道衰落，不久病故。父亲毕业于北平远东宣教会圣书学院，从此走上了基督教会牧师、北京燕京协和神学院和南京金陵协和神学院神职人员的道路。母亲张秀玲家庭主妇，我们一家六口（弟兄四个，我是老大）的衣食全靠她一人操持。母亲心灵手巧，烹饪饭菜可口，女红面广，我们弟兄四人的衣帽鞋袜均亲自剪裁缝制，面料虽很一般，但都可跟上时兴的款式。

我出生于1939年8月20日（阴历），降生后因家道衰落搬到义县城外余积屯暂住四、五年。之后我父亲被锦州教区派到辽宁绥中县教会传道，我们全家亦随之迁到绥中县。此后不久，我父亲被锦州教区封为牧师，并为之举行了封牧师的典礼，当时的盛况至今我们仍有些模糊的印象。大约在1945年春夏之交，我被送到当地一家幼稚园，现在只记得在幼稚园孩子们被称为满洲国人，学日本日常用语，平时做游戏，郊游称远足。因在幼稚园时间很短，所记仅此而已。此外，在这一年还有三件事记得较清楚。一是这年夏天有一架着火的日本飞机从我家附近上空飞过，坠落到城外，远远望去，坠落处火光冲天，浓烟滚滚。二是有两三次美国飞机低空从街区前飞过扫射，飞机飞过时有强烈的烘烤和震耳欲聋之感。三是这年秋天一个晚上我在睡梦里听见有人说话，醒后发现父亲被窝里有一台收音机正在播出日本战败投降的消息。这个消息播出后不久，对面的日本人居住区一片哭嚎之声，日本人真的投降了，中国人的庆贺声浪随之而起。

二、小学和中学时代

（一）缺少完整和规范初小教育的小学时代（1946—1952年）

1. 一、二、三年级辗转于颠沛流离之中，初小教育走过场

1946年我被送到绥中县上帝庙小学，学校早晨在操场唱国歌升国旗。一年级上课主要学拼音和简单的加减法，对我来说影响最大的是在老师强制之下，将左手写字改为右手写字。上帝庙小学在我的印象中规模很大，最高处是庙，有驻军，庙下一排教室改为伤兵病房。这一年上课时间不长就发生了八路军攻城之战，教室外子弹乱飞，我们都蹲在教室墙根处。枪声渐稀，老师安排学生回

家，要求学生沿着墙根走，路上不时听到子弹嗖嗖地从头顶飞过，在阳光下可看到子弹飞行映到地上的影子，在枪声中只想赶快走到家，也不知道害怕。我们家离县城西城墙很近，当时城门紧闭，城墙上国民党兵或蹲或卧与城外八路军开枪对射，我们小孩子则在屋外安全之处看热闹。因为战乱，一年级没怎么正式上课，城内居民逃难较多。我的家在城墙边上，打仗时危险较大，所以1947年我们全家就转到绥中县前卫镇教堂居住。

到前卫镇后插班二年级，但无老师上课，学生是自行其是。我们到前卫镇不久，一天夜里我突然被叫醒，才听到激烈的枪声四起，机枪和冲锋枪的枪声最多，不时还有手榴弹的爆炸声，从房子后窗户可看到机枪喷出的火舌和手榴弹爆炸的火光。大人说这是八路军在攻城，大约天快亮时枪声渐停，国民党兵败退，八路军进城，我们家来了许多八路军战士。八路军战士就地休息，炊事员做饭，后来只留少数战士住进我家，大约四五天过后，八路军撤走，国民党军又重返城内。经过这次激烈的战斗，深感前卫镇也不是久留之地，于是我们全家又转到我父亲同学所在镇外的前甸子村。此后不久，我父亲即动身去北平，投奔其母校圣书学院。我们到前甸子村后，只有距该村二里，位于海边的上甸子村有小学，我仍在插班二年级，同样无正式教师上课。1948年，我们又被分到后甸子村小学，仍无教师上课。1949年初，我父亲返回前甸子村，将我们全家接到了北平。

到北平后，我们住在北皇城根远东宣教会一个独立的小院内，居室有厨房和卫生设备，条件较好。1948年底、1949年初，正规学校无法插班，于是我被送到宽街尼姑庵办的宏玄小学，名义上是三年级，实际上是一个不同年龄、不同年级的混合班，无教师上课。在这种情况下，我又转到隔壁的同昇小学，同昇小学也不正规上课，迫不得已在小学四年级时，只好再次转入隔壁的怀幼小学。怀幼小学设在宽街僧格林沁祠堂内，是历时较长的私立名校（后改为宽街小学）。

2. 四年级奋起直追，是尔后学习走上正轨的里程碑

一、二、三年级算术基本未学，到了正规的怀幼小学后，一上四年级算术就学四则运算和鸡兔同笼，当时听算术老师讲课一头雾水，做算术题一筹莫展，一塌糊涂，好像掉进万丈深渊，苦恼至极。但我从小就有自强和不服输的性格，于是立志刻苦自学，奋起直追，四处拜师，请人答疑解惑，不断总结学习经验，吸取教训，经过这样的努力和锻炼，到四年级第二学期总算可以跟上，并顺利升入五年级。

3. 满招损，小升初落榜的切骨之痛

升入五年级后学习渐有起色，并逐渐走向前列，到六年级时还被选为班长。从逆境转为顺境，来的较快，因而助长了我的自满情绪，有些飘飘然。当时在学习上过分高估了自己，认为前阶段奋起直追时太苦了，该歇歇喘口气了，于是放松了学习，甚至在升学考试时也未认真复习、准备，结果小升初名落孙山，得到落榜的结果。

1952年时，北京市的中学绝大多数都是私立的，私立中学学费很高，水平参差不齐，差距很大，所以当时都以考上市立中学为荣。我作为班长，自认为学习成绩较好而未考上市立中学，无颜面对父母、师长和同学，无地自容的切骨之痛只能是自作自受，自食其果。通过这次教训，我深切地体会到"满招损"、"骄傲使人落后"的严重后果；我深刻地认识到在今后的学习中只有刻苦努力，永不懈怠，才能不断向上发展，才能不断有所进步，取得实效。

综上所述，由于幼年时为躲避战乱，颠沛流离，居无定所，而导致缺少正规的初小教育。前已指出一、二、三年级基本未正式上课，只是名义上走了过场，迁居北平后，好像一步就登上了四年级，经过种种磨难后才跟上学习进度。成年后对这个不堪回首阶段的思索使我认识到：①一、二、

三年级无正规的算术训练，造成缺环，由此种下了以后不喜欢数理化、偏文科的根苗，这是我最终走上文科研究之路的主要基因。②一、二、三年级的"放养"导致四年级的苦难，在苦难中挣扎，经过努力，绝处逢生的经历，不仅是我五、六年级学习走上正轨的转折点，也是我一生学习向上的里程碑，并奠定了我成年后自学方法的基础和自信、自尊、自豪、自强不息、永不服输的性格。③"千里之行，始于足下"，正规的初小教育是人生良好的学习习惯、学习兴趣、学习动力、学习方法、人生志向和情操初步形成的启蒙阶段，也是不可或缺的极为重要的阶段。在一定程度上甚至可以说初小教育的断层，乃是人生成长过程中致命的硬伤。

（二）郊区新校，北京二十中的初中时代（1952—1955年）

1. 雪耻争气，考上北京二十中

小升初落榜后，我考了一所私立中学，但心仍有不甘。一天我在地安门大街闲逛时，看到北京二十中的招生广告，北京二十中是当时北京市立中学序列末位，1951年时称北京清河镇小学中学班，1952年决定成立北京二十中学。看到这个广告我顿时心花怒放，希望之光在我眼前闪烁，立刻决定报考，考上市立中学雪耻争气在此一举。结果"金榜题名"，如愿以偿，终于又可以在人前挺起腰杆了。

2. 1952年北京二十中是座无校址、无教室、无教学设备的"三无"中学

开学后才知道，二十中无校舍，暂时寄身于一座已倒闭的酒厂大院，院内无正规的教室和宿舍，更无教学设备，是一座"三无"中学。学生有两个年级，原初中班的同学上初二，新考上的学生上初一。原酒厂内较大的房子，白天是上课的教室，晚上是学生宿舍，同学都睡在课桌摞起来的床上。新学期开学不久，北京市原有的私立中学均改为市立中学，听到这个消息，看看二十中的办学条件和艰苦的环境，虽然有些失落感，但我并不后悔，心中仍以我考上的是正牌市立中学为荣，同时在清河镇北面已开工的规模很大的新校舍也使我看到了二十中今后发展的希望。

3. 1953年，北京二十中新校舍、新气象和平实向上的校风

1953年新校舍建成，全都是平房，以东部教学区和北部操场区占地面积最大，教室和操场都是标配，很气派。西南是学生宿舍区、学生食堂，其北是教工食堂、教师办公区和教师宿舍区，唯未建专门的实验室和音乐教室。新校舍建成后，授课教师也配齐了。教师一部分是小学老师选拔上来的，一部分是从其他学校调来的，少数是新毕业的大学生，另有一些从市内选拔来的应届高中毕业生已考上大学者来校教学三年。教师队伍以年轻教师为主，他们教学认真，很有朝气，给新校舍增添了新气象。

二十中的学生以附近农家子弟为主，一部分是附近院校子弟，市内生源较少。这样的学生构成加上年青的师资队伍，二十中很快就形成了平实向上的校风和浓厚的学习氛围，使教学效果和学生学习成绩明显提高。

4. 1955年北京二十中向国家输送了首批合格的毕业生

1952年北京二十中正式成立，1951年入学的是小学初中班，所以我们认为1952年入学、1955年毕业的学生是真正的首届毕业生。在首届毕业生中，农家子弟除一部分参加工作外，余者多考上中专，继续升高中者较少，院校子弟和城内生源大都考上了城内老牌中学的高中，这些人中后来考上名牌大学者不在少数。

综上所述，初中阶段值得回忆的还有以下几点。①1952、1953年清河镇和德胜门间不通公共汽

车（1953年很晚才有公共汽车），在长约20里的路程上，公路两旁都是青纱帐。当时我们住城内的同学，星期六、星期日都是结伴徒步返城和回校，大家在途中说说笑笑，也不觉得累。由于有这种锻炼，初二春游时我们一部分同学还从清河走到颐和园，游完后又从颐和园徒步返城回家。在这阶段形成的吃苦耐劳精神，使我一生受用。②在二十中以农家子弟为主的环境和学校平实的校风中，我初步养成了朴实无华、吃苦耐劳、脚踏实地、随遇而安、老实做人的品格和认真学习的习惯。此外，还有些点滴记忆：①初中阶段我得到语文老师较高的评价，所以一时有长大后当诗人和作家的想法。②初中阶段我记忆力非常好，记得有一学期植物学考试记错时间，未复习。在知道考试时间后，只有半天时间临阵磨枪，我考了98分。③二十中在农村包围之中，南面有清河流过。毕业以后时常回忆起夏天在农村林荫小道的树林和鸟语花香之中，或在清河制呢厂以远清河上游一带，河边岸柳，河水潺潺，鱼儿游来游去之中复习功课的惬意时光。④初中我遇到一生的挚友张顺江（毕业于中国科学技术大学物理学系，是核物理专家、我国决策学的创始人）。⑤初中阶段生活艰苦，伙食以窝头白菜为主，使我胃部落下了毛病。

（三）市重点名校，北京五中的高中时代（1955—1958年）

1. 理科名校，文科相对较弱

北京五中位于北京东城区细管胡同，成立于1938年，成立时学校所在地为平民区，学生多为平民子弟，受其影响，校风求真务实。1949年后，五中为北京市重点中学，是理科名校，文科相对较弱，与东城区另一所重点中学北京二中相比较，当时二中理科弱于五中，文科强于五中。

五中理科名师较多，讲课各有风采，其共同特点是师风大气，能掌握课堂气氛，抓住学生听课的注意力，讲课逻辑性强，提纲挈领，重点突出，顾及一般，讲课效果好。至于文科老师，我上高中时语文老师较弱，俄文老师水平较差，其他副科老师水平均较好。1955年入学的高一学生共六个班，我被分到六班，同学学习水平较整齐，每个班都有理科尖子生。根据当时所知情况，五中理科教学成果较周围中学高出许多，我们理科考试题目往往令其他学校学生无解。当时学期末，数理化经常全市统考，因统考要照顾到面，故较容易，所以我们都欢迎统考，每次统考五中均能名列前茅。此外，还有数理化的全市竞赛，每次五中大都处于前列，并不乏夺前三名者。

2. 同学们志向远大，学习动力和理想尽在不言之中

高一开学后，在同学中流传一个口号，即"上高中就要为北大清华而奋斗！"，这个口号学校从未提起过，但却深入人心，流传很广，形成了无形的力量。从我们这一届同学来看，大家表面轻松平静，上课都很认真听讲，学习都很努力，每位同学似乎都有远大志向和理想，但尽在不言之中。这个情况可从后文谈到高考录取率之高，考上名校和考上北大清华者之多，得到充分验证。

3. 高中阶段学习兴趣的转化

我们这一届高一学生绝大多数是本校初中生考上来的，外校学生比例较少，我考到五中后未感到在学习上与他们有任何差距，说明二十中的初中教学水平是很不错的。在五中我被裹挟在理科的洪流之中，但仍喜欢文科。当时理科学习任务重，作业多，平时小测验多，压力较大。我的原则是随大流，理科上课注意听讲，课上课下弄清各种公式的来龙去脉，做到明白不糊涂，理科考试得4分就行。想多挤出一些时间放在文科方面，然而在理科的重压下根本无暇顾及文科。我们班喜欢文科的同学很少，喜欢文学的郭宝昌同学因个人原因高二休学一年（此人考上北京电影学院导演系，是电视剧《大宅门》的编剧和导演，是影视名家），他走后喜欢文科的只剩下我一个人。我在初中时就喜欢语文，爱好文学，练习写诗写文章，在同学中小有名气。上高中后，五中的几位语文老师

让我失望，因而突然对语文和文学不感兴趣，转而喜欢哲学和理论性文章。上高二以后，新换的历史老师是名师，在他的影响下我又转而喜欢历史，从此，我就一步步走上了研究历史之路。

4. 课外活动和社会实践增多

在北京二十中上初中时无课外活动，上高中后五中课外小组丰富多彩（我曾参加舢板队和射击队），我班有两位同学是校体操队成员，在北京市中学生体操比赛取得前几名。与此同时，北京重点中学增设了军训课（军队教官上课）和工业课（在五中学汽车原理），均为每周一节课。各种社会实践活动也逐渐增多，比如参加东四人民市坊售货活动，参加十三陵水库劳动，北京青年湖和青年路工程劳动，参加麦收，参加北京大兴县农村调查，参加又红又专展览和宣传活动等，此外，还参加过天津杨村军事夏令营等。

5. 高考前文理分班复习

高三下半学期，高考前夕开始文理分班，进入高考集中复习阶段。高三六个班中的文科生勉强凑成一个班，人数最少，文理科各集中复习，老师不讲课，天天做练习，不断进行模拟考试，不断写各种作文题目。老师根据各次练习，考试易出现的问题进行讲解和提示。大约一个月以后，完全进入自我复习阶段。在集中复习阶段，理科的各种测试和讲解基本涵盖了历次高考理科试卷的各种题型和易出现问题的解答，文科复习重点在指导写各种题型的作文。

6. 高考实况与五中的高录取率

高考我报北大历史系，有一位老师对我说你报北大我不担心，担心你高考时交前三卷，你千万别交前三卷，写完了要仔细检查，有三分之一同学交卷后你再交卷，我当时不以为然。高考那天下着小雨，我从家所在的南锣鼓巷南口骑车上路直奔女二中考场（今东直门中学），途经宽街口时车链子突然断了，急出我一身冷汗。赶快寻找自行车铺修车，放下车就跑步奔向女二中，所幸踏着考试的铃声进入了考场。上午先考作文，作文题目是"大跃进声中的一件事"。由于跑步进入考场，我坐在考场的位子上，气喘吁吁，大汗淋漓，心跳很快，一直静不下来，第一节下课铃声响了，我居然未想好写什么内容。好在第二节课时，我迅速调整了心态，静心思考，决定写我在地安门一带看见私人资本家队伍敲锣打鼓，举着红旗和标语牌，喊着口号，热烈庆祝公私合营的游行盛况及我对此的感想和看法。内容和写法、提法均紧贴当时的政治大方向，一节课作文顺利写完。上午第二项考试是语文，我很快答完试卷，准备起立交卷，这时突然想起老师勿交前三卷的告诫，随即环顾四周，大家都在答卷，于是打消马上交卷的念头，检查一遍未发现问题，将卷子放在桌子上闭目静一会儿。过后不久我准备交卷，当顺手翻起卷子时，突然发现卷子背面还有一道20多分的大题未答，顿时惊愕不已，赶紧回过神来静心答题，使我在惊吓之中又有几分庆幸。事后得知，丢掉这道大题者不乏其人。接下来的考试不敢大意，每科均仔细检查后才交卷。高考完毕，如释重负，信心满满，但对外只说考的还可以。在漫长的、度日如年的等待发榜的日子里，一天早晨我班一同学到家报喜，他说学校已知道考上北大、清华的学生名单，他得知我考上北大的消息即前来报喜。我们这一届高中毕业生升学率较高，我们和前后几届高考录取率和考上重点大学、名校的比例处于北京的前列。以我们班为例，全班四十人左右，除个别家庭困难未参加高考，个别家庭或本人政审不合格者外，均考上较理想的大学，其中考上北大者三人，考上清华者七人。

7. 五中对我的影响

我是一个偏文科的学生，恰碰五中文科较理科弱，我被裹挟在理科的洪流之中，不得不随大流跟着前行。在这个过程中我受到了理科较严格的训练，培育了我上课注意听讲，下课弄清楚不明白的问题，勤于思索，善于分析的习惯，使我的逻辑思维能力、分析能力、综合研究能力不断提高并逐渐形成自我特点的重要奠基阶段。这些特点在我日后上大学和科研工作中，一直起着潜移默化的促进作用，终身受益。由此我体会到中小学基础教育阶段的文理科具体到人是互相渗透、相互为用的。无论喜欢或不喜欢理科或文科，都不能不学，皆不可偏废，两者必须兼备，绝不能截然分开。否则，偏理科不重视文科者，日后可能在表达和表述上存在一定的欠缺；而偏文科不重视理科者，则很可能日后会在逻辑思维和综合研究能力上存在一定的欠缺。这是我人生经历所见过的事实，绝不是耸人听闻。

三、北京大学的大学时代（1958—1963年）

（一）报到入学后不久，历史和考古专业分班

1959年9月1日清早，我和高中同班考上北大化学系的同学相约，各雇一辆三轮车来拉行李，我们俩各自骑一辆自行车伴行去北大报到。到北大西校门后，各系分别接待报到的学生，历史系接待新生的人年龄较大，我每见一人皆喊老师并鞠躬，事后才知道，这些人是最后一批工农速中毕业生，全部保送上大学，原来他们都是我们的同学。1958年，除工农速中调干生外，普通高中毕业生也扩招（据说包括北京市代培生），历史系一个年级首次有四个班学生，调干生充当各班领导。开学后十几天，历史系首次从一年级开始分历史班和考古班，决定历史专业有三个班，考古专业有一个班，考古专业自愿报名，原则上不超过30人。我报名考古班事出有因，缘于1958年5月4日北大校庆参观北大历史系，参观到历史系考古教研室时，当时介绍情况的教授说学考古不仅可成为考古学家，而且还可成为历史学家和旅行家。由于年少好玩心盛，我就记住了当旅行家的说法，于是念念不忘。所以报专业时，就毅然决然地报了考古班。报考古专业的人较多，最终定为38人，其中女同学10人。分班后不久，考古班一个调干生因家庭困难退学，一名同学要求回到历史班，一年后成立政治系后又调走3人，三年级上学期高年级两名右派学生转到我们班，四年级末一名同学游泳溺亡，一名同学申请晚毕业一年，这样我们班毕业时共33人（其中女生10人）。58级考古班是北大历史系考古专业和改革开放后的考古学系及考古文博学院各年级中，人数最多、女生占比例最大、调干生最多（9人）的班级，特点独具。

（二）到石景山钢铁厂半工半读

1958年正值反右时期，我们报到后运动气氛仍然很浓。9月主要有两件事，一是接受又红又专教育，二是参与全校批校长马寅初马尔萨斯人口论。国庆后学校宣布半工半读与工人阶级三同的教改方案，历史系一年级新生全部到石景山钢铁厂（今首钢）半工半读。11月中旬历史系新生到石景山钢铁厂，男生全部住在该厂五一大礼堂内，女生分散居住。按照教改方案，先上现代史，主要采用分班按专题讨论的教学模式，老师基本不主讲，采用一个星期劳动、一个星期上课的轮换模式。1958年提出全年钢产量1080万吨，我们均为超额完成1080万吨钢而奋斗。我先被分到转炉车间，扛铁锭，给转炉上料，后又分到一号高炉，在地沟为高炉上料。学期末要求每位同学写学习现代史的总结或专题文章，我写了万字以上的论文，受到老师的好评。这个学期末没有安排政治笔试，一律以所谓"政治表现"为主打分、评等级。

（三）考古工地两次劳动实习与北大昌平分校筑铁路劳动

1. 1959年上半年陕西华县泉护村考古工地劳动实习

1959年初开学后，历史系决定考古班改去陕西省华县泉护村三年级生产实习的新石器时代工地

半工半读，既作为劳动力，又学习考古发掘方法和考古知识。我们到工地后与三年级同学混合编组，以"坑"（探方）为单位，以三年级同学为坑长。通过两个多月的劳动和学习，我们受到了考古发掘的初步训练。五月当地天气十分炎热，无法发掘，宣布收工。收工后工地所有同学一起去游览华山，亲历华山之险。当晚宿华山西峰（由"智取华山"中给解放军带路的向导带领我们登山），第二天下山到华阴县正赶上端午节。此后转去西安参观汉唐帝陵和博物馆，并从西安返京。

2. 1960年上半年北京怀柔考古工地劳动实习

1960年上半年二年级下学期，考古班56级、58级、59级三个班参加北京市文物工作队北京怀柔京密引水工程战国汉代墓葬的发掘，时间为一个月左右。我们在怀柔住在怀柔饭店，睡大通铺、吃窝头，来回走路上工地，工地在当时怀柔师范学校附近，通过这次劳动，我们对北京地区战国和汉代墓葬有了初步认识，并初步掌握了这种墓葬的发掘方法。

3. 1960年下半年北大昌平分校筑铁路劳动

1960年下半年北大全校学生分批到北大昌平分校去修筑铁路，时值冬天，工地周围村庄都住上学生，我们的住地距工地很远，住在一个四面透风的破屋内。劳动主要任务是运土筑路基，运土时宣传队敲锣打鼓、呼口号、唱歌，鼓动大家要多装快跑，都装窝头（冒尖）筐，不要馒头（平）筐。工地上热火朝天，但当时已是困难时期，劳动强度大，吃不饱，很多学生浮肿或患肝炎，学校被迫宣布停工，全校劳逸结合。所谓劳逸结合就是少上课，给同学较多的自由支配和休息的时间。我当时未浮肿，未得肝炎，就是干瘦（102斤）。在劳逸结合期间，除上课外，我主要干两件事，一是大量阅读馆藏小说，二是每晚在大食堂看电影。劳逸结合结束后，小说不看了，但看电影的习惯依旧。

（四）考古班专业课自成体系，课程安排和教学有新变化

当时考古专业的主课即基础课是"史前至宋元考古"，专题课有佛教考古（石窟寺）、建筑考古、古文字学、体质人类学，考古技术课包括测量、绘图、照相、器物修整和复原，以及各种考古与文博的专题讲座等，考古专业的课程自成体系，量很大。由于考古专业属于历史系，在二、三年级考古班与历史班一起上历史系基础课，此外还有哲学、政治经济学、古汉语等公共课，以及俄语课等，课时基本排满。所以二年级开始正规教学后，考古课只有少数可安排在正常课时内，余者只好见缝插针开"黑"课，安排在晚上，或与高年级或与低年级合班开课，这是当时的权宜之计，以后无，这样到三年级结束时总算学完史前至宋元考古学。反右斗争之后，提出"不破不立""大破大立"，旧的教学体制秩序和教材已破，所以开始正规教学则进入"立"的阶段，须重新编写教材。当时考古教研室提出要编写"中国考古学"，在这个总体框架下各时段考古分别编写讲义，这些新编写的讲义就是我们上课的教材。据上所述，可指出两点：第一考古专业课自成体系，量很大，与历史专业截然不同，这可能是后来考古专业从历史系分离出来成立考古系的重要原因之一。从我接触的考古系毕业生来看，历史学的训练不足，古汉语能力较差，可能是脱离历史系的弊端，应注意补救。第二运动后各系编写教材，后来相当一部分都成为高校的正式教材（如王力的《古汉语讲义》）。就此而言，似可认为这个阶段对国家正式组织编写高校教材具有奠基意义。

（五）考古班生产实习和毕业实习

1961年上半年三年级下学期到北京昌平雪山新石器时代遗址进行生产实习，生产实习由邹衡先生领队，俞伟超先生、高明先生参加，李伯谦先生协助。这次生产实习，在考古工地对考古发掘从钻探、开方、具体发掘步骤和方法、发掘日记和发掘记录的规范写法进行了严格的训练。收工回到

学校后，又上了对器物粘对、复原、修整、绘图和照相等课，最后要求写出发掘报告和学年论文。总之，生产实习对学生的考古发掘、资料整理、编写报告、撰写论文进行了全方位的系统训练，收获很大。

1962年下半年五年级上学期是毕业实习，毕业实习是对已发掘或已知的其他考古资料按照考古学规范进行整理，写出报告，并在此基础上提出毕业论文的题目。我和张岱海、张以容、赵雅琴被分到湖北省博物馆进行毕业实习，要求整理武昌六朝墓葬资料，并整理报告。指导老师是宿白先生，带我们到湖北省博物馆报到的是俞伟超先生，实习期间无老师在场。我们9月末到湖北博物馆，年底前基本整理完毕，宿白先生亲临整理现场，进行了严格的检查，给予了中肯的指导，提出了改进的建议，对我们的实习基本满意。宿白先生走后，我们完成了发掘报告的编写任务，1963年1月离开博物馆。

（六）撰写毕业论文、毕业鉴定和毕业分配

1. 撰写毕业论文

毕业论文题目是在毕业实习资料基础上各自申报，由指导老师定夺。我的毕业论文题目是宿白先生指定的，题目为《武昌六朝墓的等级》。接到这个题目后我愣住了，觉得写不出来，其他老师在我请教时也多认为难写或写不出来，于是我要求换题目，宿白先生不答应，要求我必须写这个题目。在这种情况下，我以实习报告为基础结合有关资料，潜心研究了这个题目，前后两次写出论文撰写提纲，最终得到宿白先生的首肯。此后在宿白先生的精心指导下，经过多次修改，很快就完成了论文的撰写任务，并在期末全班毕业论文考核中处于前列。

2. 毕业鉴定

当时流传毕业鉴定是算五年的总账，其结果直接与毕业分配挂钩。毕业鉴定主要是评判每人五年的政治表现、生活作风，以及其他一些涉及方方面面的问题。鉴定会严肃，气氛有些紧张，多数同学的鉴定超过一个小时，有个别同学甚至用两个半天才勉强过关。我虽不是党团员，但紧跟政治形势，与同学坦诚相处，鉴定时同学们大都提我的优点，指出我的最大缺点是骄傲，一些同学还对我毕业后的发展提出了较高的希望，鉴定不足半个小时就结束了。

3. 毕业分配

毕业分配我报的第一志愿是中国科学院考古研究所，这是我向往的地方。但我是全班仅有的两个非党团员之一，八成不会被同意去考古所，很可能将我分配到谁也不愿意去的地方，当时的思想就是听天由命。在等待分配期间，一天中饭后，历史班一位调干同学告诉我考古所点名要我，要求我绝对保密。没过半月分配方案公布，我果然被分到考古所了。

（七）北大五年的学习和熏陶是我尔后立足于学界之本

北大的五年我受到考古学和历史学的系统教育，奠定了我考古学和历史学的基础，同时授业老师的言传身教也为我们树立了严谨治学和讲究治学方法的榜样。北大名师众多，名师风范有潜移默化的影响，特别是一些名家星期天治学方法讲座（如冯友兰等）启迪了学子们选择适合自己的治学之路。此外，北大图书馆藏书十分丰富，滋养莘莘学子，五年中我从图书馆借阅了大量与考古、历史和人文科学相关的书籍，在这个知识宝库中尽情汲取较宽泛的知识，使我在课堂之外对考古学、考古分支学科及相关学科的知识有了更多的积累。在专业训练方面，五年期间经过两次考古发掘，一次生产实习。经过生产实习的训练，使我初步成为一个能进行考古发掘，会进行考古发掘的人。通过毕业实习的训练，使我初步成为一个能进行考古发掘资料室内整理，编写发掘报告和撰写考古学术论文的人。鉴于上述情况，我走上工作岗位后即可独立进行考古工作。"文化大革命"之后，恢复考古工作我能很快进入角色，连续发表考古和相关学科的论文，发表专著，这一切都根源于北大五年的学习和熏陶。换言之，北大五年的学习和熏陶，乃是我工作后立足于学界之本。

四、走上工作岗位的前十年（1963—1972年）

（一）山东黄县劳动实习一年（1963—1964年）

北大毕业离校前，周总理在人大会堂给应届大学毕业生做报告，提出从1963年起大学毕业生要先下乡与农民同吃、同住、同劳动，劳动实习一年。于是1963年10月被分配到中国科学院哲学社会科学部各研究所和各单位的百余名应届大学毕业生在天津港坐船到山东黄县龙口港，开始劳动一年的生活。劳动实习地点在北马公社，劳动大队下设北马、南仲家、中村三个中队。考古所、民族所、经济所、自然科学史室、新建设杂志社近30人分到中村中队，中队长是南京大学原学生会主席单天伦。北马、中村是黄县有名的大村，中村有3000多人口，生产大队下辖32个生产小队，共分8个党支部（每个支部管4个小队）。

我们初到中村，集体居住、打地铺、吃大伙。白天分到各小队与农民共同劳动，晚上参加当地农村的"四清"运动，天天晚上开会至十一二点，在农民的叶子烟的烟雾之中，我和很多人也学会了抽烟。年底安排十天左右集中学习政治和业务，要求每个人都将劳动实习的感受、体会和收获写成作文。我写的作文被评为优秀，在全大队传阅。1964年春节全大队集中到黄县招待所过年，受到黄县县委和政府的热情款待。

1964年春节过后，要求与农民"三同"，即同吃、同住、同劳。我和张岱海被分到一户最穷的五保户家中，该五保户母女二人，母亲已八十多岁（不下炕，未见过面），女儿六十多岁，无劳动力。在这家五保户一日三餐以玉米面饼子和咸菜为主，偶尔炒青菜，油也很少，从不吃肉。所以我们多在休息日（约十天休息一天）到龙口镇改善一下伙食。当时每人每月只发20元生活费（余款存在北京单位），20元钱交完伙费所剩不多，所以改善生活的次数也很有限。

劳动实习几乎干遍了当地所有的农活，其中印象最深的是以下几点：一是麦收时用手拔麦子，手红肿起泡，疼痛难忍；二是起猪圈，又脏又累；三是春天扒炕起炕灰做肥料，炕灰弄得满身、满脸像鬼一样，是当地农民最不愿意干的活之一；四是沤麻，将收获的麻秆泡在河沟中，大约一星期左右捞出来在臭气熏天的氛围中剥麻皮；五是夏天和秋天到地里劳动，为少洗衣服，易冲洗，我喜欢光膀子穿短裤，身体外露部分被割出许多口子，非常难受。总的来说，通过山东黄县农村劳动实习，与农民"三同"，体验到农村和农民生活的方方面面，好像真的做了一回农民一样。一年的劳动实习虽然很艰苦，但也苦在其中、累在其中、乐在其中。一年的劳动实习，在学业上无疑是一个重要的损失，但"失之东隅，收之桑榆"，却在心灵的净化、吃苦耐劳的精神、与农民打成一片的赤诚之情等多方面很有收获，终身受益。

1964年夏天正赶上全国第一次人口普查，我们被借调到黄县南面砾山配合进行一个月左右的人口普查，一个人包一个生产队。此后实习大队组织了一次到蓬莱阁旅游，1964年10月全大队集中在龙口镇总结一年劳动实习的收获，然后从龙口镇坐船经天津塘沽返京。

（二）1965年在安阳和西安的考古发掘

1965年初，大部分同志准备去"四清"，在这种情况下所里还是想办法将我们新来的同志派到河南安阳豫北纱厂殷墟墓地进行训练，同去的有我、杨宝成和曹定云，杨锡璋任队长，参加发掘的还有戴忠贤和邵重平。发掘六月初结束，返京稍作休息，杨宝成和曹定云去参加四清，我被派到西安考古工作站进行考古调查和发掘工作。起初在马得志先生带领下调查了唐长安城有关遗址，以及西周遗址、秦阿房宫遗址、汉长安城遗址及汉唐帝陵等。10月我带领张连喜、冯孝唐在汉长安城进行考古发掘，11月又转到西安灞桥第四军医大学二院工地发掘唐墓，年底收工回京。

（三）山西永济县"四清"（1966年）

1965年底返京后，正赶上山西省永济县"四清"工作队返京总结，由于"四清"人手不够，所里通知我不能回家过春节，让我参加"四清"工作队的学习，春节后到永济县去"四清"。1966年7月"文化大革命"开始，"四清工作"即收工返京。

（四）学部的"文化大革命"运动（1966年7月—1972年）

1. 回京参加"文化大革命"运动（1966年7月—1967年7月）

1966年7月返京时，学部和各所的运动正在进行中，已成立"革委会"，批走资派和反动学术权威。1967年初以后，"东革"（东方红公社革命委员会）基本上统一了全所。

2. 参加明北京城墙下元大都遗址的抢救性发掘（1968年）

1968年夏拆除北京西城墙时，在西直门下发现元大都和义门瓮城遗址，中央命考古所进行抢救性发掘，业务由徐苹芳先生负责。进入8月工程紧张，考古所大联委派我参加发掘并临时负责工地工作。在和义门瓮城遗址发掘完毕后，又转入发掘北京北城墙下压的元代遗址，由我带队在北城下选点。9月军工宣队进驻考古所，这时北城墙选点已基本结束，部分遗址开始发掘，军工宣队命我回所参加运动，未能参加北城墙下元代遗址的发掘。

3. 军工宣传队进驻学部，下五七干校（1969年10月—1970年5月）

1968年9月军工宣传队进驻学部，1970年5月下河南省信阳息县五七干校，1972年从干校返京，是学部清查"516"运动的高潮时期。

五、从干校返京，重拾业务，蓄势待发（1973—1978年）

（一）返京后首要任务是解决婚姻大事

我在学生时代从未谈过恋爱，毕业后经人介绍见过几个女孩，都是初次见面就出差了，故均一风吹。1972年从干校返京，转眼间已经32岁了，婚姻问题自然提到日程上来。特别是想趁"运动"停顿之机重拾业务，其前提是必须首先解决婚姻问题，以为安身立命人生奋斗之本。回京后经友人介绍，认识了赵桂兰女士，并于1973年4月底结婚。1974年女儿孟洁降生，1976年儿子孟浩降生，从此我真正有了自己的家。

（二）返京后我开始展望未来

返京后我感到"运动"已临近结束，在这种情况下今后的路该怎么走呢？这是当时摆在不想混日子的人面前必须回答的问题。

返京后各种小道消息很多，有一种说法是解散学部，各所随之解散。我认为不管学部是否解散，吃"祖宗饭"，研究中国五千年灿烂物质文化的考古所负国之重任，中国人绝不会数典忘祖解散考古所。我坚信乌云过后必现彩虹，考古所的春天必将来临。大学毕业后，我怀着干一番事业的理想走进考古所，然而"文化大革命"使我们失去了进所后精力最旺盛的十年。当时考古所已恢复部分业务工作，预示着考古所全面恢复考古工作即将来临，光明就在前头。"机不可失""时不我待"，眼下正是"往之不可谏，来者犹可追"，"亡羊补牢"的大好时机，顿时又燃起了展望未来的信心。

展望未来，前途未卜，面对未知，关键是要找回失去的十年再出发。千里之行，始于足下，就必须从重新打基础入手，营造比较宽泛的生长点，以迎接各种可能的任务。按照这种设想，根据当时图书馆已开馆借书的情况，决定首先要做好相关文献资料的准备。从1972年下半年至1974年上半年，主要是在历史文献上下功夫，功夫不负有心人，这些准备在日后的科研中均起到了潜移默化的助力作用，终身受益。

（三）亡羊补牢，重拾业务，蓄势待发

1. 客串考古发掘

1972年返所，在夏鼐所长的领导下，1973年有的考古队已经开展考古发掘工作，1974年各考古队大多行动起来。这时我受山西队之邀，开始了清查运动以来首次考古发掘工作，1974年随山西队在山西省夏县东下冯新石器时代遗址进行考古发掘，1975年上半年又受山西队委托对山西曲沃方城新石器时代遗址进行试掘。我很珍惜清查运动后所进行的田野调查发掘工作，不管受到哪个队的邀请，凡可安排的均积极参加，这是我重拾业务的最好途径和舞台。受邀发掘不做打工者，要以主人翁的姿态事前进行充分的学术准备，收集与发掘对象有关的文献、历史地理、已刊发的考古资料及其反映的时代和主要学术问题，探索将要进行的发掘所要解决或可能解决的或可提出的学术问题等，均摘录、整理成册，以作考古发掘工作的参考。事实证明这种事先准备很有必要，所以后来每有考古调查和发掘均照此办理。

2. 参加新疆队筹建工作

1958—1959年黄文弼新疆考察调查发掘后，新疆队已不存在。1975年考古所拟恢复新疆考古队建制，得知这个消息我拒绝了一些考古队参加发掘的邀请，坚决要求参加新疆队，并借阅有关新疆的文献、研究论著、已刊发的考古资料进行准备。这期间夏所长多次到我办公室查看我所借阅与新疆有关的书籍，问些与新疆历史和考古有关的问题。经过一段时间后，夏所长终于批准我参加新疆队。当时我为什么非要参加新疆队呢？一是大学期间新疆就是我向往的考古地点之一；二是新疆地处中西交通要冲，历史悠久，考古遗迹丰富，独具特色，在考古方面基本上还是未被充分开发的处女地，在学术上生长点和增长点多，只要努力就可以出成果；三是内地各考古队早已形成固定格局，后来者很难在业务上进入角色，不易取得成果；四是新疆队自黄文弼1958年调查后即暂停，但是所内除夏所长外其他专家大都与新疆考古不沾边，所以新疆队重建后外部干预较少，学术较自由，便于学术成长。

1975年10月下旬，由刘观民带队我们一行四人到新疆进行建队前的考察，到新疆时已下雪，我们租了一辆大公共汽车到吉木萨尔县北庭故城、伊犁地区和库车地区进行考察。考察的目的是为建队选址和为发掘选点，这次考察来去匆匆，带队者在新疆考古业务上一片空白，茫然无知，故未作任何决定。

3. 虎头蛇尾李自成调查的插曲

1975年在农民起义讨论的热潮中，考古所奉命派人到陕北调查李自成起义，调查后又决定对李自成起义进行第二次调查，我被选为调查成员。于是我对李自成起义的文献和史学资料进行了大量的阅读和准备，期间我撰写并刊发了《论李岩》一文。但此后由于种种原因第二次调查并未成行，成为一段虎头蛇尾的小插曲。

4. 唐山大地震

1976年的大事是唐山大地震。1976年7月2日儿子孟浩诞生，不久发生唐山大地震，北京震感十分强烈，大雨如注，电闪雷鸣，人们纷纷逃出户外。当时孟浩尚未满月，住地震棚多有不便，于是举家到南京父亲家避震，将孟浩放在爷爷家，半年后接回北京。地震后考古所接受北京地震考古任务，内定由我负责。我未同意，后由他人完成这个任务。

5. 蹒跚学步，笔耕初见成效，准备蓄势待发

1977年，夏鼐所长命我根据黄文弼1957—1958年新疆考古调查发掘记录和考古日记，整理黄文弼《新疆考古发掘报告（1957—1958）》。当年整理完毕（1983年科学出版社出版）。1978年新疆队成立，但因国家文物局未批准去新疆工作，所以在1978年秋天调到河南洛阳北魏洛阳古城发掘明堂遗址。年底父亲病故，到南京奔丧。在洛阳发掘期间还对北魏洛阳城外郭城进行了考古调查，针对当时北魏洛阳城争论的问题，撰写并刊发了《北魏洛阳城外郭城形制布局试析》一文，受到学术界好评。除上所述，1976—1978年间，还参加撰写《中国大百科全书·考古卷》条目、《新中国考古发掘与研究》条目，撰写并刊发了《夏文化研究》《汉代冶铁研究》等论文。此外，奉苏秉琦先生之命，负责《河南三门峡虢国墓地》发掘报告的审稿工作。总之，1977—1978年是我蹒跚学步搞科研，尝试笔耕初见成效，蓄势待发之年。

六、正式走上新疆考古学的调查发掘与研究之路（1979—1993年）

（一）吉木萨尔县北庭高昌回鹘佛寺遗址及相关研究（1979—1982年）

1979年新疆队入疆，正式开展考古工作，原计划以南疆为重点，后因汽车出问题临时转至吉木萨尔县进行考古调查。至吉木萨尔县后，听说解放军施工发现壁画，我们赶到现场看到高大土墩侧旁有八王分舍利壁画残迹，正面有回鹘文题记和回鹘贵族供养人像，壁画水平很高。据现场观察，当地所称土墩、烽火台实为高昌回鹘佛寺遗址，遗址破坏较严重，所以当即报告夏鼐所长和所领导，请求进行保护性发掘。经国家文物局批准，新疆队于1979年秋天、1980年秋天进行了发掘，发掘出遗址东面洞龛、南面庭院和配殿，清理出遗址南、北、西三面洞龛和中间大殿的轮廓。这时新疆文化厅文物处不同意再继续发掘，遂停工。此后转入北庭故城进行考古调查，在全面调查基础上测绘了故城平面图。

北庭高昌回鹘佛寺遗址发掘、北庭故城考古调查与相关研究同步进行。1979—1981年为配合北庭故城调查和回鹘佛寺遗址发掘，我收集整理了北庭故城地区有关的历史、历史地理和考古资料，在此基础上撰写了《北庭史地研究》一书。1981、1982年主笔编写了《北庭高昌回鹘佛寺遗址》发掘报告，以上两木书后来均出版，在出版发掘报告的同时又撰写出版了《北庭高昌回鹘佛寺壁画》一书（我写文章，孙秉根写图版说明）。

（二）1983年新疆考古调查发掘后，新疆队一分为二

1983年新疆队对巴音郭楞蒙古自治州进行考古调查和选点工作，除若羌县楼兰遗址为当时条件所限未能进行调查外，其他各县市均进行了拉网式的考古调查。在全面调查的基础上，拟以和静县山前大规模史前墓地为重点发掘项目。经国家文物局批准，当年秋后，对该墓地进行考古发掘，直到1984年初才结束第一阶段的发掘任务。1984、1985年又继续对该墓地进行了发掘。

1983年秋，在和静墓地发掘前，我因家里有事提前返京。故1984年和静墓地再次进行发掘时，我亦未参加。当时研究室决定，1985年和静墓地发掘告一段落后，1986年由我组队到新疆进行考古调查发掘，新疆队从此一分为二。

1984、1985年让我搞室内研究，我根据当时新疆考古单位资料有限，一些研究新疆考古的学者

对20世纪初列强劫掠新疆文物的情况不十分清楚,撰写出版了《新疆古代雕塑辑佚》(导论、大量图版、配说明)、《高昌壁画辑佚》(导论,由北京画院赵以雄夫妇将大量图版改为线描,附详细说明)两本书。这两本书在当时是独一无二的,影响较好。

(三)1986年新疆阿克苏专区的考古调查

按约定1986年由我到新疆进行考古工作,这年夏天我和胡秉华到阿克苏后,调查用车的交接很不顺利。此次我们对阿克苏专区全境进行了考古调查,确认乌什县别迭里达坂就是玄奘西行越过的勃达岭,并撰写刊发了详细的论文。在遗址方面决定与阿克苏专区文物管理所合作发掘库车苏巴什佛寺(龟兹雀离大寺遗址,宿白先生也力主发掘该寺)。回考古所后,上报了发掘苏巴什遗址的申请和计划,但一直杳无音信,石沉大海。后因研究室缺乏经费,否决了苏巴什佛寺遗址的发掘,又让我转入室内研究。从此我名义上编制在新疆队,实际已与新疆队没关系了。

(四)1987年后转入室内对新疆考古学进行专题研究

此次转入室内,我下决心对新疆考古学精心准备,以待将来。由于新疆各古代文化单元、民族构成与相应的地理单元高度契合,最终在新疆绿洲形成了高昌文化圈、龟兹焉耆文化圈、鄯善文化圈、于阗文化圈、疏勒文化圈。当时我考虑,如果今后有机会重新进行新疆考古调查发掘,就从鄯善文化和于阗文化入手,将其作为完整的文化单元进行历史学和考古学的全面系统的研究。于是在1987—1990年,从历史文献和楼兰汉文简牍入手,撰写了《楼兰新史》一书,基本复原了从史前至魏晋前凉时期的楼兰故城及附近地区的历史,为来日进行楼兰考古发掘研究奠定了基础。其次,重新释读了楼兰故城和尼雅出土的汉文简牍,并对其进行断代研究;根据佉卢文简牍已有的研究成果,对尼雅和楼兰佉卢文简牍进行了断代研究,撰写了《楼兰鄯善简牍年代学研究》,以扭转所用简牍与论证史实不相合的弊端,以上两部专著均是填补空白之作。此外,还撰写了于阗王统、于阗国都的方位、于阗国的交通等一些与于阗有关的论文。除上所述,1987年4月我晋升为副研究员,并与马文宽合著《中国古瓷在非洲的发现》一书。

(五)准备佛教之路的考察与参加草原丝路考察

1987年我转入室内研究后,1989年4月所长找我说巴基斯坦真纳大学教授A. H. 达尼提出与我所合作调查佛教之路,由我代表考古所参加,让我认真准备。我从佛教史、高僧传、佛教遗址遗迹、佛教之路上国内外已有研究成果等方面入手,对古印度(包括今巴基斯坦)、中亚、新疆、河西走廊至西安佛教之路进行了全面认真的准备。但佛教之路考察最终并未成行。

1991年初,所长通知我参加4—6月联合国教科文组织的丝绸之路综合研究草原路线考察。4月我从北京飞莫斯科,又从莫斯科飞土库曼斯坦首都,对土库曼斯坦、乌兹别克斯坦、塔吉克斯坦、吉尔吉斯斯坦、哈萨克斯坦五个共和国境内的丝路交通线、主要遗址遗迹进行了较全面的考察,参观了各共和国的主要博物馆。此次考察使我对丝绸之路中亚路段有了实感,对丝路研究很有帮助。

七、当室主任后,走上新疆考古学、汉唐考古学及相关学科综合研究之路(1993—2004年)

(一)阴差阳错当上室主任

20世纪90年代初,考古所走上了正常的发展之路。由于研究发展的需要,我被阴差阳错地推上了汉唐考古研究室(秦汉至元明)主任的岗位。从此直至1998年12月临近60岁前夕,才从汉唐考古研究室主任岗位上退下来。

20世纪90年代初，正是各项制度变革时期，各种会议非常多。室主任的主要任务是管理研究室内各田野考古队的发掘计划，视察田野考古发掘情况，检查发掘成果，制定研究室年度计划，负责室内日常事务，填写院、所各种报表，组织室内各种学习讨论，负责年终汇报考核，参加所务会议等。

我领导研究室，力求在熟悉各队人员构成和学术特长，熟悉各队基础课题、前沿课题构成状况和主要生长点的情况下，与各队协商制定年度发掘研究计划，明确各队年度发掘计划要解决的主要学术课题。在此基础上，对各队进行宏观领导，既放手各队独立自主各行其是，又进行必要的督促和检查。提倡室内各队间在知识产权规范制约下，资料公开，以开阔视野，形成相互学习、互相取长补短、勤于思考、刻苦钻研的学风，对室内成员不分亲疏，一视同仁；在所务会议上能积极提建议，为青年人和弱者仗义执言；在评职称和各种评优会上，以成果或成绩为准绳，比成果、比成绩、看水平，不偏不倚，唯才是举。作为室主任为避"官本位"与群众争利之嫌，我宣布放弃进入室内年终评优活动的"优等"之列（当时年终评优多发一个月工资，同时也是提前晋级、提职称和分房子的重要参数之一）。对室内和各队存在的问题，出现的矛盾秉公处理，以事实为依据，不随意上纲上线，不使矛盾激化和升级，重在化解矛盾，调整关系，不上报上交矛盾，故室内相处平安无事。

1999年我六十岁了，由于一时难找合适人选，又被任命为考古所边疆考古研究室主任、中国社会科学院边疆考古研究中心主任及中国社会科学院国外考古研究中心主任。这三个主任虽然是超期服役，但从事业出发我仍然有很高的工作热情，认真行动起来。通过相关的各种沟通，国家文物局和相关省区考古单位表示支持两个研究中心的工作，并期盼早日搭起两个中心的学术研究平台，使我深受鼓舞，为此制定了较详细的计划，并指出边疆应该包括海疆，我国海岸线很长，海域广阔，由于历史原因，海疆国际斗争严峻，将来会愈来愈严峻。我们应未雨绸缪，赶紧将海疆考古学研究搞起来。后来由于种种原因，两个研究中心并未真正起动。

（二）当室主任，走上新疆考古学、汉唐考古学及相关学科综合研究之路

古代西域在隋唐以前形成鄯善、于阗、疏勒、龟兹、焉耆、高昌六个大国。六大国与相应的地理单元相结合又形成自成体系的六大文化单元。我自从转入室内研究后，就计划对六大国的历史和考古学文化分别依次进行专题研究，并在此基础上撰写国别史。上面提到的有关楼兰遗址、鄯善、尼雅遗址和于阗的研究，就是对这种设想的前期准备工作。当室主任前后，恰逢这种准备工作告一段落，我接着打算撰写"鄯善历史与考古研究""于阗历史与考古研究"。当室主任后，打断了我原来的研究计划和研究进程，我只能抽出部分时间完成已做准备而未竟的新疆考古学论文而已。

汉唐考古研究室又称第三研究室（史前考古研究室称一室，商周考古研究室称二室），时段从秦汉至元明，地域包括边疆地区，重点在汉唐时期，是时发掘研究以都城和城址为主。我大学毕业到考古所被分配在三室西安汉唐长安城考古队，1979年正式转入新疆考古队。当室主任后，我的编制还在新疆队，但已不参与新疆队的活动。由于三室以都城发掘研究为主，所以当室主任后，我主要精力亦随之转入都城考古学研究方面，特别是《中国考古学》九卷本立项之后，我被任命为《中国考古学·宋元卷》主编，因而又将研究的重点放在宋至清代都城、宋至清代帝陵、宋至明代墓葬、宋至明代瓷器考古等几个方面。

三室研究领域和范畴较广,有关都城、城址、帝陵、墓葬、瓷器等主要研究领域又与许多相关学科密切相关。在这种情况下,当室主任后,自然就走上了新疆考古学、汉唐考古学及相关学科的综合研究之路。

(三)当室主任后的大事简记(1992—2004年)

1992年晋升研究员,10月入选考古所第一届考古研究系列(副高级)专业技术职务评审委员会委员,直到2004年退休时止。1992年10月参加纪念斯文赫定新疆探险百年穿越和田河活动。

1993年12月任三室主任,直至1998年11月止。

1994年入选考古所第四届学术委员会委员,直至2009年止。1994年11月在洛阳召开研究室古代都城讨论会,总结40年来都城考古发掘工作的经验教训,探讨中国古代都城发展演变规律,城址和都城考古研究方法和相关理论。会后参观宋陵和巩县石窟。我建议的考古所编写多卷本《中国考古学》之意见被采纳。

1995年,3月入选中国社会科学院史学片(第二届)研究系列正高级评审委员会委员,直至1999年止。4月入选考古系学位评定委员会委员。5月参加日本橿原考古所附属博物馆学术报告会,我作《从北魏洛阳城到隋唐长安城》的学术报告。7月在怀柔参加《中国考古学》分卷主编会议(我主编宋元卷)。1995年夏加入中国共产党,其后兼任汉唐考古研究室党支部书记。10月参加新疆库尔勒"中国西域楼兰学与中亚文明国际学术研讨会"。11月到日本奈良国立文化财研究所进行学术交流,作《中日古代都城的比较研究略论》学术报告。秋天参加中日尼雅遗址考古发掘,12月被评为博士研究生导师。

1996年3月九卷本《中国考古学》正式立项,我被任命为宋元明卷主编。1996年6月,学生新华毕业,获硕士学位。7月参加北戴河院党支书培训班。1996年按有关方面要求整理本人《新疆考古与史地论丛》,撰写《丝绸之路史话》。

1997年,3月应青岛文化局邀请考察青岛地区秦汉墓葬。6月学生巫新华毕业,获博士学位。8月视察内蒙古辽上京队,期间参观了元上都、元中都、辽上京、辽中京、辽祖陵、辽庆陵等。8月参加考古所清西陵党支部学习讨论会。9月与新疆尼雅遗址发掘队一起出访日本,参加日本佛教大学举办的"日中尼雅遗址共同研究学术讨论会",我作《近期尼雅遗址考古学术课题构成略说》学术报告。1997年夏与内蒙古文物考古所魏坚一起赴额济纳旗黑城调查,顺便参观酒泉卫星发射中心。

1998年秋,陪考古所王立邦书记视察新疆队,在吐鲁番和乌鲁木齐王书记和我陪同国家文物局时任局长张文彬视察。12月不再担任三室主任。

1999年3—5月,赴广西桂林广西师范大学出版社,审定斯坦因《西域考古图记》一书译稿,5月到越南旅游。6月学生李肖毕业,获博士学位;学生王樾毕业,获硕士学位。7月任考古所边疆考古研究室主任、中国社会科学院边疆考古研究中心主任及国外考古研究中心主任,直至2001年初。8月赴黑龙江参加国家文物局专家修养团。8月参加我所发起的"新疆史研究回顾与展望"学术研讨会,王忍之与会,会后我和考古所书记张显清陪同王忍之视察考古所库尔勒工作站和拜城考古工地。9月参加香港尖沙咀文物资源中心举行的香港文物展览开幕式和学术座谈会。10月参加社会科学院在昆明举办海峡两岸"弘扬中华民族文化"学术研讨会,作"略谈新疆汉唐时期民族文化的共性与现实意义"学术报告,11月参加成都考古学会第十次年会。

2000年,6月学生刘文锁毕业,获博士学位。9月视察西藏队工作,协助西藏队制定发掘研究规划。

2001年，7月参加住建部、国家文物局到新疆吐鲁番、特克斯评选国家历史文化名城活动，9月陪中国社会科学院朱锦启秘书长视察新疆队活动。10月以首席专家身份参加北京电视台进驻楼兰故城专题节目。

2003年10月参加新疆库尔勒楼兰学术论坛。

2004年11月初退休。退休前，活动较多，如参加国家文物局国保单位评审会，国家文物局有关学术立项、验收会议，国家文物局吐鲁番文物保护规则文本编制全过程，国家文物局丝路申遗专家组成员。新疆文物保护单位立项论证，文物保护工程验收会议，新疆考古学术研讨会，新疆社会科学院《新疆通史》编委会（迄今仍在进行中）等。接受社科基金或学位办通讯审稿活动。

八、退休返聘使命在肩，皓首丹心竭诚奉献余热（2005—2019年）

2004年阴历八月廿日我满65周岁，从此步入退休返聘阶段。为何返聘，因为我还是考古所学术委员、学位委员，承担培养博士研究生任务，参加国家文物局、新疆史学界和考古学界一些重要学术活动，但更主要的是正在肩负主编社科院重点研究课题、国家重点图书规划项目《中国考古学》多卷本"宋辽金元明卷"的任务。说到《中国考古学》多卷本，其立项编撰意义重大。众所周知，中国有五千年文化，是东方文明的代表，祖先留下的举世无双的物质文化遗产使中国成为世界考古最重要的国家之一，然而因为尚无一部代表中国考古学研究全貌和水平、完整系统标志性的《中国考古学》巨著，却大而不强，着实令考古人和学人们无不痛心疾首。由于这部《中国考古学》是衡量中国考古界学术根基之深浅，学术水平之高低的重要标志，关乎中国考古学在国内和国际学术界地位之消长，在一定程度上也关乎国家的荣誉，因而编撰《中国考古学》势在必行，一直是中国考古界不能忘怀，不断梦寐以求的理想。故早在1958年考古界就曾提出编撰《中国考古学》，但因当时考古发掘和研究还处在初级阶段，许多课题难为"无米之炊"，被迫半途而废。到20世纪90年代中期，中国考古发掘与研究逐渐发展到较高的水平，这时考古所正处于大批科研骨干面临陆续退休之际，考古所领导高瞻远瞩，看到这是抓住人才干大事，编撰《中国考古学》机不可失的关键节点。于是当机立断，下决心立项编撰《中国考古学》多卷本。后在院部大力支持下，最终成为国家重点图书规划项目。此举是考古所的地位和职责使然，在当时的考古界产生了轰动效应，它不仅了却了中国考古人多年的心病，还考古界一大夙愿，而且《中国考古学》多卷本的陆续出版也使考古所在学术上真正成为考古界的龙头和魁首。特别是时至今日，《中国考古学》还必将成为中华民族伟大复兴不可或缺的最基础、最重要、最直观的物质文化底蕴，而《中国考古学》使考古的物化实体全面学术升华则更将成为支撑中华民族伟大复兴思想基础的坚实砥柱之一。

《中国考古学》多卷本的构成按断代分卷，其中的"宋辽金元明卷"正式考古发掘的资料最少，考古调查资料最零散，在内涵上缺环和空白最多，资料最不完整，研究难度大，无比较完整系统的研究成果，致力于此项研究者很少。加之宋辽金元明考古学是中国断代考古学的最晚阶段，研究该阶段考古学必须有秦汉至隋唐考古学的坚实基础，有必须涉及的文献和古建等相关学科的功底，还要有专题研究、比较研究、综合研究的能力，对研究者的学术素养和造诣要求较高。所以汉唐考古研究室在分配撰写和主编任务时，战国秦汉考古卷、魏晋南北朝考古卷、隋唐五代考古卷顺利分派到人，唯独宋辽金元明卷因研究室此项研究断档，人才断层而无人问津。为摆脱这种尴尬的困境，我作为室主任只好兜底自任该卷主编了。我过去曾对宋辽金元明考古学有所涉猎，有一定的积累基础，这就是敢于接受该卷小小的"资本"。但是，涉猎与研究有本质区别。所以我必须认真将已发表的有关该阶段的考古资料和研究成果整理出来，进行再学习、再探索研究，并与撰写《考古学》多卷本的要求结合起来进行再思考。于是发现该阶段已有的考古资料和研究成果零散而简略的存在状况，根本无条件达到编撰"宋元卷"考古学的要求。现实情况已将我逼上"梁山"，一切必须从头做起，只能重起炉灶另开张走自己的路了。此外，在做上述准备时，一个重要收获是可确认都城、帝陵、墓葬、瓷器是该卷的主体内涵，并由此构成"宋元考古学"的主体框架，其余的构成均无形成该卷较完整内涵的条件。由于这四大主体内涵在考古学方面均无成例可循，有限的资料大都散在各有关杂志之中，所以必须事先对有关资料进行整合再进行深入的专题和综合研究，使四大主体内涵各自形成考古学体系，有条件者力争形成考古学专著。然后据此浓缩、取舍增补进行再研究，最后形成符合《中国考古学·宋辽金元明卷》要求的有机组成部分。在当时室主任工作繁忙、田野考古任务重的情况下，退休之前仅做到上述思考和前期准备工作而已。后来的事实证明，上述分两步走的措施对"宋元明考古卷"而言，乃是必走的成功之路。

2004年11月我退休返聘后，正式"松绑"，可以全心全意投入到主编和撰写《中国考古学·宋辽金元明卷》的工作之中。如果说起初我接受这项任务有些勉强，那么到实干阶段就要以使命感、责任感和竭诚奉献余热的报国情怀坚决完成任务。进而言之，主编和撰写《中国考古学》多卷本是国家任务，是里程碑式的旷世之作，是我辈责无旁贷的历史责任，任务艰巨，使命光荣，必须奉公受命，以舍我其谁的英雄气概，严谨治学和大胆创新的精神，尽心竭力地奉献老身尚存之力，按照"百年大计，质量第一"的高标准去完成主编和撰写任务。此外，在此期间责任感还应包括培养、指导参与编撰工作的后学们，使之受到与此有关的全方位的锻炼和提高，出精品成果出人才，以便成为日后该领域的学科带头人（其中一人大跨度地从史前转到宋元卷，现已成为学科带头人，并被任命为汉唐考古研究室主任和《宋元明卷》副主编）。为此，返聘后我在考古所科研楼办公室继续天天笔耕不辍，包括双休日和节假日，勤奋不懈的努力工作。至2013年，我完成了大学毕业后为祖国健康工作五十年（1963—2013年）的承诺。此后继续奋斗，工作到2019年我已经八十岁了。

前面已指出，为撰写《中国考古学·宋辽金元明卷》拟先期对四大主体内涵进行专题和综合研究，并各自形成专著。我负责撰写绪论、都城、帝陵和部分瓷器专题。该卷绪论提纲挈领总论《宋元明考古学》的特点、内涵和范畴，主体内涵构成状况；四大主体内涵各自的概况，研究方法、研究的主要问题和主要成果，各自在该卷中的地位和意义。其中的都城（包括宫城）和帝陵是重点，包括都城和帝陵存在状况，规划理念，形制布局的特点。都城和帝陵各自的纵向、横向比较研究，形制布局演变规律和序列，各自形成考古学体系的状况等。下面拟着重指出绪论中的两个问题，第一，是"宋辽金元明考古学"独具的特点。其一，宋至明代是多元一体中华民族和中华民族文化确立和形成期，这个特点在该阶段考古学文化中打上了深深的烙印，并形成独具特色的宋元明考古学文化体系，使中国考古学最后画上精彩的圆满句号。其二，宋至明代考古学文化内涵的构成模式有别于汉唐，经过整理研究业已形成较完整的独具特点的断代考古学体系。其具体体现在本卷绪论和正文四大主体内涵框架构成和内涵的论述之中。其三，宋至明（清）代考古学部分内涵与近现代社会有不解之缘，具有重要的学术和现实意义。如四大古都北京、南京、杭州、开封与近现代首都和省会的关系。又汉唐陆路和海上丝绸之路，元代陆路丝绸路复苏呈现落日辉煌之势；入宋后，海上丝路繁盛起来，至明代郑和下西洋达到当时世界航海技术和规模的顶峰。这是中国现在提出一带一路伟大战略的基石，温故而知新，迄今仍有重大的学术价值和重要的现实政治意义。本卷对上述三点均给予特别的关注，形成本卷独具的特点。第二，制瓷业是宋至明代手工业的代表和核心，瓷器研究在该阶段考古学中占举足轻重的地位和作用。关于瓷器研究，方法有三。一是靠"眼学"和"目鉴"以研究传世瓷器的文物学研究方法，这是古代"金石学"方法的延续和发展。二是按考古学规范研究考古发掘的窑址和瓷器的传统瓷器考古学研究方法，上述两种方法均重在研究瓷器的"表象"。三是以现代科技手段和方法，研究瓷器"表象"之内在形成机理方面的瓷器科技考古方法，目前已初步形成瓷器科技考古学体系。长期以来，三种研究方法基本各自分立，后来发展到三者之间取长补短，进而有相互结合之势，但仍缺乏内在的有机联系。面对这种情况，在绪论中才首次提出构建现代瓷器考古学问题。即以前两种方法研究瓷器"表象"的成果，设置瓷器科技考古的内涵，提出明确的科技考古要求，然后以瓷器科技考古研究瓷器内在形成机理的成果，科学地阐明瓷器"表象"形成的原因，进而并可扩大和规范"表象"研究的范畴。最终形成瓷器"表"、"里"二位一体，"表象"与"表象"之内在形成机理不可分割的完整的瓷器考古学体系，这才是现代真正意义上的瓷器考古学。对此绪论中有详细的论述，形成较完整体系的架构。本卷瓷器部分即尝试按照这个思路撰写，初步形成现代"宋辽金元明瓷器考古学"。这个重要成果的示范作用，无疑将成为今后瓷器研究在整体上形成现代瓷器考古学的先声。总之，本卷的绪论对基本属于空白状况的宋元明考古学，规划出较完整的轮廓和架构，论述了其主体内涵的构成，并对其进行了较深入的研究，首次形成了宋元明考古学应有的模式，从而开创了宋元明考古学的新纪元，树立了宋元明考古学的里程碑。关于都城和帝陵，2007年我撰写完成《宋代至清代都城形制布局研究》《宋代至清代帝陵形制布局研究》。两部书稿各百万余字，经社科院离退休干部工作局学术委员会审定推荐，获院老年科研基金资助出版（2010年）。2014年又获国家社会科学基金后期资助项目［其审定意见为："该课题学术研究意义大，视角新，思路好"，"本课题在资料使用研究方法上尽力体现以考古学方法为主，多学科结合方法。在不同王朝都城（帝陵）研究中，将其渊源与流变关系作为重要内容，提出一些论断，较为深入并有新意的学术观点。该项目资料翔实，论述严谨，结构合理"］。两部书稿首次在都城和帝陵领域的断代考古学中形成较完整的体系。

现在《中国考古学》多卷本已陆续出版，《中国考古学·宋辽金元明卷》百余万字初稿正在修改，也将继续出版。此外，我退休后还出版一些专著：①《新疆考古论集》，兰州大学出版社，2010年。②《明代宫廷建筑史》，紫禁城出版社，2010年。此为应故宫博物院特约撰写，获我院离退休干部工作局学术著作二等奖。③《丝绸之路史话》，社科文献出版社，2011年再版。④《明朝都城》，南京出版社，2013年，此为应南京出版社特约撰写，获我院离退休干部工作局学术著作二等奖。⑤《宋代至清代都城形制布局研究》，中国社会科学出版社，2019年。⑥《尼雅遗址与于阗史研究》，商务印书馆，2017年。⑦《北庭和高昌研究》，商务印书馆，2019年。⑧《楼兰新史与楼兰汉文简牍合校》定于2020年出版。⑨《宋代至清代帝陵形制布局研究》一书，中国社会科学出版社将于2020年出版。除上所述，退休后还发表长篇论文约二十篇。

九、回首五十六年工作历程，盘点主要科研成果（1963—2019年）

上大学时，学生中流行一个口号，为祖国健康工作五十年。我1963年大学毕业，2004年退休，工龄41年。我65岁退休，退休后返聘至今，仍天天上班，到2013年已为祖国健康工作50年，到2019年则为祖国工作56年。1963—1977年基本在运动中度过，1974—1977年属恢复业务的过渡阶段，1978年拨乱反正后才真正走上了科研道路，这样到2019年搞科研共41年。由于1963—1977年基本在运动中度过，科研已失去十余年的宝贵时光，所以1978年科研步入正轨后不得不以只争朝夕的精神，放弃双休日及所有假日，全力投入到科研工作中（按前述41年算，我所利用的假日基本已抵失去的十年）。除此之外，当时机不可失，时不我待的紧迫感，使我必须开辟新的可控的时间。特别是1978—1993年间，经常进行考古调查发掘，出差，忙于社会工作，白天几乎不可能搞业务，所以期间科研主要靠晚上开夜车（多在晚上10点至2点间）。新疆考古学的主要研究著作，我大都是这个阶段完成的。总的来看，2004年退休之前，我已出版十部专著，近百篇论文。2004年之后又出版了三部专著，另五部专著在出版社即将出版，《中国考古学·宋元明卷》已定稿，《蒙古国和元朝都城》一书准备工作就绪。这样至2019年或其后不久共出专著20部和百余篇论文，总字数或可接近千万字（见本书著作目录）。上述论著的科研成果，可择要略述如下。

（一）新疆考古学研究

1. 北庭研究

（1）《北庭史地研究》是国内首部对北庭史、历史地理、考古、北庭城建置沿革、北庭故城的形制、西突厥和回鹘与北庭的关系、北庭城与外界的交通等进行较全面论述的专著，在学界影响较大。

（2）《北庭高昌回鹘佛寺遗址》（发掘报告，合著，我是主笔），高昌回鹘佛寺遗址是19世纪末20世纪初以来新疆首次规模最大的科学考古发掘，该发掘报告是新疆首部符合考古发掘规范的正式的发掘报告，国内外影响较大。由我撰写的报告结语，首次对高昌回鹘佛寺遗址的形制、雕塑和壁画进行了较深入的探讨和研究，开北庭回鹘佛教考古研究之先河，受到好评。

（3）《北庭高昌回鹘佛寺壁画》（壁画集），这是《北庭高昌回鹘佛寺遗址》发掘报告的姊妹篇。书中由我撰文，较详细地论述了该佛寺遗址壁画配置和保存情况，壁画的题材、构图、线描、赋彩、人物造型等绘画技法和艺术特色，以及其与新疆吐鲁番和敦煌佛寺壁画的关系等。这篇论文是对发掘报告内容的重要补充，也是对新疆回鹘佛教壁画考古进行较全面论述的原创性论文。

（4）《北庭高昌回鹘佛寺遗址形制溯源》（《新疆古代佛寺形制布局研究》），论文收入《北庭和高昌研究》一书中。该文将北庭高昌回鹘佛寺遗址形制布局放在新疆古代佛寺形制布局类型，以及古代印度（包括犍陀罗地区）、中亚地区古代佛寺形制布局类型的大视野中进行比较研究，最终确认北庭高昌回鹘佛寺遗址形制的渊源和时代。由于文中对新疆古代佛寺遗址形制布局进行了全面的类型学研究，故该文可称为《新疆古代佛寺形制布局研究》，目前尚未见刊布此类论文。

2. 高昌研究

吐鲁番盆地古称高昌，该地区考古主要有城址、墓葬、石窟寺佛寺三大类，以及烽燧与交通线之研究等。

（1）《高昌的地理、历史和文化》为综合性论文，文中的文化部分是对该地区主要城址、墓葬、石窟寺和佛寺进行概括的论述。

（2）《交河故城形制布局特点研究》《高昌故城形制初探》是对吐鲁番城址中最重要也是闻名于世的两座故城进行了迄今为止最全面、系统、最专业的论述。

（3）《吐鲁番十六国时期的墓葬壁画和纸画略说》《吐鲁番出土的伏羲女娲图》《吐鲁番出土的木俑和泥俑》，这三篇论文是对吐鲁番最著名的阿斯塔那和哈喇和卓墓地主要出土遗物按专题分类进行最全面系统的研究。

（4）《新疆柏孜克里克石窟寺流失域外壁画述略》是国内首次从学术研究角度、较全面系统地介绍国外对柏孜克里克石窟寺的研究成果。

（5）《高昌壁画辑佚》，20世纪80年代以前，一些研究新疆的学者只能管中窥豹地看到少量列强窃取的吐鲁番古代壁画。面对这种情况，为推动高昌壁画研究，特将列强窃取壁画照片的主要部分改绘成线图，结集出版，并附高昌壁画概述。

（6）高昌古代交通线研究（收入《丝绸之路史话》《北庭和高昌研究》）。

3. 楼兰研究

楼兰是国内外学术界研究的热门课题之一，众说纷纭，争论较多。

（1）《罗布淖尔土垠遗址试析》，土垠遗址是新疆地区迄今为止唯一出土西汉简牍可确认为西汉的遗址。文中根据遗址形制布局、周边地理环境、所出汉文简牍（对一些简牍重新进行了释读）和有关文献，论证了土垠遗址的年代、形制、交通枢纽地位和作用，对土垠遗址进行了复原研究，论证了土垠遗址就是历史上著名的居卢仓故址，否定了屯田说，发表了全新的见解。

（2）《楼兰新史》是国内第一部有关楼兰的学术专著。书中论述了对楼兰地区的史前文化、西汉开辟楼兰道、西汉伊循屯田与伊循城的方位。重点是依据楼兰汉文简牍和文献，整理出魏晋和前凉楼兰史编年，复原出魏晋前凉西域长史职官系统和魏晋前凉楼兰屯田实态。以此结合楼兰古城遗迹，论证了楼兰故城的年代和性质，对楼兰汉文简牍所记主要内涵和历史事件与文献结合进行了重新诠释，论证了前凉李柏文书的出土地点和年代，论证了楼兰古城衰亡的原因和年代等。《楼兰新史》是"楼兰学"的奠基之作，有的日本学者认为《楼兰新史》是当今楼兰领域最高的学术成就。

（3）楼兰汉文简牍重新考释，对楼兰汉文简牍分期断代，建立了楼兰汉文简牍的年代学体系（收入《楼兰鄯善简牍年代学研究》）。该体系对楼兰古城研究有重要意义。

4. 尼雅遗址研究

（1）建立尼雅佉卢文简牍较完整的年代学体系。对尼雅佉卢文简牍从简牍内涵和有关纪年简牍及简牍所记主要人物的关系链入手，进行了深入分析和研究，建立了尼雅佉卢文简牍的年代序列和完整的年代学体系。这是正确利用佉卢文简牍论述尼雅遗址各种有关问题的基础（收入《新疆考古与史地论集》）。

（2）建立了尼雅遗址和公元3—4世纪鄯善史研究的基本框架，明确了精绝国都方位的坐标。

尼雅遗址遗迹保存基本完好，佉卢文简牍出土位置明确，使尼雅遗址成为研究精绝国都和鄯善凯度多州和鄯善史唯一仅存的标本。笔者据此写了一系列论文，如《尼雅佉卢文简牍的年代与鄯善王统》《佉卢文简牍记载的鄯善行政建置与职官系统》《佉卢文简牍所记"凯度多"及"阿瓦纳"与尼雅遗址相关遗迹的对应关系初探》《尼雅59MNM001号墓的时代与新疆佉卢文资料年代的上限》《尼雅N14遗址的形制及相关问题》《近期尼雅遗址考古学课题构成概说》等收入《新疆考古与史地论集》。通过上述论文明确了尼雅遗址的年代及公元3—4世纪鄯善王统构成、鄯善行政建置、主要行政建置的方位及鄯善所控制的地域。明确了鄯善中央及地方职官系统构成状况，凯度多州各级官吏衙署与尼雅遗址遗迹的对应关系。明确了尼雅遗址N14遗迹的形制是精绝王室的住地和治所，明确了精绝时期的中心区在尼雅遗址的北部（以N13、N14为代表）。明确了尼雅遗址N24、N26遗迹一带是凯度多州早期中心区（精绝鄯善重合区，是鄯善灭精绝后安归迦王和马希利王中期凯度多州主要衙署所在地）。N5遗迹一带是凯度多州的中心区（马希利王中晚期凯度多州主要衙署所在地），N1、N2遗迹这一带是凯度多州的晚期中心（N1是马希利王末期至伐色摩那王时期凯度多州主要衙署所在地）。通过这四王遗迹、遗物、佉卢文简牍内涵的对比和综合研究，结合上述诸论文的论述，可初步建立尼雅遗址和鄯善史、凯度多州史研究的基本框架，有望最终建立尼雅考古学较完整的体系。

5. 于阗研究

（1）于阗王统研究

发表了《汉魏时期于阗王统考》《隋唐时期于阗王统考》《五代宋初于阗王统考》（与荣新江意见不同），建立了汉至宋代的于阗王统体系（按：于阗王统说法较多）。

（2）考证了于阗国都的方位（见《于阗国都方位考》）。

（3）研究了"661号佉卢文简牍"、于阗佉卢文《法句经》、于阗汉佉二体钱、《敦煌粟特古书简》与于阗有关的第二号书信（与661号佉卢文简牍年代有关）等年代问题，提出了全新的看法（收入《新疆考古论集》）。

（4）于阗交通线研究（收入《丝绸之路史话》）。

6. 焉耆研究

焉耆研究，以《尉犁城、焉耆都城考及焉耆镇城的方位》一文为主，该文涉及的时代从东汉至唐代，涉及焉耆盆地现今所存主要古城遗址，涉及古铁门关的位置和七个星佛寺，是贯穿这个时期焉耆史和焉耆考古学主线研究的重要论文。

7. 新疆古代雕塑研究（见《新疆古代雕塑辑佚》）

8. 综论

（1）《新疆考古百年回顾与展望》（收入《新疆考古与史地论集》）。

（2）《新疆考古与史地论集》所收《略谈新疆汉唐时期民族文化的共性与现实意义》、斯坦因《西域考古图记》汉译本前言。

（3）《新疆考古论集》所收《中国边疆考古学与世界考古学关系初探》《论楼兰考古学》《吐鲁番考古学和"吐鲁番学"及其关系略说》《斯坦因探险的性质与如何看待其著作》。

（二）丝绸之路研究

1. 陆路丝绸之路研究

以《丝绸之路史话》一书为代表。概述了西域、中亚、西亚和罗马与丝路关系的历史背景，介绍了张骞凿空与丝路的关系，西汉至唐代经营西域概况。论述了丝绸西传盛况及其与丝路的关系。书中分路段介绍了山川地貌与丝路的关系，对各路段丝路进行了考证，论述了沿途已知古代遗迹与丝路的关系。本书严格规范了丝路的范畴，首次绘出从长安至罗马分路段带经纬度的丝路全程路线图。该书在此类专著中具有创见性，独具特色。

此外，经实地考察结合文献进行研究，确认了唐代勃达岭的方位（见《简论唐代"热海道"上的凌山与勃达岭》）。

2. 海上丝绸之路（陶瓷之路）研究

以《中国古瓷在非洲的发现》（与马文宽合著）——海上丝路即陶瓷之路研究为代表。书中较全面地介绍了中国历代瓷器在北非、东非、中南非发现的情况，论述了中国古瓷与非洲中世纪伊斯兰文明的关系，以及中国古瓷大量输往非洲的原因。在此基础上，以瓷器出土地点为坐标点，结合文献资料，考证了汉至明代与非洲海上交通状况和海上交通线，绘制了各段海上交通路线图，对海上丝绸之路即陶瓷之路进行了较系统的研究，是首部以实证为基础的海上丝路研究的专著。

（三）都城考古学研究

以《宋代至清代都城形制布局研究》为代表，全书百余万字。

该书分别对宋至清代都城进行专题研究，系统地论述了宋至清代都城形制布局之间的承袭演变关系，使宋至清代都城形制布局形成较完整的体系，初步形成了宋至清代都城考古学的构成模式。

除上所述，还出版了《明代宫廷建筑史》、《明代宫廷》两部专著，以及宋和元明都城的单篇论文。此外，还发表了一些与汉长安城、北魏洛阳城、唐长安城有关的论文。

（四）帝陵考古学研究

以《宋代至清代帝陵形制布局研究》为代表，全书百余万字。

该书对宋至清代帝陵按陵作专题研究，论证了各代帝陵形制布局间的承袭演变关系，使之形成体系，形成帝陵考古学的构成模式。此外，还发表了一些与北宋、南宋陵、明、清帝陵有关的单篇论文。

（五）墓葬考古学研究

我在主编《中国考古学·宋元明卷》墓葬部分时，对宋至明代墓葬研究的主要问题和主要研究方面，作了较全面的"创新"研究和设想。使之在宋辽金元明墓葬研究不断向更高层次发展，并最终形成体系的过程中，可起到较重要的指导作用（见《中国考古学·宋元明卷》绪论）。

（六）瓷器考古学研究

《中国考古学·宋元明卷》瓷器部分的窑址一少半是我撰写的，外销瓷的研究主要见于《中国古瓷在非洲的发现》一书中。我对瓷器研究的重点，是在《中国考古学·宋元明卷》绪论之五"宋至明代瓷器考古研究应当重视的几个问题"中的论述。现将小标题附如下：1. 瓷器考古在宋至明代考古中占有不可或缺的重要地位。（1）制瓷业考古是宋至明代手工业考古的代表和核心。（2）瓷器考古研究在宋至明代考古学中占有举足轻重的地位。2. 瓷器传统考古与瓷器科技考古表里合一，不可分割。（1）现代考古学是传统考古学与科技考古学有机结合，人文与自然科学交叉的综合性学科。（2）现代瓷器考古学是传统考古与瓷器科技考古表里合一的典范。3. 什么是现代瓷器考古学。（1）现代宋辽金元明瓷器考古学资料的主要内涵。（2）瓷窑址发掘研究是考古学的本源，是现代瓷器考古学构成的主体。（3）传统与科技瓷器考古研究二位一体，是现代瓷器考古学的基石。4. 宋至明代瓷器科技考古体系概述。（1）瓷器科技考古检测的内容、手段和方法自成体系。（2）瓷器科技考古检测结果的分析自成体系。（3）制瓷生产流程和工艺研究自成体系。（4）宋至明代瓷器科技考古研究自成体系。5. 构建现代瓷器考古学势在必行。（1）为什么提构建现代瓷器考古学。（2）构建现代瓷器考古学的主要依据和条件已基本齐备。（3）构建现代瓷器考古学是今后瓷器考古学研究的必由之路。中国瓷器研究现在正面临着从文物学范畴向考古学转变的关键时期，什么是现代瓷器考古学，如何构建现代瓷器考古学是现代瓷器研究必须回答的问题。上面的论述正基于此，《中国考古学·宋元明卷》瓷器部分则是践行这些论述的一种尝试。

十、耄耋之年，不忘初心，生命不息，奋斗不止（1999年以后）

2019年我八十岁了，俗话说"时光似箭，日月如梭"，转瞬间生命已进入倒计时。在八十年漫长的岁月里，幼年生不逢时，赶上抗日战争和解放战争，过了一段颠沛流离的生活。新中国成立后，在党的阳光照耀下成长，度过了小学和中学时代。考上大学后进入了一个全新的环境，好像突然长大，感受到了人间的冷暖。工作后真正步入社会，在不断的"运动"中人际关系、晋级、评定职称等无不打上时代的烙印。因而有较长时间处于逆境之中，虽然如此，但是我从不气馁，不向命运低头，不怕任何困难，永不服输；知难而进，以大无畏的精神排除各种干扰，勇往直前。特别是在本职科研工作中，一贯总览大局，恪尽职守，奋斗不止，力争上游；在具体课题研究中，兢兢业业，刻苦钻研，创新研究理念，以创见切中要害，以科研硕果立言，以科研实力立身，以推动学科向前发展为己任，因而事业有成，在学界独树一帜。总之，一句话"干事业，成就一番事业"即是我大学毕业参加工作后立下的誓言和初心。我的一生就是践行这个誓言和初心的过程。

如今我已八十岁了，体弱多病，干事业心有余而力不足，但我不忘"初心"，矢志不渝。我认为人生的任何年龄段都应有不同的"追求"，这里所谓的"追求"就是人生不同阶段孜孜以求并准备要达到的"理想""梦想"和"目标"。这种追求犹如指引人生航程的灯塔，主导人们行为走向的灵魂。人若没有这种"追求"就等于盲人骑瞎马，夜半临深池，可惧可悲；就等于没有灵魂，无异于尸位素餐，行尸走肉而已。所以我现在一如既往，"初心"不改并以"初心"作为完成一生最终"追求"的目标和有生之年的支撑，继续在科研的园地上笔耕不辍，以为我所热爱的科研事业再做些力所能及的微弱的贡献。为此，我将生命不息，奋斗不止，直到永远。

附记：因年老体弱多病，我已无力写自传和回忆录。我重病出院后，在短期内凭记忆写成《我这一辈子》以作自序，该文未查对有关资料，仅凭记忆，故文中有些事在年代和时间上可能不太准确，有些提法或有不当，敬请见谅。

目　录

孟凡人先生与新疆考古研究

刘文锁

今年值孟凡人先生八十寿辰，作为学生，我想借此机会，向这位在考古学和史学园地里耕耘了一生的前辈，表达敬意和谢忱！

孟凡人先生1939年10月2日（阴历八月廿日）生于辽宁省义县，1963年毕业于北京大学历史系考古专业，分配入中国科学院考古研究所（1977年后改组为中国社会科学院考古研究所）工作。1978年转入新疆考古之前，先后从事过安阳殷墟、西安汉长安城和隋唐长安城遗址、北京元大都遗址、山西夏县东下冯遗址、洛阳汉魏城遗址等的发掘和研究工作。1978年中国社会科学院考古研究所重组了新疆考古工作队，孟凡人先生调入该队工作，这是他从事新疆考古与历史研究工作之始，时年三十九岁。在新疆队的工作直至其荣退为止。1993—1998年，他还担任了中国社会科学院考古研究所汉唐研究室主任一职，1999年起又担任中国社会科学院边疆考古研究中心和国外考古研究中心主任。可以说，新疆考古与历史研究是孟凡人先生一生治学的主要成就。

一、与新疆考古的因缘

孟凡人先生与新疆考古的结缘，据他自己说，是源自大学期间就对新疆的向往，中国的西域大地处于中西文化交流的要冲，考古遗存丰富多彩而具有特色，在学术研究上空白也多[1]。上述情况决定着他在业务上的选择。1975年，考古所根据夏鼐先生（1910—1985年）的意见，打算恢复新疆队开展新疆考古工作，他便提出申请加入新疆队，为此做了准备，也受到夏鼐先生的顾念。1975年，他参加了刘观民（1931—2000年）先生带队的新疆考古调查，在吉木萨尔、伊犁和库车等地奔走，为未来新疆队的工作区域选点。

1977年，受夏鼐先生的安排，他接手整理黄文弼先生1957—1958年在新疆考古调查、发掘报告的遗稿，这项工作于当年内完成[2]。由这个契机，他转入1978年组建的新疆考古工作队。考古队原计划于当年赴新疆开展工作，因为未获得国家文物局的批准，他便随队被借调去发掘汉魏洛阳城的明堂遗址，在发掘后又调查了外郭城遗址，借此他发表了《北魏洛阳城外郭城形制布局试析》一文。是年他还参加了《中国大百科全书·考古学卷》和《新中国的考古发现与研究》的撰稿，此外，受苏秉琦先生之命负责《三门峡虢国墓地》发掘报告的审稿。这些机缘，无疑与改革开放初始之年的举国气氛相呼应。这时他39岁，正处在年富力强时候，"总之，1977—1978年是我蹒跚学步搞科研，尝试笔耕初见成效，准备蓄势待发之年"[3]。

自1970年，新疆考古工作已有多方面的开展。继黄文弼、史树青（1922—2007年）等人之后，新疆本地的文物考古机构也陆续建立。1959年新疆维吾尔自治区博物馆成立，下设了文物队负责文

作者：刘文锁，广州市，中山大学人类学系，教授。

物征集和考古调查等工作。翌年,中国科学院新疆分院设立了考古研究所,该所于1962年机构精简时改组为民族研究所考古组,1978年重组为新疆社会科学院考古研究所,亦已开展多年的考古工作。新疆队的组建,出于中国社会科学院考古研究所的总体规划,最初计划以南疆地区为重点,但1979年入疆后,因为交通条件的限制,临时改至乌鲁木齐附近的吉木萨尔县北庭故城做调查。这个遗址已经被报告发现了壁画,考古队在实地调查后,确认为北庭城的佛寺遗址(即后来著名的回鹘佛寺遗址)。1979和1980年对佛寺进行了两次发掘,之后便因故中止,转入了在北庭城的调查。回鹘佛寺遗址的考古报告于1991年得以出版[4]。

在北庭的工作肇下了研究北庭史和高昌佛教、高昌史之缘。孟凡人先生做考古,一向是以历史研究为目标,考古学家兼为历史学家,为此在史学与史料上用功良深。这些功夫都结出了丰硕果实,是为《北庭史地研究》一书的结集,以及《北庭高昌回鹘佛寺壁画》的编撰等[5]。

1983年,新疆队将工作区转到了南疆和静县的察吾乎沟墓地。在参加完当年的调查之后,新疆队发生了变故,他未能加入后续几年的发掘。这看似一件憾事,但事在人为,他把精力转入到室内研究中,着手做西域史料和考古资料的系统整理。有鉴于当时国内对流散域外的新疆考古资料的生疏,他利用考古所资料室等收藏的外文书籍,编著了《新疆古代雕塑辑佚》和《高昌壁画辑佚》[6]。由此事的结果说,可谓"失之东隅,收之桑榆"了!

1986年重返新疆考古,在阿克苏地区做调查,结合考古调查与史料,论证了玄奘经行的路线;此外还考察库车县的苏巴什遗址,打报告建议由新疆队发掘该遗址,但是这一计划落了空。之所以选择该遗址,是因为它的重要性和学术研究意义,除了伯希和(Paul Pelliot,1878—1945年)和黄文弼早年的工作外,迄无细致的调查、测绘与发掘[7],这是需要填补的。

那个时候的新疆考古还没有进入发掘的高峰期,每年获得批准的发掘项目是很少的,发掘量也受到限制。所以,在不得已的情况下,他又转入室内的研究。他说:"对于这个局面,我已回天无力。于是我下决心对新疆考古学精心准备,以待将来。由于新疆各古代文化单元、民族构成与相应的地理单元高度契合,最终在新疆绿洲形成了高昌文化圈、龟兹焉耆文化圈、鄯善文化圈、于阗文化圈、疏勒文化圈,当时我考虑如今后有重新进行新疆考古调查发掘机会,就从鄯善文化和于阗文化入手,将其各作为完整的文化单元进行历史学和考古学的全面系统的研究。"[8]这是他的心声。这一工作计划蕴含着他长期坚持的治学方法,其结果便是《楼兰新史》和《楼兰鄯善简牍年代学研究》的问世,以及几篇开创性的关于于阗王统、都城、交通的论文的发表[9]。

1991年,他参加了联合国教科文组织的草原丝绸之路考察,历中亚五国。这个丝绸之路研究项目,旨在"执行联合国教科文组织指令的一条创新的途径"[10],机会难得,得预者皆为丝绸之路沿线各国的知名学者。这一经历促成了孟凡人先生的丝绸之路研究[11]。实际上,新疆考古与历史研究原本就与丝绸之路研究密不可分,可谓相辅相成。

1993—1998年,孟凡人先生担任了考古研究所汉唐研究室主任一职。由于这个职务,他又兼及汉—唐都城和帝陵等的研究。加之早年在殷墟、汉唐长安城遗址、汉魏洛阳城遗址、元大都遗址等的发掘和研究积累,对于新疆考古和历史的观察与研究方法自然有超越处。这时他已届花甲之年,感觉着"文革"的耽搁和不饶人岁月,他奋发工作,付出了常人不曾的努力,既领导研究室开创事业,又兼顾着自己毕生追求的新疆考古与历史、汉唐考古等学术研究。1994年11月在洛阳召开的会议上,他提议的由中国社会科学院考古研究所组织编写多卷本《中国考古学》被采纳,他本人担任宋元明卷的主编,从此他的科研工作中又加入了宋元明时期的考古学研究。上述工作陆续完成,其中，关于明代都城和宫廷建筑的研究，已经出版了[12]。在中国社会科学院研究生院，他担任了新疆考古学研究方向的研究生导师。2004年荣休后，他受聘考古研究所继续新疆考古与历史科研工作，至今仍笔耕不辍，著作续有问世。

二、新疆考古研究的成就

作为后学，对这个问题本来不敢妄议。但从学习的角度，自也有一点心得。从学术视野上说，由于他的考古学研究是以历史研究着眼，故其考古学与史学研究原本不可截然分开，或者可以说是考古学的古史研究。

新疆考古有着特殊的时代背景，可以追溯到晚清古物学的碑铭学，即天山四碑《姜行本碑》《裴岑碑》《焕彩沟碑》《刘平国作关亭诵》的相继发现与著录[13]。自1890年起，又有欧洲及俄、日探险家及古物搜集者的大肆活动，其中以斯坦因为代表的近代考古活动，曾做了大量的发掘。这些活动为中国学人所痛心疾首，于是有了黄文弼先生的先驱性新疆考古。另一方面，清末民初西方人在新疆的探险式考古，也是"西学东渐"的一条途径，中国早期考古学史的一些问题积压在这里[14]，当时也面对着发奋图强建设学术的处境。这个状况，是治新疆考古学者所需要面对的。如能将乾嘉之学的古物学与西方现代田野考古学贯通起来，就能在新疆考古研究上取得超越性成绩。

孟凡人先生治新疆考古，深受中国传统治学方法的影响，从史学问题出发，将考古学研究与史学结合在一起。他的研究目标是中古新疆的历史，他将之整理为高昌、龟兹焉耆、鄯善、于阗、疏勒五个文化圈，以撰写其各个的历史为目标。与之相关的，是在北庭史地、佛教考古与佛教史、丝绸之路考古与历史等几方面的著述。其中著述最多的，是楼兰和鄯善、于阗、高昌等的研究。

（一）北庭研究

这一方面开展最早，缘于最初参加的北庭故城回鹘佛寺遗址的发掘及北庭城的调查，其研究成果以《北庭史地研究》为名于1985年出版。这是一组讨论汉唐时期以北庭城为中心的天山北部地区诸部族历史及历史地理等问题的论文集，是作者在"着手学习、整理、研究与北庭史地有关的问题"时逐渐写成的。虽然如此，它的研究视野和方法颇与通常的史学研究不同，即如作者所言，"采用了以实地调查和考古资料以及有关文献互为参证的办法"[15]。

北庭城兴起于车师后部的王城，是天山北部的交通枢纽，控扼天山北部诸部及准噶尔盆地至阿尔泰山地区，故为政治、军事战略之要地。唐、回鹘、吐蕃皆致力于经营北庭，唐北庭大都护府治设于此城。北庭亦与吐鲁番盆地的车师前部和高昌相呼应。是著以北庭城为中心，将汉代前后的乌孙、车师前部及山北六国等纳入考察的范畴，并探讨了突厥可汗浮图城、唐庭州及回鹘和元别失八里城等史事和地望及交通诸问题。是著在历史与考古研究上多所创获，故马雍先生在"序言"中说："由此可知，他的这部著作中有不少独到的见解是从实地考察中得来的，其准确性决非足不出户而仅埋头于故纸堆中的学者的著作所能比拟"[16]。

（二）吐鲁番学研究

孟凡人先生最早入手的新疆考古和历史研究是北庭，因北庭回鹘佛寺遗址的研究涉及回鹘高昌，所以他的兴趣便由此向吐鲁番考古和吐鲁番学延展。这些研究自然与佛教考古相关联。作为主要的执笔人，他参与编写了北庭回鹘佛寺遗址的发掘报告和图录[17]。此外，他还着手编著了《新疆古代雕塑辑佚》和《高昌壁画辑佚》两部研究资料集。在吐鲁番考古研究中，他最关注的是高昌故城和交河故城的形制布局研究[18]，这是基于中国古代都城遗址研究的基本路线加上他个人的创获。

的确，城址的研究是必须从形制布局研究着手的，尤其是在新疆地区这种特殊的考古学环境下。他的吐鲁番考古一度还关注到了雕塑和绘画美术考古的领域。这些考古学研究都具有开创性，是他的高昌史研究的组成部分。

（三）楼兰鄯善研究

楼兰始见载于《史记》，为汉代西域诸国之一，地处汉两关外的"道冲"罗布泊地区，元凤四年（公元前77年）为汉朝更名鄯善后，复以鄯善之名见载于汉籍。约东汉初鄯善兼并盆地东南部诸国，变为塔里木盆地大国之一，约至北魏太武帝（公元424—452年）时国亡。

清代的西北史地学中对楼兰、鄯善史地即有探索[19]。对古楼兰鄯善的考古发现则始于1900年斯文·赫定探险队于罗布泊西北岸发现的古城（斯坦因编L.A），以后被考定为汉史所载的楼兰城。赫定以后，斯坦因1907和1913年的第二、三次探险时在罗布泊地区做了大量考古调查、发掘，从L.A等遗址中挖掘出了一批汉文和佉卢文文书，他的发掘也扩大到了罗布泊南岸的米兰遗址和若羌城郊的奥图古石古城[20]。1909—1911年，橘瑞超两度进入罗布泊的古迹，掘获了一批文书和雕塑等文物，其中包括引致争议的"李柏文书"[21]。此外是黄文弼在1930、1933年两次沿罗布泊北岸地区的调查和发掘，其中最重要的是在土垠遗址发掘所获的一批汉简[22]。1957年他又调查和发掘了若羌县且尔乞都克古城和米兰古城与佛寺遗址[23]。1979—1980年，当时的新疆社会科学院考古研究所调查了楼兰故城，并发掘了孔雀河岸的古墓沟等墓地，将罗布泊地区的历史追溯到了史前时期[24]。1988年新疆文物考古研究所对罗布泊地区的主要古迹做了调查[25]。与鄯善有关的考古工作还延伸到且末、安迪尔、民丰等地，最重要的是在尼雅遗址的发现。文书的发现和研究受到青睐。一些问题逐渐被揭示出来，并随着研究的进展而加深，早期的问题如楼兰、鄯善王城及伊循、海头等城的地望，曾是长期争议的问题；后来意识到对汉文和佉卢文出土文书做整体研究的重要性。

在这个背景上，孟凡人先生的楼兰鄯善研究从整理和分析考古资料、史料及出土文书着手。他前后写了《楼兰古城所出汉文简牍的年代》《论鄯善国都的方位》《尼雅佉卢文简牍的年代与鄯善王统》《佉卢文简牍记载的鄯善行政建置与职官系统》等论文，以及《楼兰新史》《楼兰鄯善简牍年代学研究》两部专著。楼兰鄯善研究的一个要点，是拥有大量的汉文、佉卢文出土文献，即所谓"楼兰文书"和"尼雅文书"，以及丰富的考古资料，可补证汉文史书的记载，并可借此重建楼兰鄯善史，从而为汉—唐西域史建立一个研究的范式。

《楼兰新史》是关于楼兰城的综合研究。是著从"楼兰"（尼雅佉卢文书中的精绝方言称作Kroraina）的语源及其历史地理的考证开始，主张元凤四年前的楼兰国名源自史前罗布泊的名称，罗布泊的西、北岸地区为楼兰国的边境；迄西汉以后至魏晋，楼兰一名则指称L.A所在之楼兰城。一个独到的视角，是将罗布泊西岸和库鲁克塔格山区发现的细石器文化以及孔雀河下游和小河流域的青铜时代考古学文化，都纳入到楼兰地区的史前史范畴。这部书回应了有关楼兰、鄯善王城和伊循城、L.K古城、"海头"城的问题。它也提出，不应将楼兰和鄯善看作是一个始终的整体[26]。

为系统整理、研究楼兰、鄯善史料而形成的《楼兰鄯善简牍年代学研究》，同时是对鄯善史和佉卢文书研究的贡献。楼兰故城和尼雅遗址等所出的汉文、佉卢文文书，此前已有多家的整理和考释。但是汉文文书的录校和刊布过去主要是孔好古（August Conrady）、沙畹和马伯乐所做[27]，其中存在一些误释和阙释，由于文书实物主要收藏在欧洲，其校勘和利用颇有难度。早年王国维、罗振玉《流沙坠简》所做的考释也只能使用沙畹《斯坦因所获新疆汉文文书》（*Les documents chinois découverts par Aurel Stein dans les sables du Turkestan Oriental*）的录文和图版[28]。至于尼雅遗址等出土的佉卢文书，自波耶尔（A. M. Boyer）、巴罗（T. Burrow）等人及林梅村释读、刊布了其主要部分后[29]，在使用上一直存在着文书年代等的问题，也缺乏将文书当作鄯善的第一手史料做系统的研究。以上两方面的问题，是促成孟凡人先生《楼兰鄯善简牍年代学研究》的机缘。

这本书分作上、下两篇。上篇是对楼兰、尼雅出土的全部汉文文书的合校和年代学研究，其中，楼兰的汉文文书包括了土垠遗址（汉居卢仓）的汉简、楼兰故城的魏晋简两个主要部分；尼雅遗址出土的汉简则出自斯编N. XIV和N. V两处住居遗迹，分别属于汉、西晋两个时期。在文书的研究上，王国维的考释是一个基础[30]。他的方法即是他主张的"二重证据法"。孟凡人先生的工作则是将文书做了系统化的年代学分析，根据纪年文书和人名以及内容的关联性而推定各文书的年代，这是讨论各方面问题的基础。

对尼雅、楼兰出土佉卢文书的研究是下篇的内容，一共分为八章，重点是对已被释译的500余件佉卢文书的年代学研究，所采用的方法也是所记人名和内容的关联性以及文书间的共存关系；一些反复出现的人名（重要的官员等人物）及其关联的人名构成了某种组合关系。这种方法，我想他是借鉴了考古学的基本方法，将它们应用于出土文献的分析中了。无疑的是，佉卢文书的年代问题是个头号问题，与汉文文书不同，它的纪年文书既少且不能确定其绝对年代。因此首先需要推定出其整体的年代框架和相对年代序列，并根据文书记录的特定内容与汉文史书记录的关联以推定其绝对年代和文书编年。这一工作既复杂且艰难。在这方面，《楼兰鄯善简牍年代学研究》获得了成功[31]。此外，这部书还就佉卢文书的内容，研究了鄯善的职官和王统。在此基础上，作者也讨论了斯坦因当年于安迪尔遗址获得的第661号佉卢文书的年代，兼及探讨了1890年代杜特雷伊·德·兰（Dutruil de Rhins）探险队等在和田库麻日石窟（牛角山石室）获得的著名的佉卢文桦树皮抄本《法句经》（Dharmapada），以及和田发现的汉—佉二体钱的年代。下篇的后四章是佉卢文简牍年代学的附论，分别讨论了苏毗和所谓的"鄯善郡"问题、敦煌烽燧发现的"粟特古书简"（Sogdian letters）与N. 661号佉卢文书的年代关系、所谓贵霜统治鄯善和于阗的虚构、尼雅遗址1959年发掘的一号墓的年代与佉卢文书年代的上限等[32]。

（四）于阗研究

于阗研究是孟凡人先生长期关注的另一个领域。古代于阗与中国内地有着特别多的联系，体现在诸多的方面，清代学者即已有著述。古代于阗文化亦受到日、法、英等国学者的长久关注[33]。斯坦因于1900—1931年间的四次探察，曾在和田地区获得大量文物和考古资料，其中尤受重视的是包括于阗文和汉文文献在内的多种语文的写本。民国时黄文弼先生也在和田做过考古调查[34]。斯坦因等人在和田探察的主要结果，是英国等历史语言学者长期开展的于阗语文书研究，奠定了于阗研究的于阗文史料基础。另外，使用汉文、于阗文、吐蕃文等文献的于阗史研究也硕果累累，像张广达、荣新江先生的《于阗史丛考》即是代表[35]。

由于史料和考古资料的丰富，于阗史的研究具有挑战性。在此方面，孟凡人先生前后发表过《汉魏时期于阗王统考》《隋唐时期于阗王统考》《五代宋初于阗王统考》《于阗国都城方位考》等论文。这些文章曾收入其《新疆考古与史地论集》，近年汇集为《尼雅遗址与于阗史研究》一书[36]。关于于阗王世系的研究曾经是于阗史研究中的一个热点，一些重要的于阗语专家、史学家都参与其中[37]，他以汉文史料为主，尽可能的使用了于阗文和吐蕃文史料。由于主要的于阗文文书近年才得到释译、发表，再加上汉文和于阗文文书不断被发现，所以对于阗王世系等问题的研究仍存在不小的空间。

（五）佛教考古与佛教史

孟凡人先生的新疆考古，可以说是从佛教考古开始的，这即是他甫入新疆即参加了著名的北庭故城佛寺遗址的发掘和编写报告。这在当时和以后都是难得的机会。他作为主要执笔撰写了发掘报告和图录。由于新疆丰富而重要的佛教考古遗存，他的志趣中显然也包括了新疆佛教考古研究在内。后来转入阿克苏地区工作时，他对库车苏巴什佛寺遗址的关注，也可以说是有佛教考古的因缘。虽然发掘的愿望不能实现，他还是持续关注这一领域的研究，也陆续撰写了一些论著[38]。

（六）丝绸之路考古与历史

在新疆的考古工作，尤其是1991年参加联合国教科文组织的草原丝绸之路考察，结出的果实就是对丝绸之路的研究。1986年孟凡人先生在阿克苏地区做考古调查时，开始注意到玄奘的经行路线中翻越勃达岭的实证，他认为玄奘正是翻越了乌什县的别迭里达坂抵达热海（今伊塞克湖）的。以后撰写了《简论唐代"热海道"上的凌山与勃达岭》[39]。这一研究有着西域史地和唐代交通研究的基础，后者如严耕望先生的《唐代交通图考》[40]，对唐代西域交通研究的贡献颇巨，但严先生囿于无法亲临新疆的实地考察，尤其是无法运用考古学的以及新疆出土文献的资料。这两方面在孟凡人先生那里，恰都得到了补足。20世纪90年代，关于丝绸之路的研究还主要集中在对于交通线的研究上，故孟凡人先生的丝路研究也主要着眼于此。此后，他无暇顾及于此，关于丝路的研究也搁置了。

三、治学精神、视野与方法

孟凡人先生治新疆考古，因机缘关系，从编写黄文弼先生的《新疆考古发掘报告》开始。像黄先生辈的考古学者，受业时受到民国"新史学"的熏陶，文史功底深厚，自然而然把考古学当作"新史学"来做，这种学术风格体现在了他的著述中。孟凡人先生是新中国培养的早期考古学家之一，他受业的母校北大的考古学专业历来重视史学的训练。这些都奠定了他的新疆考古学研究的基调，即史学的眼界和综合的方法：从史学问题出发，将考古学研究与史料结合在一起。由于是考古学者，自然会重视作为考古学遗物之一种的出土文献，他在这方面下了很大功夫；但他的研究方法又不同于一般的出土文献研究者，将考古学对于遗物的整理和研究法用在了出土文献研究中。

在对新疆古代遗址（尤其是城址）的研究上，他发挥了承前启后的学术带头作用。由于新疆所处的地理环境和历史文化发展特征，致使新疆的考古学工作环境不同于内地而又具有重要意义，这决定了新疆考古学研究工作需要具足比较考古学的学术视野和知识功底，方能有所成绩。这里面包括了内陆欧亚地区考古学视野和知识以及中国内地的考古学视野和知识，后者尤其重要。从新疆考古到中国边疆考古，自然而然会涉及与世界考古的关系。

孟凡人先生的新疆考古学研究，是在中国考古学的深厚背景上展开的。他的研究领域是新疆汉—唐时期考古，而中国的汉—唐考古已经形成了一套研究问题与方法论体系，其中都城遗址和陵墓（陵园）尤其受到重视，而形制布局分析是基本的研究法。孟凡人先生先后从事过汉唐长安城遗址、汉魏洛阳城遗址、北京元大都遗址等的发掘和研究工作，在新疆考古之外，他的主要研究就集中在都城考古和陵墓考古上，这方面的成果很多[41]。他对高昌故城、交河故城以及尼雅遗址的研究，就贯彻了这一研究法。

作为孟凡人先生的学生，我最为敬佩的，是他的治学精神。自1997年受业以来，我心中珍藏了很多关于学业的美好记忆。做新疆考古研究，自然会有一些光环，但须付出特别的努力和代价。有时候会遭遇逆境，关键是不怠此志。人们常说，"命运喜欢作弄人"，或者是"功夫不负有心人"，这或是必然规律，但取决于个人的执着与精神。这是我从他身上感悟到的，在此作为个人的自勉。

注　释

[1] 孟凡人：《我这一辈子》，见本书自序。

[2] a.《夏鼐日记》1978年7月28日："上午孟凡人同志谈修改黄文弼的《新疆考古发掘报告》。"《夏鼐日记（卷八1976—1980）》第218页，华东师范大学出版社，2011年。

　　b. 黄文弼：《新疆考古发掘报告（1957—1958）》，文物出版社，1983年。

[3] 孟凡人：《我这一辈子》，见本书自序。

[4] 中国社会科学院考古研究所：《北庭高昌回鹘佛寺遗址》，辽宁美术出版社，1991年。

[5] a. 孟凡人：《北庭史地研究》，新疆人民出版社，1985年。

　　b. 中国社会科学院考古研究所：《北庭高昌回鹘佛寺壁画》，辽宁美术出版社，1990年。

[6] a. 孟凡人：《新疆古代雕塑辑佚》，新疆人民出版社，1995年。

　　b. 孟凡人、赵以雄、耿玉琨：《高昌壁画辑佚》，新疆人民出版社，1995年。

[7] 伯希和或黄文弼的工作。

　　a. *Douldour-Aqour et Soubachi*, Mission Paul Pelliot IV, Centre de Recherche sur l'Asie Centrale et la Haute-Asie, Institutesd'Asie, Collège de France, Éditions Recherche sur les civilisations, Paris 1982.

　　b. 黄文弼：《新疆考古发掘报告（1957—1958）》第71—92页，文物出版社，1983年。

[8] 孟凡人：《我这一辈子》，见本书自序。

[9] 孟凡人：《楼兰新史》，中国光明日报出版社·新西兰霍兰德出版有限公司，1990年；《楼兰鄯善简牍年代学研究》，新疆人民出版社，1995年；《尼雅遗址与于阗史研究》第251—391页，商务印书馆，2017年。

[10] 联合国教科文组织、中国社会科学院考古研究所：《十世纪前的丝绸之路和东西文化交流》第3页，新世界出版社，1996年。

[11] 孟凡人：《丝绸之路史话》，中国大百科全书出版社，2000年。

[12] 孟凡人：《明代宫廷建筑史》，紫禁城出版社，2010年；《明朝都城》，南京出版社，2013年。

[13] a.（清）徐松著、朱玉麒整理：《西域水道记（外二种）》卷三《巴尔库勒淖尔所受水》第175—177页，中华书局，2005年。

　　b.（清）王昶撰：《金石萃编》卷七《汉三·敦煌太守裴岑纪功碑》，见《石刻史料新编》第一辑第一册，新文丰出版公司，1977年。

　　c. 钟兴麒等校注：《西域图志校注》卷二十《山一》第313页，新疆人民出版社，2002年。

　　d.（清）王懿荣著，刘承干编：《王文敏公遗集》卷八《汉石存目》，民国元年刘氏刻求恕斋丛书本。

　　e. Chavanne, M. Ed., *Dix Inscriptions Chinoises de l'Asie Centrale, d'après Estampages de M.Ch.-E.Bonin.* Paris, 1902，pp. 1-5.（沙畹：《中亚汉碑考》，民国三十年影印）。

[14] 刘文锁：《从斯坦因到黄文弼——新疆早期考古的历程与问题》，见《西域考古·史地·语言研究新视野——黄文弼与中瑞西北科学考查团国际学术研讨会论文集》，科学出版社，2014年。

[15] 孟凡人：《北庭史地研究》"后记"，新疆人民出版社，1985年。

[16]《北庭史地研究》"序言"。

[17] a. 中国社会科学院考古研究所新疆工作队：《新疆吉木萨尔高昌回鹘佛寺遗址》，《考古》1983年第7期。

　　b. 中国社会科学院考古研究所：《北庭高昌回鹘佛寺壁画》，辽宁美术出版社，1990年；《北庭高昌回鹘佛寺遗址》，辽宁美术出版社，1991年。

[18] 孟凡人：《高昌城形制初探》，见《中亚学刊》第5辑，中华书局，2000年；《交河故城形制布局特点研究》，《考古学报》2001年第4期。

[19] 徐松：《汉书西域传补注》和《西域水道记》、李恢垣：《汉西域图考》、俞浩：《西域考古录》等。

[20] Stein, M. A., *Serindia, Detailed Report of Explorations in Central Asia and Westernmost China*, Oxford at the Clarendon Press, 1921, Vol. I, pp. 313-314, 369-449; Stein, M. A., *Innermost Asia, Detailed Report of Explorations in Central Asia,*

Kan-su and Eastern Iran, Oxford at the Clarendon Press, 1928, Vol. I, pp. 180-280.

[21] 香川默识：《西域考古图谱》下"史料"，国华社，大正四年五月印行。

[22] 黄文弼：《罗布淖尔考古记》，国立北平研究院史学研究所、中国西北科学考察团理事会印行，民国三十七年十二月出版。

[23] 黄文弼：《新疆考古发掘报告》第48—53页图版三五至三九，文物出版社，1983年。

[24] 王炳华：《古墓沟》，新疆人民出版社，2014年。

[25] 楼兰文物普查队：《罗布泊地区文物普查简报》，《新疆文物》1988年第3期。

[26] 孟凡人：《楼兰新史》，中国光明日报出版社、新西兰霍兰德出版有限公司，1990年。

[27] a. Chavannes, Édouard, publiés et traduits par, *Les documents chinois découverts par Aurel Stein dans les sables du Turkestan Oriental*, Oxford: Imprimerie de l'Université, 1913, pp. 155-200.

b. Maspero, Henri, ed., *Les documents chinois de la troisième expédition de Sir Aurel Stein en Asie Centrale*, published by The Trustees of the British Museum, London, 1953, pp. 52-81.

c. 马伯乐未刊布的L. A汉文文书，见郭锋：《斯坦因第三次中亚探险所获甘肃新疆出土汉文文书——未经马斯伯乐刊布的部分》第74—112页，甘肃人民出版社，1993年。

[28] 罗振玉、王国维：《流沙坠简》第222—282页，中华书局，1993年。

[29] a. Boyer, A. M., Rapson, E. J., Sénart, E., and Noble, P. S., transcribed and edited by, *Kharoṣṭhī Inscriptions, Discovered by Sir Aurel Stein in Chinese Turkestan*, Parts Ⅰ—Ⅲ, Oxford at the Clarendon Press, 1920, 1927, 1929.

b. Burrow, T., *A Translation of the Kharoṣṭhī Document from Chinese Turkestan*, The Royal Asiatic Society, London, 1940.

c. 林梅村：《沙海古卷——中国所出佉卢文书（初集）》，文物出版社，1988年。

[30] a. 罗振玉、王国维：《流沙坠简》第222—282页，中华书局，1993年。

b. 王国维：《观堂集林》卷十七《史林九》，中华书局，1959年。

[31] 孟凡人：《楼兰鄯善简牍年代学研究》第286—388页，新疆人民出版社，1995年。

[32] 孟凡人：《楼兰鄯善简牍年代学研究》第389—542页，新疆人民出版社，1995年。

[33] 如法人雷慕沙1820年撰成《于阗城史》（Rémusat, J. P. A., *Histoire de la ville de Khotan, tirée des annals de la Chine et traduite de chinoise*, Paris 1820），斯坦·柯诺1914年撰《于阗研究》（Konow, S., "Khotan Studies", *Journal of the Royal Asiatic Society*, 1914, pp. 339-353），日人寺本婉雅1921年撰《于阗国史》（寺本婉雅著《于阗国史》，丁子屋书店，大正十五年）。斯坦因第一次探险即以古于阗所在的和田地区为目标，以后历次探察亦以和田为重点之一。

[34] 黄文弼：《塔里木盆地考古记》第42—54页，科学出版社，1958年。

[35] 张广达、荣新江：《于阗史丛考（增订本）》，中国人民大学出版社，2008年。

[36] 孟凡人：《新疆考古与史地论集》第197—269页，科学出版社，2000年；《尼雅遗址与于阗史研究》第251—391页，商务印书馆，2019年。

[37] 这些讨论按发表年份。

a. Inokuchi, T., "Utengo shiryō niyoru Viśa ōke no keifu to nendai", *Ryūkoku Daigaku Ronshū* 364, 1960, pp. 27-43.

b. Bailey, H. W., "Introduction: Gaustana: the Kingdom of the Sakas in Khotan". *Khotanese Texts*, Vol. IV, Cambridge: Cambridge University Press, 1961, pp.1-18.

c. Hamilton, J., "Les règnes khotanais entre 851 et 1001", in M. Soymié, ed., *Contributions aux études de Touen-houang*, Geneva, 1979, pp. 49-54.

d. 张广达、荣新江：《关于唐末宋初于阗国的国号、年号及其王家世系问题》，见《敦煌吐鲁番文献研究论集》，中华书局，1982年。

e. Hamilton, J., "Sur la chronologie khotanaise au IXᵉ- Xᵉ siècle", in M. Soymié, ed., *Contributions aux études de Touen-houang* III, Publications de l'École française d'Extrême-Orient CXXXV, Paris, 1984, pp. 47-48.

f. 张广达、荣新江：《关于敦煌出土于阗文献的年代及其相关问题》，见《纪念陈寅恪先生诞辰百年学术论文集》，北京大学出版社，1989年。

g. Skjærvø, P. O., "Kings of Khotan in the eighth century", in *Histoire et Cultes da l'Asie Centrale Préislamique*. Éditios du CNRS, Paris, 1991, pp. 255-278.

　　h. 吉田丰撰，荣新江、广中智之译：《有关和田出土8—9世纪于阗语世俗文书的札记（二）》，见《西域文史》第三辑，科学出版社，2008年。

[38] a. 孟凡人：《略论高昌回鹘的佛教》，《新疆社会科学》1982年第1期；《新疆古代雕塑辑佚》，新疆人民出版社，1987年；《库车的苏巴什佛寺遗址》，《中国边疆史地研究》1993年第1期。

　　b. 孟凡人等：《高昌壁画辑佚》，新疆人民出版社，1995年。

[39] 孟凡人：《简论唐代"热海道"上的凌山与勃达岭》，《历史地理》第八辑，1990年。

[40] 严耕望：《唐代交通图考》第二卷《河陇碛西区》，上海古籍出版社，2007年。

[41] 如《北魏洛阳外郭城形制初探》（《中国历史博物馆馆刊》）、《试论北魏洛阳城的形制与中亚古城形制的关系——兼谈丝路沿线城市的重要性》（《汉唐与边疆考古研究》第一辑）、《明北京皇城和紫禁城的形制布局》（《明史研究》）、《元大都的城建规划与元大都和明北京城的中轴线问题》（《故宫学刊》）、《北宋东京开封府城的形制布局》（《故宫学刊》）、《南宋帝陵攒宫的形制布局》（《故宫博物院院刊》）、《北宋帝陵石像生研究》（《考古学报》）、《西夏陵陵园形制布局研究》（《故宫学刊》），及专著《明朝都城》（南京出版社，2013年）等。

孟凡人先生对简牍学的贡献

张德芳

1977年偶然在《甘肃师大学报》上读到一篇《论李岩》的文章。几十年过去了，文章的内容虽已模糊不清，但作者的名字却一直印在脑子里。当时还是在校学生的笔者，对能写大块文章的学者总是充满着仰慕。孟凡人先生就是其中一位。后来多次参加相关的学术会议，聆听先生在诸多领域的高深见解，拜读其鸿篇大作并当面请益，总是受益多多。从1977年第一次拜读先生的文章到2017年《尼雅遗址与于阗史研究》的出版，整整40年间，仅我所知，先生发表了70多篇重要论文，出版了10多部学术专著。从历史跨度看，从龙山文化到夏商考古、从战国秦汉到魏晋南北朝，从隋唐五代到宋元明清，几乎涵盖了整个历史时期；从涉及的学科看，考古、历史、民族、地理、宗教、文化、都市建筑、明清帝陵、简牍、民族古文字等都有专门研究；从研究对象看，几乎遗址、墓葬、石窟、壁画、图像、宫殿、陵墓、城址都无所不包。宏观到中西文化的交流，微观到一处遗址的细致描述。有理论方法的探讨，也有对整个学科趋势的把握。有轻有重，有博有专。但给我印象最深的还是西域考古和新疆历史的研究。

即使仅就西域考古历史这一领域，先生开拓和研究的范围亦博大精深，一时难窥其堂奥。限于自己的学力和见识，下面仅就先生在简牍学领域的建树谈一点粗浅的看法。

一

1900年3月，斯文赫定发现了楼兰遗址，从此使"楼兰"一词蜚声中外。1901年3月，他对楼兰遗址进行发掘，出土了277件汉文简牍和纸文书。而斯坦因则从1901年到1930年，先后四次到尼雅、楼兰、丹丹乌里克、安迪尔等地发现了大量的汉文简纸文书。仅前三次就掘获汉文简纸文书407件，其中尼雅58件、楼兰349件。1909年日本大谷光瑞探险队的橘瑞超又在楼兰发现汉文文书44件，总共有728件之多[1]。

由于这些珍贵的出土文物都由外国人发掘，所以最早的整理发表均由外国人完成。斯文·赫定1901年的掘获物先交德国学者卡尔·希姆莱（Karl Himly）研究。希姆莱去世后，又转交孔好古（August Conrady）整理释读。20年后的1920年，孔好古在斯德哥尔摩发表了《斯文·赫定在楼兰发现的汉文写本及零星物品》（Die chinesischen Handschriften und sonstigen Kleinfunde Sven Hedins in Lou-lan 1913）。斯坦因三次发掘的汉文文书，可分别见之于《在丹丹乌里克、尼雅和安迪尔遗址出土的中文文书》[2]、沙畹《斯坦因在东突厥斯坦沙漠所获汉文文书》（Les documents chinois decouverts par Aurel Stein dans les sable du Turkestan oriental）和马伯乐《斯坦因第三次中亚考察所获汉文文书》（Les documents chinois de la troisième expédition de Sir Aurel Stein en Asie Centrale）。

作者：张德芳，兰州市，甘肃简牍博物馆，研究馆员。

中国的研究者只有罗振玉先生和王国维先生1914年在日本发表的《流沙坠简》[3]和张凤先生1931年在有正书局出版的《汉晋西陲木简汇编》。1949年以后，对楼兰、尼雅出土的汉晋简牍几乎无人问津。只有1985年林梅村先生整理出版过《楼兰尼雅出土文书》和侯灿先生1991年整理出版的《楼兰汉文简纸文书集成》。

1983年，孟凡人先生以李柏文书为切入点开始对楼兰、尼雅出土汉晋文书进行系统研究。先后发表了《李柏文书出土于L. K说质疑》[4]、《魏晋楼兰屯田概况》[5]、《楼兰古城的性质》[6]、《楼兰简牍的年代》[7]、《楼兰简牍与西域长史机构官职系统的复原》[8]等重要论文，削平了一个个山头，攻克了一个个难关，一部《楼兰新史》如同里程碑般矗立在了我们面前。紧接着，他又发表了《罗布淖尔土垠遗址试析》和《论鄯善国都的方位》[9]，到1995年又出版了《楼兰鄯善简牍年代学研究》，最终形成了孟凡人先生对楼兰出土文献研究的完整体系。

（一）对楼兰汉文文书的全面校释

出土文书的重要首先在于文献学的价值。对每件文书甚至每一个字每一种呈现形态每一个书写格式都应有准确无误的释读和解释。但是，从两汉到魏晋时期遗留的文字，日月洗磨、风雨侵蚀、错讹衍夺，似是而非都所在多有。尽管一代代学者艰苦努力，但难以释读和模棱两可的文字还有很多，所以研究简牍的第一步就是对以往的释读进行仔细的校核。孟凡人先生的《楼兰鄯善简牍年代学》，用相当篇幅对诸家包括孔好古、沙畹、马伯乐、香川默识、王国维、张凤、黄文弼等前贤的释文逐一进行了校释，改变了很多误释漏释。这种对原文的重新释读，不光为全面系统的研究奠定了基础，而且也为简牍学的继续研究提供了新的范本，具有重要的学术价值。

（二）对楼兰汉文简牍的年代学研究

对楼兰汉文简牍的年代学研究，使这批文书得以置放在特定的时间纬度上进行观察。一般说来，出土的汉晋简牍都有一些纪年简得以在整体上确定它们的时间范围。但是有明确纪年的简只是少数，不到10%，而90%以上的大多数却散乱无序，没有时间标志。楼兰简同样如是，只有48枚纪年简，其余都没有明确的年代记录。孟凡人先生的《楼兰鄯善简牍年代学研究》以纪年简为经，以特定的人物群体为纬，通过简文蛛丝马迹的联系，把若干散乱无序的简文系联成一个个群体，把它们置放在特定的时间纬度上，释放出更多的信息和意义，形成了有机的意义整体。比如梁鸾组、张超济组、李柏组、王彦时组，以某个有特定标志的人物为中心，把直接或间接的简文组合在一起，确定他们的相对时代。用这种方法再结合纪年简的信息，把所有楼兰出土的简文分为前后八个时期。从公元221年至公元367年，形成了146年的完整序列。另外，通过对楼兰出土的39枚佉卢文简（楼兰共出51枚，拉普生等人只刊布了39枚）的研究，弥补了汉文简牍在纪年上的缺环。这些年代的确定对于研究楼兰史的一系列相关问题都具有重要意义，其方法和结论是对简牍学的重要贡献。

（三）楼兰城的性质

根据《汉书》的记载，元凤四年（公元前77年）傅介子刺杀楼兰王，改楼兰为鄯善，王治扜泥城。根据这一记载，后世研究楼兰史者形成了"迁都说"和"非迁都说"。"迁都说"认为，楼兰国的都城原来应在楼兰城，国名和都城是一致的。只是傅介子刺杀楼兰王改楼兰为鄯善后，都城才从楼兰迁到了扜泥。"非迁都说"又可分为两种：一种认为楼兰改鄯善，只是改了国名，而楼兰、鄯善的都城始终都在我们今天看到的楼兰古城。孟凡人先生也是"非迁都说"，但他的意见是楼兰、鄯善的都城始终都在扜泥城，而楼兰城始终未作过楼兰或鄯善的都城。他的《楼兰鄯善简牍年代学》就是为此立论的基础。其实早在1986年，他就发表了《楼兰简牍的年代》和《楼兰古城的性质》[10]，认为西汉通西域时楼兰城尚不存在。而后来兴建的楼兰城，乃是魏晋和前凉时期西域长史府的驻地。他的这一结论不仅得自于简牍年代学，还通过楼兰古城的形制、布局和砌筑方法加以论证。并且得到了^{14}C测年的支持。2017年初，新疆文物考古研究所等单位在楼兰古城西北57千米的孔雀河北岸发掘了咸水泉古城，直径300米的一座圆形城址，据发掘者认为："咸水泉古城为元凤四年前楼兰国都城—楼兰城"[11]。但碳测年代似乎偏晚。看来，这个问题还有待相关材料的继续发表。

（四）李柏文书的地点

1909年，日本大谷光瑞考察队的橘瑞超在楼兰探险时发现了西域长史李柏给焉耆王的信。王国维先生在《流沙坠简》中认为，信中有"月二日到此"，而在"此"字旁加注"海头"二字，因而断言，"此地决非古楼兰"。1959年日本庆祝大谷探险队五十周年之际，森鹿三看到橘瑞超出示的所谓李柏文书发现地的照片，认为此地不是楼兰（L.A），而是L.A西南50千米处的L.K，从此引起了李柏文书出土地的争论。一时间，大都认为李柏文书并非出自楼兰，而出自L.K，而L.K就是前凉西域长史府海头。孟凡人先生早在1983年就发表了《李柏文书出土于L.K遗址说质疑》[12]，认为橘瑞超根据早期记忆所写的《中亚探险》[13]，明确记载了李柏文书的发现地在楼兰而并未提到L.K。而且他在探险过后不久去伦敦时又经斯坦因加以确认。他在50年后出示给森鹿三的照片实际上并非李柏文书的发现地。再说，从楼兰古城的规模、形制、结构等方面看，前凉的西域长史府海头只能在楼兰，而不可能在L.K，李柏文书也只能出在楼兰，而非别处。从而廓清了李柏文书出土地的混乱。

（五）鄯善国都今何在

按照孟凡人先生的意见，公元前77年傅介子刺杀楼兰王改国号为鄯善，王治扜泥城，只是改了国号而非迁了都城。楼兰、鄯善的都城自始至终都在一个地方，即扜泥城。那么扜泥城的地望究竟在何处？他的《论鄯善国都的方位》[14]一文回答了这个问题。他用考古遗迹、历史文献、汉文和佉卢文的记载从多个角度论证认为，楼兰城自东汉后期出现以后，一直是中原王朝设官管辖的直辖地区，比如魏晋前凉时期的西域长史府。而鄯善的活动范围主要在婼羌到尼雅一带，而楼兰和鄯善的都城始终在今若羌县西南大约7千米处的且尔乞都克古城。这一意见得到了大多数学者的共识。

（六）土垠遗址和居卢訾仓

1930年，黄文弼先生作为中瑞西北科学考察团的成员在新疆的土垠遗址发现71枚汉简，并将土垠发掘情况写成《罗布淖尔考古记》一书于1948年正式出版。由于当时的工作条件和认识水平，对土垠遗址的性质还有待继续深入。1990年，孟凡人先生在《考古学报》上发表了《罗布淖尔土垠遗址试析》[15]，利用出土汉简、遗址规模和出土文物，全面研究了土垠遗址的相关问题。认为土垠遗址的时间不能局限在汉简所记黄龙元年（公元前49年）到元延五年（公元前8年）这40年的时间里，其前后都应该有相当的延伸。太初年间（公元前104—前101年）李广利伐大宛后，"西至盐水，往往有亭"，一直到西汉末年王莽时"西域遂绝"，这应该是土垠遗址存续的时间，前后有一百年左右。土垠绝不是一个烽隧亭，而是一个军候的驻地。土垠是汉通西域的交通枢纽，是文献和汉简中记载的居卢訾仓。所有这些论断，都把我们对土垠遗址的性质以及居卢訾仓的知识大大向前推进了一步。

（七）伊循故城的位置

根据《汉书》记载，元凤四年傅介子刺杀楼兰王安归后，新立留质京师的尉屠耆，"丞相将军率百官送至横门外，祖而遣之"。临走时，尉屠耆请求汉天子："国中有伊循城，其地肥美，愿汉遣一将屯田积谷，令臣得依其威重。""于是汉遣司马一人、吏士四十人，田伊循以填抚之。其后更置都尉。伊循官置始此矣。"由此，伊循屯田成为汉朝经营西域的重要战略基地之一。那么伊循故地究竟在何处？一直是学术界争论的热点。一般的看法，伊循屯田在今若羌东北的米兰一带。但是孟凡人先生不同意这种看法。因为现今的米兰戍堡和佛寺，都是公元4—8世纪的遗留，周围一些农耕和灌溉遗迹大都是吐蕃占领时期的产物，不能作为汉代屯垦的证据，而真正西汉的伊循故址当在L.K。这一认识刷新了以往的研究，新颖而独到。

除此以外，先生对楼兰职官体系的研究、对楼兰道与丝路南道的研究、对新疆许多城址地望的研究，都发人所未发，有独到的见解。

综观上述研究的最大特点：一是充分关注和运用了出土的汉晋简牍。方法上形成了自己独特的操作程序，结论上弥补了西域汉晋简牍研究的空白，是对简牍学研究的重要贡献。其次是每个专题都有深入研究，而每个专题之间都有紧密的逻辑联系，从论文到专著形成了丰满而完整的知识体系，是对楼兰史和西域史研究的重要贡献。其三是先生的研究取材宏富，分析周详，把所得的结论建立在扎实的资料和严密的逻辑之上。把简牍资料、历史文献、遗迹考古、出土文物以及实地调查结合起来，细致地分析论证，得出自己的结论，具有方法论的意义。

二

对佉卢文简牍文书的利用和研究，为简牍学开拓了新的领域。佉卢文是古梵文的一种俗语，公元前3世纪至公元4、5世纪，广泛流行于印度西北部、中亚一带和我国塔克拉玛干南缘的鄯善、于阗等地。从19世纪80年代开始，一些外国探险家已经在我国新疆地区搜罗佉卢文的材料，最多的是汉佉二体钱。到20世纪初斯文赫定和斯坦因等多次到新疆，佉卢文简牍和纸文书被大量发现。根据刘文锁《沙海古卷释稿》的统计，先后在新疆、敦煌等地出土的佉卢文简牍有1203件，写在皮革和纸帛上的文书有38件，总数有1241件[16]。研究新疆的历史，佉卢文资料是一座丰富的宝藏。但是作为一种中古印度的死语言，最早的释读是由外国人完成的。英国语言学家爱德华·詹姆斯·拉普生（Edward James Rapson 1861—1937年）及其合作者波耶尔（A. M. Boyer）、塞纳（E. Senart）完成了斯坦因三次中亚考察所获佉卢文文书的拉丁字母的转写，分别于1920、1927、1929年在牛津大学克兰顿出版社分三册出版了《奥莱尔·斯坦因爵士在中国突厥斯坦发现的佉卢文文书》[17]。到1940年，拉普生的学生贝罗（T.Burrow，有文章译作巴罗、布娄）将上面转写的拉丁字母译成了英文，出版了《中国突厥斯坦出土佉卢文文书译文集》（Translation of the Kharosthi Documents from Chinese Turkestan），从此后，斯坦因从新疆掘获的大量佉卢文文书成为英语世界可以通读的历史资料。

我国虽有学者长期致力于对这批文书的研究，也取得了很多成果，但大部分只是拉普生、贝罗等人的研究成果的汉译而已[18]。我们所能见到的最早的汉译佉卢文译文集是王广智先生的《中国土耳其斯坦出土的佉卢文残卷译文集（初稿）》，中国科学院新疆分院民族研究所打印油印本，根据贝罗英国皇家亚洲学会1940年英译本译出的。全部译文编760个号，但不连续，中间缺276个号，实际有译文484条。油印稿没有标注时间，不知何时印出。1988年韩翔、王炳华等先生编印《尼雅考古资料》（内部印刷）时收入其中。就在同一年，林梅村先生的《沙海古卷（初集）》出版，根据佉卢文转写规则，参照尽可能搜集到的原物原照进行了重新转写和释读，是我国学者佉卢文研究的最新成果。又过了将近20年，刘文锁先生的《沙海古卷释稿》于2007年出版，综合贝罗和林梅村先生两种转写和译释，分类对以往发表的佉卢文材料进行了校订和考释[19]。最近段晴先生又连续出版了三本有关佉卢文研究的著作[20]，他同林梅村、刘文锁二位先生一起把我国佉卢文研究推向一个新的阶段。

孟凡人先生是较早关注佉卢文的学者，而且在佉卢文简牍的研究方面取得了丰硕成果。早在1991年他发表的《Supiya人与婼羌的关系略说》就涉及佉卢文的释读。他认为佉卢文中"Supiya"不能对译成后来的吐蕃部落"苏毗"，而可能和早期的婼羌人有渊源关系[21]。他的《论鄯善国都的方位》、《论尼雅59MN001号墓的时代》、《于阗汉佉二体钱的年代》以及《汉魏于阗王统考》等重要论文，都是20世纪90年代初期大量运用佉卢文材料写成的[22]。除了这些论文和《论文集》以外，先生关于佉卢文研究的成果集中体现在《楼兰鄯善简牍年代学研究》和新近出版的《尼雅遗址与于阗史研究》两部专著中。

（一）佉卢文简牍年代学的研究

如同研究汉文简牍年代学一样，《楼兰鄯善简牍年代学研究》的下编，是专门对佉卢文简牍年代学的研究。面对学术界公元3世纪说、5世纪说以及7世纪说，先生独辟蹊径，通过与汉文简牍相互参照、简文联系的方法，提出了自己的新说。认为佉卢文中记载的五位鄯善王陀阇迦王、贝比耶王、安建迦王、马希利王、伐色摩那王在位的年代大致应在公元242/3年至公元331/2年之间。楼兰佉卢文在公元270年以后的年代简亦有少量发现，但大多是公元281/2至310/1年这一时段的。这就把楼兰的佉卢文简亦同汉文简牍一样放置在了一个特定的时间点上，对研究探讨楼兰史的其他重要问题具有了很强的相关性。同样，在《尼雅遗址与于阗史研究》中，把尼雅出土的佉卢文简与鄯善王统结合起来，进行人物组合和相关系联，把尼雅出土的佉卢文简赋于时间上的定位，把它们安置在一定的时间链上，具有了准确的时空意义。附录中对尼雅出土的汉文简牍进行了重新校释，列出了佉卢文汉文译名对照表，为进一步研究提供了参照。在对于阗出土汉文和佉卢文的研究中，归纳排列出了汉到北魏于阗王的王统世系，亦都是孟凡人先生简牍年代学的重要内容。

（二）利用佉卢文简牍的内容列出鄯善国的行政官制体系

通过对佉卢文简牍的详细梳理，列出了诸如吉查依查、卡拉、古斯拉、奥吉、都古沙、色吠那、迟那韦达、凯没鸠罗、监察、司土、判长、御牧、祭司、司税等中央的官职系统。还排列出地方官州长之下的职官系统，诸如督军、税监、司土、祭司、监察、曹长、探长、判长、书吏、税吏、司税、司谷、谷吏、司帐、财务官、税务官、厩吏、边界执政官、骑都、哨长、百户长、地保、甲长、十户长等等。完整复杂的职官系统反映了当时鄯善社会的丰富内容，填补了以往鄯善社会史研究的空白，为进一步研究提供了多侧面的坐标体系。

此外，先生对汉佉二体钱、对贵霜与于阗、鄯善的关系，都曾利用佉卢文进行过深入研究，有其独树一帜的学术见解。

上面的例子说明：佉卢文简牍迄今已有1200多枚，内容之丰富完整，是研究西域史、民族史和中外文化交流史难得的资源。由于语言的障碍，以往研究简牍的学者基本是绕道而行，把佉卢文研究的使命推给了语言学家。汉文简牍和佉卢文简牍的研究分成两张皮，对整体上观察作为研究对象的鄯善和于阗社会形成了隔膜。孟凡人先生把汉文和佉卢文简牍熔为一炉，相互参证，为简牍学研究趟开了一条新路，开辟了一个新的园地，建立了一种新的范式。这是他对简牍学的贡献，也是我们学习的楷模。

谨以此文庆祝孟凡人先生八十华诞！

注　释

[1] a. 此数字来自林梅村：《楼兰尼雅出土文书》第2页，文物出版社，1985年。

　　　b. 斯坦因第四次中亚考察时还在尼雅掘获61枚，参见王冀青：《斯坦因第四次中亚考察所获汉文文书》，见《敦煌吐鲁番研究》第3卷，北京大学出版社，1998年。

　　　c.《英国国家图书馆藏斯坦因所获未刊汉文简牍》，上海辞书出版社，2007年。

　　　d. 新疆考古工作队又在楼兰发现65件汉文简纸文书。按照侯灿先生的统计，仅楼兰地区就出土过575个编号，709件汉文文书。见《楼兰汉文简纸文书集成》第20页，天地出版社，1999年。

[2] 斯坦因著，巫新华等译：《古代和田——中国新疆考古发掘的详细报告》，山东人民出版社，2009年。

[3] 国内有中华书局，1993年影印本。

[4] 孟凡人：《李柏文书出土于L.K遗址说质疑》，《考古与文物》1983年第3期。

[5] 孟凡人：《魏晋楼兰屯田概况》，《农业考古》1985年第1期。

[6] 孟凡人：《中国考古学研究——夏鼐先生考古五十年纪念论文集（二）》，文物出版社，1986年。

[7] 孟凡人：《楼兰简牍与西域长史机构官职系统的复原》，见《庆祝苏秉琦考古五十五年论文集》，文物出版社，1989年；《楼兰古城的性质》，见《中国考古学研究——夏鼐先生考古五十年纪念论文集（二）》，文物出版社，1986年。

[8] 孟凡人：《楼兰简牍的年代》，见《庆祝苏秉琦考古五十五年论文集》，文物出版社，1989年。

[9] 孟凡人：《罗布淖尔土垠遗址试析》，《考古学报》1990年第2期；《论鄯善国都的方位》，见《亚洲文明》第2集，安徽教育出版社，1992年。

[10] 孟凡人：《楼兰简牍的年代》，《新疆文物》1986年第1期；《楼兰古城的性质》，见《中国考古学研究——夏鼐先生考古五十年纪念论文集（二）》，文物出版社，1986年。

[11] 胡兴军，何丽萍：《新疆尉犁县咸水泉古城的发现与初步认识》，《西域研究》2017年第2期。

[12] 孟凡人：《李柏文书出土于L.K遗址说质疑》，《考古与文物》1983年第3期。

[13] 橘瑞超著，柳洪亮译：《中亚探险》，新疆人民出版社，1993年。2013年10月再版时书名改成了《橘瑞超西行记》。

[14] 孟凡人：《论鄯善国都的方位》，见《亚洲文明》第2集，安徽教育出版社，1992年；《新疆考古与史地论集》，科学出版社，2000年。

[15] 此文又收入穆舜英、张平：《楼兰文化研究论集》，新疆人民出版社，1995年。

[16] 段晴：《精绝、鄯善古史钩沉》一文，说据刘文锁先生最新相告。《欧亚学刊》新7辑，商务印书馆，2018年。

[17] 书上作者的排序是波耶尔、拉普生、塞纳。但根据王冀青先生的研究，这个顺序是按照姓氏字母排列的。三册佉卢文的释读者中，最主要的还是拉普生。说见王冀青：《拉普生与斯坦因所获佉卢文文书》，《敦煌学辑刊》2000年第1期。

[18] 王冀青：《拉普生与斯坦因所获佉卢文文书》，《敦煌学辑刊》2000年第1期。

[19] 据说新的修订本即将由新疆人民出版社出版。

[20] 段晴等：《中国国家图书馆藏西域文书——梵文、佉卢文卷》，中西书局，2013年；《于阗·佛教·古卷》，中西书局，2013年；《青海藏医药文化博物馆藏佉卢文尺牍》，中西书局，2017年。

[21] 孟凡人：《Supiya人与婼羌的关系略说》，《新疆大学学报》1991年第3期。

[22] 孟凡人：《论鄯善国都的方位》、《论尼雅59MN001号墓的时代》，见《亚洲文明》第2集，安徽教育出版社，1992年；《于阗汉佉二体钱的年代》，见《中国考古学论丛——中国社会科学院考古研究所建所40年纪念》，科学出版社，1993年；《汉魏于阗王统考》，《西域研究》1993年第4期。

新疆北部地区史前考古学的新认识

于建军

近年来，欧亚草原考古工作日益受到重视，这一区域的考古发现往往成为学界热点。中国新疆北部的考古发现更是如此，天山与阿尔泰山及其之间一直是早期冶金术、家马驯化、农作物传播、牧业经济发展演变、传播等方面研究的重要区域之一。

1963年，新疆社会科学院考古研究所（后来单独成立新疆文物考古研究所）易漫白、王明哲等先生对阿勒泰市克尔木齐（切木尔切克）墓地的发掘[1]，对新疆北部青铜时代的考古学文化有了初步认识。随后，一些学者对该墓地进行了比较充分的研究，认为这些墓葬最早的年代应该是青铜时代早期，即公元前2200—前1900年，晚至隋唐时期[2]。后来，王博等学者提出了"切木尔切克文化"的概念[3]，也逐渐被大家认可，并认为应该特指其中青铜时代的部分。国外学者，以俄罗斯考古学家科瓦列夫为代表的学者认为，这是一支起源于欧洲，并在阿尔泰山南发展壮大的青铜时代的典型考古学文化，年代可早到距今约5000年。为此，他在俄罗斯、蒙古国做了较多发掘，也发现了一批与切木尔切克文化相近的古墓[4]。

2006年以后，新疆文物考古研究所相继在阿勒泰地区做了较多的考古发掘工作，发现了一批切木尔切克文化的古墓，其中以托干拜二号墓地[5]、博拉提三号墓地二区M18最为典型[6]。综合第三次文物普查成果，以及最近几年的考古调查和发掘，发现的有关切木尔切克文化的遗存都是墓葬或者祭祀遗迹，其共同特征表现在遗存上主要是石板构筑的石棺，多数石棺内壁或者外壁有彩绘或雕刻的图案，图案有马、牛等动物形象，人面形象以及以红色颜料彩绘的菱形网格等。有些石棺的盖板上也经过人工修饰，石棺内往往埋葬多人，人骨表面多有红色颜料。墓葬地表上的封堆呈圆锥状或覆斗形，大多数封堆周围有方形石围或圆形石圈和石人。石人面目特征近似，为桃形脸庞，饼状圆睛，双弯勾"r"字形眉，多留"I"字须和八字须，有的头部和身上有盔甲痕迹，可能为武士形象。在阿勒泰地区青铜时代的人群中，武士的地位应该是很重要的。石棺的构筑方式是在竖穴土坑内，将加工好的石板竖立并合筑成石棺，石棺与土坑之间填以石块或随葬品。有些石棺高出土坑，上半部在地表之上，可能用绳索将石板从四方合力收束成石棺再填土构筑的。在一些墓葬的封堆中，有祭祀遗迹或小孩墓。如托干拜2号墓地发现的石棺中有多具人骨，石棺盖板多数是一大一小拼合遮盖，总有一块较窄的石板封盖石棺，且这块石板很有可能被多次打开，以放置后来的死者。

墓葬中出土的随葬品有石器、陶器、铜器等，石器以橄榄形罐，凹底、近铤形镞，单柄石臼、勺等为主，有些石罐表面饰有网状纹。陶罐以橄榄形为主，表面多饰波折纹或几何纹。铜器有刀、斧、镞等，随葬动物可见羊等。

作者：于建军，乌鲁木齐市，新疆文物考古研究所，研究员。

　　显然，切木尔切克文化反映出当时人们对于石材的认识，以及石器制作技术都达到了较高水平。在同时期考古学文化中相当突出，这可能是继承了阿尔泰山南麓石器制作技术的传统[7]。

　　新疆最早的考古发现是距今45000年的阿勒泰地区吉木乃通天洞遗址，这处遗址不仅仅是旧石器时代中期的遗址，还发现青铜时代到早期铁器时代的堆积，而且在青铜时代堆积中还发现距今5000多年的小麦（以麦粒测年）。遗址中旧石器时代中期的石器制作技术，与周边的齐德哈仁遗址、额德克遗址、白石滩南遗址、臭水井遗址的旧石器时代晚期的石器及石叶的制作技术可能有一脉相承的关系。切木尔切克文化可能与此有紧密的渊源关系，应该是阿尔泰山南麓继承了石器时代的技术传统，逐渐兴起的一支青铜时代考古学文化，并且在较长时间内，占据着主导地位，与东欧没有直接关系。到了青铜时代晚期，随着多种文化的交流和影响，在切木尔切克文化类型的石棺内发现了卡拉苏克文化的陶器（2016年在吉木乃县萨依旱萨依古墓地中发现）。

　　由此可见，北方的阿凡纳谢沃文化与切木尔切克文化之间也没有明显的传承关系，阿尔泰山南麓发现的阿凡纳谢沃文化的墓葬并不多，目前明确的有哈巴河县阿依托汗一号墓地中的2座墓[8]，在塔城地区和丰县也有所发现。这是因为，切木尔切克文化的主导地位导致阿凡纳谢沃文化的人群在阿尔泰山南麓无法进入中心地区，仅在偏西的区域活动，并南下逐渐产生或多或少的影响。

　　在通天洞遗址西南的江赛提遗址，发现了阿凡纳谢沃文化、卡拉苏克文化叠压的剖面，这处遗址也将会对阿尔泰山南麓青铜时代考古学文化之间的关系提供直接的实物证据。

　　2017年，在伊犁河谷地区发现了一座偏室墓，出土了刻印纹的圜底陶器，发掘者认为属于阿凡纳谢沃文化，但俄罗斯、哈萨克斯坦考古学家提出了不同的意见，他们认为与北方早期青铜时代考古学文化有联系，但不是阿凡纳谢沃文化，而是受到了颜那亚文化的影响。2016、2018年在对吉仁台沟口遗址的发掘中，发现了青铜时代的炭窑[9]。种种迹象表明，中国境内伊犁河流域的青铜时代考古学文化，也应该与周边文化存在一定的交流，但更多的是本身所具有的地方特点。随着对这些遗址研究的深入，将会逐步揭开伊犁河流域青铜时代考古学文化的面纱。

　　博尔塔拉蒙古自治州温泉县的阿敦乔鲁遗址，受到了北方草原文化的影响，墓葬体现出切木尔切克文化的特点，出土陶器具有卡拉苏克文化的特征，表明已经发展到青铜时代晚期，开始向早期铁器时代转变的文明进程。

　　温泉县另外一处重要的遗址—呼斯塔遗址，在县城东北约40千米的阿拉套山脚下的呼斯塔草原上发现的一处规模庞大的青铜时代遗址。遗址中有规模较大、布局严谨的居址，其南侧的小呼斯塔山顶部有一处遗址，可能是拱卫山下居址群的瞭望哨所，整个遗址具备了较为完善的体系。温泉县两处遗存之间是否有关联，还需要作进一步的工作。尽管呼斯塔遗址从调查到发掘已经进行了5年，但相对于遗址本身来讲，仅仅是工作的开始。

　　到了早期铁器时代，新疆北部墓葬数量和范围都有了明显的增加、扩大，墓葬形制更加复杂多样，这时候的考古学文化进入一个繁荣时期。阿尔泰山南麓这一时期的墓葬种类多，数量大。已经发掘的墓葬中，陶壶占据了最大的比重，墓葬多殉葬马匹，有的仅随葬马头，有的随葬整匹马，数量不等，最多的达到13匹。葬具多为木棺，有的外包石椁，大的木棺用铜钉。在装饰品、鹿石等器物上，鹿、羊纹饰最多，还有虎的形象，如双虎鹿石、虎纹铜镜、金虎饰件等，多数表现出与巴泽雷克文化相近的特征。在哈巴河县喀拉苏墓地中发现了羽状地纹铜镜残片、漆器、纺织品等。这个阶段冶金术有了很大的发展，出现了错金或者錽金的技术，金器制作技艺也很成熟。

巴里坤县东黑沟遗址、红山口遗址、泉儿沟墓地等发掘取得了较大的成果,游牧聚落遗址被发现、被认识是一个重要的学术突破,对传统的牧业经济认知造成了一个较大的冲击,对"逐水草而居"有了新的理解,游牧人群也是有相对固定的聚落,夏冬营地或者长期居所有可能存在,祭祀活动也很频繁。

从青铜时代到早期铁器时代的新疆北部,展现出既有多种文化融合,又有自身特色的特征(表一)。阿尔泰山南麓的东西向要道,从旧石器时代中晚期开始的文化交流,一直延续到早期铁器时代,历久不衰。阿尔泰山南北之间的交流也是如此。位于这条东西向要道中部的淡水湖——斋桑泊无疑确保了这条道路的持久性和重要性。考古发现中的小麦、动物纹金属器、漆器、山字纹和羽状地纹铜镜、纺织品等尽显交流的广度与深度。甘肃马家塬战国墓葬中的草原文化因素,与阿尔泰山有着紧密的联系,阿尔泰山东端沿东南方向,也有可能存在一条早期文化交流的通道。

表一　　　　　　　阿尔泰山—天山主要青铜时代和早期铁器时代文化

南西伯利亚	萨彦—阿尔泰	阿尔泰—天山
阿凡纳谢沃文化 Afanasevo Culture 公元前3600—前2500年	阿凡纳谢沃文化 Afanasevo Culture 公元前3600—前2500年	切木尔切克文化 Chemurchek Culture 公元前2500—前2100年
奥库涅夫文化 Okunyev Culture 公元前2100—前1800年	塞伊玛—图尔宾诺 Seima-Turbino Culture 公元前1800—前1700年 巴泽雷克文化	切木尔切克文化 Chemurchek Culture 公元前2500—前2100年 奥库涅夫文化 Okunyev Culture 公元前2100—前1800年
卡拉苏克文化 Karasuk Culture 公元前1400—前800年	巴泽雷克文化 Pazyryk Culture 公元前800—前500年	东塔勒德文化 Dontalid Culture 公元前800—前300年

伊犁河谷与七河流域之间的文化交流也是畅通的,吉仁台沟口遗址的发掘成果表明,在青铜时代到早期铁器时代,这里可能更加重要,奴拉赛铜矿以及吉仁台沟口遗址发现的炭窑、煤炭的使用、高台遗址,都显现出这片区域的重要性,汤巴拉萨依墓地体现出安德罗诺沃文化在伊犁河谷的影响。

阿尔泰山南麓、天山北麓东西向的交通要道是这一时期文化传播、广泛交流的基础,二者之间、位置偏南的博尔塔拉蒙古自治州同时具备了更多文化的特征。阿尔泰山南麓、伊犁河谷、东天山北麓成为新疆北部史前考古学文化的三足鼎立,三者之间或有互动,从青铜时代到早期铁器时代呈现出璀璨的文化。冶金术、家马驯化和驾驭、车、小麦、彩陶、粟类作物、漆器、纺织品等多种文化汇聚于此。种种迹象表明,早在战国时期,阿尔泰山地域的人群就与中原发生了联系,越来越多的考古发现也在不断证实这一点,为此,英国考古学家杰西卡·罗森在中国考古学家童恩正先生"半月形"文化传播带理论的基础上,提出了"中国弧"的概念。其实不管是半月文化传播带还是中国弧,都是基于早期不同文化传播与交流、都是关于农牧文明边界的部分描述,并不能完全概括出欧亚草原广阔背景下农牧文明之间的广泛互动情景。

史前不同文化之间的交流融合,是复杂精彩缤纷的,有的甚至超出我们的想象。文化因子跨地域长距离的传播,总显示出神奇的一面,这或许正是不能简单理解早期文化互动交流的底蕴。考古发掘总会给人们惊奇地发现,旧石器晚期欧亚草原东部、华北、远东表现出的石器技术相似性和一致性，是否暗示着一个庞大的文化共同体系？青铜时代、早期铁器时代小麦、粟类作物、彩陶、冶金术、家马驯化、骑马术、漆器、中原式铜镜（山字纹、羽状地纹）、纺织品、车等，无不展现出多种文化的交流互动，我们的确不能断言东西南北这些不同的文化孰优孰劣，但却可以肯定，这一区域的交流在旧石器时代就开始了，直到春秋战国时期，交流仍然非常频繁和全面。丝绸之路开通以后，交流网络的发展达到了一个高峰。这也从侧面证实最早关注这里、并用自己语言记载下来的各种文献典籍，同样可以反映不同文化交碰撞的历史。从文献典籍中也可以看出交流联系的影响，以及古人对这里的关注。

注 释

[1] 新疆社会科学院考古所：《克尔木齐古墓群发掘简报》，《文物》1981年第1期。

[2] a. 王博：《切木尔切克文化初探》，见《考古与文物研究——纪念西北大学考古专业成立四十周年文集》，三秦出版社，1996年。

　　b. 林沄：《关于新疆北部切木尔切克类型遗存的几个问题——从布尔津县出土的陶器说起》，见《庆祝何炳棣先生九十华诞论文集》，三秦出版社，2008年；《林沄学术文集（二）》第143—161页，科学出版社，2008年。

　　c. 王明哲：《论克尔木齐文化与克尔木齐墓地的时代》，《西域研究》2013年第2期。

[3] 新疆博物馆：《温宿县包孜东墓葬群的调查和发掘》，《新疆文物》1986年第2期。

[4] Древнейшие европейцы в сердце Азии: чемурчекский культурный феномен. Часть I. Результаты исследований в Восточном Казахстане, на севере и юге Монгольского Алтая/ Составитель и Научный редактор А. А. Ковалев- СПБ.: Изд-во ЛЕМА, 2014. - 416 с.

[5] 新疆文物考古研究所：《新疆哈巴河托干拜2号墓地发掘简报》，《文物》2014年第12期。

[6] 新疆文物考古研究所：《布尔津也拉曼墓群发掘简报》，《新疆文物》2017年第4期。

[7] 阿勒泰地区文物局博物馆：《切木尔切克文化》，新疆科学技术出版社，2016年。

[8] 新疆文物考古研究所：《哈巴河县阿依托汗一号墓地发掘简报》，《新疆文物》2017年第2期。

[9] 新疆文物考古研究所、中国人民大学：《煤火燃回春浩浩炼炉照破夜沉沉——新疆尼勒克吉仁台沟口遗址考古发掘取得新进展》，《中国文物报》2018年12月28日。

论"青铜时代"概念的时空适用性

——以中国东北地区为例

许 宏

一、"青铜时代"的时空分布模式

一般认为,青铜时代是"以青铜作为制造工具、用具和武器的重要原料的人类物质文化发展阶段"[1]。一个共识是,"青铜时代必须具备这样一个特点:青铜器在人们的生产、生活中占据重要地位,偶然地制造和使用青铜器的时代不能认定为青铜时代"[2],"青铜器的零星发现是不足以作为中国青铜时代开始的证据的"[3]。

如是,在考古学上,我们可以依铜器制造使用现象的有无和对该人群社会生活的影响程度,分别从时空的角度做纵向与横向的划分。即把某一区域(人群)的早期文化史细分为以下四个阶段。

第1阶段:是前铜器时代,一般为(新)石器时代。

第2阶段:是零星小件铜器初现的时代。

第3阶段:是青铜时代(青铜器大量使用、在社会生活中占重要地位)。

第4阶段:是铁器时代。

其中,第1、4阶段在东亚大陆范围内普遍存在,第2、3阶段则依区域的不同或有或无。再依各区域上述时段存在的组合不同,还可以从空间上进行如下划分。

(一)全无铜器发现,新石器时代直接下接铁器时代的区域(第1→4阶段)。

(二)从无铜器到散见小件铜器,而后直接进入铁器时代的区域(第1→2→4阶段)。

(三)从无铜器到直接进入青铜时代,下接铁器时代。青铜文化的出现具有突兀性、非原生性的特征(第1→3→4阶段)。

(四)从无铜器到散见小件铜器,再先后进入青铜时代、铁器时代的区域(第1→2→3→4阶段)。

借此,我们可以廓清青铜潮的波及范围,分析铜器的使用与否及利用程度,以及其与该地社会文化发展的关系。

梳理东亚大陆早期冶金遗存的发现与研究历程,中国东北地区(含内蒙古东部)显然是个较典型的例证,可以让我们来检讨"青铜时代"概念在时空上的适用性及其中所蕴含的学理问题。从下引考古文献可以看出,东北地区考古同仁既往全面系统的研究为我们的分析提供了扎实的学术基础。

作者:许宏,北京市,中国社会科学院考古研究所,研究员、博士生导师。

二、东北地区用铜遗存的时空梳理

依据现有考古资料，结合学术史分析，我们可以对东北地区早期用铜遗存做一个初步的时空梳理（图一；表一）。

（一）红山至龙山时代属于前铜器时代

1. 红山文化无用铜遗存发现

曾有学者提出内蒙古东部至辽西地区的红山文化已进入铜石并用时代[4]，后经冶金史与考古学

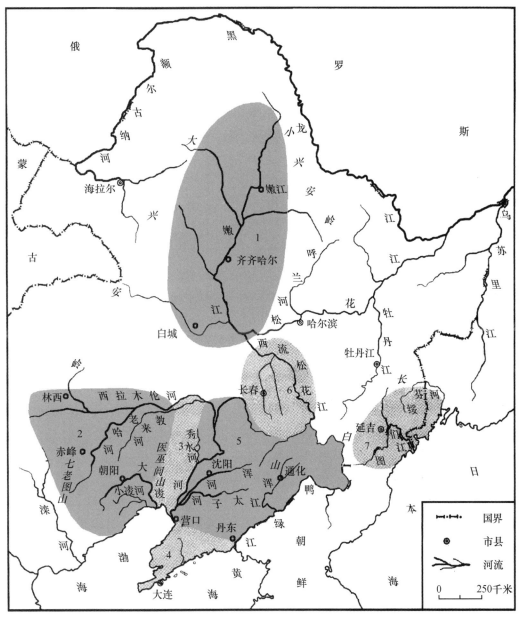

图一　东北地区夏至战国时期七个考古文化区位置关系示意

1. 嫩江流域　2. 辽西山地区　3. 辽西平原地区　4. 辽东南部地区　5. 辽东北部地区

6. 西流松花江流域　7. 图们江流域

（据下引书图一改绘。赵宾福：《中国东北地区夏至战国时期的考古学文化研究》，科学出版社，2009年）

表一　　中国东北地区龙山至西汉时期考古学文化时空框架示意

时期		绝对年代	辽西山地		辽西平原	辽东		嫩江流域	西流松花江流域	鸭绿江流域	图们江流域	三江平原
			西区	东区		北部区	南部区	(鲜卑?)	(扶余?)	(高句丽?)	(沃沮?)	(挹娄?)
西汉		公元前202—公元9年			汉文化	双房晚期	双房晚期	汉书	西团山晚期	万发拨子三期	柳亭洞晚期	桥南一期
战国	晚期	一公元前221年	水泉/井沟子	五道河子/凌河晚期	燕文化			二期	西团山中期			
	早中期	公元前403—									柳亭洞早期	
春秋		公元前770—前403年	夏家店上层	凌河早期		双房中期	双房中期	白金宝	西团山早期	万发拨子二期		
西周		公元前1000—前771年				双房早期	双房早期				兴城晚期	
殷墟		公元前1300—前1000年	魏营子		高台山晚期			古城				
二里冈		公元前1500—前1300年	夏家店下层		高台山早期	马城子晚期	双砣子三期	小拉哈				
二里头		公元前1700—前1500年			平安堡二期	马城子早期	双砣子二期				兴城早期	功衣
龙山晚期		公元前2000—前1700年					双砣子一期	小拉哈一期				

图例：| 无用铜遗存 | 少见用铜遗存 | 青铜时代 | 铁器时代 |

说明：
1. 为简洁计，考古学文化遗存的称谓（某文化、类型或某类遗存）一律省略。
2. 括号内为考古学界对西汉时期各考古学文化所属族属的推断意见。
3. 本表依下引论著改制。赵宾福：《中国东北地区夏至战国时期的考古学文化研究》，科学出版社，2009年；赵宾福、杜战伟等：《吉林省地下文化遗产的考古发现与研究》，科学出版社，2017年；黑龙江省文物考古研究所：《考古·黑龙江》，文物出版社，2011年测年等多学科分析，这一提法已被否定。

辽宁凌源牛河梁遗址出土冶铜炉壁残片，原推断为红山文化晚期遗存，约当公元前3000年前后[5]。后经[14]C测年，"炉壁残片的年代为公元前3000±333—3494±340，要比红山文化陶片和红烧土年代晚约1000多年，属夏家店下层文化的年代范围"[6]。

除此之外，另两处关于红山文化铜器和冶铜遗存的发现则尚存异议。

一处是在辽宁凌源牛河梁遗址第二地点4号积石冢的一座小墓内，曾发现一件小铜环饰，经鉴定为红铜[7]，发掘者称此墓为"积石冢顶部附葬小墓"，认为"这项发现地层关系清楚，材料可靠，被冶金史界称为我国迄今发现的最早的铜标本之一，也证明这一地区的冶铜史可追溯到五千年前的红山文化"[8]。但在牛河梁遗址正式发掘报告中，该墓被列于4号冢主体之外的"冢体上墓葬"，这3座小墓"利用原冢的碎石砌筑墓框并封掩，叠压或打破冢体顶部的堆石结构"。除了这座85M3出土了铜耳饰和玉坠珠各1件外，其他2座小墓无任何随葬品[9]。报告没有明言其年代，但显然是将其当作晚期遗存的，在结语中也未再提及红山文化铜器发现的重要意义。

据报道，内蒙古敖汉旗西台遗址曾出土2件小型陶质合范。最初的简讯中并未提及陶范的发现[10]，后来的简报则报道了西台遗址出土的两组陶范的情况，认为其中一组应是铸造小青铜饰的模具。另外，在房址和围壕内还出土有6件单扇陶范残件[11]。依据简报，"西台遗址虽未做[14]C年代测定，从出土遗物看，属红山文化中期。大约在距今6500—6000年"。另有学者推测这一红山文化陶范的年代在距今5800—4900年之间[12]。我们还注意到，与凌源牛河梁遗址相类，西台遗址也属复合型遗址，"包含新石器时代兴隆洼、红山和青铜时代夏家店下层和夏家店上层等多种文化遗存"[13]，"有一部分夏家店下层类型与红山类型时期的遗址重合"[14]。看来，这批陶范是否属红山文化，尚无法遽断。

也即，到目前为止，尚无可靠的证据表明红山文化晚期遗存中存在用铜的迹象。关于这一问题，笔者在既往的论文中已述及[15]。

2. 龙山时代无用铜遗存发现

这又涉及两个问题，一是夏家店下层文化的年代上限能否早到龙山时代，二是辽东半岛上的双砣子一期文化是否是东北地区最早的青铜时代文化。

（1）关于夏家店下层文化的年代上限

地处内蒙古东部和辽西山地区的夏家店下层文化，一般被认为属青铜时代的考古学文化。而关于其具体的年代上限，还有进一步讨论的必要。该文化自20世纪60年代被初步辨识后，对其年代上限问题的认识也不断深化，有一个逐渐明晰但又曲折反复的过程。

1979年出版的《商周考古》指出"夏家店下层文化晚于龙山文化"，"绝对年代大体相当于中原地区的商代"[16]。随后，有学者推测该文化早期与中原龙山文化（晚期）相当[17]，郭大顺先生还依据辽西地区已发现大量夏家店下层文化遗存而从未发现龙山文化遗存的现象，提出辽西地区相当于龙山文化阶段的遗存应当就是夏家店下层文化最早阶段的见解。已有学者指出，郭氏将唐山大城山遗址下层划归夏家店下层文化，并据此判定该文化上限突破距今4000年，进而提出主要发展过程大体跨越龙山文化、二里头到二里冈期商文化的结论[18]。而据后来的测定，早于夏家店下层文化的小河沿文化的年代下限在公元前2100年前后甚至更晚[19]，已进入龙山时代晚期的范畴。另外，邻境的冀西北壶流河发现的夏家店下层文化叠压在龙山期文化遗存之上的地层关系[20]，也表明至少在该区域，夏家店下层文化的上限不早于龙山时代。嗣后，李伯谦先生在系统分析夏家店下层文化的论著中则明确指出，夏家店下层文化"不可能早到与龙山期文化同时……它基本上是与中原夏—商前期同时的一种文化遗存"[21]。作者引用邹衡先生的观点[22]，将夏文化限定为二里头文化。

此后，虽然夏家店下层文化的年代仍被表述为约当公元前2000—前1400年间[23]，但一般认为"大致同中原地区二里头文化和早商文化相当"[24]。而随着夏商周断代工程和中华文明探源工程系列测年研究的不断深入，"其所得到的年代结果也从最初由单一样品年代校正，而且其误差也相对较大的条件下得到的公元前1900—前1500年的年代范围，逐步明确到二里头一期的年代为公元前1880年，再到目前的将二里头一期的年代上限定在不早于公元前1750年，显示了年代结果由模糊到相对清晰，由粗泛到细化的变化过程"[25]。夏家店下层文化的年代上限显然也应做相应的下调（见表一）。

（2）双砣子一期文化铜器质疑

辽东南部区指辽东半岛区域，该区域被认为属于青铜时代的有四种考古学文化，即双砣子一期文化、双砣子二期文化、双砣子三期文化和双房文化。最引人注目的是双砣子一期文化，其年代约当公元前2100—前1900年[26]。在属于双砣子一期文化的大连大嘴子遗址第一期文化层出土了一件残青铜戈[27]。多有学者认为这标志着双砣子一期文化已经进入了青铜时代[28]。

在最初的简讯中此器被称为"戈形器"[29]，正式报告则肯定为戈，且认为此件铜器的出土层位无误："因事关重大，铜戈残段出土之时，我们反复核对了地层，同一地层出土有第一期文化彩绘陶片，确系第一期文化层出土"[30]。

但已有学者指出，"从北方地区大文化背景看，中原二里头文化始进入青铜时代。在此之前，整个黄河流域包括山东龙山文化在内，铜器的出土地点和种类虽有不少，青铜器也占有一定比例，但尚没有达到铸造青铜戈那样的工艺水平，而东北同时期遗存更无确切实例可证。大嘴子青铜戈还有待进一步考实"[31]。另有学者认为此铜戈的援部应系"商代早中期"（二里冈文化或稍晚）的风格[32]；或认为该器所在的双砣子一期文化晚段地层的年代"约当商代"，而此器仅可称为"戈形器"，而无法遽断为戈[33]。《中国考古学·夏商卷》和关于青铜戈的系统性研究著作《早期中国青铜戈·戟研究》[34]则未述及此，已能显现作者对该器类别和时代的存疑态度。新近出版的《夏商周考古学》一书，也没有把相当于龙山时代晚期的双砣子一期文化归为青铜时代[35]。

无论如何，此残器圆柱形中脊的形制具有相当的先进性，是可以显见的。在该区域，晚于双砣子一期文化、与胶东半岛的岳石文化大体同时且有一定关联的双砣子二期文化，尚基本无青铜制品发现[36]（见表一）。鉴于上述，对这件属于孤例的铜器持慎重的态度是合适的。

（二）无缘青铜时代的区域

排除了青铜时代纵向上溯至更早时段的可能性之后，我们再看看空间上青铜时代覆盖区外缘的情况。与青铜时代无缘的区域又可以分为基本不见用铜遗存和仅见零星用铜遗存两种情况。

1. 基本不见用铜遗存的区域

小兴安岭—长白山脉以东的图们江流域、牡丹江流域和松花江、乌苏里江、黑龙江汇流的三江平原及其周边区域，在进入铁器时代之前，基本上无青铜制品发现[37]。这是典型的新石器时代下接铁器时代的区域。有学者指出，"镜泊湖南端莺歌岭遗址上层距今3000年左右，年代比许多青铜文化更晚，但这里并没有发现铜器，意味着当东北大部分地区正经历着青铜时代，领受着金属文明带来的灿烂光辉和浓重阴影的同时，这里的主人可能仍然还停留在原始古朴的新石器时代"[38]。"与东北其他地区相比，图们江流域应该是一个相对比较封闭、文化自身很少受到外界影响、发展水平稍显落后的地区"[39]。而三江平原，在相关学者论及中国东北地区夏至战国时期或青铜时代的考古学文化时，都未列为专门的一区加以讨论[40]。

2. 仅见零星用铜遗存的区域

在进入铁器时代之前，仅见有零星用铜遗存而未进入过青铜时代的区域，可举鸭绿江流域为例。在此区域，相当于商周之际的万发拨子二期文化不见用铜遗存，而相当于春秋战国时期的万发拨子三期文化则发现有环、坠饰等小件铜器[41]。其后的西汉时期，该地区进入铁器时代。

（三）渐次进入青铜时代的区域

这类区域包括辽东南部区、辽西平原区和松嫩平原区。

1. 辽东南部区

如前所述，辽东南部区的辽东半岛，在双砣子一期文化和双砣子二期文化时期，都没有用铜遗存的发现。双砣子三期文化中开始出现青铜镞、鱼钩、环、泡等小件制品。其年代约当商代晚期，下限可到西周初年[42]。

"到了两周时期的双房文化阶段……开始出现该文化系当中最具特色的曲刃矛、柱脊曲刃剑、方銎斧等青铜武器"。"伴随着青铜兵器的出现，'双砣子文化系'由原来的弱势一度发展成为强势。分布地域也由原来夏商时期的辽东半岛南端迅速扩张到西周至战国时期的整个辽东地区，而且影响范围甚至还波及辽西山地区、朝鲜半岛和第二松花江流域"[43]。显然，只有到了这一时期，整个辽东地区才真正进入了青铜时代。

2. 辽西平原区

这一区域相当于夏商时期的遗存主要有"平安堡二期遗存"和高台山文化，其中前者"应该是处在该地区新石器时代结束之后，高台山文化形成以前的一种考古学文化遗存"。其"年代应处于夏代的纪年范畴之内，大体和旅大地区双砣子二期文化的早期年代接近，即相当于夏代早期"[44]。

研究者推断平安堡二期遗存"应该是处在该地区新石器时代结束之后"，但在该遗存中并未发现用铜遗存。此外，如该遗存与双砣子二期文化早期大体同时，则其年代应不早于岳石文化，也即最早与二里头文化（早期？）大致同时。但这又与上述推断中的"夏代早期"不相符合。正如张忠培先生在上引书的序言中指出的那样，"目前学界基本共识的意见是将夏代起止年代定于公元前21世纪到公元前17世纪，同时认为二里头文化并非是夏代最早的夏文化，这本著作对此注意不够，有时将与二里头文化同时的遗存，视为夏代最早的遗存"[45]。其实这类用法在研究中较为普遍。这也正是笔者提出下述建议的缘由："鉴于关于'夏时期'、'夏代（早期）'、'早期夏文化'这类狭义史学及从中衍生出的复合概念人见人殊，具有极强的不确定性或模糊性，建议在对具体考古学文化遗存的叙述中慎用为好，尤其是在罕有甚至全无早期文献关联的中原以外区域"[46]。

如前所述，早于高台山文化的"平安堡二期遗存"如与双砣子二期文化早期年代接近，则高台山文化早期应不早于二里头文化早期，而高台山文化晚期相当于商代晚期[47]，那么高台山文化早期应大致相当于二里头文化晚期至二里冈文化时期。只是到了此期，辽西平原区才开始发现零星的耳环、小刀等铜器[48]。其中的铜耳环呈喇叭口状的U字形，与夏家店下层文化的同类器近同。比至相当于商代晚期的高台山文化晚期，始有管銎战斧、鹿首刀等器形稍大的武器和工具出现，或可认为其迎来了青铜时代的曙光。

3. 松嫩平原

松嫩平原地处欧亚草原东部，是欧亚草原文化分布的最东端，因而在辽西山地区出现了东北地区最早的青铜时代文化的同时，也在这一区域发现了零星的铜器。这是东北地区较早出现用铜遗存的一个区域。

最早出现零星铜器的是约略相当于"夏至早商时期"的小拉哈文化[49]，出土的铜器有小刀、笄、双联泡饰[50]和节状饰件[51]。这是前殷墟时代东亚地区铜制品分布最北的地点。相关发掘报告称"小拉哈文化的发现填补了长期以来松嫩平原早期青铜时代考古文化的空白"，其实很难认为如此零星的发现即表明松嫩平原在此期就进入了青铜时代，何况小刀和笄还都是失去了层位关系信息的采集品，暂且存疑。

小拉哈文化之后的"古城遗存"，约当中原地区的商代晚期，该文化中未发现青铜器，但出土有制作青铜斧、刀、铲的陶范[52]，表明该文化的人群已能批量制作青铜器，或已进入青铜时代。而该区出现较多青铜器和铸范的白金宝文化，已晚至西周早期到春秋晚期。结合陶质铸范，可知应有斧、刀、锥、环、连珠饰等。到了相当于战国至西汉时期的汉书二期文化，出土的青铜器和铸范仍主要为小型生产工具和装饰品，大安汉书遗址出土的一件属于青铜短剑附件的石枕状器，表明该文化应已存在青铜短剑[53]。铁器的出土，暗寓着至少自战国晚期始，该文化或已进入铁器时代。

（四）直接进入青铜时代的区域

可能由新石器时代直接进入青铜时代的区域有辽西山地区、辽东北部区和西流松花江流域。

1. 辽西山地区

继辽西山地区新石器时代的小河沿文化之后，就是发现了较多青铜器的夏家店下层文化。该文化的年代上限早不到龙山时代，已如前述。仅在其中心聚落内蒙古敖汉旗大甸子遗址的26座墓葬中，发现了50余件铜器以及零星的金器和铅器等金属器物，包括权杖头、冒、镦等斧柄饰件等，大宗者为耳环和指环。已检测的样品皆为青铜，铸锻兼有。其中绝大部分属于夏家店下层文化早期，约当二里头文化时期[54]。在其他遗址则散见有铜刀、削、针、耳环、指环和青铜碎屑等，此外还出有用来制作饰品的陶范。辽宁锦州松山新区水手营子出土连柄铜戈，年代相当于二里头文化四期或夏商之际，其制作工艺代表了这一文化铸铜技术的较高水平[55]。

这一区域青铜时代的遗存纷繁复杂，学者们看法不一。这里仅据研究最为系统的《中国东北地区夏至战国时期的考古学文化研究》一书的意见，罗列其大致的发展脉络。在相当于"商代早期"的夏家店下层文化晚期之后，这一区域的青铜时代文化分别是相当于商代晚期的以魏营子文化为代表的遗存，相当于西周至春秋时期的夏家店上层文化和"凌河遗存"早期，而相当于战国早中期的遗存则以"凌河遗存"晚期、"水泉遗存""井沟子遗存"（含"铁匠沟遗存"）、"五道河了遗存"为主[56]。到了战国晚期，燕文化遗存成为主流，该区域也大致进入了铁器时代。

2. 辽东北部区

如前所述，辽东地区从西周时期开始全面进入以双房文化为代表的青铜时代。在此之前，辽东南部区的双砣子三期文化仅发现了零星铜器，更早的相当于二里头文化、二里冈文化时期的双砣子二期文化尚无用铜遗存发现。在包括辽东山地丘陵和下辽河东岸平原的辽东北部区，与双砣子二期文化大体同时的马城子文化（含"新乐上层文化""顺山屯类型""望花类型""庙后山文化"等类遗存）早期也基本未发现用铜遗存[57]，该文化的晚期则出现了管銎战斧、方銎斧、铃首刀、鹿首刀、环首刀、镜等多种铜器，年代相当于商代晚期至西周早期[58]，应已进入青铜时代。

3. 西流松花江流域

西流松花江，即松花江吉林省段，曾被称为第二松花江。该流域直到西周时期的西团山文化，才出现了用铜遗存，其中包括作为东北系铜剑之母型的青铜曲刃矛。在相当于春秋战国时期的该文化中、晚期，青铜曲刃矛、曲刃短剑和方銎斧等，代表了这一青铜时代文化的发展高度[59]。

（五）各区域青铜时代上下限的梯次

如表一所示，东北地区最先进入青铜时代的是辽西山地区夏家店下层文化与河西走廊的四坝文化、甘青地区的齐家文化晚期和中原地区的二里头文化一道，是东亚地区最早进入青铜时代的四支考古学文化之一，绝对年代不早于公元前1700年[60]。这与其地邻欧亚大草原、较早接受内亚地区青铜文化的影响是密不可分的。与其大体同时出现用铜遗存，但仅限于零星小件铜器的小拉哈文化地处松嫩平原，也是因位于欧亚草原的东端而有地利之便的。但这一区域进入青铜时代要晚到相当于殷墟时期的"古城遗存"了。

除了松嫩平原，在相当于殷墟的时期进入青铜时代的，还有与辽西山地区毗邻的辽西平原区（高台山文化晚期遗存）和辽东北部区（马城子文化晚期遗存）。稍后，整个辽东区和西流松花江流域在相当于西周的时期也进入了青铜时代（双房文化和西团山文化）。横贯东亚的青铜潮也止于这些区域，没能越过小兴安岭和长白山脉。此线以东的鸭绿江流域在春秋战国时期仅见有零星的用铜遗存，而图们江流域、牡丹江流域和三江平原地区，则大致在汉代，由新石器时代直接进入铁器时代。而东北地区铁器时代的到来，显然是战国的燕文化和后来的汉代文化由西南向东北方向强力推进或影响的结果。

要之，东北地区既不是全境都存在青铜时代，各区域进入青铜时代的时间也有早晚之别，呈现出"南部比北部先进，西部较东部发达"的态势[61]。

三、"青铜时代"概念运用的学理辨析

在"青铜时代"这一概念的运用，尤其是探讨其从无到有的过程中，首先有一个内涵界定的问题。大家一般同意只有"青铜器在人们的生产、生活中占据重要地位"才能算进入"青铜时代"，但在具体操作层面，不少学者仍把零星青铜器甚至小件饰物的发现作为该区域进入青铜时代的标志。在东北地区考古研究的实践中，就不乏将罕有甚至全无用铜遗存的考古学文化划归青铜时代的例子，已如前述。

其次是主体界定的问题。要明确进入青铜时代的"人们"的主体，也即谁的青铜时代的问题。进入青铜时代的主体，应是一个（考古学文化所代表）的社会，一个特定的人群，是生活于特定区域的这群人进入了"青铜时代"。如是，是否就不能把进入"青铜时代"的主体，无限扩大到这个特定的人群以外那些没有进入青铜时代的人群及他们所处的地域？但在具体操作层面上，这样的做法是被默认的，甚至是主流思维。

有学者在论及黑龙江东部的"青铜时代"考古时指出，"这一地区（松花江、乌苏里江、黑龙江流经的三江地区）的'青铜时代'与中原地区有些不同。中原地区的青铜时代是以青铜器的制造和使用为标志的，但这样的标准却并不适用于三江地区的实际情况，在中原地区进入青铜时代以后的一个相当长的时间里，包括三江地区在内的一些地区并没有制造青铜制品的能力，因此，这些地区青铜时代的早期阶段仍然是以石器为工具和武器。这一点，从这个地区以致周边地区目前的考古发现中可以得到证明。因此，本文使用的青铜时代概念，只是将其作为一个年代范畴，而并不表明这一地区青铜时代的全部文化都已经具有中原地区青铜时代的典型特征"[62]。这清晰地表述了在无青铜遗存发现的区域使用"青铜时代"概念的思辨逻辑。

上文接着论述到，"黑龙江省东部地区的青铜时代考古学文化，在目前还处于空白状态，其中一个很重要的原因，就在于这个时代，尤其是其早期阶段青铜制品的缺乏，使得判断青铜时代遗存成为一件相当困难的事情，因此，即便已经发现的一些可能属于青铜时代的遗存，也由于种种原因而将这类遗存，或被认作新石器时代，或者被归入铁器时代，从而直接导致人们对新石器时代、铁器时代年代范畴的模糊认识，造成后两者外延的扩大。寻找或从已有的发现中确认青铜时代遗存，已经成为三江地区考古学研究中一个迫切需要解决的问题"[63]。在这里，"青铜时代"是在全无用铜遗存的考古学文化中"寻找"或"确认"出来的。

另有学者在专论图们江流域的"青铜时代"考古时表述到，"至于青铜遗物问题，图们江流域青铜时代文化堆积中均鲜见出土，是否存在青铜遗物不应该被看作是分辨遗存时代的硬性指标"[64]。而在关于吉林省青铜时代考古的研究论文中，通篇也全无对任何青铜制品的分析，也未对"青铜时代"的概念做出界定和阐释。所谓"青铜时代"涉及的时间范畴始于"夏至早商"，下限则到"战国至汉初"。文中回顾到，"从20世纪50年代开始，对西团山石棺墓地有针对性的发掘，首先将一些广泛使用石器生产工具并已出现青铜器的遗存，从所谓的'石器时代之文化'中分离出来，于此开创了吉林省青铜时代考古的新局面"[65]。再举一例："黑龙江地区也经历了青铜时代这一发展阶段，基本和中原地区是同步的。但在具体的文化面貌表现上，黑龙江东部、西部地区有明显的差异，这一时期东部地区的考古学文化均未发现具有该时代特征的标志物——青铜器（件），表现了显著的自身区域特点。因此，青铜时代的概念，作为一个年代范畴，黑龙江东西部区域存在着与中原地区不同的文化特征表现"[66]显然，上述论文所述"青铜时代"是以中原地区的青铜时代为参照系，意指相当于中原地区青铜时代的时段，而无关该区域用铜遗存的有无。

推而广之，"在中国境内的不同地区，金属器（青铜和早期铁器）在出现年代上有早有晚，在地域分布上也不大均衡，甚至各地区因文化传统的不同在应用范围上也各有特色。所以，上述中国青铜时代和早期铁器时代的开始和结束，我们都只能以黄河中下游地区为准"[67]。显然，这是把现中华人民共和国境内全域当作一个叙事单元，来展开对数千年前各地异彩纷呈的史实的叙述的。

需指出的是，一个地区没有青铜时代，全然不见或仅见零星铜器就由新石器时代直接进入铁器时代是很正常的，并非所有区域都毫无缺失地经历了所有的文化史发展阶段。在中国考古学乃至历史学领域，为什么一定要在每一个罕有甚至全无青铜制品的区域都划出一个与中原地区青铜时代大体同时的"青铜时代"来？中原王朝的影响波及范围以外的区域，有些还有待建立起根植于当地的文化史分期与谱系框架，但即便这个框架建立起来，其阶段划分的话语系统可能还仍然不同程度地受到"中原中心"本位的影响。这一学术思维方式及其演变历程，本身就值得深思，值得探究。

目下，学术界已充分地意识到作为研究对象的各地历史文化发展的不平衡性，具体的田野考古与综合研究作业也开始细密化，是时候在学术话语系统上也有相应的跟进了。这是深化相关研究的必由之路。谨以这一呼吁作为这篇小文的收束。

附记：我与孟凡人先生是忘年交。

先生是长辈，因不在一个研究室，研究方向不同，其实最初并无太多交集。我在考古所读博士研究生专攻城市考古时，先生任汉唐考古研究室主任，任内主办都城考古学术研讨会，出版相关文集，一时开风气之先，令人钦佩。比至接手二里头的工作，又读到先生早年关于龙山文化和夏商文化的论文，感叹其涉猎之广。而后先生又主持边疆考古研究室的工作，对新疆考古与历史地理乃至丝绸之路与东西交流都颇有造诣，是难得的全才式的学者，令我不禁对其敬重有加。观先生处事，可知这是位为人为学的"大明白人"。

　　与先生的交往大致限于食堂的餐叙和偶尔的研究室造访，与先生聊天是一件快事，除了满屋子的烟味。先生大概认为我这个后生尚称扎实、孺子可教，于是常晓以忠言，嘱我勿受当时风气的影响，做好自己的学问。对所内乃至整个学界的前世今生未来，都极富洞见。忧思感怀期待……五味杂糅于肺腑，令人动情而感奋。

　　先生退休后，仍笔耕不辍，书一本一本地出，我也就一一一地受赠于先生，也不时回赠我的新著，遂与先生成为忘年的"书友"。聊天时，先生尝言学者如身体健康，六十到七十五岁是黄金年龄。是啊，先生本人即是最好的践行者。无奈烟是他大半辈子的朋友，最后逼着他放缓读书写作思考的节奏，这才开始注意养生。

　　值先生八十大寿之际，闻先生门下诸友要出祝寿文集，当然要有小文奉上。刚想到不意提交的这篇文章，居然是先生所精研而本人力所不逮的边疆考古的内容，不意又是在步先生之后尘啊。

　　谨以此献上一位后学的诚挚祝福！

　　本文写作过程中得到成璟瑭、徐昭峰教授的悉心指正，在此一并致谢！

注　释

[1] 石兴邦：《中国大百科全书·考古学》"青铜时代"条，中国大百科全书出版社，1986年。

[2] 蒋晓春：《中国青铜时代起始时间考》，《考古》2010年第6期。

[3] 井中伟、王立新：《夏商周考古学》第4页，科学出版社，2013年。

[4] 杨虎：《辽西地区新石器—铜石并用时代考古文化序列与分期》，《文物》1994年第5期。

[5] a. 郭大顺：《赤峰地区早期冶铜考古随想》，见《内蒙古文物考古文集》第一辑，中国大百科全书出版社，1994年。

　　　b. 苏秉琦：《中国通史》第一卷·序言，上海人民出版社，1994年。

[6] a. 李延祥、韩汝玢等：《牛河梁冶铜炉壁残片研究》，《文物》1999年第12期。

　　　b. 李延祥、朱延平：《辽西地区早期冶铜技术》，《广西民族学院学报（自然科学版）》2004年第2期。

[7] 韩汝玢：《近年来冶金考古的一些新进展》，见《中国冶金史论文集》，北京科技大学，1993年。

[8] 郭大顺：《赤峰地区早期冶铜考古随想》，见《内蒙古文物考古文集》第一辑，中国大百科全书出版社，1994年。

[9] 辽宁省文物考古研究所：《牛河梁红山文化遗址发掘报告（1983—2003年度）》第205—208页图版一七六，文物出版社，2012年。

[10] 杨虎：《敖汉旗西台新石器时代及青铜时代遗址》，见《中国考古学年鉴（1988）》，文物出版社，1989年。

[11] 杨虎、林秀贞：《内蒙古敖汉旗红山文化西台类型遗址简述》，《北方文物》2010年第3期。

[12] 任式楠：《中国史前铜器综论》，见《中国史前考古学研究——祝贺石兴邦先生考古半世纪暨八秩华诞文集》，三秦出版社，2004年。

[13] 杨虎：《敖汉旗西台新石器时代及青铜时代遗址》，见《中国考古学年鉴（1988）》，文物出版社，1989年。

[14] 陈红：《辽河上游新石器—青铜时代经济生活的推测》，辽宁师范大学硕士学位论文，2008年。

[15] 许宏：《从仰韶到齐家——东亚大陆早期用铜遗存的新观察》，见《2015中国·广河齐家文化与华夏文明国际研讨会论文集》，文物出版社，2016年。

[16] 北京大学历史系考古教研室商周组：《商周考古》第128页，文物出版社，1979年。

[17] a. 李经汉：《试论夏家店下层文化的分期和类型》，见《中国考古学会第一次年会论文集》，文物出版社，1980年。

　　　b. 郭大顺：《西辽河流域青铜文化研究的新进展》，见《中国考古学会第四次年会论文集》，文物出版社，1985年；《丰下遗址陶器分期再认识》，见《文物与考古论集》，文物出版社，1986年。

[18] 陈平：《夏家店下层文化研究综述》，见《北京文物与考古》第五辑，北京燕山出版社，2002年。

[19] 陈国庆：《燕辽区新石器时代考古学文化研究——兼论与周邻地区考古学文化的互动关系》第150页，科学出版社，2019年。

[20] 张家口考古队：《蔚县夏、商时期考古的主要收获》，《考古与文物》1984年第1期。

[21] 李伯谦：《论夏家店下层文化》，见《纪念北京大学考古专业三十周年论文集》，文物出版社，1990年。

[22] 邹衡：《试论夏文化》，见《夏商周考古学论文集》，文物出版社，1980年。

[23] 徐光冀、朱延平：《辽西区古文化（新石器至青铜时代）综论》，见《苏秉琦与当代中国考古学》，科学出版社，2001年。

[24] 中国社会科学院考古研究所：《中国考古学·夏商卷》第601页，中国社会科学出版社，2003年。

[25] 中国社会科学院考古研究所：《二里头（1999—2006）》第1215—1238页，文物出版社，2014年。

[26] 赵宾福：《中国东北地区夏至战国时期的考古学文化研究》第121—125页，科学出版社，2009年。

[27] 大连市文物考古研究所：《大嘴子——青铜时代遗址1987年发掘报告》第108页图一五，4、彩版二，2，大连出版社，2000年。

[28] a. 陈国庆、华玉冰：《大连地区早期青铜时代考古文化》，见《青果集——吉林大学考古专业成立二十周年考古论文集》，知识出版社，1993年。

b. 徐建华：《大连地区新石器时代文化和青铜时代文化断代划分》，《辽海文物学刊》1994年第1期。

c. 赵宾福：《中国东北地区夏至战国时期的考古学文化研究》第124、125页，科学出版社，2009年。

[29] 许明纲、刘俊勇：《大嘴子青铜时代遗址发掘纪略》，《辽海文物学刊》1991年第1期。

[30] 大连市文物考古研究所：《大嘴子——青铜时代遗址1987年发掘报告》第267页，大连出版社，2000年。

[31] 朱永刚：《东北青铜文化的发展阶段与文化区系》，《考古学报》1998年第2期。

[32] 郭妍利：《商代青铜兵器研究》第335页，社会科学文献出版社，2014年。

[33] 王成生：《辽宁出土铜戈及相关问题的研究》，见《辽宁考古文集》，辽宁民族出版社，2003年。

[34] a. 中国社会科学院考古研究所：《中国考古学·夏商卷》第632页，中国社会科学出版社，2003年。

b. 井中伟：《早期中国青铜戈·戟研究》，科学出版社，2011年。

[35] 井中伟、王立新：《夏商周考古学》第2页，科学出版社，2013年。

[36] 赵宾福：《中国东北地区夏至战国时期的考古学文化研究》第125—129页，科学出版社，2009年。

[37] a. 宋玉彬：《图们江流域青铜时代的几个问题》，《北方文物》2002年第4期。

b. 李伊萍：《黑龙江东部地区青铜时代遗存初识》，见《边疆考古研究》第2辑，科学出版社，2004年。

c. 黑龙江省文物考古研究所：《考古·黑龙江》，文物出版社，2011年。

d. 赵宾福、杜战伟等：《吉林省地下文化遗产的考古发现与研究》，科学出版社，2017年。

[38] 王承礼、张忠培等：《东北考古的主要收获》，见《东北考古与历史（丛刊）》第一辑，文物出版社，1982年。

[39] 赵宾福：《图们江流域的青铜时代文化研究》，《考古》2008年第6期。

[40] a. 赵宾福：《中国东北地区夏至战国时期的考古学文化研究》，科学出版社，2009年。

b. 井中伟、王立新：《夏商周考古学》，科学出版社，2013年。

[41] 赵宾福、杜战伟等：《吉林省地下文化遗产的考古发现与研究》第233—240页，科学出版社，2017年。

[42] 井中伟、王立新：《夏商周考古学》第558页，科学出版社，2013年。

[43] 赵宾福：《东北青铜时代考古学文化谱系格局的研究》，见《边疆考古研究》第12辑，科学出版社，2012年。

[44] 赵宾福：《中国东北地区夏至战国时期的考古学文化研究》第108页，科学出版社，2009年。

[45] 张忠培：《序》，见《中国东北地区夏至战国时期的考古学文化研究》，科学出版社，2009年。

[46] 许宏：《关于石峁遗存年代等问题的学术史观察》，《中原文物》2019年第1期。

[47] 赵宾福：《中国东北地区夏至战国时期的考古学文化研究》第116—118页，科学出版社，2009年。

[48] 辽宁省文物考古研究所、吉林大学考古学系：《辽宁彰武平安堡遗址》，《考古学报》1992年第4期。

[49] 赵宾福：《中国东北地区夏至战国时期的考古学文化研究》第23页，科学出版社，2009年。

[50] 黑龙江省文物考古研究所等：《黑龙江肇源县小拉哈遗址发掘报告》，《考古学报》1998年第1期。

[51] 黑龙江省文物考古研究所等：《肇源白金宝——嫩江下游一处青铜时代遗址的揭示》第44、46页，科学出版社，2009年。

[52] 赵宾福：《古城类型：嫩江流域商代晚期遗存辨识——兼谈嫩江流域陶鬲的起源与演变》，见《新果集——庆祝林沄先生七十华诞论文集》，科学出版社，2009年。

[53] 赵宾福、杜战伟等：《吉林省地下文化遗产的考古发现与研究》第163—175页，科学出版社，2017年。

[54] a. 中国社会科学院考古研究所：《大甸子——夏家店下层文化遗址与墓地发掘报告》，科学出版社，1996年。

  b. 李延祥、贾海新等：《大甸子墓地出土铜器初步研究》，《文物》2003年第7期。

[55] 井中伟：《水手营子青铜连柄戈的年代与属性》，见《边疆考古研究》第7辑，科学出版社，2008年。

[56] 赵宾福：《中国东北地区夏至战国时期的考古学文化研究》第103、104页，科学出版社，2009年。

[57] 赵宾福：《中国东北地区夏至战国时期的考古学文化研究》第124、125页，科学出版社，2009年。

[58] 井中伟、王立新：《夏商周考古学》第547—549页，科学出版社，2013年。

[59] 赵宾福：《中国东北地区夏至战国时期的考古学文化研究》第237—239页，科学出版社，2009年。

[60] 许宏：《从仰韶到齐家——东亚大陆早期用铜遗存的新观察》，见《2015中国·广河齐家文化与华夏文明国际研讨会论文集》，文物出版社，2016年。

[61] 王承礼、张忠培等：《东北考古的主要收获》，见《东北考古与历史（丛刊）》第一辑，文物出版社，1982年。

[62] 李伊萍：《黑龙江东部地区青铜时代遗存初识》，见《边疆考古研究》第2辑，科学出版社，2004年。

[63] 李伊萍：《黑龙江东部地区青铜时代遗存初识》，见《边疆考古研究》第2辑，科学出版社，2004年。

[64] 宋玉彬：《图们江流域青铜时代的几个问题》，《北方文物》2002年第4期。

[65] 朱永刚、唐淼：《吉林省青铜时代考古发现与区系研究》，见《边疆考古研究》第17辑，科学出版社，2015年。

[66] 黑龙江省文物考古研究所：《考古·黑龙江》，文物出版社，2011年。

[67] 井中伟、王立新：《夏商周考古学》第5页，科学出版社，2013年。

新疆发现的"安德罗诺沃文化类"遗存的讨论

——以新疆博尔塔拉河流域阿敦乔鲁遗址为基点

丛德新　贾伟明

　　安德罗诺沃文化在欧亚考古学文化研究中一直是个横贯东西方的课题，这不仅是因为它所分布的地域横跨欧亚草原的广大地区，而且，还由于它的迁徙和扩展曾经对欧亚草原毗邻地区，对欧洲、中东、西亚和中亚乃至东亚的史前社会发展产生过重要影响[1]。对东亚的影响，有学者认为首先是对中国新疆西部地区，进而向新疆东部、甘肃西部及内蒙古西部的渗透和扩展[2]，而这些渗透和扩展或多或少的都会以各种形式在史前考古文化中有所体现。新疆目前能够认定，大约在公元前20世纪作为东西方文化早期互动的遗存（考古学文化），除了近年来在伊犁河上游巩乃斯河及阿勒泰地区发现的、年代较早的阿凡纳谢沃类型的遗存之外，至少有三个比较重要的考古学文化[3]，即发现于阿勒泰地区的切木尔切克文化，该文化可能影响到新疆东部的哈密地区，甚至可能翻越天山而达塔克拉玛干沙漠北部边缘[4]；还有分布于塔克拉玛干沙漠之中孔雀河流域和克里亚河流域的小河文化[5]，以及本文讨论的主要分布于新疆西部的"安德罗诺沃文化类"遗存。

　　近年来，新疆西部地区不断有一些与安德罗诺沃文化相类或相关的考古遗存被发现，如塔城卫校遗址[6]、塔城下喀浪古尔遗址[7]、温泉阿敦乔鲁遗址[8]、尼勒克喀拉苏遗址[9]、尼勒克恰勒格尔遗址[10]、尼勒克穷科克遗址[11]、尼勒克萨尔布拉克沟口遗址、尼勒克吉仁台遗址[12]、新源阿尤赛沟遗址[13]、额敏霍吉尔特墓地[14]、裕民阿勒腾也木勒水库墓地[15]、托里萨孜墓地[16]、温泉阿敦乔鲁墓地[17]、霍城大西沟墓地[18]、尼勒克汤巴拉萨伊墓地[19]、尼勒克乌吐兰墓地[20]、特克斯阔克苏西2号墓群[21]、沙湾宁家河墓地[22]、石河子总厂古墓[23]、乌鲁木齐萨恩萨伊墓地[24]、塔什库尔干下坂地墓地[25]等。近年来特别是阿敦乔鲁聚落群的发现和发掘提供了相对完整的区域资料[26]，为此类遗存的进一步研究打下了坚实的基础。

　　这些新发现及测年数据促使研究者开始思考一些问题。第一，如何准确认知新疆地区与安德罗诺沃文化相交集遗存的年代[27]。第二，如何系统地分析本地区所谓安德罗诺沃文化的确切年代和自身文化特征[28]，由此对庞大的安德罗诺沃文化系统的传统编年和文化性质进行重新认识，对传统的安德罗诺沃文化传播承继的模式进行重新评估[29]。当然，对新疆地区与安德罗诺沃文化相关遗存文化性质的探讨，离不开准确的年代学，即相对年代和绝对年代。目前已知的新疆遗存堆积的特点，很少发现自身的多层遗址（堆积），能够应用的相对年代数据较少。这样一来，具有统计学意义

作者：丛德新，北京市，中国社会科学院考古研究所，研究员。

　　贾伟明，澳大利亚悉尼大学，教授。

的、一系列绝对年代数据的建立就显得十分重要。同时，对这一问题的探讨，离不开对周边地区，尤其是哈萨克斯坦东北部的七河流域和费尔干纳地区安德罗诺沃文化遗存的比较研究，捋清楚上述地区安德罗诺沃文化的面貌和类型，以及这些类型与新疆地区相关遗存的关系等。

上述这两个方面，即年代学和文化类型、性质及特征是考古学研究的基本层面，也是最重要的、不可或缺的研究。其他层次的研究如经济类型、社会组织、社会分化，原始宗教和崇拜等方面的探讨也很有必要，也是探讨史前社会发展进程（复杂化）的要求，所有的研究都要在这个准确的时间和空间框架内进行。因此，对新疆地区此类遗存的基本辨析和准确定位，既是基础性的研究，又是阶段性的总结。

一、新疆地区与安德罗诺沃文化有关的遗存年代

长期以来，学者们对新疆地区此类遗存的确切年代问题的研究做了很多努力，对这些遗存的性质也进行了一些有意义的推测和分析。正是基于这些努力，使得学术界能够对这些遗存的年代和性质获得了初步的认识，并据此得以讨论与安德罗诺沃文化的进一步联系。但由于这些遗存在国内的可供比较和参考的层位学和类型学资料不多，绝对年代的数据也十分有限，所以，这些讨论和分析多是来自于周边地区，包括对苏联时期的研究结果及新近中亚地区的材料比较而得出的。

近年来，俄国学者陆续出版了一些关于安德罗诺沃文化综合研究的专著，如《印度—伊朗人的起源》[30]，或关于欧亚草原史前文化的研究专著，如《乌拉尔和西西伯利亚的青铜与铁器时代》[31]及《丝绸之路史前史》[32]等学术专著。这些著作为我们提供了大量的资料，也极大地促进了对新疆安德罗诺沃文化类遗存的认识。之前，相关材料多发表在俄文资料中，检索困难，加之其资料的分散性和语言障碍，使得详尽、系统的比较研究几乎不可能。然而，在深入了解材料的同时，研究者也发现了一些问题。例如，邵会秋指出在《印度—伊朗人起源》一书中，作者所提到的[14]C年代与传统编年不一致，存在总是提早几个世纪的情况[33]。另外，按传统的说法，安德罗诺沃文化的影响抵达哈萨克斯坦的七河流域、费尔干纳地区，以及中国新疆的塔城、伊犁地区的趋势被形容是强弩之末，即应该是该文化的最晚时期。但阮秋荣根据多年来在该地区发掘的第一手资料指出，新疆发现的与安德罗诺沃文化相关联的遗存的[14]C年代数据存在偏早的情况，有可能说明安德罗诺沃文化的影响到达新疆的年代可能比我们认识的要早许多[34]。还进一步认为，在新疆伊犁尼勒克采集的陶器口沿特征，有可能是安德罗诺沃文化早期影响到达新疆的证据之一[35]。对于这个看法，李水城在研究西北和中原地区青铜器的相互作用时已经有所察觉[36]。

几乎同时，西方学者重新开展对南乌拉尔地区[37]、哈萨克斯坦北部地区[38]、西西伯利亚地区[39]、七河流域上游[40]的一系列安德罗诺沃文化遗存的[14]C年代数据的分析，都说明传统的安德罗诺沃文化年代上存在的误区。这也使我们不能不对原来的、还在广泛使用的欧亚草原安德罗诺沃文化的年代序列和传播、承继模式提出质疑[41]。在此种情况下，立足本地的资料和数据，对新疆各地发现的与安德罗诺沃文化相关联的遗存建立一个值得参考的年代序列就显得尤为重要。

这里需要说明的是，[14]C数据的应用有时会引起误解[42]。在科技考古学的研究中，研究者还会提供很多诸如利用铅同位素数据对铜矿石来源的分析，利用古DNA数据对史前人群起源的分析，利用碳同位素对古代食谱的分析，利用孢粉植硅体数据对古代环境的分析等方法；对所有这些数据，不仅是[14]C测年数据，都是要用统计学的角度来观察、分析和使用才更具有意义[43]。[14]C年代、包括AMS经校正后的结果也要根据统计学上的意义来标明1σ（1个Sigma）或2σ（2个Sigma）[44]

或然率的百分比，才更科学、客观。作为一线的考古研究者最想要的结果是确切的年代，或误差不太多的年代数据。但这样的确切年代在各种绝对年代测定技术上几乎是办不到的。这是容易引起误解的原因，首先，¹⁴C测年中不是每一个单独的¹⁴C数据都会有意义，在条件允许的情况下，要尽可能有足够多的数据来做参考。如每个单独的典型遗迹、房址或墓葬，最好要有5个以上的数据。如果遗迹内分层，则每层都尽量要有数据。其次，要严格把控好标本的采集、保存、运输直到实验室处理的各个环节中的规范性的操作，保证标本不被污染。产生年代偏差较大的最普遍的原因之一，可能是上述某个环节出了问题。最后，对成组的¹⁴C数据的分析应当立足于一个遗迹、遗址、一个墓葬区，进而扩大到一个小的流域、小的文化区；尽量不把分散在很大范围内的不同遗址的数据放在一起分析。因而具有统计学意义的一系列采自连续地层中，或采自同一个遗迹的标本所得出的年代应当具有很高的可信度[45]。

关于校正问题，目前，一般测年的实验室都提供了校正后的年代，即1σ（1个Sigma 95%）或2σ（2个Sigma 68%）的年代范围。这里以新疆和田流水墓地的年代为例来说明这两个年代范围的应用。流水墓地有来自9个墓葬的11个¹⁴C年代。其中M55的三个年代为2715±25、2635±35、2770±25，几乎相差无几，说明了数据的可靠性。其年代校正后明确了墓葬的使用年代大约在公元前10—前7世纪[46]。

文中对1σ（1个Sigma）或2σ（2个Sigma）的解释："让我们得出这样的结论，即墓地起始阶段按1σ（95%的概率范围）应在公元前1108—前893年之间，而最有可能的是按2σ（68%的概率范围）应在公元前1017—前926年之间。而墓地的最晚阶段是在公元前760—前493年（95%）之间，或最有可能是在公元前750—前630年之间（68%）"[47]。

由此可以看出，1σ（1个Sigma95%）或2σ（2个Sigma68%）的年代是如何使用的，现在比较普遍的用法是直接应用2σ（2个Sigma68%）给出的年代范围。甚至，有国外研究者根据多年积累的经验，尝试建立一个权重模型，并以这个模型对原始数据进行加权再矫正[48]。有条件的话，还要进行测年的贝叶斯的统计分析。当然，这在考古学的应用中还是比较少见的。年代校正的过程最好是使用本地区的古树年轮的校正数据，不过无论是在中亚北部还是在我国的西北地区，这项工作还处在初始的探索阶段[49]或试验阶段[50]，尚未建立完整的全新世古树年轮年代校正表。目前使用最广泛的是Oxcal（校正程序）[51]，即将一系列原始AMS测年数据用Oxcal进行统一校正，并生成直观的年代分布曲线表。以往安德罗沃文化文化在新疆的年代序列就是用这个方法建立的。

阿敦乔鲁的AMS ¹⁴C年代数据（阿敦乔鲁做了很多¹⁴C年代，由于送交标本的各个实验室测定所用时间各不相同）以同一批次8个数据为例（表一）。

表一 阿敦乔鲁AMS ¹⁴C年代测定数据

序号	出土单位编号	实验室编码	标本物质	重量（g）*	AMS BP	校正后Cal. BC
1	XBWAM9-2	UBA-19166	朽木	12.81	3447±31	公元前1870—前1846
2	XBWAM9-1	UBA-19167	朽木	25.17	3434±28	公元前1769—前1690
3	XBWAF1-layer 4	UBA-19165	木炭	4.37	3403±28	公元前1743—前1680
4	XWASM4-2（1）	UBA-21985	朽木	18.13	3337±32	公元前1728—前1720
5	XBWAF1-layer 2	UBA-19163	木炭	10.13	3331±38	公元前1666—前1604
6	XBWAF1-layer 3	UBA-19164	木炭	2.77	3270±27	公元前1606—前1574
7	XWAM50-1-2	UBA-21986	木炭	3.05	3266±34	公元前1607—前1571
8	XBWAM1-1	UBA-19168	人骨	21.8	3253±27	公元前1605—前1581

* 标本由Queen's University Belfast（贝尔法斯特女王大学）实验室测定。

将这些数据用Oxcal 4.24进行校正后生成的曲线图表如下，阿敦乔鲁遗址的年代基本在公元前19—前15世纪间（图一）。

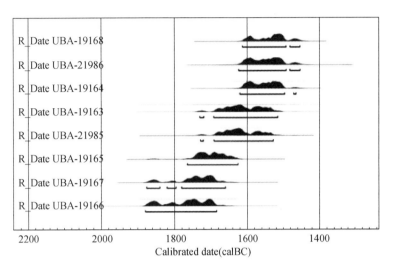

图一　阿敦乔鲁遗址经Oxcal 4.2树轮校正年代分布

这个年代触及了传统安德罗诺沃文化的早期，即彼得罗夫卡时期[52]。如果考虑安德罗诺沃文化年代学研究的最新成果的话，彼得洛夫卡的年代跨度应当是从公元前20—前16世纪[53]（图二），而与新疆关联密切的费德若沃类型（Fedorovo）和阿拉库尔类型（Alakul）其最早年代都在公元前19世纪前后，所以，在讨论新疆发现的与安德罗诺沃文化相关联的遗存的年代时，也需要考虑以下这个重要地区的年代（见图二）。

截至2013年，新疆发现的与安德罗诺沃文化相关遗存的[14]C年代有13个[54]，加上阿敦乔鲁的8个总共是21个数据（表二）。伊犁喀拉苏遗址的房址内有3个数据，由于未完整发表，没有实验室代号，所以未收入此表，但将另行讨论。

将这21个数据按照准噶尔盆地周缘区、伊犁河谷区和帕米尔高原区三个地区[55]来分开讨论，并生成校正后的[14]C年代曲线分布图（图三）。

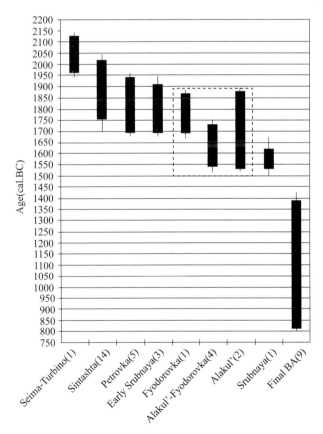

图二　南乌拉尔地区安德罗诺沃文化的年代
（采自Hanks et al. 2007文）

表二 　　　　　　　　新疆发现的与安德罗诺沃文化相关的遗存¹⁴C年代数据

野外编号	¹⁴C年（公元后）	校正后年代（公元前）1σ（68.2%）	样品物质	出土遗址
XBWAM9-2	3447±31	1870—1846（68.2%）	朽木	温泉阿敦乔鲁
XBWAM9-1	3434±28	1769—1690（68.2%）	朽木	温泉阿敦乔鲁
XBWAF1-layer 4	3403±28	1743—1680（68.2%）	木炭	温泉阿敦乔鲁
XWASM4-2（1）	3337±32	1728—1720（68.2%）	朽木	温泉阿敦乔鲁
XBWAF1-layer 2	3331±38	1666—1604（68.2%）	木炭	温泉阿敦乔鲁
XBWAF1-layer 3	3270±27	1606—1574（68.2%）	木炭	温泉阿敦乔鲁
XWAM50-1-2	3266±34	1607—1571（68.2%）	木炭	温泉阿敦乔鲁
XBWAM1-1	3253±27	1605—1581（68.2%）	人骨	温泉阿敦乔鲁
2011TEHM19	3320±35	1640—1530（68.2%）	人骨	额敏霍吉尔特
2011YAM74	3940±40	2940—2340（64.5%）	人骨	裕民阿勒腾也木勒
2011YAM88	3415±35	1760—1660（67.2%）	人骨	裕民阿勒腾也木勒
2011SNM69	3185±30	1465—1430（42.3%）	人骨	沙湾宁家河
2011SNM70	3025±35	1320—1250（39.9%）	人骨	沙湾宁家河
2010YTKM24	3355±35	1700—1600（64.5%）	木	特克斯阔克苏西2号
2010YTKM51	3355±30	1690—1610（68.2%）	木	特克斯阔克苏西2号
2010YTKM53	3295±35	1615—1525（68.2%）	木	特克斯阔克苏西2号
2010YTKM82	3400±30	1745—1665（68.2%）	木	特克斯阔克苏西2号
AIIM114	3525±35	1850—1770（44.1%）	木	下坂地
AIIM32	3475±40	1880—1740（68.2%）	木	下坂地
AIIM62	3425±45	1780—1660（60.8%）	木	下坂地
AIIM37	3300±35	1620—1525（68.2%）	木	下坂地

准噶尔盆地周缘区　在图三中，首先可以看出标本2011YAM74的年代，即采自裕民阿勒腾也木勒74号墓中人骨标本，它的¹⁴C年代明显偏离了其他年代曲线的走势。尽管造成这个年代极其偏早的原因并不清楚，但很显然这个偏离按统计学上米分析不具备应用意义，暂时放置待考[56]。其次，准噶尔盆地周缘区的11个数据，从其年代曲线分布上可知，时代范围是在公元前19—前13世纪。也就是说，对比阿敦乔鲁遗址和沙湾宁家河遗址的数据组，沙湾宁家河是处在这组数据的最晚期。其中沙湾宁家河70号墓的年代似乎也偏离了主流年代的曲线分布，但考虑到尚未偏离至曲线走势之外，所以暂时保留这个年代。或许这个年代，即公元前13世纪正是这里的与安德罗诺沃文化相关联遗存的最晚年代。

伊犁河谷区　该区域的这组数据比较连续，从公元前19世纪（裕民阿勒腾也木勒88号墓）—前16世纪（特克斯阔克苏西2号墓地53号墓；见图三）。尼勒克喀拉苏遗址发现了比较完整的半地穴式房址，房址中出土了较多的石磨盘和石磨棒。从出土陶器的风格看，应当与安德罗诺沃文化共同体有密切的联系。房址堆积中采集的木炭做了三个¹⁴C测定年代，分别为距今3075±35年、3340±40年和距今3510±35年（所用¹⁴C半衰期为5568年，BP为距1950年的年代）[57]。经过

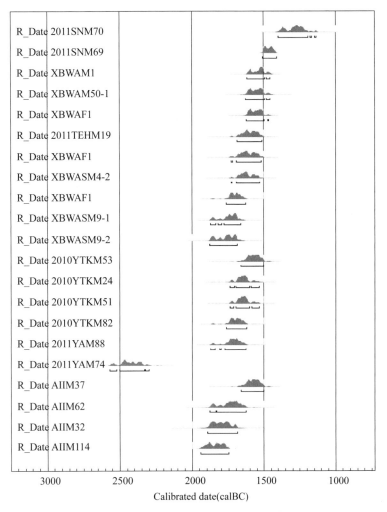

Oxcal4.24 校正后年代为公元前
1397—前1292年（1σ-68.2%），
公元前1687—前1560年（1σ-
68.2%）和公元前1889—前1772
年（1σ-68.2%）；其中两个年
代落在公元前16—前18世纪，另
一个落在公元前13世纪。由此，
伊犁河流域的与安德罗诺沃文化
相关联遗存的年代大致在公元前
19—前13世纪。这个年代与准噶
尔盆地周缘的年代颇为相似。近
年来，在尼勒克吉仁台沟遗址也
有重要收获，其年代也基本落入
这个时代，拟另文探讨。

帕米尔高原区 实际上该区
域只有塔县下坂地墓地一处，¹⁴C
年代显示，共有四个连续的年代
分布曲线落在公元前19—前16世
纪之间。研究者大多把下坂地墓
地的遗存基本上归为安德罗诺沃
文化影响的最晚遗留，理由之一
是陶器均为素面的"缸"形器。
然而，由于下坂地墓地所在的帕
米尔高原与伊犁地区和准噶尔盆
地周缘地区（两区）相距甚远，

图三　新疆发现的与安德罗诺沃文化相关的遗存¹⁴C年代分布（用
Oxcal 4.24校正）

甚至距伊犁地区的直线距离将近700多千米，因此，地处帕米尔高原的下坂地墓葬的情况可能会有
所不同。距离下坂地墓地较近的安德罗诺沃文化分布区—费尔干纳地区，安德罗诺沃文化对这一
地区的影响可以追溯到公元前18—前19世纪。而下坂地墓地的具体分期和年代很可能反映了这个影
响的先后过程。当然，目前这个断代还很粗略，仅仅是个大体的框架，还需要更多的¹⁴C年代数据
来支撑。

上述这三个地区所发现的与安德罗诺沃文化有关联的遗存，其最早年代基本都是在公元前19世
纪前后，相对齐整；而最晚年代有些出入，大致在公元前13—前16世纪之间。这三个区的年代并
行，说明他们之间直接继承的可能性较小，应当是文化上的交流、互动，似不具备各区之间的大规
模迁徙模式的文化传播与承继关系。

在建立了年代序列之后，需要对这些遗存的文化性质和特征进行进一步的探讨，而系统的分析
离不开对比，对新疆地区这些遗存进行分析也离不开对周边地区的安德罗诺沃文化的比较。那么，
究竟新疆周边地区的安德罗诺沃文化面貌如何，有多少种类型，各类型之间的区别又是什么，这些
都是在讨论新疆的遗存之前必须要回答的问题。

二、新疆周边地区的安德罗诺沃文化类型

在新疆周边的欧亚草原、西西伯利亚森林—草原及中亚东部、西天山、七河流域和费尔干纳等广大地区，究竟有多少个安德罗诺沃文化的类型及其亚型，实际上是一个一直在争论的问题。目前，大多数学者所引用的是俄国学者库兹米娜的分类结果（图四）[58]。尽管根据最新数据，这个分类在年代和承继关系上需要进一步核实，新的研究显示其年代比现在得出的年代晚了几个世纪，而且实际包含的文化类型还要更多，但库兹米娜的主要分类仍具有较高的参考价值。

研究者选择首先是基于陶器的特征，其次参考了安德罗诺沃文化共同体的居址和墓葬的特点来划分不同的类型。这里需要强调的是，目前多数已经发表的安德罗诺沃文化各类陶器多来自于墓葬，具有一定的特殊性，即往往是经过人为挑选，或是专门为埋葬而制作的明器。在许多地方，墓葬中出土的器物有时会与遗址中出土的器物有所不同，常常是墓葬中出土的器物较单一，而遗址中出土的器物种类多且复杂。例如，中亚地区的阿拉库尔（Alakul）遗址出土的陶器比墓葬中的陶器大很多，而且遗址中带纹饰的陶器比墓葬中出土的少很多，且纹饰也比较简化[59]。

安德罗诺沃文化的来源一直被认为是源自分布在南乌拉尔地区的辛塔什塔（Sintashta）文化，这是一个发达的、定居的农业文化。安德罗诺沃文化的最早阶段彼得罗夫卡（Petrovka）则被认为是辛塔什塔的直接继承者，彼得罗夫卡的继承者是阿拉库尔。但是，最近一系列对南乌拉尔地区使用新的^{14}C年代数据进行的系统的研究显示[60]，阿拉库尔和彼得罗夫卡更可能是并行的[61]；那么，对阿拉库尔的来源就要重新考虑了（见图二）。实际上，费德若沃（Fedorovo）与阿拉库尔的年代在南乌拉尔地区也几乎是同时的，其年代跨度只是比原来传统的断代要早4个世纪。在所有这些类型中，与中国新疆关系或地域上最为接近的首先是费德若沃类型，后者主要分布在欧亚草原的南、东南、东部及东北部哈萨克斯坦与中国的新疆毗邻的广大地区（见图四；图五）。

正如研究者指出的，安德罗诺沃文化目前包括的考古文化类型太多、地域太广，所以有些学者用共同体（Community）、统一体（Unity）、实体（Entity）来描述，或者使用"文化联合体"（Cultural coalition）一词来定义这个复杂的安德罗诺沃文化面貌[62]。这无疑对今后正确认识和深入研究安德罗诺沃文化起到了至关重要的作用。已经划分的安德罗诺沃文化下面的各个类型，特别是费德若沃类型，更是包括众多的子类型，这些类型涉及的地域，包括俄罗斯乌拉尔南部，以及中国新疆西部，北跨西西伯利亚北部的寒带针叶林地带，南达费尔干纳地区，新疆西南边缘的塔什库尔干也被认为在安德罗诺沃文化的范围内，整个分布面积可能超过300多万平方千米[63]（见图五）。安德罗诺沃文化的阿拉库尔和费德若沃类型在最初被发现后，也像滚雪球一样越滚越大，到目前为止并没有建立一个明确的、能概括各自类型的判定标准[64]。

安德罗诺沃文化的这些类型和亚型的划分，主要是根据陶器形制和装饰纹样区分开来的，而随着田野工作的开展，不断有新类型被发现。阮秋荣曾提出分布在伊犁河流域的、可能属于安德罗诺沃文化的"汤巴拉萨伊类型"就可能是一种新的类型[65]。而这些不断增多的类型、亚型实际上给研究带来了许多不便。例如，费德若沃与阿拉库尔类型在陶器形制上的差异是很容易区分的（图六）。但在偌大的分布区内，众多的费德若沃各亚型就不易区分了。这样，分布地域广泛的包含了众多的不同亚型的费德若沃本身似乎也应该被称为"文化联合体"。

我们先举几个费德若沃下的亚型来加以说明。

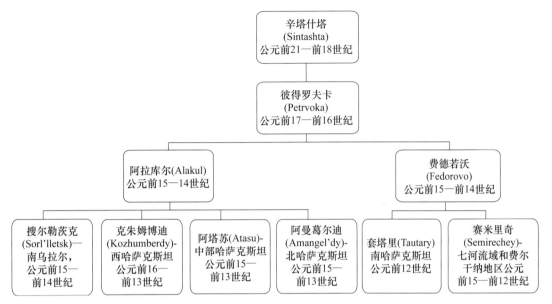

图四　库兹米娜对安德罗诺沃文化的主要分类和年代

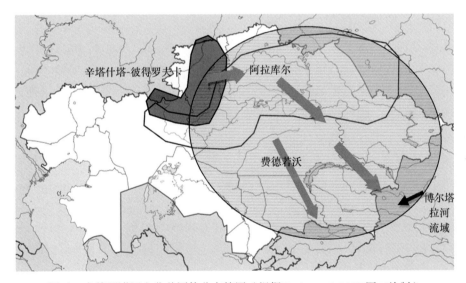

图五　安德罗诺沃文化共同体分布简图（根据Hanks et al. 2007 图二绘制）

（一）套塔里（Tautary）

这个亚型主要分布在哈萨克斯坦南部，它的南部邻近费尔干纳盆地。套塔里类型的墓葬形制基本为圆形石圈，包括单个或多个墓葬，也有多个方形石围墓连在一起的，属于库兹米娜（Kuzmina）分类中的Ⅲ、Ⅵ和Ⅷ型（图一）[66]。以火葬为主，其他类型的葬式很少发现。

陶器类型分折肩和非折肩的两种（图六，左）[67]；与同一地区的阿拉库尔类型中的阿塔苏（Atasu）类型陶器比较，其口沿、肩和装饰图案有明显的差别（图六，右）[68]，但与七河类型中的带纹饰陶器比较则差别较小。

（二）七河类型（Semirechye）

七河类型的分布地域也比较大，包括哈萨克斯坦东南的七河流域、吉尔吉斯斯坦的大部分

图六　费德若沃的套塔里（Tautary）类型（左）和阿拉库尔的阿塔苏（Atasu）类型（右）

地区、费尔干纳盆地及新疆的塔城地区，甚至可能深入新疆腹地。墓葬多有方形或椭圆形石围，火葬居多，有些墓葬有在石棺上抹泥的习俗。陶器有折肩的，纹饰多饰于口沿或肩部，素面陶器居多（图七）。在库兹米娜描述的七河类型中也有带纹饰的陶器，其纹饰并不局限于口沿外部和颈、肩部位，个别陶器甚至通体饰纹样（图八）。不仅如此，七河类型下另外还被划分出了两个地方变体：第一组分布在巴尔喀什湖北面地区，墓葬为方形或梯形石棺，火葬占大多数，陶器多无纹饰。第二组分布在七河流域，有些墓葬具有入口，陶器有类似豆形器的圈足，折口，口沿直立，很少装饰[69]；第二组陶器与典型的七河类型陶器差别较大。首先，有的墓葬建有墓道，这在安德罗诺沃文化中也实属罕见。其次，陶器造型变化很大，有圈足，形似豆形器，折口，口沿直立。根据库兹米娜对第二组墓葬形制和陶器风格的描述，与典型的七河类型日渐远离，颇有些类似伊犁河流域发现的墓葬，如尼勒克乌吐兰墓地、尼勒克汤巴拉萨伊墓地、特克斯阔克苏西2号墓地。

　　库兹米娜也曾对安德罗诺沃文化的费德若沃陶器的制作工艺进行过深入细致的研究，总结出了费德若沃类型陶器制作的共性，即陶器均为手制，夹砂或夹粗砂，泥条盘筑，壁较薄，一般在6—8毫米，内外壁均经打磨。肩部外形曲线圆滑，小平底，也见凹底。这些特征与阿拉库尔的陶器工艺存在明显差别（图九）。

　　以上分析至少说明，安德罗诺沃文化联合体（Cultural-coalition）之下的费德若沃类型的众多子类型间的确存在一定的有机联系。然而，随着新的田野工作的开展，也正如上面叙述的，其各个子类型间、新发现的一些地方变体之间的区别也是相当明显的。从库兹米娜的叙述来看，仅仅是包含在七河类型中的一些遗存其变化就很大，更不用说被包含在费德若沃类型下的这类安德罗诺沃文化遗存之间的差别了。发现于哈萨克斯坦中部的费德若沃居址中的器物，就明显不同于七河类型及套塔里类型的器物，显示出居址间陶器样式的复杂性（图一〇）。

　　在哈萨克斯坦北方的托博尔河及额尔齐斯河盆地的森林—草原地带发现的费德若沃类型与南

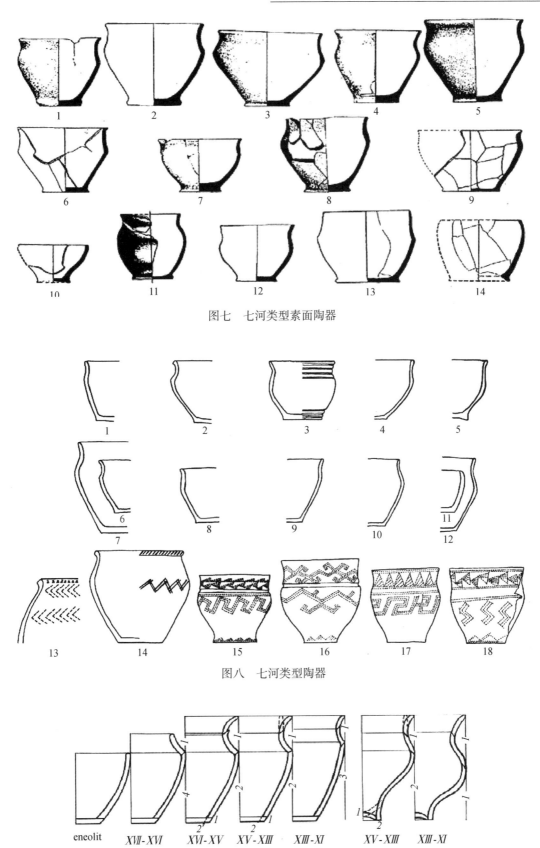

图七　七河类型素面陶器

图八　七河类型陶器

图九　安德罗诺沃文化陶器演变

部的区别更大，这里的陶器的明显特征是纹饰发达（图一一）。研究者认为其原因之一是受到本土文化克罗托沃（Krotovo）类型的影响，即克罗托沃类型的具有多纹饰或通体饰纹的传统对费德若沃类型影响很大，研究者还认为后者的器形也受到这种本地文化的强烈干预[70]。

鉴于这种受到本地文化影响而呈现费德若沃的地方变体，有研究者将这种地方性变体以其发现地之名冠以新的文化名称[71]。如上所述，仅就费德若沃本身而言，似乎也具备了称之为"联合体"的众多遗存样态，把每个原来认为其下的子类型称之为类型也是可以的；甚至，符合考古学文化定义的情况下应该将这些子类型直接称为考古学文化。当然，对一个考古文化的认识过程而言，就目前对整个安德罗诺沃文化以及安德罗诺沃文化联合体之下的类型、亚型的认识程度而言，暂时称费德若沃为联合体，有助于对这个庞然大物的细部的了解；今后对局部的、地区性的这类遗存的研究有了一定的深入后，再考虑是否仍然称其为联合体或是属于一个较统一的、大的考古学文化[72]。

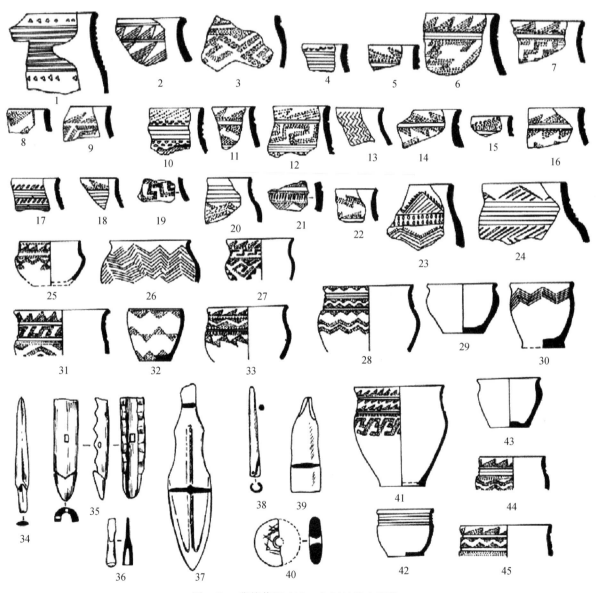

图一〇　费德若沃（Nura）居址出土遗物

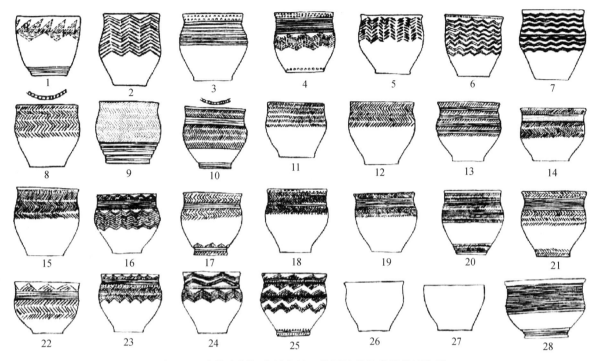

图一一　哈萨克斯坦北部森林、草原地带的费德若沃陶器

三、新疆发现的与安德罗诺沃文化联合体相关联的遗存

对于新疆发现的所谓安德罗诺沃文化类（联合体）的遗存，很多学者都做过细致的分析[73]，这些研究对今后的田野工作提供了十分有价值的参考。其中阮秋荣对这类遗存的三个分区的分析，是建立在新疆地区一线田野工作基础之上的研究，作为阶段性的总结具有重要价值[74]。正如本文第一部分提到的，新的年代数据——无论是来自安德罗诺沃文化发源地的南乌拉尔地区，还是来自其扩展区域的哈萨克斯坦北部额尔吉斯河流域为主的森林—草原地带，或是来自七河流域及新疆西部的数据，已经或正在修正安德罗诺沃文化联合体的年代序列[75]，所以，对安德罗诺沃文化共同体在各个地区，包括新疆地区的划分和传播模式也应该在新的年代框架下进行重新认识。重新认识的首要任务之一，是建立可靠的年代序列和对文化性质的鉴别和认知。

就目前田野发现所能提供的证据，暂时将新疆地区发现的与安德罗诺沃文化（联合体）有关的遗存粗略分为三个文化（或类型），即阿敦乔鲁文化、汤巴拉萨伊文化和下坂地文化。其他一些零星发现由于资料十分有限，其归属还不十分清楚，有待今后的工作加以注意。

（一）阿敦乔鲁文化

自2011年开展考古的博尔塔拉河流域的阿敦乔鲁遗址，为这一研究提供了最新的年代数据和文化特征。对阿敦乔鲁文化的认识是经过数年的发掘和调查形成的[76]，可以简单归纳如下。阿敦乔鲁文化与属于费德若沃这个文化联合体的遗存有一定的关系，阿敦乔鲁文化可以分出早、晚两期（或两个大的时间段），与费德若沃文化联合体有诸多的共性和联系。不过，阿敦乔鲁的早期陶器具有明显的地方特色，如直口或侈口、直壁、桶形小平底，近口沿处饰简单地戳刺、刻划或压印纹饰带等。这种陶器风格经过发展后发生了一些变化。与哈萨克斯坦北部的托博尔—额尔吉斯河流域的早晚一直保持繁多的纹饰不同，阿敦乔鲁较晚（晚期）的陶器与哈萨克斯坦东南一带的费德若沃的"七河类型"陶器很相似，即是伴随时间的推移陶器上纹饰逐渐退化。此外，阿敦乔鲁的墓葬形制也有其特殊性，尤其在它的早期阶段，那种用大型石块（板）建造的近正方形石围的单、双墓穴石棺墓，在阿拉库尔和其他地区的费德若沃墓葬中几乎不见[77]。换言之，这种大型方形石围墓葬并不是安德罗诺沃文化或费德若沃文化联合体的典型墓葬。阿敦乔鲁文化的年代框架基本在公元前19—前16世纪，而发现在哈萨克斯坦中东部与博尔塔拉河流域相邻地区的方形石围石棺墓，应归入阿敦乔鲁文化中[78]。

近几年的详细调查发现，在博尔塔拉河流域不仅存在与阿敦乔鲁类同的墓葬，而且与阿敦乔鲁遗址类似的居址也有相当数量的发现。根据目前的田野调查来看，这类墓葬和居址集中分布在博尔塔拉河流域的中上游地区，下游也有零星的线索，其他地区还没有集中发现。在相邻的塔城地区的托里县萨子村的墓葬与费德若沃文化联合体的遗存较为相近，却很难归入阿敦乔鲁文化中。其一，陶器的高圈足风格在阿敦乔鲁中不见；其二，墓葬无石围、无石棺亦与阿敦乔鲁不同；其三，墓主人为仰身直肢，这不仅不见于阿敦乔鲁，也不见于费德若沃，即使在整个安德罗诺沃文化联合体的墓葬中都属罕见。此外，在沙湾宁家河发现的青铜时代的墓葬，其墓葬形制与阿敦乔鲁也有进一步讨论的必要。

在博尔塔拉河流域毗邻的塔城地区，还发现一种口沿处（附近）带附加堆纹的陶器碎片的遗址，代表性遗址是塔城市的下卡浪古尔遗址。出土陶器火候较高，褐色居多，少有灰色，其附加堆纹上也饰纹饰，多为刻划纹。地表还散落着残断的石器。这种带有附加堆纹纹饰的风格，除被认为是安德罗诺沃文化联合体晚期的东格尔（Dongal）和阿勒克希夫卡（Alekseevka）遗存中见到之外（图一二）[79]，在原来报道的安德罗诺沃文化联合体中也是极为少见的[80]。

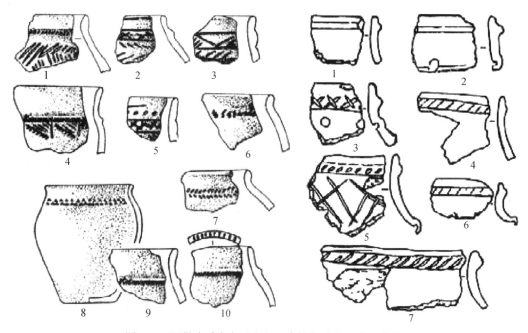

图一二　阿勒克希夫卡（左）、东格尔（右）类型陶器

不过，类似的附加堆纹在伊犁河流域的新源阿尤赛沟口的房址、尼勒克喀拉苏遗址的房址中出土的陶器上[81]见到，在阿敦乔鲁遗址所处的博尔塔拉河流域均有出土[82]。对于下卡浪古尔的带有附

加堆纹的遗存与东格尔和阿勒克希夫卡这两个文化的关联，目前还不得而知。鉴于其陶器与安德罗诺沃文化共同体的其他文化的陶器形制上的差异，我们建议暂不归入任何其他的安德罗诺沃文化联合体或是费德若沃文化联合体之中，也暂不便归入阿敦乔鲁文化中。

另外，在阿敦乔鲁的晚期墓葬中，出现了基本为素面的"缸形器"，与七河类型的陶器相近（见图七），类似的发现不仅在博尔塔拉河流域，在其他的零星报道中也有发现，包括塔城地区、伊犁河流域和帕米尔高原的下坂地墓地均有发现。因此，有理由相信，该区域地方文化因素进一步融合了费德若沃联合体等的若干因素之后，显现出更多跨地区的共性。不过，要想真正了解这个共性形成的过程，还要回到对各地区的考古遗存的详尽的分期与分类的研究中。

（二）汤巴拉萨伊文化

上述对文化联合体的讨论之后，我们认为应直接称伊犁河流域的汤巴拉萨伊类型为汤巴拉萨伊文化。目前新疆已发现的出有这类遗存的地点至少可以列出三处墓地，即特克斯的阔克苏西2号墓地、尼勒克的乌吐兰墓地和汤巴拉萨伊墓地。其一，分布相对集中，呈现出同类遗存在一个自然小区内的不同地点被发现的特点。其二，随葬陶器在三个墓地之间风格相对统一，呈现出侈口、曲颈、折肩、深斜腹；器物有三种器底，即小平底、假圈足和圈足，器表基本为素面抛光，少有纹饰。这些特征，与过去所见安德罗诺沃文化联合体的其他类型的陶器风格迥异，但又能看出他们以"缸形器"为桥梁与安德罗诺沃文化联合体陶器的联系。其三，墓葬形制独特，包含竖穴土坑墓、带有木葬具的竖穴偏室墓，特别是带有斜坡墓道的墓葬，这是安德罗诺沃文化联合体中极为少见的。

伊犁河流域的属于安德罗诺沃文化类（联合体）的遗址，仅是几个残缺不全的房址，尽管其中出土的陶器残片有圈足的风格，但大多数碎片所表现的风格与上述三个墓地的陶器并不十分一致，特别是那些带有附加堆纹装饰的陶器碎片在上述三个墓地中未见。所以，这3个房址是否归属于汤巴拉萨伊文化还需要更多的材料来判定。不过，他们同处于一个小的自然区划中，这种陶器上的差异，也可能是由于埋葬用器与日常使用器不同而形成的（图一三）。

汤巴拉萨伊文化的主要分布区推测应该是以伊犁河上游为中心，但究竟其分布范围有多大，要靠今后的田野工作的进一步开展来确定。如前所述，库兹米娜对在伊犁河下游哈萨克斯坦境内的七河地区发现的七河类型的第二组有过描述，即有些墓葬有墓道，陶器有（类似）豆形器的圈足，折口，口沿直立，很少装饰。这很可能说明汤巴拉萨伊文化与七河地区的联系。至于这个文化的年代，如果包括尼勒克喀拉苏的房址的话，应该在公元前19—前14世纪。

（三）下坂地文化

2003—2004年，新疆文物考古研究所发掘了塔什库尔干的下坂地墓地，发掘者提出了"下坂地类型"的命名，并认为其中第一期墓葬与安德罗诺沃文化的七河类型关系密切。谭玉华将下坂地的墓葬与哈萨克斯坦七河流域的库勒萨伊类

图一三　汤巴拉萨伊文化墓葬及出土遗物

型进行了对比，认为它们属于安德罗诺沃文化联合体中的同一个文化类型[83]。在以往库兹米娜的叙述中，该类遗存被统统冠上七河类型的标签（见图七；图八）[84]。下坂地的出现不仅说明了库勒萨伊类型的存在，而且也将库勒萨伊类型从这个大的七河类型中分离出来。谭玉华在分析下坂地—库勒萨伊遗存时，强调这类遗存的一个重要特征是陶器无纹饰，即无论是下坂地墓葬还是库勒萨伊类型的其他遗址，无纹饰的陶器是非常明显的特征之一[85]。

下坂地的陶器组合，除了与库勒萨伊类型相同外，也存在一定的差异。如双耳圜底陶器，特别是下坂地AⅡ墓地的M18，邵会秋认为这类组合应属于喀什和阿克苏地区的阿克塔拉类遗存[86]，即使如此，即将这类遗存归入阿克塔拉，下坂地类型仍与库勒萨伊具有较多的相似性。吴勇在报告中将下坂地AⅡ墓地青铜文化的早期从墓地中分出来称为"下坂地类型"，以便与分布在AⅡ墓地东面的3座晚期墓葬区分开，这样就更明确了"下坂地文化"的范围。而香宝宝墓地二、三期遗存则有可能代表着这一地区、与下坂地文化截然不同的"后-安德罗诺沃文化联合体"时期的遗存。即在下坂地墓地晚期或香宝宝墓地二、三期时，该地区的安德罗诺沃文化联合体的地方变体发生了本质的变化，发展成了另一个新的考古学文化—香宝宝文化。这也许是所谓的史前社会重大变革在考古学文化上的体现。

以往学术界认为，安德罗诺沃文化的早期纹饰发达，到晚期纹饰便逐渐消失，所以多数学者都认为下坂地的素面缸形器是安德罗诺沃文化晚期的典型代表。但下坂地墓地的四个测年均落在公元前19—前14世纪（见表三；图三）之间，且这四个数据紧密相连，差距并不大。那么，这里至少存在这样的可能，即下坂地文化很可能是以素面陶器下葬，即随葬陶器只用素面，亦或这一文化就是以素面陶器为主的。实际上，这种以素面陶器为主的传统在安德罗诺沃文化的早期即彼得罗夫卡时期就已存在。而且，在阿拉库尔（Alakul）类型中，房址中出土的大多为素面陶器[87]。尽管下坂地这四个数据仍显势单力薄，但仍是我们认识该类型年代的重要参考数据。如有机会利用下坂地出土的人骨再多做些测定，也许对问题的解决会带来意想不到的突破。总之，下坂地墓葬的年代需要将来有更多、更系统的新数据后再做修订。

四、结　语

在博尔塔拉河流域进行的系统的调查和发掘，发现了一批与安德罗诺沃文化（联合体）类有关的聚落群的遗存，我们称为阿敦乔鲁文化。对这一文化在年代和文化类型上的判定，促使我们对安德罗诺沃文化及费德若沃等一些巨大的"文化联合体"的年代和文化类型进行重新审视。在伊犁河流域的田野工作也为新疆地区所发现的安德罗诺沃文化（联合体）类的遗存的综合认识打下了基础，使得我们在以往认识的基础之上有了新的思考。首先，由于新的年代框架提前了几个世纪，为今后研究安德罗诺沃文化与新疆地区的互动和交流拓展了新的领域。当然，这个新的年代框架还要在新的考古证据下进行不断的完善和修正。其次，目前新疆地区与安德罗诺沃文化联系密切的或称之为"安德罗诺沃文化类"（Andrnovo-like）遗存的三个主要文化，也需要新的考古证据来进一步检验，是否还存在更多的文化或类型。对这些受到安德罗诺沃文化影响的遗存的深入研究，可以为安德罗诺沃文化联合体在新疆的影响提供年代学上的验证，成为检验其新的年代框架的真伪。还有，就是对这三个已知文化的分期和断代进行更细致深入的研究，从中找出自身特点和相互的内在联系。

新疆地区进入青铜时代之前，有不同的人群聚居，即被称为石器时代的居民[88]。这些石器时代的居民也会对新的青铜时代文化的形成做出过贡献，而我们今后的任务就是要在这些蛛丝马迹中，找寻文化形成与变化的各类因素，找寻这种不断变化的内在和外在因素及其引起这个变化的动力。目前，从新疆地区整体而言，在公元前19世纪前后，已知的青铜文化至少有四个主要来源，即阿勒泰地区的切木尔切克文化、塔克拉玛干沙漠中的小河文化、新疆西部的阿敦乔鲁、汤巴拉萨伊和下坂地文化以及新疆东部哈密地区的天山北麓遗存[89]。更值得注意的是，在喀什地区曾经发现过出有红铜器（自然铜）的乌帕尔乡的苏勒塘巴俄遗址[90]，还有年代并不清楚的阿克塔拉类遗存[91]，这些分布在新疆西部或西南部的遗存与该地区的安德罗诺沃文化、费德若沃文化联合体之间的关系也将会是未来深入研究的课题之一。

谨此庆祝孟凡人先生八十华诞！

注　释

[1] Renfrew, Colin, The Indo-European problem and the exploitation of the Eurasian steppes: question of the depth. In Karlene Jones-Bley and D. G. Zdanovich ed. *Complex societies of Central Eurasia from the 3rd to 1st millennium BC*. Washington DC: Institute of Study of Man Inc, 2002, pp.1-20.

[2] a. 李水城：《从考古发现看公元前二千年东西文化的碰撞和交流》，《新疆文物》1999年第1期。

b. Li, Shuicheng, The interaction between northeast China and Central Asia during the second millennium BC: an archaeological perspective. In Boyle, Renfrew & Levine (eds.) *Ancient interactions*: *east and west in Eurasia*, Cambridge: McDonald Institute for Archaeological Research, 2002, pp. 171-181.

[3] 说"至少有三个"是因为随着新的考古发现，这个数字可能会改变的。例如，目前对新疆南部喀什地区在公元前20世纪前后的考古遗存并不十分清楚，但考古调查发现过目前新疆唯一出有红铜器的遗址乌泊尔遗址，见贾伟明：《寻找新疆本土文化的尝试——浅析新疆地区的早期遗存》，见《考古一生——安志敏先生纪念文集》，文物出版社，2011年 。

[4] 丛德新、贾伟明：《切木尔切克墓地及其早期遗存的初步分析》，见《庆祝张忠培先生八十岁论文集》，科学出版社，2014年。

[5] a. 新疆文物考古研究所：《2002年小河墓地考古调查与发掘报告》《新疆文物》2003年第2期。

b. 林梅村：《吐火罗人的起源与迁徙》《新疆文物》2002年第3、4期。小河墓地位于塔克拉玛干沙漠的北缘。^{14}C测年数据为公元前1800年左右。基于小河墓地中出土的古代草篓和切木尔切克橄榄形陶器在形态上的相似性，以及经鉴定小河墓地人种为高加索人种，所以将阿凡纳谢沃文化与切木尔切克文化联系起来了。林梅村甚至认为"切木尔切克文化"与小河的联系代表了古代吐火罗人进入新疆的路径，他认为是从塔城低地进入，穿过准噶尔盆地和天山，最后迁入塔里木盆地并且创造了小河文化。

[6] 李肖：《新疆塔城市考古的新发现》，《西域研究》1991年第1期；《塔城市卫生学校古墓群及遗址》，见《中国考古年鉴（1991）》，文物出版社，1992 年。

[7] 于志勇：《塔城市二宫乡下喀浪古尔村古遗址调查》，《新疆文物》1998年第 2期。

[8] 中国社会科学院考古研究所等：《新疆温泉县阿敦乔鲁遗址与墓地》，《考古》2013年第7期。

[9] 新疆文物考古研究所等：《尼勒克县喀拉苏遗址考古发掘简报》，《新疆文物》2008年第3、4期。

[10] 新疆文物考古研究所：《尼勒克县恰勒格尔遗址发掘简报》，《新疆文物》2014 年第1 期。

[11] 刘学堂：《伊犁河上游史前考古新发现及其初步研究》，《新疆文物》2011年第1 期。

[12] 阮秋荣：《新疆发现的安德罗诺沃文化遗存研究》，《西部考古》（第七辑），三秦出版社，2013年。

[13] 新疆文物考古研究所：《新源县阿尤赛沟口遗址发掘简报》，《新疆文物》2013 年第2期。

[14] 阮秋荣：《新疆发现的安德罗诺沃文化遗存研究》，《西部考古》（第七辑），三秦出版社，2013年。

[15] 新疆文物考古研究所：《裕民县阿勒腾也木勒水库墓地考古发掘报告》，《新疆文物》2012 年第3、4 期。

[16] 新疆文物考古研究所、塔城地区文管所：《托里县萨孜村古墓葬》，《新疆文物》1996 年第2期。

[17] a. 李金国、吕恩国：《温泉县阿敦乔鲁遗存的考古调查和研究》，《新疆文物》2003年第1期。

b. 中国社会科学院考古研究所等：《新疆温泉县阿敦乔鲁遗址与墓地》，《考古》2013年第7期。

[18] 张玉忠：《伊犁河流域的文化考古新发现》，《文博》1991 年第6期。

[19] 新疆文物考古研究所：《新疆伊犁尼勒克汤巴勒萨伊墓地发掘简报》，《文物》2012 年第5 期。

[20] 新疆文物考古研究所：《尼勒克县乌吐兰墓地发掘报告》，《新疆文物》2014 年第1 期。

[21] 新疆文物考古研究所：《新疆特克斯县阔克苏西2 号墓群的发掘》，《考古》2012 年第9 期。

[22] 阮秋荣：《新疆发现的安德罗诺沃文化遗存研究》，《西部考古》（第七辑），三秦出版社，2013年。

[23] 新疆文物考古研究所、石河子市博物馆：《石河子市古墓》，《新疆文物》1994 年第4 期。

[24] 新疆文物考古研究所等：《新疆乌鲁木齐萨恩萨伊墓地发掘简报》，《文物》2012 年第5 期。

[25] 新疆文物考古研究所：《新疆下坂地墓地》，文物出版社，2012 年。

[26] 中国社会科学院考古研究所等：《新疆温泉县阿敦乔鲁遗址与墓地》，《考古》2013年第7期。

[27] 邵会秋：《关于草原考古的几个问题——从库兹米娜〈印度—伊朗人的起源〉一书谈起》，《西域研究》2012年第4 期。

[28] 阮秋荣：《新疆发现的安德罗诺沃文化遗存研究》，《西部考古》（第七辑），三秦出版社，2013年。

[29] 丛德新、贾伟明等：《阿敦乔鲁：西天山地区青铜时代遗存新类型》，《西域研究》2017年第4期。

[30] Kuzmina, Elena E. *The Origin of the Indo-Iranians* (edited by Mallory, J. P.), Leiden · Boston: Brill, 2007.

[31] Koryakova, Ludmila and Epimakhov, Andrej Vladimirovich, *The Urals and Western Siberia in the Bronze and Iron Ages. Cambridge*, UK: Cambridge University Press, 2007.

[32] Kuzmina, Elena, *The Prehistory of the Silk Road* (edited by Victor H. Mair), Philadelphia, University of Pennsylvania Press, 2008.

[33] 邵会秋：《关于草原考古的几个问题——从库兹米娜〈印度—伊朗人的起源〉一书谈起》，《西域研究》2012年第4 期。

[34] 阮秋荣：《新疆发现的安德罗诺沃文化遗存研究》，《西部考古》（第七辑），三秦出版社，2013年。

[35] 阮秋荣：《新疆发现的安德罗诺沃文化遗存研究》，《西部考古》（第七辑），三秦出版社，2013年。

[36] 李水城：《西北与中原早期冶铜业的区域特征及交互作用》，《考古学报》2005 年第3 期。

[37] Hanks, B. K. Epimakhov, A. V. and Refrew, A. C., Towards a refined chronology for the Bronze Age of the southern Urals, Russia. *Antiquity*, 2007, 81 (312): 353-367.

[38] Panyushkina, Irina P., Barbara J. Mills, Emma R. Usmanova, Li Cheng, Calendar age of Lisakovsky timbers attributed to Andronovo community of Bronze Age in Eurasia. *Radiocarbon*, 2008, 50 (3): 459-466.

[39] Molodin, V. I. Marchenko, Z. V. Kuzmin, Y. V. Grishin, A. E. Van-Strydonck, M. Orlova, L. A. 2012, C-14 Chronology of Burial Grounds of the Andronovo Period (Middle Bronze Age) In Baraba Forest Steppe, Western Siberia. *Radiocarbon* 54(3-4): 737-747.

[40] Frachetti, M. D. and Mar'yashev, A. N., Long-term occupation and seasonal settlement of east Eurasian pastoralists at Begash, Kazakhstan. *Journal of Field Archaeology* 2007, (32): 221-242.

[41] 丛德新、贾伟明等：《阿敦乔鲁：西天山地区青铜时代遗存新类型》，《西域研究》2017年第4期。

[42] 邵会秋：《关于草原考古的几个问题——从库兹米娜〈印度—伊朗人的起源〉一书谈起》，《西域研究》2012年第4 期。

[43] 贾伟明：《数学方法在考古学研究中应用的探讨》，见《考古学文化论集（一）》，文物出版社，1987年。

[44] 1σ即1个sigma统计数据是说实际年代落在这个划定的年代范围内的可能性是68.2%，2σ即2个sigma的统计数据是说实际年代落在这个划定的年代范围内的可能性是95%。你会发现这个95%可能性划定的区间要比68.2%的区间范围大一些，因而时间跨度更为宽泛。所以，一般使用多以68.2%的年代范围。

[45] Peter Weiming Jia, Alison Betts and Xinhua Wu 2011, New evidence for Bronze Age agricultural settlements in the Zhunge'er (Junggar) Basin, China. *Journal of Field Archaeology*, 36(4): pp.269-280；例如，在吉木萨尔乱杂岗子遗址，标本采集从第四层开始直到第十层，其AMS [14]C年代给出了较好的排列，即年代的早晚与地层顺序相一致。

[46] Wagnera, Mayke, Xinhua Wu, Pavel Tarasov, Ailijiang Aisha, Christopher Bronk Ramsey, Michael Schultz, Tyede Schmidt-Schultz, and Julia Gresky, Radiocarbon-dated archaeological record of early first millennium B.C. mounted pastoralists in the Kunlun Mountains, China, *PNAS*, 2011, 108 (38): p. 15733-15738.

[47] 原文是：The results (Table 3) allow us to conclude that the whole phase of activity started between 1108 and 893 B.C. (95% probability range) or most likely between 1017 and 926 B.C. (68%). The directly dated tombs span the interval

between 149 and 414 y (95%) or most likely between 173 and 298 y (68%). The whole phase seems to have finished between 760 and 493 B.C. (95%) or most likely between 750 and 630 B.C. (68%). 引自Wagnera, Mayke, Xinhua Wu, Pavel Tarasov, Ailijiang Aisha, Christopher Bronk Ramsey, Michael Schultz, Tyede Schmidt-Schultz, and Julia Gresky Radiocarbon-dated archaeological record of early first millennium B.C. mounted pastoralists in the Kunlun Mountains, China PNAS, 2011, 108 (38): 15733-15738.

[48] Ramsey, Bronk C., Dealing with outliers and offsets in radiocarbon dating, *Radiocarbon*, 2009, 51(3): 1023-1045.

[49] 王树芝：《柴达木盆地考古出土木材的树木年轮研究》，见《考古学集刊》第18集，科学出版社，2010年。

[50] Panyushkinaa, I. P., C. Chang, A. W. Clemensa, N. Bykovc, First tree-ring chronology from Andronovo archaeological timbers of Bronze Age in Central Asia. *Dendrochronologia*, 28 (2010): 13-21.

[51] Oxcal 是牛津大学实验室做出对¹⁴C年代校正免费使用的软件，网上可以下载最新版本（见http://c14.arch.ox.ac.uk/embed.php?File=oxcal.html）。

[52] 阮秋荣：《新疆发现的安德罗诺沃文化遗存研究》，《西部考古》（第七辑），三秦出版社，2013年。

[53] Hanks, B.K. Epimakhov, A.V. and Refrew, A.C. 2007. Towards a refined chronology for the Bronze Age of the southern Urals, Russia. *Antiquity*, 81(312): pp.353-367.

[54] 阮秋荣：《新疆发现的安德罗诺沃文化遗存研究》，《西部考古》（第七辑），三秦出版社，2013年。

[55] 阮秋荣：《新疆发现的安德罗诺沃文化遗存研究》，《西部考古》（第七辑），三秦出版社，2013年。

[56] Ramsey, Bronk C., Dealing with outliers and offsets in radiocarbon dating, *Radiocarbon*, 2009, 51 (3): 1023-1045.

[57] 新疆文物考古研究所等：《尼勒克县喀拉苏遗址考古发掘简报》，《新疆文物》2008年3、4期。

[58] Kuzmina, Elena, *The Prehistory of the Silk Road* (edited by Victor H. Mair). Philadelphia, University of Pennsylvania Press, 2008.

[59] Koryakova, Ludmila and Epimakhov, Andrej Vladimirovich, *The Urals and Western Siberia in the Bronze and Iron Ages. Cambridge*, UK: Cambridge University Press, 2007.

[60] Hanks, B. K. Epimakhov, A. V. and Refrew, A. C., Towards a refined chronology for the Bronze Age of the southern Urals, Russia. *Antiquity*, 2007, 81(312): 353-367.

[61] 丛德新、贾伟明等：《阿敦乔鲁：西天山地区青铜时代遗存新类型》，《西域研究》2017年第4期。

[62] 邵会秋：《关于草原考古的几个问题——从库兹米娜〈印度—伊朗人的起源〉一书谈起》，《西域研究》2012年第4期。

[63] 分布面积是在"谷歌地球"中用建立多边形后并用www.earthpoint.us.shapes.aspx大约计算的。

[64] Koryakova, Ludmila and Epimakhov, Andrej Vladimirovich, *The Urals and Western Siberia in the Bronze and Iron Ages. Cambridge*, UK: Cambridge University Press, 2007, pp. 127-146.

[65] 阮秋荣：《新疆发现的安德罗诺沃文化遗存研究》，《西部考古》（第七辑），三秦出版社，2013年。

[66] Kuzmina, Elena, *The Prehistory of the Silk Road* (edited by Victor H. Mair). Philadelphia, University of Pennsylvania Press, 2008.

[67] Kuzmina, Elena, *The Prehistory of the Silk Road* (edited by Victor H. Mair). Philadelphia, University of Pennsylvania Press, 2008, p. 638.

[68] Kuzmina, Elena, *The Prehistory of the Silk Road* (edited by Victor H. Mair). Philadelphia, University of Pennsylvania Press, 2008, p. 636.

[69] Kuzmina, Elena, *The Prehistory of the Silk Road* (edited by Victor H. Mair). Philadelphia, University of Pennsylvania Press, 2008, p. 30.

[70] Molodin V.I., L. N. Mylnikova, and D. P. Ivanova, Morphological Analysis of Vessels from Middle Bronze Age (Early 2nd Millennium BC) Burialsat Vengerovo in the Irtysh Forest-Steppe. *Archaeology Ethnology & Anthropology of Eurasia*, 42/2 (2014): 44-66.

[71] Korochkova, O. N., The Pakhomovskaya Culture of the Late Bronze Age. *Archaeology Ethnology & Anthropology of Eurasia*, 3: 73 (2009): 75-84.

[72] 王巍：《考古学文化及其相关问题探讨》，《考古》2014年第12期。

[73] a. 邵会秋：《新疆地区安德罗诺沃文化相关遗存探索》，《边疆考古研究》第8辑，科学出版社，2009年。

b. 韩建业：《新疆青铜时代——早期铁器时代文化的分期与谱系》，《新疆文物》2005年第3期。

　　c. 郭物：《新疆天山地区公元前一千纪的考古学文化研究》，中国社会科学院研究生院博士学位论文，2005年。

[74] 阮秋荣：《新疆发现的安德罗诺沃文化遗存研究》，《西部考古》（第七辑），三秦出版社，2013年。

[75] 丛德新、贾伟明等：《阿敦乔鲁：西天山地区青铜时代遗存新类型》，《西域研究》2017年第4期。

[76] 中国社会科学院考古研究所等：《新疆温泉县阿敦乔鲁遗址与墓地》，《考古》2013年第7期。

[77] Kuzmina, Elena, *The Prehistory of the Silk Road* (edited by Victor H. Mair). Philadelphia, University of Pennsylvania Press, 2008, p. 670.

[78] 李金国、吕恩国：《温泉县阿敦乔鲁遗存的考古调查和研究》，《新疆文物》2003年第1期。

[79] 实际上按陶器造型和附加堆纹的风格来说，即使他们今后被证实是由安德罗诺沃文化联合体中的某个文化发展出来的，但由于其风格与安德罗诺沃文化最初的造型相差甚远，所以，最好把这两个类型也应该作为单独的考古文化来考虑。

[80] Kuzmina, Elena, *The Prehistory of the Silk Road* (edited by Victor H. Mair). Philadelphia, University of Pennsylvania Press, 2008, p. 626.

[81] 阮秋荣：《新疆发现的安德罗诺沃文化遗存研究》，《西部考古》（第七辑），三秦出版社，2013年。

[82] 阿敦乔鲁项目组调查试掘的材料。

[83] 谭玉华：《新疆塔什库尔干县下坂地AⅡ号墓地新识》，《西域研究》2011年第3期。

[84] Kuzmina, Elena, *The Prehistory of the Silk Road* (edited by Victor H. Mair). Philadelphia, University of Pennsylvania Press, 2008, p. 637, fig. 26；p. 686, fig. 73a；p. 687, fig. 73b.

[85] 谭玉华：《新疆塔什库尔干县下坂地AⅡ号墓地新识》，《西域研究》2011年第3期。

[86] 邵会秋：《新疆史前时期文化格局的演进及其与周邻地区文化的关系》第42—46页，吉林大学博士学位论文，2007年。

[87] Koryakova, Ludmila and Epimakhov, Andrej Vladimirovich, *The Urals and Western Siberia in the Bronze and Iron Ages. Cambridge*, UK: Cambridge University Press, 2007.

[88] 贾伟明：《寻找新疆本土文化的尝试——浅析新疆地区的早期遗存》，见《考古一生——安志敏先生纪念文集》，文物出版社，2011年。

[89] Jia, P. Wei Ming, Alison V. G. Betts, and Xinhua Wu, Prehistoric Archaeology in the Zhunge'er (Junggar) Basin, Xinjiang, China. *Eurasian Prehistory*, 2009, 6 (1-2): 167-198.

[90] 新疆维吾尔自治区博物馆：《乌帕尔细石器遗址调查》，见《新疆文物考古新收获（1979—1989）》，新疆人民出版社，1995年。

[91] 邵会秋：《新疆史前时期文化格局的演进及其与周邻地区文化的关系》第42—46页，吉林大学博士学位论文，2007年。

三星堆金器"射鱼纹"的象征意义

刘学堂

1986年，考古工作者在四川广汉三星堆发现并发掘了两个祭祀坑，祭祀坑中出土了大量的祭礼器，其中有一件包金竹杖上装饰有"射鱼纹"纹样。2001年，在金沙遗址中出土的一件金带上，又发现相同的装饰图案（图一）。根据孙华和苏荣誉对三星堆和金沙遗址的研究，认为三星堆出土金杖和其他大量遗物的两个埋葬坑的年代处于三星堆文化的衰落阶段，应在公元前1200年前后。金沙村遗址的起始年代恰好与三星堆遗址的衰落年代相当，其繁盛年代则晚于三星堆遗址[1]。

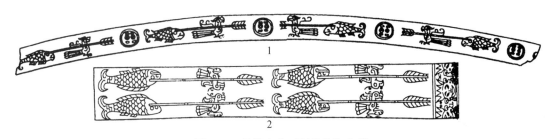

图一　三星堆文化"射鱼纹"金器
1.金沙遗址出土金带　2.三星堆遗址出土包金竹杖
（引自孙华、苏荣誉：《神秘的王国》第376页图五，巴蜀书社，2003年）

一、"射鱼纹"的纷纭解说

三星堆和金沙遗址射鱼纹金器一发现，就引起学术界的极大兴趣，很快成为古蜀文化研究中的一个聚焦点。 2006年，顾问曾对此前学术界对"射鱼纹"的解释进行过归纳。此后，学者们又不断提出新观点，到2011年止，学术界先后提出过二十多种不同或接近的解释，主要观点可以归纳如下。

胡昌钰、蔡革认为"射鱼纹"整个图案表示鱼凫王灭亡之意[2]。段渝认为"鱼·鸟·矢·人"正好反映了《山海经》中"颛顼死即复苏，是为鱼凫"的记载[3]。白剑则将三星堆出土金杖的"射鱼纹"图案，解释为"鱼变鸟"，也与《山海经》中"颛顼死即复苏，是为鱼凫"的记载相关，并认为金杖的"鱼变鸟"图是氏羌先祖承继的昆仑神之一，它在三星堆遗址中的出现，证明三星堆人为氏羌后商之夏族团[4]。邱登成认为金杖的 "射鱼纹"图案中的人面代表蚕丛，鱼、鸟代表柏灌、鱼凫及杜宇，所谓"矢"实应是穗形木柄，与蜀人稷社崇拜有关同[5]。屈小强等认为金杖代表王权、神权、财权的权杖[6]。陈德安等认为"鱼被射杀，鸟又连箭杆，带鱼成队飞来，是蜀人根据顺势或模拟巫术的原理雕刻出的通过巫术而希冀捕鱼成功的渔猎祈祷图[7]。《三星堆传奇——华夏文明探索》展览的金杖的

作者：刘学堂，乌鲁木齐市，新疆师范大学历史与社会学院，教授、博士生导师。

说明如此，整个图案的主体是神鸟负箭，射之鱼飞来，具体内涵未详论[8]。杜正胜认为整个图案蕴示"鱼凫族"灭亡或式微的神话或历史[9]。陈立基认同《三星堆报告》中所持观点的同时，他还转述了两种观点，一是射鱼纹"这是象征分别以鱼和鸟为祖神崇拜的两个部族联合组成的鱼凫王国"，二是"鱼能潜渊，鸟能升天，鱼鸟图案象征金杖具有上天入地的功能，是蜀王通神的法器"[10]。刘少匆认为鱼·鸟为吉祥图，其中箭代表威武，人为王者，整体为具有吉祥图案的"灵杖"[11]。黄剑华认为"射鱼纹"中的人面为太阳神，飞鸟代表族属，箭象征神权，还认为此金杖为法杖[12]。罗明赞同此杖为王杖或权杖的观点，并认为"鱼、鸟、矢"图案表示的是"赠矢击杀鱼、凫的会盟大礼"，鱼、凫为两个族图腾，鱼、凫两族是蜀王统治的"本钱"[13]。陈淳赞同此杖为王杖或权杖的观点，并认为"鱼、鸟、矢"图案中的鱼、鸟"有可能是古蜀祭祀特有的助他升天入地和见神视鬼的神灵"，"矢"为通天的"中央之柱"[14]。刘学堂认为"射鱼纹"器物与生殖崇拜有关，应为"祈求部族或王国兴盛的法器"[15]。李复华谈到，"鸟应是杜宇族的图腾象征，因传说杜宇死后化为杜鹃鸟。鱼则是开明氏（即鳖灵）的图腾象征，传说其为楚人，死后尸体随江而上，至蜀复生。出土的金器上"射鱼纹"有个奇怪的现象，就是鱼的形象可怕凶猛，十分不善；或者鱼头上插着箭头，箭尾还带着鸟羽，显然反映出鱼、鸟之间的敌对关系[16]。魏崴认为，三星堆和金沙遗址出土的早期"鱼"图案表明，一个与鱼、鸟十分密切的古蜀王国的存在。鸟应是杜宇族的图腾标志，鱼则是后来的开明氏的象征。鱼、鸟图隐含着远古蜀王朝的更替。这种鱼、鸟图既然已经深深地刻在象征王权的金杖上，它当然也会在蜀人的心灵上打上深深的烙印[17]。蔡运章认为，射鱼纹金器的人头纹是太阳的象征，鸟纹是日精和阳气的象征，鱼是黑暗和阴气的象征，羽箭则表示阳光升腾[18]。还有不少学者在研究古蜀早期文明的相关论述中，也针对射鱼纹金器，提出过各自的解释，不一而足，这里就不在列举[19]。顾问在对上述主要观点的研究后，另辟蹊径，认为"其中的巨鸟代表时王，其与鱼、矢图的组合代表时王于明堂辟池中行射鱼之礼，鸟负鱼、矢向两神人而来，代表时王向两位祖先行尝新之礼，"鱼、鸟、矢"图为四组蕴含"辟雍四方""礼射唯四"的古仪。循此，则此金杖准确地讲当属"祭杖"[20]。

针对三星堆和金沙遗址金器上的"射鱼纹"，学者们提出的解释可以说林林总总，歧义之多为学术界所罕见。但总结起来，可以归纳为三个方面。一是多数学者力图将"射鱼纹"图案中的鱼、箭、鸟的形象，与古蜀国文献传说中的蚕从、柏灌、鱼凫及杜宇等人物和政权联系起来，演绎古蜀国史。二是部分学者认为"射鱼纹"图案中的鱼、鸟、矢具有不同的神力，以此为基础展开的不同解释。三是少部分学者从古代巫术、宗教仪礼等角度对金器"射鱼纹"图案进行考察，提出的认识。古蜀金器的"射鱼纹"图案是古蜀文化研究中的"罗塞达碑"[21]，只有继续拓宽研究视野，在学术讨论中聚凝共识，逐渐形成一个被大多数学者所接受的观点，才能找到破解"射鱼纹"这一"罗塞达碑"之谜的正确途径。

二、原始宗教器物图案的象征意义

三星堆遗址两个埋葬坑中出土的器物，与金沙遗址出土同类器相同，是当时统治者宗庙祭祀和其他礼仪活动中使用的重器，是原始宗教研究的范畴。研究表明，宗教用物上的装饰并非完全是为艺术而艺术，多在于它们的象征意义[22]。尤其是王室宗庙重器上的取之于自然事物的造型，比较常见的是各种动物、植物，以及日月山川、风火雷电的形象。宗教装饰中通过具象和抽象变形的自然万物造型，象征大地上的万物生灵和辽阔无际的神秘宇宙。那些臆想的神秘图案，则是在变形的基础上赋予自然物超自然神力的产物，追根溯源，这些神秘图案也多是从现实的自然万物中抽象出来的。宗教艺术中的图案造型与普通的装饰艺术有本质的区别，前者很少刻意追求它们的世俗功能，或演绎具体世俗事件。长期以来，为揭示原始宗教图案的象征之谜，中外学者主要立足于民族学的材料，或者结合考古发现，进行大量探索与研究，提出了各种不同的观点[23]。但整体上看，原始宗教图案的造型多是凝聚特殊象征神力的图像，它最终要表达的主题，几乎无例外地是围绕着古代人类对宇宙世界的总体认识与解释，以及对人类自身繁衍的思考与理解展开的，归根到底，是对人类自身与外在客观世界关系进行的思考，只是这种思考的边界延伸到神秘的超自然境界。这些物象能凝聚着这样象征神力，并非无源之水，它植根于那个社会的原始信仰。所以，对宗教象征物的解释，常常是越想复原它的本相，追究其具体情节和过程，则有可能会与古人要表达的真实意念背道而驰。

三、祈求部族或王国兴盛的"法器"

建立在这一理解的基础上，下面就三星堆包金竹杖和金沙遗址金带中鸟、鱼、箭的组合图案所包含的象征意义提出新说，以求教于三星堆文化研究的学者。

首先，说说鸟。中、外古代宗教和神话中，鸟所具的神力，被普遍认同。人类赋予鸟的种种神力往往来源于鸟类神奇的飞翔能力。在原始社会人类的认知范畴中，鸟类飞向无穷的奥空，不知所归，为其他动物所无法企及。原始人类难以穷其真相，故而将其纳入原始宗教的范畴进行解读。在原始宗教领域中，鸟被认为是居于天界的灵物。太阳是天界的主宰，在中、西方神话中，鸟与太阳的关系是密不可分的，甚至互相融为一体，其根也源于此。古埃及相当著名的鸟形神奥西里斯，有无限大能力，它象征太阳、天空，传说中是它创造了世界万物，掌握着人类及其他生物界的生死大权。在中国的神话中，鸟的能力、地位与西方神话中的鸟大体相当，这在传说文献中多有记载，研究者更多。比如神话中的朱雀就象征太阳神。四川汉画像石中的"羽人"，人首鸟身，头戴冠，胸部有一日轮，学术界认为它就是朱雀。日轮中绘有一鸟，表示和象征着人界、天界和鸟的关系。鸟象征太阳，是中国古代神话的一个主题，考古材料用金鸟象征太阳的图案可以说是不胜枚举。

与三星堆器物及纹样解释的多样性比较起来，射鱼纹图案中的"鸟纹—鱼凫"说，在学术界有较为广泛的影响，并认为它与蜀史传说中的蜀王鱼凫有关。将其中的鱼凫解释为捕鱼的鸟，将箭解释为捕鱼的工具。如罗明所讲，这组纹样中的"凫—鱼"或"箭—鱼"，就能完整地表达捕鱼的含义，没有必要将凫与箭叠压在一起。由此可见，把这里的鸟解读为鱼凫似乎不妥。通过观察三星堆出土器物，发现的动物纹样中鸟最多。在二号祭祀坑中出土的青铜树神的树枝的花蕾上，都站着一只面向天空的小鸟。三星堆青铜树的象征意义已如学者考证，基本上可以定为通天树[24]，树上的鸟自然是勾通天界和人间的神鸟。在另一件青铜小树的花蕾上，立一人首鸟身的神，人面双眼外凸，被认为是古蜀国传说中的祖先神，人鸟合体的造型表明，这位祖先神，要化为神鸟，才具有和天界相通的能力。另外，出土的青铜神坛，则象征宇宙的基本结构。天界处于最上层，在天界也赫然立着两只神鸟。金杖上的鸟与三星堆出土器物上所有的鸟一样，并非是用来捕鱼的鱼凫，而是可以自由来往于天界、人间，有无穷神力的神鸟。

其次，说说鱼。鱼在民间宗教文化中，是女性生殖神力的象征物。众所周知，鱼具有生殖神力源于原始宗教，一直深刻地影响至今。研究者众多，这里可以举几例为证据。最早考证鱼在原始宗教中所具象征意义的是闻一多先生。他在《说鱼》一文中指出，从中国上古起就有以鱼象征女性、象征配偶和情侣的习俗，这种象征意义来源于鱼的繁殖能力[25]。李泽厚《美的历程》认为，半坡的鱼纹人含鱼人面所具的"巫术礼仪含义是否就在对氏族子孙的瓜瓞绵绵、长久不绝的祝福"[26]。赵国华在《生殖崇拜文化论》中，对鱼纹象征女性生殖的源流进行了细致、全面、深入的研究和考证，不乏真知灼见[27]。新疆地区汉晋时期的一些墓葬的随葬器中，常见有用织物缝缀的"鱼帛"，其寓意也在于祈求子孙绵长[28]。

最后，说说箭。箭在中外原始宗教中是作为男性生殖力的象征，也是普遍存在的文化现象。早在欧洲旧石器时代的洞穴岩画中，带羽毛的箭就具有男性（雄性）生殖力的象征意义，它的产生可能源于箭与男（雄性）根形体上的接近[29]。后来，西方把箭作为男性生殖力的象征又进行了种种延伸。如希罗多得在《历史》中谈道："玛撒该塔伊男子感到有性交的需要时，在妇女乘坐的车前挂上一个箭袋，他就可以不怕任何人在中间干涉而为所欲为了"[30]。在中国古代传说中，后羿善射，同时他也是男性生殖力兴盛的代表人物。《礼记·月令》中记"天子亲往，后妃帅九嫔御，乃礼天子所御，带以弓韣，授以弓矢于高禖之前"。陈炳良先生说"不管天子所御的是他的后妃或者是女祭祀或圣妓，总之，一个实际的或象征的性爱行为就在神前举行。同时，授弓矢这一仪式也象征男女交媾"[31]。在彝族文字里，两横表示一男一女，一个箭头将其连接起来，表示男根，寓意生殖。甲骨文中有一个"族"字，它有各种不同的写法，大小不一，相互间略有区别。箭作为男性生殖神力的象征物，在民族学历史学和民族学材料中不胜枚举。甲骨文的族字，基本图案写成 形。复杂的图案写成  或 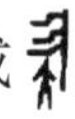 形（图二）。丁山解释这个图形的上部为一面旗帜，下部为一支箭。族的基本意义为一军事组织，这种解释被学术界普遍接受，连张光直先生也同意此说[32]。实际上，族字的上部是人，由于常被写成多人，才有点像旗帜。值得注意的是，族字下部的箭，箭字的尾部都分叉，像是人的两条腿，这里的箭寓意男性生殖器。众人与象征男根的箭组合成的画案，表明这些人把自己视为同一男性祖先的后裔，这可能才是"族"字的本质含义[33]。

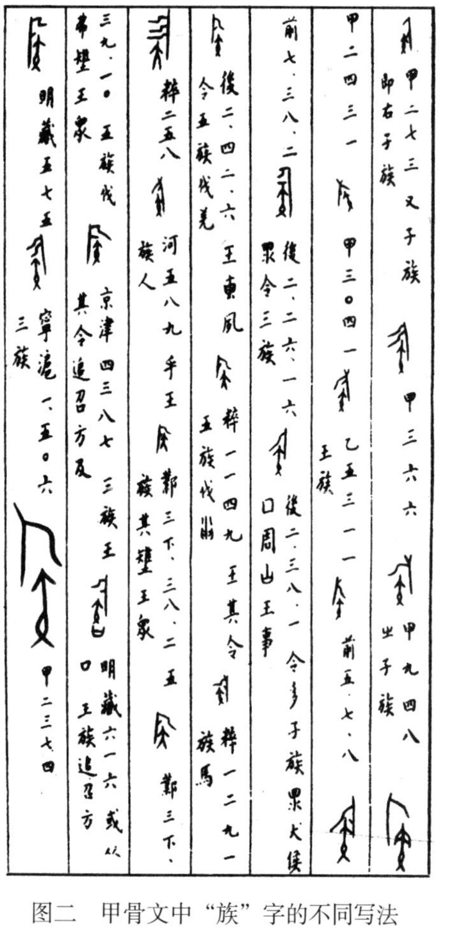

以上，是对三星堆和金沙出土的射鱼纹金器中的鸟、鱼和箭，从象征意义出发，站在宗教人类学视野进行简单考察。认为三星堆金杖和金沙遗址金带中的鱼象征女性生殖力，箭象征男性生殖力，鸟则是具有勾通天界和人界无限神力的神鸟，它联系着人界万物生灵的生与灭的新解。鱼、箭和神鸟组合的图案寓意只在于借助三者的神力，祈求整个部族或王国的兴旺和强盛。图案下面的人面作为部族或王国的祖先神，在为他们部族的兴旺和强盛而兴高采烈。这样的解释，比起将射鱼纹金器与古蜀国世俗王权更迭，以及其他世俗事件联系起来所做的附会，更为自然合理。学者对三星堆出土金杖的研究结果，有"权杖"说、"法杖"说、"祭杖"说等，其中持"权杖"说者居多。金沙遗址金带的出土，使"权杖"说没有了根

图二　甲骨文中"族"字的不同写法
（引自张光直：《美术、神话与祭祀》第22页图14）

基。如果以上所述成立，三星堆遗址的金杖和金沙遗址的金带，应当是在宗庙或某种大的祭祀活动中，巫师为祈求部族或王者家族的兴盛，使用的具有神力的"法器"。

　　附记：作为在新疆从事考古的晚辈，一直读着盂凡人先生的书，因力所不及，权以此文表达对盂先生学识、学品由衷的敬仰。

注　释

[1] 孙华、苏荣誉：《神秘的王国》第170—180页，巴蜀书社，2003年。

[2] 胡昌钰、蔡革：《鱼凫考·也谈三星堆遗址》，《四川文物》1992年三星堆古蜀文化专辑。

[3] 段渝：《四川通史（一）》第33、34页，四川大学出版社，1993年。

[4] 白剑：《三星堆金杖"鱼凫—华夏古老神奇"的鲲鹏之变》，《阿坝师范高等专科学校学报》2004年第6期。

[5] 邱登成：《广汉三星堆出土金器管窥》，见《三星堆与巴蜀文化》，巴蜀书社，1993年。

[6] 屈小强：《三星堆文化》第78—81页，四川人民出版社，1993年。

[7] a. 陈德安：《三星堆报告》第444页，文物出版社，1999年。
　　　　b. 陈德安等：《三星堆——长江上游文明中心探索》第50页，四川人民出版社，1998年。

[8] 《三星堆传奇——华夏文明探索》（展览说明），台湾太平洋文化基金会，1999年。

[9] 杜正胜：《人间神国——三星堆文明循礼》第33、34页，台湾太平洋文化基金会，1999年。

[10] 陈立基：《趣说三星堆》第163页，四川文艺出版社，2000年。

[11] 刘少匆：《三星堆文化探秘及〈山海经〉断想》第59、60页，昆仑出版社，2001年。

[12] 黄剑华：《古蜀的辉煌》第314页，巴蜀书社，2003年。

[13] 罗明：《三星堆和金沙古蜀金器"射鱼纹"之管见》，《中国文物报》2004年7月9日。

[14] 陈淳：《古蜀金器"射鱼纹"之我见》，《中国文物报》2004年8月27日。

[15] 刘学堂：《古蜀金器"射鱼纹"寓义考》，《中国文物报》2004年8月27日。

[16] 李复华：《从三星堆、金沙遗址出土文物看蜀文化的大转移和政治意义》，《中国历史文物》2003年第5期。

[17] 魏崴：《四川汉画中的"鱼"图》，《文史杂志》2008年第3期。

[18] 蔡运章：《三星堆文化的太阳神崇拜——从古蜀金器"人头、鸟、鱼和羽箭"母题图案谈起》，《中华文化论坛》2007年第2期。

[19] 如冯宏：《考古揭示蜀人三源说》，《阿坝师范高等专科学校学报》2005年第3期；《金沙鱼图泛解》，《文史杂志》2006年第4期等论文中都对射鱼纹金器提出自己的看法。

[20] 顾问：《三星堆金枚图案内涵及金杖新论》，《江汉考古》2006年第2期。

[21] 罗塞达碑（Rosetta Stone，也译作罗塞塔石碑），制作于公元前196年，刻有埃及国王托勒密五世诏书。石碑上用希腊文字、古埃及文字和当时的通俗体文字刻了同样的内容，这使得近代的考古学家得以有机会对照各语言版本的内容后，解读出已经失传千余年的埃及象形文之意义与结构，而成为研究古埃及历史的重要里程碑。所以学术界在形容某一发现对研究某一文化具有重要意义时，常用罗塞达碑来形容。

[22] 〔美〕弗朗兹·博厄斯著，金辉译：《原始艺术》第5—96页，贵州人民出版社，2004年。

[23] 朱狄：《原始文化研究》第3—154页，生活·读书·新知三联书店，1988年。

[24] 陈淳、殷敏：《三星堆青铜树象征性研究》，《四川文物》2005年第6期。

[25] 闻一多：《说鱼》，见《闻一多全集》第1卷，开明书店，1948年。

[26] 李泽厚：《美的历程》第22页，安徽文艺出版社，1991年。

[27] 赵国华：《生殖崇拜文化论》第166—180页，中国社会科学出版社，1990年。

[28] 李文瑛：《新疆尉犁营盘墓地考古新发现及初步研究》，见《吐鲁学新论》，新疆人民出版社，2006年。

[29] 安德列·勒鲁瓦-古昂著，俞灏敏译：《史前宗教》第102—127页，上海文艺出版社，1990年。

[30] 〔古希腊〕希罗多德著，王嘉隽译：《历史》第107页，商务印书馆，1959年。

[31] 陈炳良：《从采苹到社祀》，见《神话、礼仪、文学》，台北联经出版公司，1985年。

[32] 张光直：《美术、神话与祭祀》第21页，辽宁教育出版社，2002年。

[33] 刘学堂：《新疆史前宗教研究》第364—366页，民族出版社，2009年。

新疆呼图壁县康家石门子岩画女神崇拜主题的发现与研究

巫新华　覃大海

康家石门子岩画位于新疆呼图壁县西南部山区，北纬43°51′01″、东经86°19′05″，海拔1570米，东北距县城约58千米，东距雀尔沟镇13千米（图一），为天山北坡低山带的丘冈地形，是良好的春秋牧场。

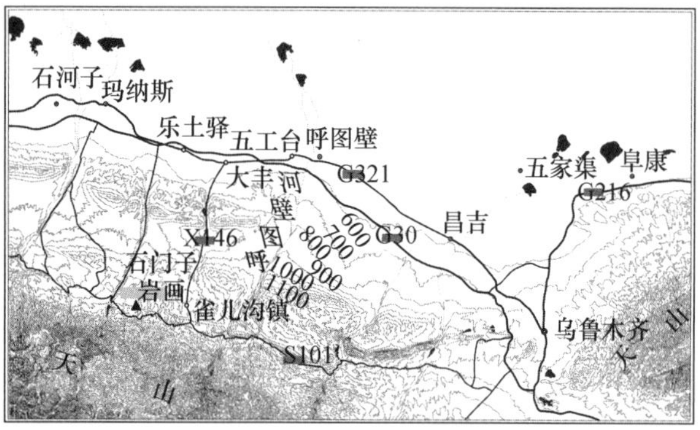

图一　岩画位置示意图

岩画发现于涝坝湾子自然村东北2.5千米的一座高耸的侏罗纪晚期丹霞地貌山体南面的岩壁上（图二），南临涝坝湾子沟，山体高达200米，山势陡峻，峭壁如削。由于自然的侵蚀原因，岩体表面形成许多纵横的凸凹。裸露的山体中、上部多为沉积砾岩，底部为沉积砂岩，岩画刻于底部砂岩表面。

一、岩画的概况

1987年，新疆考古所副所长王炳华先生在呼图壁偶得县境的南山中有舞蹈人物岩画的信息，即前往考察，随后展开对这一岩画的观察、记录、临摹、摄影、拓制、录像及分析研究工作，康家石门子岩画始入人们的视野并引起了学术界的关注。1988年，第二次全国文物普查时，定名为康家石门子岩画，被列入不可移动文物名录。1990年被公布为自治区级文物保护单位。2007年，重新划定了保护范围的面积，由原来的1万平方米扩大到20万平方米，同年实施岩画新排水沟的开凿、防水处理和画面表面污染物的清理、岩面的保护等抢救性保护工程。2012年，康家石门子岩画通过国家3A级景区评审，跻身为国家3A级景区行列。2013年被公布为全国重点文物保护单位。2014年，为科学保护岩

图二　岩画的位置

作者：巫新华，北京市，中国社会科学院考古研究所，研究员。
覃大海，库尔勒市，巴音郭楞蒙古自治州博物馆，副研究馆员。

画提供数据支持，利用三维扫描及微观观察技术进行数据的采集工作。2015年，呼图壁县岩画保护与研究中心成立，并在第二届中国"国际岩画论坛"、中国岩画学会年会上，康家石门子岩画被认证为全国首批岩画遗存地。

（一）岩画的分布

岩画集中刻凿于山体裸露岩面中央位置的底部，岩面向外倾斜，多有裂纹。岩画主要分布在东西宽12.5、距地面高1.85—8米的岩面上，左侧分布较集中，占据面积较大，位置较高、图形较多、较大，且较为清晰；右侧占据面积较小，位置相对较低，图形较小、较散，且比较模糊。

此外，在该区岩画下距地面1.2—2米高的岩壁上有些零散红色彩绘图形，包括羊、骑者、掌形及圆点等，东西两侧数十米的岩壁和坍落的大块岩石上也有一些岩画，主要图形有羊、鹿等，其中以羊为主。这些彩绘和岩画的年代比较晚，有些为近现代人所为。

（二）岩画的图形与数量

该范围内岩画的形象以人物图像为主，包括完整的人体、单独的人头像以及人的肢体等，也有少量动物和工具图像。根据观察统计，可辨图像共有301个。

（三）岩画的保存状况

左侧岩画保存相对较好，右侧岩画保存较差，其原因可能有以下两点。一是左侧岩画雕刻的图形较大、较深，而右侧岩画雕刻的图形较小、较浅。二是左侧岩画被自然因素破坏较弱，从现状观察，右侧岩画表面雨水冲刷的痕迹多于左侧，故岩体表面疏松、风化、剥落及漫漶也就大于左侧。另外，左侧岩画位于较高的位置，后人干扰的因素相对较小。

二、对岩画的考古考察

（一）岩画的分布

整个岩画呈左高右低分布，图形的大小、雕刻的精细程度亦呈同样的变化趋势。整个岩画可分为四区，即上区、左区、中区和右区（图三；图四）。

图三　岩画分区图

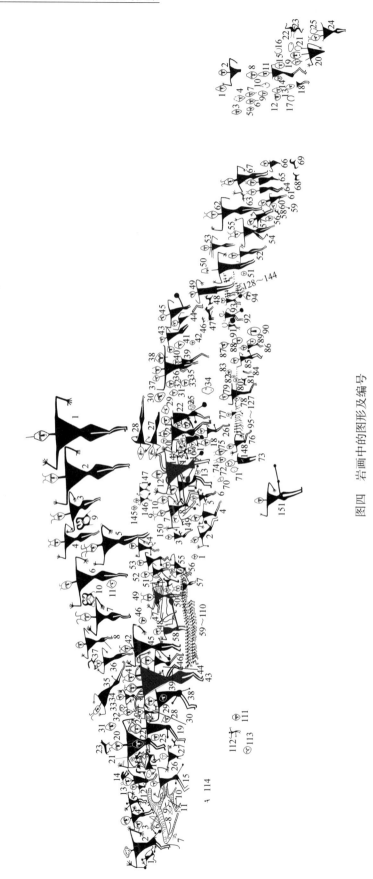

图四 岩画中的图形及编号

上区岩画　位于整个岩画的最高处，图形以人形为主，共有8个完整的人体和2个"对马"及1个单独的人头像。除最左侧的人像体形较小、刻痕较浅且拙滞外，其余人像的形体较大，最右侧的人体高达2.07米，图形雕刻精细，线条流畅，姿态优美，而且布局、疏密得当，整个画面显得十分整洁（图五；图六）。

图五　上区岩画

左区岩画　位于上区岩画的左下部和中区岩画的左侧，位置低于上区。该区图像较多，共计有114个，以人形为主，单独的人头像和动物图像增多，人体的体形大小、风格与上区比较有所变化。除中部一个"双头"人体的大小，以及其精细的雕刻可与上区媲美之外，其余图形的雕刻均较粗糙，线条拙滞，布局较杂乱，出现图像间相互打破和叠压的情况，人体及动物上出现生殖器的图形（图七；图八）。

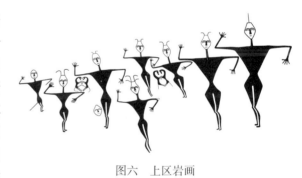

图六　上区岩画

中区岩画　位于上区的右下部、左区的东侧，位置低于左区，图像有149个。岩画整体上与左区相似，但图形进一步变小，单独的人头像进一步增多，布局亦较杂乱，亦存在图像间的相互打破和叠压关系，部分岩画（主要在右侧）图形模糊、漫漶不清，除刻痕较浅之外，应受自然水浸、风化、剥蚀等破坏所致（图九；图一〇；图一一）。

右区岩画　位于中区岩画的右侧，其间约有1米的空白间隔，位置低于中区，最低的岩画距现地面约1.85米，为整个岩画最低的一区。该区岩画所刻图形有25个，多模糊不清。岩画的图形更小，单独的人头像居多，刻痕更浅（图一二；图一三）。

（二）岩画的图形

根据现场逐一辨认，岩画的图形共有301个，主要为人形图像和少量的动物及工具（弓箭）图像

图七　左区岩画

图八　左区岩画

（图一四）。其中，完整的人体和部分肢体有197个，约占总数的65.45%；单独的人头像有73个，约占24.25%；动物有28个，约占总数的9.3%；工具（弓箭）有3副，约占总数的1%（表一）。

表一　　　　　　　　　　　　岩画的图形数量（个）统计表

部位	人（体）像	人头像	动物	工具	合计
上区	8	1	2（对马）		11
左区	85	13	13	3（弓箭）	114
中区	97	41	13		151
右区	7	18			25
合计	197	73	28	3	301

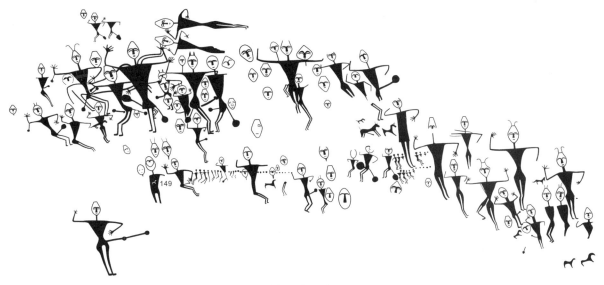

图九　中区岩画

图一〇　中区岩画局部（左）

（三）岩画的雕刻技法

从岩画的雕刻痕迹观察，主要使用了三种技法。一是凿刻法，用较尖锐、较大的工具连续凿刻，形成的痕迹为点窝状或短条凹槽状。二是划刻法，用尖锐、轻小的工具来回划刻，形成的痕迹为较细的线状。三是打磨法，用石质打磨工具在已凿刻的图形轮廓内或划刻的线状轮廓内来回打磨，形成比较光滑或平滑的岩面。康家石门子的岩画中，部分岩画采用一种技法，而多数岩画则为两种或三种技法并用。如呈半浮雕的人像或单独的人头像皆为先凿刻或划刻后，再进行打磨而成。从迹象观察，打磨主要为干磨，少量为沾水打磨。

图一一　中区岩画局部（右）

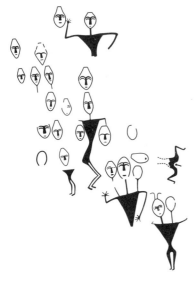

图一二　右区岩画

图一三　右区岩画局部

（四）岩画中的彩绘图像

岩画中部分为彩绘图像，不是简单地以彩绘画，而是在已完成雕刻的岩画内填涂颜色，或进行补绘，所用颜色主要为红色和白色，白色主要用于面部平涂，红色则用于面部轮廓、躯体、四肢、生殖器以及胸饰的填涂和描绘。

（五）岩画中的生殖器图形

在整个岩画中出现的男性"生殖器"（包括出现在非正常部位的和挂在肘下形似生殖器的图

图一四　左区岩画中的打破关系图

形）共计61个，主要出现在左、中两区，其中左区31有个，中区有29个，右区只有1个。除个别生殖器图像为单独出现之外，其余的均与人体相连，或靠近人体。部分生殖器为1人1个，有些位于正常裆部，有些则位于非正常部位，即臀部或腰部。部分为1人2个或3个，位于裆部、臀部或腰部，有些肘部还下挂1个。根据统计核对，位于腰、裆部的共有37个，位于臀部的16个，肘下挂的有6个，单独存在的有3个。位于裆部的生殖器一般平伸或上翘，端部呈圆状，有的根部还有两个圆点。而位于肘部和臀部的"生殖器"形状与裆部的虽然相似，但均呈下垂或斜垂状，而且位于非正常部位。有些面相、体态为女性的人像也有男性生殖器的图形，还有些生殖器是后添加或加长的，这些不正常的现象在进行研究时要加以注意。

（六）岩画中图像的打破关系

岩画中有许多图像相互打破或叠压。从痕迹观察，有人像打破动物、人像打破人像、动物打破动物的现象（见图一四；图一五；图一六；图一七；图一八）。打破现象在上区岩画中未出现，均出现在上区下的左区与中区中，而且有些图形间的打破关系比较复杂。如在左区"双头人"组岩画中，"双头人"的颈肩部及左臂打破三个呈弯形的图形，应为大角羊的羊角，羊身已被"双头人"的身体和左臂打破并叠压。腰部打破和叠压在左屈腿并有男性生殖器的人像上。左胸部打破并叠压其左侧一个向左屈蹲的男性的右肘部。右胸部打破并叠压其右侧一个向右屈蹲的男性的左手臂，而该右屈蹲人像的胸部又被另一个人的头部打破。右肘臂打破并叠压于其右肩外侧一个形体较小的人像的左肘臂，而该人的右胸又打破并叠压于其右头顶饰有"七根竖条纹"人像的左肘部，头顶饰有"七根竖条纹"人像的右臂又打破其右侧一双腿右屈的男性的腰部，该男性的胸部又被一有胡须的男性头像所打破。

人体（人头）图像打破并叠压动物图像是左区、中区岩画中一个值得注意的现象。左区、中区中可辨认的动物图像共有26个，其中，左区的13个中有7个动物图像被11个人体（人头）图像打破并叠压（不包括动物打破动物），中区的13个中有3个动物图像被6个人体图像打破并叠压。从人像图形与动物图形之间的打破关系来看，左区、中区的部分人像晚刻于动物图像，而且这些打破动物图像的多为左区和中区中体形较大或身体涂红，并在该区岩画中占据主导地位的人像。

图一五　左区人像、动物打破关系图

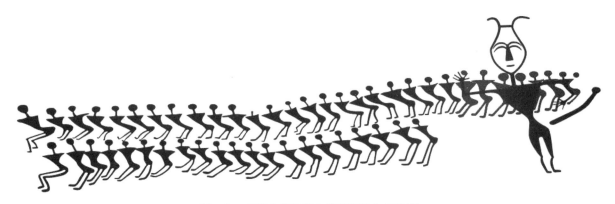

图一六　左区人像打破人像和添加生殖器图

图一七　左区人像、动物打破关系图　　　　图一八　中区人像打破动物关系图

三、对岩画的初步分期

从整个岩画的图像来看，康家石门子岩画中最为突出、最引人注目、最具有震撼力的是上区的具有女性特征的图形，这些图形位于整个岩画的最高处，不仅雕刻精细、线条流畅、比例协调、姿态优美，而且布局讲究，画面整洁，是某一时间某一人群思想观念体现的"作品"，其表现的对象与主题为女性。位于其下的左区、中区和右区的岩画，图形的种类增多（有人、虎、马？羊、狗等动物及工具等），人体上出现男性生殖器和一些交媾的图形，画面内容丰富于上区。但其画面和图像的排布比较杂乱，刻画的精细度已不如上区，人像图形的形态与风格有所变化。观察痕迹显示，左、中两区的岩画中，出现了图像相互打破和后添加的现象，既有一个人体（或人头）打破另一个人体的现象，也有人体打破动物的现象，还有后添加男性生殖器，或加长男性生殖器的现象等。那些斜垂于臀部和下挂肘部的"类男性生殖器"的图形，应该不是生殖器，有可能是挂饰或佩带的某种器物。

根据岩画遗存、层位以及特征差异等现象判断，康家石门子岩画可分为三个时期或三个时间段。

第一期岩画：位于整个岩画的最高处，即上区岩画中的七个女性和两组对马图像（该区最左侧的呈男性特征的人像，从其形态、刻技风格等观察，应属后刻者）。"七女"图像雕刻、打磨较深且精细，人像均为正面直立，身体上部呈倒三角形，两臂平伸，左手下垂，右手上举，五指张开；头戴梯形平顶帽，帽顶有饰物（其中右一为一根直立的饰物，其余的六人中五人为两根向外弯曲的饰物，一人为四根向外弯曲的饰物），形体优美、亭亭玉立。两组对马图像为"隔三"的位置关系，即两个对马分别位于自右向左第三、第六个人体平伸的右臂下，其中左组对马为两个直立的头脚、阳具相对的牝马图像；右组对马形态、大小与左组对马相仿，但无阳具，可能表现的是牡马。"对马"可能是泛印欧语系民族重要神祇——双马神的一种表现图形，是马神崇拜的一种文化现象。"对马"图形与"七女"图形的组合，其主题应是神的崇拜，即女神与马神的崇拜（图一九）。

第二期岩画：继一期岩画之后，在上区岩画之下的左、中区中，出现一些动物图形的岩画，可辨的26个动物图形中（有些已模糊不清或已被打破叠压，原总量当不止此数），有10个动物被这两区中占主导位置的人像打破叠压。以此推断，第二期的岩画主要为动物图形（可能还出现了少量的人像岩画，如有，则是一些体型较小，不占据主导地位的人像；从布局和打破关系来看，左区两虎形动物可能出现稍晚，当在第三期），动物的种类有羊、牛、狗、兽等（图二〇）。

第三期岩画：主要分布于上区之下的左、中、右区，在整个岩画中占幅最大，图像最多。这三区岩画的变化除了上述的单独人头像自上而下、自左向右不断增多，刻磨工艺不如上区（第一期）岩画之外，该期岩画中占主导地位的人像图形打破叠压第二期的动物图形，而且人体的体形、体态与上区比较亦有所变化：上身普遍变长而腿变短；下肢屈膝或

图一九　第一期岩画的"七女"、"对马"图

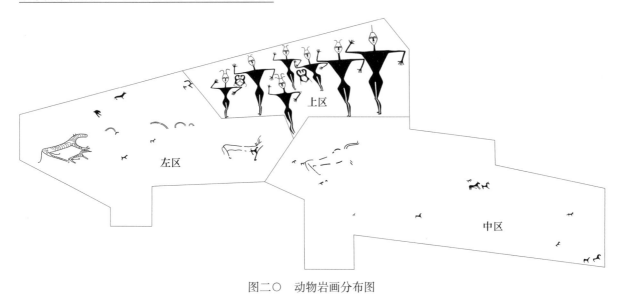

图二〇　动物岩画分布图

侧蹲；头部出现圆头无冠形状等。最显著的是男性生殖器图形的大量出现。这些现象，显示出该期岩画与上区的第一期岩画的人物图形比较风格发生了变化，而且表现的内容也发生了变化。从区位、层位、图像内容来看，这些变化和时间、人群、表现主题密切相关，即这一时期人们的思维意识、岩画"创作"目的已发生了变化，故所刻凿的内容也随之发生了变化。岩画的图形、组合、打破关系等显示出第三期的岩画也不完全是同一个时间段和同一个人群完成的，是经历过一段时间、经过不同刻者刻凿而成，所以该期的岩画缺乏整体的布局，相当一部分岩画拥挤为一团；出现各刻者根据自己的思想与目的，各自安排和刻凿自己的岩画，有的不惜破坏已有的图像，在已有图像中添加其他图形等。

康家石门子岩画是经过三个时间阶段延续多次刻凿而形成的一幅"巨作"，以艺术的表现手法，集大成地记录了史前"康家石门子岩画刻凿时段"的天山游牧人群的思维、信仰与追求。这幅"巨作"最早刻凿的是上区形体与动作优美的"七女"图像和两组对马图形，"七女"图像表现出对女性的赞美、崇敬和崇尚"七"的思想表达；"对马"则是马神崇拜的思想反映。其主题是"神"的崇拜，即对女神与马神的崇拜。此后，经历过多次的"创作"，图形的相互糅合、添加，产生了具有"生殖崇拜"思想内容的岩画。

以上康家石门子岩画考古调查工作是以现场观察为主，辅以照相、测量手段，近距离地对康家石门子岩画进行逐一的观察、辨识、记录与数据采集。同时，为了便于观察、分析、描述与研究，对岩画进行了自然分区与统一编号。室外观察工作结束后，在室内进行资料整理的过程中，又发现和辨识出了一些图形。通过实地观察和资料整理，形成了初步的对所观察对象现状的客观记述，旨在保证资料的客观性与科学性，为进一步的研究提供可信的资料。

四、对岩画中女神母题的研究

（一）对岩画的认识过程

天山康家石门子岩画规模宏大，人像造型优美，是亚欧草原独一无二的青铜时代大规模摩崖岩刻。该摩崖岩刻发现于20世纪80年代末，学术研究以王炳华先生的著述为主。王炳华先生的研究确定岩画性质为青铜时代晚期生殖崇拜文化，年代定为距今3000年左右。他认为，康家石门子岩画遗存可以清楚地认识它是东部天山呼图壁大地的古代居民，在渴求人丁兴旺时，实施求育的圣地（图二一）[1]。

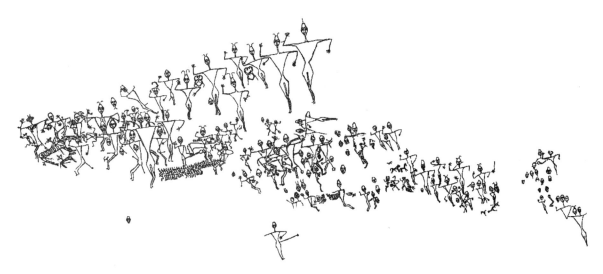

图二一　岩画整体三维数字化成果提取图（采自《浅谈岩画保护理论与实践
——以新疆呼图壁康家石门子岩画保护为例》）

近年西北大学文保中心刘成先生团队在岩画内容研究方面取得新进展。刘成团队采用自己研发的数字拓片技术，对刻划画面模糊不清的部位，进行了虚拟光线下不同视觉带来的图像效果，展示出了不同效果的数字拓片，结合实地勘察与电子拓片相互对比，项目研究发现了一些令人振奋的画面信息。

刘成团队通过打磨工艺与刻画手法的不同，提炼出的岩画全面线图，可以清晰地看出岩画早期题材主体人物并非生殖崇拜，而是一组由一男八女（含双头人像在内）组成的纯粹的舞蹈场面，那一个横躺着的突出生殖器的男性是后期添加的，也就是说生殖崇拜内容是康家石门子岩画第二个时代形成的，具体年代还需要进一步研究。如图所示（图二二），上部一组三角形身体的图形，有属第一期的，也有属第二期的。第一期是由人物与同性对马组成的舞蹈群组。从电子拓片里发现，最早期的是一组人物的舞蹈造型，其中最大的人物雕像有别于其他人物，可以看到他帽子上的装饰是单翅，他的脸部棱角粗犷，他的肩宽与腰身的比例更有力量，他胳膊上的肌肉更加发达，这是一个标准的男性造型。加上与他们一同呈现的是同性对马相向打斗或者比武的情景，于是可以认定，此岩画最早雕刻的是一组纯粹舞蹈的画面。

通过数字建模，将曾经在学术界研究中多次提到的双头人身像表达的意思，借助三维数据，发现是两个人紧密叠加在一起，肩并肩的双人组合，从图中可以看出，他们不是一个身体两个人头的怪物，通过岩画中另一处比较明显的线条图推论得出了新的

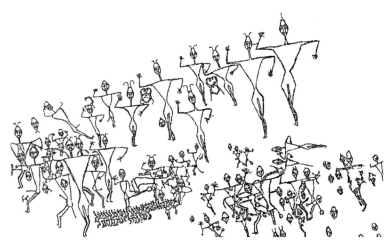

图二二　一男八女与其他后来刻画的人物图（采自《浅谈岩画保护理论与实践——以新疆呼图壁康家石门子岩画保护为例》）

图二三　大型双头人像的三维数字化成果截图（采自《浅谈岩画保护理论与实践——以新疆呼图壁康家石门子岩画保护为例》）

解释（图二三）。

在岩画的三维数据支持下，发现岩画大量的添加人物打破原有岩画的现象，打破与被打破人物特征都有所不同，这些都可以借助测绘数据来说明。另外，还存在明显属于改造岩画画面性质的行为[2]。

归纳而言，西北大学文保中心刘成先生团队，通过观察打磨工艺与刻画手法，以及精细绘制岩画全面线图判断，岩画早期题材主体人物并非生殖崇拜，而是右上部一组由一男八女（含双头人像在内）组成的纯粹舞蹈场面，岩画整体可以分为第一、第二两期。并在岩画的三维数据支持下，发现了岩画大量地添加人物打破原有岩画的现象。还进一步判断，岩画人物出现了为女性岩画配备男性人物，有的甚至是原本的女性造型通过添加男性生殖器修改成男性的现象。明确提出生殖崇拜内容是康家石门子岩画第二个时代形成的[3]。

笔者认可王炳华先生、刘成团队关于生殖崇拜文化、原始巫术、岩画画面存在的打破关系，以及许多图像男性生殖器图案后来加刻等观点。不过我们在进一步进行细致考古调查工作基础上，研究认为康家石门子岩画主要人物形象均为女性，大多数男性生殖器的刻画可能并非同一时期与人物同时刻画的一体形象，而是在后来不同文化时期加刻的图案。康家石门子岩画早期人物形象均应该是女神像，且没有刻画男性生殖器图案，人像意涵为女神崇拜文化，且与四川盐源树形青铜器存在承继关系，是四川和中国西南地区西王母主题摇钱树文化的主要来源。由于局限于篇幅和材料，本文仅就女神崇拜、盐源树形青铜器、西王母主题青铜摇钱树之间的文化关联简论如下。

（二）岩画中主要图像的文化内涵

1. 三角形人像的身体构图符号

康家石门子岩画人像身体构图，均以三角形为唯一图形。三角形（代表女性阴部三角区）自史前原始时期直至当今都是一种中心性象征，代表着给予生命和再生。早至亚欧大陆西部的阿舍利文化时期（Acheuylian era），晚至西方现代圣玛利亚和基督教三位一体的形象，我们都可以看到这一象征的各种形式。

在新石器时代艺术中，三角形意指女性身体。在神庙中以巨大陶制、石质的三角形充当祭坛。在匈牙利南部科克尼多姆（Kokenydomb）的一座约公元前5000年前的神庙中耸立着一个三角形陶土祭坛，在该祭坛下部的一个较小的三角形图案中，女神形象若隐若现（图二四）。

在公元前4000年左右的库库泰尼陶瓶上刻画了一位多重身体的三角形女神，画面表现出强有力的生命力量（见图二四，2）。上图第三幅由两个相反的三角形构成的滴漏形人体图案，同样强力地表现出再生女神形象。这些都是生命与生育女神，同时也代表死亡与再生之神，她是一个生命周期的完整循环过程，人类史前史中这是一个共性主题[4]。

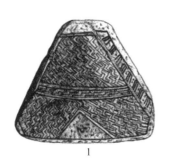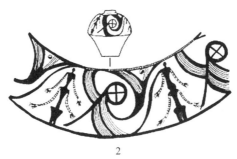

图二四　三角形构图符号
1. 三角形祭坛（距今约7000年）　2. 多重三角形身体的女神图（陶瓶与陶瓶图案展开图，距今约6000年）
3. 两个三角形构成的女神形象（罗马尼亚东北部的盖雷斯地-内迪亚出土，距今约6000年）

　　康家石门子岩画三角形构图的主要人像正是这种赋予生命与再生的女神，并非所谓纯粹的岩画艺术，而是渗透天山早期游牧人群思想情感内容的摩崖石刻。三角形构图人像就是那个时代此地先民精神文化的艺术表现形式之一，而原始巫术或宗教是其较为突出的主旨文化色彩。这里的岩画正是原始宗教仪式活动场面的写实与记录，这是一种在直接社会活动基础上产生的同构对应，也就是原始积淀。

　　笔者以为上区岩画中七个庄严高大的女像（图二五），似乎还有早期数字"7"崇拜与古代天文天象观念在内，是最早时期的系列图像。推断依据与上文的观察一致，主要是图像构图方式、人像身体比例、浅浮雕凿刻磨制手法。图像性质为天山草原区域早期女神，其手势表现的是草原游牧文化背景人群共有的上下摆手的舞蹈姿态（图二六）。人像手势与身体姿态有着强烈的符号化特点。仔细审视，我们发现这组图像的表现形式并不像表面看来那么随意自在，而是以规范化的人体舞蹈形式和符号化的思想寓意表现着人们更深层次的精神诉求——应该是以写实形态表现了青铜时代天山草原地区庄严的高规格巫术（或宗教）仪式。

　　康家石门子岩画中的女神像最典型的艺术表现手法是以"三角形"表达女神的身体。三角形自史前时代直至当今一直都是一种中心性象征，代表着给予生命和再生。毋庸置疑，康家石门子岩画中的女神同样以明确的思想性符号表达司辖自然万物生命的恩赐与再生。

　　2. 人像姿态的符号化含义
　　康家石门子岩画人物的动作举止完全一致，均为一手上举，一手下垂，符号化的象征性特点明

图二五　岩画中的七位一体女神像　　　　　图二六　岩画中的两位女神像

显。刘学堂先生认为与广泛流传亚欧大陆的早期卐符一致[5]。对此观点，笔者认同人像身体形态可能存在卐形纹饰拟形（手臂与身体），不过我们还认为此种姿态也应该与"十"字符号接近（去除平直双臂上下方向的小臂，其与身体的关系基本就是十字）。关于古代艺术形式与思想性含义的符号，麦肯齐在《象征符号迁徙》前言中说："很难相信古人创制的工艺品或图案，会是一种为了艺术而艺术的毫无象征意义的作品"；"我们在下面章节谈到不少纹饰，有比较复杂的人兽组合图画，也有十分简单的几何图案，然而它们都是这种或那种宗教信仰的符号。可能越是简单的符号包含的象征含义越复杂。诸如卐形纹饰、十形纹饰等都有许多种解释"。"为什么会产生象征性符号（词义包含纹饰和姿势两方面），大家的意见似乎没有分歧。即认为，当古人感觉仅凭借言辞无法表达内心深处感受，或不足以体现某种神圣力量时，他们就用特定姿势或图形、图案予以表述和强调"；"可以使人产生视觉影像的图形，能够长久地存在下去，十年、百年乃至数千年不变。于是十分自然地，古人一旦掌握了创制形形色色图像、图案的技巧后，使用这些纹饰取代——至少部分取代象征性姿势，以表达心灵深处的观点或抽象性的精神实体。纹饰主要用于宗教性场合"[6]。

卐符号源自十字符号，乃是用图形表达向四面放射光芒的太阳。在各种文化背景的人群中，以圆圈表示太阳，并以向各方发射的曲线或虚线表现其光芒。逐步简化后，光芒变为十字形的四条线。为了强调太阳周而复始的圆周运动（古人认为，太阳围绕地球旋转），这四条射线向同一方向弯折。于是，产生了卐形纹饰。"卐"形纹饰与"十"形纹饰二者最初的基本文化意涵均为太阳崇拜[7]。上述这方面的研究观点，学术界已经基本形成共识。因而康家石门子岩画中女神像姿态，所表达的正是太阳和旋转太阳的拟形，具有经典太阳崇拜文化的意涵。

3. 岩画的性质

仅从图像表面来看，康家石门子摩崖石刻中女神的体格大小决定神格，即神的地位高低。头顶帽子上一个笔直且硬质的装饰则很可能是地位第一的标志，而两根向上弯曲的装饰物则表明地位次之。虽然后期加刻的男性生殖器所表现的雄性力量在自然界同样起着推动再生并激发生命的作用，但是岩画的主要形象表现的还是弥漫于生命存在之中的女性力量：她们沟通天地、护佑人类、丰产万物和决定往生，也就是说这是掌管自然万物生与死的至上女神。

康家石门子岩画凿刻在柱状节理，高达200余米峭壁如削的山体上。在亚欧大陆史前人们的观念中，这种高耸险峻的山体常被视作"宇宙中心、世界中心"，其典型特点往往就是一座高山、一棵大树或一根立柱。这些象征性物体不仅是神仙聚居之处，也是诸神通往天堂之梯，是最神圣的所在[8]。另外，这处面向南方阳光的独立山体和刻在山体中间下部阳气十足正向面南的巨型岩画，其实也暗含着太阳崇拜的青铜时代思想文化。

也就是说，康家石门子岩画所在的山体被史前时期人们视作神圣的宇宙中心，人们在这里向女神虔诚祈祷，祈求她的恩赐与福佑。同时，天山康家石门子摩崖石刻岩画规模宏大、人像造型优美，是亚欧草原青铜时代整体画面规模与单独人像最大，且具有唯一性的早期宗教圣地。据此判断，康家石门子岩画所在山体于崖刻可能是青铜时代天山草原地带游牧人群社会集团最高的祭坛。

岩画所表现的天山草原青铜时代女神崇拜、图腾寓意和巫术（宗教）仪式，除岩刻图像外，其他早已沉埋于不可复现的历史岁月之中。它们具体的形态、内容、形式和传播影响究竟如何，唯有依托图像来帮助我们去追索探寻，并由此推想天山青铜时代祭坛的历史面目。无独有偶，我们发现与之对应的还有承载古人"宇宙中心"思想观念的具象载体为四川盐源出土的青铜枝形器。

五、盐源青铜枝形器与康家石门子岩画的共同文化元素

（一）盐源青铜枝形器

这种青铜枝形器一般为长约20厘米的透雕饰片，以树形、女像（三角形身体、个别人像有女性双乳）、日轮和对马共同构成。主要出土于墓葬，是明器，年代大致为春秋战国（下限至西汉），数量达数十件之多。虽然盐源青铜枝形器在细节创作上变化多样，但整体形状都呈现"不断生发的树状"[9]。这里仅举图二七[10]为例，对此类器物的造型作简单介绍。最底层是树的三根枝干，其上有分叉而生的侧枝分两层向上延伸。第一层对称而生的侧枝上分别生出圆形日轮，日轮上多带有代表光芒的纹饰。第二层树枝分别从中间的主树干和两旁的日轮生发出来，主树干的顶部在这里向上生发成"V"形枝干，在"V"形枝干的中间站立一人，此人的身体部分大致呈三角形（胸部有女性生理特征），一只手臂弯曲叉在腰间，另一只手臂向上弯曲作舞蹈状。第二层生发出来的四根侧枝的结合部位再分别生出两个日轮，这两个日轮分别位于人物的两旁；两边的日轮上又生发出对向而立的双兽，它们的嘴部与人物向上弯曲的手臂连为一体。枝形器兼具神树、神人和神兽的形象，与青铜时代晚期活跃在该地区族群的丧葬习俗、宗教祭祀和社会礼仪活动有着密切的关系。

概括而言，盐源青铜枝形器与康家石门子岩画具有显性与隐形的共性文化元素，简单概括如下。

1. 显性共性文化元素

①处于中心地位的人像均为倒三角形上身，束腰。②长颈椭圆形头形。③人像头顶戴胜（明显突出于帽子顶部的装饰物，康家石门子人像头戴高帽，帽顶有数量不等明显高耸的硬质或软质装饰物），而盐源树枝形器人物头上多为一种夸张高耸的三叉状装饰物。④双马神崇拜（双牡马或牝马）。⑤明显的女性人物形象，如A型树枝形器（图二七；图二八；图二九）。

2. 隐形共性文化元素

①神树崇拜，康家石门子岩画所在的丹霞山峰犹如树干（柱）形状与盐源青铜枝形器的树的造型对应。②太阳崇拜，康家石门子岩画人像姿态的卐符或十字形符号象形与盐源青铜枝形器上树枝顶端日轮（带有明显的放射线）对应，因而我们认为盐源青铜枝形器与康家石门子岩画内容存在前后文化传播和承继关系。

（二）盐源青铜枝形器与康家石门子岩画共有的文化元素

1. 承载"宇宙中心"观念的险峻大山和大树

前文已述，康家石门子岩画所在的山体在游牧民族的思想观念中被视作"宇宙中心""天柱""宇宙中心神树"等，而擅长想象的游牧民族也把大树或某类大山山峰的形象作为"宇宙中心"的象征物之一，它们同为神灵聚居之处，也是诸神通往天堂之处。例如古印度人就认为宇宙中心位于须弥山，它不但是世界的中心，还是众神的居所（《俱舍论》卷十一）。而《王书》（Shah-namah）的作者则根据琐罗亚斯德教的神话故事描述了神主栽种的丝柏树，并介绍此树的功能为："是神主从天上将它赐予我的，并且说从这里便能登上天堂……人们称此树为天堂，如果你不知道为什么，你可以称它为卡什马尔的丝柏树"[11]。亚欧游牧民族认为帝王英雄通常是具有神性的人[12]，显然，游牧部落的首领们通常认为可以借助大山或大树为媒介使自己的灵魂升入天国。盐源青铜枝形器与康家石门子岩画就是这种思想观念的具象表达。因此，我们推想盐源青铜枝形器是高等级明器，很可能表现的是现实社会集团最高权力的权杖，是一种涉及游牧社会集团组织结构上层建筑层

面的文化与权力仪仗的组成部分。

2. 女神与神树共有的生命赋予、丰产与再生功能

康家石门子岩画大多描绘的是具有倒三角形身体的女神，她具有强大的再生能力。用倒三角形象征女神或女神再生力量的艺术表现形式可以追溯到旧石器时代晚期，再生的意义显而易见[13]。而其拟形十字形或卐符形身体姿态所表现的天神、太阳神崇拜文化意涵也十分明显。盐源青铜枝形器的整体造型酷似一棵大树，女神（天神）居中，其上有四个光芒四射的太阳（图三〇；图三一）。二者极具相似性。

这类"神树、女神和太阳"组合的艺术创作遍及世界各地[14]，例如印度神话中的一棵宇宙树，一只原始蛋生于混沌初开的海洋之中，蛋上长出一棵宇宙树，树有三根巨枝向上和两侧伸展开来，每一树枝上生出一个太阳，位于神树中心分叉处的太阳最大（图三二）。盖尼奥认为此图表现的是同一个太阳在一天中的运行状态[15]。

古埃及神话中也有太阳从"天树"上升起的典故，描述的就是亡灵目视太阳从圣树上升起的情景（图三三）。中国神话中的"扶桑"与"若木"也与太阳关系密切，《山海经·海外西经》形象

图二七　盐源青铜枝形器　　　图二八　盐源青铜枝形器　　　图二九　盐源青铜枝形器
（C：658）　　　　　　　　（C：646）　　　　　　　　（C：656）

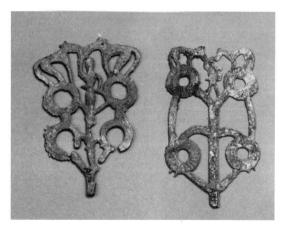 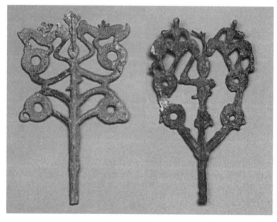

图三〇　盐源青铜枝形器（西昌博物馆供图）　　　图三一　盐源青铜枝形器（西昌博物馆供图）

图三二　印度神话中的宇宙树（采自《中西纹饰比较》）

图三三　埃及古画上的"亡灵目睹太阳从树顶
上升起"图（采自《中西纹饰比较》）

描述了扶桑树顶重复出现的太阳。另外，印度关于"女树生儿"的传说和中国"羲和生日于扶桑"的神话都源自同一母题的演变。《山海经》中的"三桑"就是一种宇宙树，《北山经》中详述了它的生发功能，云："……其上多金玉。三桑生之，其高百仞。白果树生之。" 显然，在古人的意识形态中，神树与女神一样具有生发与再生功能，从而都被人们信奉和尊崇。

这里引用吴妍春、王立波两位学者的学术观点："俄罗斯学者认为，巴泽雷克古墓出土的假发式高尖帽，是'生命树'的象征，这对我们认识棒锥形高尖帽的文化意义无疑有启发。在史前东方天人感应的原始思维中，人体也是天体的一部分，人的头部为'巅'为'天'，所以，关于天的概念，通过对头部的装饰反映出来就十分自然了。联想到前面提到的古代中国岩画上，一些人物头顶树枝或羽毛状物舞蹈的情景，及原始时代人们对树木及木棍的崇拜，再看棒锥形高尖帽的造型结构及装饰，就使我们想起萨满教关于'生命树'的描绘，'它长在天穹的中心，通贯宇宙，根须部是地界，树干部为中界，枝头部分为七叉（亦传九叉），称神界'。人处在宇宙的中界，欲求与天相通，而人与天相连的顶点，即是头顶，于是原始先民在欲求通天时，就会用象征'生命树'的类比物顶在头上舞蹈。角的枝杈形、羽毛的形状都与树木类同，所以，这些就成了'生命树'的象征，棒锥形高尖帽可能是远古先民对'生命树'的象征性符号表达。其中最典型、完美的要数巴泽雷克文化中阿克—阿拉赫3号墓地1号墓出土的假发式棒锥形高尖帽。此帽半球形帽基座中间开有一孔，栽置高高的木棒，木棒上卷裹毛毡，四周环绕着木质的鸟禽雕像，这似乎对应着萨满教关于神灵世界中部有一孔洞，生命树通过空洞贯通上、中、下三界的说法"（图三四）[16]。

古代中国-如亚欧大陆各地神树崇拜现象普遍。先秦神树崇拜以《山海经》所载之树甚多，有太阳神树、通天神树、仙境神树、千里之幅的巨树、具神奇药用价值的神树，以及其他神异之树。

《山海经》中与原始信仰有关的"太阳神树"有四种，即扶桑、扶木、若木和柜格之松。

《海外东经》扶桑："下有汤谷。汤谷上有扶桑，十日所浴，在黑齿北。居水中，有大木，九日居下枝，一日居上枝。"[17]

《大荒东经》扶木："大荒之中，有山名曰孽摇頵羝，上有扶木，柱三百里，其叶如芥。有谷曰温源谷。汤谷上有扶木。一日方至，一日方出，皆载于乌。"[18]

图三四　高尖帽（采自《西域高尖帽文化解析》）

1.扎滚鲁克出土　2.达吉斯坦、安德斯克以及库塔伊西等地出土戴高尖的青铜人像　3.新疆伊犁新源出土头戴高尖帽的青铜武士雕像　4.伊塞克古墓出土的头戴高尖帽"金衣人"　5.贝希斯敦碑铭上塞人斯昆哈首领头戴的高尖帽　6、7.巴泽雷克古墓出土的高尖帽　8.鄯善苏贝希古墓地出土的高尖帽　9.达利维尔津宫殿遗址中贵霜王子雕像头戴高尖帽　10.阿富汗大夏佛寺洞窟中人物雕像头戴的高尖帽　11.公元前17世纪小亚细亚赫梯文明岩刻画中沙鲁神头戴筒形高尖帽

《大荒北经》赤树、青叶、赤华、若木："大荒之中，有衡石山、九阴山、泂野之山，上有赤树、青叶、赤华，名曰若木。有牛黎之国。有人无骨，儋耳之子。"[19]

《大荒西经》青树、柜格之松："西海之外，大荒之中，有方山者，上有青树，名曰柜格之松，日月所出入也。"[20]

古代中国与神仙信仰相关的则是昆仑不死树和仙境树。在《山海经》中记述了一处重要的仙境—昆仑山，它有时是西王母的居所，有时又是帝之下都，但前者的说法在后世流传更为广泛。以西王母为代表的神仙居所—昆仑山仙境的仙树，在《山海经》中多有出现。

《海内西经》木禾："昆仑之虚，方八百里，高万仞。上有木禾，长五寻，大五围。面有九井，以玉为槛。面有九门，门有开明兽守之，百神之所在。"[21]

《西山经》沙棠："西南四百里，曰昆仑之丘，是实惟帝之下都，神陆吾司之。其神状虎身而九尾，人面而虎爪；是神也，司天之九部及帝之囿时。有兽焉，其状如羊而四角，名曰土蝼，是食人。有鸟焉，其状如蠭，大如鸳鸯，名曰钦原，蠚鸟兽则死，蠚木则枯。有鸟焉，其名曰鹑鸟，是司帝之百服。有木焉，其状如棠，黄华赤实，其味如李而无核，名曰沙棠，可以御水，食之使人不溺。有草焉，名曰薲草，其状如葵，其味如葱，食之已劳。"[22]

《海内西经》不死树、柏树、木禾、圣木曼兑、文玉树、于琪树："开明兽身大类虎而九首，皆人面，东向立昆仑上。开明北有视肉、珠树、文玉树、于琪树、不死树。凤凰、鸾鸟皆戴蛹。又有离朱、木禾、柏树、甘水、圣木曼兑，一曰挺木牙交。"[23]

《海内西经》服常树、琅玕树："开明东有巫彭、巫抵、巫阳、巫履、巫凡、巫相，夹窫窳之尸，皆操不死之药以距之。窫窳者，蛇身人面，贰负臣所杀也。其上有三头人，伺琅玕树。"[24]

根据上述文献资料来看，无论太阳神树，还是与神仙信仰相关的昆仑不死树和仙境树，均具有"绝地天通"神通。类似的文化观念亚欧几乎是一种普遍存在，再者《老龙头墓地与盐源青铜器》考古报告认为：树枝形器是欧亚青铜文明全球化东进南渐影响的产物，其与欧亚草原青铜时代东经的历史背景有着密切的关系，具体表现为在盐源地区青铜文化中可见大量亚洲内陆通道上常见的文化因素，如双马神崇拜、山字格剑、S形饰、马具（马衔、马镳、节约、铃等）、刀或削、管銎兵器（戈、斧、镞）、带扣、连珠饰、铜管、泡饰等以及丧葬仪式中广泛存在的殉马习俗[25]。

3. "双马神"的崇拜

盐源青铜枝形器顶部是一对头部相对的双兽，其身体上的折线三角形平行纹饰与康家石门子岩画中大型动物的身体纹饰十分相似。但是盐源青铜枝形器因有骑于兽身之上腰部带有刀的骑手人物形象，因此可以明确判定青铜枝形器中的对兽为对马，这又与康家石门子岩画上区七位女神之间的两处对马图像完美呼应。由此可见，盐源青铜枝形器和康家石门子岩画上都出现了"双马神"的形象。

"双马神"是古代印欧人的某种龙蛇崇拜，是印欧人共有的多神教神祇之一。最早见于公元前3200—前2200年里海至黑海北岸的颜那亚文化，随着印欧人在欧亚草原的迁徙，其崇拜"双马神"的宗教习俗被欧亚草原的游牧部落所接受并传承下来。古印欧（语系）游牧民族在各自的宗教礼仪活动中使用了大量赋有"双马神"形象的艺术品。伴随着古印欧（语系）人的渐进东迁，这类艺术形象在晚商时期进入了我国新疆天山和内蒙古的阴山地区，并由此向古代中国的腹心地区渗透。而早在公元前2000年左右，东迁至甘肃和青海地区的古印欧（语系）人就影响了早期羌人的信仰传统，并由此开始了其"中国化"的进程。"双马神"也顺其自然地和草原游牧民族的其他文化元素一起融入了羌人的信仰之中。盐源盆地位于横断山脉东缘，处于中国古代南北向民族迁徙和文化交流的大通道上，而此地出土的枝形器和"双马神"应该都是草原游牧文化曾从西北地区沿横断山区南传的反映（图三五）。

不过下图中的动物，康家石门子岩画研究者均认为是"虎"，不过对比盐源青铜枝形器神树顶部对兽形态比较来看，很可能是马，而非老虎。盐源青铜枝形器中对马或成对双马是固定的造型模式，与树、圆璧一样均是基本母题，见于所有的铜树上。从位置来看，马处于铜树的最顶端，立于圆璧之上，其中部分马上骑人，部分马上载柱状物，还有部分马背空无一物。除此之外，对马形象还见于杖首上，原报告将其中一些定名为兽，但比较来看，笔者认为它们都应是马，只是造型不同而已。其中"一人双马"母题应与北方草原文化中"双马神"信仰有关[26]（图三六）。

如上所述，盐源青铜枝形器与康家石门子岩画除了蕴涵有相同的文化寓意外，它们的人物形象也非常相似，主要表现在青铜枝形器居中的人物形态与康家石门子岩画上区七位女神的形态极为接近，尤其是以倒三角形身体构图和手臂姿态最具相似性。可见它们在艺术表现手法上也有着高度关联性，这在一定程度上肯定了《老龙头墓地与盐源青铜器》报告撰写者认为其文化来源于中国北部草原地带的观点，以及直接肯定了郎建峰先生文化影响来自新疆的观点[27]。

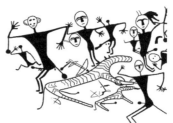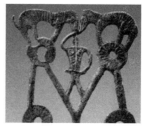

图三五　康家石门子岩画中的双马图像　　　　图三六　岩画中大型兽与盐源青铜枝形器顶神兽比较

盐源青铜文化中的环首青铜剑、铜鸷鹰、铜鹿头杖饰、弧背铜刀等渊源于斯基泰文化或者是受其影响所致；有柄铜饰和铜树枝形器则可能直接来源于中亚和西亚地区古代文化或受其文化影响所致；曲茎青铜剑、"触角式"铜剑和大量陶双耳罐则与西北和北方草原地区的古代文化有着明显的渊源关系[28]。此外，盐源地区青铜文化中盛行的管銎兵器是中国北方草原地区青铜文化在西南地区影响扩散的产物，管銎兵器不属于中原商周文化固有传统的器物，它当是欧亚草原青铜文化对中国北方地区影响与异化的产物，川西高原地区在沟通西北与西南地区古代文化交流中扮演着极为重要的角色[29]。

盐源地处川西南的横断山区与青藏高原的过渡地带，它在自然地理上处于高原与山区的过渡地带，在文化地理单元上亦属于文化的碰撞地带，西北地区的青铜文化通过盐源地区而实现对云南地区移动[30]，这些复合文化因素在此地的出现突显了川西高原地区在南北文化交流中的介质作用，突显了川西山地是链接中国西北与云贵高原青铜文化的重要节点，正是通过该地区使得北方草原文化众多的青铜文化因素得以在秦汉时期的西南夷地区得以延续与发展。

中国西南青铜时代与西北地区，特别是新疆地区有着密切的关系，它有着其独特的技术系统，它以工具、装饰品和兵器及石范技术广泛应用为特征，迥异于中原地区以青铜容器、礼器、酒器为特征的"礼制"文化传统，其技术系统主要渊源于西北地区青铜技术系统。在中国西南早期青铜时代（距今3500—2900年），即公元前1000纪前期，欧亚草原青铜器发达期晚段[31]，以铜锡青铜、红铜、砷铜等欧亚草原渊源的技术特征和以兵器、装饰品、工具为组合的文化特质、广泛使用石范技术的传统及专业化生产的形成（铸匠墓）等元素作为其青铜时代的文化内涵[32]。

当然，学术界对于云南、四川地区于青铜时代晚期、早铁器时代曾经受到天山乃至中国北方草原文化深刻影响已经形成共识。这里就不深入介绍。

六、青铜枝形器与西王母主题青铜摇钱树的关系

笔者个人比较支持盐源青铜枝形器（明器）的传播与影响及于我国西南地区出土明器——汉魏西王母主题青铜摇钱树的观点[33]。学界与本文论点有关的类似观点有两种：第一，四川广汉三星堆商代神树是摇钱树的远祖，直接起源应该与四川盐源出土战国至西汉铜树枝和滇池地区出土的西汉储贝器有关[34]；第二，域外来源说，认为摇钱树图像有着浓厚的域外文化色彩，青铜打造神树习俗不见于中原地区，应该是受到了塞种或月氏等游牧部族影响[35]。这里所谓的塞种、月氏等是活动于天山一带中亚、新疆草原的斯基泰，以及春秋战国时期活动于我国西北地区的西戎同为一种草原文化背景的游牧人群。

本节青铜摇钱树资料主要依据何志国先生著作《汉魏摇钱树初步研究》[36]。迄今各地出土和收藏的摇钱树共计189例。主要分布在以四川（含重庆）为中心的西南地区，有四川、重庆、云南、贵州、陕西、甘肃、青海、宁夏、湖北等地。摇钱树流行的时期大致可分为四期，即东汉早期、东汉中期、东汉晚期、三国时期。东汉早期摇钱树发现较少，主要集中在成都平原地区；东汉中期和晚期摇钱树迅速流行，覆盖今四川和重庆地区，并辐射到周边地区；东汉末至三国时期摇钱树的数量锐减，西晋消失。四川发现的摇钱树多以西王母内容为主。构图具有树形、正面（西王母居中）、中心对称、龙虎胁侍（对兽）、梯几（登天）、华盖（王者）和天门（升天、再生）等元素组成的偶像式构图特点，表现出西王母强烈的偶像神特点（图三七）。

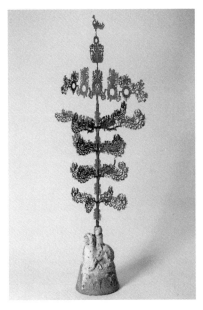

图三七　何家山2号出土摇钱树（成都考古研究院周志清供图）

汉代西王母图像有以四川为代表的偶像式构图和以中原地区为代表的情节构图两种图像系统。其思想内容均与《山海经》《穆天子传》等文献记载相同，表明其来源的一致性。西王母形象则为只出现于摇钱树的偶像神形态，专门用于随葬，是一种重要的主要随葬品。茂汶天门摇钱树中的担钱人从天门中走出，暗示摇钱树生于天门之内。作为流行于西南地区的地域文化特点明显[37]。

下面仅依成都青白江区摇钱树为例简要介绍并讨论。该摇钱树现藏成都市青白江区文物管理所，枝叶有两类。

西王母枝叶　高9.5、宽25厘米。该枝叶以叶脉为界分为上下两区，上区中央为西王母，西王母坐于龙虎座之上，肩生羽翼，双翼向上弯曲支撑华盖，衣袖呈细密的圆弧形纹依次排列，龙虎座置于案几之上，西王母座前有一独木梯；西王母左侧有一人手持一花，举向西王母，花茎很长；其左有一人扬臂作跳舞状，舞者左侧有一人在跳丸，跳丸者左侧有一人在三叠案上倒立，拿大顶；左端有一人侧立于树旁；西王母右侧也有一人手举一物，面向西王母，其右有一人弓腰持璧形物，其右有一凤鸟，展翅卧于叶脉之上，右端有一人下蹲拽羽毛，下区并列排列六枚方孔圆钱，其外有芒刺，下区中间有两人悬挂于枝条上，作荡秋千（图三八）。

西王母枝叶　高10.5、宽18厘米。该枝叶由弯曲的叶脉分为左右两区，左区错落排列六枚方孔圆钱，其上铸有形状不同的星象符号，上端中央为西王母，西王母坐于龙虎座之上，肩生羽翼，向上弯曲，与华盖连接，形成背屏，西王母衣纹细密，衣领以下呈密集的倒置三角形衣纹，膝上衣纹呈密集的圆弧纹，并与龙虎身上纹饰融为一体，袖手；西王母左下站立一人，左手举一物，伸向西王母，西王母右下有一人骑马，其右上侧有一龙，侧立于叶脉之上；左区左端有二人并肩站立，牵一马，其下立二鸟和一狗；右区呈"品"字形排列三枚方孔圆钱，其上也有芒刺；右区上端坐二人，左侧一人似弹琴，右者服饰与西王母相似；其下有一人骑兽，骑驴者右侧站立一人，高髻，手持一棒状物；立者左下方立一凤鸟，立者右下方有一龙（图三九；图四〇）。

类似上图的图案很多，就不作列举。归纳来看，青铜摇钱树树枝（整树亦如此）与盐源青铜枝形器有许多一致性的特点。①都是树形器；②无论树形还是树枝对称布局；③主要人物（女神）

图三八　何家山2号墓出土摇钱
树顶部西王母坐像（成都考古
研究院周志清供图）

图三九　成都青白江区出土摇钱树a树枝

图四〇　成都青白江区出土摇钱树b树枝

居中；④女神戴胜[38]；⑤存在与主要人物对应的对兽形象；⑥日轮变换为类似铜钱的图案，但是圆形方孔铜钱边缘残留有表现太阳光芒的线条；⑦同为古人祈求生命赋予、丰产（铜钱）和再生的精神层面思想。

尤其值得注意的是汉魏摇钱树上的铜钱形态与盐源青铜枝形器的日轮极为接近，铜钱圆形外缘还保留有表现日轮的光芒线条。极为强烈地强调了二者之间的承继关系。文献记载的西域、天山与西王母的关联多见于《穆天子传》与《山海经》，论述很多这里不重复述说。仅就西王母主题青铜摇钱树为随葬明器，西王母是掌管升天之门的主神，就有明显的王者、再生、丰产等文化意涵。再看《山海经》记载西王母为西天昆仑主神，进而与《穆天子传》中西王母自称"帝女"与穆天子的"天子"称呼所反映出来的"天帝之女"对应"天帝之子"现象应是古代中国天崇拜即天命观思想反映。

七、中国天崇拜文化的关键影响

康家石门子岩画所在的天山山脉东西长2500多千米，无论是在中亚的西天山还是在中国境内的天山主体，都只有一个名字"天山"。更多的时候使用的是其汉语译音，这一点非常明确地表明天山名称应该是中国文化的产物。苏联学者H. M. 休金娜认为，"从远古以来就确定下来的名称也无可争辩地证明，中国人是这些大山系的首先发现者"[39]。分析上述文献资料，天山这一名称的核心是"天"，其得名可能是受到古代中国早期天命观思想的深刻影响。

（一）天命观与天山

夏商时期，人们奉行宗教天命观，天是自然和社会的主宰，是具有意志的人格神，天人关系实质就是神和人的关系，《尚书·舜典》："八音克谐，无相夺伦，神人以和。"天人之间是一种认同关系，但神绝对控制着，人必须遵从天神的意志（天命），在这种天命观的支配下，天与人必然存在绝对不平等的关系，即天尊人卑。《尚书》中的天命一词比比皆是，"天命诛之""天命不易""惟天降命""我受天命"等等，表现的都是天命决定人事，所以说天尊人卑的观念源自中国古代原始宗教的天命观（图四一）。

中国古代哲学把天当作神，天能致命于人，决定人类命数。"天命"说早在商代已流行，少说迄今已有4000多年的流传历史。《小戴礼·表记篇》说："殷人尊神，率民以事神，先鬼而后礼。"从古器物发掘中所见到的甲骨卜辞，彝器铭文，"受命于天"刻辞不止一次出现。如大盂鼎铭文："……，王若曰：盂！丕显文王，受天有大命，在武王嗣，文王作邦。"这件鼎是西周早期的，推断是康王时期。明确表达了天命观。

当然与天命观关联的还有早期中国的天地崇拜观念，以及"天子"观念。天子名称出现也很早。西周早期青铜器铭文中就已经出现天子名称，如《静鼎》"静扬天子休"。西周中期青铜器铭文中多有天子名称出现，如《师酉鼎》《师望鼎》等，已经是常见名称。

图四一　大盂鼎（清代道光初年陕西岐山礼村出土）

（二）历史视野中的早期天山

天山这个名称，最早见于文字记载，是在成书于战国至西汉之间的《山海经·西山经》："混敦"在"天山"，"天山……有神焉，其状如黄囊，赤如丹火，六足四翼，浑敦无面目，是识歌舞，实为帝江也。"[40]《史记》卷110《匈奴列传》："其明年，汉使贰师将军广利以三万骑出酒泉，击右贤王于天山，得胡首虏万余级而返。"《汉书》卷六《武帝纪》，把这一历史事件的发生时间定于天汉二年（公元前99年）夏五月。

天山最早是指东天山。《后汉书》卷二《明帝纪》永平十六年（公元73年）条目记载"固、忠至天山，击呼衍王，斩首千余级。呼衍王走，追至蒲类海。留吏士屯伊吾卢城"。这里所说伊吾地界，也就是天山山脉的最东端。

此后，天山的别名不断出现。《括地志》记载"天山一名白山，今名初罗曼山，在伊吾县北百二十里。伊州在京西北四千四百一十六里"[41]；《隋书》卷84《西突厥传》记载"（处罗可汗）弃妻子，将左右数千骑东走。在路又被劫掠，遁于高昌东，保时罗曼山"；《旧唐书》卷四《地理志》伊州伊吾县条目中有"天山，在州北一百二十里，一名白山，胡人呼析罗曼山"；敦煌文书《沙洲伊州地志残卷》伊州柔远县条目记载，"时罗曼山县北四十里。按《西域传》，即天山。绵亘数千里"[42]。

此外，还有"祁连天山"连称现象。《史记·李将军列传》载："天汉二年秋，贰师将军李广利将三万骑击右贤王于祁连天山。"另外，《汉书·霍病传》等数篇还有"祁连山"、"天山"同指今天山的现象。上述文献同传又把天山中段称为"北山"，因其在狭义的西域即塔里木盆地以北而得名，并且与盆地南边的"南山"亦即昆仑山相对应。而今天的祁连山在当时也被称为"南山"或"汉南山"。隋唐时期，天山依当西域人群语言称作"时罗漫山"、"折罗漫山"等，同时与现代汉语一致的天山称呼也逐渐普及起来，而祁连山的名称逐渐与天山分离，转而专指今天的祁连山。

这样一个清楚的历史现象表呈现出来：天山早期是天山山脉东部大山的名称，而且以天为名的大山脉有两个（今天的天山和今天的祁连山与昆仑山）。这两座巨大山脉又同时是丝绸之路唯一性新疆路段最主要的交通干线地区，也就是说天山名称的出现与古代中国与域外文明地区的交流交往有直接关系。

天山一名的语源《史记·匈奴列传》说："匈奴谓天曰撑犁。"唐代突厥语的"天"则译为"登里"或"腾里"。《华夷译语·天文门》"天"作"腾吉里"。徐文堪认为，这种同源异译的语言现象，清末学者文廷式早已察觉，他在《纯常子枝语》卷二八里作了如下论断：《汉书》匈奴称天曰"撑犁"，今蒙古称天曰"腾格里"，"腾格里"即"撑犁"之异译，此朔方语二千余年。即突厥语、蒙古语的täŋri或teŋiri。词根 teŋ 源出动词"上升""飞翔"。本义为"上升"的这个突厥古语词，转义为"献牲""崇奉""尊敬"，因此，这个"天"已经是具有至上神格的天[43]。

"析罗曼山、折罗曼山、时罗曼山、祁连山、贪汉山、腾格里山"等天山之名都是音译。均是古代阿尔泰语系诸语言"天"之词"Tangri"，即汉文天命观中受命于天之神格的"天"，以及亚洲北部草原地带萨满崇拜中最高神"腾格里"的"天"。

（三）"天命"与"撑犁"、"腾格里"的文化一致性

天命观的主要内容：天是自然界和人类社会最高主宰者，是至上神。天的命令即"天命"，不可违抗。这样的天命观念，是以至高无上、统辖万物的"天"为精神支柱、以"有命在天"的神学独断论为理论核心。天命思想，在丝绸之路联通的亚欧大陆全区域文化传播交流吸收的历史过程中，很早就影响到了西域和亚洲北方草原地带，出现了"天"崇拜观念。据《汉书匈奴传》（上）记载：秦汉之际的匈奴自称像"天"一样广大，匈奴王自诩"天地所生，日月所置，匈奴大单于"即"孤涂撑犁单于"。匈奴谓"天"为"撑犁"、"子"为"孤涂"、"单于者，光大只貌也，言其像天单于然也"。"撑犁"今译"腾格里"，即"天"。

《后汉书·东夷列传》"（扶余）以腊月祭天，大会连日，饮食歌舞，名曰：迎鼓"。《三国志·魏书·东夷传》载高句丽人"以十月祭天，国中大会，名曰东盟"。《辽史·礼志一》载："祭山仪，设天神、地神于木叶山。"《大金国志》卷 35《社志》载："金因辽旧俗，以重五、中元、重九日行拜天之礼。"《金史礼志·南北郊》云："金之郊祀，本于其俗有拜天之礼。"《元史》卷 72《祭祀志》记载："元兴朔漠，代有拜天之礼。"至清代，乾隆朝颁布《钦定满洲祭神祭天典礼》，萨满教的祭天成为满族的主要祭祀活动。以上文献记载整个东亚大陆北部地区均有祭天与天崇拜宗教思想文化，而非仅限于阿尔泰语系诸语族的萨满教。

"萨满教[44]"的"天"信仰是以崇拜具体的天象开始的。古老的萨满教信仰没有超出人类对于天的感观认识，天的信仰表现为对以天命名的某种自然力的恐惧和依赖。这个"天"被看作"上面的"物象及其神秘力量，包括天、日、月、北斗七星、三星、启明星等天体，这里没有占支配地位的个别自然力，天只是其中之一。满族的萨满文本中记载：天神"蓝天高大，无边无沿"，在萨满祭天祷词中，直呼"高天""大天""苍天"。这种带有更多自然属性的"天"在中国北方诸民族中称作"库克"（突厥语、蒙古语，意即"蓝天"、"天"）、"库克雷"（突厥语、蒙古语，意即"天穹"、"近天"）等。在古突厥民族鄂尔浑的叶尼塞碑铭文上，"腾格里"之前有时还冠以"柯克"一词。"柯克"指一切蓝色、青色、深绿色，也指蓝色的天空。"柯克腾格里"即"苍天"。这里天神是与物象相似的符号，是指高天、蓝天、大天、穹庐[45]。

萨满教天命观的重要特点。至上神"天"把人间发生的一切看作上天权能和效用的安排与体现。

《蒙古秘史》的"腾格里因吉雅"即天命。萨满教主张人在社会中的状况，是由其生来具有的命运决定的，而命运完全操纵在腾格里神手中。顺从命运的安排，安于现状，是敬神的最重要表

现，一切抗争是徒劳的，是危险的。腾格里神是社会秩序的制定者和维护者[8]。

清代文献档案《满文老档·太祖朝》、《清太宗实录》中可见，从努尔哈赤立朝开始，举凡用事、用人、用兵，一概不离"天灵""天兆""天意""天理""天助""天佑""天命"。公元1616年，努尔哈赤统一了女真各部，建立了"大金国"，俗称"后金"，建元为"天命"[46]。

上天是人间一切的仲裁者。天不只是威力无比的、不可抗拒的自然神，也是经常关心并干预人间事务的至上人格神，它能够辨别善恶是非，并行使惩恶扬善的权力。"萨满教"强调的天惩与天佑便是如此。

（四）"腾格里"一词兼有"天"和"天神"双重含义

我国古代北方区域操阿尔泰语系各部族语言中，从文献记载来看，最早崇拜天即"撑犁"的，是匈奴；其次是崇拜"腾里"、"登里"的突厥、回纥等，再之后最为明确的是阿尔泰语系满通古斯语族诸部族，其中以蒙古人崇拜"腾格里"最为著名。南宋彭大雅《黑鞑事略》记载："其常谈，必曰托长生天底的气力……。彼所欲为之事，则曰'天教恁地'；人所已为之事，则曰'天识著'。无事不归于天。自鞑主至其民无不然。"[47]这里所说的"天""长生天"，即"腾格里"是萨满教的至高神。约翰·普兰诺·加宾尼认为："他们相信只有一个神，相信他是一切可见和不可见事物的创造者，是世界上的美好事物也是种种艰难困苦的赐予者。"[48]这里所说的"一个神"，指的便是"腾格里"即天神。

（五）古代中国无分南北东西共有的天命信仰

"古代中国的'天'这一词，既用以称物质的'天'，又用来称精神上的'天'，古代匈奴、突厥、蒙古等部族的'撑犁'或'腾格里'也一样。"[49]这里所说的"精神上"的天，即韩儒林先生所说的"天神"。何星亮先生说：古代突厥人和蒙古人的"腾格里"也一样，均为一词两义。……精神和物质的天混为一谈是毫不奇怪的，是很自然的。古罗马人的"Luna"一词，既是月亮，也是月神。古埃及人的"Ra"这一词，兼有"太阳"和"太阳神"的双重意义[50]。

显而易见，中国文化的天命观形成于夏商时期，距今至少有4000年历史，而以高远得名的天山，诸如"析罗曼山、折罗曼山、时罗曼山、祁连山、贪汗山、汗腾格里山"等则是天山的意或音译名，应该出现于先秦时期，均是古代阿尔泰语系诸语言"天"之词"Tangri"，即天命观中受命于天之天，是古代中国思想文化在西域和北方草原地区发生深刻影响的具体表现与象征。当然，这也同时表明天命观之"天"与萨满教之"腾格里"具有东方宗教或哲学思想上的根源一致性，而女神崇拜、太阳崇拜、神树崇拜、对马神崇拜等均有天崇拜的文化意涵在内，正是同类文化能够传播并在四川等西南地区发张壮大的共同文化底蕴。

此外，最东端为祁连山的西域南山被汉武帝命名为"昆仑山"也应该是同样的文化动因。限于篇幅另文讨论。

八、结　语

综上所述，我们认为年代大致为距今3000年左右的康家石门子岩画所代表的女神（生命与再生）、太阳、神树崇拜文化曾于春秋战国时期传播到四川西南部地区和云贵一带，并直接影响了四川凉山彝族自治州盐源青铜枝形器的出现。而盐源青铜枝形器（明器）则是中国西南地区汉魏时期风行一时的西王母主题青铜摇钱树来源（明器），天山康家石门子岩画女神崇拜文化是这一文化交流现象的源头。因而，天山康家石门子岩画女神形象和所蕴含的文化要素有可能是中国西王母文化的起源。

科学发展的今天，中国历史文化研究出现了一个有趣的现象，即学术界主张的中国文明起源与神话提示文明起源的诸多内容居然在昆仑山、天山、西王母这个观念上一致起来了。我们现在看到的中国上古时期有关昆仑与西王母的传说，都是由生活在中原地区的古人记载下来的，而这些神话传说的中心却不是以中原地区为主，而是以西北方向新疆地区的昆仑山、帕米尔高原、天山为主。而早期西王母文化产生于天山更是表明《山海经》《穆天子传》等古代文献信史性质。

西王母是中国本土民间信仰（王母崇拜）的主神，也是中国唯一本土宗教道教的主神。中国早期西王母文化起源于天山，表明古代新疆并非区别于中国的异域，而是中国古代早期核心文化产生区域。

附记：本文插图由覃大海、江玉杰和陈代明绘制。

注　释

[1] 王炳华：《新疆天山生殖崇拜岩画》，文物出版社，1990年；《原始思维化石——呼图壁生殖崇拜岩刻》，商务印书馆，2013年。

[2] 刘成、陈金宝、高莉：《浅谈岩画保护理论与实践——以新疆呼图壁康家石门子岩画保护为例》，见《中国岩画》创刊号，2016年。

[3] 刘成、陈金宝、高莉：《浅谈岩画保护理论与实践——以新疆呼图壁康家石门子岩画保护为例》，《中国岩画》创刊号，2016年。

[4] 〔美〕玛丽加·金芭塔丝著，叶舒宪等译：《活着的女神》第40—42页，广西师范大学出版社，2008年。

[5] 刘学堂：《彩陶与青铜的对话》第78、79页，商务印书馆，2016年。

[6] a. Donald A. Makkenzie, *The Migration of Symbols and tiheis Relasions to Beliefs and Kastoms*, p.ix-xvi, New York, 1956。

b. 芮传明、余太山：《中西纹饰比较》导言，上海古籍出版社，1995年。

[7] a. 芮传明、余太山：《中西纹饰比较》，上海古籍出版社，1995年。

b. M. Emile. Burnouf, La science des Religions, p.240, Paris, 1876; Tomas Wilson, *The Swastika*, p.5, Delhe, 1973.

[8] 芮传明、余太山：《中西纹饰比较》第239页，上海古籍出版社，1995年。

[9] 凉山彝族自治州博物馆等：《老龙头墓地与盐源青铜器》第136页，文物出版社，2009年。

[10] 凉山彝族自治州博物馆等：《老龙头墓地与盐源青铜器》第194—198页，文物出版社，2009年。

[11] 转引自A. V. Williams Jackson, Zoroastrian Studies, p.258, Columbia University Press, 1928.

[12] 〔伊朗〕贾利尔·杜斯特哈赫选编，元文琪译：《阿维斯塔——琐罗亚斯德教圣书》第453—459页，商务印书馆，2005年。

[13] 〔美〕玛丽加·金芭塔斯著，苏勇前、吴亚娟译：《女神的语言》第288、289页，社会科学文献出版社·经济与管理出版分社，2016年。

[14] 芮传明、余太山：《中西纹饰比较》第256页，上海古籍出版社，1995年。

[15] Guignaut, Les religions de L'antiquite, vol. IV, pt.one, p.4, Paris, 1841.

[16] 吴妍春、王立波：《西域高尖帽文化解析》，《西域研究》2004年第1期。

[17] 袁珂：《山海经校注（修订本）》第308页，巴蜀书社，1992年。

[18] 袁珂：《山海经校注（修订本）》第408页，巴蜀书社，1992年。

[19] 袁珂：《山海经校注（修订本）》第499页，巴蜀书社，1992年。

[20] 袁珂：《山海经校注（修订本）》第451页，巴蜀书社，1992年。

[21] 袁珂：《山海经校注（修订本）》第344、345页，巴蜀书社，1992年。

[22] 袁珂：《山海经校注（修订本）》第55、56页，巴蜀书社，1992年。

[23] 袁珂：《山海经校注（修订本）》第350页，巴蜀书社，1992年。

[24] 袁珂：《山海经校注（修订本）》第352、353页，巴蜀书社，1992年。

[25] 凉山彝族自治州博物馆、成都文物考古研究所：《老龙头墓地与盐源青铜器》第194—197页，文物出版社，2009年。

[26] 李帅：《盐源出土人兽纹铜树形器渊源考》，《江汉考古》2016年第1期。

[27] 李帅：《盐源出土人兽纹铜树形器渊源考》，《江汉考古》2016年第1期。

[28] 周志清：《浅议川、滇西部青铜文化中的"北方草原因素"遗物及其文化因素》，《考古与文物》2007年增刊。

[29] 周志清：《浅析川西南青铜时代的管銎兵器—兼论川西高原在在欧亚草原和北方文化传播带中的地位》，见《南方丝绸之路上的民族与文化》，四川民族出版社，2016年。

[30] 周志清：《滇风北渐——滇文化因素在川西高原的扩散》，《成都文物》2013年第4期。

[31] 管彦波：《民族地理学》第164页，社会科学文献出版社，2011年。

[32] 周志清：《中国西南青铜时代刍议》，见《成都考古研究（三）》，科学出版社，2016年。

[33] 贺西林：《东汉钱树的图像和意义——简论秦汉神仙思想的发展、流变》，《故宫博物院院刊》1998年第3期。

[34] 何志国：《摇钱树内涵溯源》，《中华文化论坛》2000年第4期。

[35] 施品曲：《汉魏时期中国西南地区明器"钱树"之图像内涵及渊源探析》，台湾师范大学美术研究所中国美术史组硕士学位论文，2002年。

[36] 何志国：《汉魏摇钱树初步研究》，科学出版社，2007年。

[37] 何志国：《汉魏摇钱树初步研究》第1—4页，科学出版社，2007年。

[38] 《山海经·海内北经》："西王母梯几而戴胜"；又"西王母杖几而戴胜"。戴胜其实是亚欧草原青铜时代斯基泰、塞种（西戎、大月氏、小月氏）的头顶部突出装饰物，考古出土实物证据颇多。与之直接关联的戴胜人群是今天的塔吉克，古代东伊朗语族（塞种、斯基泰）的人群现代继承者。Taji即为冠子，K为附加词缀，合称Tajik则为"头上戴着冠子之人。岩画女神、盐源青铜枝形器女神、青铜摇钱树西王母俱头顶带有突出装饰物。

[39] E. M. 休金娜著，姬增禄、闫菊玲译：《中亚亚细亚地图是怎样产生的》第21页，新疆人民出版社，2012年。

[40] 袁珂：《〈山海经〉校注》，上海古籍出版社，1980年。

[41] （唐）李泰：《括地志辑校》，中华书局出版，1980年。

[42] 王仲荦、郑宜秀整理：《敦煌石室地志残卷考释》，中华书局，2007年。

[43] 牛汝辰：《天山（祁连）名称考源》，《中国地名》2016年第09期。

[44] "萨满"缘起于中国北方胡人，不能算是一种宗教，它没有完善的社会组织，页没有体系化的理论，顶多就是巫师之流。萨满的性质是原始迷信，把萨满说成宗教混淆了宗教与迷信，不够科学。见李志超《易道主义——中国古典哲学精华》第210页，科学出版社，2017年。

[45] 张碧波、董国尧：《中国北方民族文化史》，黑龙江人民出版社，1995年。

[46] 孟慧英：《"萨满教的天神与天命"》，《内蒙古社会科学（汉文版）》2000年第1期。

[47] 内蒙古地方志编纂委员会总编室：《内蒙古史志资料选编》第二辑第34页，1985年。

[48] 〔美〕道森著，吕浦译：《出使蒙古记》第9页，中国社会科学出版社，1983年。

[49] 何星亮：《中国自然神与自然崇拜》第53页，上海三联分店，1992年。

[50] 何星亮：《中国自然神与自然崇拜》第45页，上海三联分店，1992年。

中方鼎铭文归凤与行羽物

——兼论凤鸟之原型

冯 时

北宋重和戊戌（1118年）出土于今湖北孝感之安州六器[1]，学者多以为即西周昭王时代的标准器[2]，其中之中方鼎铭记馈凤之事（图一），可供探索中国传统文化中作为神鸟的凤究竟为何物，并据此揭示相关制度。

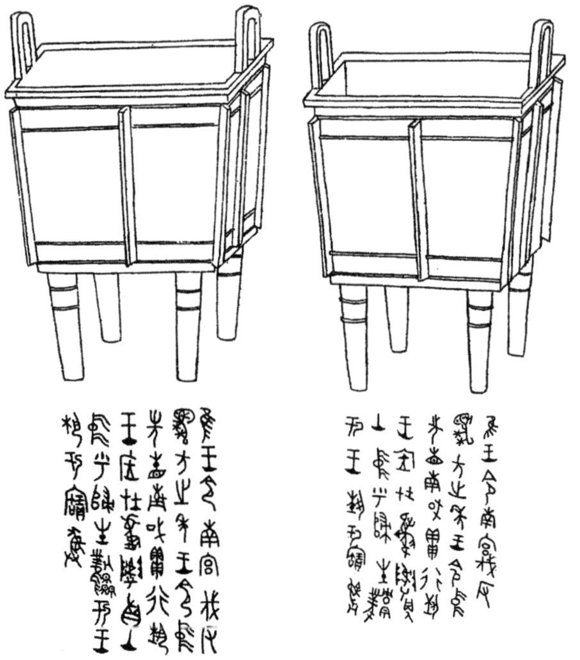

图一 中方鼎及其铭文

中方鼎（《集成》2751、2752）铭云：

隹（唯）王令（命）南宫伐反虎方之年，王令（命）中先省南或（國），贯行，执王庑（居）才（在）夔隥真山。中乎（呼）归生凤于王，执于宝彝。

铭文以事纪年，故首述昭王命南宫氏征伐反叛虎方之事。鼎铭所谓之"虎方"，学者或释"荆方"，谓指荆楚[3]。然而楚荆习见于西周金文，绝不称"方"。其例如：

唯九月，唯叔从王员征楚荆。　　唯叔鼎

狱驭从王南征，伐楚荆。　　狱驭簋

广批楚荆。　　史墙盘

唯王于伐楚。　　作册夨令簋

过伯从王伐反荆。　　过伯簋

皆为明证。"方"在殷周政治制度中本指王朝外服以外的方伯，其于作册令方彝铭文中呈现为与"三事"相对的四方[4]，而"三事"则统指王朝内外服[5]，所以"方"的内涵非常明确。周原卜辞见"楚子来告"之辞（H11：83），又有"楚伯"来朝周王之辞（H11：14），其本为周之封国[6]，虽时叛时服，但与作为政治实体的"方"却有着本质的区别。因此"荆方"的考释不能接受。

然而唐先生何以舍弃传统以为"虎方"的考释而转释"荆方"，这一思考并不是没有意义的。

鼎铭所谓之"虎方"又见于殷卜辞（《合集》6667），本作 𩲍、𩲍、𩲍、𩲍，一望而知，此字与甲骨

作者：冯时，北京市，中国社会科学院考古研究所，中国社会科学院学部委员、博士生导师。

文习见之"虎"字作██（《燕》643）、██（《前》4.44.5）、██（《合集》11011正）之形明显不同。

"虎"字的特征是巨口张开作噬杀之状，或身饰条纹，尽管某些类似于虎的字形可以作██（《合集》6553）、██（《合集》6554），未作巨口张开的形象，但与甲骨文"豹"字作██（《合集》3295）、██（《合集》10208）、██（《合集》10080）比较，其为虎首仍是清楚的。但与甲骨文这类明确无误的虎、豹之字对观，《合集》6667动物文字所描写的对象以上唇掩住下齿为特征，显然不能是虎。学者多解此方伯为"虎方"[7]，不可据。陈梦家则解为"豸方"[8]，也有未安。事实上，中方鼎铭文之"某方"显然就是《合集》6667版所见之"某方"，兹姑且写如"虎方"，然究为何方，存以待考。

铭文所述事为昭王命中先省南国，打通行道，清戒王宫在夔陮真山之行宫。"命中先省"即王命中代王先行巡视，其制度有别于王之通省[9]。"南国"即周王朝之南土诸侯[10]，也即周之南土，为中行省之对象。"贯行"于史墙盘铭作"唯贯南行"，即打通南方之金道锡行。"埶王宫在夔陮真山"，地名置于王宫之后，而他文则多作"在某宫"，"某"为地名，知王宫不止一处，且于南国之地尤多。

> 王命中先省南国，贯行，埶宫在曾。　　中甗
>
> 唯八月既望戊辰，王在上侯宫。　　不指鼎
>
> 正月，王在成周，王述于楚麓，命小臣夌先省楚宫，王至于过宫。　　小臣夌鼎
>
> 唯正月甲午，王在陽宫。　　农卣
>
> 唯三月初吉丁亥，穆王在下减宫。　　长甶盉
>
> 唯王元年四月既生霸，王在减宫。甲寅，王格庙，即位。　　师旗簋
>
> 王在遽宫。　　智鼎
>
> 唯元年六月既望甲戌，王在杜宫，格于太室。　　师虎簋
>
> 唯元年既望丁亥，王在雍宫，旦，王格庙，即位。　　蔡簋

铭文于王亲居唯言"在"而不言"埶"，唯臣则言"埶宫"，故"埶王宫"或"省宫"之意并非临时设居，而应以"埶"训为治[11]，意同"省"，"省"训省察而使之清静，故"埶王宫""省楚宫"意即清戒王宫[12]。故鼎铭述及器主中代王巡省，贯通南路，并清戒王宫，此当为下文所言中受赐之原因。

器主中之劳迹明确之后，便可讨论下文有关昭王行羽物的问题。铭言"中呼归生凤于王"，学者于其义乃有不同的理解。郭沫若认为：

> "中乎归生凤于王"，语乃被动调，言王呼馈中以生凤也。凤字诸刻诡变亦甚剧，仅《啸堂》第二器作██，尚存其形似。案此与卜辞风字之作██（《通纂》四〇九片）者同，乃从奇鸟形，凡声，本即凤字，卜辞叚为风，本铭言"生凤"自是活物。或说古文所谓凤即南洋之极乐鸟，土名为Banlock，凤即Ban之对音，似近是[13]。

唐兰先生于此句则有不同的理解，其云：

> 乎读如謼，《说文》"召也"。鶰为凤的象形字，但卜辞借为风雨的风。《广雅·释诂》三："鳳，告也。"后起字作讽，《说文》："讽，诵也。"[14]

唐先生又以归生为人名，解文意为"中叫归生禀告了王"[15]。

分析唐氏之说，似有可商。金文凡禀告之遣词多直言"告"，而"凤"如读为"风"，文献

则多有讽教、讽谏之义，于事不合。《毛诗·大序》："风，风也，教也。"孔颖达《正义》："风，谓微加晓告。"《广雅·释诂四》："讽，教也。"《文选·杨子云甘泉赋序》："奏甘泉赋以风。"李善《注》："不敢正言谓之风。"《白虎通义·谏诤》："讽谏者，智也。知祸患之萌，深睹其事未彰而讽告焉，此智之性也。"今鼎铭若但言"讽"而不言"告"，则必有隐情。很明显，中先于王南行，若命归生将其时其地之情形晓告于王，其之所以不正言"告"而言"讽"，最大的可能就是中向昭王晓喻了出行之危险。如果与昭王南征不复的事实联系起来思考，或许讽谏之内容即为预见其将有危难的后果。然细审铭文，这种思考是不能成立的。自中南省而贯通行路，至清宫戒守，皆其夸伐劳迹之辞，毫无危兆之虞，如反述讽谏而有阻止昭王南行之意，则叙事逻辑便颇显乖悖。况鼎铭末句云"埶于宝彝"，知中意在将其勋劳施铭于鼎，若其功在于阻谏，则全不可解。因为如果此鼎铸于昭王殁前，那么这种追记器主微加晓告昭王的讽谏便没有意义，不值旌扬；若此鼎作于昭王身后，则其自伐早有先见之智，又于王室情何以堪！

《礼记·祭统》述古人施铭于彝器之意义云：

> 夫鼎有铭，铭者，自名也。自名以称扬其先祖之美，而明著之后世者也。为先祖者，莫不有美焉，莫不有恶焉。铭之义，称美而不称恶，此孝子孝孙之心也。唯贤者能之。铭者，论譔其先祖之有德善、功烈、勋劳、庆赏，声名列于天下，而酌之祭器，自成其名焉，以祀其先祖者也。显扬先祖，所以崇孝也。身比焉，顺也，明示后世，教也。夫铭者，壹称而上下皆得焉耳矣。是故君子之观于铭也，既美其所称，又美其所为。为之者，明足以见之，仁足以与之，知足以利之，可谓贤矣。贤而勿伐，可谓恭矣。故卫孔悝之鼎铭曰："六月丁亥，公假于大庙。公曰：'叔舅！乃祖庄叔左右成公。成公乃命庄叔随难于汉阳，即宫于宗周，奔走无射。启右献公，献公乃命成叔纂乃祖服。乃考文叔，兴旧耆欲，作率庆士，躬恤卫国，其勤公家，夙夜不解，民咸曰休哉！'公曰：'叔舅！予女铭，若纂乃考服。'悝拜稽首，曰：'对扬以辟之。'勤大命，施于烝彝鼎。"此卫孔悝之鼎铭也。古之君子论譔其先祖之美而明著之后世者也，以比其身，以重其国家如此。子孙之守宗庙社稷者，其先祖无美而称之，是诬也；有善而弗知，不明也；知而弗得，不仁也。此三者，君子之所耻也。

郑玄《注》云：

> 铭，谓书之刻之以识事者也。自名，谓称扬其先祖之德著己名于下。勋，业也。王功曰勋，事功曰劳。酌之祭器，言斟酌其美，传著于钟鼎也。身比焉，谓自著名于下也。顺也，自著名以称扬先祖之德，孝顺之行也。教也，所以教后世。美其所为，美此人为此铭。明足以见之，见其先祖之美也。仁足以与之，与其先祖之铭也，非有仁恩，君不使与之也。知足以利之，利己名得此于先祖。……施，犹著也。言我将行君之命，又刻著于烝祭之彝鼎彝尊也。《周礼》：大约剂，书于宗彝。言铭之类众多也，略取其一以言之。

西周铭刻之内容丰富，不仅有如《祭统》所谓显扬先祖之德，也有大量旌功自伐的记录，中方鼎铭文即属于这类旌功作品。其首述中受王命先于昭王而省视南国，贯通南路，又清戒昭王行宫，其事显赫。依金文惯例，接下来的内容应为器主因功受赏，而不会只是泛称令某人回禀周王，事实上器主所行之事全依王命，回禀之事如无特别的内容，不仅没有必要书之于铭，而且在目前所见到的金文铭刻之中，也基本不见这类内容。鼎铭缀语曰"埶于宝彝"，意犹《祭统》"酌之祭器"及"施于烝彝鼎"。郑玄《注》以"施"训著，《说文·丮部》以"埶"训种，义皆相应。《礼

记·礼运》："在埶者去。"郑玄《注》："埶，埶位也。"《荀子·君道》："而闇主急得其
埶。"王先谦《集解》："埶，位也。"其义也合。"埶"又可读为"蓺"。《广雅·释诂三》：
"蓺，治也。"与"施"义也近。古音"埶"在月部，"施"在歌部，对转可通。而西周彝铭类似
之表述也可与之对读。天亡簋铭云：

> 丁酉，王饗大宜。王降亡勋爵复囊，唯朕有庆，敏扬王休于尊毁。

天亡显扬武王赏赐勋爵及囊贝之恩休，故施铭于簋以称颂之。又史話簋铭云：

> 乙亥，王诰毕公，延锡史話贝十朋，話由（绅）于彝，其于之朝夕监。

"由"，读为"绅"[16]。《史记·太史公自序》："（谈）卒三岁而迁为太史令，绅史记石室金匮
之书。"司马贞《索隐》："如淳曰：'抽彻旧书故事而次述之。'徐广音抽。小颜云：'绅谓缀
集之也。'"故知"绅于彝"意即缀集文辞于彝器，以供朝夕观之。《祭统》所谓"酌之祭器"，
"是故君子之观于铭也，既美其所称，又美其所为"，即其旨也。又縣妃簋铭云：

> 唯十又二月既望辰在壬午，伯屖父休于縣妃，曰："虘乃任縣伯室，锡汝妇爵姽生做
> 用玉璜□。"縣妃敏扬伯屖父休，曰："休伯屖益卹縣伯室，锡君我唯锡寿，我不能不遝
> 縣伯万年保。"辥敢歝于彝曰：其自今日孙孙子子毋敢忘伯休。"

"歝于彝"读为"肆于彝"。《诗·周颂·时迈》："肆于时夏。"郑玄《笺》："肆，陈也。陈
其功于是夏而歌之。"知"肆于彝"与中方鼎铭之"埶于宝彝"、史話簋铭之"绅于彝"以及《祭
统》之"施于烝彝鼎"文虽有别，意则全同。而据金文之叙事形式可知，陈事于宝彝的内容不仅涉
及劳迹，也显然包括君王的赏赐与恩义。故比较郭、唐二说，当以郭氏之说为是。鼎铭乃言因器主
中行王事亡尤而得赏赐，则生凤必为馈赐之物。

鼎铭"中呼归生凤于王"，意即王归中以生凤。"归"，郭沫若破读为"馈"，然金文及文献
多径作"归"。其例如：

> 王命茜暨叔𩰬父归吴姬飴器。　　　茜簋
> 王命仲任归耕伯魏裘。　　　耕伯簋
> 王命士道归貉子鹿三。　　　貉子卣

"归"皆读求位反，义为馈。《仪礼·聘礼》："君使卿韦弁归饔饩五牢。"郑玄《注》："今文
归或为馈。"《记》："夫人归礼。"郑玄《注》："今文归作馈。"是知"归"为古文。《左
传·闵公二年》："归公乘马。"杜预《集解》："归，遗也。"《广雅·释诂三》："归，遗
也。"王念孙《疏证》："归，亦馈也。"《论语·阳货》："归孔子豚。"何晏《集解》：
"遗孔子豚。"陆德明《释文》："归，郑本作馈。"《尚书》有《归禾》，裴骃《集解》引徐广
曰："归，一作馈。"知"归"本遗馈之义，或不必改字。

"生凤"为昭王赏赐中之动物，这是出土文献中有关凤鸟的珍贵史料，对探索此种神鸟究为何
物至为重要。郭老以"生凤"为活凤，其确切含义或可据金文辞例比较而细别。季姬方尊铭云：

> 锡厩田以生马十又六匹，牛六十又九𤯍（牽），羊二百又三十又五𤯍（牽）。

学者于"生马"有两种解释，或读为"牲马"[17]，或以为未调驯之野马[18]。马与同赐之牛、羊相比，
后者则是殷周先民更为常用之牺牲，故"生马"当非牲马；所赐牛、羊显为动物，然不言"生"，且
金文习见赐马若干，皆为活马，但不言生马，故知"生马"并非活马，而当为未经驯化之马。

文献又见"生翠"之称。《汉书·南粤王赵佗传》上文帝书云："谨北面因使者献白璧一双，
翠鸟千，犀角十，紫贝五百，桂蠹一器，生翠四十双，孔雀二双。"沈钦韩《疏证》："按《王

会解》苍梧翡翠,《桂海虞衡志》翡翠出海南,邕贺二州亦有腊而卖之。故此云生翠。"[19]知鼎铭"生凤"意同"生翠",皆指野生之活禽,而"生凤"之称便是野生之凤鸟。

凤作为中国传统之神鸟,其确指何鸟,向有争论[20]。《说文·鸟部》:"凤,神鸟也。天老曰:凤之象也,鸿前麐后,蛇颈鱼尾,鹳颡鸳思,龙文虎背,燕颔鸡喙,五色备举,出于东方君子之国,翱翔四海之外,过崐崘,饮砥柱,濯羽弱水,莫宿风穴,见则天下大安宁。从鸟,凡声。"段玉裁《注》:"天老,黄帝臣。凤之像也,麐前鹿后,蛇颈鱼尾,龙文龟背,燕颔鸡喙,五色备举。"这些对于凤鸟形象的议论多出于晚世之想象和附会,不足为据。甲骨文、金文"凤"字习见,其为象形文,后增"凡"为形声字,而据其象形初文可知,凤的形象本作高冠长翼华尾,与《说文》所列的麐鹿蛇鱼龙虎等兽的形象大相径庭,本应毫无关系。

中方鼎铭所记为昭王南巡之事,故凤之赏赐可从相关史料中寻绎线索。《初学记》卷七引《竹书纪年》云:"周昭王十六年,伐楚荆,涉汉,遇大兕。"此大兕于《楚辞》则作白雉。《天问》云:

> 昭后成遊,南土爰底。厥利惟何,逢彼白雉?

《天问》所记皆为画在楚国宗庙中的故事。王逸《章句》:"爰,於也。底,至也。言昭王背成王之制而出遊,南至于楚,楚人沈之,而遂不还也。厥,其也。逢,迎也。言昭王南遊,何以利于楚乎?以为越裳氏献白雉,昭王德不能致,欲亲往逢迎之。"洪兴祖《补注》:"成遊,谓成南征之遊,犹所谓斯遊遂成也。《后汉书》曰:交阯之南,有越裳国,周公居摄,越裳重译而献白雉。"据此可知,文献所记昭王南遊,或遇大兕,或逢白雉,二者必有一误。

闻一多《楚辞校补》则以遇兕为是,其文云:

> 雉当为兕,声之误也。《吕氏春秋·至忠篇》:"荆庄襄王猎于云梦,射随兕。"《说苑·立节篇》作"科雉";《史记·齐太公世家》"苍兕,苍兕",《索隐》曰:"一本或作苍雉";《管蔡世家》"曹惠伯兕",《十二诸侯年表》作"雉";并其比。……《初学记》七引《纪年》曰:"昭王十六年,伐楚荆,涉汉,遇大兕。"本篇所问,即指斯役。然则昭王所逢,是兕非雉,又有明徵矣。

雷学淇《竹书纪年义证》卷二十牵就两说云:"兕,水兽,与陆地者异。"故以涉汉水所遇者为兕。《说文·嵒部》:"嵒,如野牛而青,象形,与禽离头同。兕,古文从儿。"而殷商甲骨文屡见获兕记录,皆于陆地而不于水。卜辞云:

> 壬午,王田于麦麓,获商戠兕。王锡宰丰寝小精兕。在五月,唯王六祀乡日。
>
> 《佚》518
>
> 壬子卜,贞:田牢,往来亡灾?王占曰:"吉。"兹节。获兕一,狼一,狐七。
>
> 《遗》121
>
> 禽?兹节。获兕四十,鹿二,狐一。　《续》3.44.8
>
> 禽?兹节。获兕一,麋七。　《续》3.44.9

获兕之田猎或在麦麓,或在牢,皆非水域;与获兕之同时还获有狼、狐、鹿、麋,也皆非水兽。故以此证之,知兕亦为陆兽,雷说不可从。

《天问》与《纪年》所记之差异,其原因当存在两种可能,若两书所记之事为昭王的同一次征伐,则当以《天问》为是。昭王涉汉,地在楚荆,故流传于楚地的见闻自然较晋地的传说更近真实;然若所记为昭王的前后两次伐楚,则各得其实,不必强合为一。是闻说不可从。分析文献,当以别述二事为是。《初学记》所引《竹年》乃论昭王十六年事,此应为昭王的第一次伐楚。而《天问》所记实为昭王于十九年第二次伐楚之事，时丧六师于汉而不归。《初学记》卷七引《竹书纪年》云：

> 周昭王十九年，天大曀，雉兔皆震，丧六师于汉。

又《太平御览》卷九〇七引《竹书纪年》云：

> 昭王十九年，天大曀，雉兔皆震。

又《太平御览》卷八七四引《竹书纪年》云：

> 周昭王末年，夜有五色光贯紫微。其年，王南巡不返。

又今本《竹书纪年》云：

> 十九年春，有星孛于紫微。祭公、辛伯从王伐楚。天大曀，雉兔皆震，丧六师于汉。
> 王陟。

明证昭王十九年征楚时本有雉事。西周作册折觥、尊、方彝铭文同记昭王十九年五月觌芒土于相侯，时仍在斥。十九年是目前所见昭王铜器的最晚纪年，周历之五月当今农历之一、二月[21]，故王南征事显在此后。

昭王南征而沉溺于汉，时人于此说无异辞。《左传·僖公四年》载管仲与楚使曰：

> "昭王南征而不复，寡人是问。"对曰："……昭王之不复，君其问诸水滨！"

杜预《集解》："昭王，成王之孙，南巡守，涉汉，船坏而溺，周人讳而不赴，诸侯不知其故，故问之。"而《吕氏春秋·音初》之说或与此不同。文云：

> 周昭王亲将征荆，辛馀靡长且多力，为王右。还反涉汉，梁败，王及蔡公抎于汉中。辛馀靡
> 振王北济，又反振蔡公。

高诱《注》："右，兵车之右也。抎，坠也。音曰颠陨之陨。振，救也。……昭王为没于汉，辛馀靡焉得振王此济哉？"孔颖达《春秋左传正义》："振王为虚诚。如高诱之注。又称梁败，复非船坏。旧说皆言汉滨之人以胶胶船，故得水而坏，昭王溺焉。不知本出何书。"陈奇猷《吕氏春秋校辑》卷六引俞樾曰："此言梁败者，天子造舟为梁，舟败即梁败也。"俞说可从。《史记·周本纪》："昭王之时，王道微缺。昭王南巡狩不返，卒于江上。其卒不赴告，讳之也。"张守节《正义》引《帝王世纪》云："昭王德衰，南征，济于江，船人恶之，以胶船进王，王御船至中流，胶液船解，王及祭公俱没于水中而崩。其右辛游靡长臂且多力，游振得王，周人讳之。"明言王崩而后辛馀靡振，知所救仅为王尸也。唐兰先生从俞说以为"梁败"之梁即《诗·大雅·大明》"造舟为梁"，《方言》卷九："造舟谓之浮梁。"即将多船以绳相系，作为临时之津梁。孔颖达《正义》引服虔云："周昭王南巡狩，涉汉，出济船解，而溺昭王，王室讳之，不以赴，诸侯不知其故。"此"船解"当因风浪巨大而使系船之绳索折断，故船梁解散，昭王沉溺[22]，所论极是。

昭王南巡何以记异云遇逢白雉，盖因时人视白雉为奇瑞。《汉书·平帝纪》："元始元年春正月，越裳氏重译献白雉一，黑雉二，诏使三公以荐宗庙。"师古《注》："越裳，南方远国也。译谓传言也。道路绝远，风俗殊隔，故累译而后乃通。"《汉书·王莽传上》："始，风益州令塞外蛮夷献白雉，元始元年正月，莽白太后下诏，以白雉荐宗庙。……于是群臣乃盛陈'莽功德致周成白雉之瑞，千载同符'。"又云："功德茂著，宗庙以安，盖白雉之瑞，周成象焉。"师古《注》："言莽致白雉之瑞，有周公相成王之象。"此白雉为瑞，为昭王于其十九年南守所遇，不啻如此，古亦以兕为瑞，而为昭王于其十六年南守所遇。《汉书·王莽传上》记莽奏曰："太后秉统数年，恩泽洋溢，和气四塞，绝殊异俗，靡不慕义。越裳氏重译献白雉，黄支自三万里贡生犀，

东夷王度大海奉国珍。"《后汉书·章帝纪》:"元和元年春正月,中山王焉来朝。日南徼外蛮夷献生犀、白雉。"李贤《注》:"刘欣明《交州记》曰:'犀,其毛如豕,蹄有三甲,头如马,有三角,鼻上角短,额上、头上角长。'《异物志》曰:'角中特有光耀,白理如线,自本达末则为通天犀。'"犀即兕,古以其角为觥而称"兕觥",为瑞可知。故知昭王两次南巡皆遇奇瑞,故特记之。唯十九年之南征,虽遇瑞而不应也。

准上所论,知文献所记昭王十九年南征而逢白雉应有一定的事实依据,这为中方鼎铭文所记昭王赐中生凤之事建立了明确的史实背景。盖王于南守时获活雉而赐中,其称"生凤",犹两《汉书》以野生之翡翠曰"生翠",以野兕而未驯化者称"生犀"。很明显,古人所名之凤,实际本为雉之不同种属。

《说文·隹部》:"雉,有十四种。卢诸雉,鷮雉,卜雉,鷩雉,秩秩海雉,翟山雉,韩雉,卓雉,伊雒而南曰翚,江淮而南曰摇,南方曰弓,东方曰甾,北方曰稀,西方曰蹲。从隹,矢声。𨾚,古文雉,从弟。"段玉裁《注》:"卢诸雉,张揖《上林赋》《注》曰:'卢,白雉也。'按《上林》自谓水鸟,然张语必《尔雅》古说。鷮雉,《鸟部》曰:'鷮,走鸣长尾雉也。'卜雉,《释鸟》作鳪,郭云:'黄色,鸣自呼。'鷩雉,《鸟部》曰:'鷩,赤雉也。'又曰:'鵔鸃,鷩也。'秩秩海雉,郭云:'如雉而黑,在海中山上。'翟山雉,见《羽部》[23]。韩雉,郭与鶾雉为一,许为二。陆云:'韩字又作翰。'卓雉,卓,今《尔雅》作鸐,郭云:'今白鸐也。江东呼白鶾亦名白雉。'翚,《释鸟》曰:'伊洛而南,素质五彩皆备成章曰翚。'摇,《释鸟》:'江淮而南,青质五彩皆备成章曰鹞。''夫人揄狄',郑云:'谓衣画摇者。'揄,《衣部》作褕,云:'翟羽饰衣也。'"据上录《说文》对"凤"之训释可知,凤的鲜明特征为五色备举,故以此例之,则雉属之中以翚、鹞为近;若加以地域考之,二者皆可当之。

商代甲骨文"凤"本为象形文,后孳乳声符"凡"为形声字,合之金文"凤",字形可归纳如图二。

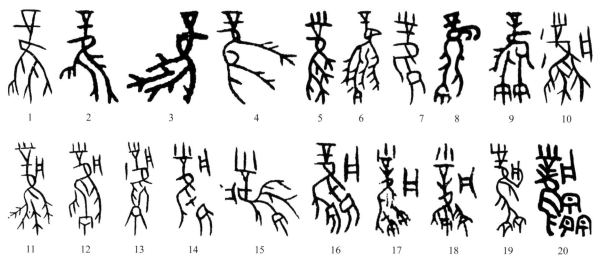

图二 甲骨文、金文"凤"字

1.《铁》55.3 2.《粹》836 3.《佚》227 4.《后》2.39.10 5.《续存》下736 6.《京津》2915 7.《京津》3887 8.《京都》3032 9.《乙》18 10.《粹》830 11.《后》1.14.8 12.《簠天》7 13.《粹》831 14.《佚》68 15.《粹》844 16.《粹》839 17.《前》2.30.6 18.《续》4.23.7 19.《甲》615 20.中方鼎

　　可以看出，"凤"字所表现的禽鸟，其翼及尾羽长茂，有些甚至可见明显的大型翎目，而这正是雉科（Phasianidae）禽类所具有的鲜明特点。依现代生物学的分类，眼斑雉和孔雀属于雉科二族，其尾羽及尾上覆羽或具大型有金属反光的眼状斑[24]，如孔雀雉属的灰孔雀雉和孔雀属的绿孔雀，唯雄孔雀头顶生有一簇直立的冠羽，而雄孔雀雉的冠羽则为长发状，这些特点事实上与古文字"凤"所呈现的形象非常接近。因此可以相信，以五彩羽为特征的翚摇类雉应该就是古人所认识的凤的原型。孙作云先生曾经指出，凤即孔雀[25]，虽大致不误，但我们则认为，凤不仅包括孔雀，还应包括孔雀雉属的雉禽，所以凤其实是具有五彩羽之雉禽的通名，而并不特指某一种具体的雉。殷墟出土的商代凤鸟玉件，发冠华尾，羽有翎目（图三），与孔雀雉颇相类似；而商周青铜器纹样至汉代艺术品中的凤或饰翎目（图四；图五；图六），或径写孔雀开屏之状，并以羽屏图像装饰于器物（图七）；冠羽则或作发形羽（图四，1、2；图八，2、3），或作簇形羽（图四，3；图五；图七；图九），或发形羽与簇形羽同时呈现（图四，4；图八，1、4），虽皆不出孔雀雉及孔雀的形象[26]，但已表现出对多种雉禽特点的结合。可见作为神鸟的凤其实体现了雉类禽鸟的综合特征，至少其形象随着时代的不同而有所变化。

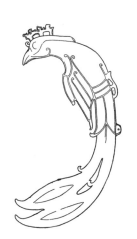

图三　殷墟妇好墓出土玉凤（M5：350）

图四　凤鸟纹
1. 西周史墙盘纹饰　2. 西周作宝彝蹲彝簋纹饰　3. 朝鲜平壤大同江南岸汉乐浪郡遗址汉墓出土漆器朱雀形象　4. 洛阳西汉卜千秋墓壁画的朱雀形象

图五　西周井季盨器所饰孔雀纹
1. 卣（泉屋博古馆藏）　2. 尊（台北故宫博物院藏）

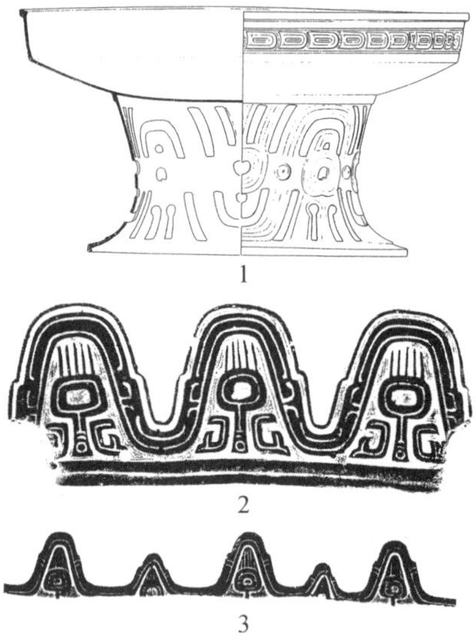

图六　西周青铜器上的山纹与凤羽纹
1. 微伯瘭簠　2. 三年瘭壶颈部凤羽纹拓本　3. 霸伯山簋（M1017：35）盖壁的山纹与凤羽纹拓本

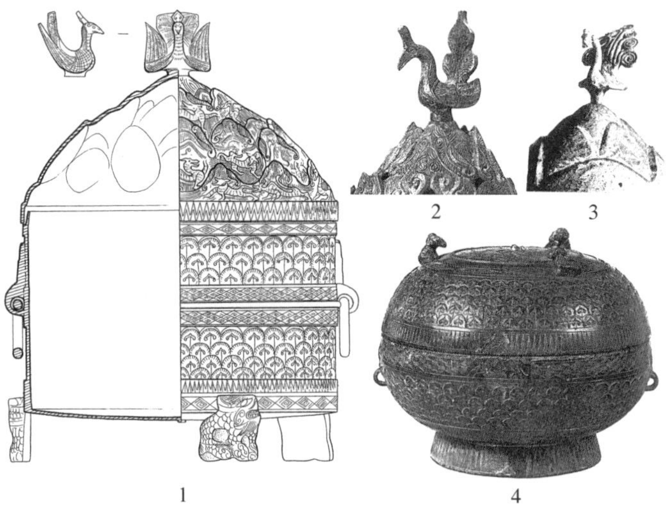

图七　汉代青铜器上的凤羽纹
1. 东汉羽纹樽（保利艺术博物馆藏）　2. 东汉博山炉盖顶之立凤（保利艺术博物馆藏）　3. 广州汉墓出土禽兽纹樽之凤钮　4. 汉代羽纹盦（泉屋博古馆藏）

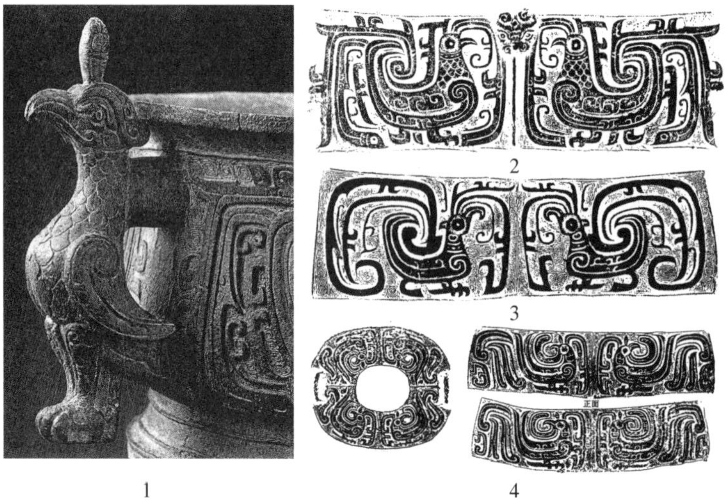

图八　西周青铜器上的凤鸟及纹饰
1、2. 㦰簋耳部立凤及器体纹饰拓本　3. 丰尊腹部纹饰拓本　4. 霸国墓地出土提梁卣纹饰拓本

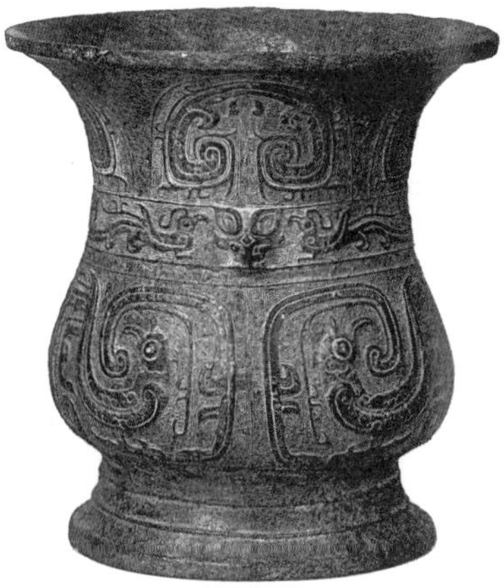

图九　西周青铜尊上的孔雀纹（泉屋博古馆藏）

中国传统文化向以龙作为君王的象征，而凤则为女后之象征，君王以龙象在于强调其由观象授时而产生的权力特点，而女后以凤象则在表现其华美（图一〇）。古以王之衮服以升龙为章，而王后之服则以凤鸟为章，形成制度。《周礼·天官·内司服》："内司服掌王后之六服，袆衣，揄狄，阙狄，鞠衣，展衣，缘衣，素纱。"郑玄《注》："郑司农云：'袆衣，画衣也。'《祭统》曰：'君卷冕立于阼，夫人副袆立于东房。'揄狄，阙狄，画羽饰。展衣，白衣也。《丧大记》：'复者朝服，君以卷，夫人以屈狄，世妇以襢衣。'屈者音声与阙相似，襢与展相似，皆妇人之服。鞠衣，黄衣也。素纱，赤衣也。玄谓狄当为翟。翟，雉名，伊雒而南，素质，五色皆备成章曰翚；江淮而南，青质，

五色皆备成章曰摇。王后之服，刻缯为之形而采画之，缀于衣以为文章。袆衣画翚者，揄翟画摇者，阙翟刻而不画，此三者皆祭服。从王祭先王则服袆衣，祭先公则服揄翟，祭群小祀则服阙翟。今世有圭衣者，盖三翟之遗俗。"贾公彦《疏》："袆当为翚，即翚雉，其色玄也。揄狄者，揄当为摇，狄当为翟，则摇雉，其色青也。阙狄者，其色赤也。"孙诒让《正义》："袆衣，或当如《释名》说衣画翚雉之形，若九章之有华虫耳。……《释鸟》郭《注》云：'翚亦雉属，言其毛色光鲜，王后之服以为饰。鹞即鹞雉也，亦王后之服以为饰。'郭即本郑义。……《玉藻》袆衣、揄狄、屈狄注云：'袆读如翚，揄读如摇，翚摇皆翟雉名也。刻缯而画之，著于衣以为饰，因以为名也。后世作字异耳。屈，《周礼》

图一〇　西汉双龙双凤纹盆
（保利艺术博物馆藏）

作阙，谓刻缯为翟，不画也。'按郑意，袆揄皆画文，如其雉，阙狄不著翟名，故谓不画也。"《释名·释衣服》："王后之上服曰袆衣，画翚雉之文于衣。摇翟，画摇雉之文于衣。阙翟，剪阙缯为翟雉形以缀衣也。"凡此皆明，翚、摇之雉并为凤属。古于王后之袆衣以翚翟为章，揄狄以摇翟为章，明证翚、摇皆为古人心目中的凤鸟形象。王后之祭服饰凤而以翚摇为章，与王之衮服饰龙相配，明确反映了翚摇本为凤之原型的古老传统。至于古代美术品中凤鸟形象的设计时有差异，当是在翚摇基础上或多或少进行艺术加工的结果。

传统又以鸾为凤。《山海经·大荒西经》："有五采鸟三名：一曰皇鸟，一曰鸾鸟，一曰凤鸟。"鸾亦翟雉之类禽鸟。《山海经·西山经》："有女牀之山，……有鸟焉，其状如翟而五采文，名曰鸾鸟，见则天下安宁。"郭璞《注》："翟似雉而大，长尾。旧说鸾似鸡，瑞鸟也，周成王时西戎献之。"《说文·鸟部》："鸾，赤神灵之精也。赤色五采，鸡形，鸣中五音，颂声作则至。从鸟，䜌声。周成王时氏羌献鸾鸟。"《逸周书·王会》："西申以凤鸟，……氏羌鸾鸟。"孔晁《注》："凤，其形似鸡，蛇首鱼尾。鸾大于凤。"《山海经·南山经》："有鸟焉，其状如鸡，五采而文，名曰凤皇。"很明显，古人以凤、鸾之形皆似鸡，都体现着翟雉的形象特征。

文献又以鷟鹭为凤。《国语·周语上》："周之兴也，鷟鹭鸣于岐山。"韦昭《注》："三君云：'鷟鹭，凤之别名也。'《诗》云：'凤皇鸣矣，于彼高冈。'其在岐山之脊乎？"今本《竹书纪年》述文丁十二年云："有凤集于岐山。"即言此事。《说文·鸟部》："鷟，鷟鹭，凤属，神鸟也。从鸟，狱声。"与三君小异。段玉裁《注》引刘逵曰："鷟鹭，凤雏也。"《山海经·南山经》："有凤皇鹓雏。"其源出殷代四方风名[27]，反映了凤作为风神的发展。而据金文及文献考之，凤鸟之原型当为雄性的翚摇一类雄翟。

《说文·羽部》："翚，大飞也，从羽军声。一曰伊雒而南，雉五采皆备曰翚。《诗》曰：有翚斯飞。"知翚为五彩大鸟。《尔雅·释鸟》："伊洛而南，素质五采皆备成章曰翚。"郭璞《注》："翚亦雉属，言其毛色光鲜。"郝懿行《义疏》："《左传疏》引李巡曰：'素质五采备具，文章鲜明曰翚。'孙炎曰：'翚雉，白雉五采为文也。'"《诗·小雅·斯干》："如跂斯翼，如矢斯棘，如鸟斯革，如翚斯飞。君子攸跻。"郑玄《笺》："伊洛而南，素质五色皆备成章曰翚。此章四'如'者，皆谓廉隅之正、形貌之显也。'翚'者，鸟之奇异者也，故以成之焉。"朱熹《集传》："其檐阿华采而轩翔，如翚之飞而矫其翼也。"以华采轩翔训翚，深得诗旨。凤为雄，而雄翚之羽毛甚为华美。翚雉素质，自可称为白雉。其为奇异之鸟，古人视之为仁瑞。显然，鼎铭所云之生凤，其原型当即翚雉。

鼎铭何以特别强调"生凤"？或可据雉节之角度思考。《仪礼·士相见礼》："贽，冬用雉。"郑玄《注》："士贽用雉者，取其耿介，交有时，别有伦也。雉必用死者，为其不可生服也。"雉有节，不易生，鼎铭特表"生凤"，以示其稀有而难得。此当罗氏所获野生之翚而未经掌畜教扰之禽。

翚凤属羽物，宜生于山地丘陵地带。《周礼·地官·大司徒》："以土会之法辨五地之物生，……三曰丘陵，其动物宜羽物。"郑玄《注》："羽物，翟雉之属。"西周青铜器中的山形纹饰常与凤鸟的翎目合绘（图六，2），而近出霸伯山簋更明确表现了山纹与凤鸟翎目绘为一体的事实[28]（图六，3），即体现了古人以凤鸟本属山林之禽的认识。鼎铭述王之行宫在夔陼真山，夔为国名[29]，陼真山之"陼"本从二"阜"，其名曰山，自为山地或丘陵，环境正合。时盖由罗氏捕翚，而王赐之臣吏。

古有行羽物之制，一年两为之。《周礼·天官·司裘》："中秋，献良裘，王乃行羽物。"郑司农云："行羽物，以羽物飞鸟赐群吏。"郑玄《注》："此羽物，小鸟鹑雀之属，鹰所击者。中秋鸠化为鹰，中春鹰化为鸠，顺其始杀，与其将止，而大班羽物。"此王颁羽物于仲秋时节[30]。又《夏官·罗氏》："中春，罗春鸟，献鸠以养国老，行羽物。"郑玄《注》："春鸟蛰而始出者，若今南郡黄雀之属。是时鹰化为鸠，鸠与春鸟变旧为新，宜以养老助生气。行谓赋赐。"古制行羽物在仲秋、仲春阴阳二时，后郑以所赐皆小鸟鹑雀之属，而先郑但谓飞鸟，其属赋赐，自应有珍禽之赏。今知中方鼎之王归生凤，即属此制度。或不待春秋二时，乃为时赐。

附记：拙文写作，蒙袁靖教授与吕鹏博士惠允提供多种鸟类图谱以备参考，谨致谢忱。本文于2018年5月1日据旧札写成，同年8月出版的《古文字研究》第三十二辑刊有何景成教授《释甲骨文、金文中的"貘"》，指出中方鼎铭文的所谓"虎方"应是"貘方"，录此以备参考。

注　释

[1] 赵明诚：《金石录》卷十三，中华书局，1991年影印南宋龙舒郡斋刻本。
[2] 唐兰：《论周昭王时代的青铜器铭刻》，见《古文字研究》第二辑，中华书局，1980年。
[3] 唐兰：《论周昭王时代的青铜器铭刻》，见《古文字研究》第二辑，中华书局，1980年。
[4] 冯时：《殷周畿服及相关制度考》，见《考古学集刊》第20集，科学出版社，2017年。
[5] 郭沫若：《两周金文辞大系图录考释》第六册，科学出版社，1957年。
[6] 《史记·楚世家》。
[7] a. 郭沫若：《断片缀合八例》，《殷契余论》，日本东京文求堂石印本，1933年。
　　b. 商承祚：《殷契佚存》954片考释，金陵大学中国文化研究所丛刊甲种，1933年。
[8] 陈梦家：《殷虚卜辞综述》第290页，科学出版社，1956年。
[9] 冯时：《周初二伯考——兼论周代伯老制度》，《中原文化研究》2018年第2期。
[10] 冯时：《殷周畿服及相关制度考》，见《考古学集刊》第20集，科学出版社，2017年。
[11] 唐兰：《西周青铜器铭文分代史征》第284页，中华书局，1986年。
[12] 黄益飞：《金文所见"应"与西周政治统治》，《考古》2016年第9期。
[13] 郭沫若：《两周金文辞大系图录考释》第六册，科学出版社，1957年。
[14] 唐兰：《论周昭王时代的青铜器铭刻》，见《古文字研究》第二辑，中华书局，1981年。
[15] 唐兰：《西周青铜器铭文分代史征》第283页，中华书局，1986年。
[16] 冯时：《周初二伯考——兼论周代伯老制度》，《中原文化研究》2018年第2期。
[17] 蔡运章、张应桥：《季姬方尊铭文及其重要价值》，《文物》2003年第9期。
[18] 李家浩：《季姬方尊铭文补释》，见《黄盛璋先生八秩华诞纪念文集》，中国教育文化出版社，2005年。

[19] 胡起望、覃光广：《桂海虞衡志辑佚校注》，四川民族出版社，1986年。

[20] a. 闻一多：《龙凤》，见《闻一多全集》第一册，生活·读书·新知三联书店，1982年。
　　b. 孙作云：《说龙凤——读闻一多先生〈龙凤〉篇》，见《孙作云文集·中国古代神话传说研究（下）》，河南大学出版社，2003年。

[21] 冯时：《百年来甲骨文天文历法研究》第七章第一节，中国社会科学出版社，2011年。

[22] 唐兰：《西周青铜器铭文分代史征》第199页，中华书局，1986年。

[23] 《说文·羽部》："翟，山雉也。"《尔雅·释鸟》作"鸐"，郭璞《注》："长尾者。"

[24] a. 郑作新：《中国鸟类系统检索（第三版）》第43、44、61页，科学出版社，2002年。
　　b. 中国野生动物保护协会：《中国鸟类图鉴》第100、101页，河南科学技术出版社，1995年。
　　c. 约翰·马敬能、卡伦·菲利普斯、何芬奇著，卢和芬译：《中国鸟类野外手册》第38页，湖南教育出版社，2000年。

[25] 孙作云：《说龙凤——读闻一多先生〈龙凤〉篇》，见《孙作云文集·中国古代神话传说研究（下）》，河南大学出版社，2003年。

[26] 林巳奈夫：《殷周時代青銅器紋樣の研究》第七、八章，图版第237—263页，见《殷周靑銅器綜覽（二）》，吉川弘文馆，1986年。

[27] 冯时：《中国天文考古学》第三章第三节之六，社会科学文献出版社，2001年。

[28] 山西省考古研究所等、山西大学北方考古研究中心：《山西翼城大河口西周墓地1017号墓发掘》，《考古学报》2018年第1期。

[29] 《春秋经·僖公二十六年》："秋，楚人灭夔，以夔子归。"杜预《集解》："夔，楚同姓国，今建平秭归县。"杨伯峻《注》："今湖北省秭归县东有夔子城，地名夔沱者，古夔国也。"

[30] 洪颐煊：《读书丛录》卷三以羽物乃王后车饰及旌旗之属，与射侯为一例，皆司裘掌之，说不可据。

权 礼 试 说

黄益飞

权衡、权变是富有中国特色的文化现象，这一观念贯穿古今，深深影响着每一代、甚至每一个中国人。本文尝试结合传世及出土文献探讨权变思想的发展演变及其对三代社会的影响，并对权变思想的文化根源进行思考。

一、说"权"

《说文》："权，黄华木。从木雚声。"以权为黄华木，似非权字之本义。其本义暂不可考。权又借指称量轻重的秤砣，引申之有权衡之义。

《说文·木部》："权，一曰反常。"段玉裁《注》："《论语》曰：'可与立，未可与权。'《孟子》曰：'执中无权。'犹执一也。《公羊传》曰：'权者何？反于经，然后有善者。'"徐灏《笺》引戴侗曰："借为权衡之权。今所谓称键也。衡常主平称物之轻重而前却以就平者，权也。故揆事物之时义而变迁以就道者曰权。君子之行权也，止于道而已矣。公羊氏曰：权者，反于经。夫衡平之谓经，权所以合经，非反经也。自反经说起于是，反常倍道皆托于权，而权谲、机权之说生焉。以反道为权，以任数为智，此所以长奸邪而多丧礼也。"可见所谓权衡者，乃依据客观形势所做出的反常举措，但其出发点和最终达到的目的都是合于道、止于善。

二、权变对三代社会的影响

权变的历史至少可以追溯到三代，汤武革命、伊尹放太甲、周公摄政等都应属于权变的范畴。《孟子·尽心上》说伊尹放太甲之事云：

> 公孙丑曰："伊尹曰：'予不狎于不顺，放太甲于桐，民大悦。太甲贤，又反之，民大悦。'贤者之为人臣也，其君不贤，则固可放与？"孟子曰："有伊尹之志则可，无伊尹之志则篡。"

赵岐《注》：

> 人臣秉忠，志若伊尹，欲宁殷国，则可放恶而不即立君，宿留冀改而复之。如无伊尹之忠，见间乘利，篡心乃生，何可放也。

因此，是否可以行权变者在人，伊尹放太甲、周公摄政即权变，王莽代汉乃篡逆。

出土古文字材料的研究则表明，至少在西周时期，权礼作为正礼的补充在礼制的施行之中已被普遍采用。

作者：黄益飞，北京市，中国社会科学院考古研究所，助理研究员。

（一）丧礼之权变

西周时期是否存在三年丧制，自战国时期以降学者论者不绝，有关学术史我们已有梳理[1]，兹不赘论。郭沫若通过西周金文材料的研究指出，西周时期有周王元年册命臣工之事，认为所谓的三年丧制断然是孔子的创制[2]。郭老试图利用第一手史料来讨论西周三年丧的问题，其说颇为新颖。近出应公鼎则云："应公作尊彝禫鼎，斌帝日丁子子孙孙永宝。"[3]禫者，除服祭也，准确地说禫祭乃二十七月除大祥服之祭，禫祭后即服禫服，月终吉祭除禫服后乃恢复平常[4]。故而，应公鼎铭文是西周有三年丧制的确证。那么，天子如何服三年丧，或者说天子居丧期间是否视朝听政就是一个值得讨论的问题。

《礼记·檀弓下》云：

> 子张问曰："《书》云：高宗三年不言，言乃讙。有诸？"仲尼曰：胡为其不然也。
> 古者天子崩，王世子听于冢宰三年。

郑玄《注》：

> 冢宰，天官卿，贰王事者，三年之丧，使之听朝。

孙希旦《集解》引胡氏云：

> 三年之丧，自天子达于庶人。子张非不知也。盖以为人君三年不言，臣下无所禀令，祸乱或从而生耳。夫子告以听于冢宰，则祸乱非所忧矣。

盖古确有天子行三年丧而冢宰摄政者，如《尚书》所记商王武丁居丧之故事。然春秋之世王室衰微，诸侯力政，卿大夫专权，君王居丧三年不听政之礼断难推行，故子张有此问。可见这样的礼文在当时已经妨害了国家正常的政治生活，《周礼》大宰的职掌中与丧礼、听政有关的有如下事项：

> 大丧，赞赠玉、含玉。……凡邦之小治，则冢宰听之。

郑玄《注》：

> 大事决于王，小事冢宰专平。

今本《周礼》已不见天子居丧，三年不听政之文了。西周金文中也不乏周天子在元年、二年册命臣工之事，足证天子居丧不听政的礼制在西周时期已经难以实行。但这并不代表天子没有三年丧制，天子的丧制可以通过服饰、饮食等方面体现出来。

《礼记·杂记下》又说：

> 三年之丧，祥而从政；期之丧，卒哭而从政；九月之丧，既葬而从政；小功、缌之丧，既殡而从政。

孔颖达《正义》：

> 此庶人，依士礼卒哭与既葬同三月，故《王制》省文，总云"三月"也。若大夫、士，三年之丧，期不从政，是正礼；卒哭，金革之事无避，是权礼。

可见，天子、诸侯、卿大夫、士守丧都有权礼[5]。

（二）婚礼之权变

关于古代婚期的争论也和权礼有关。学者关于三代婚礼是否有正期以及婚之正期在什么季节争论也很多。有以春季为婚之正期者，有以霜降至冰泮为婚时者，又有依春秋经传几乎每月皆可嫁娶否定古代有婚期者[6]。我们对两周彝铭、春秋经传、战国日书的研究发现，春夏秋冬四季都有举行婚礼者，换句话说，古文字材料及文献材料似乎都暗示了古代没有婚期[7]。但是为什么古人会提出婚期之说？而且对婚期有凿凿之论？

首先，可以肯定的是古代应该存在婚期的概念，至少在婚礼形成之初应该有婚期的设定，婚礼属阴礼，应以霜降至冰泮为婚之正期[8]。人类是一年四季都可生育的高等动物，如果严守婚期，必定影响人口的繁殖。人口在古代应该是第一位的生产要素，历代王朝都十分重视人口的繁殖、增长，如《左传·哀公元年》记勾践灭越首重人口繁殖，伍子胥即言"越十年生聚，十年教训，二十年之外，吴其为沼乎？"此外，还有中央王朝主动赎回人口之事，如贞观五年，唐王朝曾用金帛等赎回流入突厥的汉人，计男女八万人[9]。更有甚者，不惜通过战争手段来获得人口。通过战争掠夺人口古已有之，从有文字记载的商周以降，记载不绝。商代甲骨文中就有外族入侵、掠夺人口的记载[10]。小盂鼎记康王时期与鬼方一次规模较大的战争，有周王朝掠夺人口的记载：

> 盂以多旂佩鬼方……告曰："王命盂以□□伐鬼方，……执酋三人，获馘四千八百□

二馘，俘人万三千八十一人，俘马四□□匹，俘车卅辆，俘牛三百五十五牛，羊廿八羊。俘人之数达一万多人。汉初，虽然汉廷与一直施行与匈奴的和亲政策，但匈奴仍不时寇边、掳掠，单是云中、辽东每年、每郡被掠走的人口就有一万人左右[11]。唐武德五年，突厥颉利可汗攻打并、汾、潞等州，掠夺人口五千余口；圣历元年，突厥默啜袭掠赵、定等州人口八九万人[12]。高句丽也在同中原、百济、新罗及周边部族虏获了大量人口[13]。辽初通过战争也掳掠了大量的汉人，成为契丹贵族的部曲、奴隶[14]。

因此，为了发展社会生产力就不能穷守礼制，必须鼓励人口的繁殖，这就需要调和婚期与社会实际之间的矛盾。也就是说，至少在商周时期古人在不否认婚礼有正期的情况下，不对婚姻实行过多的限制以达到繁育人口的目的。《周礼·地官·媒氏》说："仲春三月，令会男女，奔者不禁。"这也属于权变之礼。

或者说，礼制森严的商、西周时期可能有婚期的规定，但是这一规定从一开始就带有很强的象征意味，一直没有被严格的执行。尤其到了战国时期，各国都需要通过繁殖人口来增强壮大自己的实力以便在兼并战争中占有优势。因此，所谓的婚期已经完全没有存在的必要，战国时期的日书明文规定每月都可以嫁娶就是最好的例子。

三、权变与公羊学派

西周时期的道德思想是儒家思想的主要来源[15]，因此西周制度文化也必然对儒家思想产生深远影响。周人制礼、用礼通权达变，也必在后世儒家学派中有迹可循。《春秋》诸学中公羊家犹倡权变，如鲁桓公十一年（公元前701年），郑庄公卒，宋庄公执郑之重臣祭足谋逐邓出嫡子忽而立宋出庶子突，祭足竟与宋人盟立突而出忽。《春秋》三传说此事，立场不同。《左传》记其事云：

> 郑昭公之败北戎也，齐人将妻之。昭公辞。祭仲曰："必取之，君多内宠，三公子皆君，子无大援，将不立。"弗从。……宋雍氏女于郑庄公，曰雍姞，生厉公。雍氏宗，有宠于宋庄公，故诱祭仲而执之，曰："不立突，将死。"亦执厉公而求赂焉。祭仲与宋人盟，以厉公归而立之。

《穀梁传》责祭仲失臣道，其文云：

> 九月，宋人执祭足。……突归于郑。……祭仲易其事，权在祭仲也。死君难，臣道也。今立恶而黜正，恶祭仲也。

《公羊传》则褒扬祭仲能权衡形势，出昭公而不杀，立厉公而保全郑国。其文云：

> 祭仲者何？郑相也。何以不名？贤也。何贤乎祭仲？以为知权也。……（郑）庄公死，已葬。祭仲将往省于留，塗出于宋，宋人执之，谓之曰：'为我出忽而立突。'祭仲不从其言，则君必死，国必亡。从其言则君可以生易死，国可以存易亡。则突可故出，而忽可故反。是不可得则病，然后有郑国。
>
> 古人之有权者，祭仲之权是也。权者何？权者，反于经然后有善者也。权之所设，舍死亡无所设。行权有道：自贬损以行权，不害人以行权；杀人以自生，亡人以自存，君子不为也。

较之《穀梁传》站在道德高点对祭仲求全责备，《公羊传》从实际形势出发，更为客观。

汉代公羊学派大儒董仲舒更将权变进行了理论上的总结和升华，董氏《春秋繁露》中多次论及权变之礼。《春秋繁露·玉英》将常礼称作经礼，将权礼称作变礼，其文云：

> 《春秋》有经礼有变礼，为如安性平心者，经礼也。至有于性虽不安，于心虽不平，于道无以易之，此变礼也。是故昏礼不称主人，经礼也；辞穷无称，称主人，变礼也。天子三年然后称王，经礼也；有故，则未三年而称王，变礼也。妇人无出境之事，经礼也；母为子娶妇，奔丧父母，变礼也。明乎经变之事，然后知轻重之分，可与适权矣。
>
> 难者曰："《春秋》事同者辞同，此四者，俱为变礼，而或达于经，或不达于经，何也？"曰："《春秋》理百物，辨品类，别嫌微，修本末者也。是故星坠谓之陨，蜮坠谓之雨，其所发之处不同，或降于天，或发于地，其辞不可同也。今四者俱为变礼也同，而其所发亦不同，或发于男，或发于女，其辞不可同也。是或达于常，或达于变也。"

《春秋繁露·王道》云：

> 鲁隐之代桓立，祭仲之出忽立突，仇牧、孔父、荀息之死节，公子目夷不与楚国，此皆执权存国，行正世之义，守倦怠之心，《春秋》嘉气义焉，故皆见之，复正之谓也。

通权达变无疑对于社会发展、社会进步有着重要影响，甚至可以说是中华民族民族智慧的结晶。公羊学派权礼之说应该有古老的渊源和深刻的社会、文化背景。

四、权变的文化渊源

孔子已提及权变之事，孔子说："可与共学，未可与适道；可与适道，未可与立；可与立，未可与权。（语见《论语·子罕》）"但文献未见孔子对权变进行更为深刻的阐发。孟子对权变的思考最为深刻，《孟子·尽心上》云：

> 孟子曰："杨子取为我，拔一毛而利天下，不为也。墨子兼爱，摩顶放踵利天下，为之。子莫执中，执中为近之。执中无权，犹执一也。所恶执一者，为其贼道也，举一而废百也。"

赵岐《注》：

> 执中和，近圣人之道，然不权。圣人之重权。执中而不知权，犹执一介之人，不知时变也。所以恶执一者，为其不知权，以一知而废百道也。

孙奭《正义》：

> 杨墨放荡，子莫执一，圣人量时，……孔子行止，唯义所在。

孟子将权变之道与中道相比附，可谓道尽权变之精髓。执持中庸之道如果不知权变，与偏执一端、不察时变无二，都是对中庸正道的误解。

　　"中"是古人规划时空的必然结果，中国传统的知识体系、政治及文化体系、哲学体系皆导源于斯[16]。因此，中国传统文化的精髓尽在于"中和"二字。中庸之道、中和思想是中国独有的哲学观，而权变即是中庸之道的延伸。

注　　释

[1] 黄益飞：《西周金文礼制研究》第130—132页，中国社会科学出版社，2019年。

[2] 郭沫若：《长安县张家坡铜器群铭文汇释》，见《长安张家坡西周铜器群》，文物出版社，1965年。

[3] 河南省文物考古研究所等：《河南平顶山应国墓地八号墓发掘简报》，《华夏考古》2007年第1期。

[4] 黄益飞：《西周金文礼制研究》第133、134页，中国社会科学出版社，2019年。

[5] 黄益飞：《西周金文礼制研究》第134—136页，中国社会科学出版社，2019年。

[6] 黄益飞：《西周金文礼制研究》第325—339页，中国社会科学出版社，2019年。

[7] 黄益飞：《西周金文礼制研究》第325—339页，中国社会科学出版社，2019年。

[8] 黄益飞：《西周金文礼制研究》第325—339页，中国社会科学出版社，2019年。

[9] 〔日〕林俊雄著，陈俊谋译：《从掠夺、农耕、贸易看游牧国家的发展——以突厥为重点》，《世界民族》1986年第6期。

[10] 罗琨：《商代的战争与军制》第203—218页，中国社会科学出版社，2010年。

[11] a.《史记·匈奴列传》。

　　　b. 林幹：《匈奴通史》第49—53页，人民出版社，1986年。

[12] 〔日〕林俊雄著，陈俊谋译：《从掠夺、农耕、贸易看游牧国家的发展——以突厥为重点》，《世界民族》1986年第6期。

[13] 李爽：《高句丽掳掠人口问题研究》，《东北史地》2016年第3期。

[14] 黄凤岐：《辽初对掠夺人口的安置》，《社会科学辑刊》1987年第6期。

[15] 冯时：《儒家道德思想渊源考》，见《古文字与古史新论》，台湾书房出版有限公司，2007年。

[16] 业师冯时先生指出，规划时空是人类认识自然、改造自然最为首要的工作。尤其是对于农业民族来说，掌握时间和季节已经成为人类生存发展所必备的知识。古人认识和规划时空的实践所建立起来的五方五位的方位体系，及在此基础上对时间和季节的认识，不仅为生产和生活提供了保障，同时也构成了中国特色的传统文化的核心内容。尤其是"中"这一概念的产生，更成为中国传统文化的核心观念的渊薮。详参氏著：《中国古代的天文与人文》第1—36页，中国社会科学出版社，2006年。

新疆发现的焊缀金珠饰品的研究

林铃梅

　　焊缀金珠，又称"炸珠"或金珠工艺（granulation），是古代西方一种非常特别的装饰工艺。granulation一词源于拉丁语granulum，词根是granum，表示"grain"（颗粒）的意思[1]。这种工艺指的是在金属饰件上装饰金属颗粒，最常见的是金珠。金珠以单行或双行排列，在饰件上形成主体图案或边缘装饰，金珠有时也散乱地分布在饰件的表面，作为图案的填充物。另有将金珠叠加形成立体图形的情况，最典型的是金珠堆砌成金字塔状饰物，连缀在耳饰的末端。

　　金珠的制作有几种方法，可以将熔化的黄金滴入水中或滴到木炭上，或者将黄金的碎片放置在木炭上，加热直到它熔化并形成滴状。至于古代工匠是如何将这些金珠黏附到饰件表面的，到现在学者们仍然在研究。目前大致认为是使用胶体硬焊（colloid hard soldering）的技术。用铜盐和动植物制成的胶状物作为黏合剂，将金珠黏附在饰件表面，然后将其加热到适当的温度，使得金珠固定。另外一种可能的方式是在一块支撑物上用金珠摆出需要的图案，然后用一整块的黏合剂材料（例如纸或皮革）将它整体转移到饰件表面[2]。古代这种工艺的精细，即使是在今天的科技条件下也很难复制。

　　关于焊缀金珠工艺的起源，最早的例子发现于两河流域乌尔早期王朝的贵族墓地（Ur，EDIIIA，公元前2550—前2500年），是两枚装饰有黄金颗粒的戒指，其中一枚使用熔焊的方法将金珠固定在戒指表面，另外一枚则使用铜盐将金珠黏附在戒指表面。在特洛伊人们发现了大量装饰有金珠的耳环，其年代可以上溯到公元前24世纪，年代仅比乌尔早期王朝的例子晚约一百年，发现的有两种耳环类型，一种是竹篮形耳环，在环面上成排铺设小金珠；另一种是袋状耳环，在耳环的上下端边缘位置装饰成排的小金珠且有线状的小金珠点缀环面（图一）[3]。

　　一些学者认为焊缀金珠的工艺最早产生于古代苏美尔地区（如Maxwell-Hyslop、Wolters、Nicolini等），也有学者提出不同的意见，认为两河流域属于公元前三千纪的金珠饰物数量太少，仅有乌尔早期王朝贵族墓地的两枚戒指，以及在布拉克丘（叙利亚东北部）出的一枚阿卡德时期的银珠饰，它们的年代虽稍早于特洛伊出的饰件，但与后者的发现数量之多、制作之精美相比，不免相形见绌。特洛伊地区可能才是这项工艺的发源地，并且在公元前两千纪之初，在两河流域和伊朗的考古发现中几乎都没见金珠饰物，直到公元前1750年以后这项工艺才在两河流域兴盛起来[4]。

　　大致来说，这种焊缀金珠的工艺起源于近东地区，在之后的历史中不断向四周传播，北向南俄草原，西向地中海沿岸地区，西南向埃及，东向伊朗高原，逐渐地这项装饰工艺受到了整个欧亚大陆众多族群的欢迎，它的足迹也遍布各种文化中，工艺的传播轨迹也揭示了不同文化之间的联系与交流。

　　在新疆发现的青铜时代至魏晋时期的金银器中也发现了这种工艺，这些金银器也往往带有外来

作者：林铃梅，北京市，中国人民大学国学院在读博士生。

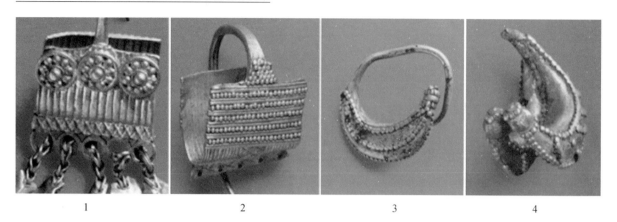

图一　特洛伊出土饰金珠耳环
1、2.竹篮形　3、4.袋状
（1出自J号宝藏，2出自F号宝藏，3出自N号宝藏，4出自A号宝藏）

风格。梳理金珠饰品在新疆的分布、发展情况，为考察古代西域与周边地区的文化交流提供一个特殊的视角，有着积极的意义。耳饰又是金珠工艺非常突出的一种载体，在反映这项工艺的传播与发展都有着特殊的作用。

一、新疆发现的焊缀金珠饰品

新疆采用这项工艺的耳饰发现于柴窝堡墓地[5]、乌拉泊水库[6]、哈巴河县东塔勒德墓地[7]、玛纳斯县清水河乡团庄子村墓地[8]、阿合奇县库兰萨日克墓地[9]、巩留县山口水库墓地[10]、乌吐兰墓地[11]、喀拉苏墓地[12]、阜康臭煤沟墓地[13]、鱼儿沟[14]、台藏塔墓地[15]、尉犁营盘古墓[16]、托盖曲根墓地[17]及吉林台墓地[18]，另外，在吐鲁番地区征集了1件耳环[19]（图二，1—18）。

除了耳饰，在新疆还发现了其他使用金珠工艺的器物。

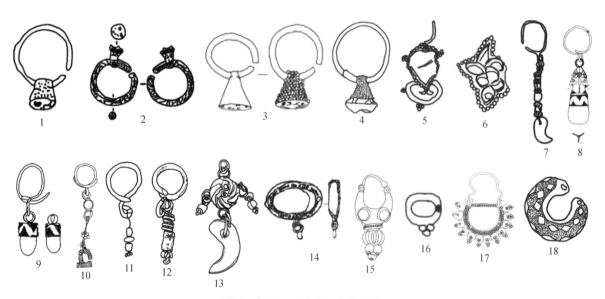

图二　新疆地区发现的金珠耳饰
1.柴窝堡墓地　2.东塔勒德墓地　3.团庄子村M5　4—6.乌拉泊水库墓地　7.库兰萨日克墓地　8.巩留县山口水库墓地
9.乌吐兰墓地　10.喀拉苏墓地　11.阜康臭煤沟墓地　12、13.鱼儿沟墓地　14.台藏塔遗址墓地　15.营盘古墓
16.托盖曲根墓地　17.吉林台墓群　18.吐鲁番征集

塔里木北缘区块　察吾呼Ⅲ号墓地出1件镶椭圆形红宝珠的银戒指，绕宝珠一周有用金丝做的"箍"，"箍"外缘点缀一周金珠。戒指长3.4、宽2.8厘米，指孔径1.5—1.9厘米（图三，1）。察吾呼Ⅲ号墓地年代约在公元前2世纪至公元2年，相当于东汉前期[20]。焉耆县永宁乡出土1件八龙纹金带扣，呈长方圆角芭蕉叶形，边缘焊接有以金丝弯曲成的正反"几"形纹。正面打压八龙轮廓，上焊金丝和细金珠编织的龙纹，并镶嵌红绿宝石。长9.8、宽6厘米（图三，2）。年代约在公元前1世纪，相当于西汉时期[21]。

伊犁河流域区块　尼勒克县加勒克斯卡茵特墓地[22]出1枚镶嵌红宝石的金戒指，长4.8厘米、宽2.8厘米。红宝石阴刻女子形象，宝石周边焊饰一圈金珠，在环面上饰细金珠组成的三角纹，戒指两端装饰兽首，眼部镶嵌宝石（图三，3）。墓地年代在公元前5世纪至公元前后，相当于战国至汉代。昭苏夏台墓地出土镶嵌红宝石的金戒指，直径2.2厘米。椭圆形红宝石边饰两圈金珠，戒面遍饰细金珠（图三，4）。年代在公元1世纪左右，相当于东汉时期[23]。伊犁昭苏波马古墓出土了大批金器，其中镶嵌红宝石的金面具、镶嵌玛瑙虎柄金杯、镶嵌红宝石金盖罐、剑鞘、戒指等都运用了金珠工艺（图三，5—7）。墓地年代下限在公元6—7世纪前后[24]。

吐鲁番—天山中段北麓区块　阿拉沟墓葬出土的1件金项链，垂穿缀绿松石的坠饰，并在底部焊饰金珠塔，通长25厘米（图三，8）。墓葬年代约在公元前5世纪，相当于战国时期[25]。交河故城沟北一号台地墓地出1件金鹿形饰，鹿角上焊细金珠装饰。墓地年代大致在汉代（图三，9）[26]。

准噶尔盆地西缘区块　精河县城南土墩墓出土1件金挂饰，墓葬年代在公元前后，相当于汉代（图三，10）[27]。

阿勒泰区块　哈巴河县东塔勒德墓地还出土了一些饰金珠的器物，包括金花饰件、金珠饰件等，墓地的年代最早可以上溯到春秋晚期，晚至西汉（图三，11—13）[28]。

如上图表所示，新疆目前所见最早的金珠饰品出现在春秋晚期，但只是极个别的例子，到战国前后开始流行，汉晋时期也多见金珠饰品，形式趋于多样化，工艺更加复杂，至北朝时期则只见波马古墓出土金珠饰品（图四）。

新疆目前发现最早的金珠饰品是玛纳斯县清水河乡团庄子村M5出土的1件圆锥体耳坠，年代约在公元前7世纪，相当于中原的春秋晚期。这种圆锥体耳坠最早发现于图瓦共和国，年代约在公元前7世纪甚至更早。这种耳环样式向四周扩散，向南跨过阿尔泰山区，到达了阿尔泰山南麓地区甚至更远的天山北麓一带；向西扩散到阿尔泰山西部边缘、哈萨克草原，甚至远至伏尔加河下游[29]。稍晚于此例的还有一批金珠饰品，出自哈巴河县东塔勒德、喀拉苏墓地、尼勒克县加勒克斯卡茵特、阿合奇县库兰萨日克、乌鲁木齐市柴窝堡、乌鲁木齐市乌拉泊水库、乌鲁木齐南山鱼儿沟、乌鲁木齐市阿拉沟等墓地，年代大约都在公元前5—前3世纪，相当于中原的战国时期。这些分布地区呈现出鲜明的特点，集中在伊犁河流域、天山南北麓以及阿勒泰地区，这些地区也是新疆早期金银器发现较多的地区。如阿合奇县库兰萨日克墓地还出了鹰啄鹿、奔马形象的金饰件，奔马金饰件表现的马前蹄上扬，后蹄向上翻转的造型风格，在阿尔泰地区巴泽雷克时期的墓葬中也有发现，是明显带有草原风格的物件，年代约在公元前4—前3世纪[30]。柴窝堡墓葬出土了大量的金饰件，多用金箔锤制，其中有卧马形金箔，年代约在公元前5世纪[31]。邻近的阿拉沟墓地[32]出了一批草原野兽纹金牌饰，与斯基泰文化关系密切，出土的多角形金花饰更是透露着与欧亚草原西部与西亚地区的联系，年代约在公元前5世纪。由于地理位置处于新疆边缘及天山山麓周边，这些地区在古代正是东西方文化交流的前沿地带，因此受到中亚及欧亚草原的工艺及艺术风格的影响也最早。

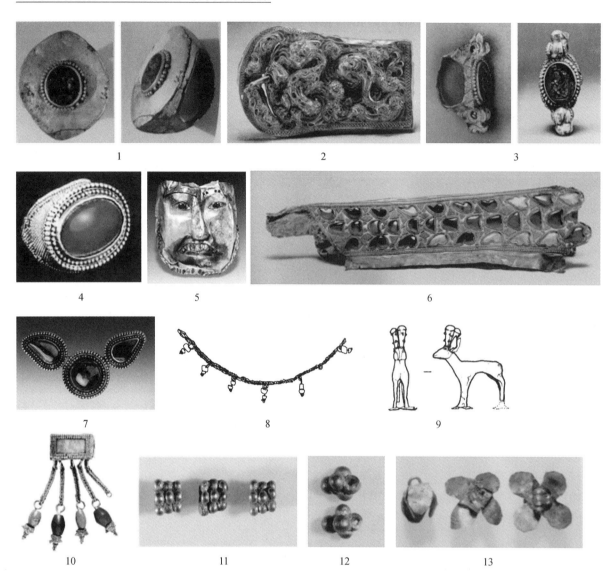

图三　新疆地区出土其他金珠饰物

1.银戒指（和静察吾乎三号墓地）　2.金带扣（焉耆县永宁乡）　3.金戒指（加勒克斯卡茵特墓地）　4.金戒指（昭苏夏台古墓）
5.金面具（波马古墓）　6.金剑鞘（波马古墓）　7.金饰件（波马古墓）　8.金链饰（阿拉沟墓葬）　9.鹿形饰（交河故城沟北墓地）
10.金挂饰（精河县城南土墩墓）　11.柱形金饰件（东塔勒德墓地）　12.金珠饰件（东塔勒德墓地）　13.金花饰件（东塔勒德墓地）

关于焊接金珠工艺是如何传到新疆的问题，有学者指出可能是经欧亚大陆中北部的贸易路线来到中国的[33]。根据早期发现金珠饰物的分布地域来看，笔者认为，西域接受这种工艺的影响应该来自两个方向，一个是从南西伯利亚、萨彦—阿尔泰地区北边传入，另一个是从中亚地区沿天山南北麓传入。这一问题还需要更深入的研究。

春秋晚期到战国时期的金珠饰品主要是耳饰、戒指以及小饰件，到了汉晋时期器物类型变得多样，除了有装饰人身的饰件，还有动物形饰件。到北朝时期还运用于剑鞘和面具的装饰上。但总体来说，金珠这项工艺的使用并不普遍，这也反映了这些饰品的特殊性。金珠的组合形式往往是单圈或双圈环饰宝石或饰件的边缘位置，也作为边饰勾勒宝石座。同时，由金珠组成的三角纹等更是多见，还有金珠叠焊呈金字塔状或柱状。这些金珠组合的造型，在早期的中亚、西亚、欧亚草原地带

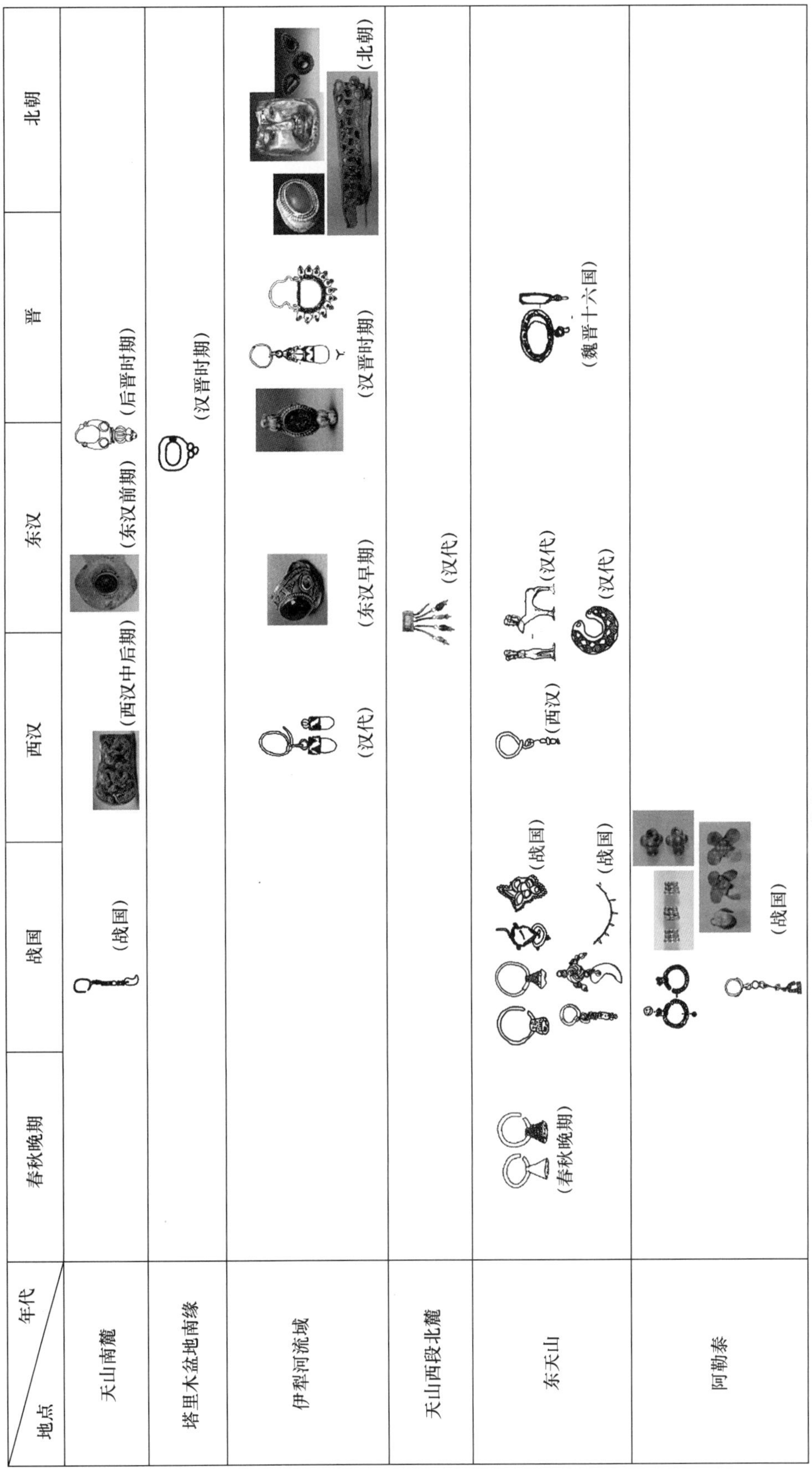

图四　新疆出土金珠饰品的年代分布图

都可以找到其渊源。

新疆发现的金珠饰品，大多带着鲜明的新疆以西地区文化的风格，有些可能是从中亚地区输入，如波马古墓的金器；有些可明显反映出与欧亚草原地区的联系，如东塔勒德墓地出的金珠饰物、团庄子村、柴窝堡、乌拉泊水库墓地出的耳坠。到了汉代，这种工艺在新疆渐趋成熟，加上与中原地区的交往日益紧密，也出现了带有中原风格的金珠装饰物品，如焉耆地区发现的八龙金带钩可能就是从中原输入的。

二、新疆的金珠饰品与西亚、中亚、欧亚草原的文化联系

（一）三角纹饰

在公元前三千纪中叶，焊缀金珠工艺起源于近东地区，随着金银器工艺的传播进入到不同的文化中，向西在地中海地区达到了工艺的巅峰，向东深刻地影响了中亚的金银装饰品风格，向北被欧亚草原的游牧人群所吸收，并在公元4—5世纪大量运用到他们的装饰品制作中。

加勒克斯卡茵特墓地、夏台古墓出土的金戒指以及巩留县山口水库出土的金耳环上所见的金珠组成的三角纹，在金珠工艺的早期就已经出现。如阿卡德时期（公元前2334—前2154年）的袋状金耳环在袋体上部口沿处饰细金珠形成的三角纹[34]，这是金珠三角纹发现较早的例子之一（图五，1）。古巴比伦时期（公元前18—前17世纪）贵族的饰品大量使用金珠工艺，包括金珠连缀的金项链、饰金珠的垂饰等，典型的例子是一新月形垂坠，金坠的上部布满细金珠，在新月形坠的表面饰以金珠形成的三角纹，做工极为精致（图五，2）[35]。埃兰中期（约公元前12世纪）的磨刀石柄

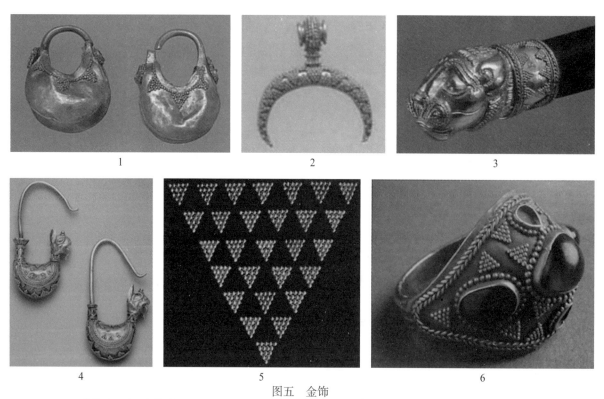

图五　金饰

1. 袋状耳环（阿卡德时期，公元前2334—前2154年）　2. 垂饰（古巴比伦时期，公元前18—前17世纪）
3. 磨刀石（埃兰中期，约公元前12世纪）　4. 耳环（克里米亚出土，公元前5世纪）　5. 饰件（蒂利亚特佩一号墓出土，公元1世纪左右）　6. 戒指（哈萨克斯坦出土，公元1—3世纪）

部装饰虎首形象，柄与磨刀石的接口部位以金珠焊饰上下相对的两排三角纹。长15.5、高1.8厘米（图五，3）[36]。克里米亚出土的斯基泰袋状金耳环（公元前5世纪）上饰有麦穗纹和上下相错的两排金珠组成的三角纹（图五，4）[37]。阿富汗北部蒂利亚·特佩一号墓（公元1世纪左右）出土的金珠饰件，以15颗金珠整齐焊接成等边三角形图案，装饰在女墓主衣领口沿处（图五，5）[38]。

巩留县山口水库古墓三羊金耳环的纹样主体是草原风格的，羊是游牧民族赖以生存的畜产，在草原风格的艺术中常见对羊形象的刻画。这只耳环的坠部三羊的刻画细致入微，技艺高超，尤其下边缀饰的上下两道金珠组成的三角纹，使得耳环的图案感极强，这种三角纹的组合方式与早期的金珠饰品是一脉相承的。

加勒克斯卡茵特墓地、昭苏古墓、夏台古墓出土的金戒指形制与风格都是相近的，加勒克斯卡茵特墓地的金耳环镶嵌雕刻女子形象的红宝石，以及戒指两端饰兽首，眼睛部分镶嵌宝石的做法，明显是受中亚、西亚甚至地中海地区的影响。昭苏、夏台古墓的镶宝石的金戒指直接来源更有可能是中亚地区，哈萨克斯坦也出土过形制风格几乎一致的金戒指（图五，6）[39]。

这几件装饰三角纹的饰品都发现在伊犁河流域，由于地理位置上接近，这一地区自然与中亚地区有频繁的交流和往来，在饰品的装饰工艺和风格上都呈现出与中亚地区的相似性，也有可能这些金珠饰品是通过贸易从中亚地区输入的。

（二）金珠叠焊

鱼儿沟墓地的2件绿松石耳坠和阜康臭煤沟墓地的银耳坠，在坠体的末端都装饰了叠焊的金珠塔，这种造型在古代西方的金饰品中非常多见，它使得金珠的组合富于变化，具有立体感。一般是缀饰在耳环或垂饰的末端，四颗叠焊成金字塔状，如哈萨克斯坦出土的公元前5—前3世纪的金耳环，在大金珠坠的下端缀四颗叠焊的小金珠（图六，1）[40]。这种金珠塔的装饰，在整个欧亚草原较为常见。如图瓦共和国的苏鲁克（Suglug-Khem）Ⅱ号墓地6号木椁墓中出土的金耳环，在铃形坠下端又焊接一小圆环，环身均匀分布三处以四颗金珠叠焊的纹饰，年代在公元前3—前1世纪（图六，2、3）[41]。在伏尔加河流域出土的公元前2—前1世纪金耳饰也有类似的装饰特点（图六，4—6）[42]。

由金珠叠焊的金字塔状耳饰，最早发现于米诺斯文化中期晚段，相似的样式在稍后的塞浦路斯和希腊早期的饰物上也能见到[43]。由此可以认为，金珠叠焊的工艺是地中海地区古代居民在接受近东地区的金珠工艺基础上的创新成果。黑海北部斯基泰文化的装饰物也大量地运用了金珠工艺，包括这种叠焊工艺。

黄金饰品的制作在公元前5、6世纪的希腊、伊特鲁里亚地区达到了顶峰。在希腊东部出土的1件螺旋状金耳环[44]，将叠焊的工艺演绎到了一个新的高度，在装饰华丽纹样的耳环两端又用金珠整齐堆砌焊接成夸张的金字塔形状，彰显华丽之外也确实反映了当时人们对金珠装饰的热衷（图六，7）。

金珠叠焊的工艺，在"大迁徙时期"的饰品中非常流行。如七河地区的阿克塔斯I号墓地出土的一对垂饰，呈半月形，垂饰表面镶嵌大小形状不一的五颗宝石或半宝石，并装饰由金珠构成的三角纹。垂饰边缘焊饰带横向突起条纹的管状饰，顶端再缀叠砌的金珠塔（图六，8）[45]。吉仁台墓群发现的汉晋时期的金耳饰，其镶嵌红宝石的风格与昭苏、夏台古墓的金戒指一样，都运用了金珠叠焊工艺。波马古墓出土的金剑鞘，其整体风格也和哈萨克斯坦出土的公元2—4世纪的冠饰一致（图六，9）[46]。可以认为，这些镶嵌宝石并焊饰金珠的风格是中亚游牧人群吸收了西亚、地中海地区制造工艺所形成的自己的独特风格。新疆发现的金珠耳饰以及其他器物，透露着与这项工艺的源头近东地区的遥远联系，这种联系又具体通过欧亚草原地带、中亚

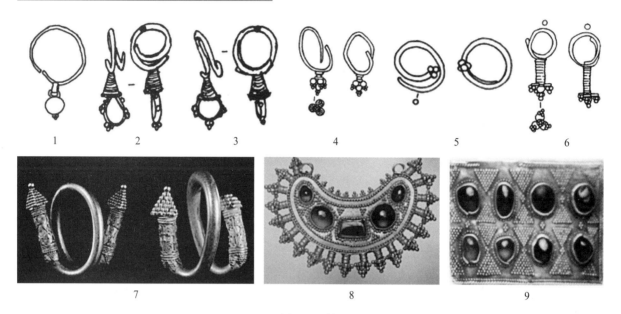

图六　金饰

1. 哈萨克斯坦出土耳坠（公元前5—前3世纪）　2、3.（苏鲁克Ⅱ6号木椁墓出土）　4—6. 伏尔加河流域出土　7. 螺旋状耳环（希腊东部出土，公元前4世纪）　8. 垂饰（哈萨克斯坦出土，公元3—5世纪）　9. 冠饰（哈萨克斯坦出土，公元2—4世纪）

地区的中介建立，新疆的金珠饰品更多的是与图瓦共和国、阿尔泰地区以及中亚草原地带有直接的联系。

三、新疆的金珠饰品与甘肃、内蒙古、宁夏的联系

　　金珠饰品及工艺传入中原有陆路和海路两条途径，但海路的时间稍晚，可能到了汉代。汉以前的金珠饰品及工艺多由中亚经新疆传入。新疆地区的地理位置决定了它作为金珠工艺东传甘肃、内蒙古和中原的中转站和过渡地带。研究新疆与甘青、内蒙古和中原地区发现的同时期金珠饰品的关系，对于理解新疆与周边地区的文化交流有积极的意义。

　　甘肃张家川马家塬战国墓地[47]自2006年以来进行了多次考古发掘，出土了大批金银饰品，其中不乏采用金珠工艺的饰物。金银小圆珠常见与汉紫、汉蓝珠及肉红石髓珠、绿松石一起搭配，装饰在车辆、马匹、人体或服饰上[48]，包括金扇形饰（M6∶46）、金耳坠（M14∶7）、金管饰（M14∶4-11）、金坠饰（M14∶4-10、M14∶4-13）（图七，1—5）等。该墓地出土的金耳坠（M14∶7）（图七，2）由圆形的金环下接坠饰，连接部位饰金珠，坠上段为上下两颗呈半球形的肉红石髓夹一料珠，肉红石髓边缘饰金珠；坠下段为扁圆形金环，边缘饰金珠，正面镶嵌肉红石髓和费昂斯。长4.6、环直径1.9厘米。鄂尔多斯博物馆征集了一件红玛瑙金耳坠，年代也在战国时期（图七，6），形制与马家塬墓地出土的非常相似，坠部穿玛瑙珠，夹饰玛瑙珠的上下两片金箔边缘都焊有金珠，耳坠末端的带饰上也装饰了若干排的金珠[49]。东胜市碾房渠出土的金耳坠，工艺和造型风格也大致相同，由上下两瓣夹饰玛瑙珠，并在上下两端焊饰一圈细金珠，也使用了扁环状装饰部件，并在扁环表面点焊几排细金珠（图七，7）[50]。这种形制的耳坠应与西边的文化有着密切的联系[51]，在亚述的雕像上可以看到两端花叶形金片中间夹石珠的耳坠样式（图八，1）[52]。两端花瓣金片夹宝石的金饰项链、耳环、冠饰，在希腊公元前1、2世纪非常流行（图八，2、3）[53]，镶嵌绿松石等宝珠的金饰物在古代伊朗地区的阿契美尼德时期也很常见。

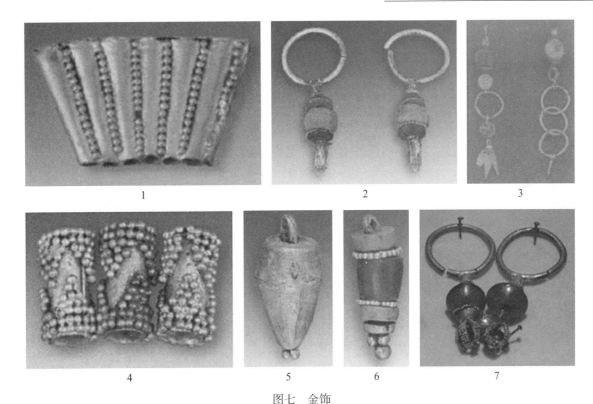

图七　金饰

1. 扇形饰（M6：46）　2. 耳坠（M14：7）　3. 东胜市碾房渠出土耳坠　4. 管饰（M14：4-11）　5. 坠饰（M14：4-10）
6. 坠饰（M14：4-13）　7. 鄂尔多斯博物馆征集耳坠

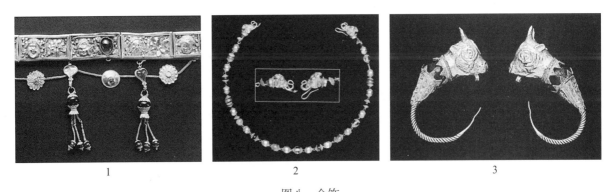

图八　金饰

1. 冠饰（希腊东部，公元前200—前150年）　2. 项链（希腊，公元2世纪）　3. 耳环（希腊，公元前2世纪）

马家塬墓地的年代为战国晚期至秦初。有学者指出，马家塬墓地融合了多种文化因素，包括欧亚草原东部的中国北方系青铜文化的因素；欧亚草原地带中、西部的斯基泰、塞人、巴泽雷克等文化的因素；秦文化和甘青地区传统文化等因素[54]。其中从出土的金银器来看，墓地受来自欧亚草原的影响是显著的。墓地出的金属片状车饰（图九，1、2）[55]与哈萨克斯坦草原出土的公元前5—前4世纪的片状金饰风格相似（图九，3），尤其是贴金银木杯上的纹饰（图九，4）[56]与哈萨克斯坦草原游牧民族的毡毯的传统纹样[57]（图九，5）如出一辙，透露着浓厚的中亚传统。

马家塬墓地出一种镂空铜牌饰，学者们认为这种镂空牌饰的起源地为甘肃东部。美国大都会博物馆也藏有2件形制相似的镂空青铜牌饰，年代约在公元前5世纪，其发现地点在阿勒泰地区[58]。战

图九 金器
1.马家塬墓地银车轭饰（M5：42） 2.马家塬墓地出铜车轮饰（M5：19） 3.哈萨克斯坦出金饰片
4.铁金银木杯（M16：29）纹饰复原 5.哈萨克斯坦的传统毡毯图案

国时期，甘肃与阿勒泰地区应该存在着某种形式的文化交流，阿勒泰哈巴河县东塔勒德墓地的考古发现，尤其是缀金珠工艺的一致性，证实了这种紧密的文化联系。东塔勒德墓地的发现填补了这种文化联系在空间上的缺环，将新疆天山地带（包括伊犁河流域、阿拉沟地区）、甘肃战国时期的文化与蒙古国中西部、图瓦地区甚至南西伯利亚草原的广大地区联系起来。

在先秦时期的考古发现中，带有这种细密小金珠的饰件除了在新疆、甘肃较为常见，在内蒙古鄂尔多斯也有发现[59]。内蒙古杭锦旗阿鲁柴登相当于战国时期的匈奴墓[60]、内蒙古东胜区碾房渠相当于战国晚期的金银器窖藏[61]发现的金耳坠都以金珠做装饰（图一〇，1—3）。同时，可以看到，用金丝作环，下接多层悬挂的坠，其间穿插绿松石并夹以边缘饰金珠金片的表现手法，在匈奴文化的金耳坠中常见，与前面介绍的张家川马家塬战国墓地出的金耳环、金坠饰形制与风格都惊人的相像。阿鲁柴登匈奴墓、碾房渠金银窖藏出金耳坠上的小金珠装饰，也反映了与新疆甚至更遥远的中亚、西亚的文化联系。

宁夏固原地区自古以来就是中原通往中、西亚的孔道要隘，汉代丝绸之路开通后，中国与西域的文化交流日益频繁，固原成为东西方文化交流、融合的前沿。

宁夏固原南郊九龙山汉墓出土了2件金带饰，一件长9.4、宽1厘米。图案中间镶嵌绿松石料珠。两边用细金丝和小金珠构成四瓣花纹连续图案。另一件长9.2、宽2.2厘米。中间用细金丝和小金珠构成上下对称的桃形主体图案，在图案中心镶嵌绿松石料珠。两边用小金珠构成菱形连续图

案（图一一，1）[62]。墓葬还出土
了一组金花饰，用细金丝和小金珠
构成花瓣图案，中间镶嵌水滴形绿
松石（图一一，2）[63]。相似的花
瓣纹饰件在伊塞克墓群和克里米亚
的乌斯特—阿姆墓葬都有发现，年
代分别在公元前4—前1世纪和公元
1世纪（图一一，3、4）[64]。前文
提及的固原出土的两对金耳环，运
用的是相同的工艺（图一一，5、
6）。如此精细的金饰工艺在这一
时期的中原地区没有发现，很可能
是受到中亚甚至西亚地区的影响。

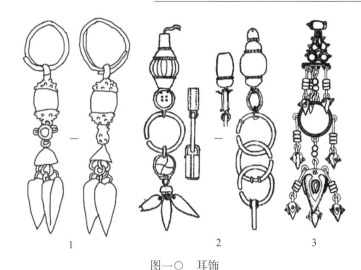

图一〇　耳饰
1. 阿鲁柴登出土金耳坠　2. 碾房渠窖藏出土金耳坠　3. 临淄商王村一号战国墓

山东临淄商王村战国墓[65]出土的2件金耳坠，由金丝、金环和花瓣形金叶构成，金叶包裹着
绿松石，耳环上还串有珍珠和牙骨一类的串饰，在金丝金环和花瓣上饰细金珠（图一一，3）。
金耳坠通长7厘米花瓣金叶上由三至四颗金珠叠焊的花状饰物，无疑是来自西边的传统。该墓葬
的年代应在战国晚期，在秦统一六国之前。这是笔者所能观察到中原地区最早装饰金珠的例子，
但仍无法确定此时金珠工艺已经传入中原，因为此金耳坠的形制与装饰风格都显示出与早期匈
奴文化的紧密联系，有可能是齐国上层贵族受到与北边草原地区接壤的燕赵等国的馈赠。到了
汉代，这种金珠工艺在中原地区就已经非常普遍并且成熟[66]。既有通过海陆贸易从西方传入的器
物，也有本地制造的器物。

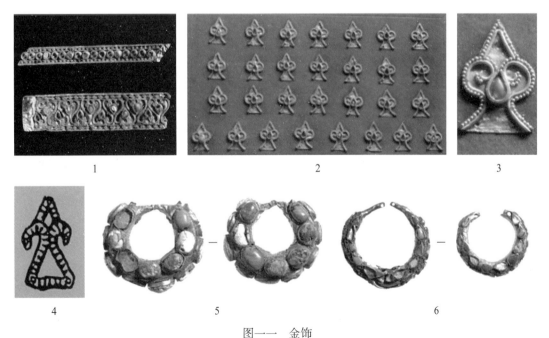

图一一　金饰
1. 固原县九龙山汉墓出土带饰　2. 固原县九龙山汉墓出土花饰　3. 伊塞克墓群出土饰件
4. 乌斯特—阿尔玛墓葬出土饰件　5. 三营镇花平村北魏墓出土耳环　6. 寨科乡北魏墓出土耳环

四、小　　结

　　新疆发现的金珠饰品是中国境内最早的例子，这种工艺大约在公元前7—前5世纪（相当于中原地区春秋晚期至战国时期）从中亚、欧亚草原两条路线传入新疆，并带来了西方风格的金珠图案，如三角纹和金珠叠焊的装饰。新疆早期金珠饰品的发现区域主要集中在伊犁河流域、天山南北麓地带、阿勒泰地区，反映出这些地区在春秋晚期至战国时期与欧亚草原、中亚、西亚和地中海地区有着较频繁的文化交流。金珠工艺以新疆为中介，传播到甘肃、内蒙古、宁夏，融入了当地艺术创作中，并在大约战国晚期传到了中原地区，作为一种装饰元素融入中原风格的器物中，但这种工艺所指示的最早的西方文化的传统却是清晰可见的。

注　　释

[1] *Ancient gold jewelry at the Dallas Museum of Art*, Dallas Museum of Art, distributed by the University of Washington Press, 1996, p.33.

[2] a. *Ancient gold jewelry at the Dallas Museum of Art*, Dallas Museum of Art, 1996, pp.26-27.
b. 具体的金珠制作以及焊接的多种可能途径可参考黄维等：《张家川马家塬墓地出土金管饰的研究》，《文物》2009年第10期。

[3] Christine Lilyquist, Granulation and glass: Chronological and stylistic investigations at selected sites, ca. 2500-1400B. C.E., *Bulletin of the American Schools of Oriental Research*, No. 290/291(May-Aug., 1993). p.76.

[4] Christine Lilyquist, Granulation and glass: Chronological and stylistic investigations at selected sites, ca. 2500-1400B. C.E., p. 33.

[5] 新疆文物考古研究所等：《乌鲁木齐柴窝堡古墓葬发掘报告》，《新疆文物》1998年第1期。

[6] 王明哲、张玉忠：《乌鲁木齐乌拉泊古墓葬发掘研究》，《新疆社会科学》1986年第1期。

[7] 新疆文物考古研究所：《哈巴河县东塔勒德墓地考古发掘简报》，《新疆文物》2013年第1期。

[8] 新疆昌吉回族自治州文物局：《丝绸之路天山廊道——新疆昌吉古代遗址与馆藏文物精品》第212页，文物出版社，2014年。

[9] 新疆文物考古研究所：《阿合奇县库兰萨日克墓地发掘简报》，《新疆文物》1995年第2期。

[10] 新疆文物考古研究所：《2005年度伊犁州巩留县山口水库墓地考古发掘报告》，《新疆文物》2006年第2期。

[11] 新疆文物考古研究所：《2014年尼勒克县乌吐兰墓地考古发掘报告》，《新疆文物》2015年第2期。

[12] 新疆维吾尔自治区文物考古研究所：《2013—2014文物考古年报》第41页，2014年。

[13] 新疆文物考古研究所：《阜康市臭煤沟墓地考古发掘简报》，《新疆文物》2012年第1期。

[14] 文昊：《新疆百科图志·文物文化卷（1）》第512页，新疆美术摄影出版社，2014年。

[15] 新疆文物考古研究所：《台藏塔遗址考古发掘报告》，《新疆文物》2011年第2期。

[16] Nobuyuki Matsumoto, Tokyo National Museum, *Treasures of the Silk Road, Recent Discovery from Xinjiang and Shaanxi*, Nissha Printing Co., Ltd, Tokyo, 2005, p. 91, fig. 42.

[17] 新疆文物考古研究所：《且末县托盖曲根一号墓地考古发掘报告》，《新疆文物》2013年第3、4期。

[18] 文昊：《新疆百科图志·文物文化卷（1）》第513页，新疆美术摄影出版社，2014年。

[19] 李肖：《吐鲁番文物精粹》第70页，上海辞书出版社，2006年。

[20] a. 新疆文物考古研究所：《新疆察吾呼——大型氏族墓地发掘报告》，东方出版社，1999年。
b. 中国社会科学院考古研究所新疆队等：《新疆和静县察吾乎沟口三号墓地发掘简报》，《考古》1990年第10期。

[21] 穆舜英等：《中国新疆古代艺术》第58页，新疆美术摄影出版社，1994年。

[22] 周小明：《新疆尼勒克县加勒格斯哈音特和铁木里克沟口墓地考古发掘成果简述》，《西域研究》2004年第4期。

[23] 祁小山、王博：《丝绸之路·新疆古代文化》第257页，新疆人民出版社，2008年。

[24] 安英新：《新疆伊犁昭苏县古墓葬出土金银器等珍贵文物》，《文物》1999年第9期。

[25] 祁小山、工博：《丝绸之路·新疆古代文化》第130页，新疆人民出版社，2008年。

[26] 中国国家文物局等：《交河故城——1993、1994年度考古发掘报告》，东方出版社，1998年。

[27] 新疆维吾尔自治区文物局：《丝路瑰宝——新疆馆藏文物精品图录》第294页，新疆人民出版社，2011年。

[28] 新疆文物考古研究所：《哈巴河县东塔勒德墓地考古发掘简报》，《新疆文物》2013年第1期。

[29] 林铃梅：《新疆出土圆锥体耳坠的研究》，见《丝绸之路研究》第一辑，生活·读书·新知三联书店，2017年。

[30] 新疆文物考古研究所：《阿合奇县库兰萨日克墓地发掘简报》，《新疆文物》1995年第2期。

[31] 新疆文物考古研究所：《1993年乌鲁木齐柴窝堡墓葬发掘报告》，《新疆文物》1998年第3期。

[32] 新疆社会科学院考古研究所：《新疆阿拉沟竖穴木椁墓发掘简报》，《文物》1981年第1期。

[33] a. Ludmila Koryakova, Andrej Epimakhov, *The Urals and Western Siberia in the Bronze and Iron Ages*, Cambridge University Press, 2007, p. 335.

   b. 黄维等：《张家川马家塬墓地出土金管饰的研究》，《文物》2009年第10期。

[34] Prudence O. Harper, Evelyn Klengel-Brandt, Joan Aruz, and Kim Benzel, *Assyrian Origins, Discoveries at Ashur on the Tigris*, Antiquities in the Vorderasiatisches Museum, Berlin, the Metropolitan Museum of Art, New York, 1995, p. 55, fig. 35.

[35] John Aruz, Kim Benzel, Jean M. Evans, Beyond Babylon, *Art, Trade, and Diplomacy in the Second Millennium B.C.*, Metropolitan Museum of Art, New York, 2008, p. 24, fig. 4.

[36] Prudence O. Harper, Joan Aruz, Francoise Tallon, *The Royal City of Susa. Ancient Near Eastern Treasures in the Louvre*, The Metropolitan Museum of Art, New York, 1992, p. 149, fig. 91.

[37] Andrey Alexeyev, *The Gold of the Scythian Kings in the Hermitage Collection*, The State Hermitage Publishers, St. Petersburg, 2012, p. 124.

[38] *Afghanistan, les trésors retrouvés. Collections du musée national de Kaboul*, Paris: Reunion des Musées Nationaux, Paris, 2006. p. 168, fig. 44.

[39] Claudia Chang, *Of Gold and Grass*: *Nomads of Kazakhstan*, Access Industries, Washington, 2006, fig. 94.

[40] Claudia Chang, *Of Gold and Grass*: *Nomads of Kazakhstan*, fig. 62.

[41] Vladimir Seme'nov, *Suglug-Hem and Khayrakan: the Cemeteries of Skythian Time of Central Tuva Basin*, St. Petersburg Centre for Oriental Studies, 2003, p.238.

[42] Valentina Mordvintseva, Natalia Khabarova, *The Ancient Gold of the Volga Region, The Collection of Volgograd Regional Museum of Local Lore*, Crimean Branch Institute of Archaeology Ukranian National Academy of Science, Volgograd Museum of Local Lore, Simferopol, 2006, p.11.

[43] David Vincent Redfern, *A study of Scythian gold jewellery manufacturing technology and its comparison to Greek techniques from the 7th to 5th centuries BC, BAR International Series 2424*, Archaeopress, Oxford, 2012, p. 22.

[44] Janos Harmatta, Gertrud Platz-Horster, *Ancient Gold Jewellery*: *Altes Museum; a Selection from the permanent exhibition:*, Antikensammlung Staatliche Museen zu Berlin, Mainz am Rhein, von Zabern, 2002, fig. 33.

[45] K. Akishev, *Ancient Gold of Kazakhstan*, A Λ MA · ATA · θHEP, 1983, p. 181.

[46] Claudia Chang, *Of Gold and Grass*: *Nomads of Kazakhstan*, fig.98.

[47] a. 甘肃省文物考古研究所等：《2006年度甘肃张家川回族自治县马家塬战国墓地发掘简报》，《文物》2008年第9期。

   b. 早期秦文化联合考古队等：《张家川马家塬战国墓地2007—2008年发掘简报》，《文物》2009年第10期；《张家川马家塬战国墓地2008—2009年发掘简报》，《文物》2010年第10期；《张家川马家塬战国墓地2010—2011年发掘简报》，《文物》2012年第8期。

[48] 王辉：《张家川马家塬墓地相关问题初探》，《文物》2009年第10期。

[49] 笔者参观鄂尔多斯博物馆拍照所得。

[50] 伊克昭盟文物工作站：《内蒙古东胜市碾房渠发现金银器窖藏》，《考古》1991年第5期。

[51] 齐东方：《唐代金银器研究》第238页，中国社会科学出版社，1999年。

[52] John Curtis, Late Assyrian Bronze Coffins, *Anatolian Studies*, Vol. 33, Special Number in Honour of the Seventy-Fifth Birthday of Dr. Richard Barnett, (1983), Pl XXVIII (f).

[53] Gertrud Platz-Horster, *Ancient Gold Jewellery: Altes Museum, a Selection from the Permanent Exhibition*, fig. 43. Barbara Deppert-Lippitz, *Ancient Gold Jewelry at the Dallas Museum of Art*, fig. 67, 50.

[54] 王辉：《张家川马家塬墓地相关问题初探》，《文物》2009年第10期。

[55] 早期秦文化联合考古队等：《张家川马家塬战国墓地2008—2009年发掘简报》，《文物》2010年第10期。

[56] 早期秦文化联合考古队等：《张家川马家塬战国墓地2008—2009年发掘简报》，《文物》2010年第10期。

[57] Claudia Chang, *Of Gold and Grass: Nomads of Kazakhstan*, fig. 166. 虽然此毡毯是20世纪的样品，但我们认为草原游牧人群的传统图案是久远的历史沿袭下来的，可以作为古代纹饰的一种反映。

[58] 李晓青：《先秦时期甘肃地区与北方草原地带的文化关系》，见《张家川马家塬战国墓地出土金属饰件的初步分析》，《文物》2010年第10期。

[59] 黄维等：《张家川马家塬墓地出土金管饰的研究》，《文物》2009年第10期。

[60] 田广金、郭素新：《内蒙古阿鲁柴登发现的匈奴遗物》，《考古》1980年第4期。

[61] 伊克昭盟文物工作站：《内蒙古东胜市碾房渠发现金银器窖藏》，《考古》1991年第5期。

[62] 宁夏固原博物馆：《固原历史文物》第80页，科学出版社，2004年。

[63] 笔者参观固原博物馆拍照所得。

[64] K. Akishev, *Ancient Gold of Kazakhstan*, p. 130. Ivan I. Loboda, Aleksandr E. Puydrovskij und Jurij P. Zajcev, Simferopol, Prunkbestattungen des 1. Jh. n. Chr. in der Nekropole Ust'-Al'ma auf der Krim, Die Ausgrabungen des Jahres, 1996, *Eurasia Antiqua*, 2002(8), S. 300, Abb. 3-20.

[65] 临淄博物馆：《山东临淄商王村一号战国墓发掘简报》，《文物》1997年第6期。

[66] 齐东方：《唐代金银器研究》第215页，中国社会科学出版社，1999年。

秦都咸阳之"渭南"

刘振东

秦都雍城时，"渭南"可能是指离之较近的渭水南岸，如《史记·封禅书》："秦宣公作密畤於渭南，祭青帝"，《史记·秦本纪》："（躁公）十三年，义渠来伐，至渭南。"秦迁都咸阳后，"渭南"多专指北对咸阳城的渭水南岸一带，如《史记·秦始皇本纪》"（二十六年）诸庙及章台、上林皆在渭南"，"（二十七年）焉作信宫渭南，已更命信宫为极庙，象天极"，"（三十五年）乃营作朝宫渭南上林苑中。先作前殿阿房，东西五百步，南北五十丈，上可以坐万人，下可以建五丈旗"。

文献记载清楚表明，咸阳城是在渭水以北，"渭南"之地不属于咸阳城的范围，如上述位于"渭南"上林苑中的阿房宫，"为复道，自阿房渡渭，属之咸阳，以象天极阁道绝汉抵营室也"，又如同样位于"渭南"的信宫（极庙）也"筑甬道，自咸阳属之"。由下述"渭南"分布之礼制建筑、宫室、苑囿以及墓葬来看，可将"渭南"看作是与"渭北"咸阳城隔河相望的城南之郊（图一）。

上文所引"诸庙及章台、上林皆在渭南"，语句虽简，却可解读出多层含义：一是"渭南"之地分布着庙、宫和苑等多种性质的建筑；二是从这些建筑的排序看，以宗庙最为重要，宫室和苑囿次之；三是宗庙并非单座，而是有"诸庙"。

一、礼 制 建 筑

礼制建筑包括宗庙和社稷。

（一）宗庙

秦国自孝公始都咸阳，历惠文王、悼武王、昭襄王、孝文王、庄襄王、始皇帝和二世皇帝，共有八代公、王、皇。《史记·秦始皇本纪》："（元年）二世下诏，增始皇寝庙牺牲及山川百祀之礼。令群臣议尊始皇庙。群臣皆顿首言曰：'古者天子七庙，诸侯五，大夫三，虽万世世不轶毁。今始皇为极庙，四海之内皆献贡职，增牺牲，礼咸备，毋以加。先王庙或在西雍，或在咸阳。天子仪当独奉酌祠始皇庙。自襄公已下轶毁。所置凡七庙。群臣以礼进祠，以尊始皇庙为帝者祖庙'"，"子婴度次得嗣，冠玉冠，佩华绂，车黄屋，谒七庙。"此言秦先公、先王之庙有毁有存，但不知何毁何存。若西雍之庙皆毁，则所置七庙均在咸阳，其中部分应在"渭南"。

"渭南"诸庙有文献可考者只有昭王庙和始皇帝庙。

1. 昭王庙

《史记·樗里子甘茂列传》："昭王七年，樗里子卒，葬于渭南章台之东。曰：'后百岁，是

作者：刘振东，北京市，中国社会科学院考古研究所，研究员。

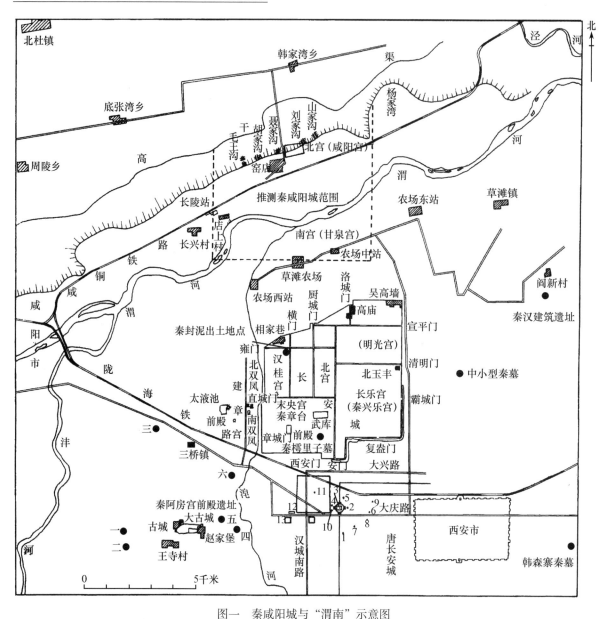

图一　秦咸阳城与"渭南"示意图

1.圜丘　2.明堂　3.辟雍　4.太学　5.灵台　6.顾成庙　7.卫思后园　8.戾后园　9.奉明园　10.大社
11.王莽九庙　12.社稷（秦社稷）　13.新社稷　（一至六为秦上林苑一至六号建筑遗址）

当有天子之宫夹我墓。'樗里子疾室在于昭王庙西渭南阴乡樗里，故俗谓之樗里子。至汉兴，长乐宫在其东，未央宫在其西，武库正直其墓。"此记载说明昭王庙位于"渭南"，其地可能亦属阴乡；樗里子墓位于章台之东，章台多认为在汉长安城未央宫前殿处；樗里子居室可能位于其墓之南方，则昭王庙或在汉长安城外之西南，即下述秦社稷之东北。

2.极庙

《史记·秦始皇本纪》："（二十七年）焉作信宫渭南，已更命信宫为极庙，象天极。自极庙道通骊山。"关于极庙的位置，除了仅凭史籍做出推测外[1]，还有研究者与西安市未央区六村堡乡相家巷村南的秦遗址相联系[2]，另有研究者认为未央区阎新村附近的大型建筑遗址为其旧址[3]。

相家巷秦遗址分早晚两期。早期建筑的夯土台基保存很差，已发掘部分南北长约15.45、东西宽9.25米，其东端尚未探明，时代为战国晚期至秦。晚期建筑的夯土台基勘探南北长17.5、东西宽12米，时代为秦至西汉初期[4]。从建筑台基的规模看，不管是早期建筑还是晚期建筑都偏小，因此属于规模可能很大的信宫（极庙）的可能性较小。阎新村建筑遗址规模颇巨，早年间地面遗留的夯土台"方圆数百公尺"，考古发掘仅局限于遗址的东北部，建筑遗迹分为不同时期。发掘部分靠北侧有东西并列的2座房子和梯道、坡道，其中西侧房内设一井，井内套接三层陶圈，井底放置陶盘，盘中有孔连通下面的管道，井口边沿部分被封堵，呈窄长形，房内另设一灶，烟囱隐于西、南两面夯土墙内；靠南侧有庭院以及排水设施（地漏、排水管、渗井）等。刘致平认为此建筑是利用秦代建筑改建而成的汉代离宫，那间有井有灶的房子可能是冷藏室[5]。此遗址因未全面揭露，也没有发表正式报告，所以遗址的时代和性质难以判断，假设时代确可早至秦代，以之所处位置和建筑规模、建筑结构分析，其为信宫（极庙）的可能性还是有的，至于那间有井有灶的房子应是浴室，竖井用于排出沐浴时产生的废水，炉灶则用于生火取暖。

因极庙初为宫，后更为庙，是始皇帝生前预作之庙，二世皇帝定七庙时又尊之为帝者祖庙，所以应独立于"渭南"诸庙之外。

附带说一下，在此大型夯土台之正南约里许尚有4座小夯土台（附近散布甚多五铢钱范），左右对称，它们的中轴线穿过大夯土台的中部，由此可见这五座建筑是有计划安排在一起的。《史记·封禅书》："文帝出长门，若见五人于道北，遂因其直北立五帝坛，祠以五牢具"，《汉书·郊祀志上》："文帝出长门，若见五人于道北，遂因其直立五帝坛，祠以五牢。"史汉记载略同，其中最大的差别是《史记》在"因其直"后多出一"北"字。从上述阎新村一组五座建筑遗址的位置、时代以及布局等情况分析，其可能属于西汉文帝营筑的五帝坛。

（二）社稷

在汉长安城南郊调查、勘探、发掘了多组大型建筑遗址，自东至西有大土门遗址、第1至12号、第13号、14号遗址，分别被考定为汉辟雍、王莽九庙和汉、新社稷。从发掘情况看，汉社稷（13号遗址）是在秦代建筑的基础上改建而成的，这个秦代建筑很可能就是秦的社稷。文献记载如《史记·高祖本纪》："（二年）二月，令除秦社稷，更立汉社稷"，《汉书·高帝纪》："（二年）二月癸未，令民除秦社稷，立汉社稷。"黄展岳先生从该遗址北对汉未央宫前殿、即秦章台以及与汉明堂、辟雍左右布局的位置关系考证其为代秦社稷而立的汉社稷[6]。其实汉初常见对秦宫室加以改造利用的情况，如首先利用秦兴乐宫改建成长乐宫，作为汉初刘邦定都长安的皇宫，接着又利用秦章台改建成未央宫，上述相家巷、阎新村秦汉建筑遗址以及上林苑内的大量建筑都存在秦宫汉葺的现象，所以，利用秦社稷改建成汉社稷的可能性是很大的。

社稷遗址位于西安市莲湖区曹家堡村南，早期建筑分为主体建筑和附属建筑，主体建筑是一大殿，台基残存，边沿排布有壁柱，台基外设有廊道；附属建筑包括3座房子以及水井和排水管道等设施。

二、宫　　室

"渭南"最重要的宫室建筑当属章台和兴乐宫。上引"诸庙及章台、上林皆在渭南"，似乎表明诸庙及章台不在上林之中，由此推知兴乐宫亦不在上林中。

（一）章台

章台自应建于孝公迁都咸阳后，惠文王时已见其名，如《史记·苏秦列传》："（苏秦说楚威王）今乃欲西面而事秦，则诸侯莫不西面而朝于章台之下矣。"从史籍记载看，章台主要用于朝会诸侯列国的王和使臣，意在以其高台大殿彰显秦之国力，如昭王时虏楚怀王"朝章台，如蕃臣，不与亢礼"[7]，"秦王坐章台见相如，相如奉璧奏秦王"[8]等。

关于章台之所在，前引《史记·樗里子甘茂列传》曰："昭王七年，樗里子卒，葬于渭南章台之东。曰：'后百岁，是当有天子之宫夹我墓'……至汉兴，长乐宫在其东，未央宫在其西，武库正直其墓。"研究者多据此及其他文献记载，认为章台应在汉长安城未央宫前殿处[9]。该认识同样得到了考古资料的支持，即在未央宫进行考古发掘时常可见到秦物，其中尤以所谓葵纹或变形葵纹瓦当为代表，它不只发现于1号建筑（前殿）遗址A区，还普遍出土于2号建筑（椒房殿）、3号建筑（中央官署）、4号建筑（少府或所辖官署）和5号建筑（西南角楼）等遗址中[10]，这说明章台作为一处著名的宫室建筑，其范围当不仅限于未央宫之前殿，还应包括未央宫的其他部分区域。

（二）兴乐宫

兴乐宫建于何时，史无明载，至迟昭王时已经存在，《史记·孝文本纪》："昌至渭桥"，《索引》引《三辅故事》："咸阳宫在渭北，兴乐宫在渭南，秦昭王通两宫之间，作渭桥，长三百八十步。"秦始皇时又有所增建，《三辅黄图》引《三辅旧事》《宫殿疏》："兴乐宫，秦始皇造，汉修饰之，周回二十里"，《三辅黄图》："（长乐宫）鸿台，秦始皇二十七年筑"，"秦酒池，在长安故城中。《庙记》曰：'长乐宫中有鱼池、酒池，池上有肉炙树，秦始皇造'"，"长乐宫，有鱼池台、酒池台，秦始皇造"。

关于兴乐宫的位置，《史记·叔孙通列传》："孝惠帝为东朝长乐宫"，集解引《关中记》曰"长乐宫本秦之兴乐宫也，汉太后常居之"，明言兴乐宫位于汉长安城长乐宫处，研究者大多采信此记载。另外，考古资料也为之提供了佐证，即在发掘西汉长乐宫六号建筑遗址时，于其二号附属建筑之下发现叠压有更早的建筑，存有础石、土坯地面等遗迹，从出土板瓦、筒瓦的时代特征看，应为秦（战国至秦代）物[11]，说明秦时这里已有建筑存在。

由西汉长乐宫规模之巨[12]，不难想象秦兴乐宫之广大。近年在试掘长乐宫北宫墙时，发现其墙基或可上溯至秦时，不仅为汉长乐宫承袭于秦兴乐宫之说再添新证据，同时也表明秦兴乐宫的范围至少部分为汉长乐宫所沿用。

三、苑　囿

秦在"渭南"的苑囿主要是上林苑，另在杜县设有宜春苑等。

（一）上林苑

《史记·秦始皇本纪》："（三十五年）乃营作朝宫渭南上林苑中。"上林苑内除了作为秦统一后新朝宫而设计兴建的阿房宫外，还有不少其他建筑，近年来也进行了考古调查、勘探和发掘，取得了重要收获[13]。

1. 阿房宫前殿夯土台基

位于西咸新区沣东新城聚驾庄、古城村一带。经考古勘探、发掘，前殿夯土台基东西长1270、南北宽426、最高达12米。台基上的西、北、东三面发现有夯土墙，墙上应建有瓦顶；台基上的南面没有围墙。通过多年考古探索可以得出判断，阿房宫前殿只是初步建成了夯土台基，上面的宫室建筑尚未开建就遭秦亡，因此，虽然文献记载阿房宫规模空前，但那只不过是设计蓝图而已。

2. 上林苑一号建筑遗址

位于阿房宫前殿遗址以西1150米处。由南部宫殿区和北部园林区两部分组成，南部宫殿区夯土台基现存东西最长约250、南北最宽约45、高约7米；北部园林区仅发现一处水景遗存。从出土遗物看，时代为战国时期。

3. 上林苑二号建筑遗址

位于阿房宫前殿遗址西南约1200米、上林苑一号建筑遗址南500米处。残存夯土台基东西长73.5、南北宽48.7、高3.6米。经试掘，时代与一号建筑遗址相同。

4. 上林苑三号建筑遗址

位于西咸新区沣东新城后围寨村北，南距阿房宫前殿遗址约3800米。残存夯土台基南北长92、东西宽84米，地面残存夯土台东西最长54、南北最宽42、最高7米。时代为战国至西汉。

5. 上林苑四号建筑遗址

位于阿房宫前殿遗址东约500米处。夯土基址东西长111、南北宽74米，地面残存夯土台东西长50—73、南北宽62、高15.2米。发掘揭露出东、西并列的两组地下排水管道。时代为战国至西汉。

6. 上林苑五号建筑遗址

位于阿房宫前殿遗址东北500米处。遗址残甚，但清理出两组排水管道，均由三条陶圆管叠成"品"字形。时代属于战国时期。

7. 上林苑六号建筑遗址

位于阿房宫前殿遗址东北2000米处。夯土基址南北最长57.5、东西最宽48.3米。时代为战国至西汉前期。

秦上林苑的范围不明，推测大致在沨水以西区域，其中心可能即在阿房宫前殿及其周边地带。上林苑内肯定还有不少建筑尚未发现，但距离咸阳较远之宫、观，如惠文王始建的萯阳宫（鄠县）和昭王始建的长杨宫、射熊观（盩厔）等是否包含在上林苑内，史籍并无明确记载。想来这些分散在各地的秦宫，应归属于"离宫别馆相望属也"[14]之列。

《史记·李斯列传》："（二世）于是乃入上林斋戒。日游弋猎，有行人入上林中，二世自射杀之。"由此观之，秦上林苑可能并没有垣墙之类的设施，所以行人亦可进入其中，据此推测它大概是由多座宫、馆组成的非封闭性苑囿。其实，这种苑囿形态直到西汉武帝初年尚未改变。武帝在营建上林苑前，同样是出游于各自独立的诸宫之间，《汉书·东方朔传》："后乃私置更衣，从宣曲以南十二所，中休更衣，投宿诸宫，长杨、五柞、倍阳、宣曲尤幸。于是上以为道远劳苦，又为百姓所患，乃使太中大夫吾丘寿王与待诏能用算者二人，举籍阿城以南，盩厔以东，宜春以西，提封顷亩，及其贾直，欲除以为上林苑，属之南山。又诏中尉、左右内史表属县草田，欲以偿鄠杜之民。吾丘寿王奏事，上大说称善"。此举虽遭东方朔讽谏，"然遂起上林苑，如寿王所奏云"。

（二）其他苑囿

1. 兔园

《史记·六国年表》："（二世元年）十一月，为兔园。"兔园地望不明，或在"渭南"。

2. 虎圈

《水经注》："今霸水又北经秦虎圈东……又北入于渭水"[15]，明言秦虎圈位于灞渭交汇处之西南，属于"渭南"。

（三）"渭南"以南苑囿

1. 宜春苑

《史记·秦始皇本纪》："以黔首葬二世杜南宜春苑中。"西汉时有宜春下苑，《汉书·元帝纪》"诏罢黄门乘舆狗马，水衡禁囿、宜春下苑、少府佽飞外池、严籞池田假与贫民"，孟康注（宜春下苑）曰"宫名也，在杜县东"，颜师古注曰"宜春下苑即今京城东南隅曲江池是"。汉宜春下苑自应承自秦宜春苑。需要说明的是，上文"杜南"即秦杜县南，"杜县东"即汉杜县东，秦、汉杜县实为一地，其中"南"与"东"之别，系概指方位，实不矛盾，可理解为在杜县东南一带。西汉另有宜春宫，《汉书·司马相如传》"还过宜春宫，相如奏赋以哀二世行失"，此宫当与宜春下苑相属。《三辅黄图》"宜春宫，本秦之离宫，在长安城东南，杜县东，近下杜"，说明秦宜春苑中即有宫室建筑。

总之，西汉宜春下苑、宜春宫是利用了秦宜春苑和其中的宫室建筑，属于秦宫汉葺，苑地位于杜县东南，县治下杜城之东，范围可能较广，其主要建筑当在今西安市东南的曲江池一带。

2. 杜南苑

出土秦封泥有"杜南苑丞"，说明当时很可能存在一"杜南苑"，其地或在杜县之南[16]。

3. 鼎胡苑

又有"鼎胡苑丞"封泥，若此封泥为秦不误，则无疑秦有鼎胡苑，西汉之鼎湖（胡）宫可理解为秦宫汉葺，即利用了秦鼎胡苑中之宫室建筑[17]，其地在今西安市蓝田县焦岱镇附近[18]。

四、墓　葬

文献记载和考古发现表明，"渭南"分布着不少秦墓，既有大型墓，也有中小型墓。

（一）大型墓

1. 西安市新城区韩森寨秦墓

地面现存一大型坟丘，底边南北残长75.5、东西残宽73、残高19米。主墓带四条墓道，东墓道最长。在坟丘东北发现2座陪葬坑。墓主为秦孝文王的可能性较大。

在此墓之西另有一坟丘，规模较小，或为王后之墓[19]。

2. 樗里子墓也属于大型墓。据上引文献记载，墓当位于章台与兴乐宫之间（汉长安城武库遗址附近）。

（二）中小型墓

在汉长安城的东郊、今西安市未央区尤家庄一带发现分布密集的秦墓，部分墓葬的发掘资料已经公布（123座），时代自战国晚期至秦代[20]。这处墓地当与上述秦"渭南"章台和兴乐宫有关。

（三）"渭南"之南墓葬

1. 大型墓

（1）西安市长安区贾里村（神禾原）秦墓

有陵园，呈南北长方形，南北长550、东西宽310米，垣墙夯筑，四面墙上各设一门，墙外围以壕沟。陵园南部一条东西向隔墙将之分为南北两区，隔墙中部设一门。陵园北区有一座四条墓道的

"亚"字形大墓，四条墓道旁分置13座陪葬坑；南区布置陵寝建筑。出土大量器物，还有一些文字资料。墓主推测为战国时期秦始皇的祖母夏太后[21]。

（2）秦二世墓

据上引文献记载，秦二世墓位于宜春苑内，也有研究者认为贾里村（神禾原）秦墓墓主即为秦二世[22]。

2.中小型墓

在西安市的南郊发掘了数量可观的秦墓，已集中报道315座，时代自春秋末到秦代。这些墓葬被认为与秦杜县城有关[23]。

五、结　语

（一）"渭南"是咸阳城的南郊

咸阳城位于渭水北岸，虽然其城墙至今尚未发现，城东、西、北三面城与郊的分界还无法确定，但其南郊只能位于隔河相望的"渭南"，则是明确的。上述社稷、诸庙、宫室（章台、兴乐宫）、部分墓葬以及上林苑等不仅是"渭南"、同样是咸阳城南郊的主要内涵。"渭南"之地即咸阳城之南郊，其南有杜县，"渭南"与杜县之间当有界线。

（二）"渭南"的营建过程

秦在"渭南"的营建活动大致分为两个阶段。

第一个阶段是昭王前后，该时期上述"渭南"的主要内涵已形成。从社稷、宗庙、章台和兴乐宫的空间布置看，它们是经过精心安排的一组建筑，章台应是战国秦在南郊的一座离宫性质的朝宫，兴乐宫应是一座离宫性质的寝宫，两宫东西对峙，礼制建筑位于它们的南方。该时期还有一座重要的宫城——甘泉宫，关于其地望，争议颇大。此宫既为太后常居之重要宫城，理应在渭北咸阳城的范围内[24]。

第二个阶段是秦始皇统一全国后，先于第二年（公元前220年）营信宫（极庙），又于第十年（公元前212年）在上林苑兴建阿房宫前殿，此外还扩建了兴乐宫等。该时期，为适应统一秦帝国的需要，章台可能已不再作为朝宫使用，秦在"渭南"带离宫性质的朝宫应先后为信宫（后改为极庙，但真正作为庙来使用应始于二世）和规划建设中的阿房宫，而带离宫性质的寝宫仍应是兴乐宫。

（三）秦"渭南"与汉长安城

秦"渭南"与汉长安城存在密切的关系。

第一，构成汉长安城南部基本格局的未央、长乐二宫都是利用秦"渭南"宫室改建而成，可以说汉都长安形制布局受到秦"渭南"宫室建筑分布的巨大影响。

第二，汉长安城南郊分布有礼制建筑、宫苑（博望苑）和陵墓（戾后园、卫思后园）等，这亦可看作是受到秦咸阳城南郊内涵的影响。

第三，在秦咸阳城南郊以外（郊外）布置苑囿（宜春苑、鼎湖苑等）和陵墓的做法，同样为汉长安城所继承。汉宜春下苑、鼎湖（胡）宫已如上述，陵墓方面可举出宣帝杜陵[25]、张安世墓[26]和新安机砖厂汉墓[27]等。

附记：本文系国家自然科学基金项目《基于"规画"理论的秦都咸阳规划设计方法与技术研究》（项目编号51378279）的研究成果之一。

注　释

[1] 徐卫民：《秦汉都城研究》，陕西出版集团三秦出版社，2012年。

[2] 刘瑞：《秦信宫考——试论秦封泥出土地的性质》，见《陕西历史博物馆馆刊》第五辑，西北大学出版社，1998年。

[3] 聂新民：《秦始皇信宫考》，《秦陵秦俑研究动态》1991年第2期。

[4] 中国社会科学院考古研究所汉长安城工作队：《西安相家巷遗址秦封泥的发掘》，《考古学报》2001年第4期。

[5] 刘致平：《西安西北郊古代建筑遗址勘察初记》，《文物参考资料》1957年第3期。

[6] 中国社会科学院考古研究所：《西汉礼制建筑遗址》，文物出版社，2003年。

[7] 《史记·楚世家》。

[8] 《史记·廉颇蔺相如列传》。

[9] 刘庆柱：《秦都咸阳"渭南"宫台庙苑考》，见《古代都城与帝陵考古学研究》，科学出版社，2000年。

[10] 中国社会科学院考古研究所：《汉长安城未央宫——1980—1989年考古发掘报告》，文物出版社，1996年。

[11] 中国社会科学院考古研究所汉长安城工作队：《西安市汉长安城长乐宫六号建筑遗址》，《考古》2011年第6期。

[12] 刘振东、张建锋：《西汉长乐宫遗址发现与初步研究》，《考古》2006年第10期。

[13] 中国社会科学院考古研究所等：《阿房宫考古发现与研究》，文物出版社，2014年。

[14] 《史记·秦始皇本纪》正义引《庙记》。

[15] 王国维：《水经注校》，上海人民出版社，1984年。

[16] 傅嘉仪：《秦封泥汇考》，上海书店出版社，2007年。

[17] 王辉：《出土文字所见之秦苑囿》，见《秦都咸阳与秦文化研究》，陕西人民教育出版社，2003年。

[18] 曹永斌：《蓝田县焦岱镇出土的一批汉代瓦当》，《文博》1987年第5期。

[19] 西安市文物保护考古研究院：《西安东郊"韩森冢"考古调查简报》，《考古与文物》2015年第2期。

[20] 陕西省考古研究所：《西安北郊秦墓》，三秦出版社，2006年。

[21] 陕西省考古研究院：《陕西长安神禾塬战国秦陵园遗址田野考古新收获》，《考古与文物》2008年第5期。

[22] 韩伟：《揭开长安神禾塬大墓主人之谜》，见《陕西历史博物馆馆刊》第十四辑，三秦出版社，2007年。

[23] 西安市文物保护考古所：《西安南郊秦墓》，陕西人民出版社，2004年。

[24] 刘振东：《西汉长安城的沿革与形制布局的变化》，见《汉代考古与汉文化国际学术研讨会论文集》，齐鲁书社，2006年。

[25] 中国社会科学院考古研究所：《汉杜陵陵园遗址》，科学出版社，1993年。

[26] 陕西西安凤栖原西汉富平侯张安世墓资料见陕西省考古研究院：《2009年陕西省考古研究院考古调查发掘新收获》，《考古与文物》2010年第2期。

[27] 郑洪春：《陕西新安机砖厂汉初积炭墓发掘报告》，《考古与文物》1990年第4期。

秦封泥略考五十则

刘 瑞

秦封泥[1]在关中的出土，约早到清代晚期。不过由于当时封泥研究刚刚起步，见于著录的秦封泥多被视为汉物，仅极少品种被定为秦。20世纪90年代后期，西安相家巷盗掘出土大量封泥，流散中，孙慰祖[2]、周晓陆先生先后定其时代为秦[3]，现收藏于北京、西安、南京、澳门、日本等地。以此为契机，西安市文物考古研究所与中国社会科学院考古研究所汉城工作队先后对发现地进行了发掘整理[4]。多年来，伴随着出土品和流散后被各地收藏家收集封泥的陆续发表，秦封泥中蕴含的丰富历史和价值，一次又一次的引起学界关注。

到目前为止已公布的秦封泥中，多数发表时已由公布者进行了考释，使我们在获知新品种的同时，能更进一步地了解其所蕴含的相关历史信息。但同样也有一部分封泥，主要是受发表时体例等的限制，未能由公布者进行释读，使封泥之后隐藏的历史信息未能得到及时阐发，是为遗憾。有鉴于此，愚采择部分之前未经考释的封泥加以小读，不足处望方家指正。

1. 唯王御玺

见《新选2015》[5]《大系2018》[6]（图一）。

按：封泥残，然从笔意可知读"唯王御玺"应可成立。唯王，不见于文献。"王御玺"三字之连用，见《史记·秦始皇本纪》"长信侯毐作乱而觉，矫王御玺及太后玺以发县卒及卫卒"[7]。玺，蔡邕《独断》："玺者，印也。印者，信也。古者尊卑共之。《月令》曰：'固封玺。'《春秋左氏传》曰：'鲁襄公在楚。季武子使公冶问玺书追而与之。'此诸侯、大夫印称玺者也。卫宏曰：'秦以前，民皆以金玉为印，龙虎纽，唯其所好。然则秦以来，天子独以印称玺，又独以玉。群臣莫敢用也。'"[8]秦统一前玺普遍使用，如《韩非子·说林》"秦武王令甘茂择所欲为于仆与行

图一 唯王御玺
（《大系》P276）

事，孟卯曰：'公不如为仆。公所长者、使也，公虽为仆，王犹使之于公也。公佩仆玺而为行事，是兼官也。'"[9]《韩非子·外储说右下》"王因收吏玺自三百石以上皆效之子之，子之大重。"秦统一后，玺成为高等级印章的专名，文献中汉代仅天子、皇后、诸侯王可用玺。在广州南越王墓发掘出土一枚"文帝行玺"金印、一枚"帝印"玉印及两枚"帝印"封泥。从该墓的出土情况看，在身份同"帝"情况下，一用"玺"一用"印"。同墓还出"右夫人玺"龟钮金印、"左夫人印"、"□夫人印"、"泰夫人印"龟钮鎏金铜印[10]。对比可知，它们除印章材质有别外，在主人同为"夫人"的情况下，也有用"玺"和用"印"差异，显示出南越国的"玺"高于"印"，与前引文献记载相符。

作者：刘瑞，北京市，中国社会科学院考古研究所，研究员。

又：秦统一后，御为天子专用。如蔡邕《独断》"御者，进也。凡衣服加于身，饮食入于口，妃妾接于寝，皆曰御。"《广雅·释诂》："御，进也。"[11]《诗·六月》："饮御诸友"，毛传："御，进也。"[12]《后汉书·张皓传》："书御，京师震怖"，李贤注："进也。"[13]《文选·景福殿赋》注引蔡邕《月令章句》："凡衣服加于身曰御。"[14]《释名》："御，语也，尊者将有所欲，先语之也，亦言其职卑下，尊者所勒御如御牛马然也。"[15]

2. 御史府印

见《问陶2008》[16]《酒余2012》[17]《大系2018》（图二）。

按：御史，秦官。《周礼·春官宗伯》载有御史，而《战国策》则载有多国御史事[18]。秦御史见《商君书·定分》，《史记·廉颇蔺相如列传》有"秦御史"。秦统一后御史延设，《史记·秦始皇本纪》载"使御史悉案问诸生"。府，《周礼·太宰》"以八灋治官府"，注"百官所居曰府"，疏"官府，在朝廷之官府也"[19]。御史府，乃御史之府。

图二　御史府印
（《大系》P353）

3. 乐官丞印

见《大系2018》（图三）。

按：乐官，旧以为乐人通称，以封泥言，则与大乐有别。文献所见乐官，如《汉书·礼乐志》"乐官师瞀抱其器而奔散，或适诸侯，或入河海"[20]，《汉书·律历志》"汉兴，北平侯张苍首律历事，孝武帝时乐官考正。"从《汉书·百官公卿表》注引应劭曰"礼乐志丞相孔光奏省乐官七十二人"看，汉乐官人数众多，因此当如《汉书·礼乐志》"汉兴，乐家有制氏，以雅乐声律世世在大乐官，但能纪其铿枪鼓舞，而不能言其义。高祖时，叔孙通因秦乐人制宗庙乐"，所显示者，乐官或为大乐所属。

图三　乐官丞印
（《大系》P361）

4. 天子寝监

见《大系2018》（图四）。

按：封泥残，然四字隶读当无疑问。以"天子"为印名，此为首见。据文献记载，天子为通名，蔡邕《独断》载："汉天子正号曰皇帝，自称曰朕，臣民称之曰陛下。其言曰制诏。史官记事曰上。车马、衣服、器械、百物曰乘舆。所在曰行在所，所居曰禁中，后曰省中。印曰玺。所至曰幸。所进曰御。"《初学记》卷9《帝王部》载："皇者，天人之总，美大之称也。《易纬》曰：帝者，天号也。德配天地，不私公位，称之曰帝。天子者，继天治物，改政一统，各得其宜。父天母地以养人，至尊之号也。大君者，君人之盛也。《吕氏春秋》曰：帝者，天下之所适；王者，天下之所往也。《尚书纬》曰：帝者天号，王者人称；天有五帝以立名，人有三王以正度。天子，爵称也；皇者，煌煌也。"[21]文献中"天子"屡见，但如《独断》所言"正号曰皇帝，自称曰朕，臣民称之曰陛下。其言曰制诏。史官记事曰上"，故以"天子"之名设

图四　天子寝监
（《大系》P267）

官，实难理解。从"上寝""泰上寝"封泥看，若文献所载不误，"上"当指在世天子、"泰上"指在世的天子之父。若是，似不当再有"天子寝"，则封泥当伪。

5. 大寝

见《大系2018》（图五）。

图五　大寝
（《大系》P55）

按：原读"大寝"，封泥上有划痕，首字是否为"大"尚可存疑。秦封泥有"康泰后寝"，有"泰上寝印"，有"孝寝"，揭示秦之有"寝"。然"大寝"文献未载，其所指、所在尚难确定。之前出土秦铜器铭文曾有"北寝"，王辉指出，位于凤翔的宫寝可称"北寝"，北寝应包括太寝、高寝、受寝在内，而非某寝之专名[22]。王伟认为，秦二年寺工壶（《集成》9673号）和雍工敄壶（《集成》9605号）铭文有"北湇茜府"。《说文·西部》"茜，礼祭，束茅，加于裸圭，而灌鬯酒，是为茜。象神歆之也。一曰茜，槛上塞也。从西从艸。《春秋传》曰：'尔贡包茅不入，王祭不供，无以茜酒。'"秦封泥有"□茜□印"，秦始皇陵园出土陶盘刻有"丽山茜府"，可见"茜府"是管理祭祀"茜（缩）酒"的机构，相当于《周礼·天官》的"酒府"。骊山是秦始皇陵寝所在地，故设有"茜府"。"北湇"是某陵寝所在地，故也设此机构。王伟指出，王辉先生定二年寺工壶的时代为秦庄襄王二年，雍工敄壶约与二年寺工壶同时，二者容积都是"三斗"，极可能是同时制造的一批器物。雍工敄壶的制造者是雍地的工师敄，制造地也应在雍，其铭文"北湇"极可能是旧都雍地的秦公陵园的总称。此说可作为佐证的有秦封泥"北园"，凤翔高庄村出土陶文"北园吕氏""北园王氏"，《诗经·秦风·驷铁》"遊于北园，四马既闲"。这些"北园"的"北"应该就是"北湇"之北。"北湇"或是今天已经钻探的凤翔秦公陵园的总称。因这里是秦德公迁都雍城后近三百年中十九位国君的陵园所在地，故设有"茜府"来掌管陵园祭祀事务，而二年寺工壶和雍工敄壶就是装鬯酒的祭器。"北湇"和"北园"是秦时在陵寝附近设立陵园的又一实例[23]。

"大寝"，亦可读作"太寝"，若"大"读无误，则如王辉、王伟言，"大寝"为凤翔秦寝园"北寝"之属。然二年寺工壶、雍工敄壶均征集于秦都咸阳所在的今咸阳窑店镇[24]，为秦人都城所在。此地位于渭河以北，在大量"北宫"类秦封泥发现后，学者多认为此处可能即为秦之北宫，故发现"北寝"不排除为"北宫寝"简称的可能。若是，则"北寝"与凤翔秦寝当无关系。

6. 阴阳

见《大系2018》（图六）。

图六　阴阳
（《大系》P329）

按：封泥残，从残存情况看，似为日字格"阴阳"二字，然亦可能左侧残而不存。秦骃玉版中"阴阳"连用。《史记·封禅书》"驺衍以阴阳主运"，《史记·张丞相列传》"苍本好书，无所不观，无所不通，而尤善律历"，《集解》：《汉书》曰："著书十八篇，言阴阳律历事。"《史记·项羽本纪》"人怜之至今，故楚南公"注引《集解》徐广曰："楚人也，善言阴阳。"骃案：文颖曰"南方老人也"。《索隐》徐广云："楚人善言阴阳者，见天文志也。"《正义》虞喜志林云："南公者，道士，识废兴之数，知亡秦者必于楚。"《汉书·艺文志》云南公十三篇，六国时人，在阴阳家流。《史记·孝武本纪》"武夷君用乾鱼；阴阳使者以一牛"。该封泥压抑之印，或为司职阴阳者所用。封泥又有"阳御弄印""阴御弄印"，或均与阴阳有关。"阴阳"不见于文献，可能为奉常所属。

7. 礜丞

见《大系2018》（图七）。

图七　礜丞
（《大系》P358）

按：《周礼·天官》"凡疗疡，以五毒攻之，止病曰疗"，注"五毒，五药之有毒者。今医人有五毒之药，作之，合黄堥，置石胆、丹砂、雄黄、礜石、慈石其中。烧之三日三夜，其烟上著，以鸡羽扫取之。以注创，恶肉破，骨则尽出。"《淮南子·说林训》："蚕食而不饮，二十二日而化；蝉饮而不食，三十日而脱；蜉蝣不食不饮，三日而死；人食礜石而死，蚕食之而不饥；鱼食巴菽而死，鼠食之而肥；类不可必推。"[25]《淮南子·坠形训》："弱土之气御于白天，白天九百岁生白礜，白礜九百岁生白澒，白澒九百岁生白金，白金千岁生白龙，白龙入藏生白泉，白泉之埃上为白云，阴阳相薄为雷，激扬为电，上者就下，流水就通，而合于白海。"礜之为药，可见马王堆帛书《五十二病方》，如"狂犬伤人，冶礜与橐莫，醯半音饮之。女子同药。如麛"。"燔礜，冶乌家（喙）、黎（藜）卢、蜀叔（菽）、庶、蜀林（椒）、桂各一合，并和，以头脂［□，裹］以布，炙以尉（熨），卷（倦）而休。"[26]《山海经·山经东》："西南三百八十里，曰皋涂之山，蔷水出焉，西流注于诸资之水；涂水出焉，南流注于集获之水。其阳多丹粟，其阴多银、黄金，其上多桂木。有白石焉，其名曰礜，可以毒鼠。"[27]在唐代文献中，礜为贡品。《唐六典·尚书户部》河东道："厥贡麦𦙍扇、龙须席、墨、蜡、石英、麝香、漆、人参。"自注"太原龙骨、甘草、礜石、钢铁"[28]。礜丞，当为秦专职礜石管理之丞。

8. 小厩徒府

见《大系2018》（图八）。

图八　小厩徒府
（《大系》P304）

按：徒府，文献不载。徒，或指被罚服役之人。《过秦论》："甿隶之人，而迁徙之徒也。"文献有徒官。《汉书·百官公卿表》宗正"属官有都司空令丞"下如淳注："律，司空主水及罪人。贾谊曰'输之司空，编之徒官'。"贾谊之言见《新书》："若夫束缚之，系绁之，输之司空，编之徒官。"[29]《汉书·贾谊传》师古注"徒官"曰："司寇，主刑罚之官。编，次列也。"

9. 中马口印

见《大系2018》（图九）。

图九　中马口印
（《大系》P381）

按：文献中未见中马之官，然"中马"尚见于文献。如《汉书·李广利传》"汉军取其善马数十匹，中马以下牝牡三千余匹，而立宛贵人之故时遇汉善者名昧蔡为宛王"。《九章算术》有"今有武马一匹，中马二匹，下马三匹，皆载四十石至阪，皆不能上。……武马一匹力引二十二石、七分石之六，中马一匹力引十七石、七分石之一，下马一匹力引五石、七分石之五"[30]。《唐六典·太仆寺》"典厩令掌系饲马牛，给养杂畜之事；丞为之贰。凡象一给二丁，细马一、中马二、驽马三，驼、牛、骡各四，驴及纯犊各六，羊二十各给一丁……"。

10. 官车府印

见《大系2018》（图一〇）。

按：官车，《汉官六种·汉仪》："车府令设卤簿驾，公、卿、五营校尉、司隶校尉、河南尹妻皆乘其官车，带夫本官绶，从其官属导从皇后。"[31]《史记·傅宽传》"又战蓝田北，斩车司马二人"，《集解》张晏注"车司马"曰"主官车"。

图一〇　官车府印
（《大系》P101）

11. 寺工中监

见《大系2018》（图一一）。

按：寺工中监不见文献。《汉书·昭帝纪》有"栘中监苏武前使匈奴，留单于庭十九岁乃还"，苏林曰："栘音移，厩名也。"应劭曰："栘，地名。监，其官也，掌鞍马鹰犬射猎之具。"如淳曰："栘，尔雅'唐棣，栘也'。栘园之中有马厩也。"师古曰："苏音如说是。"《汉书·常惠传》"自奋应募，随栘中监苏武使匈奴"，师古曰："栘中，厩名也，音移。解在昭纪。"《汉书·苏武传》"武字子卿，少以父任，兄弟并为郎，稍迁至栘中厩监"。《论衡》"见武官名曰栘中监"注：今《汉书》武传"监"上有"厩"字，按

图一一　寺工中监
（《大系》P240）

《昭帝纪》《常惠传》并云"栘中监苏武"，《新序·节士篇》云"孝武皇帝时，以武为栘中监"，并无"厩"字，与此合，盖古本《汉书》如是[32]。从张家山汉简《二年律令·秩律》有"光〈永〉巷监，长信宦者中监"看[33]，中监当为官名，与秦封泥合。以此推知，苏武所职或当为"栘厩中监"，与秦封泥之"寺工中监"、《秩律》之"宦者中监"合。《唐六典·太仆寺》"诸牧监掌群牧孳课之事。凡马五千匹为上监，三千匹已上为中监，已下为下监"，此中监乃监分上中下之中，与封泥之中监有别。

12. 居室司空

见《大系2018》（图一二）。

按：秦汉宫殿建筑所出筒瓦、板瓦上偶有"居室"陶文，学者指出此与居室为拘禁犯罪官吏的监狱有关。从封泥看，居室下设司空，之前出土"居室"陶文的生产，或当由"居室司空"所司完成。

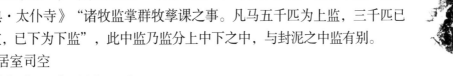

图一二　居室司空
（《大系》P133）

13. 甘泉居口

见《大系2018》（图一三）。

按：《汉书·百官公卿表》少府属官有"甘泉居室"。《汉书·卫青传》"青尝从人至甘泉居室，有一钳徒相青曰"，注引张晏曰："居室，甘泉中徒所居也"。

图一三　甘泉居口
（《大系》P84）

14. 旃左司空

见《大系2018》（图一四）。

按：原读"左旃司空"，封泥残，右下字是"旃"与"旃郎苑丞"封泥之"旃"相似。从"旃郎苑丞"封泥的情况看，封泥应读"旃左司空"。

15. 御府缦府

见《大系2018》（图一五）。

图一四　旃左司空
（《大系》P401）

按：御府，说见"御府"。缦，见睡虎地出土秦简《法律答问》文："毋敢履锦履。'履〖锦〗履'之状可（何）如？律所谓者，以丝杂织履，履有文，乃为'锦履'，以锦缦履不为，然而行事比焉。"[34]整理者指出：缦读为鞔，《吕氏春秋·召类》注："鞔，履也，作履之工（腔）也。"[35]《说文》段注："履腔，如今人言鞋帮也。"孙晓春、陈维礼（1985）：当如字读。《说文》"缦，缯无文也"，"汉律：赐衣者缦表白里"，这是秦汉时期一项重要的法律规定，即没有官爵的庶民百姓不得穿有花纹的丝织衣服。从这段简文来看，锦履是指用杂色丝织成的有花纹的履，"以锦缦履不为"，用无花纹的锦做的鞋，不算作锦履。今按：缦，平纹织物，无花纹，与锦不同。秦封又有"左织缦丞"。

图一五　御府缦府
（《大系》P345）

16. 尚剑

见《大系2018》（图一六）。

按：尚剑不见于文献。《汉书·惠帝记》注应劭曰："尚，主也。旧有五尚。尚冠、尚帐、尚衣、尚席亦是。"如淳曰："主天子物曰尚，主文书曰尚书，又有尚符玺郎也。汉仪注省中有五尚，而内官妇人有诸尚也。"《汉官六种·汉旧仪》："省中有五尚，即尚食、尚冠、尚衣、尚帐、尚席"，孙星衍辑案："省中五尚不见于百官公卿表，疑属大长秋"。以字面看，尚剑当为天子掌剑的职官。天子佩剑，见《史记·刺客列传》，当荆轲刺秦王之时，"秦王方环柱走，卒惶急，不知所为，左右乃曰：'王负剑！'负剑，遂拔以击荆轲，断其左股"。

图一六　尚剑
（《大系》P212）

17. 画室府印

见《大系2018》（图一七）。

按：画室，《后汉书·百官志》少府属官有"黄门署长、画室署长、玉堂署长各一人。丙署长七人。皆四百石，黄绶。本注曰：宦者。各主中宫别处。"《初学记》卷20"《汉官仪》曰：侍中秩千石，黄门有画室署。画室署长一人，玉堂署长一人。蔡雍《汉官》曰：尚书奏事于明光殿，省中皆胡粉涂壁，其边以丹漆地。故尚书郎含鸡舌香，伏其下奏事；黄门侍郎对揖而跪受。"《汉书·霍光传》"明旦，光闻之，止画室中不入。"如淳曰："近臣所止计画之室也，或曰雕画之室。"师古曰："雕画是也。"从封泥看，秦已设画室。其据《后汉书·百官志》等，其当为少府属官。

图一七　画室府印
（《大系》P116）

18. 口右夫人

见《大系2018》（图一八）。

按：封泥残，一存"右人"2字，一存"夫人"2字。夫人之称，文献多载。《礼记·昏义》："古者天子后立六宫，三夫人、九嫔、二十七世妇、八十一御妻。以听天下之内治。"《礼记·曲礼》："天子有后、有夫人、有妻、有妾"，"天子之妃曰后，诸侯曰夫人，大夫曰孺人、士曰妇人、庶人曰妻。"郑氏曰："后之言後也。

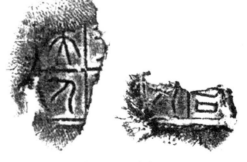

图一八　口右夫人
（《大系》P421）

夫之言扶，孺之言属，妇之言服、妻之言齐。"后和夫人，是不同等级的称谓。在广州南越王墓出土"右夫人玺"龟钮金印，"左夫人印""口夫人印""泰夫人印"龟钮鎏金铜印，其用"玺""印"也体现了不同的等级。《汉书·文帝记》注引如淳曰："列侯之妻曰夫人。列侯死，子复为列侯，乃得称太夫人。子不为列侯不得称也。"《白虎通·嫁娶》："国君之妻称之曰夫人何？明当扶进八人，谓八妾也。国人尊之，故称君夫人也。……国君之妻，君称之曰夫人，夫人自称曰小童，国人称之曰君夫人，称诸异邦曰寡小君。"[36]东汉蔡邕《独断》"天子之妃曰后，后之言後也。诸侯之妃曰夫人，夫人之言扶也。"《释名》："诸侯之妃曰夫人，夫，扶也，扶助其君也。"

19. 甘泉飤官

见《大系2018》（图一九）。

按：《汉书·百官公卿表》下有甘泉居室，未载甘泉设食官。然甘泉为秦宫，《史记·秦始皇本纪》"秦王乃迎太后于雍而入咸阳，复居甘泉宫。"《集解》徐广曰："表云咸阳南宫也。"其设食官自在情理之中。

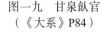

图一九　甘泉飤官
（《大系》P84）

20. 北宫司空丞

见《大系2018》（图二〇）。

按：秦代建筑遗址如阿房宫、秦始皇陵等多处出土有"北司"陶文，以本封泥言，其当为"北宫司空"之省。从"北司"陶文广泛见于秦代大型建筑的情况看，北宫司空应为秦代的一个具有重要地位的建筑机构。

图二〇　北宫司空丞
（《大系》P32）

21. 泾口君口

见《大系2018》（图二一）。

按：原读"泾阳君口"，封泥残，"阳"字不存。泾阳君，见《史记·穰侯列传》："宣太后二弟：其异父长弟曰穰侯，姓魏氏，名冉；同父弟曰芈戎，为华阳君。而昭王同母弟曰高陵君、泾阳君。而魏冉最贤，自惠王、武王时任职用事。""昭王七年，樗里子死，而使泾阳君质于齐。""范雎言宣太后专制，穰侯擅权于诸侯，泾阳君、高陵君之属太侈，富于王室。于是秦昭王悟，乃免相国，令泾阳之属皆出关，就封邑。"《史记·范雎列传》："穰侯，华阳君，昭王母宣太后之弟也；而泾阳君、高陵

图二一　泾口君口
（《大系》P128）

君皆昭王同母弟也。穰侯相，三人者更将，有封邑，以太后故，私家富重于王室。及穰侯为秦将，且欲越韩、魏而伐齐纲寿，欲以广其陶封。"《史记·田敬仲完列传》："十三年，秦惠王卒。二十三年，与秦击败楚于重丘。二十四年，秦使泾阳君质于齐。二十五年，归泾阳君于秦。"

22. 西陵宫印

见《大系2018》（图二二）。

按：西陵宫，不见史载。西陵有数，其一《汉书·地理志》为江夏郡属县，"有云梦官。莽曰江阳"。《史记·高祖本纪》"至丹水，高武侯鳃、襄侯王陵降西陵。还攻胡阳"。张家山汉墓竹简《二年律令·秩律》有"西陵、夷道、下隽、析、郦、邓"。其二《史记·秦始皇本纪》"出子享国六年，居西陵"，《索隐》"一云居西陵，葬衙"。其三《史记·五帝本纪》"黄帝居轩辕之丘，而娶于西陵之女，是为嫘祖"。《正义》"西陵，国名也"。其四，《武威汉

图二二　西陵宫印
（《大系》P288）

简·王杖十简》"汝南西陵县昌里"。[37]据蔡邕《独断》"天子［以天下为家］，自谓［所居］曰行在所，犹言今虽在京师，行所至耳。巡狩天下，所奏事处皆为宫。在［长安则］（京师）曰'奏长安宫'，在泰山则曰'奏奉高宫'"。西陵宫，当为设在西陵之宫。

23. 窀宫之印

见《大系2018》（图二三）。

图二三　窀宫之印
（《大系》P52）

按：窀宫，不见于文献。窀，文献中较多，如《周礼注疏》卷三十"掌丧祭奠窀之俎实"。疏"掌丧"至"俎实"，释曰："诸于丧祭，多据虞祭而言。此'丧祭'文连'奠窀'，窀是圹内，故郑以丧祭为大遣奠解之。是以《大司马》'丧祭'亦为遣奠也。注'窀亦'至'于旁'，释曰：按《冢人》云'请度甫窀'，窀，穿圹之名。"窀宫，或为天子窀而设之宫。

24. 阴室宫印

见《大系2018》（图二四）。

图二四　阴室宫印
（《大系》P330）

按：原读"阴□宫印"，从拓片看，右下似为"室"字。阴室，不见于秦汉文献。但在后世文献中有出现。《宋书·武帝本纪》"孝武大明中，坏上所居阴室，于其处起玉烛殿，与群臣观之"，《宋书·礼志六》"元帝世，怀帝殇太子又祔庙，号为阴室四殇"，"晋氏又有阴室四殇，治礼引阴室以次奠爵于馔前"[38]。《隋书·百官志》："太常寺罢太祝署，而留太祝员八人，属寺。后又增为十人。奉礼减置六人。太庙署又置阴室丞，守视阴室。"[39]《唐会要》卷19："若准魏晋故事。即晋愍怀太子。殇太子。哀太孙。冲太孙。皆于祖庙北牖而置阴室。岁时祔享。以至亲尽。今伏以国家变三代之典。从东汉之制。九庙既有周殿之隘。一室难修处奥之仪。况别庙阴室。俱为变礼。"[40]《通典》卷48"东晋尚书符问太常贺循：太庙制度，南向七室，北向阴室复有七。帝后应共处七垱中，当别处阴室？"[41]

25. 章□宫□

见《大系2018》（图二五）。

图二五　章□宫□
（《大系》P368）

按：封泥残。从残存笔画看，首字都"章"或可成立。秦有章台，《史记·秦始皇本纪》"诸庙及章台、上林皆在渭南"。《史记·蔺相如传》"秦王坐章台见相如……今臣至，大王见臣列观，礼节甚倨"。秦封泥有"章台""章厩"等，此或为"章台宫"之残。

26. 安台之印

见《在京2005》[42]《玺印2010》[43]（图二六）。

图二六　安台之印
（《大系》P435）

按：安台，在上林苑三号遗址出土"安台居室"陶文，可据此大体确定该遗址原名即"安台"。安台见《史记·孝武本纪》，"乃令越巫立越祝祠，安台无坛，亦祠天神上帝百鬼，而以鸡卜"，《史记·封禅书》《汉书·郊祀志》近同，但安台何在，旧均无注。《三辅黄图》卷五、《长安志》卷四、《类编长安志》卷三上林苑有"安台观"，《三辅黄图》《长安志》引《关中记》均谓安台在长安城外。此外，据《通典》卷一百四十五汉"巴渝舞""舞曲有矛渝、安台、弩渝、行辞本歌曲，有四篇。其辞既古，莫能晓其句度"，亦有"安台"之名。在西安相家巷等地出土秦封泥中，还有相当数量"安台丞印"封泥，历史上也出土过"安台左垙"封泥。任隆指出《长安志》引《关中记》上林苑中有"观二十五……仙人观、霸昌观、安台观、渝沮观，……在长安城外"，安台为秦时上林苑观名[44]。王辉提出安台为秦观，释"安台左壄"时引赵超"《三辅黄图》（毕沅校本）卷五：'安台观、沦沮观在城外。'（观与馆同）可能该印即为安台馆左壄印"，并按印文"台"字与长沙出土二十九年漆奁"工大人台"之台字接近，"壄"上"既"亦与泰山刻石"既"字近，赵氏定秦印近是[45]。周晓陆、路东之《秦封泥集》指出安台为咸阳佚名台榭[46]，傅嘉仪同[47]。陈晓捷提出《长安志》引《关中记》上林苑中有"长门宫、钩弋宫、渭桥宫、仙人观、霸昌观、安台观、渝沮观，以上三宫四观在长安城外"，安台观的得名与秦安台有关（汉宫之名多有沿用秦代者），判断安台亦应在上林苑中，具体位置从前揭三宫四观名称看，似在秦章台宫、兴乐宫之西，即在汉长安城之西侧[48]。陈松长指出，在岳麓秦简中有"安台居室、居室共令"的令名[49]，在岳麓秦简已公布的二十多中秦令的名称中，"安台"为唯一一个入令名的宫室台观名称，显示出其地位应非常重要。

27. 平定园印

见《大系2018》（图二七）。

按："平定园"不见文献。平定，《汉书·地理志》西河郡属县有平定。《史记·吕太后本纪》有"齐丞相寿为平定侯"。《史记·惠景间侯者年表》"平定侯"下《索隐》"汉志阙。或乡名"。

图二七　平定园印
（《大系》P188）

28. 丽山禁印

见《大系2018》（图二八）。

按：《史记·秦始皇本纪》"隐宫徒刑者七十余万人，乃分作阿房宫，或作丽山"。《史记·黥布列传》："黥布者，六人也，姓英氏。秦时为布衣。……布已论输丽山，丽山之徒数十万人。"《正义》："言布论决受黥竟，丽山作陵也。"丽山为秦始皇陵园所在，"丽山"常见于秦始皇陵所出陶文。如食官遗址出土"丽山食官右""丽山食官左"，鱼池遗址出土"丽山茜府斗二升"，但丽山有禁此为首见，具体地望不详。

图二八　丽山禁印
（《大系》P154）

29. 高泉苑印

见《新选2015》《大系2018》（图二九）。

按："高泉苑"文献失载，所在地不详。《汉书·地理志》右扶风属县"美阳"下注："禹贡岐山在西北。中水乡，周大王所邑。有高泉宫，秦宣太后起也。"从秦有蕲阳宫，亦有蕲阳苑的情况看，此当为高泉宫所设之苑，其地当在美阳之境。

图二九　高原苑印
（《大系》P92）

30. 西宫苑印

见《问陶2008》（图三〇）。

按：西宫，文献未载秦有西宫。《史记·灌夫传》："武安谓灌夫曰：程李俱东西宫卫尉"，《集解》：《汉书音义》曰："李广为东宫，程不识为西宫。"《汉书·五行志》："釐公二十年'五月（己酉）〔乙巳〕，西宫灾'。谷梁以为愍公宫也，以谥言之则若疏，故谓之西宫。刘向以为釐立妾母为夫人以入宗庙，故天灾愍宫，若曰，去其卑而亲者，将害宗庙之正礼。董仲舒以为釐娶于楚，而齐媵之，胁公使立以为夫人。西宫者，小寝，夫人之

图三〇　西宫苑印
（《大系》P171）

居也。若曰，妾何为此宫！诛去之意也。以天灾之，故大之曰西宫也。左氏以为西宫者，公宫也。言西，知有东。东宫，太子所居。言宫，举区皆灾也。"《武威汉简·甲本服传》："子不私父，则不成为子。故有东宫，有西宫，有南宫，有北宫，异居而同财，有余则归之于宗，不足则资于宗。" 从秦有蕲阳宫，亦有蕲阳苑的情况看，此为西宫苑，则秦应设西宫。

31. 大池

见《大系2018》（图三一）。

按：大池，文献载见建章宫，指太液池。《汉书·郊祀志》"于是作建章宫，度为千门万户。前殿度高未央。其东则凤阙，高二十余丈。其西则商中，数十里虎圈。其北治大池，渐台高二十余丈，名曰泰液，池中有蓬莱、方丈、瀛州、壶梁，象海中神山龟鱼之属"。此外，《初学记·兽部》载有大池山，"《山海经》曰：大池山有兽如兔，鼠首，以其背飞，名飞兔"。

图三一　大池
（《大系》P244）

《初学记·鸟部》载有大池水，"《山海经》曰：雁门山，雁出其间，在高柳北。《梁州记》曰：梁州县界有雁塞山。传云此山有大池水，雁栖集之，故因名曰雁塞"。秦之有大池，文献未载，其所在地不详。

32. 平河池印

见《大系2018》（图三二）。

按：封泥存字较浅，是否为"平河"尚可存疑。"平河池"文献未载，所在地不详。《汉书·地理志》河东郡有"平阳"，应劭曰："尧都也，在平河之阳。"《初学记·州郡》有平河，"后汉襄陵属河东郡。《水经注》曰：平河水出晋阳县西壶口山，东经狐谷亭"。

图三二　平河池印
（《大系》P188）

33. 绶玺

见《大系2018》（图三三）。

按：绶，若为地名，不见于《汉书·地理志》，所指不详。文献中玺绶、印绶常连称，但少见"绶"为人名者。《后汉书·百官志》"符节令一人，六百石。本注曰：为符节台率，主符节事。凡遣使掌授节。尚符玺郎中四人。本注曰：旧二人在中，主玺及虎符、竹符之半者。符节令史，二百石。""绶玺"，或为司"绶"职官的印章。

图三三　绶玺
（《大系》P458）

34. 黑印

见《大系2018》（图三四）。

按：封泥残，是否为黑尚可存疑。黑印，所指不详。《水经注》卷20有"黑谷水"，"西汉水又西南得峡石水口，水出苑亭、西草、黑谷三溪，西南至峡石口，合为一渎"，亦有"黑水"，"白水西北出于临洮县西南西倾山，水色白浊，东南流与黑水合，水出羌中，西南迳黑水城西，又西南入白水"[50]。黑水之名多见，如《水经注》卷3有"赫连龙升七年，于是水之北，黑水之南，遣将作大匠梁公叱干阿利改筑大城，名曰统万城"。卷6有"黑水出黑山，西迳杨城南，又西与巢山水会"。《山海经·山经东》"又东五百里，曰鸡山，其上多金，其下多丹腹。黑水出焉，而南流注于海"。《史记·夏本纪》"华阳黑水惟梁州"，《集解》孔安

图三四　黑印
（《大系》P114）

国曰："东据华山之南，西距黑水。"《正义》：《括地志》云"黑水源出梁州城固县西北太山"。

35. 泉府

见《大系2018》（图三五）。

图三五　泉府
（《大系》P198）

按：封泥残，文字磨勒较为严重。《初学记》卷27"《周官》曰：泉府上士四人，中士八人，下士十有六人。郑玄注曰：泉或作钱"。《太平御览》卷828："《周礼·地官下》曰：泉府，掌以市之征布，敛市之不售、货之滞于民用者，以其贾买之，物揭而书之，以待不时而买者。买者各从其抵，都鄙从其主，国人、郊人从其有司，然后予之。"[51]《左传·昭公十七年》"使府人、库人各儆其事"[52]。《正义》曰："《曲礼》云：在府言府，在库言库，皆是藏财贿之处，故使其人各自儆守以防火也。《周官》有大府、内府、外府、天府、玉府、泉府，而无掌库之官，盖府库通言，库亦谓之府也。诸侯国异政殊，故府库并言也。"[53]《史记·平准书》："虞夏之币，金为三品，或黄，或白，或赤；或钱，或布，或刀，或龟贝。"《索隐》按："钱本名泉，言货之流如泉也，故周有泉府之官。及景王乃铸大钱。布者，言货流布，故周礼有二夫之布。食货志货布首长八分，足支八分。刀者，钱也。食货志有契刀、错刀，形如刀，长二寸，直五千。以其形如刀，故曰刀，以其利于人也。又古者货贝宝龟，食货志有十朋五贝，皆用为货，其各有多少，元龟直十贝，故直二千一百六十，已下各有差也。"

36. 金府

见《大系2018》（图三六）。

图三六　金府
（《大系》P128）

按：金府，所指不详。《太平御览》卷191："《拾遗录》曰：太上皇以宝剑赐高祖。及吕后，藏于瑶库。守者见白气从户中出如龙蛇，吕后更瑶库名曰灵金藏。及诸吕擅权，白气亦灭。惠帝即位，以此贮禁兵，名曰灵金府。"《三辅黄图》卷6有灵金内府，"灵金内府，太上皇微时佩一刀，长三尺，上有铭字难识，传云殷高宗伐鬼方时所作也。上皇游丰沛山中，寓居穷谷，有人冶铸，上皇息其旁，问曰铸何器，工者笑曰，为天子铸剑，慎勿言。曰：得公佩剑杂而治之，即成神器，可克定天下。昂星精为辅佐，木衰火盛，此为异兆。上皇解匕首投炉中，剑成，杀三牲以衅祭之。工问何时得此，上皇曰：秦昭襄王时，余行陌上，一野人授余，云是殷时灵物。工即持剑授上皇，上皇以赐高祖。高祖佩之斩白蛇是也。及定天下，藏于宝库，守藏者见白气如云出户，状若龙蛇。吕后改库曰灵金藏。惠帝即位，以此库铸禁兵器，名曰灵金内府"。

37. 少卒

见《大系2018》（图三七）。

图三七　少卒
（《大系》P222）

按：少卒，文献失载，所指不详。《史记·魏世家》少、卒二字连用，"懿侯说，乃与赵成侯合军并兵以伐魏，战于浊泽，魏氏大败，魏君围。赵谓韩曰：'除魏君，立公中缓，割地而退，我且利。'韩曰：'不可。杀魏君，人必曰暴；割地而退，人必曰贪。不如两分之。魏分为两，不强于宋、卫，则我终无魏之患矣。'赵不听。韩不说，以其少卒夜去。惠王之所以身不死，国不分者，二家谋不和也。若从一家之谋，则魏必分矣"。

38. 大王

见《大系2018》（图三八）。

图三八　大王
（《大系》P249）

按：封泥残勒，读为"大王"。大王，尊称。秦统一前，有称秦王为大王。如《史记·秦始皇本纪》："齐人茅焦说秦王曰：'秦方以天下为事，而大王有迁母太后之名，恐诸侯闻之，由此倍秦也。'"《史记·廉颇蔺相如列传》"谓秦王曰：大王欲得璧，使人发书至赵王，赵王悉召群臣议"，"谓秦王曰：'秦自缪公以来二十余君，未尝有坚明约束者也。臣诚恐见欺于王而负赵，故令人持璧归，闲至赵矣。且秦强而赵弱，大王遣一介之使至赵，赵立奉璧来。今以秦之强而先割十五都予赵，赵岂敢留璧而得罪于大王乎？臣知欺大王之罪当诛，臣请就汤镬，唯大王与群臣孰计议之。'"其他各国亦有此称，如《史记·仲尼弟子列传》报吴王曰："臣敬以大王之言告越王。"秦末汉初之时，张良称刘邦为大王，如《史记·项羽本纪》"沛公大惊，曰：'为之奈何？'张良曰：'谁为大王为此计者？'"而樊哙也称项羽为大王，如《史记·樊哙列传》"项羽曰：'能复饮乎？'哙曰：'臣死且不辞，岂特卮酒乎！且沛公先入定咸阳，暴师霸上，以待大王。大王今日至，听小人之言，与沛公有隙，臣恐天下解，心疑大王也。'"从此封泥看，其似与上述文献中"大王"为尊称的情况不同，应是专名。

39. 原者

见《大系2018》（图三九）。

图三九　原者
（《大系》P359）

按：原者，文献无载，所指不详。睡虎地云梦秦简《秦律杂抄》："何谓'署人''更人'？籍劳有六署，囚道一署旟，所道旟者名曰'署人'，其他皆曰'更人'；或曰守丘即'更人'也，原者'署人'也。""何谓'宫更人'？宫吏有刑，是为'宫更人'。"

40. 隄官丞印

见《大系2018》（图四〇）。

图四〇　隄官丞印
（《大系》P61）

按：隄，段玉裁《说文解字注》谓"唐也。唐塘正俗字。唐者，大言也。段借为陂唐。乃又益之土旁作塘矣。隄与唐得互为训者，猶陂与池得互为训也。其实宂者为池，为唐。障其外者为陂，为隄"。青川木牍中有"修波隄"。张家山汉墓竹简《二年律令》第249号简"禁诸民吏徒求，春夏毋敢伐材木山林，及进〈壅〉隄水泉，燔草为灰"。隄官，当为司隄之官。

41. 土均丞印

见《大系2018》（图四一）。

图四一　土均丞印
（《大系》P272）

按：原读"土旬之印"，右下字有"土"旁，似为"均"。土均，见《周礼·地官》有土均"上士二人，中士四人，下士八人，府二人，史四人，胥四人，徒四十人"。注"均犹平也。主平土地之政令者也"；"以土均之法辨五物九等，制天下之地征，以作民职，以令地贡，以敛财赋，以均齐天下之政。"《初学记》卷11《职官部上》"《周礼》：大司徒之职，乃立地官司徒。使帅其属而掌邦教，以佐王安扰邦国。郑玄注云：所以亲百姓，训五品也，扰亦安也。又曰：以土均之法辨五物九等，制天下之地征。郑玄注曰：

均，平也；五物，五土所生之物也；九等，骍刚、赤缇、坟壤、渴泽、醎泻、勃壤、埴垆、强㯺木、轻㜾之属；征，税也"。《太平御览》卷544"又《地官·土均》曰：礼俗、丧纪、祭祀，皆以地口恶为轻重之法而行之，掌其禁令。君子行礼，不求变俗，随其土地厚薄为之制也"。

42. 下邽少内

见《大系2018》（图四二）。

按：下邽为秦县，陈晓捷在秦始皇陵附近采集陶文有"下邽"。《史记·孝景本纪》载中元六年更名"治粟内史为大农，以大内为二千石，置左右内官，属大内。"《集解》韦昭曰："大内，京师府藏。"《索隐》："主天子之私财物曰少内，少内属大内也。"此为县少内。县少内之设，之前《官印征存》有"芷阳少内"，睡虎地秦简、里耶秦简、岳麓秦简均有县设少内，已公布秦封泥内除下邽有少内外，还可见高陵少内等。

图四二　下邽少内
（《大系》P294）

43. 栎工

见《大系2018》（图四三）。

按：栎工，不见于文献。传世和出土铜兵器多有"栎阳工"铭文，很可能即于此有关。然从秦封泥中另有"栎阳左工室""栎阳右工室"的情况看，栎阳工室又分为左右，与本封泥单一的"栎工"存在差异。推测不分左、右的单一"栎工"可能要早于或晚于分栎阳左工室、栎阳右工室的时间。

图四三　栎工
（《大系》P361）

44. 雍工

见《大系2018》（图四四）。

按：雍工，不见于文献。秦封泥中有"雍工室印"等，此或为"雍工室"之省。此外秦封泥尚有"栎工"，与此类似。然从秦封泥中另有"栎阳左工室""栎阳右工室"看，栎阳工室即分左右，而"栎工"为单一，存在差异。从封泥风格、文字特点看，"雍工"与"栎工"的时间应大体一致，然两职官的设置和延续时间当自有差异。

图四四　雍工
（《大系》P332）

45. 临晋

见《新出2010》[54]《新选2015》《大系2018》（图四五）。

按：临晋，《汉书·地理志》左冯翊属县，"故大荔，秦获之，更名。有河水祠。"注引应劭曰："临晋水，故曰临晋。"臣瓒曰："晋水在河之间，此县在河之西，不得云临晋水也。旧说曰，秦筑高垒以临晋国，故曰临晋也。"师古曰："瓒说是也。说者或以为魏文侯伐秦始置临晋，非也。文侯重城之耳，岂始置乎！"《汉书·沟洫志》"其后严熊言'临晋民愿穿洛以溉重泉以东万余顷故恶地。诚即得水，可令亩十石'。于是

图四五　临晋
（《大系》P101）（《大系》P157）

为发卒万人穿渠，自徵引洛水至商颜下。"《汉书·郊祀志》"水曰河，祠临晋"，师古曰："即今之同州朝邑县界。"《史记·封禅书》"水曰河，祠临晋"，《索隐》韦昭云："冯翊县。"《地理志》临晋有河水祠。《正义》即同州冯翊县，本汉临晋县，故大荔，秦获之更名。《括地

志》云"大河祠在同州朝邑县南三十里。《山海经》云'冰夷，人面，乘两龙也'。《太公金匮》云'冯脩也'。《龙鱼河图》云'河伯姓吕，名公子，夫人姓冯名夷。河伯，字也。华阴潼乡堤首人水死，化为河伯'。应劭云'夷，冯夷，乃水仙也'。"《汉书·郊祀志》："北岳常山于上曲阳，河于临晋，江于江都"，师古曰："冯翊之县也，临河西岸。"《汉书·高帝纪》："三月，汉王自临晋渡河，魏王豹降，将兵从。" 师古曰："旧县名，其地居河之西滨，东临晋境，本列国时秦所名也，即今之同州朝邑县界也。"《汉书·魏豹传》："汉王还定三秦，渡临晋，豹以国属焉，遂从击楚于彭城。"《后汉书·西羌传》"洛川有大荔之戎"，注"洛川即洛水。大荔，古戎国，秦获之，改曰临晋，今同州城是也"。《史记·魏世家》《史记·六国年表》魏文侯十六年（公元前409年）"伐秦，筑临晋、元里"。临晋因为秦晋边界之地，因此常为二国相会之处。如魏哀王六年（公元前313年）"秦来立公子政为太子。与秦王会临晋"，"九年，与秦王会临晋。"《史记·韩世家》"襄王四年，与秦武王会临晋"。

46.胡丞之印

见《新出2010》《新选2015》《酒余2012》《大系2018》（图四六）。

按：胡，从《水经注》的记载看，在汉或为湖县。《水经注》卷4"又东过河北县"注，"南县与湖县分河……河水右会槃涧水，水出湖县夸父山，北迳汉武帝思子宫归来望思台东，又北流入于河。河水又东迳湖县故城北，昔范叔入关，遇穰侯于此矣。湖水出桃林塞之夸父山，广圆三百仞。武王伐纣，天下既定，王巡岳渎，放马华阳，散牛桃林，即此处也。其中多野马，造父于此得

图四六　胡丞之印
（《大系》P115）

骅骝、绿耳、盗骊之乘，以献周穆王，使之驭以见西王母。湖水又北迳湖县东，而北流入于河。《魏土地记》曰：弘农湖县有轩辕黄帝登仙处。黄帝采首山之铜，铸鼎于荆山之下，有龙垂胡于鼎，黄帝登龙，从登者七十人，遂升于天。故名其地为鼎胡。荆山在冯翊，首山在蒲坂，与湖县相连。《晋书·地道记》《太康记》并言胡县也。汉武帝改作湖。俗云黄帝自此乘龙上天也。《地理志》曰：京兆湖县有周天子祠二所，故曰胡，不言黄帝升龙也"。

47.蓝田

见《新出2010》《酒余2012》《新选2015》《大系2018》（图四七）。

按：蓝田，秦县。《汉书·地理志》京兆尹属县，"山出美玉，有虎候山祠，秦孝公置也"《史记·楚世家》"十七年春，与秦战丹阳，秦大败我军，斩甲士八万，虏我大将军屈匄、裨将军逢侯丑等七十余人，遂取汉中之郡。楚怀王大怒，乃悉国兵复袭秦，战于蓝田，大

图四七　蓝田
（《大系》P100）（《大系》P145）

败楚军"。《史记·韩世家》对曰："秦王之言曰'请道南郑、蓝田，出兵于楚以待公'，殆不合矣。"《史记·绛侯周勃世家》："南攻南阳守齮，破武关、峣关。破秦军于蓝田，至咸阳，灭秦。"《水经注》卷19"霸者，水上地名也，古曰滋水矣。秦穆公霸世，更名滋水为霸水，以显霸功。水出蓝田县蓝田谷，所谓多玉者也。西北有铜谷水，次东有辋谷水，二水合而西注，又西流入

湿水。湿水又西迳峣关，北历峣柳城。东、西有二城，魏置青湿军于城内，世亦谓之青湿城也。秦二世三年，汉祖入，自武关攻秦，赵高遣将距于峣关者也。《土地记》曰：蓝田县南有峣关，地名峣柳道，通荆州。《晋地道记》曰：关当上洛县西北。湿水又西北流入霸，霸水又北历蓝田川，迳蓝田县东。《竹书纪年》：梁惠成王三年，秦子向命为蓝君，盖子向之故邑也"。

48. 衙印

见《大系2018》（图四八）。

按：衙，《汉书·地理志》属左冯翊，"莽曰达昌"。《史记·秦始皇本纪》"宪公享国十二年，居西新邑。死，葬衙"。《集解》："《地理志》云冯翊有衙县。"《索隐》："宪公灭荡社，居新邑，葬衙。本纪宪公徙居平阳，葬西山。" "出子享国六年，居西陵。庶长弗忌、威累、参父三人，率贼贼出子鄙衍，葬衙。武公立。"《史记·秦本纪》："缪公于是复使孟明视等将兵伐晋，战于彭衙。秦不利，引兵归。"《集解》杜预曰："冯翊郃阳县西北有衙城。"《正义》：《括地志》云："彭衙故城在同州白水县东北六十里。"《后汉书·光武帝纪》："更始中郎将公乘歙将十万众拒禹于衙，禹击破之。时赤眉入关，三辅扰乱，民无所归。闻禹至衙，军兵整齐，百姓喜悦，相随迎禹，降者日以千数，号百万众。"《后汉书·西羌传》："羌既转盛，而二千石、令、长多内郡人，并无守战意，皆争上徙郡县以避寇难。朝廷从之，遂移陇西徙襄武，安定徙美阳，北地徙池阳，上郡徙衙。"《后汉书·孝安帝纪》"三月，诏陇西徙襄武，安定徙美阳，北地徙池阳，上郡徙衙"，注"上郡，今绥州也。衙，县，故城在同州白水县东北。左传曰秦晋战于彭衙，即此也"。以出子等所处位置言，衙应不会位于后之白水一带，即《秦式1998》言"出子不当葬于彭衙，缪公时战于彭衙，则此地尚未属秦，出子安得葬此或衙当位于凤翔雍地附近"[55]。然二地关系，尚待更多发现。

图四八　衙印
（《大系》P344）

49. 夏阳之印

见《大系2018》（图四九）。

按：夏阳，《汉书·地理志》属左冯翊，"故少梁，秦惠文王十一年更名。禹贡梁山在西北，龙门山在北。有铁官。莽曰冀亭"。河南郡有"梁"，应劭曰："《左传》曰秦取梁。梁，伯翳之后，与秦同祖。"臣瓒曰："秦取梁，后改曰夏阳，今冯翊夏阳是也。此梁，周之小邑，见于春秋。"师古曰："瓒说是也。"《汉书·地理志》："濒南山，近夏阳，多阻险轻薄，易为盗贼，常为天下剧。" 师古曰："夏阳即河之西岸也。今在同州韩城县界。"《史记·秦本纪》"十一年，县义渠。归魏焦、曲沃。义渠君为臣。更名少梁曰夏阳"。《史记·张仪列传》："秦惠王十年，使公子华与张仪围蒲阳，降之。仪因言秦复与魏，而使公子繇质于魏。仪因说魏王曰：'秦王之遇魏甚厚，魏不可以无礼'。魏因入上郡、少梁，谢秦惠王。惠王乃以张仪为相，更名少梁曰夏阳。"《集解》徐广曰："夏阳在梁山龙门。"《索隐》：音下。夏，山名也，亦曰大夏，是蜀所都。《正义》：少梁城，同州韩城县南二十三里。夏阳城在县南二十里。梁山在县东南十九里。龙门山在县北五十里。《史记·太史公自序》："事武安君白起。而少梁更名曰夏阳。"《汉书·武帝

图四九　夏阳之印
（《大系》P296）

纪》"四年冬十月，行幸雍，祠五畤。赐民爵一级，女子百户牛酒。行自夏阳，东幸汾阴。"师古曰："夏阳，冯翊之县也。汾阴属河东。"《水经注》卷4"河水又南，右合畅谷水，水自溪东南流，迳夏阳县西北，东南注于河。河水又南迳梁山原东，原自山东南出至河，晋之望也，在冯翊夏阳县之西北，临于河上。……溪水又东南迳夏阳县故城北，故少梁也。秦惠文王十一年，更从今名矣。王莽之冀亭也。……又东南迳华池南，池方三百六十步，在夏阳城西北四里许。故司马迁《碑文》云：高门华池，在兹夏阳。今高门东去华池三里。溪水又东南迳夏阳县故城南。服虔曰：夏阳，虢邑也，在大阳东三十里"。

50. 池阳丞印

见《大系2018》（图五〇）。

按：《汉书·地理志》左冯翊下有池阳，"惠帝四年置。巀嶭山在北"。《汉书·沟洫志》："后十六岁，太始二年，赵中大夫白公复奏穿渠。引泾水，首起谷口，尾入栎阳，注渭中，袤二百里，溉田四千五百余顷，因名曰白渠。民得其饶，歌之曰：'田于何所？池阳、谷口。郑国在前，白渠起后。'"《汉书·匈奴传》"上自甘泉宿池阳宫"，《汉书·东方朔传》"初，建元三年，微行始出，北至池阳，西至黄山，南猎长杨，东游宜春"。《汉书·百官公卿

图五〇 池阳丞印
（《大系》P50）

表》："又有胡骑校尉，掌池阳胡骑，不常置。"师古曰："胡骑之屯池阳者也。"《汉书·周缲传》："周缲，沛人也。以舍人从高祖起沛。至霸上，西入蜀汉，还定三秦，常为参乘，赐食邑池阳。"《史记正义》："雍州泾阳县西北三里池阳故城是也。"《三辅黄图》卷二"《关辅记》曰：林光宫，一曰甘泉宫，秦所造，在今池阳县西，故甘泉山，宫以山为名。或曰高泉山，盖习俗语讹尔。宫周匝十余里。汉武帝建元中增广之，周十九里"。

注　释

[1] 本文为国家社科基金项目"秦封泥分期与秦职官郡县重构研究"（14BZS017）、国家社科基金重大招标项目"秦统一及其历史意义再研究"（14ZDB028）、国家社科基金重大招标项目"秦汉三辅地区建筑研究与复原"（18ZDA181）的阶段性成果。

[2] 孙慰祖：《新见秦官印封泥考略》，见《孙慰祖论印文稿》，上海书店，1999年。

[3] 周晓陆、路东之：《空前的收获，重大的课题——古陶文明博物馆藏秦封泥综述》，《西北大学学报（哲学社会科学版）》1997年第1期。

[4] a. 中国社会科学院考古研究所汉长安城工作队：《西安相家巷遗址秦封泥的发掘》，《考古学报》2001年第4期。
　　b. 刘庆柱、李毓芳：《西安相家巷遗址秦封泥考略》，《考古学报》2001年第4期。

[5] 杨广泰：《新出陶文封泥选编》，文雅堂，2015年。简称《新选2015》。

[6] 任红雨：《中国封泥大系》，西泠印社，2018年。简称《大系2018》。

[7] （汉）司马迁：《史记》，中华书局，2014年。

[8] （汉）蔡邕：《独断》，刘瑞整理本，待刊，下同。

[9] （战国·韩）韩非：《韩非子》，中华书局，2015年。

[10] 广州市文物管理委员会等：《西汉南越王墓》，文物出版社，1991年。

[11] （清）王念孙著，虞万里编，张靖伟、樊波成、马涛等校：《广雅疏证》，上海古籍出版社，2017年。

[12] （汉）毛亨：《毛诗注疏》，上海古籍出版社，2013年。

[13] （宋）范晔：《后汉书》，中华书局，1995年。

[14] （梁）萧统编，（唐）李善注：《文选》，中华书局，1997年。

[15] （汉）刘熙：《释名》，中华书局，2016年。

[16] 路东之：《问陶之旅——古陶文明博物馆藏品掇英》，紫禁城出版社，2008年。简称《问陶2008》。

[17] 周晓陆：《酒余亭陶泥合刊》，艺文书院，2012年。简称《酒余2012》。

[18] （汉）刘向：《战国策》，上海古籍出版社，1998年。

[19] （清）孙怡让：《周礼正义》，中华书局，2015年。

[20] （汉）班固：《汉书》，中华书局，1962年。

[21] （唐）徐坚：《初学记》，中华书局，2004年。

[22] 王辉：《二年寺工壶、雍工改壶铭文新释》，《人文杂志》1987年第3期。

[23] 王伟：《秦玺印封泥职官地理研究》，中国社会科学出版社，2014年。简称《职地2014》。

[24] 陕西省古籍整理办公室、陕西省考古研究院：《陕西金文集成》，三秦出版社，2016年。

[25] （汉）刘安：《淮南子》，中华书局，2012年。

[26] 湖南省博物馆、复旦大学出土文献与古文字研究中心：《长沙马王堆汉墓简帛集成》，中华书局，2014年。

[27] 袁珂：《山海经校注》，北京联合出版，2014年。

[28] （唐）李林甫等撰，陈仲夫点校：《唐六典》，中华书局，1992年。

[29] （汉）贾谊：《新书》，中华书局，2000年。

[30] （晋）刘徽：《九章算术》，中华书局。1985年。

[31] （清）孙星衍：《汉官六种》，中华书局，1990年。

[32] （汉）王充：《论衡》，上海古籍出版社，2013年。

[33] 张家山二四七号汉墓竹简整理小组：《张家山汉墓竹简》，文物出版社，2001年。

[34] 睡虎地秦墓竹简小组：《睡虎地秦墓竹简》，文物出版社，2001年。

[35] （秦）吕不韦：《吕氏春秋》，中华书局，2007年。

[36] （清）陈立：《白虎通疏证》，中华书局，1994年。

[37] 甘肃省博物馆等：《武威汉简》，中华书局，2005年。

[38] （南朝·宋）沈约：《宋书》，中华书局，2018年。

[39] （唐）魏征：《隋书》，中华书局，1973年。

[40] （宋）王溥：《唐会要》，中华书局，2017年。

[41] （唐）杜佑：《通典》，中华书局，1988年。

[42] 周晓陆等：《在京新见秦封泥中的中央职官内容》，《考古与文物》2005年第5期。简称《在京2005》。

[43] 周晓陆：《二十世纪出土玺印集成》，中华书局，2010年。简称《玺印2010》。

[44] 任隆：《秦封泥官印考》，《秦陵秦俑研究动态》1997年第3期。

[45] 王辉、程学华：《秦文字集证》，艺文印书馆，2010年。

[46] 周晓陆、路东之：《秦封泥集》，三秦出版社，2000年。

[47] 傅嘉仪：《秦封泥汇考》，上海书店出版社，2007年。

[48] 陈晓捷：《学金小札》，《考古与文物·古文字论集（二）》，2001年。

[49] 陈松长：《岳麓秦简中的秦令名订补》，见《出土文献与法律史研究6》，法律出版社，2017年。

[50] （北魏）郦道元：《水经注》，中华书局，2009年。

[51] （宋）李昉：《太平御览》，中华书局，1960年。

[52] 杨伯峻：《春秋左传注》，中华书局，2009年。

[53] （唐）孙颖达：《礼记正义》，北京大学出版社，2015年。

[54] 杨广泰：《新出封泥汇编》，西泠印社，2010年。简称《新出2010》。

[55] 周晓陆、刘瑞：《90年代之前所获秦式封泥》，《西北大学学报》1998年第1期。简称《秦式1998》。

近七十年秦汉至明清时期考古的发现与研究

董新林　何利群　刘　瑞　刘　涛　韩建华　王　睿

秦汉至明清时期是现今多元一体的中华民族不断融合和形成的重要时期。绝对纪年为公元前221年秦始皇统一中国起，至1911年清朝灭亡止。这一时期从秦汉帝国，到隋唐帝国，再到元明清帝国，都是大一统的帝国。期间中国出现了两次南北朝对峙的局面，北方草原民族和中原农耕汉文化间发生冲撞、交流和融合，中华民族不断地发展和壮大，最后形成统一的清帝国，奠定了现今中华民族国家的版图。

秦汉至明清时期考古学工作，与先秦考古学有着密切联系，同时也有着自身的特色。作为历史时期的考古学研究，历史文献和图像资料等更为丰富，研究的内容和范畴也更为广博。从地域方面，拓展到现今中华人民共和国版图的区域（辽、元和清帝国曾涵盖漠北地区）。从时间方面看，从秦朝至清朝，大致分为秦汉、魏晋南北朝、隋唐五代、辽宋金元明清四个大阶段。

1982年夏鼐先生在《新中国的考古发现和研究》前言[1]中指出，1949年中华人民共和国成立后的30年，中国考古学有三个重要标志：首先是以马克思列宁主义、毛泽东思想作为指导我们工作的理论基础；其次是具体方法的改变和进步（科学专业化和整体化）；第三是考古工作中扩大了所涉及的地域和伸延了研究对象的时间范围。历史时期考古学可追溯到1921年历史博物馆裴善元等对河北巨鹿故城三明寺遗址的发掘工作[2]。大规模有计划的考古工作，应该说是1949年以后才正式开始的。70年间，历史时期考古学从朝代和区域考古工作的不平衡到近年百花齐放的新态势，见证了新中国考古学的发展历程。

这一时段的考古发掘和研究内容庞杂，门类繁多。限于篇幅，本文仅从城市、陵墓、手工业、中外文化交流和佛教五个方面择要归纳和总结。挂一漏万，请方家学者海涵。

一、都城和城址考古的精细化

都城、城市和村镇是不同等级的人所聚居之地，是不同层级的政治、经济、文化和日常活动的差异化空间，是秦汉至明清时期考古发掘和研究最为主要的内容。它们共同构成了历史时期诸王朝社会历史形态的主要框架。

（一）秦汉至明清都城遗址

都城是中央集权政治体制下王朝的政治统治中心、经济管理中心、军事指挥中心、文化交流中

作者：董新林、何利群、刘瑞、刘涛、韩建华、王睿，北京市，中国社会科学院考古研究所，董新林、刘瑞研究员，何利群、刘涛、韩建华、王睿副研究员。

心。是当时整个社会和时代的缩影，是历史时期考古的核心内容。其中西安、洛阳、北京和开封等都是闻名世界的多朝古都。

秦朝是中国历史上第一个帝国。咸阳是秦国和秦王朝的都城（今陕西咸阳市窑店镇）。考古勘探工作始于1959年。1973—2000年间，陕西考古学者发现了咸阳宫宫城遗址，探明7处大型建筑基址，并发掘咸阳宫一号、二号、三号和四号宫殿建筑址[3]。三号宫殿址长廊内发现的壁画，是中国古代宫殿建筑中发现最早、规格最高的壁画。在宫殿区以西发现制陶、冶铜、铸铁的官府手工业作坊遗址。宫城外还发现居民区和墓地等。咸阳城的宫城外是否有郭城，仍是目前重要的学术课题。在咸阳城南建有皇家苑囿——上林苑，是其都城的特点。秦朝晚期在上林苑营建新都，阿房宫为其前殿。21世纪以来，2002—2008年对阿房宫遗址的发掘[4]，确定其范围以及阿房宫未建成的情况，印证了司马迁《史记》等记载的准确性。秦汉上林苑遗址考古成果[5]，是历史时期宫苑考古的重要新进展。2013年至今，中国社会科学院考古研究所等单位对栎阳城进行了考古勘探和发掘工作，先后确定三座古城，其中三号古城内确定多座大型宫殿建筑。发掘者认为三号古城是战国中期至西汉前期的栎阳城[6]。

在西安地区，除秦都咸阳外，还有西汉和隋唐首都长安城。西汉长安城的勘查发掘工作始于1956年。中国科学院考古研究所曾勘查城墙、城门、城内街道，以及长乐宫、未央宫、桂宫和城西建章宫的范围，绘制城址实测图。发掘宣平门、霸城门、西安门、直城门等门址，南郊礼制建筑群、武库和未央宫周边的建筑遗址等[7]，初步搞清了西汉长安城的平面布局。20世纪80年代，中国社会科学院考古研究所开始对未央宫遗址进行全部考古工作，发掘未央宫前殿遗址、椒房殿遗址、中央官署遗址、少府或其官署遗址，以及宫墙、宫门和宫城西南角楼等。此外，还勘查长乐宫遗址、桂宫遗址、东市、西市遗址，以及陶俑窑址等[8]。新世纪开始，考古工作重心转移到长乐宫遗址，发掘数座大型建筑遗址；还发掘汉长安城角楼遗址。考古学者开始关注西晋、十六国和西魏、北周时期的考古遗存[9]，是重要的新迹象。2010年以后，为配合丝绸之路申遗工作，考古工作者对未央宫遗址进行全面考古勘探和重点发掘，取得一些重要的新进展。

隋唐长安城考古工作始于1957年。中国科学院考古研究所通过考古调查和勘探，结合文献初步勘定长安城的基本布局，绘制长安城实测图和复原图。对唐大明宫遗址、兴庆宫遗址、西市遗址、青龙寺遗址和郭城明德门遗址等进行发掘[10]。1981—2000年间，中国社会科学院考古研究所发掘大明宫含耀门、三清殿、翰林院、朝堂；皇城含光门；大城内青龙寺、西明寺部分遗址等。其中对大明宫含元殿做了整体揭露[11]。21世纪初，中日考古工作者联合发掘了大明宫太液池等遗址[12]；2007—2010年配合大明宫国家考古遗址公园建设，对大明宫遗址进行全面的考古勘探和重点发掘。2013—2015年发掘大明宫官署遗址。近年考古学者开始在郭城内的东市遗址进行考古发掘等。

在洛阳，东汉、曹魏和北魏等首都（即汉魏洛阳城）在今洛阳城东郊；隋唐东都和北宋西京则叠压在今洛阳城下。汉魏洛阳城于1954年开始考古工作。中国科学院考古研究所通过考古调查和勘探，搞清了汉魏洛阳城内城的范围，绘制城址实测图，确认城垣、城门和城内道路等，还发现永宁寺遗址、城南的辟雍、太学、明堂和灵台遗址等。其中对灵台遗址进行考古发掘。1980年以后，考古工作者相继发掘内城城垣马面遗址、建春门遗址、北魏永宁寺西门遗址、大市遗址等，试掘太极殿、金墉城城垣，认识了汉魏洛阳城市防御、交通、北魏寺院布局、宫殿建筑等，指出金墉城的3座小城并非同一时期所建，只有丙城是魏晋时期的建筑。这一阶段一个重要工作就是对外郭城和水道的勘探[13]。21世纪以来，汉魏洛阳城开始城内建筑基址和城门的考古工作。2001—2002年，发掘北魏宫城正门—阊阖门遗址；2008—2010年先后发掘宫城二号门址、三号门址，以及宫城西南角遗址和宫城西墙遗址等。2012—2016年，考古学者对太极殿遗址进行全面勘察和发掘，确认其始建于三国曹魏时期，北魏时期重修沿用，北周时期仍有改建[14]。

隋唐洛阳城考古工作始于1954年。中国科学院考古研究所经过考古调查和勘探，初步确定东都洛阳城的基本格局，绘制城址实测图和复原图，发掘含嘉仓城遗址等。1980年以后，中国社会科学院考古研究所相继发掘郭城永通门、宫城应天门、乾元门；武则天明堂和皇城右掖门外上阳宫遗址等；以及宫内九洲池遗址、郭城东南隅履道坊的白居易故居遗址等。修正了宫城及宫侧诸小城的平面布局图，初步了解当时里坊的基本情况[15]。21世纪以来，2001—2006年工作主要集中在宫城、皇城和东城地区。发掘宫城应天门、东隔城安宁门、皇城右掖门、郭城长夏门；玄武城南墙、大内南墙、西墙等；宫城内唐宋殿址；南市遗址；陶光园花圃、温柔坊和恭安坊遗址等；皇城衙署府门遗址、洛北里坊区。2008—2012年重点是配合大遗址保护，集中发掘了明堂和天堂遗址；以及大内东西廊和乾元门遗址；玄武门北墙、皇城西墙和皇城内唐代砖瓦窑遗址等。2013年发掘宁人坊遗址；2014—2017年发掘九州池区域，涉及宫城大内西北、西隔城、西夹城和玄武城区域。

邺城遗址（河北临漳县）由邺北城和邺南城组成。邺北城是东汉建安年间曹操封魏王时的王都；邺南城是东魏北齐的都城。曹魏邺北城的规划在中国古代都城史上有着重要地位。因此，1957年就有学者做过调查。1983年中国社会科学院考古研究所等组队对邺北城城垣、城门、城内道路和宫殿区等进行考古勘探和发掘，基本搞清邺北城具体位置和范围，并对其平面布局做了复原研究[16]。21世纪以来，考古工作重点转移到东魏北齐的邺南城，围绕探索邺南城外郭城而展开工作。考古学者在邺南城内城以外先后发掘赵彭城北朝佛寺、核桃园北齐佛寺以及北吴庄佛教造像埋藏坑等，取得较为丰硕的成果[17]。近年开始对邺南城的宫城及其内建筑遗址进行考古发掘，成果可期。

东京城开封府（河南开封市）是北宋首都。开封市文物工作队于1981年在开封旧城区龙亭东湖清淤时发现北宋宫城遗址，开启了北宋东京城考古的序幕。通过勘探，廓清了北宋东京外城、内城和皇城城墙、城门遗址，以及金明池、古州桥遗址等，初步明确北宋东京城平面布局和全城的南北轴线（御街）[18]。2012—2017年对东京城外城西门顺天门遗址的发掘，应是北宋东京城有计划科学考古发掘的开始[19]。

南宋临安城（浙江杭州）是南宋的行在，实际上的首都。1983年，中国社会科学院考古研究所等开始发掘南宋城墙、大型宫殿建筑址、"北内"德寿宫遗址、太庙遗址[20]、尊胜塔遗址和南宋乌龟山窑址、郊坛下官窑址[21]等。初步掌握了临安城范围和宫殿核心区。20世纪90年代后期，杭州市文物考古研究所等配合基本建设，对临安府治遗址、老虎洞南宋修内司窑址、南宋恭圣仁烈皇后宅遗址、严家巷御街遗址等进行考古发掘，取得了重要成果[22]。

南京曾是三国孙吴、东晋和南朝宋齐梁陈六朝的都城，时称"建康城"，也是明朝初期首都南京应天府城。六朝建康城和明南京城的考古工作都较薄弱。20世纪90年代以来，配合基本建设，主要发掘的遗址有钟山南朝祭坛类建筑基址、大行宫地区的夯土城墙和道路遗迹[23]等。

明中都发现于1969年。20世纪80年代初，曾对部分宫殿址进行勘测和发掘。21世纪以来，安徽省文物考古研究所等重启对明中都考古调查和发掘工作。2012年以来陆续发掘钟楼遗址、砖瓦窑址等。特别是2015—2018年，以中轴线为核心，先后发掘了奉天殿、承天门、外金水桥等遗址[24]。

北京曾是金中都、元大都和明清北京城的所在地。中国科学院考古研究所于1965—1966年对金中都遗址进行过勘测[25]。20世纪90年代配合基本建设发掘了南城垣发现水关遗址和皇城太液池遗址等。中国科学院考古研究所等于1964—1974年，勘测元大都城垣、街道、河湖水系等遗迹，绘制城址实测图和平面示意图。发掘10余处不同类型的居住遗址和建筑遗存[26]。21世纪以来，故宫博物院考古研究所从2014年9月起，陆续在故宫慈宁宫花园东院西基建工地、故宫隆宗门西遗址[27]和内务府各司值房南遗址、故宫南薰殿明清建筑遗址等进行考古发掘，对研究元明清宫城遗址提供了重要的新资料。

唐朝以后，辽、金、元、清四朝除定都北京外，其早期都城多在草原地区。辽帝国新建二都，辽上京和辽中京分别位于内蒙古的巴林左旗和宁城县大明镇。内蒙古文物工作队于1959—1960年对辽中京遗址进行过考古调查、勘探和发掘，勘定辽中京的平面布局，绘制了平面实测示意图[28]。于1962年对辽上京遗址进行考古勘探和试掘，绘制了实测示意图[29]。2011年起至今，中国社会科学院考古研究所等开始用新的理念和方法对辽上京遗址进行考古调查、勘探和发掘，重点发掘了辽上京皇城城门、城墙、道路和大型建筑基址等[30]，初步搞清辽上京皇城遗址的主要布局和沿革。

金帝国新建二都。金上京是建国初期的首都，位于黑龙江哈尔滨市阿城区；金中都（北京市西城区和丰台区）是天德三年（1151年）以后的金帝国首都。2012年起至今，黑龙江省文物考古研究所对金上京城进行全面调查和勘探，发掘了城门、城墙和大型建筑基址等，初步了解金上京形制布局和沿革情况[31]。

忽必烈元朝新置三都。元大都在北京。元上都和元中都分别位于内蒙古正蓝旗和河北省张北县。内蒙古文物工作者于1977年开始对元上都做调查测绘[32]。1990年始陆续发掘元上都附近的砧子山墓地、羊群庙元代祭祀遗址；重点对元上都宫城内一号宫殿址（大安阁）、皇城南门遗址和城外南关民居遗址进行发掘，并重新对城址进行测绘[33]。21世纪以来，为配合元上都遗址申遗，对元上都中轴线上诸建筑遗址进行了考古发掘[34]，补充了一些重要新资料。河北省文物研究所等于1998—2003年对元中都遗址进行考古勘测[35]，发现54处城内建筑基址，4处城外建筑基址。发掘了中都宫城西南角楼基址（西南角台）、中心大殿基址（一号殿址）、宫城南门、宫城南墙一号排水涵洞、皇城南门等。

沈阳市清太祖努尔哈赤寝宫——汗王宫的位置和相关重要遗迹的确认是清代考古的重要收获[36]。这是中国考古学发展的新动态。

（二）秦汉至明清城址及其相关遗存

秦汉至明清时期都城之外的城址发现很多，有州郡县城、村镇、军镇和军事要塞等。这些城镇都是各地政治、经济和文化中心或军事指挥中心。大多都是考古调查资料，经过考古发掘的城址和村镇遗址很少。以秦汉为例，在20世纪80年代以前，仅确认90多处汉代城邑遗址；目前已发现600余座，多为郡县治所。如里耶秦西阳城[37]、汉长沙城[38]、广州秦汉番禺城[39]等。辽宁辽阳三道壕[40]和河南内黄三杨庄[41]等是为数不多的村镇遗址，是了解当时不同地区基层社会结构和社会生活的重要资料。

主动性考古发掘的魏晋南北朝和隋唐时期的城址很少，大多都是配合城市基本建设中所做的工作。其中最为重要的是隋唐扬州城[42]，有一系列重要考古发现。此外，大同平城、泉州、福州、宁波、苏州等也有一些考古发掘工作。

辽宋金元明清时期除了沿袭隋唐旧城外，随着商品经济的发展，在交通要道和商业中心地带出现了一些新城。宋平江府城（今苏州）、宋元泉州城、重庆南宋钓鱼城遗址、河北省崇礼县金代行宫遗址、元代集宁路城（今内蒙古集宁），以及长江岸边的宋代沙市城、上海唐宋青龙镇遗址等都是具有代表性的城市。

可以说，秦汉至明清时期地方城市考古的发掘和研究，是中国考古学研究的薄弱环节。其既有相当的研究难度，也有较为宽阔的学术空间。关于地方城址形制类型，是城市考古研究的重点。20世纪80年代，宿白先生对隋唐时期城市类型进行了总结[43]。徐苹芳先生对辽宋金元明时期的地方城市形制布局特点也做过概要的阐述[44]。这两篇论文有着重要的指导意义。20世纪后半叶，地方城市考古工作大多数是被动性的配合基本建设而做的，处于材料积累阶段；21世纪以来，随着国力增强和对传统文化的重视，各地政府对历史文化名城名镇的重视程度提高，客观上带动了历史城镇考古的开展。配合大遗址保护的主动性发掘项目越来越多，提升了城市考古的研究。基于各地城址调查和试掘资料，探讨有关各王朝城址分布、类型、规模和布局，以及城址地区性差异和特点分析等专题成果陆续涌现[45]，彰显了城市考古的重要价值。

二、帝陵和墓葬考古的全面化

陵墓考古是中国考古学的重要内容之一。在历史时期的中央集权制度下，不同的社会阶层所形成的陵墓，如帝陵、诸侯王墓、中小型墓葬等，其规格、陪葬品的级差清晰，体现出非常鲜明的等级差异。宋代以后，墓葬形制规模、墓葬壁饰和陪葬品等的差异，从贵贱之分越来越多地被贫富差异所取代。20世纪70年来的陵墓考古发掘资料，是最为丰富的领域，成为研究历史时期政治、经济、科技、文化和社会等方面问题的最主要的资料。

（一）秦汉至明清陵墓研究

秦始皇陵是中国第一个皇帝的陵寝。其考古工作始于20世纪60年代。1974年以后，对陵区进行复查，并发掘了陵园旁的1—3号兵马俑坑[46]、铜车马坑，陵园和陵区内的陪葬坑、陪葬墓和刑徒墓，陵园内的陵寝建筑等，取得了震惊世界的重要发现。20世纪末开始的秦始皇陵考古工作，推进了对陵园布局的整体研究[47]。

西汉帝陵的考古工作始于20世纪60年代。2000年以前，主要是对西汉帝陵地面的考古调查，了解其分布、地望，以及陵墓、陵园、陵寝建筑、陵邑和陪葬墓的形制特点等。其中汉宣帝杜陵[48]和汉景帝阳陵[49]陵园进行过考古发掘。21世纪以来，国家文物局实施大遗址考古战略，陕西省文物考古研究所用新技术，开始对西汉帝陵进行全面的测绘和勘探，取得了重要的学术成果[50]。东汉帝陵在20世纪考古工作较薄弱。21世纪开始，2003—2007年，洛阳市文物考古研究第二文物工作队开始启动"邙山陵墓群考古调查与勘测"项目，开始对东汉帝陵分布和地望进行调查和勘测，并陆续发掘了一些陵园建筑基址和重要墓葬，极大地推进了东汉帝陵的研究[51]。此外，河南省的所谓曹魏"高陵"[52]的考古发现曾轰动一时。

北魏永固陵[53]是北魏文成帝拓跋睿之妻、文明皇后冯氏的永固陵和孝文帝拓跋宏的寿宫万年堂。北魏迁洛后的邙山陵区共有孝文帝长陵[54]、宣武帝景陵[55]、孝明帝定陵、孝庄帝静陵[56]和节闵帝[57]共5陵。21世纪的"邙山陵墓群考古调查与勘测"项目对北魏帝陵也进行了重新调查和测绘。1986年中国社会科学院考古研究所等对东魏北齐帝陵区进行调查，发掘河北磁县湾漳壁画墓，推定其为北齐文宣帝高洋的武宁陵[58]。

隋唐帝陵考古工作始于1953年。考古工作者在20世纪后半叶曾对关中十八陵进行多次的考古调查和发掘工作[59]。新世纪之初，陕西省文物考古研究所于2006—2012年开启"陕西唐陵大遗址保护项目"[60]，对关中十八陵中的10座唐代帝陵进行了重点考古调查、勘探和测绘工作，并对部分陵寝建筑进行了发掘[61]，初步了解唐代陵园形制发展演变及其陵园设计理念，取得重要的新突破[62]。

北宋帝陵的调查起于20世纪50年代末。宋英宗永厚陵的陪葬墓和元德李皇后陵地宫曾经过考古发掘。1992—1995年，河南省文物考古研究所对北宋皇陵陵园进行全面的考古调查和勘探，并发掘宋真宗永定陵上宫的建筑基址和永定禅院等，初步搞清了各陵的位置分布，陵区的构成和陵园的基本布局[63]。南宋六陵在20世纪鲜有考古工作。2012年起，浙江省文物考古研究所对南宋六陵的分布和陵园布局开始进行考古调查和测绘和试掘工作[64]，2018年对"宋高宗"一号陵园进行了考古发掘，开启南宋六陵考古的新阶段。

辽帝国有5处帝陵，其中庆陵在20世纪上半叶被盗掘，此后辽陵考古归于寂寞。21世纪以来，中国社会科学院考古研究所等于2007—2010年率先对内蒙古巴林左旗辽代祖陵陵园进行全面调查、测绘和考古发掘。发掘了陵园内一号陪葬墓[65]、四号建筑基址、甲组建筑基址和黑龙门遗址[66]，以及陵园外的龟趺山建筑基址[67]，即"辽太祖纪功碑楼"，基本搞清陵区构成和陵园布局。2012—2018年，辽宁省文物考古研究所又对辽宁北镇医巫闾山辽代帝陵进行了考古调查和发掘，新发现偏坡寺、骆驼峰、新立一号大墓和二号大墓等，发掘了新立建筑基址、琉璃寺遗址和琉璃寺西山遗址等，以及洪家街陪葬墓地、小河北陪葬墓地等，确认了辽显陵和乾陵的茔域，以及乾陵祭殿和玄宫等，取得十分重要的考古新成果[68]。

西夏陵的考古调查和发掘始于1972年。考古学者重点发掘6号陵，以及一些陪葬墓和碑亭。1986—1991年间，绘制西夏陵区总平面图，调查确认9座帝陵和200多座陪葬墓[69]。2000—2001年，宁夏文物考古研究所对3号陵陵园进行了发掘[70]，推进了对西夏王陵的研究。

金陵考古工作始于1986年。2001—2002年北京市文物研究所对金陵进行了全面调查和钻探，在北京房山周口店龙门口村的主陵区，发掘了金太祖睿陵和世宗兴陵，以及神道及周边遗迹等[71]，但陵园内的布局尚未清楚。

明朝有5处帝陵。其中明成祖朱棣以后的北京昌平十三陵的考古工作始于20世纪50年代[72]。1956—1958年，中国科学院考古研究所等发掘明定陵，取得了重要的学术资料[73]。朱元璋夫妇的明孝陵在下马坊区域进行过考古勘探[74]。清代帝陵考古工作还是空白。

20世纪50年间，中国古代帝陵的考古调查和发掘，还处于资料积累阶段[75]。21世纪以后，国家文物局加强大遗址保护的政策，促进了汉代、唐代、辽代帝陵等考古发掘和研究的大突破和大发展。而且涌现出一批重要的科学研究成果[76]。

（二）秦汉至明清墓葬

秦汉至明清时期的墓葬发现数量巨大，研究成果也很丰富。但是墓葬发现数量存在明显的朝代和区域的不平衡性。汉代和唐代墓葬发现多，研究也较为丰富；辽代、宋代和明代次之。帝陵之外的墓葬，墓主人主要是贵族和平民。但在西汉和明朝还有一类墓葬介于帝陵和一般墓葬之间，即诸侯王墓。故这里分诸侯王墓和一般墓葬两类分述。

第一类：诸侯王墓

诸侯王是中央集权制度中仅次于皇帝的权贵阶层。在长期不主动发掘帝陵的情况下，诸侯王墓的考古资料，成为研究皇帝陵墓制度的重要参考。汉代和明代都有诸侯王墓，一个较为特殊的存在。其他朝代的王墓不在此列。

20世纪70年来，西汉发现数十座类型丰富的诸侯王墓[77]。河北满城中山靖王刘胜夫妇墓出土金缕玉衣，是凿山为藏崖洞墓的代表[78]；北京大葆台广阳顷王刘建夫妇墓是"黄肠题凑"葬制的典型墓例[79]；河南永城西汉梁孝王墓及其寝园遗存[80]，是陵寝建筑的重要资料；广州象岗南越文王"赵眜"墓[81]反映了附属国王陵的特点。21世纪以来，山东菏泽定陶发掘出的哀帝之母定陶共王刘康之姬丁后墓[82]，发现迄今最为规整与复杂的黄肠题凑，是研究西汉帝陵陵内结构的重要资料。湖南马王堆轪侯家族墓[83]、江西南昌海昏侯刘贺墓[84]等是汉代列侯墓的典型代表。东汉诸侯王墓发现的数量有限，研究较弱。

明代皇族诸王陵墓的考古工作始于20世纪50年代。山东邹县鲁荒王朱檀墓[85]出土的珍贵遗物在明代诸侯王墓中首屈一指。成都凤凰山蜀王世子朱悦燫墓[86]为纵列式砖筑墓，平面布局仿照了当时的王府宫殿建筑。湖北钟祥梁庄王朱瞻垍墓[87]共出土随葬品5100多件，数量仅次于定陵，为明代亲王陵墓之最，是世纪之交的重大发现。山东长清德庄王朱见潾墓（M4）[88]和江西南城益端王朱祐槟墓分别是明代中期北方地区和南方地区亲王陵的代表。河南新乡潞简王朱翊镠墓提供了明代晚期北方王陵制度的资料。明朝亲王墓基本都是仿皇陵，其建筑平面布局应该也是仿照当时的王府宫殿建筑。

第二类：一般墓葬

秦墓发现比较少，基本时空框架的建立仍是其主要的工作。汉墓发现的数量在历史时期各王朝中最多，研究不断走向深入。20世纪50年代，洛阳烧沟汉墓的发掘和研究[89]，建立了洛阳汉墓的分期标尺，具有重要的方法论指导意义。20世纪的50年间，考古学者基本构建了汉墓的时空框架，并开始对汉墓进行综合研究[90]。21世纪以来，学者对不同地区各时期不同类型墓葬的发展与演变、时代特征、地域特点和墓葬制度、埋葬习俗等研究均取得很大的成果[91]。并在此基础上，不断揭示出不同时期不同地点的文化差异和融合情况，探讨秦汉统一帝国内各地发展的差异性和文化发展的趋同性[92]。

魏晋南北朝时期北方墓葬发现多，集中于关中、华北和东北地区，在河西、新疆等地区也有发现。山西大同司马金龙墓[93]、西安安伽墓[94]、太原娄睿墓和徐显秀墓[95]等都是重要发现。南方地区发现的江宁上坊孙吴墓[96]、马鞍山朱然墓[97]和当涂"天子坟"[98]等都是重要的高等级墓葬。一些学者根据新发现和新成果进行了综合研究[99]。

唐代墓葬讲究厚葬，随葬品丰富，墓葬壁画精美，重要发现很多。以淮河为界，唐墓分为南北两大区域。20世纪50年代至80年代初，是唐代墓葬的大发现和基本框架构建的时期[100]。随后的20年间，根据隋唐墓葬新的重要发现，学者逐步搭建起隋唐墓葬的时空框架，并对隋唐墓的形制类型、壁画题材、典型随葬品等，及其墓葬所反映的社会问题进行了深入探讨[101]。21世纪以来，关于隋唐墓重要的新成果不是很多[102]。

辽宋金元明清时期墓葬在20世纪，主要都是在基建中发现清理，主动性的发掘很少。因此说，虽然有很多重要发现，但研究水平较弱，处于时空框架的构建阶段[103]。河南禹县北宋末赵大翁墓[104]，是北方地区墓葬形制的范例。《白沙宋墓》考古报告成为历史时期的学术经典。江苏金坛南宋周瑀墓[105]出土一份牒文抄件，是研究宋代手卷装裱形式和官方文件程式难得到实物资料；周瑀尸体保存完好，是重要发现之一。未被盗掘的内蒙古奈曼陈国公主与驸马墓[106]和内蒙古阿鲁科尔沁旗耶律羽之墓[107]、宝山壁画墓[108]等都是辽代考古的重要成果。黑龙江阿城齐国王墓[109]、山西稷山马村墓地[110]、大同冯道真墓[111]是金代考古的重要发现。陕西蒲城洞耳村壁画墓[112]和安徽安庆范文虎墓[113]分别是北方和南方地区的典型元墓。江苏苏州吴王张士诚父母墓[114]是依照南宋帝陵攒宫制度建造成石藏子的结构，形制特殊。江苏淮安王镇墓[115]的尸体和尸服都保存完好，还发现20多幅元明时期的名书画，是明代墓葬的重要发现。

历史时期陵墓考古的重要发现，从一开始就被史学者作为证经补史的手段，长期缺乏考古学本身的研究。《新中国的考古发现和研究》[116]一书中的成果，基本反映了1950—1980年间墓葬考古的情况。20世纪后半叶历史时期墓葬考古研究，除两汉、唐代和辽代外，其他各个时代的考古论著寥寥无几。这与从事历史时期考古研究者较少有关，反映了考古学界自身总体上还是不够重视历史时期的考古学研究。进入21世纪，各个朝代墓葬的分期和分区、墓葬形制结构、随葬品及其组合特征和墓葬礼俗等研究有了很大的推进[117]。历史时期墓葬考古研究有着美好的前景，必将为中国古代史的深入研究做出较大的贡献。

三、陶瓷手工业等的多面化

（一）陶瓷窑址等手工业遗存

手工业考古是中国考古学的重要组成部分，也是研究的重点领域之一。汉代陶瓷烧造业已有一些重要发现[118]。魏晋南北朝时期的陶瓷器生产，南方以青瓷器烧造为主，瓷器制作承袭了东汉制瓷业并迅速发展。浙江越窑、德清窑、婺州窑，江西洪州窑，湖南岳州窑，福建怀安窑，四川邛窑等窑址遍布南方各地[119]。北方地区则以釉陶器烧造为主，并在吸收南方青瓷制作技术的基础上，创烧出白瓷[120]。主要窑址有河南巩义白河窑、安阳相州窑、河北邢台邢窑、磁县贾壁村窑、淄博寨里窑、徐州户部山窑等[121]。

隋唐时期是中国瓷器发展的重要阶段。从20世纪50年代，学者开始诸窑址踏查，采集标本，并进行对比研究[122]；到20世纪末，文献所记的唐代各著名窑口已基本找到，不同地区的窑系区分基本清楚，制瓷业基本形成了"南青北白"的局面。南方地区青瓷窑场多沿袭前朝，主要有浙江越窑[123]、婺州窑[124]、江西洪州窑[125]、安徽寿州窑窑[126]、湖南岳州窑[127]、长沙窑[128]和四川邛窑[129]等。北方地区白瓷窑场主要有河北邢窑[130]、定窑[131]、河南白河窑[132]、相州窑[133]、陕西黄堡窑[134]等。北方瓷窑用圆窑，窑口呈马蹄形；南方越窑用龙窑。唐三彩在墓葬、寺院地宫和遗址中均有发现。三彩窑址主要有河北内丘邢窑，河南巩义大小黄冶窑[135]和白河窑，陕西黄堡窑，山西浑源界庄窑[136]等。关于唐青花[137]、秘色瓷[138]、官款瓷器[139]等问题，一直是学者高度关注的热点。

入宋以后，由于商品经济的发展，烧瓷技术的提升和社会需求的提高，制瓷手工业的发展达到前所未有的高度。从1950—1980年间，学者们对古代瓷窑遗址进行普查，在全国发现窑址"数以千计"[140]，基本掌握了古代窑址的分布状况、各主要窑址的产品及其特征，为窑址的发掘和研究奠定基础。1980—2000年间，考古学者陆续发掘了40余座窑址，一半以上是首次主动性发掘。较重要的北方窑址有北京龙泉务窑[141]，河北磁县磁州窑[142]、曲阳定窑[143]，河南宝丰清凉寺汝窑[144]、禹州钧台窑[145]，陕西耀州窑[146]，宁夏灵武窑[147]等；南方窑址有浙江杭州乌龟山南宋官窑[148]、龙泉窑[149]，福建建窑、德化窑[150]，江西湖田窑和市区御窑厂[151]、吉州窑[152]，安徽繁昌窑[153]，广东潮州窑[154]，重庆涂山窑[155]等。

21世纪以来，考古学者取代瓷器鉴定家成为陶瓷考古的主力军。学者带着明确学术目的发掘相关瓷窑址，研究范围涵盖瓷窑址的各个朝代和不同区域。大量考古发掘报告（如前述）和综合性研究专著[156]也相继问世。

（二）冶铸址和煤矿址等其他手工业遗存

70年来，秦汉手工业生产在铁器生产[157]、铜器制造[158]、漆器加工[159]、玉器制造[160]、钱币铸造[161]和丝绸织造[162]等方面，都取得了程度不等的考古研究成果。除瓷器外，魏晋南北朝时期的铜镜[163]生产和漆器[164]制造，也延续两汉的辉煌，取得了一定的发展。

隋唐时期铜矿有重要发现。南京江宁汤山镇的唐代铜矿遗址中，发现古坑道12处、古采场4个和一处冶炼遗迹[165]。隋唐时期手工业遗存较多，铜镜铸造发达，镜类丰富，造型和装饰多样[166]。此外还有丝绸加工、钱币铸造、铁器生产等。

宋代冶铁业已有长足的发展。采掘冶铁地区从传统的北方、东南等地，扩大到南方地区。山东莱芜、河北武安（属磁州）、河南安阳（属相州）都发现了冶铁遗址。冶铁业的发展，促进了生产专业化。炒钢技术已经广泛使用，"灌钢"技术也日益成熟。出现了"磁州炼钢""耒阳制钉"等的名号。宋代冶铁业的发展，利于各种工具的改进，并出现了大量的铁铸工艺品。浙江义乌双林寺中，生铁铸造的大、小铁塔，具有一定的代表性。宋代冶铜业出现了重要的技术创新，开始使用胆铜法。宋代不仅铸铜钱较多，而且铜镜生产也发达。浙江湖州、江西饶州、四川成都是民间三大铸镜中心。

宋元时期煤矿业有了很大的发展。煤炭开采量剧增，而且采煤技术和方法有较大的进步。河南鹤壁窑发现宋代煤矿遗迹，有一个井筒、四条较大的巷道、一口排水用的积水井、10个采煤工作面（即采煤区），还有相应的运煤、照明等生产工具和生活用具[167]。

江西高安华林造纸作坊遗址是目前我国最为重要的造纸遗址，历经南宋、元和明三代，发现数十个与造纸有关的遗存[168]。

四、边疆民族和中外文化交流考古

（一）少数民族建立的地方区域政权

所谓少数民族建立的地方区域政权是相对于汉族统治者建立的秦汉、隋唐、元明清等统一帝国而言。

1.唐朝以前的地方区域政权

秦汉时期的边疆和少数民族地区，包括南方的南越、闽越、西南夷等；还有北方的匈奴、鲜卑、乌桓等地区。70年来的秦汉考古调查发掘和研究表明，这些地区的社会和文化，有的虽受中原王朝的影响，但保持自己民族特色继续发展；有的则在中原秦汉文明日益加深的影响下出现或多或少的融合或同化。汉王朝曾在今朝鲜半岛设立乐浪、玄菟、临屯、真番四郡，在今中南半岛设立交阯、九真、日南三郡。这些地区发现的汉文化遗存，是东亚"汉文化圈"逐渐形成的重要物证。

靺鞨族建立的渤海国是唐朝东北地区重要的属国。考古学者主要发现了都城址、村落址和墓葬等。渤海上京城[169]、西古城[170]、八连城[171]等系列的考古调查、勘探与发掘工作，极大地推进了渤海都城的研究[172]。村落遗址有海林市渡口[173]、振兴、河口遗址[174]等。较重要的贵族墓地有吉林敦化六顶山贵族墓群[175]、黑龙江海林山咀子墓群[176]等；黑龙江宁安虹鳟鱼场墓地是规模最大的平民墓地，发掘320多座墓葬[177]。

南诏国占据云贵高原地区。考古学者先后调查太和城[178]、羊苴咩城[179]、大厘城[180]等，弄清各城址的所在位置和四至范围。此外还调查发现巍山南诏宫殿建筑遗址[181]和一些墓葬遗存[182]。21世纪以来，考古学者对大理太和城遗址进行主动性发掘，取得了一系列新进展。

吐蕃王朝占据青藏高原地区。考古学者对西藏山南琼结藏王陵墓的调查和勘测[183]，是吐蕃考古的重要新进展。20座陵墓分为东西两陵区。封土覆斗形，分方形和梯形两种。地面遗物仅存赤德松赞纪功碑[184]和石狮。吐蕃时期墓葬比较集中于西藏昌都地区、拉萨和林芝地区、南部的山南地区。1982—2014年发掘的青海都兰县热水墓群是吐蕃统治下的邦国吐谷浑墓葬[185]，是吐蕃考古的重要发现。

2.土司考古及其宋以后的地方区域政权

土司考古是伴随土司遗址申请世界文化遗产而于近年提出的新概念[186]。广义的"土司遗存"的发现，可上溯1957年发掘的贵州遵义南宋播州安抚使杨粲墓。杨粲是1972年以后陆续发掘的贵州遵义明代"播州土司"杨氏家族墓地[187]的先祖之一；湖南湘西土家族苗族自治州凤凰县的田氏家族墓主人[188]为明代五寨长官司。这些少数民族地区统治者墓志和遗物的出土，对于认识明代的民族关系大有裨益。

21世纪以后，土司遗址申请世界文化遗产过程中，考古学者对贵州、湘西等地的土司遗存进行了有计划的科学发掘，取得了突破性的成果。遵义海龙囤城是西南地区规模最大、保存最好的土司城堡[189]，实际上存在南宋和明代万历时期两个时代的城垣和关隘[190]。杨铿等土司墓葬的发表[191]，无疑为学界提供十分重要的考古新资料。湖南永顺老司城是彭氏土司数百年的司治所在。历次考古发掘、调查成果的刊布，是研究湘西土司的重要资料[192]。

1975年在辽宁鞍山倪家台发掘了崔源和其家族成员的19座墓葬[193]，这是目前东北地区最重要的明代考古发现。墓地有完整的茔园，崔氏父子都在辽东都指挥司任职，为地方最高军事长官。特别是所出墓志记载了与奴儿干都司有关的内容，具有较高的历史价值。

（二）中外文化交流的考古遗存

1.陆路丝绸之路的考古遗存

我国与周边国家和地区的文化交流，虽据考古资料可上溯到悠远的史前时期，但国家层面的往来则应始于汉武帝派遣张骞的凿通西域。此后，汉帝国通过河西走廊与中亚、西亚等地保持官方往来、民间交流。70年来中国境内不断出土的域外文物，和远在西亚、中亚、南亚、中南亚等地出土的汉代文物，是考察汉代丝绸之路发展和秦汉时期中外文化交流的重要资料，更是"丝绸之路"研究的重要内容[194]。

所谓"丝绸之路"，是中国经中亚、西亚，直至西方拜占庭帝国的陆路交通线。魏晋南北朝时期是民族大融合的重要时期，随着丝绸之路的畅通和发展，中国与周边国家的文化交流日益频繁。西晋武帝太康六年（公元285年），杨颢出使大宛，曾赠予大宛王蓝庚以"大宛王"尊号。东晋僧人法显于元兴二年（公元403年），从陆路抵达当时印度的笈多王朝都城华氏城，并在印度多方游历。洛阳衡山路大墓[195]和西安隋墓拜占庭金币的发现，证明文献资料所载中国与东罗马进行交往和贸易是可信的。大量波斯萨珊王朝钱币的出土和入华粟特人墓葬[196]、文书等发现，显示了中国与中亚地区的文化交流的频繁[197]。

隋唐帝国闻名中外，国际交往异常活跃。通过丝绸之路，与帕米尔高原以西至地中海沿岸的广大中亚、西亚地区保持着交往。在丝绸之路沿线分别发现境外输入的金银器、玻璃器[198]、伊斯兰釉陶器[199]、波斯锦和罗马、波斯萨珊朝、阿拉伯的金银币等，以及外来的宗教遗存和外国人墓葬、碑铭等[200]。同时，中亚的撒马尔罕以及西亚的伊朗、约旦、叙利亚境内都发现了中国的瓷器和铜镜等；中亚、伊朗、伊拉克、叙利亚境内还发现唐三彩器[201]。

在南北朝到隋唐时期，较多的波斯银币、拜占庭、阿拉伯金币、金银器和玻璃器等遗物的发现，出现了中西文化交流的第一个高峰。辽金时期，这条陆路交通线仍然经久不衰。经过蒙元帝国西征后，"丝绸之路"和"草原丝绸之路"形成了中西文化交流的第二次高峰。

辽朝和宋朝的墓葬和佛塔中,都发现了精美的伊斯兰玻璃。辽国发现的玻璃是经由中亚陆路传入辽国境内;而宋朝的伊斯兰玻璃可能是从海路输入的,反映了中外文化交流频繁的情况[202]。内蒙古奈曼辽陈国公主墓中,出土7件伊斯兰玻璃器和1件刻有阿拉伯铭文的錾花铜盆[203],反映了辽国与伊斯兰国家的文化往来和贸易交流。辽代耶律羽之墓中出土的2件鎏金錾花錾耳银杯为典型中亚粟特风格,但外腹壁却錾刻"竹林七贤"图;1件鎏金錾花银壶为突厥样式,却在外壁錾刻8幅"孝子"图,反映了中西文化的交流和融合[204]。

在元代安西王府(今西安秦家街北)宫殿基址的夯土中,曾发现5块铸有阿拉伯数码幻方铁板,是中西文化交流的重要资料[205]。江苏金坛的一座元代窖藏中,共有50余件银器置于一个青花云龙纹瓷罐内。其中1件银盘外底刻有阿拉伯回历714年1月(1314年)的纪年题记[206]。

2. 海上陶瓷之路的新成果

汉帝国通过广州等海港与中南亚、南亚等地建立海上交通。南朝时与印度的交往也多是从海路而来。东晋僧人法显从陆路抵达当时印度笈多王朝都城华氏城,并于东晋义熙八年(公元412年)七月十四日自海路乘船到达山东。而笈多王朝也多次遣使从海路来南朝访问。

魏晋南北朝时期,黄武五年(公元226年),孙吴交州刺史吕岱派中郎将康泰、从事朱应为首的外交使团出访东南亚各国,历时十余年,"其所经及传闻则有百数十国",由此了解各国政治、经济,特别是贸易及物产情况[207]。航海技术的进步,助力海上交通的较快发展。从今东南沿海出发,沿海路可经中南半岛、马六甲海峡往来于印度洋,最远可达西亚一带。这个时期,从海路输入中国的主要是珍宝和香料,而中国输出的仍是以丝织品为大宗。

隋唐时期,在印度尼西亚、菲律宾、巴基斯坦、埃及等国都发现了唐至五代的中国瓷器;印度尼西亚、苏丹、埃及还发现唐三彩器[208]。朝鲜半岛和日本列岛的陵墓结构和都城形制都受到中国的影响。百济武宁王墓的墓室结构和出土遗物与南朝陵墓十分相似,其墓志所载的"宁东大将军"官职,正是南朝梁所册封。隋唐长安城和洛阳城的都城形制和规划理念明显对日本奈良时代的平城京等的营建产生了很大影响[209]。

辽宋金元明时期,我国对外交流出现了新的变化,瓷器取代丝绸成为主要贸易商品,海路逐渐成为对外交流的主渠道。广东广州和福建泉州、明州(今宁波),都是当时对外贸易的重要港口。从埃及福斯塔特、开罗,到东非摩加迪沙、基尔瓦,以及蒙巴萨、马林迪等,都发现了大量的中国外销瓷。这表明10至15世纪,是中国和非洲伊斯兰诸国贸易往来最为繁荣的时期[210]。在韩国新安郡海底发现了宋元时期的沉船,出土陶瓷器2万余件[211]。除极个别高丽瓷和日本瓷外,均属中国所产,反映了朝鲜半岛与南中国贸易往来和文化交流的情况。明代太监韦眷墓中,曾出土1枚威尼斯银币和2枚孟加拉国银币,反映了当时中国与意大利、孟加拉国等国的贸易往来和文化交流[212]。1971—1973年间,在泉州地区发现了5批外国银币,可能是明末清初西班牙从美洲经菲律宾运进我国的,反映了中国与东南亚各国文化往来的情况[213]。宋元明时期的外销瓷器,在一定程度上促进了相关国家制瓷业的产生和发展,成为中外文化交流的历史见证。

3. 造船业和水下考古

宋元时期的造船业兴盛,促进了内河航运的发展和海上交流的繁荣。目前发现的古船主要有两类:一是平底沙船;二是尖底海船。平底沙船,适用于内河航行和近海漕运。重要发现有江苏施桥宋代大木船和独木舟[214]、上海封浜杨湾南宋沉船[215]、上海南汇运输船[216]、天津静海元蒙口村宋代古船[217]、河北磁县南开河村元代末期木船[218]、北京方庄小区元代沉船[219]等。尖底海船,适用于海上远航，多属于远洋商船和军用战船。重要发现有泉州后渚南宋末或元初的尖底海船[220]、宁波东门口宋代海船[221]、泉州法石南宋沉船[222]、山东蓬莱水城元代海船[223]等。这些沉船的结构和修造技术充分反映了当时高超的造船水平。此外，宋元明时期，还发现了一些重要的船厂、码头遗迹，以及故河道、船碇和船锚等遗迹现象。明代郑和出洋远航的"宝船"，其船厂当在今南京汉中门和挹江门之间三汊河的中保村地区[224]。到明代郑和下西洋之时，我国的航海和造船技术都处于世界领先水平。

20世纪80年代末，我国开始了"水下考古"发掘工作。南海1号沉船是中国水下考古正式起步的标志，在中国水下考古发展史上占有重要的位置。南海I号沉船沉没于南海海上丝绸之路的航线之上。它是迄今为止在世界范围内保存较为完好的一艘公元12世纪时期的沉船。南海I号沉船发现于1987年8月，1989年11月首次开展水下考古调查，至2001年重启大规模调查，直至2007年整体打捞出水[225]。近年开始逐步在实验室内清理遗物，是水下考古调查成果的总结。南海I号沉船的遗物品种丰富，数量庞大，其中尤以瓷器为突出，几乎囊括了南宋时期南方主要的外销瓷窑口和瓷器品种，有些遗物的器形甚至是传世品及以往陆地考古发掘中从未发现过的，具有重要的学术价值和艺术价值。此外，还有1990和1995年在福建定海白礁，发掘了宋元时期的"白礁一号"沉船[226]；1992—1997年在辽宁绥中三道岗海域发掘了一艘元代沉船[227]。这些工作反映了我国考古事业的新进展。1989年以来，特别是2004—2010年福建沿海水下考古的调查工作，发现30余处五代至清代的沉船遗址和水下文物地点[228]。这些水下遗址出水遗物有船体、瓷器、陶器、金属器、钱币等。这是水下考古较为重要的学术成果，为研究海上丝绸之路提供了宝贵的实物资料。南澳Ⅰ号沉船位于广东省汕头市南澳县云澳镇三点金海域。2007年6—7月进行调查与试掘。2010年4—7月对"南澳Ⅰ号"沉船进行发掘。发现的船体纵长约27米，有17道隔舱板和16个隔舱。清理各类遗物1万余件，主要是漳州窑16世纪末至17世纪初产品。这是研究明代中晚期海上贸易和外销瓷器的珍贵资料[229]。

4.其他中外文化交流的考古遗存

泉州是宋元时期重要的港口。大量外国人当时侨居这里。当地遗留大量的伊斯兰教墓碑，还有一些古基督教、印度教等宗教石刻。石刻不仅用汉文，还刻有阿拉伯文、叙利亚文和波斯文等，具有很高的学术价值，同时这也是中外文化交流的友好见证[230]。伊斯兰教石刻在泉州发现最多，包括墓碑、墓顶石和石墓，以及礼拜寺内壁龛石刻等。其中墓碑就有200多方，反映了伊斯兰教在泉州的兴盛。泉州通淮门外发现的也里可温墓碑，是较为重要的实物资料[231]。也里可温是元人对基督教（景教和天主教）的统称。此墓碑除用汉文外，还用叙利亚文字母所拼写的突厥语。这反映了景教在这里影响之大，同时表明墓碑所言的教长应是一位突厥族汪古部人。1981年在扬州南郊荷花池又发现了一块基督教也里可温墓碑[232]，也是汉文和叙利亚文合璧的墓碑，主人为蒙古族的景教信徒。1952年在扬州南门水关发现了2块元代的拉丁文墓碑[233]，是我国境内最早的罗马天主教碑石之一，具有重要学术价值。此二墓碑主人喀德邻·维利翁尼和安东尼·维利翁尼都是意大利商人的子女。这是当时中国和西方国家进行贸易和文化交流的真实反映。

五、佛教考古

（一）中国石窟寺考古

1949年以来，全国各地重要的佛教石窟先后建立了文物保护和研究机构，石窟寺的研究逐步走向正轨。中国石窟寺考古的发展历程大致可归纳为两大阶段[234]。

第一阶段为20世纪50—60年代，是中国石窟寺考古的草创阶段。

这一时期调查了新疆、甘肃、陕西、河南、山东、四川及云南等地石窟，发现并确认了一批十六国至北魏时期的石窟，如永靖炳灵寺、武威天梯山、张掖金塔寺、马蹄寺、酒泉文殊山、玉门昌马、庆阳北石窟、泾川南石窟等，维修加固了大量石窟，发掘了敦煌莫高窟部分窟前建筑，为中国石窟寺的调查、保护和研究积累了重要资料和经验。

第二阶段为20世纪70年代至今，是中国石窟寺考古的发展和繁荣阶段。

考古学的方法广泛运用于石窟寺的清理发掘、调查实测和综合研究。先后清理发掘了敦煌莫高窟北区洞窟、克孜尔石窟谷西区窟前遗址、云冈石窟部分窟前建筑及寺院遗址、龙门奉先寺及擂鼓台窟前遗址、太原西山大佛与童子寺以及吐鲁番柏孜克里克石窟、鄯善吐峪沟石窟及窟前建筑等。运用佛教考古的方法对克孜尔谷西区石窟、固原须弥山石窟、邯郸南响堂山石窟、龙门石窟、麦积山石窟部分洞窟及河西地区的早期石窟进行了较全面系统的调查、勘测和记录。这一阶段石窟寺方面的另一重要收获是1992年以来在西藏阿里地区发现了大量公元11—16世纪的晚期石窟群，弥补了藏传佛教石窟艺术的重要缺环。

宿白先生的《中国石窟寺考古》一文纲领性地对中国石窟进行了分区与分期，将全国的石窟划分为新疆地区（古龟兹区、古焉耆区、古高昌区）、中原北方地区（河西区、甘宁黄河以东区、陕西区、晋豫及其以东区）、南方地区和西藏地区，总结了不同区域、不同时期石窟的主要类型、洞窟形制、造像特征、题材组合等，勾勒出中国石窟发展的总体面貌，从中反映了佛教传播的路线、窟龛造像演变的规律以及佛教中心区域对周边的影响[235]。

（二）佛教寺院的考古发现与研究

地面寺院是佛教考古的重要组成部分，由于历史原因，中国内地唐代以前的佛教寺院几乎都已湮没于地下。1950年以来，考古学者发掘了一些中古时期的佛寺遗址，如北魏洛阳永宁寺[236]、北魏平城思远佛寺、东魏北齐邺南城赵彭城佛寺[237]、北齐邺南城大庄严寺[238]、隋大兴灵感寺暨唐长安青龙寺[239]和唐长安西明寺[240]等。上述诸寺均为中原北方地区不同时期都城内具有皇家背景的国家大寺，对当时各地的佛寺规制都有普遍的示范意义，为研究北朝至隋唐时期佛教寺院的传承演变、规划布局、建筑样式、筑造技术、造像类型、埋藏制度乃至崇拜理念提供了翔实的资料，填补了汉唐考古、佛教史、美术史及建筑史上的多项空白。

全国范围内经过较大面积发掘的寺院还有甘肃泾川大云寺、山东博兴龙华寺、临朐白龙寺、河北南宫后底阁佛寺、邯郸常乐寺、江苏扬州龙兴寺、四川邛崃龙兴寺等。边疆地区已发掘的重要佛寺有新疆于田喀拉墩佛寺、民丰尼雅佛寺、策勒达玛沟丹丹乌里克佛寺、托普鲁克墩佛寺、库车苏巴什佛寺、黑龙江宁安渤海上京龙泉府的佛寺、内蒙古巴林左旗辽上京西山坡佛寺、西藏阿里皮央·东嘎遗址的地面佛寺等。为探讨不同地域、不同时代佛教寺院的发展状况提供了线索。

佛塔是寺院重要的组成部分，为配合基本建设及抢救维修等目的，新中国成立以来各地清理发掘了大量北魏至元明时期的塔基，代表性的遗迹如始建于北魏时期的河北定县塔址、辽宁朝阳"思燕浮屠"塔址；隋代遗迹如陕西西安清禅寺塔址、耀州神德寺塔址；唐代遗迹如河北正定开元寺塔址、陕西西安慈门寺塔址、河南洛阳神会和尚塔址、山西太原龙泉寺塔址、陕西扶风法门寺塔址；五代至元明遗迹如河北正定舍利寺塔址、浙江杭州雷峰寺塔址、江苏苏州云岩寺塔址、河南郑州开元寺塔址、河北定县净志寺塔址、净众院舍利寺塔址、山西临猗双塔寺西塔塔址、山东长清真相院舍利塔塔址、临朐明道寺塔址、兖州兴隆寺塔址、浙江宁波天封塔塔址、金华万佛塔塔址、上海松江兴教寺塔址、江苏镇江甘露寺塔址及南京长干寺塔址等。通过对历代的塔址及出土遗物进行系统研究，基本勾勒出中国古代佛塔及舍利瘗埋制度的发展演变历程[241]。

（三）佛教造像的考古发现与研究

以造像碑、背屏造像和造像塔为代表的佛教石刻造像及金铜佛像也是佛教考古研究的主要资料之一。新中国成立以来大规模出土的佛教造像主要集中在三大区域。

1. 以成都为中心的南朝造像

成都万佛寺自清末起就有零星造像发现，1953—1954年配合基建出土200余件。近年在成都市区商业街、西安路、宽窄巷子、下同仁路等地均有不同规模的造像出土，另在彭州、江津、茂县、汶川等地也有少量发现[242]。成都地区是目前南方地区出土佛教造像最为集中之地，是研究南朝造像极其重要的资料。

2. 以平城、洛阳和邺城为轴心的北魏至东魏北齐造像

中原北方东部地区是北魏以来佛教极为兴盛之地，20世纪中叶以来先后出土了大量佛教造像，其中包括数次出土量超过千件（块）的重大发现，为探讨这一时期造像的区系类型、题材内容及风格样式提供了丰富的实物资料。

1954年曲阳修德寺清理出各类造像及残块2200余件，多数为北朝晚期中小型背屏式造像，其中纪年像247件[243]。1957年山西沁县南涅水出土北魏至北宋石刻造像760余件，多为东魏北齐至隋唐时期的造像塔和单体造像[244]。1996年山东青州龙兴寺出土北魏至北宋造像400余件，大型背屏式造像及单体圆雕像最具特色[245]，类似造像在青州周边的诸城、无棣、惠民、博兴、临朐、广饶、高青、昌邑、寿光等地均有发现。2012年河北临漳邺城遗址北吴庄佛像埋藏坑发掘出土北魏至唐代造像2895件（块），题记造像300件左右，主要是东魏北齐时期[246]。类似造像在河北藁城、定州、蠡县、灵寿、正定、南宫、黄骅等地普遍有见。

3. 以长安为中心的西魏北周至隋唐造像

关陇一带是中原北方西部地区的政治、经济和宗教中心，历年各地陆续出土了数量众多的北朝至唐宋时期的佛教造像，现主要收藏于碑林博物馆和西安博物院[247]。近年值得关注的发现是2004年汉长安城遗址出土31件北周造像[248]，2012—2013年甘肃泾川大云寺出土北周至宋代造像260余件[249]。关中陇东地区出土佛像是研究西魏北周及隋唐时期佛教造像的重要资料。

六、余　论

70年来，中国历史时期考古学的发掘和研究，从起步，经过停滞，到复苏，再到快速发展。可以说，经过几代学者的不懈努力，坚持以马克思主义的唯物史观为指导，历史时期考古学取得了丰硕的成果。特别是新世纪以来，历史时期考古全面开花，各朝代的断代考古发掘和研究趋于均衡。历史时期的考古学家开始充分利用现代科技手段，提升考古发掘的精度和学术研究的质量，切实推进学科建设。考古发掘报告和学术专著呈井喷之势，反映出学科发展的势头正劲。但是也存在诸多问题需要正视。

（一）阶段和区域考古工作的不平衡性

中国历史时期考古学涉及秦、西汉、东汉、魏晋南北朝、隋唐、辽金和两宋、元、明、清诸王朝。因为各个朝代考古发现数量的不均衡，导致各个朝代的断代考古学研究存在很大的差异。同时，在全国各省、市、自治区中，因为主客观原因，考古发现明显分布不均。形成阶段和区域考古

工作的不平衡性。

《新中国的考古发现和研究》介绍20世纪50—70年代的考古发现和研究时，可以清晰地看到，西汉、隋唐、辽和北宋的考古发现较多，而其他王朝的考古材料相对较少。朝代差异和区域差异都很明显。综合研究较为罕见。20世纪的后20年间，这种不平衡性得到一定程度的改善，但考古发掘项目多是配合基本建设而展开的，并且综合研究仍然严重滞后[250]。进入21世纪，国家经济实力增强，考古发掘经费越来越充足，考古发掘项目成倍增长，而且主动性的发掘项目日益增多。同时伴随硕士生和博士生的剧增，各个朝代城址、墓葬、瓷器手工业、佛教、中外文化交流等诸方面，都有大量学术论文和专著刊发，大大改善了历史时期考古学的不平衡性。

（二）碎片化研究和学科体系的建设等

历史时期考古学涉及朝代多，门类广，内容庞杂。学者多单打独斗式学术研究，形成历史时期考古发掘和研究的碎片化程度较高。近年来，国家文物局提出的"考古中国"跨地区综合考古发掘和研究项目的设立，以及中国考古学会组织了不同朝代和专业的学术研究专门委员会等，都对考古学者和学术研究进行了局部整合。这些举措有利于相关学者的学术交流，有利于克服碎片化的学术研究倾向。

历史时期考古学，较先秦考古学研究，涉及的领域更为广泛。除了田野发掘技术外，作为一个历史时期的考古工作者需要一定的历史文献学、古建筑学、佛教等宗教学、美术史等方面的素养，才能对各个时期的特定遗存进行较好的发掘和研究。或许因为所谓"门槛"相对高些，所以历史时期考古学者人数明显低于先秦时期考古学者。

20世纪历史时期考古学的学科体系建设很薄弱。21世纪以来，考古发掘资料积累到相当程度，学者的人数和层次也都大幅度提升，因此，历史时期考古学科建设提到重要的议程上来。一些睿智的学者有意识地立足田野发掘的考古资料，通过深入的综合研究，逐渐搭建各朝代的考古学科体系，强化专业人才培养，切实推进学术研究。

（三）考古新动态和展望

中国历史时期考古学是基础学科。因此，考古学者首先务必切实做好田野考古发掘工作，充分利用多学科合作和现代科技手段，最大限度地获取科学准确的学术资料。这是最重要的基本工作要求。其次，逐步归纳和总结历史时期考古发掘和研究的理论和方法，提升学术研究的层次。

都城考古发掘和研究，是中国历史时期考古学的核心内容。因此，新中国之初，作为国家队的中国科学院考古研究所就组队在洛阳、西安进行主动性考古发掘。梳理都城考古的历程，1950—1980年间，都城考古仅限于西安、洛阳和北京。除咸阳城外，基本都是中国科学院考古研究所主持的都城考古工作。1980年以后，中国社会科学院考古研究所继续利用科研优势，扩展都城考古的范围。同时全国各省级考古单位科班出身的考古专业人员，立足本身的学科特点，也陆续对重要的都城遗址进行考古调查和发掘工作。在20世纪的50年间，可以说前30年基本处于都城考古资料的积累阶段；后20年，一些著名学者开始思考和总结都城考古技术和方法。徐苹芳先生在20世纪80年代根据元大都遗址考古发掘和研究实践，率先提出"古今重叠型"城市考古的研究方法[251]。此后，宿白先生和徐苹芳先生等从不同的角度对历史时期城市考古进行了具有指导性的研究和论述[252]。

历史时期的城址大体可以分为古今重叠型城址和荒野型城址两大类。进入21世纪后，新一代考古学者在承继前辈学者的基础上，对"城市考古"考古发掘理念和技术方法不断地进行实践和总结[253]。北京大学考古文博学院等一批硕士和博士生，都在运用"古今重叠型城址"考古方法进行城市考古案例研究的实践。中国社会科学院考古研究所汉唐考古研究室各城址考古队在前辈学者方法论的基础上，尝试进行精细化考古发掘和关键性解剖，全息获取城市考古资料的实践和探索，取得了很好的效果。国家文物局城市考古专题研修班的举办，反映了国家文物局对城市考古人才培养的高度重视[254]。历史时期考古学理论和方法需要在传统方法论的基础上不断研讨和尝试[255]，需要学术创新。可以预见，在不远的将来，中国历史时期城市考古会取得更为耀眼的新成果。

城市考古、陵墓考古、手工业考古和佛教遗址考古的主动性发掘越来越多，综合性研究越来越丰富，将是以后历史时期考古的新常态。历史时期考古学科建设、高水平专业人才培养、历史时期考古学方法论探索将是近年工作的重点。

从秦汉，到隋唐，再到元明清，多元一体中华民族国家从统一到分裂与融合，再到更高一级的统一。循环往复，展现了以汉族为主体的中华民族的向心力和凝聚力。历史时期考古学的新发现和研究，为加强多元一体中华民族国家形成和发展的研究提供了强有力的学术支撑。

秦汉至明清时期是现今多元一体中华民族形成发展和国家疆域定型的重要阶段。同时也是古代帝国各种规制完善和定型的重要时期。考古学所见的城市规划和形制布局、陵墓制度和习俗、手工业的发展和特点、中外文化交流遗存等，只是古代社会的一个截面。管中窥豹，历史时期考古发现和研究，对于宣传中华传统文化、更好地理解现今多元一体中华民族形成发展和国家疆域的形成发展演变史具有十分重要的意义。

附记：这是我在刘瑞、刘涛、韩建华、何利群和王睿提供的相关资料基础上进行编著的综述文章。如有讹误，责任在我。我于1993年7月加入汉唐考古研究室，后来在新成立的边疆考古研究中心，曾任研究室秘书，在孟凡人主任直接领导下工作6年之久，得先生教诲良多。特别是孟先生引领我走进辽宋金元明时期考古的殿堂，实是我学术生涯的重要转折，始终铭记于心。我将汉唐考古研究室6位同仁一起署名，共同恭贺孟凡人先生八秩大寿，以示汉唐考古研究室薪火相传的优良传统。董新林补记。

注 释

[1] 中国社会科学院考古研究所：《新中国的考古发现和研究》前言第1—3页，文物出版社，1984年。

[2] a.《钜鹿宋代故城发掘记略》，见《历史博物馆丛刊》（第一册），历史博物馆，1926年。

　　b. 卫聚贤：《中国考古小史》第80页，上海商务印书馆，1934年。

[3] 陕西省考古研究所：《秦都咸阳考古报告》，科学出版社，2004年。

[4] 中国社会科学院考古研究所等：《阿房宫前殿遗址的考古勘探与发掘》，《考古学报》2005年第2期。

[5] 中国社会科学院考古研究所等：《秦汉上林苑——2004—2012考古报告》，文物出版社，2018年。

[6] 刘瑞等：《西安阎良栎阳城遗址》，见《2017年中国重要考古发现》，文物出版社，2018年。

[7] 中国社会科学院考古研究所：《新中国的考古发现和研究》，文物出版社，1984年。

[8] 中国社会科学院考古研究所：《中国考古学·秦汉卷》第178页，中国社会科学出版社，2010年。

[9] 刘振东：《西汉长安城的沿革与形制布局的变化》，见《汉代考古与汉文化国际学术研讨会论文集》，齐鲁书社，2006年。

[10] 中国社会科学院考古研究所：《新中国的考古发现和研究》，文物出版社，1984年。

[11] 中国社会科学院考古研究所西安唐城工作队：《唐大明宫含元殿遗址1995—1996年发掘报告》，《考古学报》1997年第3期。

[12] 中国社会科学院考古研究所等：《唐大明宫遗址考古发掘与研究》，文物出版社，2007年。

[13] 段鹏琦：《三国至明代考古学五十年》，《考古》1999年第9期。

[14] 中国社会科学院考古研究所洛阳汉魏故城队：《河南洛阳市汉魏故城太极殿遗址的发掘》，《考古》2016年第7期。

[15] 段鹏琦：《三国至明代考古学五十年》，《考古》1999年第9期。

[16] 徐光冀：《曹魏邺城的平面复原研究》，见《中国考古学论丛——中国社会科学院考古研究所建所40年纪念》，科学出版社，1993年。

[17] 中国社会科学院考古研究所等：《邺城考古发现与研究》，文物出版社，2014年。

[18] 丘刚：《开封文物考古工作的回顾与展望》，见《开封考古发现与研究》，中州古籍出版社，1998年。

[19] 河南省文物考古研究院等：《河南开封北宋东京城顺天门遗址2012—2017年勘探发掘简报》，《华夏考古》2019年第1期。

[20] 杭州市文物考古研究所；《南宋太庙遗址》，文物出版社，2007年。

[21] 中国社会科学院考古研究所等：《南宋官窑》，中国大百科全书出版社，1996年。

[22] 杜正贤：《南宋都城临安研究——以考古为中心》，上海古籍出版社，2016年。

[23] 王志高：《六朝建康城遗址考古发掘的回顾与展望》，《南京晓庄学院学报》2008年第1期。

[24] 安徽省文物考古研究所等：《大遗址考古让古都重现六百年前的恢宏》，《中国文物报》2019年3月9日。

[25] 《金中都的考古调查与发掘》，见《北京考古四十年》，北京燕山出版社，1990年。

[26] a. 徐苹芳：《元大都的勘查和发掘》，见《中国城市考古学论集》，上海古籍出版社，2015年。
b. 中国社会科学院考古研究所：《新中国的考古发现和研究》，文物出版社，1984年。

[27] 故宫博物院考古研究所：《故宫隆宗门西元明清时期建筑遗址2015—2016年考古发掘简报》，《故宫博物院院刊》2017年第5期。

[28] 李逸友：《辽中京遗址发掘的重要收获》，《文物》1961年第9期。

[29] 内蒙古文物考古研究所：《辽上京城址勘查报告》，见《内蒙古文物考古文集》第一辑，中国大百科全书出版社，1994年。

[30] a. 中国社会科学院考古研究所等：《内蒙古巴林左旗辽上京宫城城墙2014年发掘简报》，《考古》2015年第12期。
b. 董新林、汪盈：《辽上京考古发掘新成果和新认识》，《中国社会科学报》2016年9月23日。

[31] 黑龙江省文物考古研究所：《哈尔滨市阿城区金上京皇城西部建筑址2015年发掘简报》，《考古》2017年第6期；《哈尔滨市阿城区金上京南城南垣西门址2014年发掘简报》，《考古》2019年第5期。

[32] 贾洲杰：《元上都调查报告》，《文物》1977年第5期。

[33] 魏坚：《元上都城址的考古学研究》，《蒙古史研究》第八辑，2005年；《元上都》，中国大百科全书出版社，2008年。

[34] 杨星宇：《元上都穆清阁考古发掘述论》，《北方文物》2014年第2期。

[35] 河北省文物研究所；《元中都——1998—2003年发掘报告》，文物出版社，2012年。

[36] 沈阳市文物考古研究所：《辽宁沈阳汉王宫遗址发掘简报》，《文物》2018年第2期。

[37] 湖南省文物考古研究所：《里耶发掘报告》，岳麓书社，2007年。

[38] 黄朴华：《长沙古城址考古发现与研究》，岳麓书社，2016年。

[39] 南越王宫博物馆筹建处等：《南越宫苑遗址》，文物出版社，2008年。

[40] 东北博物馆：《辽阳三道壕西汉村落遗址》，《考古学报》1957年第1期。

[41] 河南省文物考古研究所等：《河南内黄县三杨庄汉代庭院遗址》，《考古》2004年第7期。

[42] 中国社会科学院考古研究所等：《扬州城：1987—1998年考古发掘报告》，文物出版社，2010年；《扬州城遗址考古发掘报告（1999—2013年）》，文物出版社，2015年。

[43] 宿白：《隋唐城址类型初探》，见《纪念北京大学考古专业三十周年论文集》，文物出版社，1990年。

[44] 徐苹芳：《宋元明考古》，见《中国大百科全书·考古卷》，中国大百科全书出版社，1986年。

[45] a. 肖爱玲：《西汉城市体系的空间演化》，商务印书馆，2012年。
b. 徐龙国：《秦汉城邑考古学研究》，中国社会科学出版社，2013年。
c. 陈博：《从中心到边疆——汉帝国城市与城市体系的考古学研究》，科学出版社，2016年。

d. 杭侃：《宋元时期的地方城镇——以中原北方、川东和江南地区为例》，《燕京学报》新23期，北京大学出版社，2007年。

[46] 陕西省考古研究所始皇陵秦俑坑考古发掘队：《秦始皇陵兵马俑坑一号坑发掘报告》，文物出版社，1988年。

[47] a. 陕西省考古研究所、秦始皇兵马俑博物馆：《秦始皇陵园考古报告（1999）》，科学出版社，2000年；《秦始皇陵园考古报告（2000）》，科学出版社，2006年。

b. 陕西省考古研究院等：《秦始皇帝陵园考古报告（2001—2003）》，文物出版社，2007年。

c. 秦始皇帝陵博物馆：《秦始皇帝陵园考古报告（2009—2010）》，科学出版社，2012年。

[48] 中国社会科学院考古研究所：《宣帝杜陵陵园遗址》，科学出版社，1993年。

[49] 陕西省考古研究所：《汉阳陵》，重庆出版社，2001年。

[50] 焦南峰：《西汉帝陵考古发掘研究的历史及收获》，《西部考古》第一辑，三秦出版社，2006 年；《西汉帝陵形制要素的分析与推定》，《考古与文物》2013年第5期。

[51] a. 洛阳市第二文物工作队：《洛阳邙山陵墓群的文物普查》，《文物》2007年第10期；《洛阳孟津朱仓东汉帝陵陵园遗址》，《文物》2011 年第 9 期。

b. 严辉、张鸿亮、卢青峰：《洛阳孟津朱仓东汉帝陵陵园遗址相关问题的思考》，《文物》2011年第9期。

[52] 河南省文物考古研究所：《曹魏高陵考古发现与研究》，文物出版社，2010年。

[53] a. 大同市博物馆等：《大同方山北魏永固陵》，《文物》1978年第7期。

b. 大同市博物馆：《大同北魏方山思远佛寺遗址发掘报告》，《文物》2007年第4期。

[54] 河南省文化局文物工作队：《洛阳北魏长陵遗址调查》，《考古》1966年第3期。

[55] 中国社会科学院考古研究所洛阳汉魏城队等：《北魏宣武帝景陵发掘报告》，《考古》1994年第9期。

[56] 黄明兰：《洛阳北魏景陵位置的确定和静陵位置的推测》，《文物》1978年第7期。

[57] 刘斌：《洛阳北魏节闵帝元恭墓》，《大众考古》2014年第3期。

[58] 中国社会科学院考古研究所等：《磁县湾漳北朝壁画墓》，科学出版社，2003年。

[59] a. 陕西省文物管理委员会：《唐乾陵勘查记》，《文物》1960年第4期。

b. 段鹏琦：《三国至明代考古五十年》，《考古》1999年第9期。

[60] 陕西省考古研究院唐陵考古队：《唐陵大遗址考古的思路与方法》，《考古与文物》2010年第1期。

[61] a. 陕西省考古研究院等：《唐玄宗泰陵陵园遗址考古勘探、发掘简报》，《考古与文物》2011年第3期。

b. 陕西省考古研究院：《唐高祖献陵陵园遗址考古勘探与发掘简报》，《考古与文物》2013年第5期。

[62] 张建林：《唐代帝陵陵园形制的发展与演变》，《考古与文物》2013年第5期。

[63] 河南省文物考古研究所等：《北宋皇陵》，中州古籍出版社，1997年。

[64] 黄昊德、罗汝鹏：《浙江绍兴兰若寺墓地考古获得重要发现》，《中国文物报》2018年1月26日。

[65] 中国社会科学院考古研究所等：《内蒙古巴林左旗辽祖陵一号陪葬墓》，《考古》2016年第10期。

[66] 中国社会科学院考古研究所等：《辽代祖陵黑龙门址和四号建筑基址考古发掘》，《考古》2011年第1期。

[67] 中国社会科学院考古研究所等：《内蒙古巴林左旗辽代祖陵龟趺山建筑基址》，《考古》2011年第8期。

[68] a. 辽宁省文物考古研究所：《辽宁北镇市辽代帝陵2012—2013年考古调查与试掘》，《考古》2016年第10期。

b. 辽宁省文物考古研究所等：《辽宁北镇市辽代耶律弘礼墓发掘简报》，《考古》2018年第4期。

c. 万雄飞等：《医巫闾山辽代帝陵考古取得重要收获——辽宁北镇新立辽代建筑遗址发现辽乾陵陵前祭殿和乾陵玄宫》，《中国文物报》2018年9月21日。

[69] 宁夏文物考古研究所：《西夏陵》，东方出版社，1995年。

[70] 宁夏文物考古研究所等：《西夏三号陵》，科学出版社，2007年；《西夏六号陵》，科学出版社，2013年第8期。

[71] 北京市文物研究所：《北京金代皇陵》，文物出版社，2006年。

[72] 长陵发掘委员会工作队：《定陵试掘简报》，《考古》1958年第7期、1959年第7期。

[73] 中国社会科学院考古研究所等：《定陵》，文物出版社，1990年。

[74] 南京大学历史系等：《明孝陵下马坊区域考古勘探简报》，《南方文物》2014年第2期。

[75] 董新林：《中国古代陵墓考古研究》，福建人民出版社，2005年。

[76] a. 焦南峰：《西汉帝陵田野考古工作的新进展》，《考古与文物》2011年第3期；《西汉帝陵形制要素的分析

与推定》，《考古与文物》2013年第5期。

    b. 沈睿文：《唐陵的布局——空间与秩序》，北京大学出版社，2009年。

    c. 郑承燕：《辽代贵族丧葬制度研究》，文物出版社，2014年。

    d. 刘毅：《明代帝王陵墓制度研究》，人民出版社，2006年。

[77] a. 刘瑞、刘涛：《西汉诸侯王陵墓制度研究》，中国社会科学出版社，2010年。

    b. 刘尊志：《汉代诸侯王陵研究》，社会科学文献出版社，2012年。

[78] 中国社会科学院考古研究所等：《满城汉墓发掘报告》，文物出版社，1980年。

[79] 大葆台汉墓发掘组等：《北京大葆台汉墓》，文物出版社，1989年。

[80] 河南省文物考古研究所：《永城西汉梁国王陵和寝园》，中州古籍出版社，1996年。

[81] 广州市文物管理委员会等：《西汉南越王墓》，文物出版社，1991年。

[82] 山东省文物考古研究所等：《山东定陶县灵圣湖汉墓》，《考古》2012年第7期。

[83] 湖南省博物馆等：《长沙马王堆一号汉墓》，文物出版社，1973年；《长沙马王堆二、三号汉墓》，文物出版社，2004年。

[84] 江西省文物考古研究所等：《南昌市西汉海昏侯墓》，《考古》2016年第7期。

[85] 山东省博物馆：《发掘明朱檀墓纪实》，《文物》1972年第5期。

[86] 中国社会科学院考古研究所等：《成都凤凰山明墓》，《考古》1978年第5期。

[87] 湖北省文物考古研究所等：《梁庄王墓》，文物出版社，2007年。

[88] 济南市文化局文物处等：《山东长清县明德王墓群发掘简报》，《考古学集刊》第11集，1997年。

[89] 中国科学院考古研究所：《洛阳烧沟汉墓》，科学出版社，1959年。

[90] a. 王仲殊：《汉代考古学概论》，科学出版社，1991年。

    b. 韩国河：《秦汉魏晋丧葬制度研究》，陕西人民出版社，1999年。

[91] a. 黄晓芬：《汉墓的考古学研究》，岳麓书社，2003年。

    b. 蒲慕州：《墓葬与生死——中国古代宗教之省思》，中华书局，2008年。

    c. 蒋璐：《北方地区汉墓的考古学研究》，浙江大学出版社，2016年。

    d. 刘振东：《冥界的秩序——中国古代墓葬制度概论》，文物出版社，2015年。

[92] 蒋晓春：《三峡地区秦汉墓研究》，巴蜀书社，2010年。

    b. 杨勇：《战国秦汉时期云贵高原考古学文化研究》，科学出版社，2011年。

    c. 宋蓉：《汉代郡国分治的考古学观察——以关东地区汉代墓葬为中心》，上海古籍出版社，2016年。

    d. 吴小平：《两汉时期云贵地区汉文化的考古学探索》，浙江大学出版社，2018年。

    e. 刘瑞：《秦汉帝国南缘的面相——以考古视角的审视》，中国社会科学出版社，2019年。

[93] 山西省大同市博物馆等：《山西大同石家寨北魏司马金龙墓》，《文物》1972年第3期。

[94] 陕西省考古研究所：《西安北郊北周安伽墓发掘简报》，《考古与文物》2000年第6期；《西安北周安伽墓》，文物出版社，2003年。

[95] a. 山西省大同市博物馆等：《山西大同石家寨北魏司马金龙墓》，《文物》1972年第3期。

    b. 山西省考古研究所：《太原市娄睿墓发掘简报》，《文物》1983年第3期。

[96] 南京市博物馆等：《南京江宁上坊孙吴墓发掘简报》，《文物》2008年第12期。

[97] a. 安徽省文物考古研究所等：《安徽马鞍山东吴朱然墓发掘简报》，《文物》1986年第3期。

    b. 马鞍山市文物管理所：《安徽省马鞍山市朱然家族墓发掘简报》，《东南文化》2007年第6期。

[98] 叶润清等：《安徽当涂发现高等级东吴宗室墓葬"天子坟"》，《中国文物报》2017年3月10日。

[99] a. 张小舟：《北方地区魏晋十六国墓葬的分区与分期》，《考古学报》1987年第1期。

    b. 韦正：《六朝墓葬的考古学研究》，北京大学出版社，2011年。

    c. 倪润安：《光宅中原——拓跋至北魏的墓葬文化与社会演进》，上海古籍出版社，2017年。

    d. 中国社会科学院考古研究所：《中国考古学·魏晋南北朝卷》，中国社会科学出版社，2018年。

[100] 段鹏琦《唐代墓葬的发掘与研究》，见《新中国的考古发现与研究》，文物出版社，1984年。

[101] a. 傅熹年：《唐代隧道型墓的形制构造和所反映的地上宫室》，见《文物与考古论集》，文物出版社，1986年。

    b. 孙秉根：《西安隋唐墓葬的形制》，见《中国考古学研究——纪念夏鼐先生考古五十年纪念论文集（二）》，科学出版社，1986年。

　　c. 徐殿魁：《洛阳地区隋唐墓的分期》，《考古学报》1989年第3期。

　　d. 王仁波：《隋唐时期的墓室壁画》，见《中国美术全集·绘画编·墓室壁画》，文物出版社，1989年。

　　e. 齐东方：《试论西安地区唐代墓葬的等级制度》，见《纪念北京大学考古专业三十周年论文集》，文物出版社，1990年。

　　f. 权奎山：《中国南方隋唐墓的分区分期》，《考古学报》1992年第2期。

　　g. 宿白：《西安地区的唐墓形制》，《文物》1995年第12期。

[102] a. 李星明：《唐代墓室壁画研究》，陕西人民美术出版社，2005年。

　　b. 齐东方：《唐代的丧葬观念习俗与礼仪制度》，《考古学报》2006年第1期。

　　c. 刘呆运：《关中地区隋代墓葬形制研究》，《考古与文物》2012年第4期。

[103] a. 秦大树：《金墓概述》，《辽海文物学刊》1988年第2期。

　　b. 李逸友：《略论辽代契丹与汉人墓葬的特征和分期》，见《中国考古学会第六次年会论文集（1987）》，文物出版社，1990年；《辽代契丹人墓葬制度概说》，见《内蒙古东部区考古学文化研究文集》，海洋出版社，1991年。

　　c. 刘晓东等：《试论金代女真贵族墓葬的类型及演变》，《辽海文物学刊》1991年第1期。

　　d. 董新林：《中国古代陵墓考古研究》，福建人民出版社，2005年。

[104] 宿白：《白沙宋墓》，文物出版社，1957年。

[105] 镇江市博物馆、金坛县文管会：《江苏金坛南宋周瑀墓发掘简报》，《文物》1977年第7期；《金坛南宋周瑀墓》，《考古学报》1977年第1期。

[106] 内蒙古自治区文物考古研究所等：《辽陈国公主墓》，文物出版社，1993年。

[107] 内蒙古文物考古研究所等：《辽耶律羽之墓发掘简报》，《文物》1996年第1期。

[108] 内蒙古文物考古研究所等：《内蒙古赤峰宝山辽壁画墓发掘简报》，《文物》1998年第1期。

[109] 黑龙江省文物考古研究所：《黑龙江阿城巨源金代齐国王墓发掘简报》，《文物》1989年第10期；《"金源故地"发现金齐国王墓》，《北方文物》1989年第1期。

[110] a. 山西省考古研究所：《山西稷山金墓发掘简报》，《文物》1983年第1期。

　　b. 山西省考古研究所侯马工作站：《山西稷山马村4号金墓》，《文物季刊》1997年第4期。

[111] 大同市文物陈列馆等：《山西省大同市元代冯道真、王青墓清理简报》，《文物》1962年第10期。

[112] 呼林贵、刘合心、徐涛：《蒲城发现的元墓壁画及其对文物鉴定的意义》，《文博》1998年第5期。

[113] 白冠西：《安庆市棋盘山发现的元墓介绍》，《文物参考资料》1957年第5期。

[114] 苏州市文物保管委员会等：《苏州吴张士诚母曹氏墓清理简报》，《考古》1965年第6期。

[115] 江苏省淮安县博物馆：《淮安县明代王镇夫妇合葬墓清理简报》，《文物》1987年第3期。

[116] 中国社会科学院考古研究所：《新中国的考古发现和研究》，文物出版社，1984年。

[117] a. 黄晓芬：《汉墓的考古学研究》，岳麓书社，2003年。

　　b. 蒲慕州：《墓葬与生死——中国古代宗教之省思》，中华书局，2008年。

　　c. 高崇文：《试论先秦两汉丧葬礼俗的演变》，《考古学报》2006年第4期。

　　d. 李梅田：《魏晋北朝墓葬的考古学研究》，商务印书馆，2009年。

　　e. 韦正：《六朝墓葬的考古学研究》，北京大学出版社，2011年。

　　f. 齐东方：《中国古代丧葬中的晋制》，《考古学报》2015年第3期。

　　g. 倪润安：《光宅中原——拓跋至北魏的墓葬文化与社会演进》，上海古籍出版社，2017年。

　　h. 吴桂兵：《两晋墓葬文化因素研究》，南京大学出版社，2017年等。

　　i. 刘呆运：《关中地区隋代墓葬形制研究》，《考古与文物》2012年第4期。

　　j. 齐东方：《唐代的丧葬观念习俗与礼仪制度》，《考古学报》2006年第1期。

　　k. 吴敬：《南方地区宋代墓葬研究》，社会科学文献出版社，2015年。

　　l. 郑承燕：《辽代贵族丧葬制度研究》，文物出版社，2014年。

　　m. 刘未：《辽代墓葬的考古学研究》，科学出版社，2016年。

[118] 申云艳：《秦汉陶瓷器与陶瓷器烧造业》，见《中国考古学·秦汉卷》，中国社会科学出版社，2010年。

[119] 中国社会科学院考古研究所：《中国考古学·魏晋南北朝卷》第296—310页，中国社会科学出版社，2018年。

[120] a. 中国社会科学院考古研究所洛阳汉魏城队：《北魏洛阳城出土的瓷器与釉陶器》，《考古》1991年第12期。
b. 刘涛、钱国祥：《北朝的釉陶、青瓷和白瓷——兼论白瓷起源》，见《中国古陶瓷研究》第十五辑，紫禁城出版社，2009年。

[121] a. 中国社会科学院考古研究所：《中国考古学·魏晋南北朝卷》第310—317页，中国社会科学出版社，2018年。
b. 河北省邢台市文物管理处：《邢台隋代邢窑》，科学出版社，2006年。

[122] a. 冯先铭：《三十年来我国陶瓷考古的收获》，《故宫博物院院刊》1980年第1期。
b. 文物编辑委员会：《中国古代窑址调查发掘报告集》，文物出版社，1984年。

[123] a. 浙江省文物考古研究所等：《寺龙口越窑址》，文物出版社，2002年。
b. 慈溪市博物馆：《上林湖越窑》，科学出版社，2002年。

[124] 贡昌：《谈婺州窑》，见《中国古代窑址调查发掘报告集》，文物出版社，1984年。

[125] 北京大学中国考古学研究中心等：《丰城洪州窑址》，文物出版社，2018年。

[126] 胡悦谦：《谈寿州瓷窑》，《考古》1988年第8期。

[127] 周世荣：《从湘阴市窑址的发掘看岳州窑的发展变化》，《文物》1978年第1期。

[128] 长沙窑课题组：《长沙窑》，紫禁城出版社，1996年。

[129] a. 陈丽琼《邛窑新探》，《四川古代陶瓷》，重庆出版社，1987年。
b. 四川省文物管理委员会等：《邛窑发掘的初步收获》，见《四川古陶瓷研究》，四川省社会科学院出版社，1984年。

[130] a. 河北临城邢瓷研制小组：《唐代邢窑遗址调查报告》，《文物》1981年第9期。
b. 河北省文物研究所等：《邢窑遗址调查、试掘报告》，《考古学集刊》第14辑，文物出版社，2004年。

[131] 河北省文化局文物工作队：《河北曲阳县涧磁村定窑遗址调查与试掘》，《考古》1965年第8期。

[132] a. 郑州市文物考古研究所等：《河南巩义市白河瓷窑遗址调查》，《华夏考古》2001年第4期。
b. 河南省文物考古研究所等：《巩义白河窑考古新发现》，大象出版社，2009年。

[133] 河南省博物馆等：《河南安阳隋代瓷窑址的试掘》，《文物》1977年第2期。

[134] 陕西省考古研究所：《唐代黄堡窑址》，文物出版社，1992年。

[135] a. 刘建洲：《巩县三彩窑址调查》，《中原文物》1981年第3期。
b. 河南省文物考古研究院等：《巩义黄冶窑（上、下）》，科学出版社，2016年。

[136] 孟耀虎、任志录：《山西浑源县界庄唐代瓷窑》，《考古》2002年第4期。

[137] a. 马文宽：《唐代青花瓷研究——兼谈我国青花瓷所用钴料的某些问题》，《考古》1997年第1期。
b. 郑州市文物考古研究所：《唐三彩与唐青花》，科学出版社，2006年。
c. 赵青云、张学：《中国唐青花瓷研究》，黄山书社，2011年。

[138] a. 郑建明：《秘色瓷的发现历史》，《东方收藏》2018年第1期。
b. 陆明华：《唐代秘色瓷有关问题探讨》，《文博》1995年第6期。
c. 权奎山：《唐代越窑秘色瓷的秘色涵义初探》，见《中国·越窑高峰论坛论文集（2007）》，文物出版社，2008年。

[139] a. 冯先铭：《有关临安钱宽墓出土"官"、"新官"款白瓷问题》，《文物》1979年第12期。
b. 李辉柄《关于"官"、"新官"款白瓷产地问题的探讨》，《文物》1984年第12期。

[140] 冯先铭：《三十年来我国陶瓷考古的收获》，《故宫博物院院刊》1980年第1期。

[141] 北京市文物研究所：《北京龙泉务窑发掘报告》，文物出版社，2002年。

[142] 北京大学考古系等：《观台磁州窑址》，文物出版社，1997年。

[143] 河北省文物研究所等：《河北曲阳县涧磁岭定窑遗址A区发掘简报》，《考古》2014年第2期。

[144] 河南省文物考古研究所：《宝丰清凉寺汝窑》，大象出版社，2008年。

[145] 河南省文物考古研究所：《禹州钧台窑》，大象出版社，2008年。

[146] 陕西省考古研究所等：《宋代耀州窑址》，文物出版社，1998年。

[147] 中国社会科学院考古研究所：《宁夏灵武窑发掘报告》，中国大百科全书出版社，1995年。

[148] 中国社会科学院考古研究所等：《南宋官窑》，中国大百科全书出版社，1996年。

[149] a. 浙江省文物考古研究所：《龙泉东区窑址发掘报告》，文物出版社，2005年。

b. 浙江省文物考古研究所等：《龙泉大窑枫洞岩窑址出土瓷器》，文物出版社，2009年。

[150] 福建省博物馆：《德化窑》，文物出版社，1990年。

[151] a. 江西省文物考古研究所等：《景德镇湖田窑址——1988—1999年考古发掘报告》，文物出版社，2007年。

b. 北京大学考古文博学院等：《江西景德镇市明清御窑遗址2004年的发掘》，《考古》2005年第7期；《江西景德镇明清御窑遗址发掘简报》，《文物》2007年第5期。

c. 北京大学考古文博学院等：《景德镇出土明代御窑瓷器》，文物出版社，2009年。

[152] 吉安市博物馆等：《吉州窑》，中国社会科学出版社，2004年。

[153] 安徽繁昌窑遗址考古队：《安徽繁昌窑遗址发掘与研究》，中国社会科学出版社，2010年。

[154] 李炳炎：《宋代笔架山潮州窑》，汕头大学出版社，2004年。

[155] 重庆市文物考古所：《重庆涂山窑》，科学出版社，2006年。

[156] a. 中国陶瓷全集编辑委员会：《中国陶瓷全集》（共15册），上海人民美术出版社，2000年。

b. 张柏：《中国出土瓷器全集》（共16卷），科学出版社，2008年。

c. 叶喆民：《中国陶瓷史》，生活·读书·新知三联书店，2006年。

[157] a. 王巍：《东亚地区古代铁器及冶铁术的传播与交流》，中国社会科学出版社，1999年。

b. 白云翔：《先秦两汉铁器的考古学研究》，科学出版社，2005年；《秦汉铁器与铁器工业》，见《中国考古学·秦汉卷》，中国社会科学出版社，2010年。

[158] a. 白云翔：《秦汉铜器和铜器制造业》，见《中国考古学·秦汉卷》，中国社会科学出版社，2010年。

b. 吴小平、蒋璐：《汉代刻纹铜器考古研究》，浙江大学出版社，2015年。

[159] a. 洪石：《战国秦汉漆器研究》，文物出版社，2006年。

b. 陈振裕：《战国秦汉漆器群研究》，文物出版社，2007年。

[160] 卢兆荫：《秦汉玉器与玉器加工工艺》，见《中国考古学·秦汉卷》，中国社会科学出版社，2010年。

[161] a. 蒋若是：《秦汉钱币研究》，中华书局，1992年。

b. 姜波：《秦汉货币与度量衡》，见《中国考古学·秦汉卷》，中国社会科学出版社，2010年。

[162] 彭浩：《秦汉纺织品与纺织业》，见《中国考古学·秦汉卷》，中国社会科学出版社，2010年。

[163] a. 徐苹芳：《三国两晋南北朝的铜镜》，《考古》1984年第6期。

b. 湖北省博物馆等：《鄂城汉三国六朝铜镜》，文物出版社，1986年。

c. 王士伦、王牧修订：《浙江出土铜镜》（修订本），文物出版社，2006年。

[164] a. 安徽省文物考古研究所等：《安徽马鞍山东吴朱然墓发掘简报》，《文物》1986年第3期。

b. 马鞍山市文物管理所：《安徽省马鞍山市朱然家族墓发掘简报》，《东南文化》2007年第6期。

[165] a. 南京博物院：《近十年来江苏考古的新成果》，见《文物考古工作十年（1979—1989年）》，文物出版社，1991年。

b. 南京市博物馆等：《南京九华山古铜矿遗址调查报告》，《文物》1991年第5期。

[166] a. 孔祥星：《隋唐铜镜的类型与分期》，见《中国考古学会第一次年会论文集》，文物出版社，1979年。

b. 徐殿魁：《唐镜分期的考古学探讨》，《考古学报》1994年第3期。

[167] 河南省文化局文物工作队：《河南鹤壁市古煤矿遗址调查简报》，《考古》1960年第3期。

[168] 江西省文物考古研究所等：《江西高安市华林造纸作坊遗址发掘简报》，《考古》2010年第8期。

[169] a. 黑龙江省文物考古研究所：《渤海上京城——1998—2007年度考古发掘调查报告》，文物出版社，2009年。

b. 中国社会科学院考古研究所：《六顶山与渤海镇》，中国大百科全书出版社，1997年。

[170] 吉林省文物考古研究所等：《西古城——2000—2005年度渤海国中京显德府故址田野考古报告》，文物出版社，2007年。

[171] 吉林省文物考古研究所等：《吉林珲春市八连城内城建筑基址的发掘》，《考古》2009年第6期。

[172] 宋玉彬：《渤海都城故址研究》，《考古》2009年第6期。

[173] 黑龙江省文物考古研究所：《黑龙江海林市渡口遗址的发掘》，《考古》1997年第7期。

[174] 黑龙江省文物考古研究所等：《河口与振兴：牡丹江莲花水库发掘报告》，科学出版社，2009年。

[175] 吉林省文物考古研究所等：《吉林敦化市六顶山墓群2004年发掘简报》，《考古》2009年第6期。

[176] 黑龙江省文物考古研究所等：《黑龙江省海林市山咀子渤海墓葬》，《北方文物》2012年第1期。

[177] 黑龙江省文物考古研究所：《宁安虹鳟鱼场：1992—1995年度渤海墓地考古发掘报告》，文物出版社，2009年。

[178] 云南省考古研究所：《大理太和城遗址调查勘探报告》，见《大理丛书考古文物篇：卷6》，云南民族出版社，2009年。

[179] 马长舟：《阳苴咩城之考察与研究》，《云南师范大学学报（哲学社会科学版）》1985年第2期。

[180] 林荃：《南诏城址概说》，见《南诏文化论》，云南人民出版社，1991年。

[181] 云南省博物馆：《云南巍山县（山龙）屿山南诏遗址的发掘》，《考古》1959年第3期。

[182] 王大道：《云南曲靖珠街八塔台古墓群清理简报》，见《云南考古文集》，云南民族出版社，1998年。

[183] a. 王仁湘、赵慧民、刘建国、郭幼安：《西藏琼结吐蕃王陵的勘测与研究》，《考古学报》2002年第4期。
　　　b. 中国社会科学院考古研究所：《藏王陵》，文物出版社，2006年。

[184] 西藏文管会文物普查队：《赤德松赞墓碑清理简报》，《文物》1985年第9期。

[185] a. 许新国：《中国青海省都兰吐蕃墓群的发现、发掘与研究》，见《7—8世纪东亚地区历史与考古国际学术讨论会论文集》，科学出版社，2001年。
　　　b. 北京大学考古文博学院等：《都兰吐蕃墓》，科学出版社，2006年。
　　　c. 青海省文物考古研究所等：《青海都兰县哇沿水库古代墓葬2014年发掘简报》，《考古与文物》2018年第6期。

[186] 周必素、李飞：《贵州遵义市播州杨氏土司遗存的发现与研究》，《考古》2015年第11期。

[187] a. 贵州省博物馆：《遵义高坪"播州土司"杨文等四座墓葬发掘记》，《文物》1974年第1期。
　　　b. 刘恩元：《遵义团溪明播州土司杨辉墓》，《文物》1995年第7期。

[188] 《湘西凤凰县五寨长官司彭氏墓调查》，《文物》1962年第1期。

[189] 贵州省文物考古研究所等：《贵州遵义市海伦囤遗址》，《考古》2013年第7期。

[190] 李飞、陈卿：《贵州遵义市海龙囤遗址城垣、关隘的调查与清理》，《考古》2015年第11期。

[191] a. 贵州省文物考古研究所等：《贵州遵义市新浦播州杨氏土司墓地》，《考古》2015年第7期。
　　　b. 周必素、彭万：《贵州遵义市新蒲明代播州土司杨铿墓》，《考古》2015年第11期。
　　　c. 周必素、张兴龙、韦松恒：《贵州遵义市团溪明代播州土司杨辉墓》，《考古》2015年第11期。

[192] 湖南省文物考古研究所等：《永顺老司城》，科学出版社，2014年。

[193] 辽宁省博物馆文物队等：《鞍山倪家台明崔源族墓的发掘》，《文物》1978年第11期；《明代管理奴儿干的历史新证》，《文物》1978年第11期。

[194] 白云翔：《秦汉时期的中外文化交流及同周边地区的联系》，见《中国考古学·秦汉卷》，中国社会科学出版社，2010年。

[195] 刘斌：《洛阳北魏节闵帝元恭墓》，《大众考古》2014年第3期。

[196] 陕西省考古研究所：《西安北周安伽墓》，文物出版社，2003年。

[197] 夏鼐：《夏鼐文集》，社会科学文献出版社，2000年。

[198] 安家瑶：《试探中国近年出土的伊斯兰早期玻璃器》，《考古》1990年第12期。

[199] a. 周长源：《扬州出土古代波斯釉陶器》，《考古》1985年第2期。
　　　b. 李铧、封绍柱、周华：《广西出土的波斯陶及相关问题》，《文物》2003年第11期。
　　　c. 周长源、张浦生、张福康：《扬州出土的古代波斯釉陶研究》，《文物》1988年第12期。

[200] 夏鼐：《夏鼐文集》，社会科学文献出版社，2000年。

[201] a. 周保菁、邱陵：《丝绸之路宗教文化》，新疆人民出版社，1998年。
　　　b. 夏鼐：《新疆新发现的古代丝织品——绮、锦和刺绣》，《考古学报》1963年第1期。
　　　c. 齐东方、张静：《唐代萨珊式金银器研究》，《考古》1998年第6期。

[202] 阿卜杜拉·马文宽：《伊斯兰世界文物在中国的发现与研究》，宗教文化出版社，2006年。

[203] 内蒙古文物考古研究所等：《辽陈国公主墓》，文物出版社，1993年。

[204] 董新林：《辽代耶律羽之墓中的两件鎏金银器小议》，见《东亚古物》B卷，文物出版社，2007年。

[205] 马得志：《西安元代安西王府勘查记》，《考古》1960年第5期；《元安西王府址和阿拉伯数码幻方》，《考古》1960年第5期。

[206]《江苏金坛元代青花云龙罐窖藏》，《文物》1980年第1期。

[207] 朱应：《扶南异物志》和康泰《吴时外国传》。

[208] a. 马文宽、孟凡人：《中国古瓷在非洲的发现》，紫禁城出版社，1987年。

b. 秦大树：《埃及福斯塔特遗址中发现的中国陶瓷》，见《北京大学百年国学文粹·考古卷》北京大学出版社，1998年；《中国古代陶瓷外销的第一个高峰——9－10世纪陶瓷外销的规模和特点》，《故宫博物院院刊》2007年第5期。

c. 秦大树等：《2012年度中国和肯尼亚陆上合作考古项目取得阶段性成果》，《中国文物报》2013年4月26日。

d. 丁雨：《中国瓷器与东非柱墓》，《故宫博物院院刊》2017年第5期。

[209] a. 宿白：《隋唐长安城和洛阳城》，《考古》1978年第6期。

b. 王仲殊：《关于日本古代都城制度的源流》，《考古》1983年第4期；《关于中日两国古代都城、宫殿比较研究中的若干基本问题》，《考古》2001年第9期；《试论唐长安城与日本平城京及平安京何故皆以东半城（左京）为更繁荣》，《考古》2002年第11期。

[210] a.〔日〕三上次男著，李锡经等译：《陶瓷之路》，文物出版社，1984年。

b. 马文宽、孟凡人：《中国古瓷在非洲的发现》，紫禁城出版社，1987年。

[211]〔韩国〕文化财管理局：《新安海底遗物》（资料篇），1985年；《新安海底遗物》（综合篇），1988年。

[212] 广州市文物管理处：《广州东山明太监韦眷墓清理简报》，《考古》1977年第4期。

[213] 泉州市文物管理委员会等：《福建泉州地区出土的五批外国银币》，《考古》1975年第6期；《福建南安出土外国银币的几个问题》，《考古》1975年第6期。

[214] 江苏省文物工作队：《扬州施桥发现了古代木船》，《文物》1961年第6期。

[215] 倪文俊：《嘉定封浜宋船发掘简报》，《文物》1979年第12期。

[216] 季曙行：《上海南汇县大治河古船发掘简报》，见《上海博物馆集刊》第4期，上海古籍出版社，1987年。

[217] 天津市文物管理处：《天津静海元蒙口宋船的发掘》，《文物》1983年第7期。

[218] 磁县文化馆：《河北磁县南开河村元代木船发掘简报》，《考古》1978年第6期。

[219] 王有泉：《北京地区首次发现古船》，《北京考古信息》1989年第2期。

[220] 福建省泉州海外交通史博物馆：《泉州湾宋代海船发掘与研究》，海洋出版社，1987年。

[221] 林士成：《宁波东门口码头遗址发掘报告》，见《浙江省文物考古所学刊》，文物出版社，1981年。

[222] 中国科学院自然科学史研究所等：《泉州法石古船试掘简报和初步探讨》，《自然科学史研究》1983年2卷第2期。

[223] 烟台市文管会等：《蓬莱古船与登州古港》，大连海运学院出版社，1989年。

[224]《南京明代宝船厂造船遗址》，《2004中国重要考古发现》，文物出版社，2005年。

[225] a. 张威：《南海沉船的发现与预备调查》，《福建文博》1997年第2期。

b. 广东省文物考古研究所等：《2011年"南海I号"的考古试掘》，科学出版社，2011年。

c. 国家文物局水下文化遗产保护中心、广东省文物考古研究所等：《南海1号沉船考古报告之一：1989—2004年调查》，文物出版社，2017年；《南海1号沉船考古报告之二：2014—2015年发掘》，文物出版社，2017年。

[226] a. 中澳合作水下考古专业人员培训班定海调查发掘队：《中国福建连江定海1990年度调查、试掘报告》，《中国历史博物馆馆刊》总第18、19期，1992年。

b. 中澳联合定海水下考古队：《福建定海沉船遗址1995年度调查与发掘》，见《东南考古研究》第2辑，厦门大学出版社，1999年。

[227] 张威：《绥中三道岗元代沉船》，科学出版社，2001年。

[228] 中国国家博物馆等：《福建沿海水下考古调查报告（1989—2010）》，文物出版社，2017年。

[229] 广东省文物考古研究所：《南澳I号明代沉船2007年调查与试掘》，《文物》2011年第5期；《广东汕头市"南澳I号"明代沉船》，《考古》2011年第7期。

[230] 吴文良著，吴幼雄增订：《泉州宗教石刻》（增订本），科学出版社，2005年。

[231] 夏鼐：《两种文字合璧的泉州也里可温（景教）墓碑》，《考古》1981年第1期。

[232] 朱江：《扬州发现元代基督教徒墓碑》，《文物》1986年第3期。

[233] 耿鉴庭：《扬州城根里的元代拉丁文墓碑》，《考古》1963年第8期。

[234] 李裕群：《中国石窟寺考古五十年》，《考古》1999年第9期。

[235] 宿白：《中国石窟寺研究》第16—20页，文物出版社，1996年。

[236] 中国社会科学院考古研究所：《北魏洛阳永宁寺——1979—1994年考古发掘报告》，中国大百科全书出版社，1996年。

[237] 中国社会科学院考古研究所等：《河北临漳县邺城遗址赵彭城北朝佛寺遗址的勘探与发掘》，《考古》2010年第7期。

[238] 中国社会科学院考古研究所等：《河北临漳邺城遗址核桃园一号建筑基址发掘报告》，《考古学报》2016年第4期。

[239] 中国社会科学院考古所西安唐城队：《唐长安青龙寺遗址》，《考古学报》1989年第2期。

[240] 中国社会科学院考古研究所西安唐城工作队：《唐长安西明寺遗址发掘简报》，《考古》1990年第1期。

[241] a. 徐苹芳：《唐宋塔基的发掘》，《新中国的考古发现与研究》，文物出版社，1984年；《中国舍利塔基考述》，《传统文化与现代化》1994年第4期。

　　b. 杨泓：《中国隋唐时期佛教舍利容器》，《中国历史文物》2004年第4期；《中国古代和韩国古代的佛教舍利容器》，《考古》2009年第1期。

　　c. 冉万里：《中国古代舍利瘗埋制度研究》，文物出版社，2013年。

[242] 四川博物馆等：《四川出土南朝佛教造像》第4—10页，中华书局，2013年。

[243] a. 罗福颐：《河北曲阳县出土石像清理工作简报》，《考古通讯》1955年第3期。

　　b. 李锡经：《河北曲阳县修德寺遗址发掘记》，《考古通讯》1955年第3期。

　　c. 杨伯达：《曲阳修德寺出土纪年造象的艺术风格与特征》，《故宫博物院院刊》1960年第2期。

[244] 郭勇：《山西沁县发现了一批石刻造像》，《文物》1959年第3期。

[245] 山东省青州市博物馆：《青州龙兴寺佛教造像窖藏清理简报》，《文物》1998年第2期。

[246] 中国社会科学院考古研究所等：《河北邺城遗址赵彭城北朝佛寺与北吴庄佛教造像埋藏坑》，《考古》2013年第7期。

[247] a. 西安碑林博物馆：《长安佛韵——西安碑林佛教造像艺术》，陕西师范大学出版社，2010年。

　　b. 西安市文物保护考古所：《西安文物精华——佛教造像》，世界图书出版公司，2010年。

[248] 中国社会科学院考古研究所：《古都遗珍——长安城出土的北周佛教造像》，文物出版社，2010年。

[249] 甘肃省文物考古研究所等：《甘肃泾川佛教遗址2013年发掘简报》，《文物》2016年第4期。

[250] 《中国历史考古学分区问题的思考》，《考古》2000年第7期、《考古》1999年第9期。

[251] 徐苹芳：《元大都枢密院址考》，见《庆祝苏秉琦考古五十五年论文集》，文物出版社，1989年。

[252] a. 宿白：《魏晋南北朝唐宋考古文稿辑丛》，文物出版社，2011年。

　　b. 徐苹芳：《中国城市考古学论集》，上海古籍出版社，2015年。

[253] a. 孙华：《中国城市考古概说》，见《东亚都城和帝陵考古与契丹辽文化国际学术研讨会论文集》，科学出版社，2016年。

　　b. 宋新潮：《关于城市考古的几个问题》，《中国文物报》2016年12月27日。

　　c. 徐光冀：《中国古代城市考古及其保护的有关问题》，《中国文物报》2008年。

　　d. 刘未：《辽金燕京城研究史——城市考古方法论的思考》，《故宫博物院院刊》2016年第2期。

[254] 董新林、汪盈：《城市考古的方法、实践和思考——首届国家文物局城市考古研修班的设计思路与学术综述》，2017年。

[255] a. 刘庆柱：《关于当前汉代考古研究的几个问题——在汉代考古与汉文化国际学术研讨会上的主题报告》，见《汉代考古与汉文化国际学术研讨会论文集》，齐鲁书社，2006年。

　　b. 许宏：《城·都城·城郭·城墙——城市考古研究札记之一》，见《三代考古4》，科学出版社，2011年。

　　c. 何驽：《都城考古的理论与实践探索——从陶寺城址和二里头遗址都城考古分析看中国早期城市化进程》，见《三代考古4》，科学出版社，2011年。

　　d. 陈胜前：《考古学研究的"透物见人"问题》，《考古》2014年第10期。

新疆吐鲁番盆地洋海墓地出土
马具及其组合研究

艾克拜尔·尼牙孜

一、洋海墓地

洋海墓地位于新疆境内天山东部的吐鲁番盆地火焰山山前戈壁台地上，墓葬主要分布在相对独立并毗邻的三块略高出周围地面的台地上，分别编为Ⅰ、Ⅱ、Ⅲ号墓地。2003年，新疆文物考古研究所与吐鲁番地区文物局联合进行了发掘，吕恩国先生认为洋海墓地的墓葬可分成A、B、C、D四种类型[1]。A型是椭圆形竖穴二层台墓，B型是长方形竖穴二层台墓，C型是长方形竖穴墓，D型是竖穴偏室墓。张铁男先生根据被盗墓葬中出土的材料指出，这些彩陶器形中的钵、单耳罐、豆以及纹饰的三角纹特点与吐鲁番盆地、哈密盆地内发现的青铜至铁器时代墓地出土的彩陶器有着明显的一致性[2]，而就彩陶纹饰中的漩涡纹，韩建业先生认为这种纹饰是由吐鲁番盆地传播到甘肃和青海地区早期文化中的，它的来源有可能出自本地文化，但不排除与古代欧亚草原的联系[3]。另外，洋海墓地还出土许多制作方法和器形很有特点的马具，再结合墓地出土的青铜兵器和带有动物纹饰的器物，可以推测洋海墓地所属的古代人群除自身的地域特色之外，可能与同时期的欧亚草原文化有着密切的关系。笔者根据洋海墓地出土的考古资料对其中的马具进行分类研究。

二、马具的分类

洋海墓地共出土142件马具[4]，主要包括衔、镳、鞭、辔头、鞍。衔的材质分为铜质、角质和木质三种，镳有骨质、角质、木质三种，鞭是由木质鞭杆和皮质鞭绳两部分组成，辔头是由皮革制成，鞍是由牛皮革缝制而成。墓地出土的马具中镳数量较多，占45%。辔头和鞭的数量仅次于镳，分别占18%、26%。鞍的数量较少（表一）。值得注意的是衔的数量和与之相配的镳的数量之间相差很大，这种现象也许与衔的材质有关。由于墓地中出过角质和木制马衔，而且这两种材质的马衔是很难保存的，因此有些学者认为，金属马衔出现之前应该有皮制马衔存在[5]。

表一　新疆吐鲁番盆地洋海出土马具统计表

墓葬类型	衔	镳	鞭	辔头	鞍
A		1	4		
B	2	20	11	12	
C	6	39	23	14	3
D	2	5			
合计	10	65	38	26	3

（一）马衔

根据材料和形制可以分为两类。

作者：艾克拜尔·尼牙孜，乌鲁木齐市，新疆大学人文学院，副教授。

　　A类：有角质和木质两种。角质是将动物角磨制成形，两端钻出圆形孔（图一，1、2）。木质是用木头削刻而成，两端再钻出圆形孔。特点是马衔只有一部分组成。目前，这类马衔在新疆境内早期墓葬中仅发现于洋海墓地。这类马衔的特点是取材方便、制作简单，应该是一种原始形态。

　　B类：有铜、铁质。这类马衔是由两部分组合而成，中间以圆环相套。形制变化主要在于两端的外环，有四种，分别为外环孔呈长圆形、外端呈马蹄形的，外环为圆形孔和方形孔上下排列组成的，外环孔呈马镫形的和外环为椭圆形大环。

　　长圆形外环　青铜质。中间两圆环相套咬合，两端环呈长圆形（图一，3）。这种马衔与阿勒泰图瓦地区早期出土的马衔极为相似。

　　马蹄形外端　由圆形孔和方形孔上下排列组成，青铜制成（图一，4）。这种形制的马衔在天山南麓的察吾乎墓地[6]早期墓葬中有发现，在天山北部塔城地区额敏河流域早期墓葬[7]中也有发现。另外，在哈萨克斯坦中部的塞克墓葬中也出现了相同形制的马衔，时间为公元前7—前3世纪。

　　马镫形外端　青铜质。中间部分两环相套接，外环呈马镫形（图一，5）。类似的马衔在察吾乎墓地的中期墓葬中和俄罗斯阿勒泰巴泽雷克墓地[8]都有发现。巴泽雷克墓地属于公元前5—前3世纪萨彦—阿尔泰早期铁器时代的墓地。

　　椭圆形外环　铁质。中间部分由两个小环套接，外端为较大的圆形环（图一，6）。墓地出土的金属马衔仅6件，形制上与欧亚草原同一时期的马衔类似，可能来源于这些地区，但也不排除本地制造的可能性，因为墓地出土了用来冶炼金属的坩埚和泥质鼓风管[9]，而且墓主人很可能就是金属工匠。

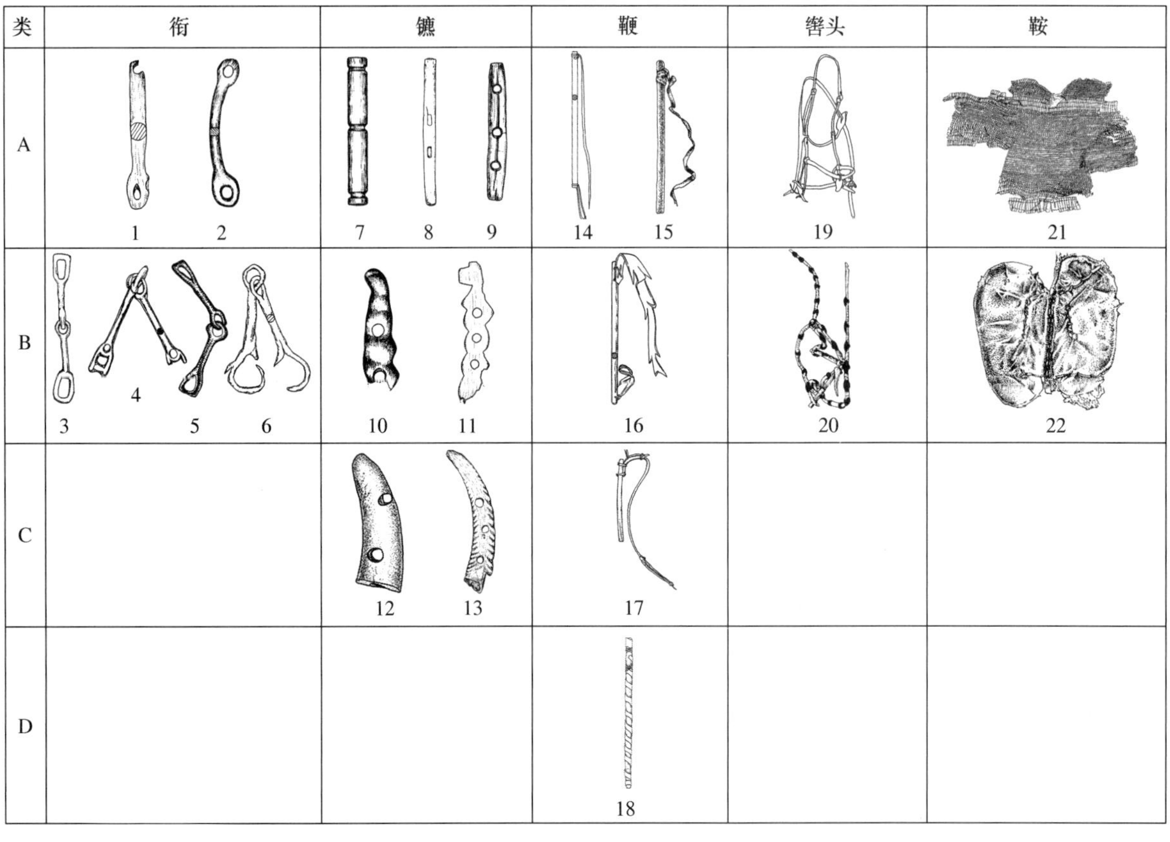

类	衔		镳			鞭		辔头	鞍
A	1	2	7	8	9	14	15	19	21
B	3	4	5	6	10	11	16	20	22
C			12	13		17			
D						18			

图一　出土马具分类图

（二）镳

镳是洋海墓地马具中出土最多的器物，可以分为三类。

A类：柱形，变化形式有无孔、两孔、三孔三种。

无孔　呈柱状，两端及中部位置各刻有浅槽（图一，7）。

两孔　呈柱状，由木棍削制而成，两端各有两个孔，这种两孔的木质马镳，除了新疆洋海墓地发现之外，在新疆哈密盆地的五堡墓地也有发现，形制与洋海墓地出土同类器相同（图一，8）。

三孔　呈柱状，分别在两端和中部钻孔（图一，9）。

A类马镳的材料来源主要是木材，出土量少并且只是简单钻孔，没有任何装饰，应该是比较原始形态的马镳。

B类：动物头形，以某种动物的头形作为镳头的装饰，变化形式分两孔和三孔两种。

两孔　两边为连续的弧形，镳头类似某种动物的头形。材料来源主要是动物骨、角和木材（图一，10）。

三孔　两边为连续的弧形，镳头修饰成鸟、猴、马的头形。材料来源主要是木材、动物骨和角（图一，11）。与B类相似的马镳在昆仑山北麓和田克里雅河上游的流水墓地[10]、哈萨克斯坦土河流域早期的塞克墓葬也有出土。这些墓葬中出土的青铜马镳的镳头都为动物头形。

C类：弧形，这类马镳基本上都有一定的弧度，材料选择上以动物角为主。变化形式分两孔和三孔两种。

两孔　呈弧形，两端钻孔（图一，12）。

三孔　呈弧形，镳面钻三个圆孔（图一，13）。

（三）马鞭

洋海出土的马鞭数量仅次于马镳，马鞭由鞭杆和鞭绳两部分组成。相对于鞭绳，鞭杆的变化很有特色。鞭杆的材料来源为木材中的杨树、胡杨和柳树，制作方法是在鞭杆的上端和下端，用刀子削出一圈凹槽，凹槽处用来绑鞭绳。根据鞭杆和鞭绳的结合方式的不同，可以分为四类。

A类：鞭杆削槽，系扣鞭绳。一种是上、下端削出槽，上端槽用来系鞭绳，下端槽用来系挂在手上的皮环（图一，14）。这种马鞭在和静察吾乎早期墓葬中出土过。另外，在塔里木盆地南部的扎滚鲁克墓地[11]也有发现，该墓地年代为公元前7世纪。另外一种是上端削出槽、下端无槽，上端槽用来系鞭绳，下端平直（图一，15）。

B类：鞭杆穿孔，鞭绳穿孔系扣。上端穿孔，用于穿、扎鞭绳，鞭绳为牛皮裁制的分段箭头形长条带。下端穿孔，穿有牛皮绳扣（图一，16）。

C类：无槽、无孔，鞭绳加皮套捆绑于鞭杆上（图一，17）。

D类：带装饰的鞭杆，一种是上端刻槽，鞭杆上缠绕铜片（图一，18）。另一种是上端刻槽，顶部削成圆形，鞭杆上用红彩绘有一道螺旋形线条。

（四）辔头

洋海墓地出土的辔头制作材料是动物皮革，基本结构由横、纵的条状皮革通过穿孔打结、皮扣或节约来连接。横向皮条是勒在马的鼻子上方与额头部位，纵向皮条在马口部位通过镳与衔，贴着马的双颊，越过双耳固定。根据辔头的连接方式的不同，可以分为两类。

A类：穿孔打结，将一条皮条穿孔，另一皮条穿过孔打结。这类辔头的制作较为简单实用，镳与衔也多是木质或角质材料，类似的辔头在哈密的五堡墓地和扎滚鲁克墓地也有出土（图一，19）。

B类：皮条之间的连接用皮扣或铜节约连接（图一，20）。

（五）鞍

马鞍是骑马时的重要配具，最早应该是没有马鞍的，后来出现了类似褥垫或坐垫的东西，随着对鞍垫的完善，逐步形成了障泥、鞯、靳、鞒、镫等部分。洋海墓地出土的马鞍根据制作方式可以分为两类。

A类：制作材料来源于牛皮，外层有横、纵的小块皮革缝缀而成，附着在内层整张皮革上。这类马鞍严格来说应该是作为鞍垫来使用的，也许它原本不是专门作为鞍来使用，对此有研究者[12]认为其前身可能是某种皮甲，破损后可能经过再加工后制作成了鞍垫（图一，21）。

B类：由牛皮革缝制而成，分相同的两扇，内填碎革和鹿毛，可上下活动，鞍边缘缀有皮条。类似的马鞍在苏巴什墓地[13]以及巴泽雷克墓地中也有发现，相对来说巴泽雷克的马鞍在制作上更加成熟和精致（图一，22）。

三、衔与镳的组合形式

马衔与马镳通常是配套使用的，下面根据洋海墓地中同时出土有马衔与马镳的墓葬资料来分析马衔与马镳的连接方法。洋海墓地同时出有马衔与马镳的墓有8座[14]，具体如下。

ⅠM5，位于Ⅰ号墓地西南，墓葬形制为长方形竖穴土坑，四周带二层台。葬具为木尸床，随葬品散乱于木床两侧，铜马衔和骨马镳出于墓室南侧。

ⅠM163，位于Ⅰ号墓地中部偏东，墓葬形制为长方形竖穴，四边带二层台。葬具为木尸床，随葬品主要放置在墓室西北角和南部，角质马镳、木质马镳、铜马衔出自墓室西北角。

ⅠM29，位于Ⅰ号墓地中部，墓葬形制为长方形竖穴土坑，随葬品散乱分布于人骨四周，角质马镳、角质马衔出自墓室南部。

ⅠM189，位于Ⅰ号墓地中北部西缘，墓葬形制为长方形竖穴土坑。随葬品散乱分布于墓室四周，在墓室南部发现较完整的一套马具，包括角质马镳、皮具、皮辔头、木鞭杆和铜马衔。

ⅡM14，位于Ⅱ号墓地中部，墓葬形制为长方形穴土坑，葬具为木尸床。随葬品散乱放置在木床四周，铜马衔和骨质马镳出自墓室北部。

ⅡM152，位于Ⅱ号墓地西部南侧，墓葬形制为长方形穴土坑。随葬品集中在墓室北部和南部，木质马镳、角质马衔出自墓室西部。

ⅡM138，位于Ⅱ号墓地西南部，墓葬形制为长方形竖穴土坑，葬具为木床。随葬品多放置在木床四周，木鞭杆、角质马镳出自墓室南部，木马镳发现于墓室北部。

ⅢM1，位于Ⅲ号墓地北部，墓葬形制为竖穴偏室。墓口下发现一具完整马骨。随葬品均在偏室内人骨周围，骨质马镳、铁马衔出自人骨脚下。

通过墓葬资料来看，洋海墓地出土的马衔与马镳的连接方式主要有两种：一种是将马镳插在马衔的环中，另一种是将马镳与马衔通过皮条捆绑连接（图二，1—6）。在马衔与马镳的材质配合中，常见的是以金属马衔与骨质、角质马镳相配套，这也许是由于马衔在马口中，损耗较快，所以

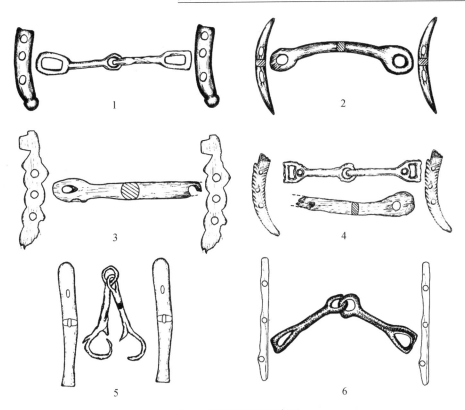

图二　马衔与马镳组合图

1. 洋海Ⅰ号墓地M5　2. 洋海Ⅱ号墓地M152　3. 洋海Ⅰ号墓地M29　4. 洋海Ⅰ号墓地M163
5. 洋海Ⅲ号墓地M1　6. 洋海Ⅰ号墓地M189

才以金属衔配骨质、角质马镳。

四、葬俗、随葬品与墓葬形制

洋海Ⅰ号、Ⅱ号、Ⅲ号墓地墓葬总数在3000座左右，共清理发掘墓葬521座，其中29座椭圆形竖穴二层台墓中出土马具的4座，65座长方形竖穴二层台墓中出土马具的21座，325座长方形竖穴墓中出土马具的45座，102座竖穴偏室墓中出土马具的4座（表二）。

表二　　　　　　　　　　　　　　　出土马具墓葬统计表

墓葬类型	墓葬总数	出土马具的墓葬	占墓葬总数的比例（%）	年代
A型	29	M4	14	公元前810—前710年
B型	65	M21	32	公元前920—前790年
C型	325	M45	13	公元前790—前480年
D型	102	M4	3	公元前390—前160年
总计	521	M74	14	

结合墓葬内容[15]来看，A型墓中随葬马具的墓葬均为男性，随葬品以刀、弓、箭居多。B型墓

中随葬马具的墓葬的比例占B型墓总数的32%，性别以男性居多，随葬品以刀、弓、箭、砺石、陶罐为主。C型墓中随葬马具的墓葬的比例占C型墓总数的13%，性别以男性居多，随葬品以刀、复合弓、箭、木旋镖、陶罐为主。D型墓中随葬马具的墓葬的比例占D型墓总数的3%，性别以男性居多，随葬品以刀、复合弓、箭、陶罐为主。

埋葬马具的墓葬从数量上看A型墓中很少，B型墓中大量增加，接近同类墓葬总数的三分之一，C型墓中开始减少，D型墓中达到了最低。D型墓中发现了许多殉马坑，可以推测原先随葬马具习俗逐渐转变为殉马习俗。另外，从性别比例来看，埋葬马具的墓葬以男性为主，随葬以刀、斧、弓、箭等武器，这也说明这一组人群不单单是狩猎群体，极有可能作为一个武装的群体存在。

纵观A、B、C、D型墓葬，从葬俗和随葬品来看，A型墓几乎全是侧身屈肢葬，以单人葬为主，墓中陶器很少，铜器相对要多一些，代表性器物是管銎铜斧和弧背环首铜刀。B型墓的葬式中仰身屈肢葬占大多数，兼有侧身屈肢葬。墓葬有合葬、单人葬及二次葬。随葬品中有彩陶、木器等，陶器纹饰以锯齿纹为主，主要装饰在器物口沿部位，常常与器表的三角纹相结合。C型墓以仰身屈肢为主，兼有侧身屈肢葬。以单人葬和男女合葬为主，也出现了多人合葬。随葬品中出现大量彩陶、木器等。陶器纹饰以锯齿纹为主，主要装饰在器物口沿部位，常常与器表的涡纹相结合。D型墓的葬式以仰身直肢葬为主，男女合葬为主兼有单人葬、多人合葬，无葬具。随葬品中出现陶器、木器等，陶器以素面为主。

与A型墓类似的有位于萨彦阿勒泰图瓦地区乌尤克文化[16]中的早期墓葬，其地表为圆形石围，葬式为侧身屈肢，为单人葬，随葬品主要是衣物、武器和马具。武器主要是管銎铜斧、环首铜刀、短剑和镞。马具则为长圆形、马镫形马衔和三孔马镳。乌尤克文化与A型墓所代表的有可能人群之间存在某种渊源关系，前者可能对后者有一定程度的影响。B型墓的葬式为仰身屈肢，出现大量彩陶，马具随葬较为普遍且延续至C型墓，与B、C型墓类似的有吐鲁番盆地及周边的苏贝希Ⅲ号墓地、喀格恰克墓地、英牙伊拉克墓地、艾丁湖墓地以及阿拉沟发掘的大多数墓葬、乌拉泊水库墓地、柴窝堡墓地，因此B型墓与C型墓所代表的很可能是具有吐鲁番地域特色的同一种文化，B型墓的^{14}C测年数据[17]为公元前920—前790年，C型墓的^{14}C测年数据为公元前790—前480年，二者在时间上有早晚之分，B型墓应该为C型墓的早期形制。A型墓的^{14}C测年数据为公元前810—前710年，在时间段上来说A型与B型墓比较接近，虽然两类墓葬中都有二层台，但是在葬式以及随葬品上却各有特点。

通过以上分析，可以进一步推测洋海墓地的早期可能同时存在两组人群，即A型墓所代表的人群和B型墓所代表的人群。A型墓中出土的铜斧和带有装饰的马鞭，在欧亚草原同时期不仅作为武器而且是身份与地位的象征，因此不能排除A型墓所代表的人群和B型墓所代表的人群之间存在着阶层上的差异。

注　释

[1] 吕恩国：《吐鲁番史前考古的新进展》，见《吐鲁番学研究第二届吐鲁番学研究国际学术研讨会论文集》，上海辞书出版社，2006年。

[2] 张铁男：《"鄯善县古墓被盗案"中部分文物之介绍》，《新疆文物》1989年第4期。

[3] 韩建业：《新疆的青铜时代和早期铁器时代文化》第109、110页，文物出版社，2007年。

[4] 吐鲁番市文物局、新疆文物考古研究所、吐鲁番学研究院、吐鲁番博物馆：《新疆洋海墓地》，文物出版社，2019年。

[5] 郭宝钧：《殷周车器研究》第162页，文物出版社，1998年。

[6] 新疆文物考古研究所：《新疆察吾呼——大型氏族墓地发掘报告》第17页， 东方出版社，1999年 。

[7] 刘学堂：《新疆额敏河流域发现早期游牧民族的墓葬》，《西域研究》2002年第3期。

[8] 齐溶青：《论巴泽雷克文化》，吉林大学硕士学位论文，2008年。

[9] 新疆文物考古研究所、吐鲁番地区文物局：《吐鲁番考古新收获——鄯善县洋海墓地发掘简报》 ，《吐鲁番学研究》2004年第1期。

[10] 巫新华、艾力：《新疆于田县流水青铜时代墓地》，《考古》2006年第7期。

[11] 新疆博物馆等：《且末扎滚鲁克一号墓地》，《新疆文物》1998年第4期。

[12] 吐鲁番学研究院：《第三届吐鲁番学暨欧亚游牧民族的起源与迁徙国际学术研讨会论文集》第155页，上海古籍出版社， 2010年。

[13] 解耀华：《交河故城保护与研究》第372页，新疆人民出版社，1999年。

[14] 吐鲁番市文物局、新疆文物考古研究所、吐鲁番学研究院、吐鲁番博物馆：《新疆洋海墓地》，文物出版社，2019年。

[15] 新疆文物考古研究所、吐鲁番地区文物局：《新疆鄯善洋海墓地考古发掘报告》，《考古学报》 2011年第1期。

[16] 邵会秋：《新疆史前时期文化格局的演进及其与周邻地区文化的关系》第219页，国家图书馆学位论文，2007年。

[17] 新疆文物考古研究所、吐鲁番地区文物局：《新疆鄯善洋海墓地考古发掘报告》，《考古学报》 2011年第1期。

试论长安（西安）地区地理及水文条件对于城市长期存在和发展的有利影响

张建锋

从新时期时代中期城市诞生开始，纵观中国古代城市的地理位置，不难发现他们基本上都分布在河流的两岸，临水而建的特征十分显著。这种城市选址的原则由来已久。早在春秋时期成书的《管子》一书中即有记载，其前其后的城市无论大小，多数都遵循了这一选址原则。但是古代的中国，幅员辽阔，从南到北、从东到西地形、气候多样，各地河流的位置、规模、水文等情况也都不一，对于附近城市产生的影响也不尽相同。有的地方地理环境及河流对于城市的存在及发展存在一系列的不利影响，从而使城市无法长期存在。另外在一些地理环境及河流条件都十分优越的地区，城市则能够长期存在和发展，甚至出现一些位置几乎千年不易的历史名城。位于关中平原渭河南岸的古城长安（西安），即是一个典型的案例。

一、长安（西安）的历史沿革

秦中千古帝王都。今陕西省西安市一带，由于具备较为优越的自然条件，很早以来就是人类居住与繁衍的首选地区，从而成为中华文明的发源地之一，有着悠久的历史文化。在距今80万年前的旧石器时代，这里就有人类繁衍生息。新石器时代，这里是半坡文化的重要分布地区。周代的都城丰京和镐京，位置就在这一地区的西南部。秦代的都城咸阳，也分布在与之一河相隔的渭北地区，这里属于秦上林苑的范围。秦代的一些重要宫殿建筑如兴乐宫、章台、甘泉宫、阿房宫、极庙和社稷等就分布在这一带。

公元前202年西汉建立之后，这里成为西汉帝国的首都。在王莽败亡之前的200多年中，这里作为西汉（含新朝）的政治、经济和文化中心而盛极一时。王莽末年，长安城在农民战争的硝烟中付之一炬。东汉建立后，以洛阳为首都，长安为陪都，号称西都，是仅次于洛阳的政治中心，历代皇帝常常前往祭祀宗庙。东汉末年，汉献帝在董卓的挟持下，一度以长安为都。公元312年，西晋洛阳被匈奴攻占后，愍帝迁都长安，4年后，匈奴攻占长安，西晋灭亡。十六国时期，前赵（公元319—328年）、前秦（公元351—394年）、后秦（公元384—431年）也先后以长安为都。公元535年，北魏分裂为东魏和西魏，后者以长安为都。公元557年，西魏灭亡后，北周继续以长安为都。公元581年，杨坚夺取北周的政权，建立隋朝。隋开国之初，都城仍在长安旧城，因久经战乱，残破不堪，而且宫室形制狭小，不能适应新的统一国家都城的需要。加之几百年来城市污水沉淀，壅底难泄，饮水供应也成问题。公元582年，开始在长安城南兴建新都，次年迁入，新城的名

作者：张建锋，北京市，中国社会科学院考古研究所，研究员。

称叫大兴城。唐代于公元618年建立后，大兴城改名长安，其后近300年间，这里又成为全国的政治、经济和文化中心。唐代以后，长安（明代改称西安府，西安由此得名）虽然这里不再作为都城，但一直是全国较为重要的城市，直到现在（图一）。

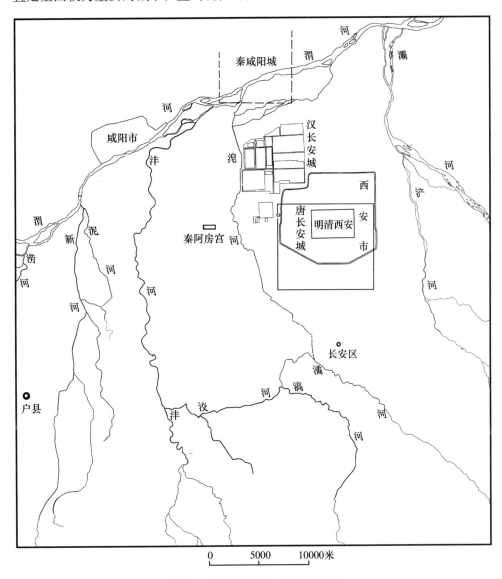

图一　长安（西安）历史沿革图

时至今日，长安城的故址依旧存在，自然因素对遗址的破坏相对较小，城址的范围及布局仍可探寻。故城遗址的主要部分位于今西安市西北郊的未央区的未央宫、六村堡、汉城和三桥四个街道办事处范围内，小部分属于莲湖区的范围。经历了2000多年的风雨侵蚀之后，城址的轮廓、布局大体保存完好。而唐代的长安城遗址，其后也为历代没用，至今仍然是陕西省省会西安市的中心地区。现代的唐长安城遗址基本上已被城市设施占压，通过考古工作探寻其文化面貌存在很大的困难，但这是人为因素的结果，而非自然破坏所致。可以说从西汉建立直到现在，城市的位置虽稍有改置，名字也经历变化，但作为一个城市，其地理位置大体没变。

在2000多年的时间里，长安（西安）城可以说承上启下、一脉相承的。笔者认为，长安作为一个古代城市能够长期存在，与其所处的地理环境尤其是附近的河流分不开。

二、长安地区的地理条件

长安地区地势南高北低，山地面积略大于平原。这一地区从北向南，地形不同，高低悬殊，界限清晰鲜明，形成截然不同的地貌景观。北部是渭河冲积平原，南侧还分布着河谷冲积平原，其间还有一些台塬分布，如龙首原、白鹿原等。再向南是秦岭北麓的山前洪积扇，最南部为著名的秦岭山脉（图二）。汉唐长安城即分布在这一区域。

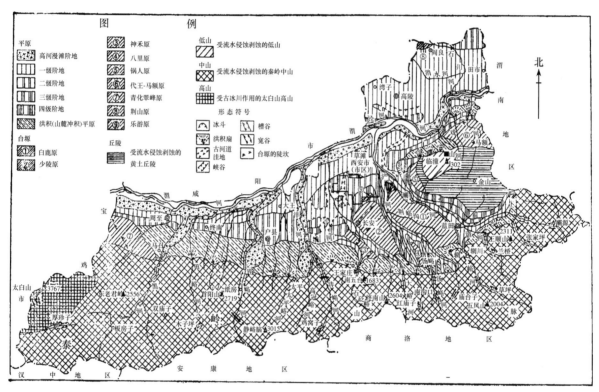

图二　长安（西安）地区地形图

渭河冲积平原是关中平原的主体，由渭河、泾河和石川河的冲积物组成，范围包括渭河两岸及今西安市的东北部地区，东西长约140、南北宽15—30、最大宽度达40千米。根据不同的地形地貌，又可分为河漫滩、一级阶地和二级阶地三部分。

渭河河漫滩沿渭河两岸断续分布，在今西安市北郊宽2—6千米，滩面较为平坦，自西向东有连续分布的小陡坎，高差0.5—1.5米。陡坎南北地表物质有所不同，反映了不同的发育阶段，有高河漫滩和低河漫滩两种：低河漫滩南北较宽，高出河床0.5—1.5米；高河漫滩南北较窄，高出河床1.5—2米。汉长安城遗址的北部和以北地区，属于渭河的河漫滩地带。河漫滩地带位于汉长安城遗址的北侧，作为渭河与汉长安城之间的过渡地带。隋唐时期，城址南移，渭河与城市之间过渡地带范围扩大，使得渭河可能发生的水患对于城市的影响更加缓和。

渭河一级阶地在渭河以南的宽度一般为2—6、最宽处达10—13千米；沣河口向东至灞河口一段宽2—3千米。一级阶地阶面宽阔平坦，微向河床倾斜；西安西郊一级阶地的前缘局部略有翘起，灞河东部一级阶地后缘局部出现凹地，且有轻度盐碱土形成，今高陵一带阶面向东倾斜，并出现槽形浅凹地，高差0.5—2米。一级阶地高出河床3—10、高出河漫滩1—8米，由于地势比较低平，地下水位较高。汉长安城遗址的北部，就处于渭河的一级阶地之上。隋唐以后，汉长安城遗址一带成为禁苑。

渭河二级阶地在渭河以南分布较广，高出渭河河床20—30、高出一级阶地6—15米。与一级阶地以陡坎相接，陡坎高2—15米。在今西安城郊及户县一带最宽，可达10—12千米，今户县以西及灞河以东宽3—5千米，今临潼区境内宽1—3千米，向东逐渐变窄。在北司竹村以西的今周至县城附近，渭河二级阶地变窄，与南侧洪积扇界限不清。在今西安市西南郊及长安区的西部因地受河流的侵蚀，阶地仅在部分地段呈分散的斑块状残存于古河道与凹地之间。这些残留的二级阶地外形近似低缓的梁岗，与宽浅的洼地相间，高低起伏，落差1—3米，阶面向西、西北倾斜。其中今长安区以西约14千米的细柳乡（府君庙）一带的二、三级阶地，海拔407—410米。为一平坦的块状高地，高出北面地面7—12米，以缓坡相接，又称细柳原。汉长安城遗址的南部及以南上林苑的部分地区，就位于渭河的二级阶地之上。隋唐以后，这里成为新的长安城的主要分布区域。

渭河三级阶地主要呈东西向条块状残存于渭河以南，今临潼区新丰至零口之间，宽0.5—2千米，坡李张至湾李马宽2千米，临渡以西至灞桥豁口，宽1.5—2.5千米，今西安城东南郊宽3—5千米，西南郊郭杜一带宽2.5—6.5千米。沣河以西未见分布。在今西安市南郊及东南郊，因受差异性新构造运动和剥蚀的影响，阶地面由东南向西北倾斜，并有大致呈东西向延伸的缓梁与槽形洼地相间分布，残留的黄土原（如今西安市灞桥区韩森寨附近的金花落、今曲江开发区大雁塔附近的乐游原等）分布其间。这一带在汉代属于上林苑的分布范围，隋唐时代是长安城周边的主要居民区。

渭河流域的一些较大支流，如灞河、浐河、潏河、涝河、泥河等，在流经黄土台原或洪积、冲积平原时，由于切割作用形成了平坦宽广的河谷阶地、河漫滩等地貌形态。这一带在西汉时期属于上林苑或居民区的分布范围。隋唐以后同样是长安（西安）附近的主要居民区。

三、长安地区的河流分布及水文状况

长安地区河流密布，为城市的建立和发展提供了相对充足的水源及航运条件。主要的河流是渭河，自东向西从这一地区的北部流过。其南岸的若干条支流，如涝河、沣河、潏河、滈河、浐河、灞河等，分别从长安（西安）城区的东、西两侧向北流过，注入渭河（图三）。

（一）渭河

渭河古称渭水，发源于今甘肃省境内的乌鼠山，由西向东在今陕西省潼关注入黄河，全长818千米，是黄河最大的支流。现代的渭河在今周至县河心滩入境，流经今户县、长安、未央、灞桥、高陵，至临潼南弋村出境，纵贯整个关中盆地，流域面积达3.3万平方千米，是汉唐时代极为重要的物质运输通道。

根据水文资料，现代渭河多年平均径流量为54.75亿立方米，多年平均流量为173.6平方米每秒。渭河径流量的年际变化很大，年内分配悬殊，每年7—9月的径流量占有全年径流量的60%以上。渭河属于多泥沙的河流，多年平均含沙量为35公斤每立方米，其中70%集中在6、7、8三个月。

（二）沣河

沣河古称沣水，是渭河的主要支流之一。沣河发源于今陕西省长安区喂子坪乡鸡窝子以南的秦岭北麓。沣河上游有三条支流：沣峪水位于今长安区境内，这是沣河的主流；太平峪水位于户县境内；中部为高冠峪水。三条支流流出山口后在今秦渡镇西留堡与北张堡附近先后汇合，形成

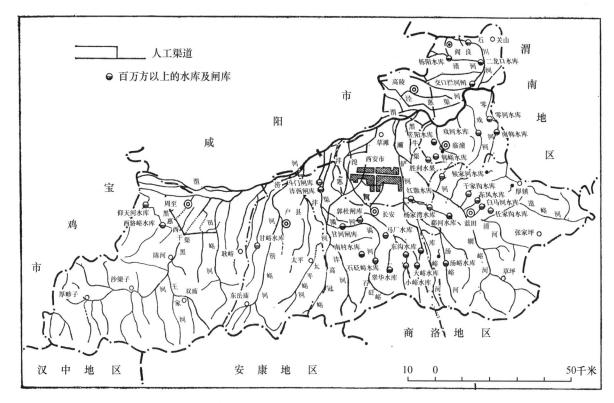

图三　长安（西安）地区水系图

干流，在秦镇以南又汇集了潏河、滈河合流后的交河，后北流，在北陶村附近入咸阳市，然后北流，再折向东北，在鱼王村附近注入渭河。主河道全长82千米，平均比降8.2‰，流域总面积1460平方千米。

现代沣河的水资源较为丰富，根据观测，秦渡镇站年径流量为2.58亿立方米，历史调查最大洪峰流量为1430立方米/秒。沣河径流量在一年之中的分布不均，其中7—10月份的径流量占了全年径流量的54.6%，12—3月的径流量仅占有全年流量的7.1%。

（三）浐河

浐河古称浐水，是灞河的支流之一。浐河发源于今蓝田县汤峪乡的秦岭主脊北侧，河道全长63.5千米，主河道比降8.9‰。汤峪河为浐河的主流，发源于紫云山南的月亮石西侧，流向正北，于汤峪口流出山区后切穿白鹿原，向西北方向流，于长安区魏寨乡与岱峪河汇流，以下始称浐河。后于鸣犊与库峪河交汇后，北流15里进入今西安市郊区，仅在高桥纳入荆峪沟，再北流经纺织城在广太庙附近注入灞河。

据长安区1982年的观测资料，浐河流域多年平均径流量1.3亿立方米，多年平均径流量4.194立方米/秒。由于西汉时期的气候比现在温暖湿润，植被也较现在为好，因此当时浐河的径流量，比现在还要丰富。

（四）灞河

灞河古称滋水。春秋时期秦穆公称霸西戎，为显耀其武功，将此河改称灞水。灞河发源于蓝田县东部山地，流经灞源镇以后先向西折，再转向西北，以先成河穿过华山断块西端峡谷区进入蓝田谷地。在蓝田县城蓝关镇以西转向北流，于灞桥区兰家庄西北1千米处注入渭河，河长109千米，流域面积2581平方千米。

灞河年平均径流量为5.32亿立方米，纳入浐河后为7.4亿立方米。径流年际分配不均。据马渡王站1964年实测年径流量10.5亿立方米，1977年实测2.66亿立方米，相差悬殊。年内分配也不均，夏秋季节径流量大，冬春季节径流量较小。

（五）镐河

镐河古称镐水，滈河（古称滈水）发源于秦岭山区的石砭峪，流向西北，在今长安区清岔折向东北，峪口前呈正北流，出峪后呈西北流，至香积寺汇入滈河，后转向西流。河道总长46.4千米，主河道比降19.9度。滈河现在的水量较大，根据观测，多年平均径流量为0.9466亿立方米，多年平均径流量3立方米/秒，年最大径流量1.253亿立方米。

（六）滈河

滈河古称滈水，发源于秦岭北麓的甘花峪，由大峪河、小峪河和太乙河三大源流汇合而成，河道全长73.6千米。滈河上承大峪河，出峪后向西北流，汇合小峪河、太乙河后，继续北西流，至长安区水磨村折向西南流，至香积寺汇搞后向西流注入沣河。

现在的滈河，多年平均径流量为1.73亿立方米，多年平均流量5.5立方米/秒，实测年最大径流量3.762亿立方米，最小径流量1.0亿立方米。河径流量年内分配不均，7、8、9三月径流量占全年径流量的38.3%，12月至次年2月径流量占全年径流量的6.7%。滈河在韦曲以南夹持在少陵和神禾原之间，横向摆动不大；韦曲以北变化显著。

（七）涝河

涝河的源头有两处，分别为东河和西河。东河发源于今西安市户县南侧的静脑峪，西河发源于秦岭梁，二者在东经108°30′、北纬33°52′处东岳庙至黑沟滩之间汇合，流向为西南—东北，流经东检沟、河坝、塔庙、罗什堡，在涝店附近汇合甘河，在东经108°37′、北纬34°14′处大王镇以北保安西滩注入渭河。河道总长82千米，主河道比降9.5‰。河道的上游位于秦岭山区，河床为石质，出峪后流经渭河冲积平原，河道为土质，水流较为平缓，河道较为曲折。

根据实测，现代的涝河多年平均径流量为1.341立方米，年最大径流量为2.432亿立方米。涝河是一条季节性的河流，一年之中7—9月流量最大，为丰水期[1]。

四、结　语

长安（西安）能够在这一带长期建城，与优越的自然环境与河流状况是分不开的。此地土壤肥沃、水网遍布、交通便利，是建立城市的极佳地域。具体说来，渭河南岸的长安地区，对于城市选址的有利条件有如下几点。

第一，渭河南岸提供了具备建城的充足空间。一个城市的建立，一定的地理空间是不可缺少的。相对平坦的地区是建立城市的最好选择，其周围相对宽阔的区域，又为城市的进一步发展提供了空间。关中渭河南岸的渭河冲积平原，东西长约140、南北宽15—30、最大宽度达40千米，面积达数千平方千米。汉长安城的城区面积为36平方千米，仅占有这一平原的约六十分之一；隋唐长安城的面积为83平方千米，在其中的比例也就三十分之一左右。在这处面积广阔的范围内。城市扩展的余地很大。反观秦代的都城咸阳，位于渭河以北的咸阳原上，咸阳原在咸阳市区北部，是关中中部渭北黄土台原的南缘，背泾面渭，东端被泾、渭汇流切断，形成三角形原面。其规模（在今咸阳市区内的）东西长32.7、南北宽13.5、最窄处仅有1.5千米，总面积约350平方千米。在这片狭窄的地理空间内，布置一座面积相当于汉长安城遗址的城市已经十分局促，更无论城市建立以后的发展问题。所以在秦代末年的战争焚毁了城市以后，附近已经没有合适的地方建立新城，只好向西迁移了相当远的距离。从这一点上来看，渭河南岸平原地带的广阔空间，是长安（西安）城市能够存在和发展的重要前提。

第二，渭河及其南面的各条支流，为汉长安（西安）城提供了充足的水资源供应。渭河是黄河的最大支流，流量较为丰富。根据现代水文观测，渭河的年平均流量为54.75亿立方米，其南岸的各条支流，流量也很可观。沣河年径流量为2.58亿立方米。浐河流域多年平均径流量1.3亿立方米。灞河流域面积2581平方千米。灞河年平均径流量为5.32亿立方米。滈河多年平均径流量为0.9466亿立方米。潏河年平均径流量为1.73亿立方米。涝河多年平均径流量为1.341亿立方米。上述主要支流的年平均径流量加起来在13.2亿立方米，维持百万人口以上的大城市在当时的生产力生态条件下应该不存在问题。这些支流从长安城的东侧和西侧流过，为沿途提供了充足的水源，使得汉长安城的各个方向都能得到水源供应，同时也是在此区域兴建各项水利设施的重要前提条件。反观与之邻近的秦都咸阳，则是位于渭河北岸，除了泾河以外，没有支流通过，水源供应相对缺乏，从维持水源供应上来讲，其条件明显不如渭南地区。

第三，渭河为长安城提供了便宜的航运条件。渭河从其北侧自东向西流过，直通黄河，河道宽广，是重要的航道，在沟通东方与关中，保障关中物质供应的问题上发挥了重要的作用。《禹贡》一书中"浮于积石，至于龙门、西河，会于渭汭"，即是暗示了雍州（关中一带）向中央所在地冀州运送贡赋（包括粮食）的水上运输路线。见于文献记载的第一次利用渭河水路大规模调运粮食的历史事件是发生于公元前647年的秦晋"泛舟之役"[2]。从秦国的都城雍城（今陕西省凤翔县城南）至晋国的都城绛（今山西省新绛县），水路相距六、七百里，自渭水东下，将粮食运抵黄河，再沿黄河北上至绛都附近。在这么长的水路上，舟船载粟，前后相望，足见运输的规模之大。西汉初年的漕运主要是渭河漕运，由于渭河漕运的一系列不利因素，汉武帝时修建了漕渠。西汉以后，漕渠逐渐废弃，到了隋代以后，不得不利用渭河进行漕运。隋唐时期虽然对漕渠又进行了疏浚，但维持的时间不长，东西方的航运在很大程度仍旧依靠渭河来进行。因此可以说，在沟通关中与东方，维持长安地区物质供应上，渭河水运发挥了重要作用。

第四，渭河的规模及水量较为适中，既能保证这一地区的水源供应，又不致对城市形成较大的洪水威胁。中原地区的气候以季风性气候为主，降水量在一年之中分配不均，大部分降水集中在夏秋季节，其余的时间则降水较少。这些地区的河流在夏秋之时由于降水集中，流量大增，很容易对城市形成涝水灾害。渭河是黄河的一条重要支流，其多年年流量在54.75立方米，多年平均流量为173.6平方米每秒。而它所注入的中国最大河流之一的黄河，其年平均径流量要比渭河大得多，据花园口站的观测，最大时（1964年）为1004亿立方米，最小时（1928年）为284立方米，后者的流量是前者的5至20倍左右。虽然后者能够提供的水源问题比前者更加丰富，但在丰水季节或降水较多的年份，洪水给城市带来的威胁更大。长安城在2000多年的时间里，渭水对于城市始终没有形成毁灭性的破坏，各代古城的轮廓至今保持完整。汉魏洛阳城位于黄河的北岸，则没有如此的运气。如今的考古工作表明，汉魏洛阳城的南部，已经被渭河的泛滥所冲毁。开封是位于黄河沿岸的另一处重要的古代城市，其被水灾损毁的程度更加严重，宋代的开封城，已经全部被湮没在十几米后的淤土之下，全无遗迹可寻。由此可见，渭河的规模及其流量的适足程度，使得其沿岸地区更加适宜于城市的存在及发展。

  第五，渭河的河道变迁情况使得城市逐渐远离洪水的威胁，是长安（西安）能够在这一区域长期存在的另一个有利条件。相关资料显示，长期以来，渭河河道在汉长安城遗址附近存在着北移的趋势。这首先是由于咸阳至灞河口河段北岸的渭河断层控制以及新构造运动和渭河南岸相对抬升的影响，使渭河总是向北移动；其次由于渭河南岸诸支流携带大量泥沙堆积在入渭的河口地区，形成类似三角洲式的沙滩，对渭河的北移起了顶托作用。根据相关资料，西汉时期的渭河河道，在高庙—西兴隆—草滩镇—贾家滩—南草店连线稍北，在1895年一次大水后，渭河主河槽大幅度向北偏移，灞河入渭口向北延伸了近4250米。随着渭河河道的向北迁移，渭河距离长安越来越远，洪水对于城市的威胁也就愈来愈小。长安城能够维持至今，这种情况是重要的原因所在。同样由于渭河河道的北移，位于渭河北岸的咸阳城就处于十分不利的情况。现代考古工作表明，秦代的咸阳城遗址，其南半部已经湮没在渭河的河道之中。同样，如果主要河道向左右两侧摆动，那么城市无论处于河道的任何方向，都不可避免洪水的破坏。如稍晚的邺城，是东魏北齐的首都，其南城与北城分居漳河的南北两岸。由于漳河的泛滥向南北两个方向，如今两座城市的旧迹均已埋没在淤泥之下，就是一个很好的说明。

  总之，由于长安地区的地理环境提供了广阔的空间，使得城市的布局有较大的区域可以选择，同时又可以在城市与河流之间保持一定的缓冲地带，从而在较好远离水患的同时，又有较大的发展空间。河流的分布及水文条件，既能提供足够的水源供应运输航道，又能较好的减轻水患的威胁。两个方面的有利因素，造就了长安（西安）这座千年古都，在漫长的历史时期内屹立不倒。这种情况说明了地理环境及水文条件对于城市选址的重要意义。历史发展到今天，人们抗拒洪水的能力和手段都比以前大为提高，古代城市在这一方面面临的诸多问题都有了更为先进的处理技术。但在布局城市和进行建设时，地理环境及水文方面的因素仍然不可忽视。

注　释

[1] 陕西师范大学地理系：《西安市地理志》第137页，陕西人民出版社，1988年。

[2] （清）毕沅：《十三经注疏附校勘记》第1803页，中华书局，1980年。

扬州汉墓出土简牍文字中的汉代
广陵与广陵城

汪　勃　王小迎

2015年，扬州市文物考古研究所在扬州西湖镇（即原西湖公社）蒋巷组发掘了一座西汉中期墓葬（编号YSXM1），出土的13件木牍中有11件上的文字内容是给汉广陵王的奏疏。闫璘、许红梅从西汉广陵国职官的角度研究了这些木牍，指出这些木牍的内容涉及祠官、中大夫、郎中、谒者、中谒者、常侍谒者、侍中、内官、御府、狗官等职官名称，并提到以前发现的"广陵宦谒""宫司空""广陵丞"等的资料[1]。扬州汉墓早先出土简牍文字中除胡场五号墓"文告牍"上的"广陵宫司空"、王奉世的"狱事"或与广陵王宫相关之外，尚未见过如YSXM1出土简牍文字中明确与汉广陵王、广陵王宫和广陵城相关的资料。本文引用其中与汉广陵王宫、广陵城相关的4枚简牍，并结合以往汉墓出土的文字资料，对汉代广陵与广陵城进行初步的探讨。

一、扬州汉墓出土简牍文字中的汉代广陵

扬州邗江县西湖公社胡场五号汉墓曾经出土过一些简牍，其东部的扬州平山养殖场汉墓[2]和其西部的宿扬高速路汉墓群中也都发现过简牍。扬州西部的仪征胥浦101号西汉墓和扬州西北的安徽天长纪庄西汉墓M19随葬的简牍上都书有与广陵相关的文字，东海县尹湾西汉墓出土"东海郡下辖长吏名籍"所记人员中，亦有与广陵相关的人名[3]。另外，天长三角圩汉墓出土的木印、扬州平山乡雷塘村第26号西汉墓中出土的封泥、天山汉墓木椁木板的刻字、甘泉山以南汉墓中的刘元台买地券等资料中也都有与扬州"广陵"相关的文字资料。

（一）与广陵相关的简牍、印章、封泥等文字资料

扬州邗江区西湖公社胡场大队五号汉墓（编号胡场M5，推测为西汉宣帝本始四年即公元前70年下葬）出土有"文告牍"（告地策）、"神灵名位牍"和"日记牍"。"文告牍"（图一）[4]上有"广陵宫司空长𣐡、丞眘敢告""广陵石里男子王奉世有狱事"，"神灵名位牍"（图二）[5]上有"石里神杜〔社〕""石里〃主""大王""吴王""宫司空，"日记牍"正面（图三）[6]有"高邮""堂邑""高密""陈忠""敦〔淳〕于""狗""中大夫""狱事""陈忠取狗来""徐延年"等地名、职官名、人名及事名[7]。

仪征原胥浦公社佐安大队发现的西汉墓葬（编号M101）为西汉平帝元始五年（公元5年）纪年墓，出土的简牍中有"先令券书"竹简（M101：87：1—16）、木方（M101：86）、木牍

作者：汪勃，北京市，中国社会科学院考古研究所，研究员。

　　王小迎，扬州市，扬州市文物考古研究所，副研究馆员。

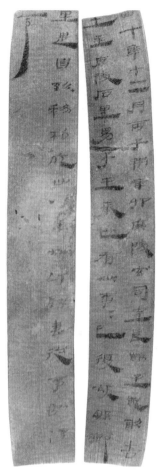

卅七年十二月丙子朔辛卯、広陵宫司空、長□、丞耽、敢告
土主・広陵石里男子王奉世有獄事・事已・復故郡郷
里、遣自致移棺[誼]穴・卅八年獄計、辟書從事如律
令・

图一 胡场五号墓文告牍
（连云港市博物馆：《江苏连云港·扬州新出土简牍选》
第185—187页，美术出版设计中心，2000年）

江君
上蒲神君
高邮君大王
満君
盧祖君
中外王父母
神魂

倉天
天公

大翁
趙長夫所摻[区]
淮河
埇君□
石里神社[区]
城陽茅[蓬]君

石里里主
宫春姞石早君摻[区]
大王
吳王
宫中莱池
□神社[区]

当路君
莉主
臺丘君
水上
君王
社[区]
塞[区]

大台垂
泅楊神王
杜[区]

□社
杜[区]

宫司空

图二 胡场五号墓神灵名位牍（连云港市博物
馆等：《江苏连云港·扬州新出土简牍选》第
190页，美术出版设计中心，2000年）

十一月二日道堂邑人□・
十日辛酉[潔][区][修][蓬]道京来・
十六日丁卯[陳恩][修][蓬]道高審来・
十七日戊辰陳忠取致[蓬]於兄[?]‖
狗・□也□・
廿八日己卯中大夫[狼]馬行・
十二月十三日甲午徐延年行・‖
陳忠取狗来・
十五日中大夫尤父主[佃][得]行・
十六日王[兔]青[箅]予[箅]、除支行・
廿日辛丑徐延年来・
廿三日文鳴得・
廿五日丙午趙子賓道堂邑来・

图三 胡场五号墓日记牍摹本正面（连云港市博物馆等：《江苏连云港·扬州新出土简牍选》第183页，美术出版
设计中心，2000年）

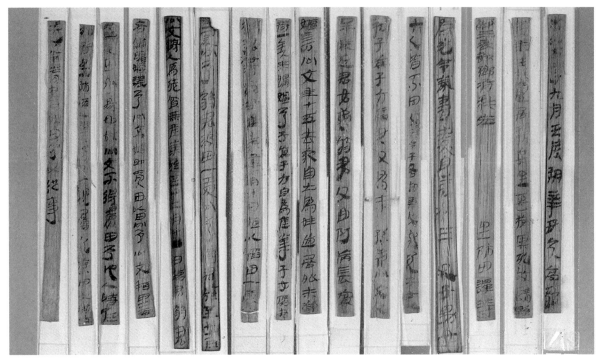

图四　仪征、胥浦、先令券书　竹简

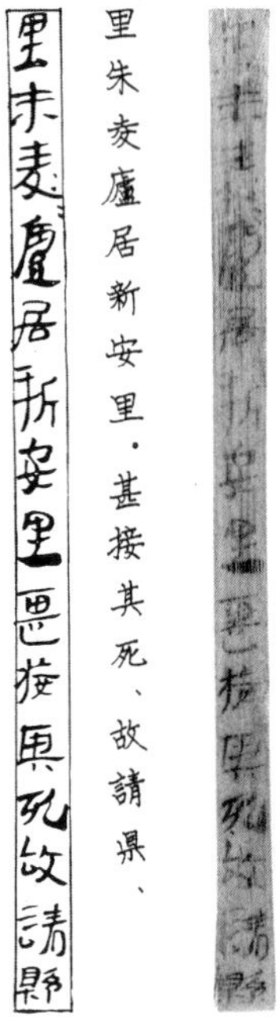

衣物券（M101：82）。"先令券书"（图四；图五）[8]上的"高都里""新安里"等地名在广陵以西，还有见证立遗嘱这件事情的"县乡三老""都乡有秩""左""里师"等乡里小吏的职官名以及或以"妪"（母）为纽带的"朱㝵"（父）、"以君"（女）、"真"（子）、"方"（子）、"僄君"（女）、"病长宾"（父）、"弱君"（女）、"衰近君"（父）、"公文"（子）以及里师"田谭"等人名。木方（图六）[9]正面有"广陵""江都"，背面有"舆""下吕"。木牍衣物券（图七）[10]上有"高都里"[11]等。

天长纪庄西汉墓（编号M19）位于安徽天长与江苏盱眙交界处，属西汉中期偏早墓葬，已发表编号M19：40-10（图八）[12]木牍上的文字为"行守丞""贲且"给"谢孟"的信，告知谢孟，官府正以"吏亡"的罪名追究他的责任，劝他从外地回来后不要留在东阳，"毋使归大事"，文中提及"广陵长史"[13]。

东海县尹湾汉墓M6的墓主为东海郡功曹史师饶，下葬时间是元延三年（公元前10年），墓中出土了大量简牍，其中"东海郡下辖长吏名籍"（以下略为"名籍"）正面第一栏第11行作"海西左尉广陵郡全椒张未央故大□□以□迁"（图九）[14]。

与扬州"广陵"相关的文字资料，还有天长三角圩汉墓出土"广陵宦谒"阴文篆刻木印[15]、扬州平山乡雷塘村第26号西汉墓中出土

图五　胥浦101-5木简（连云港市博物馆等：《江苏连云港·扬州新出土简牍选》第159页，美术出版设计中心，2000年）

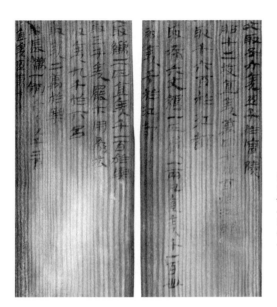

公文取子方錢五十於広陵·
又貽十二枚·直錢万四千·
四百於江都
又市十六百於江都·
又取市六大福一四·夏一二
又取錢二万於楽
兩·凡值錢十一百卌
又取長襦一領·直錢
百·
凡直錢五万七十·

又取縑二匹·直錢十一百·
於楽
又取三千錢·罷□用為次·
又取錢九千於下弓·

图六　脣浦木方（连云港市博物馆等：《江苏连云港·扬州新出土简牍选》第179—181页，美术出版设计中心，2000年）

图七　脣浦M10182木牍（连云港市博物馆等：《江苏连云港·扬州新出土简牍选》第176页，美术出版设计中心，2000年）

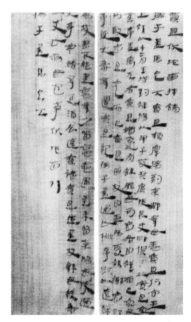

图八　天长M19木牍40-10（右A正面、左B背面；天长市文物管理所等：《安徽天长西汉墓发掘简报》，《文物》2006年第11期）

的"广陵丞印"方形封泥[16]。另外，木材和砖上也有相关文字，如天山汉墓木椁木板的刻字"广陵船官材板广二尺"、出土于甘泉山以南汉墓中的"熹平五年（公元176年）七月庚寅朔十四日癸卯广口乡乐成里刘元台"等文字的买地券（图一〇，或认为其中所缺之字即广陵厉王刘胥墓所在"东武乡"之"武"）[17]等。

上述文字记载中的地名、职官名、事名等，有的与广陵宫、广陵国有关联。

（二）地名

1.广陵国宫城相关

"广陵宫司空" 或释作"广陵宫"之"司空"[18]。或认为"宫司空"本身是个机构，"广陵宫司空"是广陵国"宫司空"机构与职官的全称，西汉王国中"司空"及有限定词的"司空"是大量存在的，广陵国亦不应除外，并且根据"宫司空丞印"推导"宫司空"的副职当为"宫司空丞"[19]。其实，胡场M5"神灵名位牍"的末栏第1行即有"宫司空"，"宫司空"确当为广陵国的机构名称。

广陵王宫监狱　关于王奉世的身份、职位及其所入之狱之所在，或认为"日记牍"应是其记录广陵宫内比较重要的事情的职务行为，其本人亦当是广陵王宫内掌书记事宜的吏员，与王室关系密

……故博阳令以秀材迁

□□山阳郡东缗令马敝故□

郡□徐□□故□陵长以功次迁

□有秩以功次迁

右国沛郡相即郡延年故侍即以功迁

下邳令六安国阳泉李忠故长沙内史丞□以功迁

下邳丞沛郡竹邑朱□故豫州刺史从事史以捕格盗亢异除

下邳左尉沛郡相□□□故□□□以捕格山阳亡徒将率

下邳右尉沛郡斯□□故睺□以廉迁

海西令琅邪诸王宣□故渔阳□□□

海西丞□□□□左骑千人以功迁

海西左尉广陵郡金椒张未央故大夫□□从史以廉迁

海西右尉临淮郡射阳武彭祖故海塍丞以廉迁

山阳郡瑕丘……

□临淮郡徐刘雪故□□□令以功次迁

戚令丹杨郡句容□□故杨州刺史从事史以秀材迁

戚丞陈留留郡寧陵丁陵故延史以请招除

戚左尉鲁国鲁□史父庆故假守长以捕格不道者除

戚右尉汝南汝阴□□故大守属以廉迁

襄贲□□北海郡淳于王贺故青州刺史从事史以秀材迁

襄贲丞丹杨□即溧阳夏侯武故侯家丞以功迁

襄贲左尉梁国砀陈果故相曲阳尉以功迁

襄贲长汝南郡□□故□□□佐以廉迁

泉右尉山阳郡蒲周□□故

贲丞山阳郡都关徐敞故广邑长以廉迁

贾左尉汝南郡汝阳周□故延尉史□□

贾右尉汝南□□……

图九　东海尹湾M6东海郡下辖长吏名籍（正面上半；连云港市博物馆等：《江苏连云港·扬州新出土简牍选》第64页，美术出版设计中心，2000年）

图一〇　刘元台买地券（连云港市博物馆等：《江苏连云港·扬州新出土简牍选》第214页图14，美术出版设计中心，2000年）

切。此职位或为家族世袭，王氏家族可能是随广陵王刘胥受封后南徙的王官成员，即家臣之属[20]。或认为其侍于广陵王宫，因当时王国皆自置司空狱于宫内，故其所入之狱即在广陵王宫内[21]。

2.广陵国属县及其乡里

广陵、江都、高邮　西汉武帝元狩三年（公元前120年）改江都国为广陵国，领广陵、江都、高邮、平安（今宝应县部分）四县，治广陵县（图一一）[22]。木牍文字已见三县，尚未见"平安"。

石里　从牍文中可知，石里明确属于广陵县，并且有里主，还有神社。不过，值得注意的是"广陵"与"石里"之间未见乡名。

广武乡、乐成里　甘泉镇（现甘泉街道办）位于广陵城西北，在广陵城和高邮天山广陵厉王墓之间，蠡测甘泉在汉时或属于广陵县，"广口乡""乐成里"或为广陵县下辖之乡、里的行政区划名。当然，亦有隶属高邮的可能性。

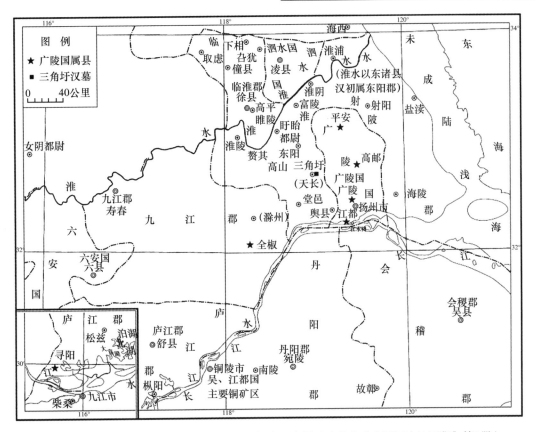

图一一　西汉广陵国（郡）辖县与东南沿江行政区略图（改绘自《中国历史地图集》第2册）

3.广陵城周边与广陵国关系密切之地

主要有与广陵国关系密切的盱眙、浔阳、全椒、高密等，另外还有堂邑、淳于，反映出以广陵国为中心的广陵与周边郡国之间在地缘、血缘上的纽带。

浔阳　广陵并无"船官"，或认为此"广陵船官"当设在浔阳，与广陵历王墓中随葬"浔阳令印"同样，均是反映浔阳与广陵关系的材料[23]。

全椒　尹湾师饶墓出土木谒上明记"广陵郡全椒"，大概是因为此名籍是东海郡的。元延三年（公元前10年）该墓下葬时的全椒应属于九江郡，而"名籍"上却明书其属于"广陵郡"。究其原因可能有三：一是因为从公元前17年广陵王刘护（哀王）薨后直到公元前11年汉成帝封广陵孝王刘霸之子刘守为广陵王（靖王），其间无广陵王，而"名籍"形成的时间不会晚于下葬时间，或由于"名籍"形成在刘守受封广陵王之前，故而才写作"广陵郡"；二是"名籍"上书写的或是"张未央"的籍贯，即因其祖籍是广陵郡全椒；三是与浔阳的情况一样，广陵王刘守时期的全椒也属于广陵王"遥领"性质的益封[24]。无论何者，都反映出此时的"全椒"也与广陵有着某种隶属关系。

盱眙　汉初为吴王属地，江都王葬于此，后盱眙侯被封为广陵王，可见盱眙与广陵关系较深。

高密、淳于　胡场M5"文告牍"上的文字还提及高密、淳于两个地名，淳于位于高密西北。汉宣帝本始元年（公元前73年）"立广陵王胥少子弘为高密王"[25]，《史记》正义："括地志云：'高密故城在密州高密县西南四十里'""密州高密县，古夷安城。应劭云'故莱夷维邑也'"[26]。淳于,西汉初置,属北海郡[27],《史记》索隐"淳于,縣名,在北海",正义"括地志云:'淳于,国〔名〕,在密州安丘县东三十里,古之州国,周武王封淳于国'"[28]。

东阳　天长纪庄M19∶40-10信件中有"东阳",亦曾为吴王、江都王属地。

堂邑　汉属临淮郡,在今六合区西北[29]。青岛土山屯墓葬群中的1座西汉晚期墓葬(编号M147)内出土印面分别墨书"萧令之印""堂邑令印"的玉印各1枚,印面铸有阴文"刘赐"的龟钮铜印1枚和自名"堂邑令刘君衣物名"的木牍1枚。木牍上记载的72件随葬品之一即"堂邑户口簿一",对照遣册,应即收纳于一件竹笥内的文书牍。竹笥内共有10枚木牍,其中2枚为空白木牍;2枚为尚未使用的"名刺",分两行墨书"堂邑令赐再拜谒";6枚为"上计"文书性质的公文木牍,《堂邑元寿二年要具簿》《堂邑盗贼命簿》《堂邑元寿二年库兵要完坚簿》等记载了西汉末年"堂邑"县的户籍人口、钱粮税收、兵器库盘点和司法审判等行政公文等[30]。

舆、下吕　胥浦101号汉墓木方上有"舆",临淮郡二十九县之一,当在今仪征西北一带;"下吕"或为"吕"县的一部分[31]。

东阳、堂邑、舆等,在东汉顺帝永和三年(138年)后,曾隶属广陵郡。

高都里、新安里　"先令券书"中所记的田产或在"高都里",木方上说"衰近君"之子"公文取子方钱五千于广陵",可知"自为产业"的"朱夌"次子"方"居于广陵,从到广陵、江都、舆、下吕取财务的情况来看,高都里或不属于广陵县,或即在朱夌墓所在地的附近;新安里或亦与广陵无关。

吴、曲阿　"先令券书"作为父亲的3人,除了寄居"新安里"的"高都里"的"朱夌"之外,"病长宾"在"吴""衰近君"在"曲阿"。吴、曲阿均为会稽郡属县,亦属吴地。

(三)职官名

主要有胡场M5木牍上的"王""广陵宫司空""宫司空""丞""中大夫""石里里长"、天山汉墓木椁板上的"船官"、天长纪庄木牍M19∶40-10上的"广陵长史"、天长三角圩汉墓出土木印上的阴文篆刻"广陵宦谒"、胥浦101号汉墓"先令券书"上的"县乡三老""都乡有秩""左""里师"等乡里小吏。"先令券书"上的"左"为乡佐,"县乡"或为县之乡,"都乡"或为都之乡,县官和都官是两个系统[32]。

至于"神灵名位牍"上的"吴王""大王"等所指为何,尚需探讨。另外,扬州平山乡雷塘村第26号西汉墓中出土有"广陵丞印"方形封泥,然而其是广陵郡广陵县丞还是广陵国广陵县丞尚无定论。

(四)事名

"狱事""取狗来"与广陵相关,而"毋使归大事""先令券书"(见证立遗嘱之事)只是在行文中提到了"广陵"。

简牍上关于"狗"的文字记载,或说明汉代犬价较高,狗肉并非完全是普通肉食,如《说文》所释"献,宗庙犬名羹献,犬肥者以献"、《曲礼》所谓"凡宗庙之礼,犬曰献羹";所以胡场五号汉墓"日记牍"上才有了不远千里,从广陵经高密到淳于"取狗来"之事,所取之狗或为高密王弘为其父族宗庙岁祭而送来的献品[33]。

"取狗来"之事,反映着广陵国与高密国以及淳于县之间在血缘、地缘上的关系;养狗、献羹,其实也是一种联络的纽带。或正因为如此,YSXM1∶66-12正面木牍上才留下了遂向大王讲自己养狗、找狗、狗走失之事的记载。

二、YSXM1出土简牍文字中的汉广陵王宫和广陵城

YSXM1出土木牍上有广陵王的"侍中""遂"向"大王"的奏疏文字，木牍上写的时间为广陵王刘胥四至六年（元鼎三至五年，公元前114—前112年），其中有与广陵宫、广陵城相关的内容。

（一）YSXM1出土的汉广陵王宫和广陵城相关简牍文字

笔者主要是从扬州汉墓出土木牍文字来探讨广陵国、广陵城的相关问题，因此仅列举相关的4件木牍部分文字如下。

1. YSXM1：66-8（图一二）

正面：

　　　故中大夫臣遂伏地顿首言：

　　大王足下，拜哀怜，使内官赐臣奉以铜月七千。臣伏地

　　　拜甚。臣不宵病免。臣伏地顿首顿首。

　　大王足下，臣请下内官止。臣伏地顿首请

　　大王足下。

　　命曰：可。

　　　　　　　　　　　　　　六年四月辛未，谒者鸞史、谒者张，出司马门

背面：

六年四月辛未，以中大夫遂下江都，内官奉书□奏长谒

出入司马门

2. YSXM1：66-10（图一三）

　　　侍中臣遂伏地再拜言：

　　大王足下，昨日谒者为臣著乃入侍，令不得扰人。臣不

　　　胜愿，愿得令谒者，臣遂入侍及车□□驾，辄为臣著乃及离宫殿门入，以为常。

　　　臣伏地再

　　　拜请

　　大王足下。

　　命曰：可。

　　　　　　　　　　　　　　四年七月甲辰，谒者毋知奏中，谒者安国出拜听

3. YSXM1：66-12正面（图一四）

　　　侍中臣遂伏地再拜言：

　　大王足下，臣遂所养牡狗名曰麋，昨日亡，求未

　　　得。（臣）伏地再拜以闻。

　　　　　　麋常闻雷走，去之城外，雷止还。昨日

　　　　　去不还。

　　　　　　五年七月己卯，中谒者义□奏，出

　　　　　　　　□□

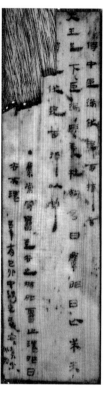

图一二　2015YSXM1：66-8（右正面，左背面）　　图一三　2015YS XM1：66-10　　图一四　2015YS XM1：66-12　　图一五　2015YS XM1：66-13

4. YSXM1：66-13（图一五）

　　侍中臣遂伏地再拜言

　大王足下。

　大王，拜哀怜，奉臣遂铁月万，拜以臣遂为中大

　夫。臣请止御府奉。臣伏地再拜请。

　□□百从官侍谒者赏（？）奏。出昭明

　　另外，扬州蜀秀河六号新莽时期墓葬出土木牍上的文字中有广陵、信陵乡、江平郡、江都县等地名，反映出西汉广陵国和东汉广陵国之间的新莽时期广陵之地的一些情况[34]。

　　（二）YSXM1出土简牍文字中的汉广陵王宫和广陵城

　　YSXM1：66-12正面有"麋常闻雷走去之城外"，"去"字与其后一行的"去不还"之"去"近似，"外"字与胡场M5"神灵名位牍"上第1栏第6行第2字相同。YSXM1：66-7"四年七月癸卯常侍〃谒者□奏从官侍□（谒？）者喜出□"中的第一个"侍"后当为"〃"（重文符号），即"侍"字之重复，此写法亦见于胡场M5出土的告地册第2行第15字、"神灵名位牍"第3栏第3字以及"先令券书"M101：87-5第4字，现代日语中仍用此字；"侍谒者"在此出现两次；第二个"侍□（谒？）者"中的"谒"字的笔意与YSXM1出土木牍上其他多处"谒"字相近，尤与YSXM1：66-13最后1行的"侍谒者"近似，故亦可释读作"谒"。

　　YSXM1出土木牍文字中的"司马门"和"离宫殿门""养牡狗"与"城""雷"以及"下江都"等文字，为汉广陵城遗址的研究探寻提供了线索。

1. "司马门"和"离宫殿门"

YSXM1：66-8正面有"司马门"、背面有"下江都"和"司马门"，YSXM1：66-10上有"离宫殿门"。司马门为宫之外门，非宫之内门（殿门）。《史记》《汉书》均有相关记载，如《史记·张释之传》："顷之，太子与梁王共车入朝，不下司马门，于是释之追止太子、梁王无得入殿门。"[35]《汉书》中相关记载较多，如"应劭曰：'……司马中者，宫内门也。司马主武，兵禁之意也。……'师古曰：'应说非也。……司马门者，宫之外门也。卫尉有八屯，卫候司马主卫士徼巡宿卫。每面各二司马，故谓宫之外门为司马门。'"师古曰："凡言司马门者，宫垣之内兵卫所在，四面皆有司马。司马主武事，故总谓宫之外门为司马门。"应劭曰："外门为司马门，殿门在内也。"[36]因此，YSXM1简牍中的"司马门""殿门"应该分别是广陵王宫的外门和内门，是诸侯王国"宫室百官，同制京师"的一种表现。

YSXM1：66-10上有"离宫"，可作两种理解：其一，离宫为王宫之外供广陵王出巡或游玩时居住的宫室。《汉书·贾山传》："秦非徒如此也，起咸阳而西至雍，离宫三百，钟鼓帷帐，不移而具。"颜师古注："凡言离宫者，皆谓于别处置之，非常所居也。"[37]既云"离宫"，则或当广陵城外。然简牍中"遂""入侍"，"离宫殿门入，以为常"，此宫又似非在城外。其二，"离"是宫名，或者表示宫之方位。《易·说卦》："离，为火，为日"，离为正南方位。从汉广陵城与当时水系的关系来看，离宫在城外南方的可能性很小。因此推测，离宫或是宫名，或是广陵城内南部的王宫，当然也不能完全排除是城外行宫别馆的可能性。

2. "狗"与"雷""城"

YSXM1：66-12牍文上说遂所养之狗名"麋"，"常闻雷走，去之城外"，汉广陵城北在汉代有雷陂（现雷塘），今仍多雷，近年亦曾数次发生过雷劈建筑或树木之事。可见此句应该是说麋常常听到雷声就跑到了城外去躲避，而非听见雷声反而跑去了城北之意。汉广陵城若确无南门，而北面是雷鸣，因此麋从东或西城门出去的可能性较大，若能通过简牍文字研究进一步判明麋所出城门的位置，对于汉广陵城的城门及广陵宫在城内的相对位置推测或有裨益。

3. "铜月七千""铁月万"

YSXM1：66-8正面有"铜月七千"，YSXM1：66-13上有"铁月万"。虽未言明作为"奉"的铜、铁的计量单位，但动辄以千、万为数的"奉"，足见广陵王对遂的赏赐之重，或也是广陵国铜铁资源丰盛、经济繁荣发达的侧面写照。

YSXM1简牍上的文字提及广陵王、广陵国宫城、广陵城，其中与狗相关的文字记载首次明确提到了广陵"城"；司马门、离宫殿门则涉及了广陵国的宫城、离宫；狗常在城内，听到雷声而跑到城外，从侧面印证了当时"雷塘"的存在，还说明了养狗之人遂平时可能居住在城内。不过，广陵城内是否亦有都里或乡里等行政区划尚难以推论。另外，"铜月七千""铁月万"的高薪，从侧面反映出了广陵国之富庶。YSXM1出土简牍文字的相关研究，对于研究汉代广陵地区的政治体制、行政区划、广陵国和广陵城的地域范围及其沿革、广陵县与江都县的关系等都极具价值。

三、汉之广陵城与江都城

YSXM1木牍文字中出现了与汉广陵、广陵王宫相关的记载，特别是YSXM1：66-8背面有"下江都"。从到江都用"下"字来看，或可推测"江都"在广陵之南，此"江都"或只是作为广陵王辖县之"江都"县，而并非"江都城"。

广陵地区在西汉初年属荆国，其后历经吴、江都、广陵等时期。《汉书》中有"汉高帝六年（公元前201年）令天下县邑城"[38]，注"张晏曰：皇后公主所食曰邑，令各自筑其城也。师古曰，县之与邑皆令筑城。"可见，吴王濞时已有汉广陵城，即高祖十一年前广陵已有城池，翌年（公元前197年）封吴王刘濞之所都当在广陵城，濞起兵亦在广陵城。

就《汉书·景十三王传》中的"吴已破，徙王江都，治故吴国"，师古曰"治谓都之。刘濞所居也"，说明江都国和吴国是同一个都城。《汉书》中有"广陵国，高帝六年（公元前201年）属荆州，十一年（公元前196年）更属吴，景帝四年（公元前153年）更名江都，武帝元狩三年（公元前120年）更名广陵。莽（公元8—22年）曰江平。属徐州。户三万六千七百七十三，口十四万七百二十二。有铁官。县四：广陵，江都易王非、广陵厉王胥皆都此，并得鄣郡，而不得吴。莽曰安定。江都，有江水祠。渠水首受江，北至射阳入湖。高邮，平安。莽曰杜乡。"[39]可见，景帝三年（公元前154年）改吴国为江都国，调汝南王非为江都王，江都城当与江都国相关，作为继吴王濞之后分封在广陵地区的诸侯王，江都王很可能只是沿用了之前的吴王濞城，即江都城和广陵城应是同一座城池。盱眙大云山汉墓基本被推定为是江都王刘非之墓，然而汉"江都"县在广陵城以南更靠近长江北岸的地方，因此即便江都县确有城池，也不能由此就认为江都县城比广陵城更有可能是江都王之都城。

就广陵城和吴城、楚门和鱼门，安藤更生《唐宋时期扬州城之研究》作者注说：

《雍正江都县志》的编者陆朝玑认为"古广陵城，蜀冈上，邗沟城东北，濞乃更筑城于蜀冈之下，城自二"的说法是某种误解，刘文淇《扬州水道记》卷一中注云："按，陆谓古广陵城在邗沟城东北是也，谓吴王濞城在蜀冈下，与古广陵城为二，误。"我在蜀冈之上的后文说明的堡城之故地采集到几件明确属于汉代的云文瓦，大概堡城是吴王濞的故址。据《汉书》卷二十七中之上五行志，景帝三年（公元前154）十二月吴之二城门自倾。一曰楚门，一曰鱼门。该门之毁坏或谓吴王濞身败之前兆，然自古以来亦有此吴城乃苏州城的说法。

译者据欲寡过斋刻本更定：

刘文淇《扬州水道记》卷一中注云："陆朝玑《江都县志》谓，古广陵，蜀岗上，邗沟城东北，濞乃更筑城于蜀冈之下，与古广陵城为二，误。"陆朝玑《雍正江都县志》并无此段，反而于"吴王濞条"云："（汉高祖）十一年为吴城，即吴王濞所筑，后世遂以濞城与广陵城为二，然汉书第谓广陵为濞所都，于筑城无明文，则水经注所云濞筑吴城者，或亦修筑而都之，非别创之谓也"，提出吴王濞城与古广陵城是同一城。反而是《雍正扬州府志》卷二十三·古迹"吴王城"条有"按，古广陵城在蜀岗上，邗沟城东北，濞城乃更筑于蜀岗下也"之说，疑刘文淇《扬州水道记》时混淆两书，安藤引刘文之中引文，当作陆文，未加核辨[40]。

可见，将"古广陵城"和汉"吴王濞城"明确作为二城，或是源自清代的《雍正扬州府志》及扬州地方学者刘文淇。其实，在《嘉庆重修扬州府志》（嘉庆十五年即1810年成书）中已经指出古广陵城和吴王濞城是一城[41]。《扬州水道记》附图来看，刘文淇或是固化了长江北岸线的位置，然后在一个基本固定的空间内填充入了历史时期相关城池，而实际上汉唐之际的扬州城并不是向北发展的，也不会分别位于"唐江都城"的南北两侧，"江都县"或是随着长江北岸线南移而带来的陆地空间而出现并逐渐扩大的[42]。

总之，从广陵、江都的相关文献记载来看，广陵有诸侯王宫城或郡治，确有城；江都县是郡国属县之一，其出现时间或晚至汉景帝时。尽管汉广陵城的范围尚有诸多需要解明之处，然而其城池沿革的主要脉络是基本清楚的，汉之吴王濞城、江都城、广陵城实为一城[43]。

注　释

[1] a. 闫璘、许红梅：《扬州西汉墓出土文献所见西汉广陵国职官举例》，《唐都学刊》2017年第5期。

b. 扬州蜀秀河一号汉墓（YSXM1）于2015 年7月由扬州市文物考古研究所发掘，资料曾在上海交通大学人文学院历史系与扬州市文物考古研究所合作举办的"扬州新出土汉代简牍及古代史工作坊"研讨会上发表。

[2] 扬州博物馆：《扬州平山养殖场汉墓清理简报》，《文物》1987年第1期。

[3] 胡场五号汉墓、胥浦M101、连云港尹湾汉墓的相关资料，除了下注的简报和研究之外，综合研究的还有连云港市博物馆等：《江苏连云港·扬州新出土简牍选》，美术出版设计中心，2000年。

[4] "文告牍"释文：

四七年十二月丙子朔辛卯，广陵宫司空长前、丞昝敢告土主：广陵石里男子王奉世有狱事，〃已，复故郡乡里，遣自致，移棺〔诣〕穴。四八年狱计，辟书从事如律令。

[5] "神灵名位牍"释文：

江君　上蒲神君　高邮君大王　满君　卢相汜君　中外王父母　神魂

苍天　天公

大翁　赵长夫所搏〔捣〕　淮河　瑜君　石里神杜〔社〕　城阳筚〔蓬〕君

石里〃主　宫春姬石早君搏〔捣〕　大王　吴王　□王　汜杨神王　大后垂

宫中菜池　□□神杜〔社〕

当路君　荆主　奚丘君　水上　□君王　□杜〔社〕

宫司空　杜　邑　塞

[6] "日记牍"正面释文：

十一月二日道堂邑人□。

十日辛酉漆广徙〔远〕道京来。

十六日丁卯陈忠徙〔远〕道高密来。

十七日戊辰陈忠取敦〔淳〕于兄狗，□也□。

廿八日己卯中大夫貔马行。

卅日辛巳王兔青□行。

十二月十三日甲午徐延年行，陈忠取狗来。

十五日□中大夫尤父主锄〔得〕行。

十六日王兔青〔菁〕矛〔茅〕，除吏行。

廿日辛丑徐延年来。

廿三日文喁来。

廿五日丙午赵子宾道堂邑来。

[7] a. 扬州博物馆等：《江苏邗江胡场五号汉墓》，《文物》1981年第11期。

b. 王冰：《扬州胡场汉墓群随葬品所反映的几个问题》，《东南文化》2000年第5期。

c. 刘昭瑞：《记两件出土的刑狱木牍》，见《古文字研究》第24辑，中华书局，2002年。

d. 杨华：《战国秦汉时期的里社与私社》，《天津师范大学学报（社会科学版）》2006年第1期。

e. 梁勇：《江苏邗江胡场五号汉墓木牍、铜印及相关问题再考》，《东南文化》2011年第4期。"文告牍"上的文字，基本按照王冰、梁勇所释；"日记牍"上的文字，部分据王冰释读，部分参考《江苏连云港·扬州新出土简牍选》第183页释读（美术出版设计中心，2000年）修正。

[8] "先令券书"释文：

元始元年九月壬辰辛丑，今高都

里朱夌，〃庐居新安里，甚疲其死，故请县

乡三老、都乡有秩、左、里师〔师〕田谭等

为先令券书。夌自言：有三父，子男、女

六人，皆不同父。〔欲〕令子各知其父家次：子女以

君、子真、子方、傰〔傸〕君，父为朱 ；孙弟公文，父

吴衰近君；女弟弱君，父曲阿病（？）长宾。

妪言：公文年十五去家，自出为姓，遂居外，未尝

持一钱来归。妪予子真、子方自为产业。子女傰君、

弱君等贫毋〔无〕产业。五年四月十日，妪以稻田一处、桑

田二处分予若君，波〔陂〕田一处分予傰君，于至十二月。

公文伤人为徒，贫无产业。于至十二月十日，傰君、弱君

各归田于妪，让予公文。妪即受田，以田分予公文。稻田二处、

桑田二处，田界易如故。公文不得移卖田予他人。时任

知者：里师、伍人谭等，及亲属孤乘、田文、满真。

先令券书明白，可以从事。

[9] 木方释文：

正面：

公文取子方钱五千于广陵。

又船十二杖，直钱万四千四百于江都。

又取钱千六百于江都。

又取布六丈褐一匹、履一两，凡值钱千一百卅。

又取钱千于江都。

背面：

又取缣二匹，直钱千一百于舆。

又取三千钱，罢采（？）用为衣。

又取钱九千于下吕。

又取钱二万于舆。

又取长绣（？）一领，直钱千三百。

凡直钱五万七千。

[10] 木牍衣物券释文：

高都里朱君衣绮被一领、禅衣二领、禅裳一领、素绢一领、绿裕（？）一领、绫袍一领、红袍二领、复

裳二领、禅襦（？）二领、青袍二领、绿被一领、绣襦一领、红襦一领、小绩三领、锦袍三领、裿

被一领、绪绞一、绔一两。

凡衣禅缚廿五领。

[11] a.扬州博物馆：《江苏仪征胥浦101号西汉墓》，《文物》1987年第1期。

b.陈平、王勤金：《仪征胥浦101号西汉墓〈先令券书〉初考》，《文物》1987年第1期。

c.陈雍：《仪征胥浦101号西汉墓〈先令券书〉补释》，《文物》1988年第10期。

d.陈平：《再谈胥浦〈先令券书〉中的几个问题》，《文物》1992年第9期。

e.陈荣杰：《也论扬州仪征胥浦〈先令券书〉》，见《历史文献研究》总第31辑，2012年。

[12] 天长M19：40-10A释文：

贲且伏地再拜请

孺子孟马足下：贲且赖厚德，到东郡，幸毋恙。贲且行守丞

上计，以十二月壬戌到洛阳，以甲子发。与广陵长史卿俱，□以贲且家

室事羞辱左右。贲且诸家死有余罪，毋可者，各自谨而已，家母

可鼓者，且完而已。贲且西，故自巫为所以请谢者，即

事复大急，幸遗贲且记，孺子孟通亡桃〔逃〕事，愿以远谨

天长M19：40-10B释文：

为故。书不能尽意，幸少留意。志归至，未留东阳，毋使归

大事。寒时幸进酒食，□察？诸？。贲且过还故县，毋缓急，

以吏亡劾，毋它事。伏地再拜

孺子孟马足下。

[13] a. 天长市文物管理所、天长市博物馆：《安徽天长西汉墓发掘简报》，《文物》2006年第11期。

b. 杨振红：《天长纪庄汉墓谢孟的名、字、身份及与墓主人关系蠡测——纪庄汉墓木牍所反映的西汉地方社会研究之二》，《浙江学刊》2011年第6期。

[14] a. 连云港市博物馆：《江苏东海县尹湾汉墓群发掘简报》，《文物》1996年第8期。

b. 墓葬本身资料参见简报《东海郡下辖长吏名籍》，木牍资料见连云港市博物馆等：《江苏连云港·扬州新出土简牍选》第64页，美术出版设计中心，2000年。

[15] 傅嘉仪：《秦封泥汇考》第151页，上海书店出版社，2007年。

[16] 扬州博物馆：《汉广陵国漆器》第130页，文物出版社，2004年。

[17] 蒋华：《扬州甘泉山出土东汉刘元台买地砖券》，《文物》1980年第6期。

[18] 杨华：《战国秦汉时期的里社与私社》，《天津师范大学学报（社会科学版）》2006年第1期。

[19] 梁勇：《江苏邗江胡场五号汉墓木牍、铜印及相关问题再考》，《东南文化》2011年第4期。

[20] 王冰：《扬州胡场汉墓群随葬品所反映的几个问题》，《东南文化》2000年第5期。

[21] 黄盛璋：《邗江胡场汉墓所谓"文告牍"与告地策谜再揭》，《文博》1996年第10期。

[22] 王冰：《西汉广陵厉王的封域与昭帝益封之邑考略》，见《中国历史地理论丛》第26卷第4辑，第144页图1（改绘自《中国历史地图集》第2册），2011年。

[23] 王冰：《西汉广陵厉王的封域与昭帝益封之邑考略》，见《中国历史地理论丛》第26卷第4辑，2011年。

[24] 王冰：《西汉广陵厉王的封域与昭帝益封之邑考略》，见《中国历史地理论丛》第26卷第4辑，2011年。

[25]《汉书·宣帝本纪》。

[26]《史记·广陵王世家》《史记·鲁仲连邹阳列传》。

[27]《汉书·宣帝本纪》。

[28]《史记·仲尼弟子列传》。

[29] 扬州博物馆、邗江县图书馆：《江苏邗江胡场五号汉墓》，《文物》1981年第11期。

[30] a. 青岛市文物保护考古研究所等：《青岛土山屯墓群考古发掘获重要新发现——发现祭台、"人"字形椁顶等重要遗迹，出土温明、玉席和遣册、公文木牍等珍贵文物》，《中国文物报》2017年12月22日。

b. 考古快照《山东青岛土山屯墓群》，《大众考古》2017年第10期。

[31] 扬州博物馆：《江苏仪征胥浦101号西汉墓》，《文物》1987年第1期。

[32] 陈雍：《仪征胥浦101号西汉墓〈先令券书〉补释》，《文物》1988年第10期。

[33] 王冰：《扬州胡场汉墓群随葬品所反映的几个问题》，《东南文化》2000年第5期。《说文》《曲礼》相关文字，直接引自王冰文。

[34] 扬州市文物考古研究所发掘资料，因相关资料尚未发表，故在此不作探讨。

[35]《史记·张释之传》。

[36] 分别参见《汉书·元帝纪》《汉书·陈胜项籍传》《汉书·扬雄传》。

[37]《汉书·贾山传》。

[38]《汉书·高帝纪第一下》。

[39]《汉书》，《地理志第八下广陵国》。

[40] 安藤更生著，《唐宋时期扬州城之研究》（《鉴真大和上传之研究》中有关扬州城遗址部分），汪勃、刘妍译：《扬州唐城考古与研究资料选编》第154页作者注〔二〕、第204页译者注23，2009年。

[41] 《嘉庆重修扬州府志》（广陵书社，2006年）第四七四页，卷之三十·古迹志一吴王城广陵：吴王濞所都城，周十四里半。［《后汉书·郡国志》］广陵城楚汉之间为东阳郡。高祖十一年为吴城，即吴王濞所筑也，汉景帝三年徙汝南王非王江都。武帝元狩六年立子胥为广陵王，皆都濞城。［《水经注》]。案，古广陵城在蜀冈上，邗沟城东北，濞乃更筑城于蜀冈之下，城自为二也。至旧《志》谓今城即吴王濞城，尤误。考《三国志》曹丕伐吴，登广陵故城，临江观兵，《吴志·徐盛传》于建业筑薄落围，文帝到广陵，望围愕然，引军退。据此，则故城当在今府城西，故能望见建业。盖广陵城自周显德后已迟迁而东矣。又《水经注》所言东阳郡语无确证，辨见《沿革志》]。

[42] 汪勃：《试析〈扬州水道记〉附图中部分城池标示位置的错误及其原因》，《东南文化》2017年第2期。

[43] 历史上曾有两座广陵城，一座即扬州的广陵城，另一座是南朝陈之广陵城，本文探讨的仅是汉之广陵城。

丝绸之路钱币的文化内涵及其价值

王永生

一、"丝绸之路"名称的由来

丝绸虽然是我国古代劳动人民最早发明、使用并传入欧洲的[1]，但是"丝绸之路"却是个外来词，是从英语"The Silk Road"直译过来的。英语的"The Silk Road"一词，源自德语，最早是由19世纪70年代德国著名地理学家冯·李希霍芬（F.V. Richthofen）[2]首先提出并使用。他在《中国——亲身旅行的成果和以之为根据的研究》一书中，把"从公元前114—前127年间，中国与河中地区[3]以及中国与印度之间，以丝绸贸易为媒介的这条西域交通路线"，叫作"Seidenstrassen"[4]。现在广泛使用的"The Silk Road"（即丝绸之路）则是它的英译名称。

后来，德国的东洋史学家阿尔伯特·赫尔曼（A. Hermann）在他著名的《中国与叙利亚间的古代丝绸之路》一书中主张，应该"把这一名称（即丝绸之路—引者）的含义进而一直延长到通向遥远西方叙利亚的道路上去"。他说"虽然在与东方的大帝国（指中国—引者）进行贸易期间，叙利亚始终未与他发生过什么直接关系，但是，正如我们首次了解到的夏德研究的结果，尽管叙利亚不是中国生丝的最大市场，但也是较大的市场之一，而叙利亚主要就是依靠通过内陆亚洲及伊朗的这条道路获得生丝的"[5]。

赫尔曼的这一观点得到了以法国的勒尼·格鲁塞（Rene Gsousset）为代表的欧洲汉学家的支持和阐述。19世纪末到20世纪初，众多的西方探险家到我国西北边疆进行"考察"、"探险"，如斯坦因、伯希和、斯文赫定等。他们不但多次使用"丝绸之路"或"丝绸贸易路"的名称，而且在新疆及中亚一带还发现和找到了古代中国与亚、非、欧交往的许多遗址、遗物，其中不乏丝绸实物以及钱币，用实物证实和说明了历史上"丝绸之路"的存在和发展。这一发现引起了世界范围内学术界的极大兴趣和关注。这样，"丝绸之路"就成为从中国出发，向西横贯亚洲，进而连接非洲、欧洲的陆路通道的总称。近年，随着中西文化交流史研究的日益深入，在传统的"绿洲-沙漠"主干道之外，又新提出了"海上丝绸之路"的概念。同时，路上丝绸之路也增加了"南方丝绸之路"及北方的"草原丝绸之路"两条通道。在丰富"丝绸之路"内涵的同时，更使"丝绸之路"学成为一门国际性的热门研究课题。

概括地讲，丝绸之路是古代联系、沟通、传递东西方之间政治、经济、文化、军事等领域交流的通道和桥梁。要实现这个通道和桥梁的作用，我们认为丝绸之路首先应该是一条贸易之路。正是因为东西方之间以及沿线各绿洲点（贸易中转站）对彼此商品贸易差价巨额利润的追逐，才确保了这条贸易之路的贯通和顺畅，并使之能够不断地发展延续下去。因为丝绸之路是一条贸易之路，就

作者：王永生，北京市，中国钱币博物馆，副研究员。

必然存在商品交换，有商品交换，自然就有钱币流通。因此，我们认为"丝绸之路钱币"的提法是成立的，内涵也是明确的。换言之，凡是在丝绸之路贸易中充当了交换媒介的钱币应当就是丝绸之路钱币。

其次，丝绸之路还应该是一条古代东西方文化的交流之路。东方的中华文化，西方的希腊、罗马文化，以及贯穿于这条路线两侧的波斯文化、印度文化、伊斯兰文化等都通过商贸往来、物品交换而彼此转播，相互影响，从而促进了各种文化的交流与融合。丝绸之路所具有的这一传播文化的功能，决定了在丝绸之路贸易中充当交换媒介的钱币，即"丝绸之路钱币"具有其特殊性，它更多的是从对外贸易、文化交流的角度来考察货币，与我们一般所谈论的某某国家铸造了某某货币的论述是不一样的。也正是因为有人忽视了丝绸之路在沟通东西方贸易和文化传播上的重要作用，才会提出"没有一个丝绸之路国，怎么会有丝绸之路货币？"这样一个不是问题的问题。

二、东西方两大钱币文化体系及其交汇融合

亚欧大陆的东西两端，因为地理、气候等环境的不同以及民族、宗教、语言、文字、传统等文化习俗方面的差异，发展形成了不同的文明。这种文明上的不同及差异，在钱币文化上体现得尤为形象。一般认为世界古代钱币文化，大致可划分为两大体系：一个是以古代希腊—罗马为代表的西方钱币文化体系；另一个是以古代中国为代表的东方钱币文化体系。古代东西方两大钱币文化体系因为植根于不同的文明，产生于不同的地区，而各有特色。

（一）东西方两大钱币文化体系及其特点

1.东方钱币文化

以古代中国为代表，植根于中国古代传统的农耕经济，适用于男耕女织这种相对封闭，以自给自足为特点的小农经济，对外贸易相对不发达。钱币文化的特点为：币材多用铜、铁等贱金属，用于满足日常的小额交易；钱币图饰不用人物或动物图案，只有文字；技术上采用范铸或翻砂浇铸制成，可增加铸钱数量并降低制作成本；形制上为圆形方孔，既体现了中国古代天圆地方的哲学思想与宇宙观，也便于打磨修边及穿绳携带；铭文多记币值、年号及地点，讲究书法字体上的变化，有楷、隶、行、草等不同书体。

历史上深受中国古代文化影响的朝鲜、日本、流球、越南以及印度尼西亚、马来西亚、缅甸、泰国等部分东南亚国家和地区也属于东方货币文化体系。

2.西方钱币文化

以古代希腊—罗马为代表，是在继承原小亚细亚半岛古国吕底亚琥珀金币的基础上形成的。植根于地中海周围古代发达的商业经济，钱币文化的特点是：币材多用金、银等贵金属，以适应地中海沿岸大宗的对外贸易需要；钱币图饰多为人物头像或动物图案，充分表现了古代希腊—罗马文化中精湛的造型艺术；采用打压法制成，便于体现高浮雕图案的艺术效果；形制为圆形无孔，可减少流通中的磨损；铭文多记打制地点、年代、国王名字以及宗教颂词等，并打印有徽记及神像，具有浓厚的宗教色彩。

波斯、印度等东方国家因亚历山大的东征以及随后希腊化的影响而接受了希腊钱币文化。阿拉伯等信仰伊斯兰教国家的钱币，虽然因为伊斯兰教反对偶像崇拜，不用人像或动物图案，全部使用文字，铭文为伊斯兰教《古兰经》中的颂词，而与希腊—罗马钱币有所不同，但伊斯兰钱币总体上

亦属于西方钱币文化体系。

（二）东西方钱币文化在中亚地区的交汇与融合

地处欧亚大陆腹地的中亚地区，在公元前4—前2世纪的两百年间，先后受到了来自西方与东方的强烈冲击和影响。因此，以中亚为分界线，从东西两个方向来观察，可以更加清晰地把握丝绸之路的形成、东西方文化的交流以及丝绸之路钱币的文化内涵。

1. 亚历山大大帝的东征

首先是来自西方的冲击。公元前334年亚历山大大帝（公元前356年—前323年）渡过赫勒斯湾海峡开始东征波斯。希腊远征军最北曾到达中亚阿姆河和锡尔河流域的布哈拉和塔什干附近，在位于锡尔河岸的霍占德筑亚历山大里亚城。因受到中亚当地土著的顽强抵抗，亚历山大遂南下克什米尔沿印度河行至河口又向西北到达波斯波利斯。希腊人的东征虽因亚历山大的英年早逝而停止，但被占领地区随后开始的"希腊化时期"，却将希腊文明传入中亚及印度北部地区。其中，最典型的事例就是希腊殖民者在中亚地区建立的各希腊化城邦如塞琉古、巴克特利亚（大夏）等，都曾仿照希腊本土打制带有希腊铭文的钱币。

2. 张骞出使西域

东方的影响是以汉武帝建元二年（公元前138年）张骞出使西域为标志，拉开了中原王朝经营中亚地区的帷幕。汉宣帝神爵三年（公元前60年）西汉政府在龟兹（今库车）以东的乌垒城（今轮台附近）设立西域都护府，西汉中央政府对包括新疆在内的广大中亚地区行使了有效的管理。东汉班超、班勇父子长住西域，进行有效管理，维护了丝绸之路的畅通。班超甚至派遣甘英于公元97年出使大秦（罗马帝国），甘英西经条支（今中东伊拉克）、安息（今阿富汗一带）等国，远到波斯湾。伴随汉代的驻军、屯田以及商旅、使臣们的频繁往来，中原地区包括钱币文化在内的汉文化，开始大量传入西域及中亚的广大地区，并产生了深远影响。

以亚历山大大帝东征和张骞出使西域为开端，源于地中海沿岸的希腊—罗马文化和源于黄河流域的中华文化先后传入中亚地区。两种相向而行的文化，在亚欧大陆的腹地（即中亚地区）实现了交汇，并由此形成了横贯亚欧大陆、沟通东西方文化交流的丝绸之路。伴随丝绸之路的形成和发展，孕育诞生了丝绸之路钱币。

中国文献中，最早关注并记录西方钱币的是出使西域的张骞。他在第一次出使西域回到长安写给汉武帝的报告中，曾描述安息国的钱币特点为："以银为钱，钱如其王面，王死则更钱，效王面焉"[6]；"亦以银为钱，文独为王面，幕为夫人面，王死则更铸钱"[7]。乌弋："其钱独文为人头，幕为骑马"[8]。这是中国古代对西方钱币文化的最早认识。

三、丝绸之路钱币的文化内涵

丝绸之路钱币的内涵，大致包括四个方面。

（一）中原王朝在内地铸造，因参与丝绸之路贸易，在丝绸之路沿线出土发现的钱币

包括以下四种类型。

（1）新疆和田麦力克阿瓦提汉代遗址出土的45公斤汉五铢钱。

（2）途经罗布泊的古代商道上，散落着的970多枚开元通宝、乾元重宝等唐代钱币。

（3）墨玉县阿克萨莱乡出土的8.5公斤宋代钱币。

（4）在中亚以及南海、东南亚、印度，乃至非洲等地出土发现的各朝代的中国古代钱币。

（二）境外国家和地区铸造的钱币，伴随丝绸之路贸易而流入中国境内的外国钱币都属此类。

如贵霜钱币、波斯萨珊朝银币（以1959年新疆乌恰发现的947枚最具典型意义[9]）、东罗马金币和阿拉伯金银币等。

（三）丝绸之路沿线铸造的明显带有东西方两大钱币文化体系相互交融特点的钱币包括以下七种类型。

（1）古于阗国铸造的汉佉二体钱（俗称和田马钱），采用源自古希腊的打压法制成，圆形无孔，一面打印有马或骆驼形图案及一圈佉卢文，另一面打印有汉字，并用中原地区传统的货币重量单位"铢"作为它的记值单位。

（2）古龟兹国铸造的汉龟二体钱（俗称龟兹五铢钱），采用源自中原内地的范铸技术浇铸而成，圆形方孔，同时使用汉文和龟兹文两种文字，明显仿自汉代五铢钱但铸造较粗劣。

（3）突骑施钱及回鹘钱，采用浇铸技术制成，圆形方孔，分别铸有粟特文和回鹘文，明显仿自唐代开元通宝钱。

（4）粟特青铜钱，中亚昭武九姓各国仿照唐朝开元通宝钱币形制，圆形方孔铜钱。正面为"开元通宝"或昭武九姓王徽、族标，背面为王名、称号等。

（5）高昌吉利钱及日月光金钱，形制为圆形方孔，使用的都是汉文，高昌吉利钱"吉利"两字是用汉字拼读的古突厥语，意为王。日月光金钱中"日月"两字明显带有浓厚的外来宗教摩尼教的色彩。

（6）西辽在中亚地区铸造的圆形方孔钱。

（7）喀喇汗朝钱、察合台钱、伊尔汗国钱币、金帐汗国钱币、准噶尔普尔钱等。均采用打压法制成，圆形无孔，多用阿拉伯字母中的科斐体[10]拼读突厥语（或夹杂有回鹘文、巴思八文及汉文等），记有地名、伊斯兰教纪年等。

以上七种类型的钱币，都很典型地具有东西方两大钱币文化相互交融的特点，是伴随丝绸之路贸易往来，东西方文化特别是钱币文化的相互交流、融合而产生的。是丝绸之路钱币的核心内容与主题部分。

（四）在丝绸之路贸易中曾充当过交换媒介或价值尺度的实物货币。如丝绸、棉布、茶叶、食盐、海贝等实物，在一定的时期和特定的范围内，曾经充当过交换的媒介或价值的尺度，在丝绸之路贸易中扮演过货币的职能，也应该属于丝绸之路钱币，但不是丝绸之路钱币的重点。

四、丝绸之路钱币发展的阶段性及其文化特点

（一）丝绸之路钱币发展的阶段性

丝绸之路钱币受丝绸之路沿线各种政治势力的兴衰、丝绸之路本身发展以及东西方文化相互交流的影响，整体上表现为一定的阶段性，且各阶段间互有重叠，大致可分为四个阶段。

第一阶段：西币东传（公元前4世纪至公元8世纪）

随着亚历山大大帝的东征及随后的希腊化影响，发源于地中海沿岸的希腊钱币文化首先传入中亚地区。这是来自西方的影响，可简称为"西币东传"。属于这一时期的钱币主要有：安息钱币、贵霜钱币、波斯萨珊钱币，以及模仿萨珊钱币而打制的厌哒钱币和西突厥钱币等。此外，印度北部打制的"印度-希腊钱币"及"印度-西徐亚钱币"，除圆形、椭圆形的盖印银币外，还有一种铸造的方形铜币。这种货币虽然早在公元前4世纪亚历山大大帝到来之前即已出

现，但明显是通过伊朗阿赫美尼德王朝传入的希腊化货币模型的一种变种，也应属于受希腊影响而打制的钱币。

第二阶段：东币西传（公元前2世纪至公元8世纪）

随着张骞出使西域及随后西域都护府的设立和有效管理，发源于黄河流域的中国钱币文化开始传入中亚地区。这是来自东方的影响，可简称为"东币西传"。属于这一时期的钱币主要有：于阗国铸造的汉佉二体钱，龟兹国铸造的汉龟二体钱及龟兹小铜钱，高昌国铸造的高昌吉利钱币，唐安西都护府铸造的大历元宝、建中通宝以及"中"字钱、"元"字钱等，回鹘汗国铸造的回鹘文圆形方孔钱及日月光金钱，突骑施汗国及粟特昭武九姓铸造的各种圆形方孔钱等。

第三阶段：伊斯兰化（公元8—14世纪）

随着阿拉伯势力的向外扩张及伊斯兰教的东传，中亚地区自8世纪开启了对后世影响深远的伊斯兰化进程。受此影响，丝绸之路钱币文化最终也被伊斯兰化。但是，仍保留有浓郁的突厥化和波斯化的特点。12世纪耶律大石和13世纪成吉思汗及其子孙的西征，虽曾一度将中国钱币文化再次带入中亚，特别是蒙古人更将中国的纸币文化西传至远在西亚的伊朗，但最终还是被淹没于伊斯兰化的波涛之中。属于这一时期的钱币主要有：喀喇汗朝钱、察合台钱、准噶尔普尔钱等。

第四阶段：回归东方货币文化（18世纪中叶开始）

随着清政府重新统一中亚东部，即传统所指的狭义西域部分，中国钱币文化又重新传入中亚地区，并将东部即新疆地区重新纳入了中国统一的钱币文化体系之中。属于这一时期的钱币主要指乾隆二十四年（1759年）清政府重新统一西域后，先后在天山南北两路设立的叶尔羌、阿克苏、乌什、喀什噶尔、库车、乌鲁木齐、伊犁等七个铸钱局，按照统一规制铸造的圆形方孔钱。因铜料中未加铅、锌，呈红色，习称"新疆红钱"。

（二）丝绸之路钱币的文化特点

丝绸之路钱币整体的发展表现为阶段性，但是每一枚具体的钱币，因为同时受到东西方两大钱币文化的影响，文化上则呈现出多元、融合的特点。

源于欧亚大陆东西两端的钱币文化，伴随丝绸之路贸易的发展而相向传播，最后在中亚地区实现了交汇与融合。交融的过程是相互影响、互相吸收，交融的结果则是你中有我、我中有你，最终形成了以多元、融合为特色的丝绸之路钱币文化。丝绸之路钱币这一文化上多元、融合的属性特点，最典型的代表就是公元1—3世纪古代于阗国打制的汉佉二体钱。

汉佉二体钱（Sino-Kharosthi Coin）又名"和阗马钱"，因主要发现于新疆和阗地区且背面大多打印有一马或骆驼图案而得名。这是1—3世纪古代西域三十六国中的于阗国打制的一种地方货币，是目前所知新疆地区历史上最早的自铸货币。铭文除篆书汉字外，另一面还打印有曾一度在新疆和阗地区流行，源于印度北部的佉卢文。因此，被钱币界称为汉佉二体钱。分为大钱和小钱两种类型，大钱有汉字"重廿四铢铜钱"，小钱上汉字记作"六铢钱"。它是以希腊货币德拉克马与四德拉克马为祖型，仿贵霜钱币打压而成。技术上它不同东方铸钱用钱范浇铸，而是采用源自古希腊的打压法；也不同东方流通币上不铸动物图案仅为文字的传统而打印有马或骆驼形图案。但是在钱币上却打印有汉字，并且是以东方传统的货币重量单位"铢"作为记值单位。佉卢文则记述的是国王的名字，并冠以"王中王"或"众王之王"的称号，这又明显是受希腊的影响。大钱和小钱的重量按1：4的比例兑换，不但和当时中亚地区流行的源自希腊的德拉克马和四德拉克马的货币系统能兑换，同时也能便利地和中原铸造但在西域地区也大量流通使用的汉"五铢"钱兑换。"汉佉二体钱"典型地融合了古代东西方两大货币文化的特点，是丝绸之路钱币文化的典型代表。如果将钱币文化比作一顶王冠，汉佉二体钱则无疑就是王冠上那颗最耀眼的明珠。

五、开展丝绸之路钱币文化研究的意义

（一）补充文献资料的不足和缺失

因中亚地区多为游牧民族，往来迁徙频繁，又没有记载历史的传统，其历史发展线索多间断地保留在其他民族文献中，而这部分记载也难免因为转译的原因而经常导致对音的差错，给研究工作带来诸多不便。这时，就需要借助钱币提供的信息来弥补文献资料记载的不足和缺失。如：贵霜帝国、哈喇汗王朝等最基本的王族世系就是靠钱币学提供的线索建立起来的，否则，其王族世系将无从排定，也就更谈不上深入的研究；再如借助大历元宝、建中通宝等钱币提供的线索，基本可以理清安史之乱后，孤悬塞外的唐朝安西守军坚守西域的大致情况，勾画出那段宏阔悲壮的历史场景。

（二）形象地见证东西方文化的交流和融合

伴随古代沟通东西方文化交流的丝绸之路贸易的广泛开展，文化的交流与融合也是全方位地在进行。这种融合、发展在钱币文化中也得到了形象而具体的体现。如：通过对丝绸之路沿线出土钱币地点的研究，可以清晰地勾画出历史上丝绸之路线路的变迁和伴随中外贸易进行的东西方文化交流的轨迹；通过对高昌吉利钱币文字的考释，可以揭示出隋唐之际高昌地区来自中原地区的农耕的汉文化与西域地区游牧的突厥文化相互融合的特点。通过对波斯伊利汗国仿照元朝使用纸币的研究，可以阐明中国古代印刷术的西传及纸币文化对西方的影响。丝绸之路钱币在东西方文化交流方面扮演了重要角色，并成为这种文化交融的历史的见证。

（三）更深刻地认识丝绸之路的文化内涵及其价值

丝绸之路钱币作为一种文化的载体和历史的见证，形象并直观地记录和揭示了丝绸之路文化的内涵及其价值，具有重要的参考、借鉴意义。

（1）可以全面、形象地串联起古代丝绸之路的形成过程及其发展变化，客观地展示了丝绸之路文化的多样性。古代中华文明、希腊—罗马文明、波斯文明、印度文明、阿拉伯伊斯兰文明交汇于此，丝绸之路已成为保存和展示人类"文化多样性"的博物馆。

（2）形象地记录和展示了丝绸之路的文化内涵及其本质，是古代东西方之间的商品贸易之路、文化交流之路、文明互鉴之路和友谊传播之路。能够让更多的朋友了解丝绸之路在沟通贸易、传承文化、共建文明、传播友谊等方面，曾经发挥了至为重要的作用。

（3）深刻地揭示了古代东西方之间的文化交流，基本上都是在保持本土文化根基的前提下引进外来文化，通过对外来文化的扬弃，实现本土化转型，从而使自身的文化更加完善，充满活力。并最终形成你中有我、我中有你，以多元、交融、开放为特色的丝绸之路文化。

（4）丝绸之路文化所蕴含的多元并尊的交往原则，对当今各种文明间的交流提供了历史的借鉴与智慧的启迪。

注　释

[1] 希腊语称"蚕"为"赛尔"，称蚕丝产地或贩卖丝绢的人为"赛里斯"，据说就是由汉语的"蚕"字转译的。
参见姚宝猷：《中国丝绢西传史》第37—38页，商务印书馆，1944年。根据古罗马地理学家斯特拉波的著作，

大约在公元前3世纪时，西方已把中国称作"赛里斯"国。可知，当时中国的丝绸已传入了西方。

[2] a. 冯·李希霍芬（F. V. Richthofen）（1833—1905），德国著名地理学家、旅行家，1859年曾以地质学家身份随普鲁士外交使团出使远东，先后访问过锡兰、日本、中国台湾、菲律宾、曼谷、印度等地，因受太平天国运动影响而未进入中国大陆。在结束游历美国后，于1868—1872年的五年间，曾连续7次进出中国，最后一次几乎花费了两年时间（1871—1872年）对我国北部和西部进行了旅游和考察。1872年回国后，经过5年的研究，出版了《中国——亲身旅行的成果和以之为根据的研究》一书，共三大卷，外加一部地图集。

b. 罗绍文：《西域钩玄》第100页，兰州大学出版社，2002年。

c. 冯·李希霍芬像选自《不列颠百科全书》14卷第275页，中国大百科全书出版社，1999年。

[3] 指中亚的阿姆河与锡尔河之间地带。

[4] Richthofen, F. V., *China, Bd.1*, Berlin, 1877, 454 ff.

[5] Hermann, A., *Die alten Seidenstrassen zwischen China und Syrien*, Berlin, 1910, 10 ff.

[6] 《史记·大宛列传》。

[7] 《汉书·西域传上》。

[8] 《汉书·西域传上》。

[9] 夏鼐：《中国最近发现的波斯萨珊朝银币》，《考古学报》1957年第2期；《青海西宁出土的波斯萨珊朝银币》，《考古学报》1958年第1期；《综述中国出土的波斯萨珊朝银币》，《考古学报》1974年第1期。

[10] 公元7世纪产生于幼发拉底河畔的科斐城，因以得名，特点是笔画笔直、规整。

文物视角下的贵霜宗教信仰与艺术

王　樾

一、贵霜王朝的建立

对于东西方文化交流而言，公元1—4世纪的贵霜王朝（Kushan Dynasty）有着特殊的历史地位。极盛时期的贵霜统辖地域包括中亚和南亚部分地区，疆域北至咸海，南达印度半岛北部的温德亚山，东接帕米尔高原，西邻伊朗高原，占据着亚欧大陆上南来北往、东西沟通的通衢之地。正是这片地域将中亚的河中地区（Transoxiana）与伊朗高原的交通道路关联起来。或者说，西亚的伊朗文化、亚历山大东征后在中亚影响的希腊化时代文化艺术、南亚文化等，借由贵霜王朝建立并保障的沟通环境与古代河中地带互动互融，极大地丰富了河中地区的文化面貌，多元与多样的文化特色也通过丝绸之路与中华文明互动影响。

对于贵霜"立国"的历史，东方的汉文典籍提供了许多材料。

《汉书·西域传》中记载："大夏本无大君长，城邑往往置小长，民弱畏战，故月氏徙来，皆臣畜之，共禀汉使者。有五翕侯：一曰休密翕侯，治和墨城，去都护二千八百四十一里，去阳关七千八百二里；二曰双靡翕侯，治双靡城，去都护三千七百四十一里，去阳关七千七百八十二里；三曰贵霜翕侯，治护澡城，去都护五千九百四十里，去阳关七千九百八十二里；四曰肸顿翕侯，治薄茅城，去都护五千九百六十二里，去阳关八千二百二里；五曰高附翕侯，治高附城，去都护六千四十一里，去阳关九千二百八十三里。凡五翕侯，皆属大月氏。"[1]

《后汉书·西域传》载："初，月氏为匈奴所灭，遂迁于大夏，分其国为休密、双靡、贵霜、肸顿、都密，凡五部翕侯。后百余岁，贵霜翕侯丘就却攻灭四翕侯，自立为王，国号贵霜（王）。侵安息，取高附地。又灭濮达、罽宾，悉有其国。丘就却年八十余死，子阎膏珍代为王。复灭天竺，置将一人监领之。月氏自此之后，最为富盛，诸国称之皆曰贵霜王。汉本其故号，言大月氏云。"[2]

根据以上两段文献，我们可以知道，作为贵霜王朝前身的"贵霜翕侯"属于被月氏役属的"大夏"国五部之一，发展壮大后攻灭其他四部，建立贵霜王朝。

至于大夏国的地域范围可见于《史记·大宛列传》："大夏在大宛西南二千余里妫水南。其俗土著，有城屋，与大宛同俗。无大君长，往往城邑置小长。其兵弱，畏战。善贾市。及大月氏西徙，攻败之，皆臣畜大夏。大夏民多，可百余万。其都曰蓝市城，有市，贩贾诸物。其东南有身毒国。"[3]

从文献中可知，大宛位于今乌兹别克斯坦、吉尔吉斯斯坦和塔吉克斯坦交界的费尔干纳（Ferghana）盆地，再往"西南二千余里"的大夏国，就应该在今费尔干纳盆地西南、妫水（即

作者：王樾，上海市，上海博物馆，副研究馆员。

阿姆河，Amu Darya）以南地区。这一区域也曾被称为希腊—巴克特里亚王国（Graeco-Bactrian Kingdom），是希腊人随亚历山大东征后建立起的殖民城邦国家。大夏国的国都蓝市城位于今阿富汗的巴尔赫（Balkh）附近。

文献中所指大夏国疆域，大致位于现在的阿富汗，属于西亚、南亚和中亚的范围内，是古代丝绸之路交通要道的交汇之处，无论东西往来、南北交通皆需要通过这片地域。

综合认识，推断贵霜王庭应该起源于古代河中地区，随着力量的壮大，逐步南下发展，相继占领巴克特里亚地区，建立起了贵霜王朝，并扩张至印度半岛的北部地域。从公元前3000年开始，活跃在河中地带和巴克特里亚地区的是草原游牧民斯基泰人（Scythians）。另外，从公元前3世纪开始，马其顿亚历山大东征带来的中亚希腊化时代，也对中亚地区的民族和文化融合注入了新的养分，文献记载中的"无大君长，往往城邑置小长"也是希腊化时代城邦现象的历史反映。贵霜人或者说贵霜王庭的构成应该是中亚草原上的斯基泰人，草原文明应该是贵霜文化的内在肌理，另外西亚伊朗高原的农业文明和地中海地区的希腊文化也应该对贵霜文化产生过影响。

贵霜王朝特殊的地理位置决定了经济贸易在王朝运行中的重要性。

阿富汗的地形大多为高原和山地，北部和西南部有少量平原，境内从东北部到西南部横贯的兴都库什山脉（Hindu Kush Mountains）将国土南北分开，直接横亘在中亚中部地带，但是高原山地并没有完全阻隔交通，许多河谷走廊又将周边地域连接起来。如东北部与中国接壤的瓦罕走廊（Wakhan Corridor），是一条兴都库什山脉北东段之间长约三百千米的山谷地带，通过这一走廊，人群可以沿兴都库什山脉进入帕米尔高原南端，并越过喀喇昆仑山进入新疆塔克拉玛干沙漠，因此它也成为丝绸之路古道上重要和关键的一段。

在古代丝路交通上，除欧亚大陆北部的丝绸之路草原道以外，其余无论是从河西走廊西行中亚至伊朗高原，还是从印度半岛北上前往费尔干纳盆地，都不能绕开这一片四通八达的交通网。这种特殊的地理位置使得贵霜王朝从建立之日起，就时时面对东西南北方向上的各种不同文化的影响。或者可以说，贵霜始终面对的都是因"交流、互鉴而多彩、丰富的古代文明"，而当贵霜面对种种不同于自身特点的灿烂文化时，是选择接受容纳还是抗拒隔膜，对于整个欧亚文明发展来说至关紧要。

阿富汗属于亚热带干旱半干旱气候，干燥少雨，冬季严寒，夏季酷热。地形多山地少平原。在这样的土地上不如大河文明，能依靠发达的农业生产而构建起具备超强管理能力的社会组织结构，进而形成自身特点独特的传统文化。受自然条件的制约，贵霜王朝无论如何都很难成长为自身文化特点鲜明顽强以及文化传统牢固的古代帝国。这是此地区从希腊殖民城邦到贵霜王朝都具备的，对周边文化持宽容态度的客观原因之一。

在汉文典籍中多处记录了他们的"畏战"和"善贾市"，而商业性文化是最大限度地追求异质文明的文化产品，产品特点"相异"才能产生更大的商业利益，这是贵霜文化具备包容性的主观原因之一。作为衢国的贵霜王朝，就这样包容着来自五湖四海的异质文明，任由其在自己的土地上交流与互鉴，进而还创造出契合自身特点的本土文化，并伴随着自己逐步强大的国力向四周影响传播。

二、钱币上体现出的贵霜王朝信仰

在货币的各种属性中，除了被应用于商业贸易或经济交易中，帮助社会人群达成经济行为时所体现出的经济属性。还有作为国家，或者说作为制作和发行钱币方的权力象征时，而体现出的货币的政治属性。

在货币的起源阶段，货币发行方会将自己的认识观念、同时符合货币使用者习惯的政治和社会理念用直观的方式体现在货币上。古代钱币上的各种文字和图案，实际上在遵循着这样的"设计"原则。也因为这个原因，钱币虽然很小，但其上的每一寸空间都极其关键重要，因为需要安置文字或图案来"传达"当时认识理念中的核心信息。实际上，古代货币可以被视作为理解和认识国家意识基础的重要文物。

古代西亚和中亚地区的货币，其祖型是来自小亚细亚吕底亚（Lydia）王国的货币[4]。公元前7世纪的吕底亚王国开始用打压制作方式加工金银货币，即利用金银贵金属的良好延展性，以重力锤打，在金银坯块上打制出图案。这种货币一经出现，便开始影响她的东西"邻居"。东部的伊朗高原和西部的地中海地区都很快接受了这种货币形式，并在此基础上，根据自己的文化特点，逐步创立出新的、适应自己货币受众心理的钱币形式。与地中海地区的希腊、罗马钱币文化不同，在西亚的伊朗高原上，逐步发展出符合当地文化与信仰心理的货币形式。简单说来，就是以铭文和图案的方式，始终在钱币的正反两面刻画，目的是强调"王权"和"神权"的共同存在，以及互为护佑的神圣关系。通常来说，钱币会在正面体现代表王权的国王形象，在背面打制出宗教信仰的图案，用这种方式来表达"君权神佑，神权君护"的含义。尽管不同国家的钱币图案各自不一样，但古代中亚、西亚货币的这种表达格式是始终如一的。在钱币上体现出王权与神权的关系，不仅仅是国家信仰的表达，也是王朝权力合法性的宣示。这种主题图案表达方面的搭配设计，逐步成为西亚乃至中亚钱币上通行的固定模式。

但对于贵霜钱币的制作发行者们，由于特殊的原因，根据自身的特殊需要，在钱币的样式上部分改变了这一西亚、中亚地区通行的固定模式，以适应需要，同时也反映出贵霜对国内多种文化和宗教信仰的包容接纳。由于贵霜王朝所处亚欧大陆衢地要冲，南亚的印度教和佛教信仰，伊朗高原的琐罗亚斯德教信仰，希腊神祇在当地也被普遍接受……多种信仰皆荟萃于此地，当面对多种信仰的汇聚时，贵霜王庭的态度是包容的，在钱币的制作上做出了相应的安排。

在贵霜早期的丘就却、阎膏珍阶段，制作发行的钱币几乎就是罗马钱币形式的翻版（图一）。在这一阶段的王权以借鉴罗马国王的形式来体现，而信仰表达似乎没有顾及。

图一　贵霜早期货币
1. 丘就却铜币　2. 上海博物馆藏　3. 阎膏珍铜币　4. 上海博物馆藏

很快贵霜人在货币设计上采取了非常彻底的改造，从贵霜王威玛·伽德菲赛斯和迦腻色伽一世时期开始，为适应自身和他种信仰的多重表达需要（图二）。钱币正面皆为国王形象，为符合贵霜

图二　贵霜钱币上的信仰表达
1.威玛·伽德菲赛斯　2.上海博物馆藏　3.迦腻色伽一世　4.上海博物馆藏

的自身文化特色，国王被塑造成为站立者，身穿伊朗式长袍，这种站立的形象在中亚地区的其他钱币中并不多见。钱币上的国王头戴高冠，伸手指向身旁的象征琐罗亚斯德教信仰的祭火坛。国王形象与护佑王权的神权象征祭火坛共处于同一个画面中。伴随着贵霜王朝的势力扩张和对多种信仰的包容接纳，象征信仰的各种神祇常常出现在贵霜钱币的背面。比如威玛·伽德菲赛斯时期，印度教的湿婆与公牛形象被频繁使用，尤其是湿婆神那种曼妙而扭动的身姿，完全不同于钱币正面贵霜王那种略显僵硬而大气的形象。到伽腻色迦一世时期，伊朗文化里的神祇娜娜打着背光与头光又出现于钱币之上[5]。从瓦什色迦时期开始，佛像也频频出现。钱币的背面用来表达其他被国家包容接纳的信仰，如那些希腊神、伊朗神、印度教或者佛教神。

贵霜王朝的货币也帮助我们明确认识了贵霜王庭的信仰状态。

在贵霜还没有开始征服巴克特里亚（Bactria）地区的时候，这一地域处于多种宗教信仰并存的状态。在这片交通四通八达的地区，各种宗教的早期信仰并不相互制约，而是共存和互相渗透。

当时主要的行政权力还掌握在希腊—巴克特里亚城邦国王手里，这些来自地中海的希腊移民将他们自己的希腊神信仰导入这片地域，为希腊神祇建立神祠。在不少当时的压制钱币上，都能看见他们崇拜的希腊神形象：主神宙斯（Zeus）、日神赫利俄斯（Helios）、大力神赫拉克勒斯（Hercules）等（见图二）。而操伊朗语的民众一开始接受的应该是创立于公元前6世纪的琐罗亚斯德教（Zoroastrianism），尤其是其早期教义，当时阿姆河地区不少游牧部族都在使用琐罗亚斯德教出品的历法[6]。与此同时，印度的早期佛教与婆罗门教也随着商人和工匠一同进入巴克特里亚地区。

为了传播与接受的方便，根据诸神掌管事务的不同，希腊人会将他们的神祇与当地流传的琐罗亚斯德教神祇相互比定。主神宙斯被比定为阿胡拉·马兹达（Ahura Mazda），阿波罗与赫利俄斯成为密特拉（Mithras），掌管狩猎的阿尔忒弥斯（Artemis）成为丰收女神娜娜（Nana）。当地的希腊移民可能认识到这一举措在行政管理上产生的便利，他们不时会将各种其他宗教神祇打制压印在钱币上，以便宣传。

当贵霜政权进入巴克特里亚地区之后，这种宗教融合现象成为一种传统并继续影响着这片地域的日常生活与信仰。

贵霜人群中肯定有不少是属于塞种部落的，仅依靠目前的发现，很难判定出当时贵霜人群持何种信仰。他们有可能是对多种宗教的神祇进行崇拜，假如贵霜人是信仰坚定的琐罗亚斯德教教众，就很可能会在掌握巴克特里亚地域的实际权利后，把自己的信仰表达出来并反映在诸如钱币之类的文物上，可事实并非如此。

最能体现贵霜王朝信仰特点的阶段，是从贵霜王威玛·伽德菲赛斯和迦腻色伽一世时期开始的。在贵霜人的信仰生活中，开始了本土化与四方融汇的阶段。从贵霜钱币上看，本土化现象主要表现在钱币正面的国王形象上，或许是为强调贵霜的自身文化特色，以示王权的强大。首先，国王被塑造成为站立者，身穿长袍，这种站立的形象在中亚地区的其他钱币中并不多见。同时期的石质造像上也有类似的造型。钱币上的国王头戴高冠、穿着伊朗式长袍，伸手指向身旁象征琐罗亚斯德教信仰的祭火坛。

研究认识贵霜王朝的信仰状况虽然极度缺乏资料，但我们还是能大致拼接出一幅简单的画面。可以想象，也许是受到早期希腊人行政管理与宗教文化的影响，贵霜时期来自四面八方的多种信仰都被接受与融合，宗教生活是非常丰富的。在南方印度半岛地区，有印度教和佛教的多重信仰，有对湿婆的崇拜、对佛教的接受。在东部接近伊朗高原地区，有琐罗亚斯德教、印度宗教或者是希腊神祇，甚至有北部草原地带游牧部落里的古代伊朗宗教观。如此种种，都被贵霜王朝吸收融合，选择创造出符合自己需要的宗教元素与思想，在加强贵霜国家宗教意识的同时，也便于被属地臣民共同接受。在贵霜钱币上出现的诸多神祇，从形象到含义都被做过多重加工，代表的是一种被选择后再融合的国家信仰。

贵霜王朝的国家信仰是一种极其不同于其他古代文明国家的信仰方式。对种种外来宗教，贵霜王朝的统治者都是宽容地接受、积极地折中，他们在巴克特里亚地区会崇奉琐罗亚斯德教神祇，在犍陀罗（Gandhara）地区信仰佛教，到秣菟罗（Mathura）开始跟随印度教。虽然选择颇多，但至少在王庭的信仰状态上，可能正如钱币展示的，始终是琐罗亚斯德教信仰。

三、石雕艺术中体现的文化融合

犍陀罗地区的石雕艺术显示出贵霜王朝的文化开放和包容心态。

公元前4世纪，亚历山大东征之后开启的中亚希腊化时代，希腊人的雕刻艺术深深影响了当地文化。居住于巴克特利亚地区的当地人，应该很早开始也就能够加工处理石材。在他们成为"贵霜"王朝的臣民之后，融合了希腊风格的石雕技艺与中亚本土观念开始了新的艺术融合和创作。

图三　丰收女神坐像
（旅顺博物馆藏）

希腊式的丰收女神左手持丰饶角（Cornucopia），端坐在高背椅上，背后有彰显神性的光环（图三）。女神的发式、长袍，在腿部和背部做了各种修饰的高背椅，椅子前面的踏脚，盛满收获物的丰饶角等等，都充满着希腊艺术的味道。但是端坐的神态却迥异于希腊人像雕塑的灵动风格，还有背光，这都应该是当地文化里对神性的正确理解和表达方式。

配置脚踏的高脚靠背椅在希腊文化中应该是属于地位显赫者的标准座椅，在贵霜时期的艺术表达中，这个概念被经常应用。瓦什色迦时期的金币中，佛像频频出现，而且还常坐在一条腿柱和靠背柱加工夸张精细的宝座上，脚下还刻画有脚踏（图四）。

尤其是当贵霜人的石雕艺术表达方式和南来的佛教结合在一起的时候，为佛教的继续东传解决了关键问题。贵霜人对各地传入的

图四　贵霜钱币上的高背宝座
1. 瓦什色迦金币正面　2. 瓦什色迦金币背面

图五　佛陀讲法浮雕（旅顺博物馆藏）

宗教信仰是开放和包容的，但宗教概念的语言表达和受众的理解程度高低不同都会极大的妨碍宗教传播。佛教就是如此，在贵霜王朝的犍陀罗地区，佛教找到了避开梵文宣讲和能让受众轻松接受的传教方式，就是用石雕艺术将佛教内容加以"图像化"处理。可以说，是正确的宣传方式，才能让佛教得以继续东传，经过新疆、通过河西走廊，直至进入中原，进而在整个东亚地区广泛传播。

造型别致的佛陀讲法浮雕（图五），佛坐中间讲法，左侧是弟子侍立，右侧是贵霜供养人拱手站立，两侧各立一根希腊建筑中常见的柯林斯柱（Corinthian Order）。佛和弟子穿着轻盈的袈裟，显示出南亚炎热气候影响下的服装特点。蓄着小胡子的贵霜供养人则头戴帽冠，穿下摆至膝的短袍，腰带上缀满装饰。显示场合氛围隆重的希腊式柱子、南亚的宗教、富有的贵霜供养人，如此多的特征因素集中在一件石雕上，充分显示出了贵霜文化中的包容性。

四、贵霜对塔里木沙漠南缘地区的影响

贵霜王朝地处衢地，国家势力强大时的扩张方向也总是沿着丝路古道延伸展开。现在阿富汗东北部与中国接壤的瓦罕走廊，是一条位于兴都库什山脉东北段的山间谷地，长约300千米，人们通过山谷，可以轻松地沿着兴都库什山脉进入帕米尔高原，翻过昆仑山，从容进入塔克拉玛干沙漠南缘的绿洲地带。

新疆喀什与和田地区的出土文物都能为我们展示这样一幅历史的画卷。在帕米尔的塔什库尔干地区发现有一尊石雕像，石像残破，底座上的人物身着甲胄，趴倒于地，但上身挺起，扭身昂头。右手持细致加工过的短棒，很可能是权杖一类的器物。人物腰背部被一足踩踏（图六）。石雕残像的画面构图与出土于阿富汗北部希巴尔甘附近的蒂拉丘地六号墓中的金质带扣下部图案如出一辙（图七）。虽然对这一类造像的文化内涵尚不明确，但至少可以看出贵霜艺术在越过帕米尔高原时曾经留下的印记。

出土于喀什、和田地区的汉佉二体钱，也可以帮助我们认识这种文化上的传播与融合现象。汉佉二体钱分大小两种，钱币为铜制，但并非浇铸生产，而是以打压法制作，大小钱之间的重量比例也大致是1∶4的关系（图八）。从制造工艺的角度区分，世界上仅仅产生过两种加工货币，一种是古代中国以浇铸工艺生产的铜制方孔圆钱，这种货币文化影响了亚洲东部的广大地域，可视为代表东方的货币文化。另一种则是有别于东方货币文化的、以打压法制作的金或银钱币，这种钱币喜欢用图案装饰，而且通常有大小两种钱，比例关系一般是1∶4。从制造工艺和大小钱的重量比例两个特征来看，汉佉二体钱应该是一种西方货币文化影响下的产物[7]。但此钱在图案表现上，一面是类

图六　石雕像（塔什库尔干博物馆藏）　　　　　　图七　金带扣

1　　　　　　　2　　　　　　　3　　　　　　　4

图八　汉佉二体钱
1、2.汉佉二体钱大钱　3、4.汉佉二体钱小钱

似贵霜丘就却时期铜币的动物马或驼图案，另一面却标示了古代中国的货币单位"铢"，大钱上汉字环绕"重廿四铢铜钱"，小钱上汉字"六铢钱"呈品字形分布。汉字，以及文字内容上体现出的为钱标重概念，都说明汉佉二体钱的发行者对东方货币文化的极大重视。同时，这种将两种货币文化特点融于一身的汉佉二体钱，也非常生动地体现了贵霜文化对古代喀什、和田地区的影响。

五、结　语

空间上，贵霜王朝疆域范围大致是今天的乌兹别克斯坦、阿富汗、巴基斯坦和印度半岛北部部分地域。地理原因，不管是东西、还是南北方向的古代丝绸之路恰恰都集中在这片地域内，宛若道路网络中的交通枢纽位置。同样原因，东西南北的各种文明都在这片地域里交融，光彩纷繁。时间上，贵霜王朝的时代大致在公元1—4世纪。这一阶段，无论是东方的汉王朝，还是西方的罗马，都是文明的发展期。这一阶段内东西文明之间的交流互鉴具有非凡的意义。

虽然历史容不得假设，但如果当时的贵霜对自己境域内多种文明和文化并非那么开放和包容，而是坚决的抵制和排斥？对丝绸之路带来的文化交流不是帮助推动而是阻碍交流，那么亚欧大陆上文明进程会是怎样的面貌？汉唐的文化繁荣局面是否还能存在？所以说，作为国家的贵霜历史也许并不那么显赫，但对人类文明进步来说，贵霜的意义是巨大的。

与丝绸之路有关的不仅仅是古代中国，还有如"贵霜"一样重要的许多国家或地区。丝绸之路并不仅仅属于中国，它其实是属于整个亚欧大陆的。它是道路网，更是滋养亚欧大陆人类文明成长的血脉。了解和认识这样的丝绸之路，对我们将来的新丝绸之路建设有着现实意义。

注　释

[1]《汉书·西域传》。

[2]《后汉书·西域传》。

[3]《史记·大宛列传》。

[4] 王樾：《上海博物馆藏丝绸之路古代国家钱币》，上海书画出版社，2006年。

[5] 杜维善：《贵霜帝国之钱币》第48页，上海古籍出版社，2012年。

[6] 雅诺什·哈尔马塔等著，徐文堪等译：《定居与游牧文明的发展：前700年至250年》，见《中亚文明史》第二卷，中国对外翻译出版公司，2002年。

[7] 王樾：《汉佉二体钱刍议》，见《丝绸之路古国钱币暨丝路文化国际学术研讨会论文集》，上海书画出版社，2011年。

犍陀罗地区与塔里木盆地周缘佛教寺院形制布局的比较研究

李　肖　廖志堂

引　言

本文所要讨论的区域跨越了中亚和南亚北部，大致涵盖了帕米尔山结的所有区域和今天印度、巴基斯坦、阿富汗、乌兹别克斯坦、吉尔吉斯斯坦以及中国新疆的塔里木盆地周缘地区。

佛教自诞生于印度后不久，便在斯瓦特、塔克西拉、白沙瓦等所谓犍陀罗地区形成中心，并由此向阿富汗地区扩展，随后越过阿姆河进入中亚的河中地带，在大约公元3、4世纪时翻越帕米尔高原进入塔里木盆地西北的喀什绿洲；另一支则可能在更早的时期翻越喀喇昆仑山脉进入塔里木盆地西南的和田绿洲。伴随佛教传播的除了佛教教义、经典外，佛教的绘画、雕塑及建筑艺术也同步扩展，所经之处不断地吸收当地信众的文化元素，所以即使在中亚地区，佛教艺术、当然包括建筑艺术在内都呈现出印度本土加沿途的，诸如波斯、希腊或土著民族的艺术特征，而这些佛教艺术的多样性恰好也标示出佛教传布所经过的区域和时代。公元4、5世纪以后来自中原的求法者法显、玄奘、宋云等人旅行路线也反映出从印度西北经过阿富汗到中亚和塔里木盆地复杂的交通网络（图一；图二）[1]。

南亚西北部——中亚地区最早的佛教建筑始建于公元前3世纪，主要是埋藏佛舍利的覆钵塔和法敕石刻，分布在阿富汗南部和巴基斯坦北部，数量很少。大量的佛教建筑和造像是从贵霜王朝时期开始建造的，大体可分为三期：第一期是贵霜王朝时期，相当于公元1—3世纪，建筑主要分布在以白沙瓦为中心的犍陀罗地区，即巴基斯坦北部和阿富汗东南部。其次是在乌兹别克斯坦南部边界，阿姆河中游北岸的铁尔梅兹一带。第二期是后贵霜时期，相当于公元四、五世纪，建筑数量相对减少，主要分布地点有阿富汗中部的巴米扬、土库曼斯坦的梅尔夫。第三期是在突厥与盛唐时期，相当于公元6—8世纪。建筑主要分布于阿富汗北部海巴克，中部巴米扬石窟，乌兹别克斯坦的塔什干一带，另外在巴基斯坦东北部洪札河谷和印度河谷有公元1—8世纪的佛教岩刻画和题记[2]。

塔里木盆地周缘地区现存的佛教遗迹时代差异较大，如吐鲁番交河故城北端塔林主塔内的木材^{14}C数据显示佛塔时代约在公元前后的东汉时期，而盆地北缘石窟的时代最早也在3、4世纪左右，可能揭示出佛教传入盆地周缘的时代及路径非常复杂。

作者：李肖，北京市，中国人民大学国学院，教授、博士生导师。

廖志堂，北京市，中国人民大学国学院在读博士生。

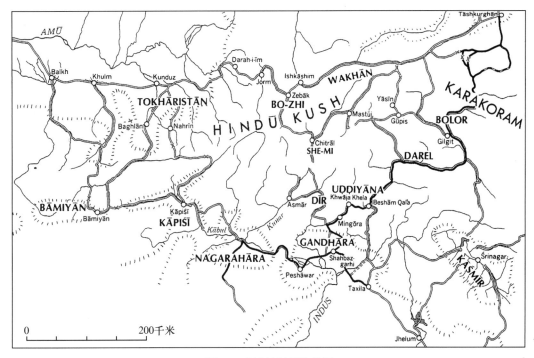

图一　法显的行程路线图

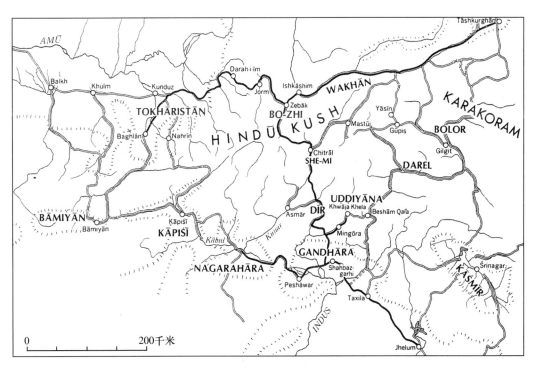

图二　宋云的行程路线图

　　通过对上述区域佛教寺院建筑形制布局的比较研究，希望能够明晰佛教在这些区域传播的路径和时代，确定佛教寺院建筑的哪些形制布局元素是保持不变或极少变化的，哪些是入乡随俗地加入了本地的建筑文化元素，由此推进佛教建筑艺术的研究。

一、犍陀罗地区佛教寺院的历史沿革及形制布局

公元前2世纪至公元8世纪犍陀罗地区是佛教兴盛之地。这里佛教寺院遗迹分布广泛,数量众多。

现以塔克西拉的达摩拉吉卡塔寺、焦里安佛寺和位于马尔丹市西北约13千米处的塔赫特巴希寺院遗址为代表进行比较研究(图三)。

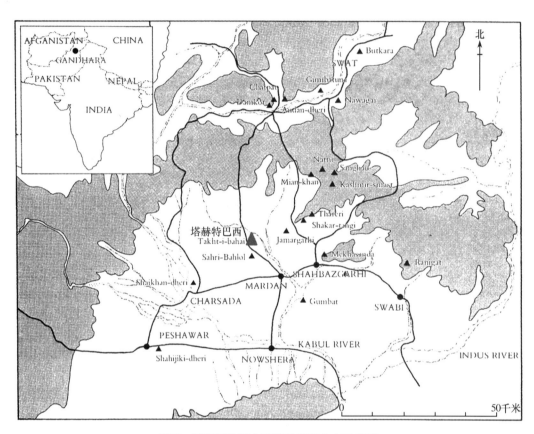

图三　犍陀罗地区主要佛教遗迹分布示意图

犍陀罗地区佛寺的基本组合包括供奉窣堵坡的塔院及供僧众们修行的僧院两部分,有观点认为这是犍陀罗佛教建筑最重要的创新[3],且这种模式从犍陀罗地区向西扩展到阿富汗等中亚地区,最后进入塔里木盆地直至中原和东亚地区。贵霜之前的覆钵型佛塔塔身较低矮,呈覆丘状,为印度中部窣堵坡的传统样式,周边尚可见到栏楯的遗迹。

贵霜时期的佛塔普遍为方形覆钵塔,基坛四面刻有浮雕纹饰,基坛上有圆柱形塔身,上方是覆钵丘。初期的覆钵丘较矮,后逐渐升高。西北印度和中亚普遍存在这种佛塔。公元2世纪,在迦腻色伽(Kaniska)和胡毗色伽(Huviska)统治时期下,犍陀罗地区的佛塔逐渐发展一种方形基坛、多层建筑的佛塔模式,这可能反映了逐渐复杂化的佛教仪式[4]。

(一)达摩拉吉卡(Dharmarājikā Stūpa)佛寺形制布局简介

达摩拉吉卡寺院包含有覆钵型窣堵波和僧院建筑(图四)。其覆钵型大塔亦称"法王塔",由其覆丘状塔体推测,大约始建于公元前2世纪,公元4世纪又进行扩建(图五)。佛塔环形礼拜道周

图四　达摩拉吉卡佛寺（任超摄）

边尚存始建时期的栏楯柱遗迹。该塔应是犍陀罗地区最早的大塔，可能与阿育王传法有关，废弃于公元6世纪。

其基坛呈圆形，以石砌成，直径46米，东南西北四面有长方形平台，为《摩诃僧祇律》卷三十三记载覆钵塔的结构："尔时世尊自起迦叶佛塔，下基四方，周匝栏楯，圆起二重，方牙四出。上施盘盖，长表轮相。"所谓的"方牙四出"就是基坛四面的长方形平台，有踏步从环形礼拜道上到这个和基坛相连的"方牙"之上（图六）。塔体积土石为覆钵形，外砌石块，覆钵之下的台基有轮辐状石砌结构。覆钵部现已部分坍塌，但残存部分仍高达15米，可以想见当年的雄姿和规模。这座大窣堵波四周矗立着4座体现犍陀罗艺术风格不同发展阶段特点的寺院和若干个陆续增建的还愿窣堵波。这些建筑最初布局协调合理，其后随着数量骤增而变得杂乱无序，挤满了全部可用的空间。

图五　法王塔（梁鉴摄）

图六　达摩拉吉卡佛寺法王塔的踏步（李肖摄）

图七　达摩拉吉卡佛寺北侧僧院内的庭院及水池
（李肖摄）

塔庙区的北侧寺院从形制上看始建于贵霜时期，时代晚于法王塔。该区域保存最为完整，由以方形基座的佛塔为中心，众多房间围绕的塔院区和北侧与其相对的僧院区组成。僧院平面基本呈方形，仅南院墙正中开有院门，对着塔院区，院门通道只占了一间普通僧房的面积，显得狭窄。院门左右两侧房间面积较大，可能是有其他用途的房间。北、东、西三面院墙内均有大小基本一致的僧房。僧院中间为非常宽敞的中庭，中庭之中为一个方形的水池，应是当年僧众们沐浴之处。这种在中庭周围建居室的僧房布局起源于贵霜时期的犍陀罗地区（图七）。在僧院的西北方向可以看到一个方形基址的一部分，为该僧院所打破，前者可能时代更早，而现在这个僧院有可能是犍陀罗晚期的遗迹。[5]

（二）焦里安佛寺（Jauliāñ Stūpa and Monastery）

焦里安佛寺由一个僧院和一座大型塔院构成（图八）。僧院位于佛寺东侧，占据了整个寺院的一半以上。塔院位于僧院西侧，内部由两个高度不同的平台分成南北高低两院，北侧低院西边尚有一个较小的方院与之衔接。主塔即位于南侧

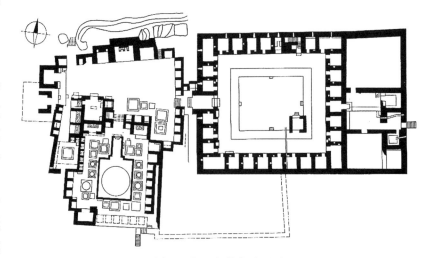

图八　焦里安佛寺平面图

高院中央，周边和踏道两侧及前部密布还愿小塔、龛像等（图九）；塔院周匝建置高大佛龛。东侧僧院为两层建筑，庭院、中央水池、排水暗渠、室内的灯龛、佛龛、经行石路及楼梯具备，说戒堂、食堂、厨、仓、厕等设施完善（图一〇）[6]。

图九　主塔踏道两侧密布还愿小塔、像龛（梁鉴摄）　　　　图一〇　僧院（梁鉴摄）

（三）塔赫特巴希佛寺（Takht-I-Bāhī）

塔赫特巴希遗址位于古代犍陀罗的中心，建筑遗迹主要分布在当地一座凸起山脉的北坡之上，东西绵延约1.5千米。但最重要的建筑遗迹位于遗址区的最东部，分布在三条南高北低的山脊中段，其中主体建筑位于最为宽阔的中间山脊之上。

1871年，威尔彻（F.H.Wilcher）主持了对该遗址中佛教遗迹部分的发掘工作；1875年，坎宁安（A.Cunningham）发表了其调查该遗址的详细报告[7]；1907—1908年，斯普纳（D.B.Spooner）在这进行了系统的考古发掘[8]；1901—1911年，哈格里夫斯（H.Hargreaves）对该遗址做了进一步清理[9]。

李崇峰先生依据上述考古调查成果并参考汉译佛典，认为遗址中的寺院遗迹主要包括浮图/佛塔（stūpa）、僧坊/僧院（vihāra）、中庭(central court)、布萨处/说戒堂（uposathāgāra）或讲堂（prāsāda），以及其他附属设施如院、仓、库、廊等。

寺院主入口似乎在西院墙上，由北向南沿沟而上，从入口到中庭西端，右转向东即可进入中庭之内（图一一）。中庭位于塔院与僧院之间，较两者地面低凹。里面还愿小塔密布，形制各异。其北、东、南三面建置佛龛，共29座，皆为独立式建筑，均面向中庭敞口；佛龛顶已塌毁，但原为穹窿顶无疑，类似于塔院中的那些佛龛，其中一些窄高的佛龛疑似为大像窟（图一二）。一条南北向砖铺道路穿过中联通塔院（stūpa court）与僧院（vihāra court）。两院的地面皆高于中庭，其中北侧的僧院通过一五级踏道与中庭相连，而南侧的塔院与中庭的踏道较高，共十五级。

从中庭经过十五级踏步向南进入塔院（图一三）。院中央为一方形台基，台基北面中央置踏步，正对塔院入口。此台基应是主塔塔基，主塔已残毁，塔基顶部原有右绕佛塔之礼拜道（图一四）。塔院三面置佛龛，原来每面皆向佛塔敞开。佛龛始建时，彼此间隔0.86米，后来为了增

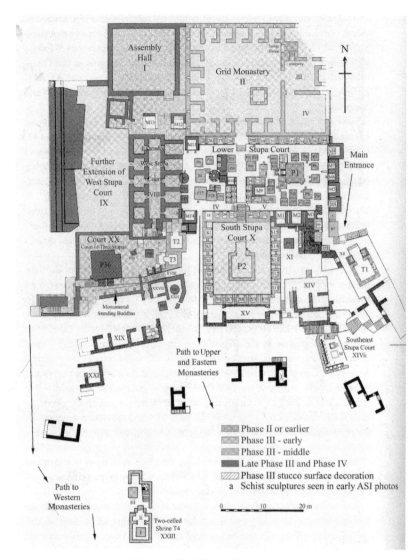

图一一　塔赫特巴希佛寺平面图

图一二　塔赫特巴希佛寺中庭大像窟（a-h）以及还愿塔遗迹（任超摄）

塑佛像，于每龛间补砌一横墙，形成类似佛龛的小神龛，从而在东、南、西三面封闭了塔院。整个塔赫特巴希遗址仅在塔院保存有上层建筑，即两座半佛龛保存了原始的顶部构建（图一五）。佛龛之顶以托臂（corbels）支撑，呈穹顶，唯上部截平；穹顶之上另置系梁（collar），上托另一外观平面呈半圆形的较小的穹顶；整个佛龛呈三叶形，顶部带有蘑菇状小尖顶。

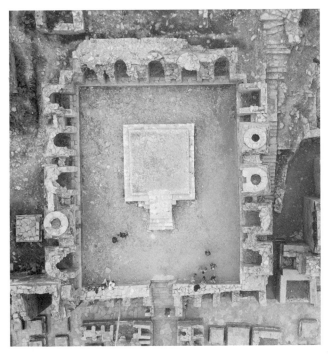

图一四　塔赫特巴希佛寺主塔塔基（李肖摄）

图一三　塔赫特巴希佛寺塔院俯视图（任超摄）

图一五　塔赫特巴希佛寺残存上层建筑的佛龛
（李肖摄）

　　从中庭经过五级踏步向北进入僧坊/僧院（图一六）。僧院地面略低于塔院，此前学者大多称其为隐修院或寺（monastic quadrangle或monastery）。这座僧院布局紧凑，但可以算一个自给自足单元，是整个寺院群最大的建筑。其平面呈方形，共有十五座僧房分布排列于南、西、北三面。僧院东南部是一水池，可以承接来自僧房屋顶的排水。僧院东墙有门通向一个6.1米见方的房间——

图一六　塔赫特巴希佛寺僧坊（任超摄）

厨房。厨房北墙辟二门分别通向一小房和楼上；厨房东墙两端各辟一门通向室外，室外有二凸起扶壁的狭小空间似为厕；南墙西侧有门通往另一大房间——食堂。这些房舍屋顶原为叠压式穹顶，但现已不存。

遗址西北部有一座较大的露天方院，围墙高耸，仅南壁东侧开一门通向南面小房。威尔彻推测它为进行"荼毗"的场所，坎宁安认为是僧伽聚会之处，斯普纳推想它原作会堂，李崇峰疑为汉译佛典之"布萨处"或"说戒堂"。虽然方院内壁保存有数个小龛，但墙上无窗洞，地面也未发现任何座椅等小型建筑遗迹。此处应该是僧团聚集修道的大型公共场地布萨处。方院的单一出入口的设置和墙体的高度正好保证了其隐秘性用。

布萨处南侧一般认为是十间所谓"地下室"。但实际上它们并不是真正的地下室，只是建在低洼处而已。其年代较中庭为晚，因其倚中庭西墙而建并方院的单一出入口的设置和墙体的高度正好保证了其隐秘性非砌合而成；覆有厚泥的顶部与中庭地面齐平。据坎宁安的推测，这些处于低地的房间很可能是寺院的仓库。

再往南，有另一方院。其中，方院南墙下部残存六身泥塑大立佛足迹，院中出土泥塑大佛头若干，俗称"大像院"，此方院下还有通向山谷的通道。

塔赫特巴希遗址中的寺院遗迹堪称犍陀罗寺院的典范。其中塔院和僧院是最重要的组成部分（图一七）[10]。

图一七　塔赫特巴希佛寺塔院复原效果图

二、中亚—阿富汗地区佛教寺院的历史沿革及形制布局

佛教从阿富汗传入河中地区（阿姆河与锡尔河流域）约在公元前不久，首先是月氏人皈依了佛教，在贵霜帝国时期佛教得到广泛传播，出现一些佛教寺院。

公元5世纪哑哒人统治时期，这里的佛教和犍陀罗地区一样，遭受到毁灭性打击。公元6世纪中叶，统治这里的突厥人虽然不信仰佛教，但也不排斥佛教，佛教信仰有所恢复。公元7世纪下半叶，唐朝安西都护府控制这一带，兴建了一批佛寺，这是当地佛教的第二个流行期。公元8世纪后，随着伊斯兰文化的扩张，佛教彻底退出这一区域。

这里的佛教遗迹分布于阿姆河与锡尔河流域，东起楚河上游，西到锡尔河上游，南至锡尔河与阿姆河之间的"河中地"，向西直到卡拉库姆运河一带。上述地区分属吉尔吉斯斯坦、塔吉克斯坦、乌兹别克斯坦和土库曼斯坦（图一八）。

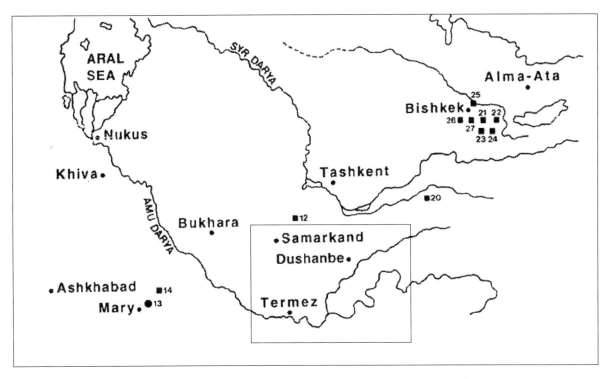

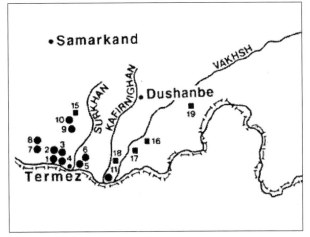

● 1st-4th century AD
■ 5th-9th century AD

1. Kara-tepe	15. Shurchi
2. Fayaz-tepe	16. Adzhina-tepe
3. Unnamed complex	17. Kafir-kala
4. "Zurmala Tower"	18. Kalai-Kafirnighan
5. Ayrtam I	19. Khisht-tepe
6. Ayrtam II	20. Kuva
7. Zar-tepe I	21. Ak-Beshim I
8. Zar-tepe II	22. Ak-Beshim II
9. Dalverzin-tepe I	23. Krasnaya Rechka I
10. Dalverzin-tepe II	24. Krasnaya Rechka II
11. Ushtur-mullo	25. Ak-Beshim III
12. Sanzar	26. Klyuchevsky
13. Merv I	27. Novopokrovskoye
14. Merv II	

图一八　中亚北部古代佛教遗迹分布示意图

　　本文讨论的遗址主要分别位于乌兹别克斯坦的铁尔梅兹地区，塔吉克斯坦赫瓦什河谷，土库曼斯坦的梅尔夫地区（木鹿）的佛教寺院。

　　（一）铁尔梅兹地区的卡拉切佩寺院（Kara-tepe）

　　铁尔梅兹地区位于乌兹别克斯坦南端，阿姆河中游北岸，对岸就是阿富汗。这里有几处贵霜时期的佛教遗迹，如卡拉切佩的山丘洞穴寺院，苏尔玛拉覆钵塔等（图一九）。

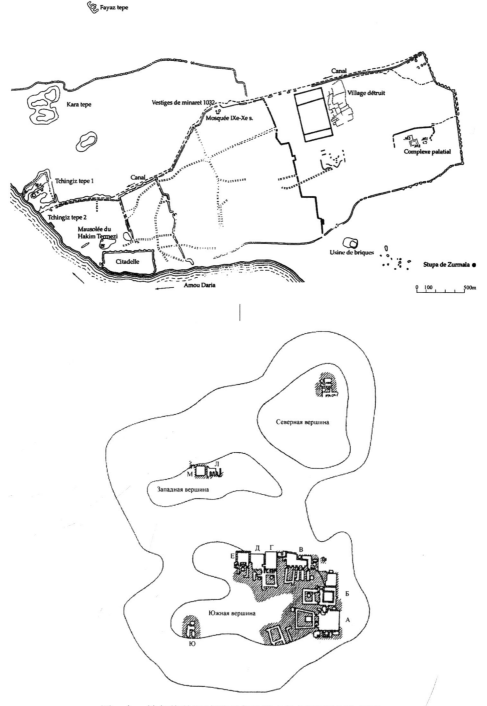

图一九　铁尔梅兹旧城平面布局及卡拉切佩遗迹示意图

卡拉切佩寺院（石窟）位于始建于贵霜时期的铁尔梅兹旧城内西北角，发现于20世纪20年代，发掘有十几处洞穴，每个洞穴上方的山坡上都建有房屋，由洞穴前面的庭院可以上到这些房屋。

1号洞穴寺院从北到南分为三进院落，总长约50米。北院是塔院；中院是佛龛院，院西侧连有洞窟佛堂；南院的南北墙建有佛堂，其西侧也连有一个洞窟佛堂。洞窟之上的山坡地表建有僧房（图二〇）。

北院为方形塔院，中心有方形塔基，塔身已残。其中一个洞窟中绘有佛塔，佛塔基部三层台基，台基上是高耸的覆钵、平头和七重相轮。

北院南墙有一小门通中院。中院四周有回廊，中心是方形的露天天井，回廊木柱下垫有石础。中院的西壁两端各开一洞口，通向洞窟内；西壁正中有一个拱形龛，龛中原来应有坐佛像（图二一）。院西北角有一行阶梯通向地表山坡，阶梯道下方有一洞口，向里是两进的僧房窟，外间有石床、桌台和灯龛，推测当时有人住在此处看守寺院和洞窟（图二二）。

中院南墙与南院之间有一个地面小塔堂，入口在中院南墙，中心有台基，其上原来可能有塔。

中院西墙连接的是洞窟，其中心是券顶的礼拜堂，面积很小，但四周礼拜道又宽又长，整体规模较大。礼拜道也是拱券顶，开有少量灯龛。

图二一　卡拉切佩1号洞窟寺院中院西墙立面示意图

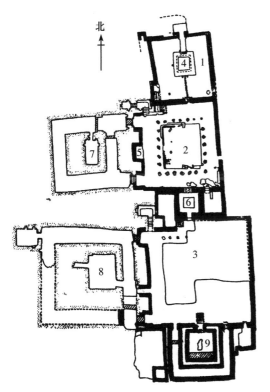

图二〇　卡拉切佩1号洞窟寺院平面图

图二二　卡拉切佩1号洞窟寺院中院僧房窟外间示意图

南院结构与中院相似，院子四周设置有回廊，西面连接着洞窟，略大于中院洞窟。南墙连着一个三面环绕礼拜道的礼拜堂。南院应该也用于礼拜，院内西北角发现有僧房小窟。

（二）赫瓦什河谷的阿吉纳切佩（Adzhina tepe）佛寺遗址

塔吉克斯坦境内的佛教遗迹主要分布在西南部，阿吉纳切佩位于杜尚别以南的赫瓦什河谷地区。

寺院可分为南院和北院（图二三）。该寺的房屋和通廊等有屋顶的建筑是在地面下挖形成半地

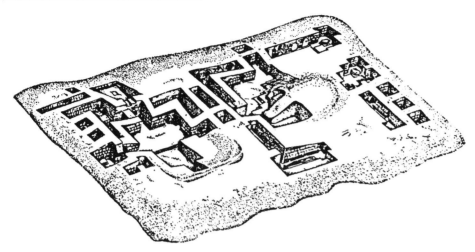

图二三　阿吉纳切佩佛寺遗址平面示意图（右侧为北院塔院，左侧为南院僧院）

穴，再沿坑壁用风干泥砖砌墙，接着砌各种形状的拱券顶或穹隆顶。露天的佛塔的建造方式是先在地面挖出大坑作为院子，同时预留塔芯的土层，然后用风干泥砖包砌土芯筑成佛塔。这种建筑方法在当地一直流传到现在。

南院是僧房院，中心庭院向外是僧房居室和佛堂。主佛堂内有三个塑像台，佛堂前铺有砖路通向北。

北院是塔院（图二四），中心方形庭院，面积大于南院，庭院中心是方形塔基，塔基四面尚存踏步遗迹。塔基分层且带有多重叠涩，塔身已残毁。庭院向外是廊房，可分为四段，每一个转角算一段。廊房向外似有，分布有各种塑像。北廊东段内有大卧佛像（图二五），佛像长12米。由此看来，塔院的礼拜对象主要有两个，一是塔院中心的佛塔及附带的佛塑像，二是廊房中的大卧佛像。

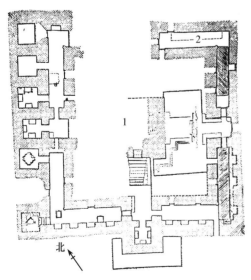

图二四　阿吉纳切佩佛寺遗址北院平面示意图
1.方座塔基　2.涅槃佛塑像及床台

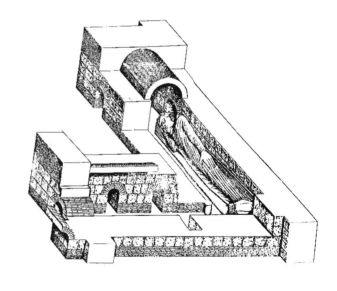

图二五　阿吉纳切佩佛寺遗址北院廊房
及卧佛示意图

阿吉纳切佩佛寺的修建年代已是中亚佛教晚期阶段的公元7世纪下半叶至8世纪初，当时唐王朝在此设立了行政管理机构，并推行佛教[11]。

三、犍陀罗、中亚地区对新疆塔里木盆地周缘地区佛教寺院的历史沿革及形制布局的影响

新疆地区虽然紧邻犍陀罗地区，但由于雪域高原的阻隔，使得历史时期的文化交流并不十分顺畅。特别是塔里木盆地北缘的佛教，不仅传入的时间要晚于犍陀罗和河中地区好几百年，而且从现存佛教建筑遗迹来看，似乎直接受犍陀罗的影响要弱一些，更多的是受中亚河中地区佛教建筑艺术的熏陶。

总体上来讲，新疆塔里木盆地周缘的佛教寺院建筑形制在传入之初虽然深受上述两个地区的影响，但本地文化的因素和中原文化一直在起着非常重要的作用，而且到了犍陀罗地区和中亚地区佛教文化因受到宗教更迭而趋于衰亡时，新疆的佛教文化在东亚佛教文化的影响下，开始走上一条独具特色、繁荣很久的发展之路。

四、结　　语

受篇幅所限，现仅将新疆塔里木盆地周缘和上述地区风格较为近似的佛寺遗迹进行类比研究。

（一）覆钵塔的形制比较

以巴基斯坦达摩拉吉卡塔寺法王塔（图二六；图二七）、乌兹别克斯坦铁尔梅兹祖尔马拉大塔（Zurmaia Tower）、喀什莫尔佛塔遗址（图二八）库车苏巴什佛寺遗址（图二九；图三〇）、和田热瓦克佛寺（图三一）为例。

从巴基斯坦塔克西拉的达摩拉吉卡塔寺覆钵型的法王塔形制可以看出，其形制是从犍陀罗时期低矮且圆形的基坛向贵霜时期的方形基坛演变且基本固定下来；而方形基坛在整个塔体所占比例从不到一半演变到大约

图二六　巴基斯坦塔克西拉的达摩拉吉卡塔寺（李肖摄）

占据了三分之二的高度，当然，位于丝路南道，和田热瓦克佛寺的覆钵塔的基坛占据了塔体将近一半的高度，其形制又和达摩拉吉卡塔寺的法王塔接近，这可能和丝路南道佛教是从犍陀罗经克什米尔传入有关。

（二）佛寺庭院和水池的功能演变

佛教诞生于炎热难耐的南亚次大陆，对于僧侣们封闭修行的寺院生活来说，消除暑气、清洁身体关系重大。所以在僧房环绕的僧院的中央都有宽阔的庭院，庭院中央有石砌的水池，具有洗浴和降温的双重作用，如巴基斯坦犍陀罗地区的达摩拉吉卡寺院的僧院（图三二）。可是到了中亚地区后，一是气候不似印度那么炎热，还有冬天，洗浴就不是不可或缺的事情了；二是气候非常干燥，蒸发量大，加上水资源本身就不太充裕，蓄一池水可能很快就干涸或变质了；三是最重要的，就是中亚流行佛教的地区多是黄土地质，非常缺乏砌筑水池用的石料，想要让这些珍贵的蓄水不被渗漏真是件非常困难的事情。所以，中亚地区僧院还是保留了水池，

图二七　巴基斯坦塔克西拉的达摩拉吉卡塔寺俯视（任超摄）

图二八　新疆喀什莫尔佛寺覆钵塔及方塔（李肖摄）

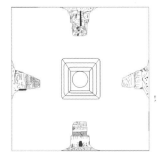

图二九　新疆库车苏巴什佛寺东区覆钵式
佛塔平、立面示意图

图三〇　新疆库车苏巴什佛寺东区覆钵式佛塔
（李肖摄）

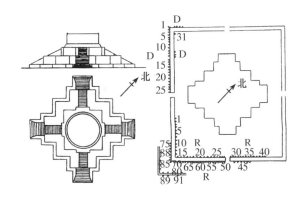

图三一　新疆和田热瓦克佛寺平、立面图（斯坦因测绘）

图三二　巴基斯坦塔克西拉的达摩拉吉卡塔寺的
僧院和水池（李肖摄）

只不过演变成了很浅的、装饰性的土池，如乌兹别克斯坦铁尔梅兹市法雅兹贴佩（Fayaz-tepe）的僧院水池（图三三）。当佛教传入极端干旱的塔里木盆地周缘地区后，洗浴已经成为非常奢侈和可有可无的事情了，但鉴于寺院的建筑元素又不能随意增减，所以宽阔的水池就演变成以汲水为主要功能的水井了，如新疆吐鲁番交河故城大佛寺庭院里的水井，其中一口井是能够出水的真井，另一口只是具有形状的假井（图三四）。

图三三　乌兹别克斯坦铁尔梅兹市法雅兹贴佩僧
院的土质水池（李肖摄）

（三）佛寺形制从犍陀罗地区经中亚到塔里木盆地周缘地区的变化

总体上看，佛教寺院建筑形制从犍陀罗地区向中亚、塔里木盆地扩散的过程既是不同艺术风格的碰撞与融合，也是不同社会结构与理念在建筑形制上的体现。具体说来就是建筑的艺术风格趋于简单；建筑趋于封闭，寺院往往为高墙环绕，寺门却狭小的不成比例，说明戒律的森严和社会集权在宗教领域的加强，折射出社会冲突的剧烈（图三五；图三六；图三七）。

图三四　新疆吐鲁番交河故城大佛寺庭院里的真、假水井（李肖摄）

图三五　巴基斯坦马尔丹塔赫特巴希寺院遗址（任超摄）

图三六　乌兹别克斯坦铁尔梅兹市法雅兹贴佩佛寺遗址（李肖摄）

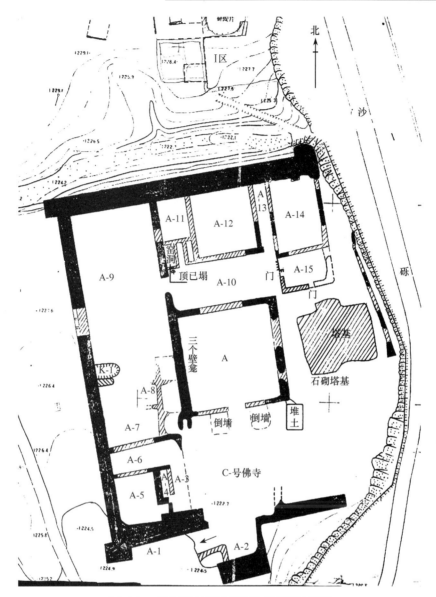

图三七　新疆库车苏巴什西佛寺平面示意图

注　释

[1] Pia Brancaccio and Kurt Behrendt ed., Gandhāran Buddhism: *archaeology*, *art*, *texts*, Vancouver: UBC Press, 2006, pp. 107-134.

[2] 国家文物局教育处：《佛教石窟考古概要》第246页，文物出版社，1993年。

[3] 孙英刚、何平：《犍陀罗文明史》第441页，生活·读书·新知三联书店，2018年。

[4] 孙英刚、何平：《犍陀罗文明史》第441页，生活·读书·新知三联书店，2018年。

[5] 根据调查者北京大学考古文博学院李崇峰教授在讨论会议上的提醒。

[6] a. 李崇峰：《佛教考古——从印度到中国》第281页，上海古籍出版社，2015年。

　　　b. John Marshall, *Excavations at Taxila*: *The Stūpas and Monastery at Jaulian*; *Memoir No.7 of the Archaeological Survey of India*, Calcutta: Archaeological Survey of India,1921, pp. 3-19.

c. John Marshall, *Taxila*: *An illustrated account of archaeological excavations carried out at Taxila under the orders of the Government of India between the years 1931 and 1934*, London:Cambridge University Press, 1951, volume I, pp. 368-387.

[7] A. Cunningham, *Archaeological Survey of India*: *Report for the Year 1872-73* (1875)/ volume V: 23-36, pl. vi-x.

[8] D. B. Spooner, "Excavation at Takht-i-Bahi", in: *Archaeological Survey of India*: *Annual Report 1907-08* (1911): 132-48, pls.xl-l.

[9] H. Hargreaves, "Excavationd at Takht-i-Bahi", in: *Archaeological Survey of India*: *Annual Report 1910-11* (1914): 33-39, pls.xvii-xxii.

[10] 李崇峰：《佛教考古——从印度到中国》第273—279页，上海古籍出版社，2015年。

[11] 国家文物局教育处：《佛教石窟考古概要》第295—308页，文物出版社，1993年。

论新疆出土"五星出东方利中国"等丝绸制品的性质

郭 物

西汉是中国历史上开拓西北疆土的重要历史时期,汉王朝在通过军事等方式获得新的疆土之后,立即利用自身政治、经济、文化的优势,及时采取各种方式来获得当地首领和人民的臣服和归顺,以达到"广地万里,重九译,致殊俗,威德遍于四海"的目的。西汉开创实施的这些措施,在后续的中央王朝仍然得到延续并发扬光大。这些措施留下的一部分文化遗产保存至今,比如烽燧、城市、军政机构和屯田等遗存。在考古遗存中,可以发现一些作为政治信物的器物,比如印绶,作为一种双方认可的信物,用来规范和宣示中央王朝和西域诸国之间的政治关系。这些文物集中体现了汉晋时期,西域诸国归顺中原王朝,中央王朝统治西域的历史。其中有一种政治信物,即被认为是"护膊"的高级丝织物制品。笔者将结合新疆等地发现的相关遗物进行讨论,论证这些所谓的"护膊"可能是一种标示性的"臂章"。织入吉语、瑞兽灵禽图案的高级织锦可能曾作为珍贵的政治礼品,由汉晋中央政府生产并赏赐给当时西域各国的首领,而西域各国的统治阶级利用这些特别的丝绸制作成臂章,以彰显他们同汉晋王朝的特殊关系,既显示他们特殊的地位和权威,也表达臣属中央王朝的政治态度,是体现汉晋中央王朝统治西域诸国的一种政治信物。

一、尼雅出土的"五星出东方利中国"织锦制品

尼雅遗址位于新疆和田地区民丰县北部沙漠中尼雅河畔,可能为汉代精绝国的中心聚落。尼雅遗址区西北部为墓葬区,1959—1997年间相继发掘了一些墓葬。学者们根据墓葬中出土的高等级的丝绸等物品推测,95尼雅I号墓地很可能是汉代精绝王室的墓地,墓主是汉末魏晋时期当地的首领。从考古发现可知,上层人物一般为夫妇合葬墓,使用箱形木棺,且随葬品丰富。这些墓葬能反映出贵族上层人物的生活状况,随葬遗物自然可以作为精绝王国晚期文化之代表物[1]。其中,1995年10月新疆文物考古研究所发掘的民丰县尼雅遗址北部I号墓地的8号墓尤为重要,此墓出土了著名的"五星出东方利中国"织锦制品[2]。

织锦呈圆角长方形,长18.5、宽12.5厘米,用"五星出东方利中国"织锦为面料。边上用白绢镶边,两个长边上各缝缀3条长约21、宽1.5厘米的白色绢带,其中3条残断。织锦密度很厚实,为五重平纹经锦,经密为220根/厘米,纬密为48根/厘米,经向花纹循环7.4厘米。采用云气纹作为骨架,沿织锦纬向由右至左连续铺展,其间依次穿插祥瑞鸟兽纹,并伴有织文,在织文旁有两个圆点纹,代表五星中的两颗星。整个图案不分色区,均用蓝、绿、红、黄、白五色织出,五星的图案恰好由这五种色

作者:郭物,北京市,中国社会科学院考古研究所,研究员。

彩表示，此件彩锦护膊织有"五星出东方利中国"字样，锦上的小篆文字是织出来的（图一，1）。

有学者特别分析了该织锦上的四种动物形象，认为基本是珍禽异兽或者神兽灵禽（表一）。

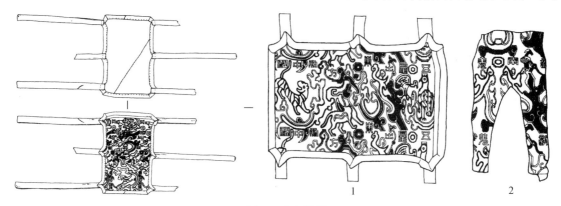

图一　出土织锦
1. "五星出东方利中国"护膊　2. "讨南羌"锦残片

表一　　　　　　　　　　　　　　五星出东方利中国织锦上的动物形象

学者＼动物				
于志勇[3] 于志勇[4]	孔雀 凤凰	仙鹤 鸾鸟	辟邪/夔龙 麒麟	虎 白虎
孙遇安[5]	灵禽	大鸟	夔龙	虎
李零[6] 李零[7]	世乐鸟 世乐鸟	鸵鸟 鸵鸟	天禄/辟邪 天禄/辟邪	狮子 虎
段光利[8]	凤凰	鹤		

与M8"五星"织锦制品同时出土了1件"讨南羌"织锦残片（图一，2），锦料与"五星"锦相同，是从整块锦上裁剪下来的一部分，根据对具体史实的研究和图案的缀合分析显示，织文可能连续读为"五星出东方利中国……讨南羌……"。从纹样上分析，两块织锦纹样图案是单个循环花纹，呈左右对称，可以复原[9]。"南羌"指"湟中及南山诸羌"[10]。"中国"指的是汉族地区，两段文字不一定连读，也有其他的可能[11]。织锦上的"五星出东方利中国"，即出现五星共见东方之天象，则于中国军国大事有利。织锦上这一句吉祥语，明示了这件织锦是皇家官府（织室）专门织造的，可能是蜀锦。这句织锦文字的产生，无疑是汉晋中央王朝为了祈讨羌大事在政治上、军事上顺利和成功。文献记载的一些中原王朝讨南羌的史事为这条吉祥语提供了历史背景，比如《汉书·赵充国传》记载的西汉王朝的一次讨伐西羌的战争，汉宣帝曾将"五星出东方利中国……讨南羌……"星占术语教条地用在了督促、鼓励对羌人作战的诏书里，可见皇家对五星占用例的绝对话语权及当时的天文星占对汉帝国军国大事决策所起到的巨大作用。此类锦可能是墓主帮助中原王朝打败南羌所得到的一种赏赐[12]。还有学者认为，与段颖讨羌或与西晋时期讨伐南羌有关[13]，或是张骏为纪念此仗胜利而赐赠鄯善王元孟之物[14]。

参加该墓地出土纺织品揭取、保护和修复的国家文物局专家王亚蓉教授给考古队员们提示，它可能是拉弓射箭时使用的护臂。学者们进而认为"此类遗物的初始功能在于引弓护臂，即所谓'射韝'或'臂韝'，亦不排除它可能表示身份、等级的区别和差异，或具护符之效用"[15]。也有学者认为，新疆发现的护臂可能与"五彩辟兵"[16]有关，反映了古代汉人辟邪的观念和避兵、驱鬼的信仰对西域的影响[17]。

此件织锦是迄今发现的组织结构最为复杂、工艺最为高级的丝织品遗物，图案编织华丽流畅，图案和颜色精美和谐，为发现织锦中之佼佼者[18]。根据墓葬发现的总体情况，织锦文字反映的可能是东汉晚至魏晋时期，中原王朝讨伐南羌的史实，五色与五星相配。织锦上的文字和瑞兽图案在当时都具有重要的政治象征意义，体现了汉晋时期中原王朝对于特殊天象的政治性理解和利用，是一件非常珍贵的文物[19]。

二、类似遗物的发现与研究

有学者认为，战国秦汉时期在藏彝走廊地区发现的一些金属圆筒状的器物可能属于臂韝[20]。这样的例子有不少，比如茂县牟托石棺墓发现的一对臂韝，内部还垫衬丝织物[21]。四川石棉永和墓地出土2件铜铁质臂韝、岷江上游出土1件银质臂韝。不过，笔者认为这些器物可能都是装饰用的臂钏，即使有防护的作用，主要不是为了防护弓弦的弹击。射箭时只需防护一侧的胳膊就可以，如果是一对，应当用于格斗中保护手腕，牟托石棺墓中出土的是一对。马家塬战国墓地也出有类似的器物[22]，从M16出土位置看，发现于墓主右手上臂，除非是左撇子，否则这种护臂应当戴在左手上。而且这些器物是用黄金制作的，并镶嵌了宝石，其目的应当主要是作为装饰品使用的，当然也是身份、地位和权势的象征。所以这些金属器物可能是护腕或者是臂钏。相似的遗物在萨尔马泰的墓葬中比较普遍，不过他们的臂钏是弹簧状的，二者时代接近，可能有一定的关系。

1992年，鄯善县苏贝希三号墓地M25出土了1件所谓的"皮符"，发现于墓主的胸部，纹样为三角锯齿状火焰纹，内填三堆篝火纹（图二，1）[23]。有学者认为墓主胸前所系挂的此件皮质物也是此类"护膊"[24]。和田洛浦县山普拉墓地1996年Ⅲ号墓地出土的比较典型的皮缘鹿纹刺绣护臂，其纹饰是典型的草原动物风格，现藏和田地区博物馆（图二，2）[25]。

1995年，在尉犁县营盘墓地15号墓发现真正形态、质地和功能相近的"护膊"，为长方形，长14、宽8厘米。系用一块裁成两块的宝石蓝色缣拼缝而成，缣为精细的平纹织物，比较厚重。用土黄、姜黄、棕、深绿色等丝线以锁绣法绣出蔓草纹样，周围镶饰淡黄色绢边，四角各缝缀一条淡黄色绢带，系绕于左臂肘部（图二，3）[26]。楼兰也有发现[27]。1995年尼雅发掘的M3压于M8之上，为夫妇合葬墓，墓主身上覆盖"王侯合昏千秋万岁宜子孙"锦[28]。该墓中也出土了一件"护膊"，用"世毋极锦宜二亲传子孙"织锦制成，出土位置不清，呈长方形，长19.5、宽12厘米。边附绢带六条，贴边用蓝色素绢，与系带相同，平纹[29]。1997年，在尼雅遗址N14西北部新发现的墓葬中发现1件形制相同的刺绣品，系扎在一男尸的左腕部位[30]。2013年新疆维吾尔自治区博物馆中展出了1件征集来的类似的丝织品（图二，4）。蒙古国诺颜乌拉苏珠克图6号墓发现1件丝质品，平面呈长方形，纹饰为多列三角锯齿纹，边缘有四根系带，应当也是类似的物件[31]。

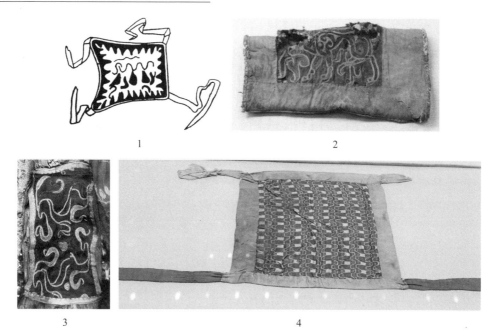

图二　出土护膊
1.苏贝希三号墓地M25皮符　2.山普拉Ⅲ号墓地出土皮缘刺绣护臂
3.营盘墓地出土锦护膊　4.尼雅遗址丝织品

三、"护膊"应当称作"臂鞲"或"臂章"

在我国古代，引弓射箭所用的护臂称为"射鞲"（以皮做成的为"射鞲"，以革做成的为"射鞲"）、"拾"或称为"遂"等，因在古代射礼、攻伐、丧葬等不同的场合，不同等级、尊卑身份的人使用，其用料、形制、尺度、工巧程度等均有所区别和不同。在考古发现中，新疆发现"射鞲"实物最多的是吐鲁番盆地。由于吐鲁番特殊的气候条件，这些皮革制成的"射鞲"保存至今。用皮革制成，套在左手小臂上，有的还缀铜扣，或者压制出纹饰，比如洋海I号墓地M150、M157等墓葬出土的射鞲上就压出三道斜杠（图三，1）[32]。三道斜杠的图案和俄罗斯图瓦人民共和国、蒙

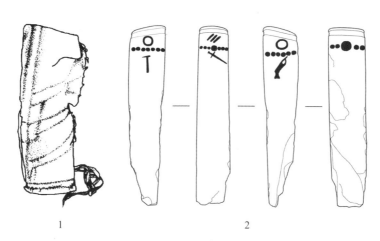

图三　出土射鞲
1.洋海墓地M150出土皮射鞲　2.阿尔泰地区鹿石

古国西部、阿勒泰地区发现头冠状鹿石头部正面的三道斜杠非常接近（图三，2）。出土射韝的苏贝希文化和三道海子文化有密切的关系[33]。这是否进一步说明二者存在着更为紧密的关系，而且三道斜杠应当是这些人群一个非常重要的符号，蕴含着特殊的意义。

《仪礼》记载了周代贵族行射礼过程中配饰臂韝的做法，既用于"蔽肤敛衣"，也是一种古礼。绛色臂韝作为朝服古礼，开始于秦汉、魏晋之际，官员的朝服以绛韝为装饰，作为一种身份的象征。隋唐时期，各级官服装饰红色织锦制成，成为定制。唐宋之际，臂韝成为皇家礼仪队伍的标配。辽宋之际，除了官服和驿站礼服外，皇家乐人也以红锦臂韝为饰。元明时期，依然保持配饰臂韝的传统，元代流行绿色臂韝[34]。

尼雅M8"护臂"出土原状为：男尸上部右侧置弓、箭、弓袋、箭箙及木叉，木叉上绕系刀鞘、锦帽、梳篦袋及"五星出东方利中国"织锦护臂、黄绢袍服等。护臂虽然和弓箭等放置在一起，实际上却是和日常割肉等所用的刀鞘、衣帽和梳篦袋绕系在木叉上。因此，从共存关系看，其更密切的关系并不是同弓箭的关系，而是墓主日常穿戴服饰的有机组成部分，这样可以从一定程度上否定"护臂"和弓箭的必然的唯一关系。营盘墓地出土的护臂位置比较清楚，和传统上射韝的位置不太一样，射韝在洋海墓地发现不少，都为皮质，一般是位于下臂的下部。营盘墓地出土的护臂不在下臂的下部，而是在左臂肘的上部，而且没有位于需要防护的手臂内侧，织锦的花纹实际上朝前，甚至朝外，目的应当是为了明显示人眼目。另外，丝绸作为射韝也不合适，丝绸并不像皮革一样，具备抵消弓弦弹击的功能，在胳膊上加这一层织物，并不能特别阻挡弓弦的弹击力。观察这些丝绸可以发现，几乎完好无损，如果是作为射箭的护臂，长期使用后，应当有弓弦弹击的痕迹。而且，这块织锦实际比墓主下面的衣物更为珍贵，也不存在为了保护使用者衣物而使用织锦作为防护的必要。因此，笔者认为，这类器物其原型可能是射韝，开始装饰并使用高等级的丝绸，位置上移后，就转化为一种表示身份、等级的特别用品，可以称为"臂章"。可能是为了在身体的显著位置表示和中原王朝拥有特殊的友好关系而特别制作的政治用品。与印绶、龙纹金带扣相似，类似的器物可以看作是一种表示政治友好关系的政治信物。

和田洛浦县山普拉墓地1996年Ⅲ号墓地出土皮缘鹿纹刺绣护臂制作非常精美，由于仍然使用皮革作为边缘，可能是一个处于转折时期的例子。另外，从尼雅M8所出臂章系绳的情况看，如果按现在的系绳位置置于手臂看，织锦的纹饰和文字并不是正向的，人们看到的是在正常视角基础上向左或者向右旋转了90度以后的图案和文字，从这个视角看，织锦的图案和文字并没有发挥其本来的作用，人们看到的只是五彩斑斓的一块织物。产生这种结果的原因，可能是由于文字是自左向右的横列，如果按照织锦现在的尺寸规则和织锦原来的正方向制作臂章，那么就会存在"五星出东方利中国"吉语被裁断的可能，而且有的字会由于缚绕的原因不容易被看到，为了表现完整的文字，因此采用了旋转90度的方法。按照汉晋时期的织锦幅宽"二尺二寸"，即约合50—51厘米来计算，制作护臂的锦料只是整幅"五星"织锦的半幅左右。这样不但整句吉语能够显露，而且也会处于最显眼的位置，这从织锦裁剪的效果可以验证，两组文字和相对完整的一组云气纹和动植物纹被放在正中位置。仔细观察这件臂章，"五星出东方利中国"中"五星"一头稍微要宽一些，包边的绢也比另一头宽一些，由此可以判断，这块织锦绑到手臂上的方向，"五星"一头应当朝上，这样整个图案和文字虽然不是完全为正的方向，但在照顾幅宽、中心图案突出和文字完整的前提下，已经是最好展示的角度。总之，从这块织锦系缚手臂后的视觉效果看，使用者理解整个织锦图案和文字的含义，并有凸显图案和文字的目的。观察营盘墓地出土的臂章，由两块织锦拼接而成，可以发现墓主有意突出织锦中间金黄色圆形图案，在这里，可以感受到使用者对于图案的理解和希望强调部位的意图。如果再考虑精绝国和汉王朝的密切关系，有"译长"，尼雅出土包括"仓颉篇"在内的汉文简牍等因素，精绝国统治者无疑能认识织锦上的文字含义[35]。

根据西域存在真正的皮革射韝的传统，尼雅M8出土被裁为两部分的织锦，以及山普拉墓地1996年Ⅲ号墓地出土皮缘鹿纹刺绣护臂这样的过渡例子，可以推测，这些臂章应当是汉晋时期西域诸国统治者特意利用中原王朝颁赐的高级织锦和丝绢裁剪后制作的。

有学者推测，营盘墓地15号墓墓主可能是来自西方从事贸易的富商[36]。也有学者认为，墓主是流寓营盘的贵霜人[37]。有学者认为墓主棺木形制、装饰以及一些葬俗和中原、河西地区汉人葬俗相近，而且和文献所记能吻合，推测墓主是汉晋时期屯戍楼兰及楼兰道的军吏或商旅的遗存[38]。有学者认为墓主是墨山国贵族[39]。营盘墓地旁边有圆形古城遗址，这些墓葬和古城可能与墨山国有关，墨山国的主体可能在北边的库鲁格塔格山中[40]。这个圆形城值得注意，有学者认为是《水经注·河水篇》记载的注宾城[41]；或认为是《史记》所记"山国"，《汉书》所记的"墨山国"的国都[42]。这个圆形古城正当汉代丝绸之路的必经之地，可能是墨山国非常重要的城市。根据前面的研究看，如果墓主使用织锦制作的臂章，那么墓主的身份应当较高，这样看，营盘M15墓主可能就是墨山国的高级贵族，甚至是首领。由于此地正当丝路必经之道，是中原王朝长期经营的交通要道，因此当地人深受汉文化影响，已经把一些汉人葬俗融入自己的文化中。

在汉王朝赐赠给边疆地区的政治信物中，最重要的是印绶。

印绶是汉王朝权力、等级、地位重要的礼仪性象征物。汉制赐给臣服国国王的印纽则多用蛇、山羊、骆驼等造型。汉王朝的这套制度经过长时间的实施，非常有效，成为边疆地区首领们认同、珍视的政治信物。比如《汉书·西域传》记载："元寿二年（前1）正月，匈奴单于及乌孙大昆弥伊秩靡皆来朝汉。是时，最凡国五十。自译长、城长、君、监、吏、大禄、百工、千长、都尉、且渠、当户、将、相互侯、王，皆佩汉印绶，凡三百七十六人。" 如果这个稳定的制度出现变化，甚至会影响相互的关系。比如10年新朝皇帝王莽派人把单于的"玺"换为"章"，单于遣须卜当要回旧玺，不料玺已被使节砸碎，又因丰厚的赂遗，无奈之下遂接受新章，此后汉匈关系开始变差。

迄今已经发现了一些汉王朝颁赐给边疆地区小国或者部落的印，比如"汉归义羌长印""汉倭奴国王印""滇王之印"等。汉王朝赐给西域诸国的印绶具体什么样，还不清楚。从秦始皇兵马俑坑秦俑以及汉画像砖的图案看，绶既有系印于腰的例子，也有呈回环状单独结于腰部或是放入腰部囊中的例证[43]。西域没有发现的原因，可能是按制度，这些印绶在使用者去世后，必须收回。我们怀疑，上文所讨论的"臂章"，很有可能是汉"绶"在西域的一种变通方式。

四、结　语

"五星出东方利中国"等丝绸制品的确是比较特殊的发现，中原虽然有相关文献的记载，但迄今尚未发现类似的文物，这当然可能有保存条件的原因，但也可能这些丝绸制品本身就是西域这个时期一种特殊的礼俗。如果我们的推测有一定的可能性，那么"五星出东方利中国"织锦制成的臂章将具有更为重大深刻的文物价值，超越了原来主要只是作为实用的护膊的功能，而是如同印绶一样，是一种礼仪性质的徽章，象征着精绝国同中原王朝之间的政治契约关系，是典型的政治信物，新疆发现的其他几例高级丝绸臂章可能也是如此。和印绶不一样的是，这种臂章是西域诸国统治阶级利用中原颁赐高级织锦，根据西域早期皮革射韝的文化传统，或是中原臂韝礼制，或是中原五彩丝习俗制成，是西域诸国统治阶层对中原王朝统辖经营的一种政治性回应。这既是一种发挥主观能动性、同心同德、向心归属的政治表态，也是一种荣耀，以至于在墓主去世后，仍然要用这种代表权力互动关系、自身权力、自身地位的器物随葬。既可以看作当时西域与中原地区的文化交流物证，也是"张骞凿空西域"开辟东西交流的丝绸之路后，西域纳入中国版图，经过长时间的融合，西域各国心悦诚服，中央王朝对西域有效统治的明证。

注　释

[1] a. 新疆维吾尔自治区博物馆：《尼雅遗址的考古发现》，《新疆社会科学》1988年第4期。

b. 王炳华：《尼雅考古收获及不足——二十世纪尼雅考古反思》，《中国历史博物馆馆刊》1998年第1期。

c. 俞伟超：《尼雅95MNI号墓地M3与M8墓主身份试探》，《西域研究》2000年第3期。

[2] 新疆文物考古研究所：《尼雅遗址95NMI号墓地8号墓发掘简报》，《新疆文物》1999年第1期。

[3] 于志勇：《新疆尼雅"五星出东方"彩锦织文初析》，《西域研究》1996年第3期；《尼雅出土锦织文浅析》，《鉴赏家》第8册，第30—37页，1988年。

[4] 于志勇：《"五星出东方利中国"释读》，《新疆日报》（汉）2012年3月22日。

[5] 孙遇安：《尼雅"五星锦"小识》，《文物天地》1997年第2期。

[6] 李零：《"五星出东方利中国"织锦上的文字和动物图案》，《文物天地》1999年第6期。

[7] 李零：《"五星出东方利中国"织锦上的文字和动物图案》，见《入山与出塞》，文物出版社，2004年。

[8] 段光利：《汉代织锦图案中禽鸟纹研究》，《丝绸》2014年第8期。

[9] 赵丰：《连烟和云众兽群聚：汉代的云气动物纹锦》，《浙江工艺美术》1999年第2期。

[10] 王炳华：《关于汉代"南羌"问题》，《西域研究》1997年第3期。

[11] 李零：《"五星出东方利中国"织锦上的文字和动物图案》，《文物天地》1999年第6期；《入山与出塞》第359页，文物出版社，2004年。

[12] a. 新疆文物考古研究：《新疆民丰县尼遗址95MN1号墓地M8发掘简报》，《文物》2000年第1期。

b. 于志勇：《新疆尼雅遗址95MNIMS概况及初步研究》，《西域研究》1997年第1期；《新疆尼雅"五星出东方"彩锦织文初析》，《西域研究》1996年第3期；《尼雅遗址地考古发现与研究》，《新疆文物》1998年第1期；《尼雅遗珍："五星出东方利中国"织锦护臂》，《人民日报》2014年6月22日。

[13] 中日共同尼雅遗迹学术考察队：《中日共同尼雅遗迹学术调查报告书》第二卷，第6页图版八十六，13、14，中村印刷株式会社，1999年。

[14] 钱伯泉：《"王侯合昏"锦、"五星出东方"锦的年代和产地》，《吐鲁番学研究》2002年第2期。

[15] a. 于志勇：《新疆尼雅遗址95MNIMS概况及初步研究》，《西域研究》1997年第1期；《新疆尼雅"五星出东方"彩锦织文初析》，《西域研究》1996年第3期。

b. 新疆文物考古研究：《新疆民丰县尼遗址95MN1号墓地M8发掘简报》，《文物》2000年第1期。

[16] 胡平生：《楼兰文书释丛》，《文物》1991年第8期。

[17] 于志勇、覃大海：《营盘墓地M15及楼兰地区彩棺墓葬初探》，见《西部考古》第一辑，三秦出版社，2006年。

[18] 王晨：《关于新疆尼雅95MN1号墓出土"汉锦"的特色》，《江苏丝绸》2003年第1期。2014年，中国丝绸博物馆利用2013年四川成都市回镇老官山西汉墓发现的汉代织机模型成功复原了织机。2017年1月，中国丝绸博物馆罗群和刘剑等技术人员前往新疆对"五星出东方"护膊进行了织物信息采集和分析检测。赵丰对"五星锦"的织物图案及其上文字进行了研究，经过对此前研究资料及海内外出土相关文物的比对研究，最终确定图案及文字还原为"五星出東方利中國诛南羌四夷服單于降與天無極"。中国丝绸博物馆决定根据四川成都老官山汉墓出土的汉代提花机模型复原的织机进行"五星锦"的复制。2017年2月，罗群率领其团队开始进行上机的穿综及织造工作。10470根经线，84片花综、2片地综，历经1年多的时间，最终成功复制出"五星锦"。

[19] 于志勇：《楼兰—尼雅地区出土汉晋文字织锦初探》，《中国历史文物》2003年第6期。

[20] 迟文萃：《古代臂韝刍论》，辽宁师范大学硕士毕业论文，2012年。

[21] 茂县羌族博物馆等：《茂县牟托一号石棺墓》第18页图四，第50页图四五、5、6，文物出版社，2012年。

[22] 甘肃省文物考古研究所：《马家塬战国墓地综述》，见《西戎遗珍：马家塬战国墓地出土文物》，文物出版社，2014年。

[23] 吕恩国、郭建国：《鄯善苏贝希墓群三号墓地》，见《新疆文物考古新收获（续）》，新疆美术摄影出版社，1997年。

[24] 李零：《"五星出东方利中国"织锦上的文字和动物图案》，《文物天地》1999年第6期。

[25] 于颖：《洛浦山普拉出土的毛织物调查》，见《大漠联珠——环塔克拉玛干丝绸之路服饰文化考察报告》，东华大学出版社，2007年。

[26] a. 新疆文物考古研究所：《新疆尉犁县营盘墓地调查》，《文物》1994年第4期；《新疆尉犁县营盘墓地15号墓发掘简报》，《文物》1999年第1期。
b. 李文瑛、周金铃：《营盘墓地考古收获及相关问题》，见《新疆维吾尔自治区丝路考古珍品》，上海译文出版社，1998年；《营盘墓地的考古发现与研究》，《新疆文物》1998年第1期。
c. 周金玲：《新疆尉犁县营盘古墓群考古述论》，《西域研究》1999年第3期。

[27] 新疆楼兰考古队侯灿：《楼兰古城址调查与试掘简报》，《文物》1988年第7期。

[28] 新疆文物考古研究所：《尼雅95一号墓地3号墓发掘报告》，《新疆文物》1999年第2期。

[29] 中日共同尼雅遗迹学术考察队：《中日共同尼雅遗迹学术调查报告书》第二卷，第102页图版七十七，9，中村印刷株式会社，1999年。

[30] 中日共同尼雅遗迹学术考察队：《中日共同尼雅遗迹学术调查报告书》第二卷第121、122页，中村印刷株式会社，1999年。

[31] 马健：《匈奴葬仪的考古学探索——兼论欧亚草原东部文化交流》第115、116页图3—41，兰州大学出版社，2011年。

[32] 李肖、吕恩国、张永兵：《新疆鄯善洋海墓地发掘报告》，《考古学报》2011年第1期。

[33] 郭物：《新疆史前晚期社会的考古学研究》第372—376页，上海古籍出版社，2012年。

[34] 迟文萃：《古代臂鞲刍论》，辽宁师范大学硕士毕业论文，2012年。

[35] a. 于志勇：《"五星出东方利中国"释读》，《新疆日报》（汉）2012年3月22日。
b. 殷晴：《汉代西域人士的中原憧憬与国家归向——西域都护府建立后的态势与举措》，《西域研究》2013年第1期。

[36] a. 新疆文物考古研究所：《新疆尉犁县营盘墓地15号墓发掘简报》，《文物》1999年第1期。
b. 李文瑛：《新疆尉犁营盘墓地考古新发现及其初步研究》，见《汉唐之间的艺术和物质文化》，文物出版社，2003年。

[37] 宋晓梅：《〈隋唐制度渊源略论稿〉与西域史研究中的几个问题》，见《陈寅恪与二十世纪中国学术》，浙江人民出版社，2000年。

[38] 于志勇、覃大海：《营盘墓地M15及楼兰地区彩棺墓葬初探》，见《西部考古》第一辑，三秦出版社，2006年。

[39] 林梅村：《墨山国贵族宝藏的重大发现》，见《古道西风》，生活·读书·新知三联书店，2000年。

[40] a. Stein, M. A. *Serindia*, Vol.1, Chap.9, sec.4, p.334, Oxford at the Clarenon Press, 1992.
b. 罗新：《墨山国之路》，见《国学研究》第五卷，北京大学出版社，1998年。

[41] a. 羊毅勇：《从考古资料看汉晋时期罗布淖尔地区与外界的交通》，《西北民族研究》1994年第2期。
b. 黄盛璋：《楼兰始都争论症结解难与LA城为西汉楼兰城新论证》，《吐鲁番学研究》2000年第1期。

[42] a. 黄文弼：《汉西域诸国之分布及种族问题》，见《黄文弼历史考古论集》，文物出版社，1989年。
b. 黄盛璋：《塔里木河下游聚落与楼兰古绿洲环境变迁》，见《亚洲文明》第2集，安徽教育出版社，1992年。
c. 李文瑛：《营盘遗址相关历史地理学问题考证——从营盘遗址非"注宾城"谈起》，《文物》1999年第1期。
d. 林梅村：《墨山国贵族宝藏的重大发现》，见《古道西风》，生活·读书·新知三联书店，2000年。

[43] 崔圭顺：《中国历代帝王冕服研究》，东华大学出版社，2007年。

北魏洛阳都城的考察与形制布局研究

钱国祥

北魏是中国历史上一个重要和独特的历史朝代，也是第一个由北方游牧民族入主中原创立的王朝。虽然是南北朝分裂时期统治北方的一个割据政权，但是迁都洛阳以后建造的都城与被迫南迁的南朝建康都城一样，核心格局完全继承了中原前朝的都城模式和制度，而且还结合当时多民族与多重文化相互交融的特点，创建了一座规模空前、拥有三重城郭、规置大量坊市的新型商业化都城。其不仅对中国古代后续王朝的都城形制具有非常重要的影响，而且也是中国多民族文化体系形成和东西方文化商贸繁荣交流的重要见证地。

对北魏洛阳都城形制布局的研究，以往学者们主要是根据历史文献进行考证，依据的最重要史料即北魏人杨衒之著述的《洛阳伽蓝记》[1]。该史料不仅记录了洛阳城众多佛寺的繁盛景象，而且对寺院渊源、创建者和相对位置等也都有详细记述。在缺乏考古资料的情况下，上述研究考证与校释了大量史料，虽然具有一定的局限性，但却是该城址后续考古勘察工作的基础资料和重要线索。

对北魏洛阳城最早的科学考察始于20世纪50年代中期，阎文儒先生首次踏查了汉魏洛阳故城[2]，当时踏查的是地面上仍残存夯土墙垣的北魏内城，即汉晋洛阳大城。20世纪60年代初期，中国社会科学院考古研究所组成专门队伍，开始正式全面勘察北魏内城，不仅获得城门与城内道路等分布情况，还在内城中北部发现了一座南北长方形的宫城遗址，当时初步认定即北魏宫城[3]。20世纪80年代初期，随着宿白和孟凡人先生对北魏外郭城形制的研究[4]，又启动对北魏外郭城的勘察，发现了东西外郭城墙、郭城内主干道路及河渠等重要遗迹[5]。21世纪初，开始对北魏宫城遗址考察，先后发掘宫城墙垣、正门阊阖门、二号和三号宫门、太极殿与太极东堂等遗址[6]，弄清了该宫城南区主要建筑布局、始建与沿用时代。在上述考古收获的基础上，笔者认为有必要在前人研究成果的基础上重新梳理史料，对北魏洛阳城的内城、外郭城和宫城形制和重要建筑布局进行更为深入的复原研究。

一、北魏洛阳内城的考察与形制布局

北魏内城即汉晋时期的洛阳大城，古人据文献记载俗称"九六城"[7]。如《续汉书·郡国志》引《帝王世纪》曰："城东西六里十一步，南北九里一百步。"又引晋《元康地道记》曰："城内南北九里七十步，东西六里十步，为地三百顷一十二亩有三十六步"。

该城经过多年考察与实测，基本确定了城圈的始建及沿用时代、规模形制和城内的基本格局（图一）。北魏内城沿用东汉至曹魏西晋大城，是在西周始建城圈的基础上，经过东周为都时的成周城、秦代洛阳城的多次增扩而逐渐形成。

作者：钱国祥，北京市，中国社会科学院考古研究所，研究员。

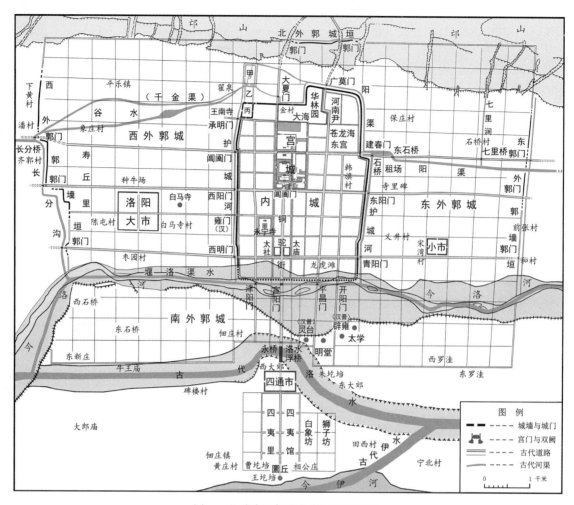

图一　北魏洛阳都城考察复原示意图

（一）内城墙垣的规模与形制结构

北魏内城现地面上仍断断续续残存有东、北、西三面夯土墙垣，南垣则被改道南护城河的洛河冲毁，整个城址平面略呈南北长方形。北垣东段、东垣和西垣南段保存较好，现地面上仍存5—8米的高度。据实测整个城圈长度接近13千米，约合汉晋时期的30里，符合洛阳城"九六城"的记载。通过对三面墙垣的勘探与试掘探沟可知，各段墙垣宽度略有不同，北垣勘探宽度25—30米，试掘探沟内宽度17.4米；东垣勘探宽约14米，试掘探沟内宽度16—26.5米；西垣勘探宽约20米，试掘探沟内宽度16.2—21米。

内城三面墙垣虽然大致为南北或东西走向，但是均不完全呈直线，在不同位置都有曲折现象。这种曲折与这座城址使用时间较长、后代不断增筑扩城有关。据考察，各段墙垣均为多个时期夯筑或增修的多块夯土组成，时代分属周、秦、汉、魏晋和北魏等时期[8]，不同地段的城垣夯土始筑或增筑时代也有很大差别。据此发现，北魏内城下至少有三个规模不同、时代早晚有异的早期古城叠压在一起[9]，即始建于内城中部的西周城址，东周中期向北增扩的城址，战国末至秦代又向南新扩的城址。东汉、曹魏、西晋洛阳都城和北魏都城的内城均是在这个城圈的基础上修建并使用的。

内城东北角和西北角的墙垣均呈圆弧状，东北角内侧有多处凸出的马道遗迹[10]，北墙东段和西墙北段外侧还发现多座马面基址，间隔110—120米。广莫门西侧的一号马面依北墙外侧修建，平面略呈方形，现存顶面东西12.9、南北11.7、残高2.1、地基厚2.3米[11]，北魏马面是在魏晋马面的基础上修削后重新筑造。西北角内侧的丙城则确定为曹魏至北魏的金墉城，丙城东北角还发现魏文帝创建的百尺楼基址[12]，甲城和乙城则可能是隋末李密修金墉城的遗迹[13]。上述圆弧形城墙拐角和马面、马道显然都是军事防御设施。

（二）内城门阙的分布与形制结构

在内城残存的三面墙垣上，共勘探发现10座城门缺口，分别为东垣3座、北垣2座、西垣5座。根据记载，北魏东垣有3门，由南到北分别为青阳门、东阳门、建春门。发掘的建春门址南北长约30、东西宽12.5米，为一门三道结构，中间门道缺口宽约8米，南、北门道各宽6米，门道之间隔墙宽4—5米，门道两侧有排叉柱础[14]，是沿用汉晋时期的城门。北垣有2门，北魏由东到西分别为广莫门和大夏门。大夏门保存较好，缺口宽约31、进深约33米，中间有两堵隔墙、三个门道。西垣有5门，由南到北分别为北魏西明门、汉代雍门和北魏西阳门、阊阖门、承明门。阊阖城门缺口宽约47、进深约58米，根据文献记载推断，该城门北缺口下可能还有水门。西阳门保存较差，门址南北长约30、东西宽13米，仍残存南北夯土墩台和北门道路土、排水沟槽及北隔墙等遗迹，也为三个门道[15]。根据记载和道路勘探情况，南墙垣上还有4座城门，由东到西分别为北魏开阳门、平昌门、宣阳门、津阳门，但均已被洛河冲毁。

如此，内城墙上14个城门缺口，北魏除封堵汉代雍门并改开西阳门外，在西墙北端还增开了一座承明门，故北魏设置城门13座。据考察的建春门、西阳门和大夏门等残存遗迹，内城城门可能都设置三个门道，当与"一门有三道，所谓九轨"[16]的记载相符合，也是遵循天子都城的制度。内城城门的建筑结构是靠夯土隔墙和大排叉柱支撑的大过梁式建筑。据记载内城城门上都有高大的楼观建筑，"城门楼皆两重，去地百尺"[17]，显然其城门楼观都为两重结构。此外，据记载洛阳城门皆有双阙[18]，经考察的多处城门均未发现外凸或独立的双阙遗迹，在城门两侧均有较大规模的夯土墩台，据此推测其双阙也可能建造在城门楼两侧的墩台上[19]。

（三）内城的道路与主要建筑分布

在内城勘探，共发现东西和南北道路各5条，分别正对各城门缺口。5条横道有3条贯穿内城东西墙城门，最南面一条即东墙青阳门至西墙西明门御道，长2460、宽29—36米。在该道路与宫前南北大街铜驼街的交汇处，道路北侧东为太庙、西为太社，路南有护军府、司州、衣冠里和凌阴里等，是内城南部重要的礼制建筑区域。

中间一条横道为东墙东阳门至西墙西阳门的御道，长2630、宽约40米。道路与铜驼街在阊阖宫门前呈"T"字形交汇，这显然是内城中最重要的东西交通干道。西阳门内道路南侧20米有夯土坊墙遗迹[20]，应是《洛阳伽蓝记》中记载的西阳门内道南的永康里，里内有领军将军元叉宅。道路北侧延年里有宦官刘腾宅，刘腾宅东面还有太仆寺、乘黄署、武库署。东阳门内道北有太仓署和导官署，道南有昭仪尼寺和义井里。义井里南是元怿所立景乐寺，寺西隔司徒府与永宁寺相望，寺东则是高肇宅。该道路两侧为重要的官署和权臣贵戚宅第或寺院。

北面一条横道是东墙建春门至西墙阊阖门的御道，长2510、宽35—51米。道路直对宫城东门万岁门和西门千秋门，是内城东西两侧进入宫中的重要御道。阊阖城门内道北有瑶光寺，道南有长秋寺，即晋金市故地。建春门内道北是拟作东宫的空地，即晋太仓所在，仓南有翟泉，即东周时王子虎、晋弧偃盟于翟泉之水域。建春门内御道南有句盾、典农、籍田三署和司农寺，再南面即太仓署和导官署。这些掌管粮食生产、加工和储藏的官署集中设置在建春门与东阳门之内，显然与北魏宫城东面设置有太仓，且邻近建春门外漕渠有关。

此外，汉代雍门内和北魏承明门内还各有一条东西向道路。雍门内御道残长仅50余米、宽约20米，北魏时应已废弃。承明门内御道残长1410、宽17—22米，从金塘城前向西直对宫城北面和华林园之间，承明门外道北有孝文帝常去讲经拜佛的王南寺。

5条纵道中有4条正对南墙城门、2条正对北墙城门。最东面一条纵道是南墙开阳门内御道，北抵东墙建春门内东西向御道，城内残长2400、宽12—15米；城南部分从南郊的明堂和太学遗址之间穿过。东起第二条纵道，是贯穿南墙平昌门至北墙广莫门的御道，局部折拐成东西向，城内残长4045、宽14—29米。广莫门内是晋时的步广里，御道西侧为皇家禁苑华林园；前述翟泉即在广莫门道东、周景王冢与威列王冢之间[21]，周回三里，孝文帝以其在华林园大海东侧，称其为苍龙海，并在翟泉北侧设置有河南尹廨。

东起第三条纵道，即南墙正门宣阳门内御道，北端起于宫城南门阊阖门，故名阊阖南街，也称铜驼街[22]。道路残长1650、宽40—65米，是北魏内城中最重要的南北大街。在阊阖门前150米处，发现一段宽约2.9米的铺石板路面[23]，位于40米宽的道路中间略偏西处。石板约0.6—0.9米见方，铺砌整齐，表面有碾压车辙印痕，车辙间距1.5米。北魏在铜驼街两侧设置了许多重要官署和左祖右社，自北向南街东侧有左卫府、司徒府、国子学、宗正寺、太庙、护军府、衣冠里等；街西侧有右卫府（西面有御史台）、太尉府（西面有永宁寺）、将作曹、九级府、太社、司州、凌阴里等。根据文献记载，阊阖南街被称为铜驼街，至少沿自曹魏，街两侧设置的庙社也不晚于魏晋时期[24]。这条以铜驼街为名的南北御道位于宫城正门和正殿正前方，南面直对大城正门宣阳门和城南的祭天郊坛圜丘，显然是作为都城的轴线大街规划设置的，也是后世都城宫前中轴线大街的最早雏形。

最西面一条纵道是南墙津阳门内御道，北抵西墙承明门内御道，城内残长2990、宽36—40米。北墙大夏门内还有一条南北御道，南面延伸至宫城西北角附近，残长约400、宽约30米，御道东侧即禁苑华林园。

二、北魏外郭城的考察与形制布局

北魏外郭城创建于北魏宣武帝景明二年[25]。东西二十里，南北十五里[26]。里坊的数量记载不同，有220里、323坊、320里[27]等，对此，宿白先生和孟凡人先生都曾分别做过解读。里坊的规格和形制似乎也有很大不同，如"方三百步为一里，里开四门"，景明寺"东西南北，方五百步"[28]。从实际勘探的道路间隔空间来看（见图一），里坊规格差别更大，里坊形制也不全是规整的方形，这些显然都与这座都城是沿用汉晋旧都有很大关系。

据考古勘察结合文献记载，北魏重修的洛阳都城基本沿用了前朝旧都的宫城形制和街道格局，有些位置与交通便利的重要官署建筑和贵族宅第或寺院，很多也都是沿用前朝的。因此，北魏在洛阳新建里坊过程中，保留原有街道格局和宫苑建筑空间，沿用或重修一些官署与宅院都是普遍现象。受此制约和影响，实际营建的里坊规格显然不可能统一，形制也无法一致。笔者据此认为，323坊或320里也可能是包括"庙社府曹"的整个都城实际的里坊数。

（一）外郭城墙垣的规模与城圈形制

北魏外郭城墙垣只发现了北、东、西三面，保存较差，皆为地下夯土墙基。南侧的古洛河和伊河故道变化较多，经过踏查甄别也做了大致位置的判定。

郭城北墙在内城北垣以北850—1300米的邙山南坡最高处，仅发现1300米，西段勘探时残高约2、宽约13米，墙外3米有壕沟，宽约12.5、深约3.3米；中段与东段夯土墙垣皆在地下，宽约6、厚0.5—0.8米。郭城南墙未被发现，根据影像图与实地踏查，古洛水北岸可以大致确定在东新庄、牛王庙、西大郊、朱圪垯、东罗洼村东西一线上，距内城南垣约1700米，约合当时4里，与永桥在宣阳门南4里的记载相符合。据记载，永桥南北两岸还设置有华表，这显然是南郭的重要标志。由此判断，无论南郭是否有墙，郭城的南界在古洛水北岸当无问题。经测量，北郭墙至古洛水北岸约6700米，正合外郭城南北15里的空间距离。此外，在永桥以南至伊水之滨，还修建有安置周边四夷经商和生活居住的四通市、四夷里、四夷馆，即永桥以南也有大约5里见方的坊市区。北魏祭天的圜丘，迁洛之初仍在曹魏圜丘的委粟山，宣武帝修建外郭城时则迁到南北20里南界的伊水之阳。

郭城东墙在内城东墙以东3500米处，均为地下夯土，北段距今地表深1—1.7、南段距今地表深达4米，残长1800、宽8—13、厚0.1—0.4米，个别地方厚0.75米。西墙位于内城西墙以西3500—4250米处，墙基也全部在地下，距今地表深0.7—4.5米，残长4400、宽7—12、厚0.2—0.3米，个别地方厚0.75米。西墙外侧有一条壕沟，今名分金沟，北段浅南段深，南端注入洛河。根据壕沟的位置走向再结合史料判断，当是汉晋时期的"长分沟"遗迹[29]，也即外郭城西的防御水系。

郭城东墙略呈直线，北墙和西墙略有曲折，郭城南面的古洛水也呈自然弯曲形状，显然北魏是利用了前朝都城外郭的地形、地貌及已经形成的居民里坊来规划营建郭城的。尤其西墙是依着长分沟自然河道的曲折流向修建的，这显然更便于防御。该河道也是汉晋洛阳西郭区的天然西界，西晋八王之乱张方就曾退守长分桥，故其也称张方桥[30]，也是汉时城西迎来送往的夕阳亭[31]所在。郭城东墙走向基本呈直线，修建在建春门东面七里桥以东1里处。据《水经注》记载，其水又东左合七里涧，晋时其上有石梁，即旅人桥，桥去洛阳宫六七里[32]。七里桥之名当由此而来，而非距离内城7里。推测七里涧应是源自邙山南麓穿过今大石桥村的一条河沟，其实际距离内城东垣大约5里，应是汉晋东郭的天然东界和出入之所[33]。北魏东郭墙未利用这条自然河沟，而是在其东面1里余修建郭墙，应是为了满足郭城东西20里的规划有意为之。也正因为该墙无须迁就河道，故将其修建成直线。

据此，北魏外郭城的城圈形制整体为南凸的东西长方形，东西墙之间相距约9000—9800米，约合当时20—22里，郭城南北最大距离也达8800米，也合当时20里，都城的空间范围达到了前所未有的规模。从复原图看，北魏内城两侧的里坊数量不等，东郭城内大约有7里，西郭城南部也有7里，但北部却大约有8里，显然该郭墙不是在内城两侧等距离修建的。众所周知，北魏正殿太极殿、正门阊阖门和宫前铜驼街的轴线均略偏于宫城和内城西部，北魏外郭墙西侧里坊偏多显然具有特殊意义。对此，日本学者佐川英治认为北魏外郭城是以太极殿至圜丘一线作为中轴线来左右对称修建[34]。笔者通过校勘实测图，确认这种现象确实存在。鉴于西郭墙有曲折，东西郭墙在铜驼街两侧虽不完全相等，但在太极殿至阊阖门轴线两侧却是等距离修建的。换句话说，太极殿、阊阖门和铜驼大街一线，虽然不在北魏宫城和内城的中轴线上，但却在北魏外郭城的中轴线上。由此，不仅确定了北魏外郭城基本是按照中轴对称的原则来规划营建，而且也解开了东西郭城里坊数量存在偏差的谜团。

（二）外郭城内的道路与主要建筑分布

北郭城在内城以北有2—3里，勘探发现有2条南北大道。大夏门外大道略呈直线，路土距地表深4米，保存较差，宽5—8、最宽约20米，至邙山脚下略向东北斜行上山，穿过外郭墙后与广莫门外大道会合，继续向北通往黄河古渡。据记载，该御道西有禅虚寺，寺前有阅武场；御道东（大夏门东北）则有光风园。广莫门外大道路土保存较差，邙山上的一段距地表深0.4—2.5、宽2.5—3.5

米，门外御道东有永平里和凝圆寺。城东北还有殷顽民所居上商里故地，北魏名闻义里，有冠军将军郭文远宅、敦煌人宋云宅等。

在西郭城内勘探发现4条东西向道路，东端分别出自内城的西明门、西阳门、阊阖门和承明门，前三条西端均横穿西郭墙，显然是郭城重要的东西大道。西明门外大道宽30—40米，路土距地表东段深、西段浅，深0.8—1.9米，门外御道北有清河王元怿宅。西阳门外大道宽20—25米，距地表也是东段深、西段浅，深0.9—2.5米，门外御道南分别有王典御寺、城阳王元徽宅、白马寺、洛阳大市等，御道北分别有宝光寺、法云寺和临淮王元彧宅。洛阳大市周回八里，约在今白马寺院以西、陈屯新村以东、白马寺火车站以北、种牛场以南的区域。大市周围居住的多为工商货殖之民，如东面有通商、达货里，南面有调音、乐律里，西面是延酤、治觞里，北面则是孝慈、奉终、准财、金肆里，凡此十里。大市南还有河阳县（应为河阴县）台。另在延酤里以西、张方沟以东、南临洛水，北达邙山，东西二里、南北十五里并为寿丘里，即王公贵戚居住的王子坊。阊阖城门外大道宽10—28米，距地表东段最深3.2、西段约2、中段较浅0.3米。门外七里有分流谷水水量的长分桥，御道北是入城谷水之千金渠，御道南有宜年里、清河王元怿立融觉寺、宣武帝立永明寺、广平王元怀宅等。承明门外大道较短，全长250、宽约8、距地表深1.3米，道路西端有王南寺[35]。

在东郭城内也发现3条贯通郭城的东西大道，西端分别出自内城东墙青阳门、东阳门和建春门，东端皆横穿东郭墙。青阳门外大道宽15—27、距地表深0.6—1米，御道南有景宁里，御道北有孝敬里、孝义里、洛阳小市、殖货里等。东阳门外大道宽16—21、距地表深西段约3.1、东段约4.2米，门外御道南有敬义里、昭德里，御道北有东安里、晖文里。上述里坊靠近漕渠、租场和洛阳小市，位置优越，有许多当朝贵臣的宅院，有些也是前朝名人宅第。如晖文里即晋时马道里，除了胡太后所立秦太上君寺，还有太保崔光宅、太傅李延实宅（旧为蜀主刘禅宅、宅东还有吴主孙皓宅）、冀州刺史李韶宅（晋司空张华宅）、秘书监郑道昭宅等。昭德里有尚书仆射游肇、御史尉李彪、七兵尚书崔休、幽州刺史常景、司农张伦等五宅。建春门外大道宽15—20米，距地表深西段约3、东段约5米。建春门东是漕渠所在，有多座桥梁设施，如石桥是跨护城河的阳渠石桥，东石桥是跨漕渠的马市石桥，七里桥是跨七里涧的旅人桥等。建春门御道南有彭城王元勰立明悬尼寺、租场（魏晋马市与常满仓）等；御道北则有建阳里、绥民里（里内有洛阳县）、崇义里等。七里桥东一里有郭门开三道，号为"三门"[36]。据此推测，外郭墙的郭门可能也为三个门道，以符合天子都城制度。

南郭城内由于洛河改道，只在城南发现部分开阳门和平昌门外御道[37]。开阳门外御道东是汉晋辟雍和太学遗址，有劝学里、延贤里等。平昌门外御道东是北魏明堂，御道西是汉晋灵台遗址，汝南王元悦在台上建有佛寺砖塔。津阳门外御道西有中甘里和高阳王元雍宅。宣阳门是内城正门，门外御道东有宣武帝立景明寺；寺南是胡太后姊妹分别为其父胡国珍所立秦太上公西寺和东寺，二寺并门临洛水，时人号双女寺。宣阳门外四里洛水上建有浮桥，即永桥，永桥以南、圜丘以北，夹御道东面有金陵、燕然、扶桑、崦嵫四夷馆，西面有归正、归德、慕化、慕义四夷里。四通市设在永桥南，桥南道东还有白象、狮子二坊。结合记载与踏查，古洛水和古伊水合流处应在东大郊以东、东罗洼以南、宁北村以北的区域。

三、北魏宫城的考察与形制布局

据考察研究，北魏宫城基本沿用曹魏创建的居北居中宫城"洛阳宫"，不仅名称相同，而且规模形制也基本相当。该宫城位于内城北中部略偏西，平面略呈南北长方形，南北长1398、东西宽

660米（图二），总面积约92万平方米，约占内城面积的十分之一。

北魏的宫城南邻内城中间东西横街西阳门至东阳门大街，北接皇家禁苑—华林园。宫城中部被内城北面的东西横街阊阖门至建春门大街横穿，自西宫门至东宫门一段应为宫中永巷，也起着分隔宫城南北部不同空间的作用。宫城南半部主要为大朝正殿、朝堂和重要的三省官署区；宫城北半部则是皇太后及嫔妃的寝宫区，也称西游园。宫城北面营修了前朝的禁苑华林园，曹魏初期名芳林园，后避魏帝曹芳名讳改称华林园[38]。

（一）宫城墙垣与宫门的分布及建筑形制

宫城夯土墙垣现皆在地面以下，其东、南、西三面保存较好，墙基大都还能连接起来。南墙墙基宽8—10米；东墙北段遗迹不明，南段墙基宽4—8、西墙南段墙基宽约13、北段墙基宽约20米；北墙未发现墙垣，但发现大片夯土基址。

在宫城东、南、西三面墙垣上，均发现宫门基址。宫城南墙上有2处宫门，东面一座为司马门，其北面有尚书省与朝堂，曹魏筑阙

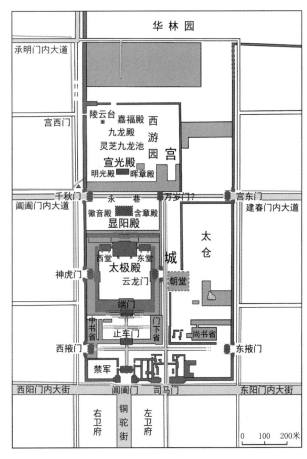

图二　北魏洛阳宫城考察复原示意图

时，阙体崩塌，故不再筑阙[39]，推测应是汉代北宫正门朱雀司马门所在[40]。考察的北魏司马门是一座规模较小的廊道式宫门，位于宫城南墙缺口北侧60米处[41]。在南墙缺口两侧也勘探有巨大的夯土基址，应与汉代或未完工的曹魏阙基有关。南墙西面一座即曹魏至北魏宫城正门阊阖门，北面正对宫中正殿太极殿，南面直对内城南北大街铜驼街。阊阖门是一座门前筑有巨大夯土双阙的礼仪式宫门，其城门楼后坐于宫墙，门前两侧双阙建在缺口两端的宫墙上，建筑形制独特[42]。城门楼基址东西长44.5、南北宽24.4米，存有40个础石或础坑，组成建筑柱网，中间有三个门道，门道之间和两侧分别筑有隔间墙与墩台，墩台内有楼梯间，是一座面阔7间、进深4间的三门道多重楼观殿堂式宫门。门前左右双阙基址巨大，间隔41.5米，单个阙台约为29米，平面均为一个母阙带两个子阙，呈曲尺形双向子母阙式，左右对称分布，符合宫城阊阖门夹建巨阙的记载。

宫城西墙上有4座宫门，北段陵云台西面有1座，缺口宽约7米；南段有3座宫门，分别为千秋门、神虎门、西掖门[43]。据记载，千秋门为右宫门，西距内城阊阖门二里，门内道北侧为后宫的西游园，显然千秋门应位于内城阊阖门至建春门大街横穿宫城西墙的缺口处。经过考察，确认了神虎门是太极殿宫院的西门，位于千秋门南面，也是一座门前夹建双阙的三门道殿堂式宫门，双阙也为曲尺形双向子母阙，布局形制与正门阊阖门阙相似，仅规格略小[44]。西掖门在神虎门的南面，曹魏时迎曹髦入宫即从西掖门经止车门进入太极殿，显然该宫门应位于止车门前的东西御道西端。据考察，西掖门和千秋门门前也都有类似神虎门双阙的遗迹。

宫城东墙上可确认2座宫门，也均有双阙的迹象。南面一座西对西掖门，应该是东掖门；北面一座东面直对内城东墙的建春门，西面直对宫城西墙的千秋门，是否为千秋门东对的万岁门，尚不能确认。此外，宫东门云龙门[45]根据神虎门的发现也基本确定其位置，其位于太极殿宫院东墙上，与西面的神虎门相对，门前也有双阙遗迹。故上述与千秋门相对的万岁门也可能是在宫城东墙内侧，即太极殿宫院东墙云龙门正北面的宫院墙上。

（二）宫城南部朝殿区形制布局

宫城南半部大致中间位置有一南北向道路，南对宫城司马门，北抵永巷，两侧均有院墙，将宫城南部又隔成东西两部分。西侧空间是包含三道宫城正门、正殿太极殿等宫院的大朝区；东侧空间南部是处理日常政务的尚书省与朝堂等朝政区，北部根据勘察影像资料推测为北魏太仓所在。

西侧的大朝区是北魏宫城核心中枢所在，东西宽340、南北长790米，分布着三道宫城正门、大朝正殿太极殿、皇帝寝殿显阳殿等主要建筑。从院落格局来看，自宫城南墙至永巷分布有四进宫院。第一进宫院，即宫城第一道正门阊阖门至第二道正门止车门之间的宫院。宫院内除了阊阖门至止车门之间的南北向铺砖御道，院落北部止车门前也有东西向御道，御道宽约8米，东端通至宫城东墙东掖门，西端通向宫城西墙西掖门，两座宫门均设置有双阙，显然是从宫城东西两侧进入宫中大朝区和三省官署区的重要宫门与通道。东西御道南部阊阖门的两侧，均为夯土墙围合的院落，西侧院落内发现有成排的大型灶坑、水池、水渠等生活设施遗迹，东南院落内发现较多铁兵器、铠甲片等，东北院落院门门槛石上有碾压的车辙沟槽，这些院落显然和驻守皇宫的禁军或放置车舆的院落有关。

第二进宫院，即止车门至第三道正门端门之间的宫院。止车门和端门的规模形制，除不设双阙外，与第一道正门阊阖门完全一致，两侧均接东西向的廊庑建筑。该宫院内也分别有南北向和东西向御道，其中东西向御道两端分别有较大规模的殿堂建筑。鉴于该宫院东面即司马门内的尚书省，结合唐长安和东都洛阳城的正殿前方分别为左门下省、右中书省的布置，推测该御道的东端可能是门下省、西端是中书省。

第三进宫院，就是端门内至太极殿北侧廊庑的太极殿宫院。太极殿主殿和两侧的东西堂作为主体建筑位于宫院的北部中间，宫院周围则以大型廊庑、分隔的宫院以及外围的夹道围合。太极殿主殿东西长约102、南北宽约61米。太极东堂东西长约48、南北宽约23米。太极殿与东西堂之间分别有东、西二阁门，阁门上层则有连通太极殿与东西堂的阁道。太极殿与东西堂前方为230米见方的大型庭院，庭院东西两侧廊庑中间分别有宫院东门云龙门和西门神虎门。太极殿北侧廊庑中间也有三处廊道式宫门，以和北面的显阳殿宫院相通。

第四进宫院，即太极殿北侧廊道至永巷之间的显阳殿宫院。显阳殿是皇帝寝殿，位于太极殿正北面，即宫城第二座主殿。该主殿东侧有含章殿，西侧有徽音殿，也是三殿东西并列，周围也以廊庑围合。该宫院北面的永巷两端分别正对宫西门千秋门和宫东门万岁门。

（三）宫城北半部寝殿区的布局形制

宫城北半部南北约610、东西660米，该区域建筑基址较少，当与此处为多池苑的后宫寝殿区有关，主要是皇太后和后宫嫔妃的居所。

核心宫院是西南角的西游园，位于宫西门千秋门内道北，四面围合有墙垣或廊庑，东西长约410、南北宽约380米。园内主殿宣光殿是太极殿北面的第三座正殿，即为皇太后居住的北宫主殿。宣光殿的东面有晖章殿，西面有明光殿，是三殿东西并列。比较重要的殿台有嘉福殿、九龙殿、陵云台、宣慈观、灵芝钓台等，殿台间还有碧海曲池和灵芝九龙池等大型水池，九龙殿前九龙吐水成一海，殿台间皆有飞阁往来。其中嘉福殿与九龙殿均为重要的寝殿，其他台、观、池、渠则是帝后嫔妃休憩居住和避暑游玩的宫苑内设施。

陵云台是一座著名的方形台观建筑，位于西游园的西北角。夯土台基约25米见方，残高2.5米。台基内有砖砌的圆桶形基址，砖壁内径4.9、残高3.6米，基址底部铺砌有向中间浅水池倾斜泛水的砖铺地面，砖壁上还残存有原来架构有上下两层"井"字形枋梁的壁槽，是一处储藏冰块的圆形冰井设施。据记载，陵云台始筑于曹魏文帝黄初二年，内有冰井；北魏仍然沿用，台上有八角井，孝文帝在井北侧建造有避暑乘凉的殿宇凉风观。从冰井内两层"井"字形梁架结构分析，下层梁架是为了放置一定重量的冰块，而上层梁架则是为了在殿堂内铺设地板并将井口做成八角形，故称为"八角井"。由此证实，陵云台不仅是一座登高望远的高台，而且是一座利用台内冰井储藏冰块并向上散发冷气的避暑乘凉台观建筑。

注　释

[1] a. 范祥雍：《洛阳伽蓝记校注》，上海古籍出版社，1958年。

　　b. 周祖谟：《洛阳伽蓝记校释》，中华书局，1963年。

[2] 阎文儒：《洛阳汉魏隋唐城址勘查记》，《考古学报》1955年第九册。

[3] 中国科学院考古研究所洛阳工作队：《汉魏洛阳城初步勘查》，《考古》1973年第4期。

[4] a. 宿白：《北魏洛阳城和北邙陵墓——鲜卑遗迹辑录之三》，《文物》1978年第7期。

　　b. 孟凡人：《北魏洛阳外郭城形制初探》，《中国历史博物馆》1982年第4期。

[5] 中国社会科学院考古研究所洛阳汉魏城工作队：《北魏洛阳外郭城和水道的勘查》，《考古》1993年第7期。

[6] a. 中国社会科学院考古研究所洛阳汉魏故城队：《河南洛阳汉魏故城北魏宫城阊阖门遗址》，《考古》2003年第7期。

　　b. 中国社会科学院考古研究所等：《河南洛阳市汉魏故城新发现北魏宫城二号建筑遗址》，《考古》2009年第5期。

　　c. 中国社会科学院考古研究所等：《河南洛阳市汉魏故城发现北魏宫城三号建筑遗址》，《考古》2010年第6期。

　　d. 中国社会科学院考古研究所等：《河南洛阳市汉魏故城发现北魏宫城五号建筑遗址》，《考古》2012年第1期。

　　e. 中国社会科学院考古研究所洛阳汉魏故城队：《河南洛阳市汉魏故城发现北魏宫城四号建筑遗址》，《考古》2014年第8期。

　　f. 中国社会科学院考古研究所洛阳汉魏故城队：《河南洛阳市汉魏故城太极殿遗址的发掘》，《考古》2016年第7期。

[7] （清）徐松：《河南志·周城古迹》城阙宫殿，中华书局，1994年（下同）。

[8] 中国社会科学院考古研究所洛阳汉魏城队：《汉魏洛阳故城城垣试掘》，《考古学报》1998年第3期。

[9] 钱国祥：《汉魏洛阳故城沿革与形制演变初探》，见《21世纪中国考古学与世界考古学——纪念中国社会科学院考古研究所成立50周年大会暨21世纪中国考古学与世界考古学国际学术研讨会论文集》，中国社会科学出版社，2002年。

[10] 钱国祥等：《汉魏故都丝路起点——汉魏洛阳故城遗址的考古勘察收获》，《洛阳考古》2014年第2期。

[11] 中国社会科学院考古研究所汉魏故城工作队：《洛阳汉魏故城北垣1号马面的发掘》，《考古》1986年第8期。

[12] 钱国祥：《汉魏洛阳城金墉城形制布局研究》，见《新世纪的中国考古学——王仲殊先生八十华诞纪念论文集》，科学出版社，2005年。

[13] 中国社会科学院考古研究所洛阳汉魏城队：《汉魏洛阳故城金墉城址发掘简报》，《考古》1999年第3期。

[14] 中国社会科学院考古研究所洛阳汉魏故城工作队：《汉魏洛阳城北魏建春门遗址的发掘》，《考古》1988年第9期。

[15] 中国社会科学院考古研究所洛阳汉魏城队：《汉魏洛阳故城北魏内城西阳门遗址》，见《中国考古学年鉴》，2014年。

[16] （北魏）杨衒之著，范祥雍校注：《洛阳伽蓝记·原序》，上海古籍出版社，1978年（下同）。

[17] a. （清）徐松《河南志·后魏城阙古迹》："大夏门。宣武造三层楼，去地二十丈。洛阳城门楼皆两重，去地百尺，唯大夏门甍栋峻丽。"

b. （北魏）杨衒之著，范祥雍校注《洛阳伽蓝记·原序》："洛阳城门楼皆两重，去地百尺，唯大夏门甍栋干云。"

[18] （清）徐松《河南志·晋城阙古迹》引"《晋书》曰……。又曰：洛阳十二门，皆有双阙"。

[19] 钱国祥：《汉魏洛阳城城门与宫院门的考察研究》，《华夏考古》2018年第6期。

[20] 钱国祥等：《汉魏故都丝路起点——汉魏洛阳故城遗址的考古勘察收获》，《洛阳考古》2014年第2期。

[21] （北魏）郦道元《水经注·谷水》："（天渊）池水又东流，入洛阳县之南池，池即故翟泉也。……今案周威列王葬洛阳城内东北隅，景王冢在洛阳太仓中。翟泉在两冢之间侧，广莫门道东，建春门路北，路即东宫街也，于洛阳为东北。"江苏广陵古籍刻印社，永乐大典本（下同）。

[22] a. （北魏）郦道元《水经注·谷水》："（北魏）太尉、司徒两坊间，谓之铜驼街。旧魏明帝置铜驼诸兽于阊阖南街。"

b. （清）徐松《河南志·后汉城阙古迹》："华延儁《洛阳记》曰："汉有两铜驼，在宫之南街四会道头，夹路东西相对，高九尺，汉时所谓铜驼街。"

[23] 钱国祥等：《汉魏故都丝路起点——汉魏洛阳故城遗址的考古勘察收获》，《洛阳考古》2014年第2期。

[24] a. 《晋书·卷19·礼上》："（太康）六年，因庙陷，当改修创。至十年，乃更改筑于宣阳门内，穷极壮丽，然坎位之制犹如初尔。"中华书局，标点本。

b. （北魏）郦道元《水经注·谷水》："（铜驼街）旧魏明帝置铜驼诸兽于阊阖南街。陆机云，驼高九尺，脊出太尉坊者也。水西有永宁寺。渠左是魏晋故庙地。"

[25] 《魏书·世宗纪》："（景明二年）九月丁酉发畿内夫五万人，筑京师三百二十二坊，四旬而罢。"中华书局，标点本。

[26] （北魏）杨衒之著，范祥雍校注《洛阳伽蓝记·城北》："京师东西二十里，南北十五里。庙社宫室府曹以外，方三百步为一里，里开四门。合有二百二十里。"

[27] 《北史·魏太武五王·广阳王建附子嘉传》，中华书局，标点本。

[28] （北魏）杨衒之著，范祥雍校注《洛阳伽蓝记·城南》："景明寺，宣武皇帝所立也。景明年中立，因以为名。在宣阳门外一里御道东。其寺东西南北，方五百步。"

[29] a. 宿白：《北魏洛阳城和北邙陵墓——鲜卑遗迹辑录之三》，《文物》1978年第7期。

b. 孟凡人：《北魏洛阳外郭城形制初探》，《中国历史博物馆》1982年第4期。

[30] （北魏）杨衒之著，范祥雍校注《洛阳伽蓝记·城西》："出阊阖门城外七里长分桥。中朝时以谷水浚急，注于城下，多坏民家，立石桥以限之，长则分流入洛，故名曰长分桥。或云：'晋河间王在长安，遣张方征长沙王，营军于此，因为张方桥也。'"

[31] a. （北魏）杨衒之著，范祥雍校注《洛阳伽蓝记·城西》："征西将军崔延伯，出师于洛阳城西张方桥，即汉之夕阳亭也。"

b. （清）徐松：《河南志·后汉城阙古迹》："夕阳亭，城西。"

[32] （北魏）郦道元：《水经注·谷水》："其水又东左合七里涧。涧有石梁，即旅人桥也。《朱超石与兄书》云：桥去洛阳宫六七里。悉用大石，下圆以通水，可受大舫过也。奇制作。题其上云，太康三年十一月初就功。"

[33] a. （北魏）杨衒之著，范祥雍校注《洛阳伽蓝记·城东》："崇义里东有七里桥，以石为之，中朝杜预之荆州出顿之所也。"

b. （清）徐松《河南志·晋城阙古迹》："七里涧，在马市东。涧有石梁，即旅人桥也。《洛阳记》曰：城东有石桥以跨七里涧。"

[34] 佐川英治：《北魏洛阳城的中轴线及其空间设计试论》，见《魏晋南北朝史研究：回顾与探索——中国魏晋南北朝史学会第九届年会论文集》，湖北教育出版社，2009年。

[35] （北魏）杨衒之著，范祥雍校注《洛阳伽蓝记·原序》："次北曰承明门。承明者，高祖所立，当金墉城前东

西大道。迁京之始，宫阙未就，高祖住在金墉城。城西有王南寺，高祖数诣寺沙门议论，故通此门。"

[36] （清）徐松《河南志·后魏城阙古迹》："三门。七里桥东一里，郭门开三道，时人号为三门。离别者多云：相送三门外。"

[37] 中国社会科学院考古研究所：《汉魏洛阳故城南郊礼制建筑遗址1962—1992年考古发掘报告》，文物出版社，2010年。

[38] （清）徐松《河南志·后魏城阙古迹》："华林园"条。

[39] （北魏）郦道元《水经注·谷水》："渠水自铜驼街东迳司马门南。魏明帝始筑阙，崩压杀数百人，遂不复筑，故无阙门。"

[40] 钱国祥：《由阊阖门谈汉魏洛阳城宫城形制》，《考古》2003年第7期。

[41] 中国社会科学院考古研究所洛阳汉魏城队资料。

[42] 中国社会科学院考古研究所洛阳汉魏故城队：《河南洛阳汉魏故城北魏宫城阊阖门遗址》，《考古》2003年第7期。

[43] a. （清）徐松：《河南志·后魏城阙古迹》："千秋门。宫西门，西对阊阖门。"
　　b. （北魏）郦道元：《水经注·谷水》："其一水自千秋门南流，迳神虎门下，东对云龙门。又南迳通门掖门西，由南流东转迳阊阖门南。"

[44] 钱国祥：《汉魏洛阳城城门与宫院门的考察研究》，《华夏考古》2018年第6期。

[45] a. 《魏书·前废帝纪》："入自建春、云龙门，升太极前殿，群臣拜贺。"
　　b. （清）徐松：《河南志·后魏城阙古迹》："云龙门。宫东门。"

龟兹佛传壁画研究及其展望

苗利辉

一、缘　　起

佛传是对佛祖释迦牟尼从出生、出家、成道、说法到涅槃一生事迹的记述，但佛经并无"佛传"一说。佛教早期的九分教及十二分教中均没有专门的佛传分类，佛陀一生事迹分别见于本生、本事、因缘和譬喻中。佛传之内容在不同部派中也有很大不同。关于佛传的起源，印顺法师有论述："佛的事迹的辑录起源于僧侣信众对佛遗迹的尊敬。这些圣迹主要有四处，即如来生处，如来成正觉处，如来转法轮处和如来涅槃处，随着这种信仰的流传，佛陀事迹亦随着流传，并且在辗转传播中，内容日渐增加。佛传以文字集录为大部，传诵或书写而流传下来，是并不太早的。在没有大部以前，先有片段的记录；片段记录以前，是作为事迹，而传说于僧伽或信众之间。佛经中有与此相近的词，如'本行''本起'，但两者在概念上并不完全重合"[1]。凡叙述佛陀生平事迹的汉译佛经大多称为"本行"，如《佛本行经》《佛本行集经》《菩萨本行经》《佛本行赞经》《佛本行略经》等。部派佛教对佛传有不同称谓，"摩诃僧祇师！名为大事。萨婆多师，名此经为大庄严。迦叶维师，名为佛生因缘。昙无德师，名为释迦牟尼佛本行。尼沙塞师，名为毗尼藏根本"[2]。因为释迦行菩萨道，于过去诸劫修行的故事被称为本生，所以佛传故事就是指释迦菩萨从兜率天降生人间开始，至最后涅槃的故事。

佛传的流传有不同的途径，形之于语言就成为佛传文学；形之于图像，就产生了佛传造像艺术，在佛传造像艺术中，佛传壁画艺术是其中的一个重要方面。

众所周知，佛传美术的源头在印度，然而其发展与繁荣则是在古代的犍陀罗地区（今天巴基斯坦的白沙瓦、斯瓦特等地区）。公元2世纪前后，佛教先后东传入我国新疆和内地。佛传美术也随之传入。佛传美术以其对释迦牟尼一生传记的真实记录，以其艺术的生动性、感染性给广大信众以巨大的震撼和教育，引导他们走向佛教信仰之路。佛传美术在其传播过程中，由于地域的地理、文化等差异，也发生了不同程度的变异，内容和艺术形式进一步丰富和多样。

佛教进入大乘阶段以后，随着信仰方式的转变，佛传美术作用逐渐减弱，但一直存在，继续发挥着阐明教义、辅助修行和教育信众的作用。

佛传美术在早期佛教艺术中的地位非常重要，它是佛教徒用于礼拜、修行和宣传的重要手段，今天的印度、中亚以及我国都保存有许多佛传艺术作品。佛传故事是汉传佛教传入以前龟兹地区最为流行的题材[3]。

龟兹地区的佛传壁画题材一般绘制在中心柱窟、大像窟和一些带有礼拜性质的方形窟内，种类

作者：苗利辉，北京市，中国人民大学在读博士生。

大约有100余种，其中可识别的内容为60余种，占据了洞窟的主要位置，其作用非常重要。

龟兹佛传故事中绘制数量较多的内容有四类。

（1）表现释迦成佛后为众生说法故事，也被称为说法图。一般绘于中心柱窟主室侧壁、前壁，有些中心柱窟的甬道侧壁以及具有礼拜窟性质的方形窟中也有绘制。

（2）表现释迦涅槃前后的一些故事。在环绕中心柱窟的甬道（有些窟的甬道被拓宽、拓高为后室）各壁中有所表现，反映出对涅槃题材的重视。

（3）表现众生供养及佛教譬喻故事。这种故事一般绘于中心柱窟及一些具有礼拜性质的方形窟的券顶部位。

（4）其他佛传类题材。一般绘于中心柱和方形窟的正壁、前壁，有的也绘于甬道各壁，一些方形窟的正壁和侧壁也有绘制。

佛传美术题材内容丰富，绘制面积大，在龟兹佛教艺术中占据重要的位置。它不仅记录了公元3—12世纪古代龟兹美术发展的历程，突显出其在东西方美术中的价值和地位，而且忠实记录了佛教在龟兹地区的传播、发展和创新，其壁画题材反映了这一时间段佛教思想的发展和变化；壁画中记录的乐舞、服饰等生产生活信息深刻的折射出古代龟兹的经济和文化生活。在相关文献和文物材料保存零碎、片段的龟兹地区对研究古代龟兹历史，其价值不可估量。

对古代龟兹佛传壁画的关注肇始于19世纪末外国探险队在这一地区的调查、发掘和研究，主要是对其保存现状的忠实记录和利用各种文本进行题材考证。新中国成立后，我国学者成为龟兹佛传美术研究的主力军，调查和研究工作全面展开，不仅记录细致的考古报告和内容总录开始编写和出版，而且研究范围日益扩大，研究方法不断更新，一大批研究成果先后发表和出版，龟兹佛传美术的研究有了巨大的发展。但是对于龟兹佛传壁画的研究仍然有许多问题。诸如年代分期的最终确定、与各种语言文献对照的题材考证、艺术特征及其源流、龟兹佛传壁画的宗教思想，反映的社会思潮及其与社会的政治、经济和文化的关系。此外，学术资料的收集和整理，学术方法的探索和更新也明显滞后，学术成果中具有较高学术价值的成果不多。有鉴于此，笔者拟对龟兹佛传美术的研究现状加以分析，并提出可能的研究方向，以祈抛砖引玉，推动此项研究的进一步深入，不当之处，还望方家指正。

二、研究史回顾

对龟兹佛传美术的调查、研究大体分为以下两个阶段。

第一阶段是从清末、民国初年至新中国建立。主要是对这一地区佛教遗址的考察和一些专题研究。在这一时期，对其的研究主要是由德国的格伦威德尔、勒柯克和瓦尔德施密特完成。格伦威德尔和勒柯克主要是考察了这一地区主要的佛教遗址如苏巴什、克孜尔石窟、库木吐喇石窟、克孜尔尕哈石窟、温巴什石窟等，并在克孜尔石窟进行了发掘并切割带走了大量的壁画。后来关于这部分文物的资料和研究成果陆续被公布出版在《中国突厥故地考察纪行》《中国突厥故地的古代佛寺》《新疆佛教艺术》《新疆艺术与文化史图说》等著作中[4]。在这些著作中，他们一方面对洞窟中出现的佛传内容进行了记录，另外利用梵语、胡语文本对一些题材进行了释读，并结合印度、希腊和中亚的历史和造像传统对其图像来源、反映习俗进行了探讨。而在龟兹佛传壁画年代的断定上，他们主要依照壁画风格或者使用文字的特点进行了断定。由于他们当时带走胡语文书的释读尚未完成，加之他们对汉语文献的不熟悉，因而释读出来的题材数量很有限，勒柯克对一些题材的认定，由于缺乏必要的佛教知识，造成了一定的错误。但是总体而言，他们对于龟兹佛传研究的开创之功是不能抹杀的。

第二阶段是从新中国建立至今。对这一地区龟兹佛传美术的调查研究工作主要由我国的学者完成，国外的学者也在一些方面取得了新的进展。

总体来说，这一时期的有关龟兹佛传美术的学术研究工作包括年代断定，题材考证、图像对比及其艺术源流的探讨、图像中所反映的佛学思想和社会观念及相关历史背景。

考古遗址的年代确定作为学术研究的基点，具有非同一般的学术价值。尽管上面提到的德国学者建立在壁画和语言字体风格分析基础上的年代分期长期在西方占据主流地位，但也遭到一些欧美学者的质疑[5]。20世纪60年代，北京大学历史系阎文儒教授基于自己对新疆石窟的调查，主要依据壁画艺术风格，同时考虑题材和历史背景，提出了新的龟兹石窟的分期说法，在当时国内学术界产生了一定的影响；70年代，北京大学考古系宿白先生和他的学生晁华山、马世长、许宛音以及中国社会科学院的丁明夷在克孜尔石窟先后工作了三个多月，利用考古地层学和类型学系统整理和分析了石窟中的各种考古现象，在此基础上提出了新的克孜尔石窟三期说[6]，得到国内外许多学者的认可，龟兹地区其他石窟的分期也以其为标准，陆续得以确定[7]。80年代，新疆龟兹研究院的霍旭初等根据长期对石窟的考察记录和研究，依据洞窟形制、壁画题材、艺术风格等方面，并参考^{14}C数据，将克孜尔石窟分为初创期、发展期、繁盛期和衰落期，目前该分期已成为该院官方观点[8]。此外，贾应逸先生等也对库木吐喇石窟、克孜尔尕哈石窟等石窟提出了新的分期标准[9]。中央美术学院的廖旸博士，充分利用各种公布的材料，以艺术风格为主线，采用多视角结合的方法，对克孜尔石窟分期进行了探讨[10]。由于龟兹石窟缺乏明确的纪年题记，加之题材、风格相对稳定，因而给其断代问题造成了巨大的困难。但是上述分期的提出，无疑为如何解决龟兹石窟的年代问题做出各种尝试，相信随着新的材料的不断出土，以及新的断代方法的出现，龟兹石窟的断代问题能够得到最终解决。

题材考证是图像类艺术作品进行图像内涵研究中最为基础的一步，长期以来也吸引了许多学者的关注。目前较多的考证工作是由北京大学文博学院的马世长教授和丁明夷教授完成的，他们在先后发表的文章中，依据汉文佛经的比对共计释读出佛传故事60多个[11]。此外，新疆龟兹研究院的业务人员也释读出了一些题材，相关内容在该院近年来出版的龟兹石窟系列内容总录中有所体现[12]。国外学者也在这一方面有了新的进展，陆续考释出一些新的题材，其方法依然是依据巴利、梵文和出土龟兹语文献，并结合印度、中亚已释读图像进行比对[13]。此时期题材考释，最大的特点就是对汉文佛经经典的重视和采用。诚然，对于龟兹这样一个本土文献留存有限的地区，采取多文本比对应是比较可行的办法。

图像特征的比较及其源流探讨，也是龟兹佛传研究中另一个关注重点。这种比较，既有和龟兹以西地区的比较，如北京大学李崇峰教授，将犍陀罗地区的图像组合、构图和布局与克孜尔石窟进行比较后，认为"龟兹佛像样式受到了犍陀罗艺术的直接影响，似在犍陀罗原型的基础上演化而来。"[14]又如北京大学博士后耿剑女士对克孜尔石窟的佛传图像进行了系统的搜集和整理，通过汉译佛经的比对，以及与犍陀罗地区同类题材的对比，认为克孜尔石窟的佛传题材既受到犍陀罗艺术的影响，也具有自己的本地特点[15]。清华大学美术学院李静杰教授长期从事佛教美术的研究，他在将北朝龟兹佛传艺术与犍陀罗艺术、中原内地佛传艺术比较的基础上，指出了龟兹佛传在佛教东传中的特殊作用，立论精当，论证严密[16]。也有和龟兹以东地区的佛传壁画比较，如樊锦诗和谢生保两位敦煌学的学者，他们在全面解析敦煌和龟兹两地佛传题材和绘画形式特点的基础上，指出了两者之间的差异和联系[17]。当然上述进行题材考证的部分国外学者的文章中也谈到了龟兹佛传与其他地区佛传的对比及其关系。这种对比无疑有助于我们对龟兹佛传艺术的特点、地位和价值的认识。

在上述的题材考证和图像特征对比及其流变的研究中，日本的宫治昭教授取得了很大的成就。他与一些日本学者合作，广泛收集了印度、中亚、中国、日本和朝鲜等地的佛传造像，对其进行图像识别和特征对比，为今后此项工作的开展奠定了很好的基础[18]。

中央美术学院的任平山博士以说一切有部的经典为依据，结合其义理以及克孜尔石窟的佛传图像布局特点，重新提出了克孜尔中心柱窟的图像程式，给人以耳目一新的感觉[19]。

此外，也有些研究者文章从宏观角度对龟兹佛传壁画的构成及来源问题进行了探讨[20]。

关于龟兹佛传壁画中反映的佛学思想，自龟兹石窟研究开始以来，长期是少有人问津的领域，这与龟兹佛教思想在佛学东渐史上的地位是极不相称的。然而近年来有了极大的改观，许多学者开始涉足这一领域，并取得了一些重要的成果。

李崇峰教授先后多次来克孜尔石窟考察，根据多年的研究，通过多语言文本以及与其他地区已辨识佛传造像的比对，认为克孜尔石窟中心柱窟主室和后室佛传题材就是汉译长阿含经的完整变现，克孜尔中心柱窟与小乘佛教法藏部有关[21]。他的研究将佛传壁画特点与佛教部派联系起来，颇具新意。

霍旭初教授近年来一直从事龟兹石窟佛教思想的研究，他长期研究与龟兹佛教有关的毗昙学经典，并结合龟兹石窟佛传图像，对龟兹佛传反映的佛陀观、修道观和解脱观等问题进行了深入的研究，认为龟兹佛传遵循的主要是小乘说一切有部的佛学思想，这一认识深化了龟兹佛学思想的研究[22]。此外，将图像引入佛教思想史的研究也是其学术方法的创新之处。

台湾圆光佛学研究所赖鹏举居士长期研究北传佛教思想，他将佛教义理和现存佛教图像相结合，开创了石窟研究的新思路。他在其一系列相关著作中，不同程度的涉及了对龟兹佛传图像的内涵、来源等问题的探讨，为我们了解龟兹佛教史提供了新的知识[23]。

对龟兹佛传壁画所涉及的社会文化背景，也有一些学者进行了论述。如上述提到的学者在他们的相关文章中都有不同程度的提到了龟兹当时的社会文化背景。利用龟兹佛传壁画，并与其他材料相结合论述的也有文章发表，如荣新江的《萨保与萨博：佛教石窟壁画中的粟特商队首领》、栾睿的《从克孜尔207窟壁画谈对拜火教的融摄》、庆昭蓉的《库车出土文书所见粟特佛教教徒》和中川原育子的《关于龟兹供养人像的考察》等文章[24]。限于篇幅，这里就不再一一评述。

经过前辈学者的努力，龟兹佛传壁画的研究已在各个方面都取得了很多的成果，但是就研究的系统性而言，还是远远不够的。有鉴于此，笔者以为，今后龟兹佛传壁画的研究应该着重在以下几个方面加强工作，以推动龟兹佛传壁画的研究。

（1）收集所有已公布的中亚、印度梵语、龟兹语、犍陀罗语和汉语佛传文本、佛传造像材料及其研究成果，理清已识别佛传题材、构图、布局、图像程式及其反映相关佛学思想观念。

（2）梳理以往对印度、中亚和中国佛传产生和传播期间的社会文化背景的研究成果，理清印度中亚地区佛传艺术产生、发展期间的印度中亚和中国的历史文化背景。

（3）将龟兹佛传造像与印度中亚及中国其他地区佛传造像构图、布局、图像程式进行比较，确立龟兹佛传构图、布局、图像程式，结合已有印度中亚和中国其他地区的佛传图像志研究成果，指出这种布局构图及图像程式的佛图像志意义。

（4）以汉文佛经为基础，结合国内外已有佛教思想史研究成果探讨龟兹佛传壁画中所蕴含的佛教哲学思想及观念。

（5）探讨龟兹地区佛传所反映的社会历史文化背景。

注　释

[1] 印顺：《原始佛教圣典之集成》第358页，台北正闻出版社，1981年。

[2] 《大正藏》第3册，第932页。

[3] 龟兹地区的因缘故事大部分表现的也是佛成佛后，为众生说法或接受供养的内容，故本文将其也归入佛传故事中。

[4] Grünwedel, Albert, Bericht über Archäologische Arbeiten in Idikutschari und Umgebung im Winter 1902-1903, Munchen: Akademie-Verlag, 1905; Grünwedel, Albert, Altbuddhistische Kultstätten in Chinesisch-Turkistan, Berlin: Reime, 1912; LE COQ, Albert von, Die Buddhistische Spätantike in Mittelasien, Berlin: Reimer und Vohse, 1924a; LE COQ, Albert von, Bilderatlas zur Kunst und Kulturgeschichte Mittel-Asiens, Berlin, 1925a.

[5] Alexander C. Soper, Northen Liang and Northern Wei in Gansu, Artibus Asiae;Benjamin Rowland, 1974, *The Art of Central Asia*, Newyork, 1958.

[6] 宿白：《克孜尔部分洞窟阶段划分与年代等问题的初步探索》，见《龟兹佛教文化论集》，新疆美术出版社，1993 年。

[7] 丁明夷：《记两处典型的龟兹石窟》，见《龟兹佛教文化论集》，新疆美术摄影出版社，1993年。

[8] 霍旭初、王建林：《丹青斑驳千秋壮观——克孜尔石窟壁画艺术及分期概述》，见《龟兹佛教文化论集》，新疆美术出版社，1993 年。

[9] 贾应逸、祁小山：《印度到中国新疆的佛教艺术》，甘肃教育出版社，2002年。

[10] 廖旸：《克孜尔石窟壁画年代学研究》，社会科学文献出版社，2012年。

[11] a. 马世长：《克孜尔石窟中心柱窟主室券顶和后室壁画》，见《中国石窟·克孜尔石窟二》，文物出版社，1995年。

　　 b. 丁明夷、马世长、雄西：《克孜尔石窟的佛传壁画》，见《克孜尔石窟》第一卷，文物出版社，1989年。

[12] 新疆龟兹石窟研究所：《克孜尔石窟内容总录》，新疆美术摄影出版社，2000年；《库木吐喇石窟内容总录》，文物出版社，2008年；《森木塞姆石窟内容总录》，文物出版社，2008年；《克孜尔尕哈石窟内容总录》，文物出版社，2009年。

[13] Nakagawara, Ikuko, A Study on the Buddha and the Black Serpent in the Fire Temple at Urvilva in Kizil, Yungang, Ajanta and Gandhara, Cultural Heritage of Ancient Gandhara and Other Parts of Pakistan, 2005, September 4-6; MORI, Michiyo, Kucha no Seppozu ni kansuru ichi Kosatau, Study on the sermon scenes of Kucha, Wsseda Daigaku Daigakuin Bungaku Kenkyuka Kiyo III, vol.47, Tokyo: Wasceda University, 2001, pp. 149-64; Monika Zin, 2005, 2007, 2008, 2010, 2011, 2013, The Identification of Kizil Paintings I-VI, Indo-Asiatische Zeitschrft 9, 10, 11, 14, 15, 17, Berlin.

[14] 李崇峰：《龟兹与犍陀罗的造像组合、题材及布局》，见《佛教考古：从印度到中国》，上海古籍出版社，2014年。

[15] 耿剑：《犍陀罗佛传浮雕与克孜尔佛传浮雕部分图像比较》，《艺术考古》2005年第3期。

[16] 李静杰：《北朝佛传雕刻所见佛教美术的东方化过程——诞生前后的场面为中心》，《故宫博物馆院刊》2004年第4期。

[17] a. 樊锦诗、马世长：《莫高窟第290窟的佛传故事画》，《敦煌研究》1983年创刊号。

　　 b. 谢生保：《克孜尔石窟故事画对莫高窟故事画的影响》，《敦煌研究》1999年第2期。

[18] Miyaji, Akira, Silk Road gaku Kenkyu: Butsuden Bijyutsu no Denpa to Henyo-Silk Road ni Sotte-vol.3, Nara: Nara-Silk Road Haku Kinen Kokusai Kory Zaidan, 1997.

[19] 任平山：《克孜尔中心柱窟的图像构成——以兜率天说法图为中心》，中央美术学院博士学位论文，2004年。

[20] 满盈盈：《克孜尔石窟中犍陀罗艺术元素嬗变考》，《北京理工大学学报社会科学版》2011年第2期。

[21] 李崇峰：《龟兹与犍陀罗的造像组合、题材及布局》，见《佛教考古：从印度到中国》，上海古籍出版社，

2014年。

[22] 霍旭初：《龟兹佛教与石窟研究新视野》，《新疆师范大学学报（哲学社会科学版）》2015年第5期。

[23] 赖鹏举：《丝路佛教的图像与禅法》第75—102页，圆光佛学研究所，2002年。

[24] a. 荣新江：《萨保与萨博：佛教石窟壁画中的粟特商队首领》，见《龟兹学研究一》，新疆大学出版社，2006年。

b. 栾睿：《从克孜尔207窟壁画谈对拜火教的融摄》，《西域研究》2007年第3期。

c. 庆昭蓉：《库车出土文书所见粟特佛教教徒》，《西域研究》2012年第2期。

d. 中川原育子：《关于龟兹供养人像的考察（上）》，《新疆师范大学学报（哲学社会科学版）》2009年第3期。

e. 中川原育子：《关于龟兹供养人像的考察（下）》，《新疆师范大学学报（哲学社会科学版）》2009年第5期。

《李柏文书》再讨论

李 青

　　《李柏文书》是指1909年橘瑞超在罗布泊考察时，在楼兰发现的前凉西域长史李柏写给焉耆王龙熙的两封内容大致相同的书信草稿（图一）。与这2件书信草稿同时出土的有40余件文书残片，上面的文字多与书信近似。 从内容和书体上看，在40余件文书残片中，至少有3片与信件内容一致，也就是说《李柏文书》至少书写了5个草稿。这些实物发现时已揉成团块，多数残纸似在书写完后不久即撕成碎片。1914年，日本国华社出版的《西域考古图谱》史料图版2、8刊布了《李柏文书》的全部资料。1962年，日本法藏馆出版的《西域文化研究》第五卷卷头图版第13—19刊布了李柏2件书信稿及39件残片，但内容不及《西域考古图谱》所载资料完整。由于对《西域考古图谱》所载资料的残纸件数的划分目前学界尚无统一认定（即有些残纸有学者认定是1件残纸，而另一些学者却认为应是2件残纸），因而也就很难确定《李柏文书》及其共出残纸的全部件数[1]。但书写了5稿《李柏文书》的完整和不完整的残迹却是明显的。

　　《李柏文书》是目前所发现的年代最早的中国纸本书信的实物标本。《李柏文书》中所出现的李柏其人是在楼兰所发现的全部文书中唯一一位史籍有载的人物。由于《李柏文书》在历史、文化、艺术等方面都具有极为珍贵的学术价值，因而国内外学界对此文书十分重视。同时，围绕着《李柏文书》之发现地、书写年代等问题，在学术界也产生了较大争议和分歧，许多问题众说纷纭，至今尚无定论。笔者在前人研究的基础上，拟对《李柏文书》的发现地、书写年代、书写人以及《李柏文书》和楼兰书法的艺术价值等问题再作简要梳理和讨论。

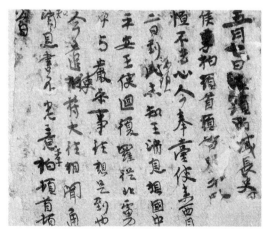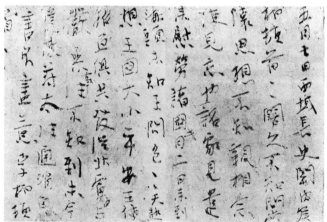

图一　楼兰LA古城出土李柏文书草稿

作者：李青，西安市，西安美术学院，教授、博士生导师。

一

关于《李柏文书》的出土地问题是李柏文书研究的关键问题。1909年3—4月间，橘瑞超从焉耆、库尔勒南下，穿过孔雀河与塔里木河的汇合点，于3月上旬进入罗布泊荒原，并在楼兰一带进行了挖掘，获得了《李柏文书》。当时，橘瑞超还是个不满20岁的青年，并未受过考古训练，他所获得的包括《李柏文书》在内的许多文物并未做详细记录，而且其本人的日记后来又失于火灾，因而《李柏文书》出于哪个遗址，即成为其后争议较大的问题。

1909年4月13日，橘瑞超离开罗布泊之后，他将《李柏文书》等文物交给同行者野村荣三郎运回日本，自己则赴英国伦敦。在伦敦橘瑞超会见了斯坦因，并向斯坦因出示了《李柏文书》的照片，他们两人都认为此组文书应该出自楼兰L.A古城。1914年日本刊行的《西域考古图谱》和1937年刊行的《新西域记》都以野村荣三郎所说《李柏文书》出自孔雀河岸的一个废墟中的说法加以解说。对此，身在日本的橘瑞超并未发表不同意见。1914年，王国维先生在编著《流沙坠简》时，又针对《李柏文书》中出现的"海头"地名进行考释，他认为《李柏文书》的出土地在楼兰"海头"城，进而指出楼兰与海头是两个不同的古城。L.A城应为海头而非楼兰古城[2]。1959年5月，当《李柏文书》出土50周年纪念之际，日本学者森鹿三会见了橘瑞超，并询问了斯坦因所说《李柏文书》出土于L.A城的由来。此时，橘瑞超提供了一张他记忆中文书出土地的照片。森鹿三将橘瑞超提供的照片资料，与斯坦因1914年2月在罗布泊荒原发现的L.K城的图片相对比，认为两者是一致的，由此认为《李柏文书》出土于L.K古城。森鹿三的论文《李柏文书的出土地》发表在《龙谷史坛》第45期，并在同年出版的《书道全集》第三卷《西域出土的文书》一文中再次提出他这一观点，并附上了橘瑞超提供的出土地实景图片[3]。由此，引发了关于《李柏文书》出土地以及楼兰城的位置等问题的争议，诸多学者都发表了自己的看法。然而，1968年，橘瑞超又明确地告诉金子民雄，谓《李柏文书》是在楼兰佛塔附近发现的[4]。《李柏文书》究竟是在何地发现的？目前国内外一些学者认为应在L.K古城[5]，孟凡人和余太山等则认为《李柏文书》应出自楼兰古城，也就是L.A古城[6]。同时，孟凡人先生还引征冯承钧先生在《鄯善事辑》一文的观点，认为楼兰L.A古城即为海头城。

上述诸多学者的研究主要是从历史、考古、地理方面进行论证的，而笔者认为，对文书的书法风格之图像比较亦应是断定文书出土地不可忽视的证据之一。从书法风格的比较结果来看，《李柏文书》书体形式和书写风格与楼兰L.A古城出土的残纸文书书法多有近似之处，而且出土地点亦与斯坦因所记《李柏文书》出自L.A.Ⅱ.iv的小房间（三间房之一）为同一地点。其次，被认为有可能出自L.K古城的简纸文书除《李柏文书》外，其他仅存5枚木简，而这5枚木简之书风亦与楼兰L.A古城所出木简书法近似。这让认为《李柏文书》出自L.K古城的学者侯灿先生也产生过怀疑，其论述如下：

我们将4件文书（指与李柏文书共出的残纸）与楼兰古城和楼兰其他遗址出土简纸文书进行比较，注意到它们与L.A.Ⅱ出土的一些纸文书有关联或相似之处。如"已呼"中的"烧奴"其人，在孔纸25.1中就有出现，孔纸33.1中连续出现3次，成为重要人物，而且字体写法极为相似；又如"已呼"、"何奈"中的"何"字，与孔纸7、孔纸8、孔纸9中的"何"字十分酷似，且"奈何"字句在孔纸7、孔纸8中也反复出现。因此，我们认为此4件文书，当与L.A.Ⅱ组点中的某些简纸文书有联系，似应出自L.A.Ⅱ组点[7]。

由此可以推测，如果认为《李柏文书》出自L.K古城，那么L.K古城所发现的汉文简纸文书只有《李柏文书》残纸和其他5枚汉字木简[8]。这种状况岂不是太遇然和孤立了吗？何况是《李柏文书》出自L.K说的最关键证据，即是橘瑞超所提供的出土地的照片。橘瑞超在《李柏文书》发现50年之后，拿出一张并无特殊标志的照片来证明文书之出土地，这是极不可靠的。橘瑞超所提供的照片的确与斯坦因拍摄的L.K遗址的地貌相似，问题是这种无任何特殊痕迹的雅丹地貌在罗布泊随处可见。事隔50年，橘瑞超尚能以惊人的记忆力指出文书出土于此，而在50年间却始终对此缄默，值得怀疑。更何况他在1968年又说文书出自楼兰佛塔附近[9]，其实L.K故城是没有佛塔的。这样看来橘瑞超的话不可不信，但也不可全信。

2005年，陈凌先生根据新刊1901年斯文·赫定在楼兰L.A古城所获的5件汉文纸本文书的状况，与《李柏文书》对比，指出斯文·赫定的5件文书中有1件为《张超济信稿》。该文书中有"太平在近"之语，此句与《李柏文书》一同所出之《平在近残纸》在词语和书风上极为相近，因而作为同一批收集品，《李柏文书》无疑也应出自L.A古城[10]。这又为《李柏文书》出于楼兰L.A古城说增添了新依据。

结合上述相关学术争议之观点，再从书法艺术风格上进行比较推断，笔者认为孟凡人等所持《李柏文书》应出自L.A古城是有一定根据的。而楼兰L.A古城亦别称"海头"，这已得到冯承钧和孟凡人等学者的充分论证，此不赘述。

二

文献所载李柏之名出现在《晋书·张轨传》中，李柏与前凉张氏政权有一定的关系。西晋永宁年间（公元301—302年），张轨出任护羌校尉、凉州刺史。其时"八王之乱"已开始，诸王混战，局势极不稳定。张轨出任凉州刺史，即有"阴图据河西"之意[11]。公元316年西晋灭亡之后，张氏世有凉州，虽然表面效忠晋室，实质上已成割据政权，史称前凉，都姑臧（今武威）。张轨亡后，相继有张寔、张茂执政，时间都较为短暂。至张骏时期，前凉政权达到了一个昌盛阶段。张骏执政时期勤修政治，慎于刑赏，以致"刑清国富""士马强盛"。先后征服龟兹、鄯善、高昌、焉耆等国，威行西域。笔者认为出土"马踏飞燕"的武威雷台古墓即有可能为张骏之墓，这是另一个问题，此处不赘述。

李柏本为晋西域长史，驻兵楼兰，后依附前凉张骏，任前凉西域长史，封关内侯。《晋书·张骏传》载："西域长史李柏请击叛将赵贞，为贞所败。议者以柏造谋致败，请诛之。"[12]李柏归依前凉之后，曾向张骏献计"请击叛将赵贞"。后为赵贞所败，众将建议杀柏。张骏采取宽容的态度，李柏免于死罪。文献是作为张骏的"善政"书于史册的。《李柏文书》内容与"请击叛将赵贞"之事有密切关系，因而可断为书于"击赵贞"事前，张骏执政之间，即公元324—346年间。王国维先生考证《李柏文书》写于东晋永和元年（公元345年）之后[13]，但此时张骏已死，李柏早已被贬，不可继续自称"西域长史"。日本学者羽田亨认为《李柏文书》写于公元328—330年间，松田寿男认为书于公元328年[14]。侯灿认为此信写于公元346年及其之后不久[15]，孟凡人先生则认为书写时间应在公元325年[16]，即东晋太宁三年。

对于《李柏文书》的年代学研究，离不开对文书内容的分析。前面提到"李柏请击叛将赵贞"而"为贞所败"之后，险被诛之。因张骏"善政"，李柏免于死罪，此后李柏之下落文献无载，即便尚在军中任职，亦不可能继任西域长史。然文书之首自署"西域长史李柏"，尚显无丢官夺爵之迹。

而李柏书写此信的目的乃是"慰劳诸国"，慰劳的对象是焉耆王龙熙，慰劳的原因与欲讨"逆贼赵"有关。"今奉台使来西月二日到海头"，可能是李柏在凉州商议击赵贞事后，返回海头的。文中所谓"北房"，据王国维先生考证："北房者，匈奴遗种，后汉以来，常在伊吾车师间。晋时此地已为鲜卑所据，谓之北房者，用汉时语也。"[17]焉耆"王使回复罗从北房中与严参事往"，严参事不是西域长史属吏，而是凉州官员，严参事和焉耆王使或是"四月十五日共发"自凉州，与李柏分手后绕道北房至焉耆。五月二日回到楼兰的李柏猜测严参事和焉耆王使"想是到（焉耆）也"。故李柏书信遣使，慰劳通消息。从书信残稿"逆贼赵"等文字来看，李柏给焉耆王写信当与击赵贞事有关。迫于形势，李柏急于在击赵之前，得到北房和焉耆方面的消息。赵贞为西晋戊己校尉，驻军高昌，西晋亡后，西域长史李柏归顺于张氏政权，而赵贞不附于骏。《晋书》载："初，戊己校尉赵贞不附于骏，至是，骏击擒之，以其地为高昌郡。"[18]据孟凡人先生考证，此事发生的时间应在咸和二年（公元327年）秋至年底之间，并推断《李柏文书》似应写于公元325年5月7日[19]。此说可信。

三

出土于楼兰L.A古城的公元325年所书的《李柏文书》是否为一个人手笔？日本学者藤枝晃认为，《李柏文书》2件较完整的书信草稿可分为两组手笔，也就是说较完整的2件《李柏文书》草稿并非一人所书，有可能出自两人手笔。侯灿先生认为"其说颇有见地"[20]。孟凡人先生亦认为藤枝晃的推断是较为可信的[21]。余太山先生亦认为两种书迹的不同，"显然出自两位书吏之手"[22]。然而，笔者认为这样的结论可靠性不大，其根本原因乃是忽视了在用毛笔书写汉字时，由于墨水含量的不同所产生的不同效果。细观文书之书体、用笔、点划、结构及其韵味，笔者认为《李柏文书》应为一人所书。其间或有笔墨干、湿、浓、淡、粗、细之变化，或有结体之敛、纵及书体或行或草之差异，然所书之风格神韵相似，从形式上的差异推断为2件的（严格地说，包括毁坏的另3件残片在内至少应为5件）文书并非连续书就，有可能是相隔了一定的时间，这从信稿的残纸状况可以反映出来。书写者是反复调整了书写的文字内容，并将至少3件稿撕碎，透露出书写在草拟信稿时的复杂心情。2件较为完整的书信草稿确实存在一些差异，但笔墨的变化并不能遮盖其书体神韵及风格的一致性，它仅仅反映出书写的时间不同，或所用笔墨的状况不同（如其中一件文书墨色水分较多，而另一件文书墨色较干枯）所产生的外在形式上的差别，但其结体、用笔及神韵之一贯则是无法遮蔽的。因此，笔者认为5件《李柏文书》稿件均为一人所书。

《李柏文书》2件较完整的书信及其他残纸构成了李柏书法完整的艺术风貌。孟凡人先生指出，《李柏文书》是研究前凉时期楼兰史的一个线索[23]。笔者认为对《李柏文书》的研究，还有可能是探索楼兰书法艺术年代学和类型学的一个主要途径。其书皆为行书体，略带楷书意味。作为以实用为目的的书写，而非为创作所谓书法"作品"而书写的文稿，在不刻意求工的状态下，最能反映出书写者对书法技能的掌握程度。相对于同时代其他诸多名家之书迹大都为后人钩摹或伪作的情况来说，《李柏文书》及楼兰残纸墨迹更具有历史的真实性。《李柏文书》行笔方圆转折自如，略带隶书遗韵，点划静动相间，结体聚散分明，每字皆具态式而通篇气脉相连，用墨干润结合，呈现出强烈的节奏感和鲜活的生命力，它无疑是中国书法艺术中的一个划时代的经典标本。

《李柏文书》等一大批楼兰纸质行书和草书作品的发现，实质上也对中国传统书法史学中所谓"南帖北碑"说提出了质疑。楼兰出土的以《李柏文书》为代表的数量众多的魏晋时期纸本墨迹，以其经典的"帖学"范式证实了中国"帖学"书法产生的多元性，也就是说"帖学"书法之产生不仅仅局限于江南一带，西北地区无疑是"帖学"的发源地之一。作为"帖学"的代表人物王羲之出现以前，所谓"帖学"风格的书法早已成熟于北方地区。王羲之所崇拜的书圣之一即是敦煌人张芝，而在王羲之生活的年代，也正是《李柏文书》等一大批楼兰纸文书出现的时代。如前所述《李柏文书》书写时间有诸种说法，综合各家所说，其书写年代在公元325—346年之间，这一点亦是无疑的。而有关王羲之的生卒年代，由于《晋书》为唐人所修，其《王羲之传》中仅记"卒年五十九"[24]，而未指出生卒年月，相关文献又较为缺乏，因而王羲之的生卒年代出现了几种不同的说法，但各家所说的年代基本在公元303—379年间[25]。那么李柏与王羲之当为同时代之人，而李柏生卒年月或略早于王羲之。由此可以推断，从《李柏文书》及楼兰前凉时期文书书法来看，东晋时期北方行草书法已有了极大的发展，处于一个极其成熟的阶段。从传为王羲之的作品来看，其书法尤其是行草书法，在结构、用笔、章法甚至文辞章句上，大都可以在《李柏文书》及楼兰文书中找到近似的实物证据。这一方面证实了在王羲之时代或稍早时期内，中国南北各地即已普遍出现了较为成熟的行草书体，而早于王羲之的诸多北方书法风格及样式一定会在某种程度上对王羲之的书法产生影响。因而，王羲之书法及其"帖学"的产生并非孤立现象。更何况王羲之无真迹传世，今人所见所谓王羲之书法大多为后人摹本，不排除其中许多摹本的可靠性，但也有些作品却是后人假托或伪造的。王羲之书法的真实面貌究竟如何，学界尚存在着不同的看法。由此可进一步推测，所谓中国书法之"南帖北碑"之说当有偏颇之嫌，至少在魏晋十六国时期中国书法并不存在太大的南北差异。

四

《李柏文书》及其李柏书法艺术的出现也并非是偶然现象。孟凡人先生曾将《李柏文书》与楼兰出土的《张济文书》进行比较，认为李柏与张济在楼兰一带活动的时间有一段是并行的，两者的文书又有一些共同的特点，似有一定的内在联系。在楼兰残纸中发现署有济逞、张济逞、超济、张超济、济等名款墨迹数件，学者们考证其书写者为张济一人，也就是说，这些不同的署名都应是张济一人的名和字，而其书法形式多样，书体有楷书、草书、行书等。从《张济文书》笔法特征来看，楼兰残纸中还有相当多无署名残纸，极有可能亦为张济所书。从目前发现的楼兰文书墨迹来看，在楼兰至少存在着一个以张济为代表的具有高超的书法功底的文人群体。据考，张济本为中原人氏，为避战乱而举家迁居凉州，后张济在楼兰为官（任何官职不明，但似乎是西域长史李柏的文官），而家属乃居凉州一带。西晋末年和东晋初年，中原地区战乱频繁，民不聊生，大量民众纷纷流向相对安定的两个地区，一是江东的东晋政权，另一是割据河右的张氏凉州政权。楼兰实属凉州刺史节制，因而迁徙于凉州的中原人在楼兰一带的活动日趋增多。这种人口的流动亦带来了文化的传播，楼兰书法的出现与中原文化的输入与传播有直接关系。另外，如按前述学者的观点，署名张超济的文书与《李柏文书》在词语和书风上具有相似之处，这就不排除在楼兰所发现的李柏文书系列和张济文书系列，以及诸多书风相似的文书都有可能出自一人之手。如果是这样的话，这个人不是李柏，而是张济。孟凡人等早已关注到张济其人。对于张济的研究，尤其是对张济书法和楼兰"帖学"的研究，无疑应是中国书法史研究的一个重要课题。

据孟凡人先生考证张济在楼兰活动的时间上限约在公元4世纪初，其下限约在公元4世纪30年代左右[26]。这不但证明了《李柏文书》和《张济文书》等一大批楼兰纸质书法作品的相对年代，同时也为楼兰乃至中国魏晋书法风格发展史研究提供了一个年代学标尺。如果用这种标尺再结合其他地区考古发现的晋人书迹风格来验证传世的"晋人法帖"，那么诸多法帖的年代或作者的可靠性便会受到质疑。或许只有用这些考古发现所获得的真实材料去检验那些传世法帖的真伪，才有可能揭示出一个时代书法艺术的真实面貌。

注　释

[1] a.〔日〕香川默识：《西域考古图谱》，学苑出版社，1999年。

　　b. 侯灿、杨代欣：《楼兰汉文简纸文书集成》，天地出版社，1999年。

　　c. 孟凡人：《楼兰新史》第234页，光明日报出版社，1990年。

[2] 罗振玉、王国维：《流沙坠简》第8页，中华书局，1999年。

[3]〔日〕下中邦彦：《书道全集》第三卷，第12—18页，平凡社，1959年。中译本见〔日〕森鹿三撰，李子捷译：《西域出土的文书》，《新疆艺术学院学报》2009年第1期。

[4]〔日〕橘瑞超著，柳洪亮译：《中亚探险》第15、16页，新疆人民出版社，1993年。

[5] 侯灿：《论楼兰疆域的发展及其衰落》，《中国社会科学》1984年第2期；《高昌楼兰研究论集》第281—293页，新疆人民出版社，1990年。

　　a.〔日〕森鹿三：《西域出土的文书》，见《书道全集》第三卷，平凡社，1959年。

　　b. 陈世良：《李柏文书新探》，《新疆社会科学》1987年第6期。

[6] a. 孟凡人：《李柏文书出土于LK遗址说质疑》，《考古与文物》1983年第3期；《楼兰新史》第254—265页，光明日报出版社，1990年。

　　b. 余太山：《两汉魏晋南北朝与西域关系史研究》第276、277页，中国社会科学出版社，1995年。

[7] 侯灿、杨代欣：《楼兰汉文简纸文书集成》第550页，天地出版社，1999年。

[8] 侯灿、杨代欣：《楼兰汉文简纸文书集成》第521—550页，天地出版社，1999年。

[9] 余太山：《两汉魏晋南北朝与西域关系史研究》第277页，中国社会科学出版社，1995年。

[10] 陈凌：《斯文·赫定收集品的新刊楼兰文书》，见《欧亚学刊》第五辑，中华书局，2003年。

[11]《晋书·张轨传》。

[12]《晋书·张轨传》。

[13] 罗振玉、王国维：《流沙坠简》，中华书局，1999年。

[14]〔日〕松田寿男：《古代天山的历史地理学研究》第133页，早稻田大学出版部，1970年。

[15] 侯灿：《高昌楼兰研究论集》第285页，新疆人民出版社，1990年。

[16] 孟凡人：《楼兰新史》第243、244页，光明日报出版社，1990年。

[17] 罗振玉、王国维：《流沙坠简》第280页，中华书局，1999年。

[18]《晋书·张轨传》。

[19] 孟凡人：《楼兰新史》，光明日报出版社，1990年。

[20] 侯灿：《楼兰汉文简纸文书集成》第533页，新疆人民出版社，1990年。

[21] 孟凡人：《楼兰鄯善简牍年代学研究》第26页，新疆人民出版社，1995年。

[22] 余太山：《两汉魏晋南北朝与西域关系史研究》第273页，中国社会科学出版社，1995年。

[23] 孟凡人：《楼兰新史》第26页，光明日报出版社，1990年。

[24]《晋书·王羲之传》。

[25] a. 中国大百科全书编委会：《中国大百科全书·美术卷》第841页，中国大百科全书出版社，1992年。

　　b. 王玉池：《二王书艺论稿》第128—132页，文化艺术出版社，2001年。

[26] 孟凡人：《楼兰鄯善简牍年代学研究》第20—26页，新疆人民出版社，1995年。

再论尼雅绿洲的废弃

叶俊士

尼雅遗址位于新疆维吾尔自治区和田地区民丰县卡巴克·阿斯坎尔村北30余千米处的尼雅绿洲上，深处塔克拉玛干沙漠腹地尼雅河尾闾地带，是汉代精绝国故地，东汉末年被鄯善国兼并，成为其治下的凯度多州。整个遗址以北纬37°50′32.9″、东经82°42′14.3″的佛塔为中心，沿尼雅河古河道呈条带状南北向分布，南北长约25、东西宽约7千米，海拔约1250米。遗址周围被沙丘和红柳包所围绕，遍布各类遗迹两百余处，出土佉卢文和汉文文书、简牍上千件，其他各种遗物不可胜数[1]。结合考古遗址和出土遗物的信息，可以确认整个遗址的年代最早可到公元前6世纪，最晚至公元4世纪中叶被废弃。

关于尼雅绿洲缘何被废弃，一直是学术界讨论的问题。斯坦因曾称尼雅遗址为"小庞贝古城"[2]，庞贝是毁于维苏威火山爆发，被掩埋于厚厚的火山灰之下，而已在尼雅绿洲至少生存繁衍了数百年的精绝人又是因为什么原因不得不匆忙离开家乡，再未回到故土呢？很多学者纷纷提出各种假说，试图破解这个历史谜题。总体而言，大致有环境变化说、战争说和综合因素说三类观点。

一、环境变化说

由于现在的尼雅遗址深处塔克拉玛干沙漠腹地，彻底干涸的古河床横穿整个遗址，因此自然使人首先想到是自然环境的影响。侯甬坚在对尼雅河河流考察后，认为遗址废弃主要是因为尼雅河水量的逐渐减少，导致其交通利用价值下降，当地的生存条件也发生了显著变化，才使得它最终被废弃[3]。舒强、钟巍等学者结合塔里木盆地古气候环境演化的研究，提出大约在公元4—5世纪，尼雅地区的气候发生了非常明显的升温现象，导致河流水量减少，流程缩短，沙漠化加剧，绿洲面积萎缩。这种气候的暖干突变也是同一时期塔里木盆地周边其他古城被废弃的主要原因[4]。

的确，精绝国一直面临严重的水资源短缺问题，历史上尼雅河的流程也一直在不断缩短，但是自然环境的变化是一个相当缓慢的过程。以当时的生产力水平来看，人力的作用还不至于在短期内就对自然环境造成恶劣的破坏。从考古现场的发现也可以看出，在尼雅遗址被废弃时，当地的自然环境并没有恶化到不适宜人生存的地步。遗址中到处还可以看到成排的树木，从佉卢文文书中也发现当地人已经意识到水资源短缺的问题，并开始有意识地控制水的使用和保护环境。再者，尼雅河的河水萎缩对精绝人而言也不是一个新问题，实际在之前的几百年历史中，他们的活动居住范围就在不断地沿着尼雅河河道往上游迁徙[5]。但是从尼雅遗址往南到大麻扎一带，考古学者并没有发现大规模的遗址，说明精绝人并没有按照以往的惯例向河流上

作者：叶俊士，宁波市，宁波博物馆，助理研究员。

游迁徙以解决水资源短缺的问题。气候状况虽然是人类生存环境的重要因素之一，极端的气候事件也在人类的历史进程中扮演着重要角色，但是对尼雅遗址突遭废弃来说，显然不是一个合理解释。其实，斯坦因第一次考察尼雅遗址时就已提到这一点："虽然这个自然事实（尼雅河河道后缩—笔者注）充分说明为什么古代遗址从未被重新起用过，但这并不证明它就是最初遗址被废弃的直接和唯一的原因"[6]。

二、战　争　说

另一种观点是精绝国遭到外敌入侵，迫使当地人出逃。对于入侵者，有说是南山游牧部落[7]，更多人则相信是佉卢文文书记载的苏毗人，但是对于何为苏毗人，学界争议很大[8]。尼雅遗址的发掘情况显示，当地居民似乎是突遭变故，只能随身携带贵重物品匆忙离去，"遗址古代居室中凡有价值以及尚可适用的东西，如不是被最后的居人，便是他们离去不久被人搜检一空……最后的居民……没有遗留下有实用价值的东西"[9]，甚至连拴着的狗都忘记解开了。这种突然而至的社会性灾难，最有可能的当然是战争掠夺。结合佉卢文文书中反复提到的"若扜弥和于阗有什么消息，务必向朕，伟大之国王陛下上书禀报"，"苏毗人之威胁令人担忧"、"警惕苏毗人……速派其他戍卒来"，也表明精绝人时刻面临于阗国和苏毗人的威胁。但是考古工作者在尼雅遗址并没有发现战争的痕迹，自然垮塌的房屋，堆积如山的粮食也显示，在精绝人离去之后，这里既没有遭遇掠夺，也再没有人定居，时间仿佛被定格在他们离开的瞬间，直到沙漠挖宝人和斯坦因的闯入。

还有一点不容忽视，就是于阗人、苏毗人的入侵对精绝人来说其实并不少见，佉卢文文书中就多次明确提到过。第272号文书透露了一个更为重要的信息，为应对于阗、苏毗的威胁，鄯善国在凯度多州附近设置了一个避难用的城："去年，汝因来自苏毗人的严重威胁曾将州邦之百姓安置于城内，现在苏毗人已全部撤离，以前彼等居住在何处，现仍应住在何处。汝州的局势现已缓和，汝处现已安定，没有来自于阗的侵扰。现对劳特伽地方的人须作登记，所以该城仍须防守"[10]。但是这座城究竟在何处，目前还不得而知。在第357、494号文书中，国王也多次下令，战争期间债主不得要债，要"待国家安定时，再做清算。关于国境被掠后债务偿还问题，须调查彼等如何解决此类事宜"[11]，说明当地人在面对于阗人、苏毗人的频繁掠夺的情况下，已经形成一套应对方法，包括暂避它处，等劫掠过后再返家，战争期间不得讨债，要等安定后再清算等等。所以有关战争说的一个显而易见的问题是，为什么在这次"假警报"之后，精绝人没有像之前一样返回尼雅绿洲继续生活？

三、综合因素说

当然，更多学者倾向于精绝人放弃尼雅绿洲是由于多种因素共同作用导致的。如杨逸畴提出是"自然和人文社会因素的偶合与叠加"导致尼雅绿洲的消亡，至于精绝人则是迁徙到他处，"最终融化在西域兴起的维吾尔民族中"[12]。岳廷俊则认为是战争等政治因素促成精绝人的搬迁，同时尼雅绿洲的自然条件也不再适宜居住，所以精绝人搬迁到更好的地方去了[13]。李并成也指出尼雅绿洲的毁灭是多种因素造成的，包括"气候变干、尼雅河水流量减少、冬季处于西北与东北两组风沙夹击的自然因素的背景下，人们不顾及自然资源的承载能力而过度开垦、过度放牧，破坏了固沙植被，以及大规模战乱的破坏"[14]。

四、公元4世纪塔里木盆地南缘绿洲的废弃

目前来看，在以上诸多推论和假说中，由于长期的自然环境恶化和突发的战争威胁等多种因素，迫使精绝人匆忙放弃尼雅绿洲，另寻他处居住的看法似乎比较符合逻辑推断。不过笔者以为，虽然于阗国、苏毗人的频繁袭扰、掠夺，对于尼雅绿洲来说是一个重要的威胁因素，但是还不至于让当时的西域大国鄯善国如此惊慌失措。从公元4世纪中叶前后的西域形势来看，当时鄯善国面临的更大威胁是来自北方的焉耆国。

焉耆国，《汉书·西域传》载其："王治员渠城。去长安七千三百里，户四千，口三万二千一百，胜兵六千人。击胡候、却胡候、辅国候、左右将、左右都尉、击胡左右君、击胡君各二人，译长三人。西南至都护治所四百里，南至尉犁百里，北与乌孙接。"[15]作为丝路北道的大国，焉耆国正处天山峡谷中间的焉耆盆地腹心，北接乌孙，东临吐鲁番盆地，西达龟兹，南下可沿塔里木河、孔雀河直至尉犁、楼兰、且末等丝路南道诸国，是联通西域南北的重要渠道。因此，在西汉势力进入西域之前，匈奴一直将焉耆国作为其统治西域的核心，在焉耆盆地周边设置僮仆都尉，"使领西域，常居焉耆、危须、尉黎间，赋税诸国，取富给焉"。匈奴日逐王率众降汉之后，西汉政府任命郑吉为西域都护，且都护治所也选在距焉耆国不远的乌垒城。焉耆国自此也成为汉朝的羁縻属国之一，但是焉耆国并不甘心臣服。始建国五年（公元13年），焉耆国趁王莽无力控制西域之机，率先叛乱，杀西域都护但钦。天凤三年（公元16年），五威将王骏率莎车、龟兹兵讨伐焉耆，结果遭焉耆伏兵拦截，加上姑墨、尉犁、危须等国阵前倒戈，致使王骏全军覆没。直到永元六年（公元94年），班超发龟兹、鄯善等八国士兵共七万余人讨伐焉耆，杀焉耆王和尉犁王，改立焉耆左侯元孟为焉耆王，才重新收复焉耆国。东汉末年，西域交通断绝后，诸国之间互相兼并，尉犁、危须、山国都被焉耆吞并。晋武帝太康年间（公元280—289年），甚至一度占据龟兹国，"葱岭以东莫不服"[16]，可见其当时国势之盛，除了已被吞并的尉犁、危须、山国之外，首当其冲受到威胁的自然是距离最近的龟兹和鄯善。

西晋之后，控制河西地区的张氏家族积极经营西域，尤其是张骏（公元307—346年）继位之后，先在高昌设郡，后又"使其将杨宣率众越流沙，伐龟兹、鄯善，于是西域并降。……焉耆前部、于阗王并遣使贡方物"[17]。龟兹在焉耆西边，鄯善在焉耆南部，而高昌郡正处焉耆之东，焉耆国已然被三面包围，张骏之所以舍近求远，先伐龟兹、鄯善，正是为了给下一步征讨焉耆做准备。果然，东晋永和元年冬十二月（公元345年），张骏以沙州刺史杨宣为帅发兵讨伐焉耆，前锋张植所向风靡，先攻破贲仑城，再击败遮留谷的焉耆伏兵，占据尉犁，最终迫使焉耆王龙熙"率群下四万人肉祖降于宣"[18]。在此期间，早已被征服的龟兹、鄯善等国应该也出了不少力。然而，张骏在征服焉耆之后数月就去世，后赵也趁前凉新君张重华刚立，不断进犯，前凉勉强应对[19]。永和七年（公元351年），后赵灭亡，前秦又兴起，与前凉又接连战争，双方损失惨重，张重华也在永和九年（公元353年）病卒[20]。张重华死后，前凉陷入内乱，国内大族纷纷起兵反叛，国势大衰。张氏家族对西域的控制能力也大为衰减。最终在公元376年，前凉被前秦苻坚正式攻灭。总之，焉耆虽然被前凉征服，但其实力并未严重受损，而前凉却陷入与后赵、前秦的战争中，再也无暇西顾。虽然目前所见的史书中，对公元345—376年的几十年间西域历史少有记载，但是可以想象在没有中原势力的干涉下，已经吞并周边尉犁、危须、山国等国并且拥有强大实力的焉耆国，显然是不会停

止兼并步伐的，而鄯善国和车师前部无疑正是其首要目标。鄯善国虽处焉耆国南部，中间有沙漠相隔，但是从焉耆盆地沿塔里木河南下可以毫不费力地直抵鄯善国的国都—扜泥城。而车师前部正在焉耆国东南部，距离更近。先兼并鄯善、车师前部不但可以稳定后方，使其可以毫无顾忌地向西继续兼并，而且车师前部、鄯善国所在地均为绿洲，农业发达，自东汉以来就有屯田，可以有效补充粮食和兵员补给。

焉耆欲吞并鄯善、车师前部也并非纯属臆测，从史书记载中可看出端倪。前秦成为西域名义上的霸主后，并没有采取军事手段，反而是令"梁熙遣使西域，称扬坚之威德，并以缯彩赐诸国王"，并退回大宛国奉献的汗血宝马，"命群臣作《止马诗》而遣之，示无欲也"[21]。这种怀柔手段虽然有利于加强前秦政权与西域的关系，但是也表明了苻坚暂时没有打算插手干预西域各国间的纷争，无疑滋长了焉耆兼并的野心。太元六年（公元381年）二月[22]，"鄯善王、车师前部王来朝，大宛献汗血马，肃慎贡楛矢，天竺献火浣布，康居、于阗及海东诸国，凡六十有二王，皆遣使贡其方物"[23]。除了车师前部之外，鄯善、于阗均在塔里木盆地南缘，不见龟兹、焉耆等北道大国。而且太元七年（公元382年）九月，车师前部王弥寘、鄯善王休密驮又亲自到长安朝觐，"坚赐以朝服，引见西堂。阗等观其宫宇壮丽，仪卫严肃，甚惧，因请年年贡献。坚以西域路遥，不许，令三年一贡，九年一朝，以为永制。阗等请曰：'大宛诸国虽通贡献，然诚节未纯，请乞依汉置都护故事。若王师出关，请为乡导。'坚于是以骁骑吕光为持节、都督西讨诸军事，与陵江将军姜飞、轻骑将军彭晃等配兵七万，以讨定西域"[24]。这一次朝觐仅有车师前部和鄯善两国，而且距离上一次朝觐刚刚过去没多久，可见并非只是朝觐贡献这么简单。两位国王主动要求年年贡献，反而被苻坚拒绝，实际也暗示车师前部和鄯善国另有所图，但是双方并没有达成一致。最后两国一再加码条件，除了按照汉代惯例置西域都护直接统辖西域外，还承诺只要苻坚出兵，他们愿意为向导出兵出力。结合这两次车师前部王和鄯善国王朝觐的记载，有理由相信公元4世纪中叶前后，因前凉、前秦忙于争夺中原政权，西域出现了短暂的权力真空，焉耆、龟兹等大国伺机而动，企图兼并周边其余各国。因此在太元六年的朝觐中，康居、大宛等国都不远万里派遣使者到中原，但西域只有于阗、鄯善和车师前部三国，其余要么可能已经被兼并，要么就是拒绝朝觐，龟兹、焉耆两国无疑属于后者。鄯善和车师前部第二次赴中原朝觐，更表明两国所面临的形势已十分危急，唯有请前秦出兵干预才有可能幸免，因此才如此不遗余力地请求置都护，甚至甘愿为向导。而苻坚一改过去的怀柔政策，除了是因为鄯善和车师前部愿意为向导，减轻了军事压力和风险外，更主要的也是为了避免西域出现一个统一的势力。对于正雄心勃勃要消灭东晋，统一中国的苻坚来说，这是他所不愿意看到的。

至于所谓"大宛诸国虽通贡献，然诚节未纯"这一理由显然不成立，两次贡献天马的大宛尚且诚节未纯，那么一次都未朝觐的焉耆、龟兹岂非更是罪加一等？而且从最后的结果来看，他们所针对的目标毫无疑问就是焉耆和龟兹。太元八年（公元383年），吕光率军从长安出发，鄯善王休密驮和车师前部王弥寘"率其国兵为光乡导"[25]，越流沙三百余里，"进兵至焉耆，其王泥流率其旁国请降"[26]。龟兹国则竭力抵挡，据城固守，并以"倾国财宝请救狯胡。狯胡弟呐龙、侯将馗率骑二十余万，并引温宿、尉头等国王，合七十余万以救之"，但最终仍被吕光所破，"帛纯收其珍宝而走，王侯降者三十余国……诸国惮光威名，贡款属路"[27]。西域至此平定。

总之，从公元4世纪的西域形势来看，焉耆国作为丝路北道大国，实力强大，吞并了周边的尉犁、危须、山国等国，并一度攻占了龟兹，下一步的目标正是兼并其南方的鄯善国。公元345年，焉耆国虽被前凉击败，但是本身实力并未受损。而随着前凉实力的衰落和前秦暂时无暇西顾，焉耆、龟兹在西域大肆兼并，鄯善、于阗、车师前部等国深受其害，最终在鄯善、车师前部的再三请求和甘为先导的条件下，才引得前秦出兵干预，平定了西域。从这个视角出发，再结合尼雅、喀拉墩等一批塔里木盆地南缘的遗址在这一时期被废弃，有理由相信这两者之间存在着联系。

以尼雅绿洲和鄯善为例，尼雅绿洲正处鄯善的最西部边境，远离鄯善国腹地，中间又有沙漠阻隔，交通难称便利。同时又有西边于阗人和南边羌人部落的频繁袭扰，无疑大大增加了鄯善国的军事防御压力。而且经过数百年的开发和丝绸之路上的开通，尼雅绿洲的农业、畜牧业等已然相当成熟，人口不断增加，但是必然带来的是水资源的极度短缺。加上当地人大量使用木材来建筑房屋、制造家具，日常生活中也习惯使用木制器具，对植被的破坏也相当严重。再加上气候逐渐变干、风沙活动活跃等自然因素，已经使得当地的沙漠化进程日渐加快。在这种情况下，继续向尼雅河上游搬迁虽然并非不可以，但是显然不可能一蹴而就，而且同时还要继续面临外敌的袭扰掠夺，这一切单凭尼雅绿洲本身的资源和军事力量根本不足以支撑下去，必须要鄯善国的物资和军队支援才行。但是鄯善国在焉耆国的重重压力下，已然自顾不暇，继续在尼雅绿洲驻军，协助防御于阗人和羌人的掠夺，不但会分散本来就很有限的兵力，而且实际上也起不了太大作用。在远离自己统治中心的沙漠腹地继续花大力气维持一块随时可能消亡的绿洲，并非是一个理智的选择，更何况焉耆国正虎视眈眈，随时可能南下兼并自己。从这个角度来看，实行战略收缩，主动放弃尼雅绿洲，将居民迁徙到鄯善国腹心地区，集合力量以对抗焉耆国无疑是一个明智之举[28]。

五、结　语

综上所述，笔者以为，尼雅绿洲废弃的原因是其自身自然环境和社会环境都面临巨大压力，已不再适合居民生存，但其废弃时间恰好在公元4世纪中叶并非巧合，所有居民有组织地统一离开，也表明这是鄯善国刻意所为，它背后可能与当时焉耆、龟兹等国称霸西域，意图兼并各国的形势有着密切关系。鄯善国主动放弃尼雅绿洲，正是为减轻防御压力，集合所有人力、物力以抵御焉耆国，最后在前秦的帮助下终于解决这一危机。除了尼雅绿洲之外，同一时期塔里木盆地南缘还有一批绿洲都被废弃，可能也都是受此影响。

注　释

[1] 中日尼雅遗址学术考察队：《1988—1997年度民丰县尼雅遗址考古调查简报》，《新疆文物》2014年第3、4期。

[2]〔英〕斯坦因著，向达译：《西域考古记》第103页，商务印书馆，2013年。

[3] 侯甬坚：《西昆仑出山径流尼雅河与尼雅聚落》，《西域研究》2009年第1期。

[4] 舒强、钟巍、李偲：《塔里木盆地南缘古遗址的分布特征及其与环境演变和人类活动的关系》，《干旱区资源与环境》2007年第11期。

[5] 从尼雅遗址现存遗迹的整体分布来看，整个尼雅遗址大致可分为北、中、南三区，其中北区为汉代精绝国的地域范围，中区是鄯善国凯度多州时期的行政中心和宗教中心，参见刘文锁：《尼雅遗址形制布局初探》，中国社会科学院研究生院博士学位论文，2000年。

[6]〔英〕斯坦因著，巫新华等译：《古代和田》第一卷第401页，山东人民出版社，2009年。

[7] 殷晴：《丝绸之路经济史研究》第528页，兰州大学出版社，2012年。

[8] 佉卢文文书中多次提到山地人、苏毗人频繁袭扰精绝国，有学者认为这些人属于阿尔金山游牧的羌人部落，也有学者认为是青藏高原上的古藏人。

[9]〔英〕斯坦因著，向达译：《西域考古记》第85、103页，商务印书馆，2013年。

[10] 林梅村：《沙海古卷》第81、82页，文物出版社，1988年。

[11] 林梅村：《沙海古卷》第99、124、125页，文物出版社，1988年。

[12] 杨逸畴：《尼雅环境的演化和文明兴衰》，见《中日共同尼雅遗迹学术调查报告书（第二卷）》第325—328页，中村印刷株式会社，1999年。他的观点重点仍放在水资源短缺的因素上，只是缺水的原因，可能是自然环境所致，也可能是战争、瘟疫等原因破坏了水源、水系等。根据目前的考古发现，所谓战争、瘟疫破坏水源这些论点缺少证据，并不能成立。

[13] 岳廷俊：《尼雅遗址废弃浅析》，《西北史地》1999年第4期。

[14] 李并成：《塔里木盆地尼雅古绿洲沙漠化考》，《中国边疆史地研究》2015年第2期。

[15] 《汉书·西域传下》。

[16] 《晋书·四夷传》。

[17] 《晋书·张骏传》。此处的焉耆前部应指焉耆、车师前部。

[18] 《晋书·四夷传》。

[19] 据《资治通鉴·晋纪》，"张骏伐焉耆"事在永和元年（公元345年）十二月，永和二年（公元346年）五月丙戌，张骏薨，张重华继位。同年后赵将军"王擢击张重华，袭武街，执护军曹权、胡宣，徙七千余户于雍州。凉州刺史麻秋、将军孙伏都攻金城，太守张冲请降，凉州震动。重华悉发境内兵，使征南将军裴恒将之以御赵"。详见［北宋］司马光编著：《资治通鉴·晋纪十九》，中华书局，2011年。

[20] 永和九年（公元353年）二月，张重华以王擢（时已投靠前凉，受张重华宠信）为"征虏将军、秦州刺史、假节，使张弘、宗悠率步骑万五千配擢，伐苻健。健遣苻硕御之，战于龙黎。擢等大败，单骑而还，弘、悠皆没"，事见《晋书·张骏传》；永和九年五月，"张重华复使王擢率众二万伐上邽，秦州郡县多应之；苻愿战败，奔长安。重华因上疏请伐秦，诏进重华凉州牧"，但是还未受诏就已病逝，事见《资治通鉴·晋纪二十一》卷九十九。

[21] 《晋书·苻坚载记上》。

[22] 《资治通鉴·晋纪二十六》。

[23] 《晋书·苻坚载记上》。

[24] 《资治通鉴·晋纪二十六》。

[25] 《晋书·苻坚载记下》。

[26] 《晋书·吕光载记》。

[27] 《晋书·吕光载记》。

[28] 西域各国在面对战争威胁时，也往往将国中居民迁到国王居住的国都中，据城自守。

邺城地区发现北齐刘通墓再论

沈丽华

2007年11月，安阳市文物考古研究所为配合南水北调中线工程河南省安阳段建设，在安阳县洪河屯乡上柏树村东南地，发现一座北齐砖室墓，并对该墓进行了抢救性清理。据出土墓志记载墓主人为刘通，字杀鬼。墓葬的正式报告已发表，报告对墓葬情况进行了详细介绍，并在附录中对墓志内容进行了考释[1]。报告中首次提出刘通即北齐著名画家刘杀鬼。近两年，先后有两篇文章对刘通墓志进行过再讨论，并一致认为刘通即北齐画家刘杀鬼，并强调该墓志的出土对研究中国古代绘画史的重要性[2]。然而仔细分析上述研究的论证过程，发现志主刘通与北齐画家刘杀鬼的对应除名字相似外，其余并无可靠契合点。研究者因过于强调志主的名人身份，而忽视了对墓志的重要载体——墓葬本身的关注与研究。故此本文不揣简陋，试作再讨论，以求教于方家。

一、刘通墓志及录文

刘通墓志由志盖和志石两部分组成，均呈方形。志盖盝顶，边长0.62米，盖顶中部阳文篆书"齐故开府仪同刘公铭"，铭文左右两侧对称各有一个铁环。志石边长0.62、厚约0.12米，表面磨光，方界格内镌刻遒劲魏碑体文字，志文27行，满行27个字，除去文末空白行、空白字，共计702个字[3]，志文释读如下（ 」为换行符号）[4]。

　　公讳通，字杀鬼，太安狄那人也。昔呪［祝］起华封，唐朝富其贻厥；图开水市[5]，」炎运启其维翰。金行不竞，避地辽海。虽负荷未远，而析薪弥盛。乃祖乃」考，世为乡酋，有文有武，立功立事。公膺半千之运，怀体二之才，幼表希」声，长多壮节。少以良家之胄，占募有功，解巾积射将军。魏鼎方轻，周川」已震。太祖神武 皇帝奋此长辔，初弘霸图。公室对中阳，勋参上塝」，以正都督，除代郡太守，转中散大夫。高仲密以虎牢外叛，远结秦陇，赫」赫东都，群飞不制。我为先路，殪彼触山，除河阳镇将。久之，迁使持节、梁」州诸军事、征虏将军、梁州刺史。地惟魏徒，都会在焉。吹台余哥［歌］管之声」，沮涣濯䌷皴之色。人物殷杂，浇伪攸生。公术以制之，一变成道。以本将」军寻除颍州刺史。皇齐改物，复迁郢州刺史，封蒙水县子、食瘿遥县」幹、别封新市县开国男，邑二百户。又除骠骑大将军、仪同三司。寻加开」府，出为瀛洲六州大都督。公机神标映，墙宇凝深，事必生知，无侍名教」。虽南林击猿之术，南皮射雉之工。道秘枕中，共传圮上。攀云而举，捧日」而游。令图共金石相宣，逸气与烟霞俱上。及位侔星鼎，望高廊庙，顾龙」祈如粪土，比富贵于浮云，故以荣辱两忘，得丧俱遣。方斯仁者必寿，永」赞隆平，而刘祯之疾忽侵，雍门之悲奄及，武平三年四月三日薨于所」部。以十一月

作者：沈丽华，北京市，中国社会科学院考古研究所，助理研究员。

廿三日窆于邺城西南廿五里野马岗南，诏赠使持节、安丨平赵三州诸军事、赵州刺史、中书监，礼也。道长世短，海徙山藏，将恐桂丨阳县里，无复人民之奋；阙里宅内，唯余琴瑟之声。若不铭此贞石，讫兹丨幽壤，何以识滕令之城，表曹侯之墓。词曰：

探珠南海，采玉西昆。我求明德，还因盛门。高车四马，长戟旌幡。知希则丨贵，道在为尊。昌源不已，狷狋才子。孝充竭力，忠遗虚已。内结权奇，外赞丨英峙。寒交每折，春水方生。戈船旦动，枥马霄惊。将军拥剑，秉律横行。卫丨霍非武，孙吴愧名。屡属搴帷，遂膺袤服。民庶载仰，台阶遗肃。鹏飞息海丨，鸿渐罢陆。天下嗟伤，辰中发怆。冠军知宠，长安照葬。文物葳蕤，声鸣寥丨亮。佳城一掩，祁山已望。昔游京洛，道上光生。金素荒陇，相看涕零。霜才丨草色，风动松征。人生到此，空擅高名丨。

二、墓志反映的问题

（一）志主刘通的籍贯、出身和生卒年

据志文记载，刘通为太安狄那人。《魏书·地形志》载："朔州，本汉五原郡，延和二年（公元433年）置为镇，后改为怀朔，孝昌中改为州。后陷，今寄治并州界。领郡五、县十三。大（太）安郡领县二：狄那、捍殊。"[6]怀朔是北魏六镇之一，北魏道武帝定都平城以后，为防御来自北方草原的游牧民族柔然的入侵，在北部边境自西向东设置了沃野、怀朔、武川、抚冥、柔玄、怀荒等六镇，其中尤以怀朔为重[7]。朔州治所原在云中（今内蒙古和林格尔西北），后移至怀朔镇（今固阳县东北的城圐圙古城），这里既是北魏拓跋鲜卑起家的地方，也是从平城出塞和从漠北南下中原的主要通道"稒阳道"（也称"中道"）的要冲所在[8]。

在北魏前中期，怀朔居民主要是鲜卑氏族成员和来自中原的强宗子弟，并由鲜卑贵族担任镇将[9]。出身怀朔镇的人又以太安郡狄那县为著[10]，见于《北齐书》的有安德郡王韩轨、车骑大将军尉长命、车骑大将军莫多娄贷文、东夏州刺史斛律羌举、骠骑大将军步大汗萨、北豫州刺史王纮和出自捍殊县的御史中尉窦泰等，据出土墓志可知出身怀朔的还有顺阳王厍狄迴洛[11]、乐陵郡王高百年妻斛律氏[12]、东安王娄叡[13]等，这些均是出身鲜卑贵族的上层高级武官或其眷属，另外值得注意的是北齐的开创者高欢亦为怀朔出身[14]。

邺城地区出土的刘姓墓志除刘通墓志外，还有4方，分别是武平元年朔州刺史刘双仁"君讳双仁，字德，广平人也。斩白蛇以统历，膺赤伏以重龟"[15]，武平元年泉城王刘悦"王讳悦，字优昕，太安郡狄那人也。綦夔龙於遂古，罢秦鹿于前朝。……祖折，领民酋长"[16]，武平二年中坚将军刘忻"君讳忻，字始触，弘农胡城人也。……则天成业，斩蛇继起"[17]，武平四年长乐王郎中刘贵墓志"君讳贵，字宗。河间人，献王德之后也"[18]，另有出土地不详的兴和二年尚书右仆射刘懿"君讳懿，字贵珍，弘农华阴人也。自綦龙启胄，赤乌降祥……"[19]。综合上述几方墓志可以发现，除刘贵墓志直称为河间献王刘德之后外，余均较为隐晦地提到西汉高祖刘邦斩蛇、灭秦，东汉光武帝刘秀中兴等事迹，其中特别是刘懿经考证应为《北齐书》所记刘贵（珍），实为出身秀荣阳曲（今山西太原北部）的杂胡[20]；而刘悦亦出身太安郡狄那县，且祖父刘折曾任领民酋长。由此看来，尽管在刘通墓志中提到汉高祖刘邦由沛县起家，但也难脱攀附之嫌。据"乃祖乃考，世为乡酋"推测，刘通实应亦为出身鲜卑部落的胡人。北魏太和十九年（公元495年），孝文帝迁洛后，为推行汉化政策，改鲜卑姓为汉姓，其中改为刘姓的就有原独孤氏[21]，属于勋旧八姓，是鲜卑的重要部落之一。那么，刘通应该是独孤氏改姓刘氏的鲜卑后裔。

志文载刘通于北齐武平三年（公元572年）薨于所部，并未记载死亡时的年龄，但记载了其追随高欢的事迹。高欢的崛起大致始于北魏正光五年（公元524年）六镇起义前后，从刘通曾担任的代郡太守一职来看，因代郡始置于东魏天平二年（公元535年）[22]，那么刘通的出生年月则必然早于这一时间，但从姓氏角度考量又应晚于太和十九年（公元495年），因此其出生年月应在公元495—535年间。若假设其15岁起家，那么刘通大约出生于公元510年，到北齐末去世时约62岁。关于其死亡原因，志文载"隆平而刘祯之疾忽侵，雍门之悲奄及"，刘祯是东汉末"建安七子"之一，富于才名，建安二十二年（公元217年）死于邺中大疫，刘通或许也卒于疫情，而非正常亡故。

（二）志主刘通的生平历官

志文对刘通生平事迹的记叙主要集中在历官上。刘通因鲜卑贵族出身和占募军功，起家为积射将军（正七品上阶）。积射将军初设于西晋武帝时期，南北朝沿用，是宫中宿卫值勤武官。北魏末东魏初，刘通追随高欢图谋大业，于天平中担任代郡太守，并转中散大夫（正四品）。代郡是北魏旧都平城所在，初设于东魏天平二年（公元535年），刘通可能是代郡建置后的第一任太守。中散大夫掌论议政事，非其实职。

东魏武定元年（公元543年），御史中尉高仲密因为权臣高澄猥亵他的妻子李氏和政治上的一些过节，在出任北豫州刺史后，于洛阳虎牢关外叛，投靠了西魏政权，这对当时的东魏政权而言是一个极大的打击[23]。于时，刘通被委任为河阳镇将（正四品），河阳位于今天的河南孟州[24]，南与洛阳隔黄河对望，在东西魏频繁战争期间，实即属于前沿阵地。之后，刘通又迁任使持节梁州诸军事、征虏将军、梁州刺史（从三品）。梁州初置于东魏天平年间，治所在大梁城（今河南开封）[25]。担任梁州刺史期间，因为东魏迁都不久，社会还比较混乱，刘通表现出了优秀的治理才能，"术以制之，一变成道"。东魏武定八年（公元550年），刘通转任颍州刺史，颍州治所在汝阴县（今河南阜阳）[26]。

北齐禅替东魏后（公元550年），刘通迁为郢州刺史，封蒙水县子、食瘿遥县干，新市县开国男，邑二百户。郢州原为南朝属地，在南北战争期间多有更迭，东魏武定七年（公元549年）为南司州，北齐时才改为郢州，治所在平阳县（今河南信阳）[27]。蒙水县属凉州建昌郡。瘿遥县属殷州钜鹿郡，西汉始设，原名瘿陶县，北齐天保七年（公元556年）省瘿陶县并入瘿遥县[28]。新市县隶属定州中山郡，西汉始设[29]。蒙水县子和新市县开国男均是刘通被授予的勋爵，北齐置王爵与五等爵，王爵超品，其余诸爵视魏制各降一阶，则依北齐制度，刘通爵品在四、五品之间。

北齐时期，刘通又除骠骑大将军、仪同三司，寻加开府（从一品），出为瀛洲六州大都督。骠骑大将军为武官军阶名，属于朝廷重臣的加官，北齐为正二品。仪同三司即仪制与三公（司空、司马、司徒）相同，开府意即可开府辟官，均属于国家对未赐予三公的功臣的一种殊遇。瀛洲，治赵军都城，控制范围约相当于今河北沧州至保定一代。

刘通于北齐武平三年（公元572年）去世，诏赠使持节安平赵三州诸军事、赵州刺史、中书监（从二品）。中书监是中书省的长官，掌管诏命起草等重要政务。刘通死后应是按从二品的级别下葬的，丧葬时间间隔7个月20天，与其卒于地方[30]后迁回邺城下葬有关。

综上所述，可将刘通生平大致归纳如下（表一）。

表一

刘通生平表

公元纪年	历史年号	推测年龄	主要事迹
510	北魏永平三年	0	出生
525	孝昌元年	15	起家积射将军
535	东魏天平二年	25	以正都督除代郡太守、转中散大夫
543	武定元年	33	除河阳镇将
549	武定七年	39	迁使持节梁州诸军事、征虏将军、梁州刺史
550	武定八年	40	以本将军寻除颍州刺史
550	北齐天保元年	40	复迁郢州刺史，封蒙水县子、食瀍遥县干、别封新市县开国男，邑二百户，又除骠骑大将军、仪同三司，寻加开府，出为瀛洲六州大都督
572	武平三年	62	四月三日薨于所部，以十一月廿三日窆于邺城西南廿五里野马岗南，诏赠使持节、安平赵三州诸军事、赵州刺史、中书监

三、志主刘通与北齐画家刘杀鬼的纠葛

关于北齐著名画家刘杀鬼的记载主要见于唐人张彦远的《历代名画记》，该书是中国历史上第一部论述绘画源流的通史性著作，历代传抄翻刻不止。自明清迄今，从东亚到欧美，海内外学者对它的关注与研究也一直非常繁盛[31]。该书第八卷著录了北齐的十位画家，其中关于刘杀鬼生平的记载较为简略，兹抄录如下："刘杀鬼（下品），与杨子华同时，世祖俱重之。画斗雀于壁间，帝见之为生，拂之方觉。常在禁中，锡赉巨万。任梁州刺史。"[32]

据此可知，刘杀鬼擅画斗雀，是北齐时期的著名画家之一，与画圣杨子华、曹仲达等齐名，为当时的皇帝世祖高湛所喜爱。南北朝时期，文人有在佛寺作画的传统，唐人裴孝源的《贞观公私画史》中还记载了邺中北齐大定寺有刘杀鬼画壁的史事[33]。不过比较遗憾的是，北齐时期邺城佛寺林立，大定寺在邺城的位置和地位目前尚不可考。

北齐世祖武成帝高湛为高欢第九子，公元561—565年在位。因此，刘杀鬼为高湛看重也应该在这一时间段，并且据"常在禁中"可知其曾长时间生活在宫廷内。比刘杀鬼名气更大的杨子华，"世祖时，任直阁将军、员外、散骑常侍。……世祖重之，使居禁中，天下号为画圣，非有诏不得与外人画"。既然杨子华和刘杀鬼能被同时提到，并被强调与"禁中"的密切关系，那么想来二人的身份、年龄或许应该具有一定近似性。再省视《历代名画记》中提到的十位北齐著名画家，高孝珩是文襄帝高澄第二子，萧放为梁武帝之弟南平王萧伟之孙、萧祗之子[34]，此二人均是皇室成员。杨子华、田僧亮、刘杀鬼三人身世不详，但均与宫廷关系密切。曹仲达是来自中亚的曹国人，殷英童、高尚士、徐德祖、曹仲璞等四人均有名无传。总体看来，这十人或者贵为皇胄，或者身份较低，但却能时常出入宫廷，令人怀疑如杨子华、田僧亮、刘杀鬼等甚至有可能是宫廷之内官。

那么，刘通墓的发掘者和一些学者将志主刘通和北齐画家刘杀鬼画上等号，是否准确呢？总结一下，他们形成判断的依据主要有两点：第一，志主刘通字杀鬼，与《历代名画记》所记名字相仿[35]；第二，后人在点校《历代名画记》时，在"刘杀鬼"条"梁州刺史"文后注引《北齐书·词苑传》，而《北齐书·樊逊传》所记刘杀鬼与志主刘通事迹相符。

仔细分析一下，可以发现首先第一点肯定不能作为核心依据，我们知道古人重名较多，况且刘通、刘杀鬼名字本身就较为普通。邱亮、孔德铭在检索资料时已发现有《魏书·崔休》传中的青州刘通、《高刘二姓造像记》中的"刘煞鬼"[36]，2014年邺城考古队在发掘东魏北齐曹村窑址时，亦

发现在建筑瓦件上戳印有“刘煞鬼”铭文[37]，这三处资料中的刘通或刘煞鬼均是一般民众或工匠，没有与志主刘通或者画家刘杀鬼形成关联的可能性。

这样问题就集中在第二点“梁州刺史”上了。审视《北齐书·文苑·樊逊传》记载：樊逊原为崔暹的宾客，东魏武定七年（公元549年）因崔暹被徙于边裔，宾客散尽，而暂居陈留。“梁州刺史刘杀鬼以逊兼录事参军，仍举秀才。”武定八年（公元550年）“军还，杀鬼移任颍川，又引逊兼颍州长史”[38]。樊逊是北齐时期著名文人，曾作为主书参与校订群书的工作，刘杀鬼对其有知遇之恩。正史中记载的刘杀鬼“武定七年任梁州刺史”“武定八年移任颍川”，时间点上与志主刘通事迹相符，再加上名字相同，可以认为《北齐书》中的刘杀鬼与志主刘通应为同一人。

可是《历代名画记》中的刘杀鬼与正史中的刘杀鬼是否为同一人呢？《历代名画记》提到“梁州刺史”与正史及墓志中的“梁州刺史”能否等同呢？从志文记载来看，志主刘通北齐天保以后出为瀛洲六州大都督，武平三年四月三日薨于所部，其在武成帝高湛时期（公元561—565年）年50余岁，身居高位，是个值守在外的高级武将，没有在都城乃至宫廷生活的迹象。此外，志文中也没有见到任何与艺术才能相关的文字[39]。因此，有必要重新考虑《历代名画记》的版本流传问题[40]。

《历代名画记》在流传过程中分卷子本（即抄本）和雕版印刷本。北宋初年编修的《太平御览》（公元978年）和《太平广记》（公元983年）是目前可见最早引用《历代名画记》的书目，前书〈画〉条下引用二十条，后书在〈画〉下引用三十七条，两者所引用内容均应引自卷子本。而现在通行的《历代名画记》各版本则源于南宋理宗时临安书棚雕印本，不过该雕印本早已不存，实际流传下来的是卷首目录后有“临安府陈道人书籍铺刊行”的两个抄本以及据此刊印的明万历《王氏画苑》郧阳刊本、金陵刊本等。卷子本与雕版印刷本之间的差别可互补的地方较多[41]。

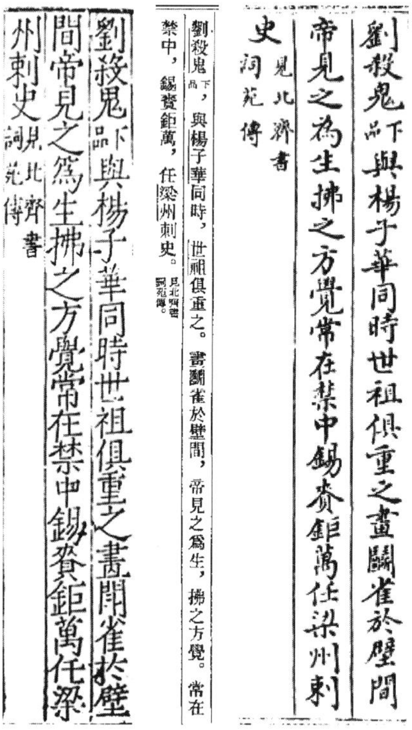
劉殺鬼品下與楊子華同時世祖俱重之畫鬬雀於壁
間帝見之爲生拂之方覺常在禁中錫賚鉅萬任梁
州刺史見北齊書詞苑傳

劉殺鬼品下，與楊子華同時，世祖俱重之。畫鬬雀於壁間，帝見之爲生，拂之方覺。常在
禁中，錫賚鉅萬，任梁州刺史。見北齊書詞苑傳。

劉殺鬼品下與楊子華同時世祖俱重之畫鬬雀於壁間
帝見之爲生拂之方覺常在禁中錫賚鉅萬任梁州刺
史見北齊書詞苑傳

1　2　3

图一　《历代名画记》不同版本
1. 台北国图藏明嘉靖刻本　2. 上海人美《画史丛书》1963据明崇祯津逮秘书本　3. 文渊阁四库全书本

《太平御览》卷七百五十一《工艺部八》关于刘杀鬼的记载是：“北齐刘杀鬼，与杨子华同时，世祖俱重之。画斗雀于壁间，帝见之为生，拂之方觉。常在禁中，锡赉巨万。任梁州刺史。”李昉《太平广记》卷第二百十一《画二》关于刘杀鬼的记载是“北齐刘杀鬼，与杨子华同时，世祖俱重之。画斗雀于壁间，帝见之为生，拂之方觉。常在禁中，锡赉巨万。任梁州刺史，名见北齐书”。明以后各刊本“刘杀鬼”条前面文字均一致，但在文末“梁州刺史”后多了一行小字“见《北齐书·词苑传》”[42]（图一）。由此可见，从《太平御览》至《太平广记》，关于刘杀鬼的记载，多了“名见北齐书”的注脚；而到明以后各刊本中又演化成“见《北齐书·词苑传》”，实际上我们现在能见到的《北齐书》也并无《词苑传》，只有《文苑》，故此这行不断变化的小字应非张彦远原文，而是后人的补注。如此而言，将《历代名画记》中的画家刘杀鬼和《北齐书》挂钩，实为宋代以后人一厢情愿的拉郎配。北齐中后期，朝政混乱，赠官卖官较多，这里的“梁州刺史”恐非实职，正史及墓志中的刘通均是在东魏时期担任梁州刺史，时至北齐中后期为开府、瀛洲六州大都督，彼时刘通级别更高。若按《历代名画记》记载刘杀鬼受宠是在武成帝高湛时期，于时不提其更高官职而言早期低级官职也是不可理解的[43]。

综上所述，从历官情况和时间节点的吻合度而言，志主刘通与《北齐书·樊逊传》中的刘杀鬼应是同一人，但与《历代名画记》所记北齐著名画家刘杀鬼实非同一人，由于文献传抄和今人理解的问题，才让一些研究者们轻易将他们画上了等号。

四、刘通墓的学术意义

研究者们由于过于希望能证实志主刘通的名人身份，以强调该墓志的出土对中国古代绘画史研究的学术意义，而忽略了对墓志的重要载体——墓葬的关注与研究，因而忽视了墓葬本身所具有的更为重要的学术意义。

刘通墓为长斜坡墓道单室砖室墓，由墓道、甬道和墓室三部分组成（图二）。墓道暴露于地表部分长5.84、宽2.1—2.3米。甬道长2.7、内宽1.4、内高2.36米。甬道内设石门一道，石门左右两侧有兽面石门墩一对，在石门南侧设壁龛各一，内高1.54、进深0.35米。甬道前后两端有砖砌封门墙，甬道前端封门墙上方设有挡土墙，挡土墙上彩绘壁画，从残迹推测应为仿木构门楼。墓室平面呈弧方形，东西长4.64、南北宽4.86米，因顶部遭破坏高度不详。墓室早年曾被盗扰，墓志位于甬道口，随葬品多集中于墓室前半部，但分布规律不清，出土包括陶武士俑、骑马俑、伎乐俑和陶

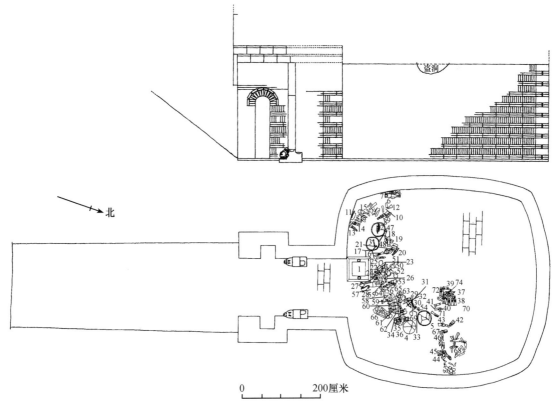

图二　刘通墓平、剖面图

1.墓志　2—5.陶盘　6、7、15、22—24、26、27、50、52、53、55、56.骑马俑
8—10、12—14、16—21、29—46、57、66—68、70—72、74.人物俑　11.陶碓　25.陶牛　28.陶骆驼
47、48.陶猪　49.陶俑（叠压）　51、64、65.陶鼓（另有2件叠压在64、65下）　54.陶龟　58—63.陶马
69.陶井　73.瓷盂（填土）　75.陶虎子　76.陶狗

猪、狗、牛、井、灶等各类随葬品100余件，同时墓葬中还出土了一合青石墓志[44]。

从墓葬形制看，刘通墓是继和绍隆墓[45]之后再次在漳河以南的安阳地区发现的东魏北齐时期中型砖室墓。到目前为止，安阳地区发现的东魏北齐时期砖室墓共计9座，占邺城地区发现的东魏北齐墓葬总数（22座）的40%，但是中型以上砖室墓75%都位于漳河以北的磁县北朝墓葬群区域，而分布在安阳地区的则以小型砖室墓和土洞墓为主。

就墓葬规模而论，刘通墓在邺城地区砖室墓中属于中型墓葬[46]，但却是安阳地区发现的最大型砖室墓。和绍隆墓墓室边长仅3.5—3.6米，之后在附近区域发现的叔孙多奴墓和贾宝墓墓室边长分别是2.9—3.28、3.25—3.88米[47]，而刘通墓墓室边长达4.64—4.86米，这刷新了以往对于邺城地区东魏北齐大中型墓葬均分布于磁县北朝墓群的认知。

据墓志记载，刘通于武平二年"窆于邺城西南廿五里野马岗南"。邺城遗址位于今河北省临漳

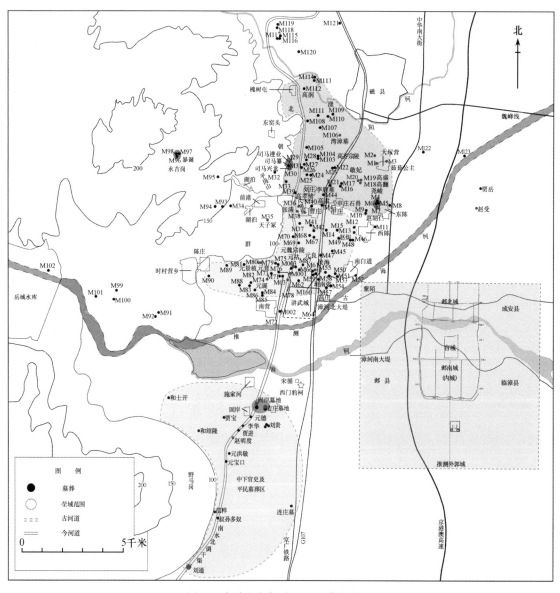

图三　东魏北齐邺城地区墓葬分布图

县西南约20千米处，是东魏北齐时期的国都所在。北齐1里合541.8米（1尺=0.301米），则25里约合13545米，大致相当于今天的13.5千米。刘通墓位于安阳洪河屯乡上柏树村东南，其东北13.5千米处大致相当于邺南城（东魏北齐邺城之内城）西南角所在，也即是说志文对于墓葬坐标的描述，是相对于东魏北齐邺城的内城而言。以城市为坐标记录墓葬位置，是邺城地区北朝墓志的普遍特点。野马岗据考证为安阳县洪河屯乡西侧东西向绵延的高岗，刘通墓位于该高岗的东南方向，是目前发现位于邺城西郊北朝墓群中最南端的墓葬，这对于邺城地区东魏北齐墓群的分布范围和平面布局研究具有较为重要的学术意义[48]（图三）。

五、结　语

综上所述，刘通墓的发掘及墓志出土具有较为重要的学术意义。

（1）刘通墓属于考古发掘的北朝墓葬，墓葬形制清晰、规模较大。甬道前端挡土墙立面彩绘仿木结构门楼形象，增添了该类墓葬实例。墓室内出土器物组合完整，墓志纪年明确，对于邺城地区东魏北齐墓群布局乃至北朝丧葬制度研究具有较重要的学术价值。

以往对于邺城地区北朝墓葬的认识，一般将重点放在磁县北朝墓群上，近年来在漳河以南的河南省安阳县境内不断发现北朝墓葬，且不乏级别较高者，逐渐将学者们的目光吸引到邺城西南郊野马岗这个区域。邺城西南郊地处太行山东麓，西枕野马高岗，北有漳河，东对邺城，地理位置优越，从汉晋以来逐渐被用作墓地，到东魏北齐时期达到一个巅峰，这与东魏北齐邺城不断向南开拓有着必然的联系。刘通墓位于目前所知的北朝墓群的最南端，给墓群的范围和平面布局研究提供了重要线索。

（2）由于文献中无刘通本传，墓志志文的记载补充了文献记载的不足，为相关史实研究提供了重要凭证。但是近年来一些学者将志主刘通与北齐著名画家刘杀鬼轻易画上等号，这种做法恐不可取。

附记：2007年11月至2009年9月，受考古系刘凯军老师安排，笔者在攻读硕士学位期间曾经给先生做了两年的文字助手。彼时先生正着力进行《中国考古学·宋元明卷》都城和帝陵部分的写作工作，因先生不善于使用电脑，所以由我负责文字录入和核校工作。还记得那段时间的工作程序是：先生先撰写文字稿，每隔几天电话通知我到办公室取手稿，然后拿回望京的研究生院录入，录入完成后打印出文稿再和手稿一起送还给先生，先生会对着手稿再核对一遍打印稿。在工作之初因我不熟悉先生字迹，不时会有文字遗漏或串行的情况出现，故此免不得返工，一开始先生还颇为生气，因为这会增加他的工作量并影响工作进度；不过一段时间之后我就可以做到基本无误，但是先生在拿到打印稿后仍然会认真核对一遍，连标点符号也不会放过。第一年主要做的是都城部分的工作，第二年因考虑到要撰写自己的毕业论文，担心耽误时间，所以曾一度拒绝，但是后来经过一些波折之后，还是由我和李萌继续承担这项工作。由于之前工作的关系，先生对我比较信任，所以帝陵部分的工作主体还是由我承担。

经过两年的工作，先生给我留下了特别深刻的印象是严肃、认真、勤奋、著作等身，还有就是嗜烟酒。先生一向比较严肃，不苟言笑，话语也不多。和先生相处时，除了讨论文稿很少涉及其他问题，后来熟悉之后，在不是很忙碌的时候也会聊聊天，但多半是我在提问，当然先生偶尔也会说起一些研究所的故事。先生生活特别简单，退休之后无论寒暑依然每天都到中国社会科学院考古研究所八楼办公室从早工作到晚，从东总布胡同到东厂胡同，从自行车到电瓶车，道路变了，出行方式变了，先生的工作状况始终未变。两年的工作时间，与先生从不熟悉到熟悉，先生的严肃、认真和勤奋令人钦佩。两年的时间，先生一笔一画的手书了两百余万字，而我也在电脑前默默地敲打了这两百余万字。不得不感慨先生治学的勤奋，作为一个学者而不是作家能做到著作等身，没有非凡的勤奋和努力是决计做不到的，这也是和先生闲聊时他颇为自得的一点。据我所知，先生在我认识以来的十余年间至少已出版了不下五部学术专著[《明代宫廷建筑史》（2010年）、《新疆考古论集》（2010年）、《明朝都城》（2013年）、《尼雅遗址与于阗史研究》（2017年）等]和数篇高质量的学术论文。

先生极为嗜烟酒。记得在工作的那两年间，每进先生办公室如入仙境，烟雾缭绕，拿回来的文稿都要放在窗台上好好晾上几天才能打开录入。有次春节回家前给先生送文稿，被留下吃饭，先生估计是循例拿出了酒，几杯下肚我就开始晕晕乎乎，而先生依然红光满面，然后开始给我讲些往事，不胜酒力的我只能仓皇应对。大概是由于常年写作、过度劳累，再加上先生抽烟可能真的有点多了，前几年被查出些问题，曾住多次医院，先生就不再抽烟了。因为身体原因，先生也不再每天都来所里，习惯了之前的天天见面，突然见面少了，开始变得期待每次的偶遇。

和先生工作的两年正是我准备和撰写学位论文的两年，虽然先生没有对我的论文进行直接指导，但是在频繁的接触和文稿的录入修改过程中，先生却教了我很多，包括研究选题、写作思路、写作规范等。这篇文章虽非当初的学位论文，但却也有些关联。2019年将迎来先生的八十大寿，谨以此文恭祝先生生日快乐，身体康健！

注　释

[1] a. 河南省文物局：《安阳北朝墓葬》，科学出版社，2013年。
　　b. 党相魁、孔德铭：《北齐刘通墓志考释》，见《安阳北朝墓葬》附录二，科学出版社，2013年。
[2] a. 董睿：《安阳北齐画家刘杀鬼墓志铭考释》，《民族艺术研究》2016年第5期。
　　b. 邱亮、孔德铭：《河南安阳出土北齐刘通墓志考释》，《中国国家博物馆馆刊》2017年第9期。
[3] 发掘报告正文中称志盖、志石边长均为0.62米，但由发掘者联合署名发表在《中国国家博物馆馆刊》上的文章中却称志盖、志石边长0.68米，不知何故？不过据发掘报告中拓片所附比例尺测算，似应以62厘米为准。
[4] 自2008年该墓葬获报道（《南水北调多项新发现填补安阳考古空白》，《安阳广播电视报》2008年11月13日）以来，先后在《文化安丰》（2011年）、《安阳北朝墓葬》（2013年）中公布了较为清晰的拓片。此后，在报告附录及上述两篇文章中均对墓志进行了释读，其中以最新发表在《中国国家博物馆馆刊》上的释文为佳，但也有少许错误，今略作补正。
[5] "市"非"市"，"水市"即"沛"字分解，"图开水市"喻指"（高祖刘邦）在沛县大展宏图"。
[6] 《魏书·地形志》。
[7] 对于六镇设置时间和目的，学界亦有不同意见。详见佐川英治：《北魏六镇史の研究》，见《大青山一带の北魏城址の研究》，2013年。
[8] a. 刘幻真：《固阳县城圐圙北魏古城调查》，见《包头文物考古文集（上）》，内蒙古大学出版社，2009年。
　　b. 内蒙古文物工作队：《内蒙古白灵淖城圐圙北魏城遗址调查与试掘》，《考古》1984年第2期。
　　c. 魏坚：《北魏六镇城址的调查与初步研究》，见《庆贺徐光冀先生八十华诞论文集》，科学出版社，2015年。
[9] 王仲荦：《魏晋南北朝史》第564页，上海人民出版社，1980年。
[10] a. 王仲荦：《北周地理志》之"北魏延昌地形志北边州镇考证"，第1086—1091页，中华书局，1980年。
　　b. 佐川英治：《北魏六镇史の研究》，见《大青山一带の北魏城址の研究》第4页，2013年。
[11] "王讳洛，字迴洛，朔州部落人也"，见山西省考古研究所：《寿阳北齐厍狄迴洛墓》，《考古学报》1979年第3期。
[12] "妃姓斛律氏，朔州部落人"，见赵超：《汉魏南北朝墓志汇编》第419页，天津古籍出版社，1992年。
[13] "王讳叡，字休口，太安狄那汗殊里"，见赵超：《汉魏南北朝墓志汇编》第441页，天津古籍出版社，1992年。
[14] 《北齐书·神武帝纪》。

[15] 赵超：《汉魏南北朝墓志汇编》第444页，天津古籍出版社，1992年。

[16] 赵超：《汉魏南北朝墓志汇编》第445、446页，天津古籍出版社，1992年。

[17] 赵超：《汉魏南北朝墓志汇编》第452、453页，天津古籍出版社，1992年。

[18] 河南省文物局：《安阳北朝墓葬》第73页，科学出版社，2013年。

[19] a. 赵超：《汉魏南北朝墓志汇编》第335—337页，天津古籍出版社，1992年。
    b. 有说该墓志出于山西忻州九原岗，见高维德：《刘懿墓志考辨》，《晋阳学刊》1984年第2期。

[20] 高维德：《刘懿墓志考辨》，《晋阳学刊》1984年第2期。

[21] 《魏书·官氏志》。

[22] 《魏书·地形志》："代群秦置，孝昌中陷，天平二年置"。

[23] 《北齐书·高慎传》、《资治通鉴》卷158。

[24] 施和金：《北齐地理志》第256页，中华书局，2008年。

[25] 施和金：《北齐地理志》第397页，中华书局，2008年。

[26] 颖州多有变更，详见《北齐地理志》。

[27] 施和金：《北齐地理志》第671页，中华书局，2008年。

[28] 《魏书·地形志》。

[29] 施和金：《北齐地理志》第45页，中华书局，2008年。

[30] 结合志文前文记载，"薨于所部"或指"瀛洲"。

[31] 罗世平：《回望张彦远——张彦远〈历代名画记〉的整理与研究》，《造型艺术学刊》2006年。

[32] （唐）张彦远撰，秦仲文、黄苗子点校：《历代名画记》，北京人民美术出版社，1963年。

[33] （唐）裴孝源：《贞观公私画史》，上海人民美术出版社，1982年。

[34] 《北史》卷二十九列传第十七《萧祗传》。

[35] 有研究者还试图解释名字互倒问题。邱亮、孔德铭：《河南安阳出土北齐刘通墓志考释》，《中国国家博物馆
    馆刊》2017年第9期。

[36] 邱亮、孔德铭：《河南安阳出土北齐刘通墓志考释》，《中国国家博物馆馆刊》2017年第9期。

[37] 沈丽华、朱岩石、何利群：《河北临漳邺城遗址曹村青釉器窑址》，见《中国重要考古发现·2016》，文物出
    版社，2017年。

[38] （唐）李百药撰，唐长孺点校：《北齐书》第四十五卷，中华书局，1972年。

[39] 邱亮、孔德铭在《河南安阳出土北齐刘通墓志考释》一文第三部分对志文的解释多有附会之嫌。

[40] a. 关于《历代名画记》的版本源流问题，宿白先生论述颇清楚，见《张彦远与〈历代名画记〉》，文物出版
    社，2008年。
    b. 罗世平对此也有讨论，《回望张彦远——张彦远〈历代名画记〉的整理与研究》，《造型艺术学刊》2006年。

[41] 关于版本问题，详见宿白：《张彦远和〈历代名画记〉》，文物出版社，2008年。

[42] a. （唐）张彦远著，俞剑华注释：《历代名画记》第158页，上海人民美术出版社，1964年。
    b. 秦仲文、黄苗子点校本：《历代名画记》，人民美术出版社，1963年。
    c. 〔日〕冈村繁译注，俞慰刚译：《历代名画记译注》第388、389页，上海古籍出版社，2002年。

[43] 按照正史和墓志记载的惯例，一般在指代某人身份时是以其生前最高实职或勋爵为代表，而很少有以初级官职
    指代的现象。

[44] 比较遗憾的是，由于盗掘破坏，刘通墓剩余的信息就较少，再加上该墓葬是在建设工程已然开始后，文物部门
    巡视时才发现，因此所谓发掘只是抢救性清理，工作做得不够细致。而发掘报告编写也较为草率，墓葬平剖面
    图问题较多，重要细节既无线图也无照片，如文字中描述的挡土墙壁画等，正文中缺失墓葬的一些重要尺寸数
    据等等。对于这样一座重要的高级品官墓葬，正式报告仅不足十页纸，甚至达到简报的要求，殊为可惜！

[45] 河南省文物研究所、安阳县文管会：《安阳北齐和绍隆夫妇合葬墓发掘简报》，《中原文物》1987年第1期。

[46] 中型墓葬对应的墓主人身份大约为三品以上品官。沈丽华：《邺城地区六世纪墓葬的考古学研究》，《考古学
    报》2017年第1期。

[47] 河南省文物局：《安阳北朝墓葬》，科学出版社，2013年。

[48] 沈丽华：《邺城地区东魏北齐墓葬布局研究》，《考古》2016年第3期。

试论隋唐洛阳城宫城的认识过程

韩建华

"中国古代都城是帝国的政治中心，宫城是都城的政治中枢，因而宫城在都城布局上占有重要地位"[1]。2014年11月，由中国社会科学院考古研究所编著的《隋唐洛阳城（1959—2001年考古发掘报告）》（以下简称《报告》）出版，报告以郭城、皇城、东城、宫城和上阳宫为主体，内容涵盖城墙、城门、街道、里坊、宫殿、园林、水系等资料系统，是隋唐洛阳城遗址的综合性考古报告，对研究隋唐时期的都城制度、建筑艺术和都市生活等方面具有重要史料价值。报告在第八章结语第一节中，集中讨论了隋唐洛阳城形制布局，分为"城市布局与设计思想""郭城形制布局""宫城形制布局""皇城、东城和含嘉仓城的形制布局"四部分来讨论。其中第二部分"宫城的形制布局"中，认为"隋唐时期大内的东、西、北三面的小城作为拱卫宫城大内的附属小城，承担着宫城大内的部分功能，应属宫城的一部分。这样宫城就形成了以宫城大内为核心，北面有三重小城，东西各有两重小城，南面有皇城，形成了四面拱卫大内的布局"[2]。这个关于宫城形制布局的认识，是几代考古人经过40年的不断探索，结合文献反复论证而得出的结论，是符合隋唐洛阳城宫城布局的事实。

"宫城，作为国家政治中枢，它是都城的核心建筑。在古代都城的考古学研究中，宫城的研究占有突出重要的位置"[3]。自1954年阎文儒先生第一次调查隋唐洛阳城遗址开始，对宫城的认识，包括宫城的位置、形制、布局一直都是考古工作的重点。考古工作从城墙、城门、道路等每一个具体的遗址出发，点点滴滴积累着宫城布局的要素。40年来，对隋唐洛阳城宫城的认识过程，其间的探索、反复、争论，从某种程度上讲是一部都城考古的学术史，也是研究古代都城的范例。

一、宫城的名称和规模

隋唐洛阳城是隋唐两朝的东都，始建于隋大业元年（公元605年）三月，仅用了10个月的时间，于大业二年（公元606年）正月辛酉建成[4]。其中宫城城垣的修筑，60天而就，工程进展，可谓神速[5]。隋末洛阳城被王世充占据，仅对隋东京的宫殿、城门名称进行了更改。唐代初年，洛阳城曾一度被毁，甚至废弃。贞观六年（公元632年），唐太宗号洛阳为"洛阳宫"[6]，也只是"惟因旧宫，无所改制"[7]。到唐高宗显庆二年（公元657年），恢复了"东都"称号[8]，并大肆经营，奠定唐东都的宫室规模。武则天时期，洛阳城"渐加营构，宫室、百司、市里、郛郭，于是备亦"[9]，至此洛阳城成为仅次于西京长安的都城。

隋代的东都洛阳城宫城在都城西北隅[10]，北倚郭城北墙，皇城在其南部。唐代继续沿用这种布局，无大的改动。隋和唐初称宫城为紫微城[11]，到唐太宗贞观六年时改称"洛阳宫"[12]，武则天时改称"太初宫"[13]。隋代宫城"东西五里二百步，南北七里，城南、东、西各两重，北三重"[14]。

作者：韩建华，北京市，中国社会科学院考古研究所，副研究员。

唐代东都宫城"东西四里一百八十八步，南北二里八十五步。城中隔城四重。最北曰圆璧，次曰曜仪，再次曰玄武，最南曰洛城"[15]。文献基本说明了隋唐宫城的范围与布局。

隋唐洛阳城的田野考古工作始于1954年。经过几代学者40多年的发掘和研究，基本上确定了隋唐洛阳城的总体规模和形制布局，这种形制布局与文献记载基本吻合。考古发掘资料与文献记载相互印证，隋唐洛阳城的宫城平面略呈方形，东西长2100、南北宽1840—2160米，主要由大内、东隔城、东夹城、西隔城、西夹城、玄武城、曜仪城、圆璧城组成（图一）。大内是宫城的核心，平面呈方形，边长1040米。大内的东廊、西廊和陶光园南廊将大内分为四区。其中东、西廊之间的大内中区是整个大内的中心，处于宫城轴线的核心。东隔城位于大内东侧，为太子所居的东宫所在。平面呈南北向长方形，南北长970、东西宽350米。东夹城位于东隔城东侧，是皇家库储所在。平面呈南北长方形，南北长970、东西宽180米。西隔城位于大内西侧，为皇子、公主所居之地。平面呈南北向长方形，南北长970、东西宽350米。城内有重要的皇家园林九洲池。西夹城位于西隔城西侧，是文献记载的"丽景夹城"所在。平面呈南北长方形，南北长970、东西宽180米。

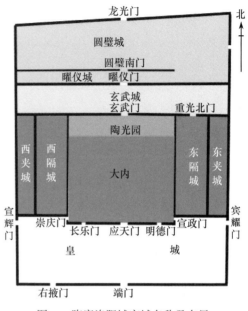

图一　隋唐洛阳城宫城名称及布局

宫城北部为三重隔城，由南向北依次为玄武城、曜仪城和圆璧城。玄武城平面呈东西向长方形，东西2100、南北280米。曜仪城平面呈东西向长方形，东西2100、南北134米。圆璧城平面略呈长方形，东西长2100、西端南北宽450、东端南北宽530米[16]。

二、对宫城的认识过程

1954年，由国家文化部文化事业管理局和中科院考古研究所等单位组成调查发掘团，首次对隋唐洛阳城进行实地考古勘察。阎文儒先生得出的初步结论为，"宫城、皇城在东都城的西北隅，宫城在北，皇城在南；宫城的中央各殿和正中的门，都正对伊阙，全城以此为轴线；皇城虽东西较宫城为长，但西垣未引出，与宫城西垣成一条南北直线；宫城皇城确有夹城的建筑"；"宫城不但有西夹城，还有北隔城"，并绘制一张"隋唐东都城遗址实测图"（图二）[17]，图上所示在宫城内，"城Ⅰ遗址、城Ⅱ遗址和孙家坑遗址连接起来正好是一道城垣"，"这条长垣可能是宫殿和陶光园相隔的围墙"。可见宫城分为南北两隔城，北部隔城为陶光园。这次勘察引起日本汉学界的重视，称它是一次"划时期的业绩"，使"唐代洛阳城的实测图提供到学界了"[18]

1960年，隋唐洛阳城的工作重点是探索宫城、皇城及其附属诸小城的平面布局，以考古勘探为主要工作方式，这个阶段一直持续到1978年。此时对宫城的认识是"宫城在郭城西北隅，城址略近方形，南北较短，东西稍宽，缺东北、东南、西南等角，整个城址套入皇城北部。"并绘制出《唐洛阳城实测图》（图三）[19]。确认宫城北墙正是"1954年调查时认为孙家坑的城垣为陶光园与宫殿之间的隔墙"[20]，在宫城北部距北墙275米处有一道宽约14米横亘东西的长垣，而陶光园就位于该

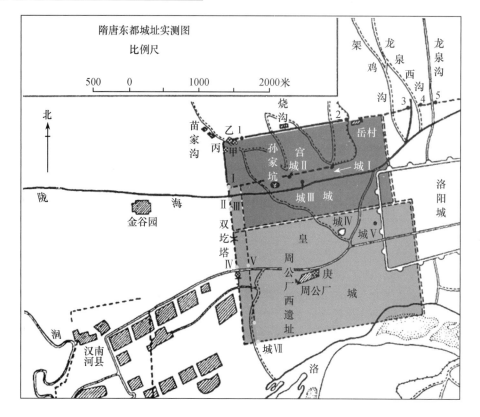

图二　1954年阎文儒测绘的"隋唐东都城遗址实测图"局部

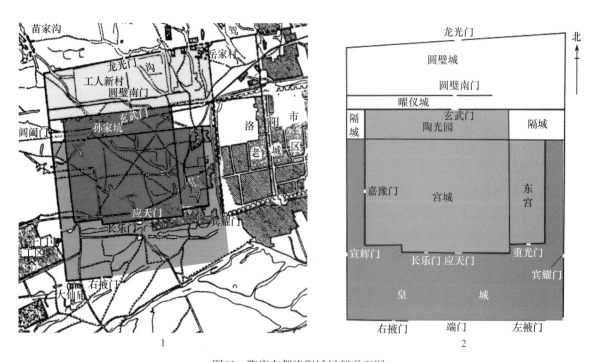

图三　隋唐东都洛阳城局部平面图
1. 1978年唐洛阳城实测图局部及唐洛阳东都坊里复原示意图局部　2. 1959—1978年间形成的宫城范围与布局
（采自《"隋唐东都城址的勘查和发掘"续记》，《考古》1978年第6期）

宫城北墙与该墙垣分隔的东西1400、南北宽275米的长方形范围内，陶光园的北门即宫城北门玄武门。在陶光园东西两侧发现"东、西隔城"[21]。确认了宫城的九洲池、东宫的位置及范围；另外，宫城北边的曜仪城与圆璧城的位置及范围也得到确认。这些实地的考古勘测，使我们获得了有关东都洛阳城市布局的许多关键性数值，为进一步的分析和研究建立了科学基础，从而大大促进了对唐代洛阳城的研究工作。

20世纪80年代，随着一系列的重要考古发掘，对于宫城布局的认识出现一些混乱，"宫城内西墙"[22]"宫城西隔城"[23]"宫城东隔城"[24]等概念不断涌现，而这些概念并没有在宫城图上标示出具体位置。这表明在宫城的认识上进入混沌期，过去关于宫城的认识，受到新的考古发现的冲击，研究者失去以往的自信，使得表述出现混乱。1983年对"宫城西隔城南墙的发掘"，同时铲探出"宫城东隔城之南墙"，但却没有图示其位置，很容易使人与陶光园两侧的"西隔城""东隔城"相混淆。实际上这两处南墙是将宫城东西两侧原来作为皇城一部分的夹城分开，北侧部分属于宫城，即是后来的"西夹城"和"东夹城"。从而否定了皇城从东、西、南三面包围宫城的认识，确认皇城位于宫城以南。随后对陶光园东西两侧的东隔城西墙、西隔城东墙进行考古发掘，"从地层叠压关系及遗迹的夯土结构和包含物研究，证明这两段短垣均为晚于唐代的宋代建筑遗迹"[25]。这两段短垣在宫城图中被抹掉，陶光园的东西范围扩大了。"宫城内西墙"在《洛阳隋唐东都城1982—1986年考古工作纪要》中出现过3次，分别为1982年殿亭建筑、1984年矩形房屋建筑、1986年廊房建筑，都是作为发掘点的参照。依据后来的遗迹定位，这些发掘点均位于西隔城内，所以"宫城内西墙"实指西隔城西墙。20世纪80年代以前，此道墙是宫城的西墙，而此时却称"宫城内西墙"，显然是宫城西墙发生了变化，此时的宫城西墙应该是"宫城西隔城"的西墙，即后来西夹城的西墙。大内与西隔城之间的隔墙原来没有被发现。这道隔墙1959—1965年在九洲池东55米处就被发掘出来，后来铲探出断断续续的夯土墙，从而确定之。20世纪90年代初，王岩在《隋唐洛阳城近年考古新收获》中总结，东都城"宫城在其北，皇城居其南，宫城南部东西隔城各两重，且形制、大小两相对应。北三重者当指最北面的圆璧城、次为曜仪城，再次为玄武城"[26]。同时认为"宫城之东的两重隔城一为东宫，正门曰重光。一为左右藏，正门曰太和。西面的两重隔城，其一当为皇子、公主居住的隔城，正门曰洛城南门。其二当为通往上阳宫的夹城。"[27]宫城布局"它不仅东西各有两重隔城，北三重，南有皇城相卫护"，并绘制隋唐洛阳城皇城宫城平面布局示意图（图四）[28]。其中"宫城南部"的宫城与"宫城之东"的宫城在概念和范围上所指是不同的，该认识奠定了隋唐洛阳城宫城布局认识的基础。

此时，宫城的考古工作成果显著，宫城中轴线上钻探发现多处大型夯土台基，根据夯土质量、结构分早晚两种。早期夯土台基有六处，均属唐代。并对早期的一、二号台基进行了考古发掘，一号台基为乾元门遗址，二号台基为明堂遗址。另外，还对九洲池遗址的岛屿、殿亭、廊房等进行发掘。这些发掘不仅为研究单体建筑的形制、规模、结构提供了可靠资料，也为进一步复原宫城内各门址、宫殿的布局树立了确切的标志。

20世纪90年代以来，对宫城的认识有两处变化。一是在宫城大内北侧相继发现水渠、廊庑、花圃等与园林相关的遗迹，依据文献陶光园在"徽猷、弘徽之北，东西数里，南面有长廊，即宫殿之北面也。园中有东西渠，西通于苑"[29]，确认此处就是文献记载的陶光园，以往认为是陶光园的位置，即曜仪城南横贯东西的隔城是文献记载的玄武城；二是玄武门位置的变动。20世纪80年代将陶光园北墙定为宫城北墙，故玄武门位于宫城北墙正中。在陶光园南墙上考古发现一座门址，由于史

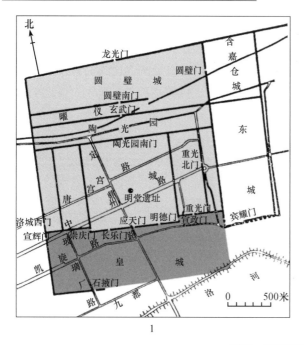 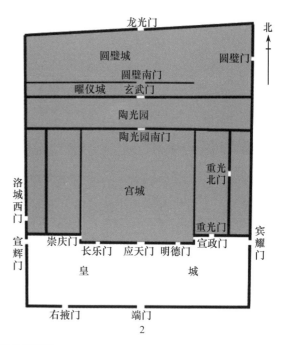

图四　隋唐洛阳城平面图

1. 皇城宫城平面布局示意图（采用自王岩：《隋唐洛阳城近年考古新收获》，见《中国考古学论丛——中国社会科学院考古研究所建所40年纪念》，科学出版社，1993年）　2. 20世纪80年代宫城平面布局图

无记载，暂称之为陶光园南门[30]，门址与陶光园北墙上的玄武门相对。随着陶光园位置的确定，玄武城南墙就是宫城北墙，以前的陶光园南门实为宫城北门玄武门。此时，重申宫城布局"隋唐洛阳城宫城原是由若干座小城组成的。居中为洛城；洛城西侧由东向西依次有西隔城和西夹城，洛城东侧由东向西依次有东隔城和东夹城；宫城东侧另有东城"[31]。这时期提出的"洛城"，实指玄武城以南，皇城以北，东、西隔城之间的方形区域（图五）。"洛城"文献记载："城中隔城四重。最北曰圆璧，次曰曜仪，次曰玄武，最南曰洛城。"[32]虽然有文献的依据，但作为实际的考古发掘并不能支持这种概念所涉及的范围。

三、宫城认识过程中的相关概念

隋唐洛阳城的宫城布局一直为学术界所关注。伴随着考古发掘，相应的学术探索也在不断进行中，其间关于宫城布局而出现了一些概念，譬如"宫城群""洛城""大内""隔城"等。这些概念在探索和认识隋唐洛阳城宫城的范围和布局中都起到推动作用。

（一）"宫城"与"宫城群"

考古发掘与文献都表明，隋唐洛阳城宫城由若干小城组成，但在说明宫城组成时，却出现表示不

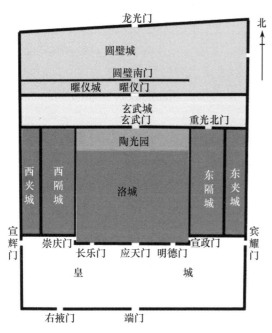

图五　20世纪90年代隋唐洛阳城宫城布局示意图

同范围的宫城概念。宫城所指有以下三个不同范围。

（1）指"大内"，即东西隔城之间的正方形区域。王岩先生认为"宫城之东的两重隔城一为东宫，正门曰重光。一为左右藏，正门曰太和。西面的两重隔城，其一当为皇子、公主居住的隔城，正门曰洛城南门。其二当为通往上阳宫的夹城"[33]。李永强先生认为"目前所见隋唐洛阳城宫皇城的平面复原图一般为宫城南面有皇城，东西两侧有东西隔城和东西夹城，北部有玄武城（又将该城标为陶光园者，误）、曜仪城和圆璧城"[34]。

（2）指"大内"、东西隔城、东西夹城组成的范围，位于玄武城与皇城之间。中国社会科学院考古研究所洛阳唐城队在1995—1997年城垣发掘简报的结语中认为"隋唐洛阳城宫城原是由若干座小城组成的。居中为洛城；洛城西侧由东向西依次有西隔城和西夹城，洛城东侧由东向西依次有东隔城和东夹城；宫城东侧另有东城"[35]。

（3）指由"大内"、东西隔城、东西夹城、玄武城、曜仪城和圆璧城全部。杨焕新认为"整座宫城由南向北即由四重城组成，即洛城、玄武城、曜仪城和圆璧城。而洛城又由中部宫室和东、西各两重隔城以及西侧的夹城组成"[36]。

虽然所指宫城范围、大小不同，但都冠以宫城，只是宫城有狭义与广义之分。大内是宫城的核心，由大内、东西隔城和东西夹城组成的狭义宫城，其实是考古工作者的惯常称呼，是相对于玄武城、曜仪城和圆璧城而言，为表述方便而称之。

隋唐洛阳城广义的宫城由大内及其东西两侧的隔城和夹城、玄武城、曜仪城、圆璧城组成。这些城四周都筑有高大的城墙，形成独立的单元，形成不同功能的宫城，城与城间以城墙相隔，以城门相通。由于功能不同，各城的空间布局与结构不同。虽各自为城，但各城之间关系密切，其实就是共同形成宫城群[37]。宫城群就指广义的宫城范围。在有关唐东都城记载的文献中，均把四重隔城归属在宫城篇中记述，学界对此都有一致的看法。狭义的宫城位于宫城群的南部，南与皇城相邻，是宫城群中的核心，是作为皇宫设计修筑的，其平面呈长方形。大内是宫城的主体建筑，位于宫城的中心。而玄武城、曜仪城、圆璧城三城就是隋唐洛阳城宫城群中的"亚宫城"，宫城与亚宫城共同组成唐东都洛阳城的宫城群[38]。

（二）"洛城"

"洛城"在文献中出现很早，不同时期所指不同。洛城，最早在《史记》中出现过，指西周洛邑[39]。汉魏时期洛阳城在文献中也常称洛城[40]。唐代洛城的使用就更加频繁，一般多指洛阳城[41]。洛城出现在有关隋唐洛阳城宫城的文献中，就是《河南志》"唐城阙古迹"中，其"宫城"条载"东西四里一百八十八步，南北二里八十五步。城中隔城四重。最北曰圆璧，次曰曜仪，次曰玄武，最南曰洛城。"[42]。文献中的洛城所指的是唐东都洛阳城部分宫城，就是宫城最南的一重隔城。文献明确了洛城的位置，但对其范围则含混不清，所以在学术界，对于洛城的认识有三种观点。第一种认为就指"大内"。中国社会科学院考古研究所洛阳唐城队在1995—1997年城垣发掘简报的结语中指出"宫城是由若干小城组成，洛城居中，平面呈长方形，在洛城左右两侧各有隔城和夹城"[43]，这是在考古认识宫城的过程中，唯一出现过的洛城概念，这种认识在一定时期得到学者的认可[44]。第二种认为洛城就是由中部宫室和东、西各两重隔城以及西侧的夹城组成[45]。第三种认为洛城是由大内和东宫、西隔城和左藏库组成[46]。对于洛城，由于文献中所指范围不明，在宫城布局的研究中，由于理解不同，出现不同范围的洛城，容易引起混乱，所以《隋唐洛阳城（1959—2001年考古发掘报告）》中摒弃洛城概念不用，反映了报告编写者严谨的学术态度。

（三）"大内"

隋唐洛阳城宫城由若干小城组成，居于正中，在边长为1040米的正方形区域内，是宫城的核心。由于文献没有明确其名称，一直以来学界分别有"宫城""大内""洛城""中部宫室"等名称，非常混乱。

"大内"一词，最早出现在考古发现的秦时简牍中，睡虎地秦简《金布律八八》："县、都官以七月粪公器不可繕者，有久识者靡蚩之。其金及铁器入以为铜。都官输大内，内受买（卖）之，尽七月而鬻（毕）。都官远大内者输县，县受买（卖）之"[47]。学者们认为"秦时大内很有可能就是国家的金库，负责国家的财政收入和支出"[48]。汉代"大内"是"国家的金库"[49]。《史记·孝景本纪》记载："以大内为二千石，置左右内官属大内。"集解引韦昭曰："大内，京师府藏。"索隐云："主天子之私财物曰少内。少内属大内也"[50]。《汉书·严助传》："越人名为藩臣，贡酎之奉，不输大内。"应劭云："大内，都内也。国家宝藏也"[51]。唐代"大内"作为天子之禁中，已经成为宫城的代名词，在唐代文献中使用频繁。不仅唐长安城中的太极宫称"大内"[52]，而且东都"大内"常出现在唐代文献中[53]。将居于东都宫城正中的城称"大内"，是建筑史学家傅熹年先生最早提出的，他认为洛阳城在规划时，是以宫城的中心部分——大内为基准而形成模数[54]。大内，位于宫城的中心位置，又是都城规划的基准，其合理性是显然易见的，这种提法马上得到考古学者们的响应[55]。《隋唐洛阳城（1959—2001年考古发掘报告）》采用"大内"，乃顺势而为的明智之举。

（四）"隔城"

在隋唐洛阳城的相关文献中，"隔城"一词多次出现，但所指的隔城，其范围及性质有所不同[56]。考古发掘中提到的"隔城"可分为两类，一类是泛指除大内以外的宫城诸小城。另一类指具体指隔城，又可分为三种。第一种是1978年发表的《"隋唐东都城址的勘查和发掘"续记》中的"东、西隔城"，它位于当时的"陶光园的东西两侧"，隔城在"宫城东北角和西北角外"[57]。在随后的考古工作中，对陶光园东西两侧的东隔城西墙、西隔城东墙进行考古发掘，"从地层叠压关系及遗迹的夯土结构和包含物研究，证明这两段短垣均为晚于唐代的宋代建筑遗迹"[58]。这两段短垣在宫城图中被抹掉，这两个隔城也就被否定了。第二种是1989年发表的《洛阳隋唐东都城1982—1986年考古工作纪要》中的"宫城西隔城"、"宫城东隔城"简称"西隔城""东隔城"[59]。当时仅知道这两个隔城是相对的，但具体位置及所指范围不明，造成一定的混乱。实际上这两处隔城就是后来的"西夹城"和"东夹城"。第三种是2003年发表的《隋唐洛阳城城垣1995—1997年发掘简报》中的"东隔城"和"西隔城"[60]。隔城位于宫城大内东西两侧。东隔城指东宫，西隔城指皇子、公主居住的隔城。平面均呈南北向长方形，南北长970、东西宽350米。其实这个意义上的"东隔城"和"西隔城"，作为专有名词，90年代就已经成为考古工作者的专业术语，被一直沿用至今。

在隋唐洛阳城遗址的考古发掘与认识过程中，不同时期出现的概念，现在看来，有些是不合时宜的，这恰恰说明探索过程的艰难与不易。我们梳理这些概念，并没有苛责提出概念的他们，而恰恰是对他们工作的尊重，每一个概念的提出，都是他们在考古发掘的基础上，结合文献反复论证的结果，凝结着他们的心血。当一个概念的提出或者被否定，那一定是对宫城形制布局认识的一次提升，这个过程是漫长而曲折的，凝聚着一代或者几代考古人的不懈努力。

四、结　语

隋唐洛阳城作为特大型遗址，首要的目标和任务就是究明都城的形制布局。中国古代都城考古学的基础在于田野调查、勘探和发掘工作。1954年以来，中国社会科学院考古研究所、河南省博物馆、洛阳博物馆、洛阳市文物工作队等单位对隋唐洛阳城都进行过勘察与发掘，在城址的形制与布局方面取得了较大的收获。但同时，各单位都不同程度地占有隋唐洛阳城的考古资料，造成资料的分散。隋唐洛阳城作为特大型遗址，田野工作的任务量特别大，田野工作的周期特别长，造就成果的获得时间拉长。再者，隋唐洛阳城遗址又被现代城市叠压，大量的田野工作，是以配合基建的方式进行，获取资料的方式受到各种因素的限制，也就加大了资料整理的难度。

中国社会科学院考古研究所对本所40多年来在隋唐洛阳城遗址的田野考古调查、勘探和发掘所获得的资料全部进行整理，编写了《报告》。都城是历史时代的产物，都城考古属于历史考古学的范畴。《报告》在田野资料的基础上，参考历史文献，提出了宫城形制布局的观点。作为考古报告的编写者心里清楚，这个成果只不过是宫城诸要素一种静态的布局而已。东都洛阳城始建于隋炀帝大业元年（公元605年），为唐、五代、北宋所沿用，历时530余年。期间屡有增修，也有局部毁弃。都城的发展处于动态的变化过程，作为都城核心的宫城，其形制布局因时代变迁也处于动态的变化过程，如何正确认识宫城的这种变化，是考古学的重要课题。宫城动态布局的研究，必须基于长时期、大批量考古资料的积累，是一个从量变到质变的过程。隋唐洛阳城40年来的考古工作，探索之路漫漫，吾辈上下求索，不断努力。目前有学者就在探索着隋、唐、宋时期宫城布局[61]，期望有关隋唐洛阳城宫城动态布局的研究力作早日面市。

注　释

[1] 刘庆柱：《汉长安城的考古发现及相关问题研究——纪念汉长安城考古工作四十年》，《考古》1996年第10期。

[2] 中国社会科学院考古研究所：《隋唐洛阳城（1959—2001年考古发掘报告）》第957页，文物出版社，2014年。

[3] 刘庆柱：《汉长安城未央宫布局形制初论》，见《古代都城与帝陵考古学研究》，科学出版社，2000年（原载《考古》1995年12期）。

[4] 《隋书》卷三《炀帝本纪（上）》："（大业元年）三月丁未，诏尚书令杨素、纳言杨达、将作大匠宇文恺营建东京……二年春正月辛酉东京成，赐监督者各有差。"

[5] （清）徐松辑、高敏点校：《河南志》"隋城阙古迹"载："卫尉卿刘权、秘书丞韦万顷监筑宫城，兵夫七十万人。城周匝两重，延袤三十余里，高三十七尺，六十日成。"第100页，中华书局，1994年。

[6] （清）徐松辑、高敏点校：《河南志》"唐城阙古迹"载："宫城因隋名曰紫微城。周十三里二百四十一步，高四丈八尺。东西四里一百八十八步，南北二里八十五步。（宫）城中隔城四重。最北曰圆璧，次曰曜仪，次曰玄武，最南曰洛城。贞观六年，号为洛阳宫。武后光宅元年名太初宫。"第117页，中华书局，1994年。

[7] （唐）韦述撰，辛德勇辑校《两京新记辑校》："太宗车驾始幸洛阳宫，惟因旧宫，无所改制，终于贞观、永徽之间，荒芜虚耗。"第72、73页，三秦出版社，2006年。

[8] 《新唐书》卷三《高宗本纪》："（显庆二年十二月）丁卯，以洛阳宫为东都。"

[9] （唐）李林甫撰，陈仲夫点校：《唐六典》卷七《尚书工部》载"光宅中，遂改为神都，渐加营构，宫室、百司、市里、郭郭，于是备亦"，第220页，中华书局，1992年。

[10] （清）徐松辑、高敏点校：《河南志》"隋城阙古迹"载："宫城曰紫微城，在都城之西北隅。"第100页，中华书局，1994年。

[11] （清）徐松辑、高敏点校：《河南志》"隋城阙古迹"载："宫城曰紫微城，在都城之西北隅。"第100页，中华书局，1994年。

[12] （清）徐松辑、高敏点校《河南志》"唐城阙古迹"载："宫城因隋名曰紫微城。周十三里二百四十一步，高四丈八尺。东西四里一百八十八步，南北二里八十五步。（宫）城中隔城四重。最北曰圆璧，次曰曜仪，次曰玄武，最南曰洛城。贞观六年，号为洛阳宫。武后光宅元年名太初宫。"第117页，中华书局，1994年。

[13] （清）徐松辑、高敏点校《河南志》"唐城阙古迹"载："宫城因隋名曰紫微城。周十三里二百四十一步，高四丈八尺。东西四里一百八十八步，南北二里八十五步。（宫）城中隔城四重。最北曰圆璧，次曰曜仪，次曰玄武，最南曰洛城。贞观六年，号为洛阳宫。武后光宅元年名太初宫。"第117页，中华书局，1994年。

[14] （唐）杜宝撰，辛德勇辑校《大业杂记辑校》载："宫城东西五里二百步，南北七里，城南、东、西各两重，北三重，南临洛水。"第3页，三秦出版社，2006年。

[15] （清）徐松辑、高敏点校：《河南志》"唐城阙古迹"载："宫城因隋名曰紫微城。周十三里二百四十一步，高四丈八尺。东西四里一百八十八步，南北二里八十五步。（宫）城中隔城四重。最北曰圆璧，次曰曜仪，次曰玄武，最南曰洛城。贞观六年，号为洛阳宫。武后光宅元年名太初宫。"第117页，中华书局，1994年。

[16] 中国社会科学院考古研究所：《隋唐洛阳城（1959—2001年考古发掘报告）》第957页，文物出版社，2014年。

[17] 阎文儒：《洛阳汉魏隋唐城址勘察记》，《考古学报》1955年第9册。

[18] 〔日〕平冈武夫著，杨励山译：《长安与洛阳》，陕西人民出版社，1957年。

[19] 中国科学院考古研究所洛阳工作队："隋唐东都城的勘查和发掘"续记，《考古》1978年第6期。

[20] 中国科学院考古研究所洛阳工作队："隋唐东都城的勘查和发掘"续记，《考古》1978年第6期。

[21] 中国科学院考古研究所洛阳工作队："隋唐东都城的勘查和发掘"续记，《考古》1978年第6期。

[22] 中国社会科学院考古研究所洛阳唐城队：《洛阳隋唐东都城1982—1986年考古工作纪要》，《考古》1989年第3期。

[23] 中国社会科学院考古研究所洛阳唐城队：《洛阳隋唐东都城1982—1986年考古工作纪要》，《考古》1989年第3期。

[24] 中国社会科学院考古研究所洛阳唐城队：《洛阳隋唐东都城1982—1986年考古工作纪要》，《考古》1989年第3期。

[25] 王岩：《隋唐洛阳城近年考古新收获》，见《中国考古学论丛——中国社会科学院考古研究所建所40周年纪念》，科学出版社，1993年。

[26] 王岩：《隋唐洛阳城近年考古新收获》，见《中国考古学论丛——中国社会科学院考古研究所建所40周年纪念》，科学出版社，1993年。

[27] 王岩：《隋唐洛阳城近年考古新收获》，见《中国考古学论丛——中国社会科学院考古研究所建所40周年纪念》，科学出版社，1993年。

[28] 王岩：《隋唐洛阳城近年考古新收获》，见《中国考古学论丛——中国社会科学院考古研究所建所40周年纪念》，科学出版社，1993年。

[29] （清）徐松辑、高敏点校《河南志》"唐城阙古迹"载："陶光园。在徽猷殿、弘徽殿之北，东西数里，南面有长廊，即宫殿之北面也。园中有东西渠，西通于苑。"第122页，中华书局，1994年。

[30] 中国社会科学院考古研究所洛阳唐城队：《洛阳隋唐东都城1982—1986年考古工作纪要》，《考古》1989年第3期。

[31] 中国社会科学院考古研究所洛阳唐城队：《隋唐洛阳城城垣1995—1997年发掘简报》，《考古》2003年第3期。

[32] （清）徐松辑、高敏点校《河南志》"唐城阙古迹"载："（宫）城中隔城四重。最北曰圆璧，次曰曜仪，次曰玄武，最南曰洛城。"第117页，中华书局，1994年。

[33] 王岩：《隋唐洛阳城近年考古新收获》，见《中国考古学论丛——中国社会科学院考古研究所建所40周年纪念》，科学出版社，1993年。

[34] 李永强：《隋东都洛阳宫皇城考》，《三门峡职业技术学院学报》2011年第10卷第1期。

[35] 中国社会科学院考古研究所洛阳唐城队：《隋唐洛阳城城垣1995—1997年发掘简报》，《考古》2003年第3期。

[36] 杨焕新：《略谈隋唐东都宫城、皇城和东城的几个问题》，见《汉唐与边疆考古研究》第一辑，科学出版

社，1994年。

[37] 韩建华：《唐东都洛阳城宫城形制布局及相关问题》，《考古与文物》2004年增刊。

[38] 韩建华：《唐东都洛阳城宫城形制布局及相关问题》，《考古与文物》2004年增刊。

[39] 《史记·乐书第二》："济河而西"正义"济，渡也。河，黄河也。武王伐纣事毕，从怀州河阳县南渡河至洛州，从洛城而西归镐京也"。

[40] a. 《晋书·张方列传》："（方）乃夜潜进逼洛城七里"。

b. 《魏书·释老志》："愔又得佛经《四十二章》及释迦立像。明帝令画工图佛像，置清凉台及显节陵上，经缄于兰台石室。愔之还也，以白马负经而至，汉因立白马寺于洛城雍门西。"

c. 《旧唐书·地理志一》："东都，周之王城，平王东迁所都也。故城在今苑内东北隅，自报王已后及东汉、魏文、晋武，皆都于今故洛城。隋大业元年，自故洛城西移十八里置新都，今都城是也。"

[41] a. 《旧唐书·宪宗本纪下》："（十年八月）丁未，淄青节度使李师道阴与嵩山僧圆净谋反，勇士数百人伏于东都进奏院，乘洛城无兵，欲窃发焚烧宫殿而肆行剽掠。小将杨进、李再兴告变，留守吕元膺乃出兵围之，贼突围而出，入嵩岳，山棚尽擒之。讯其首，僧圆净主谋也。僧临刑叹曰：'误我事，不得使洛城流血。'"

b. 《旧唐书·礼乐志》："天宝十五载，玄宗西幸，禄山遣其逆党载京师乐器乐伎衣尽入洛城。"

c. 李白：《春夜洛城闻笛》"谁家玉笛暗飞声，散入春风满洛城。此夜曲中闻折柳，何人不起故园情？"瞿蜕园、朱金城校注《李白集校注》第1458页，上海古籍出版社，1980年。

[42] 〔日〕平冈武夫著，杨励山译：《长安与洛阳》，陕西人民出版社，1957年。

[43] 中国社会科学院考古研究所洛阳唐城队：《隋唐洛阳城城垣1995—1997年发掘简报》，《考古》2003年第3期。

[44] a. 韩建华：《唐东都洛阳城宫城形制布局及相关问题》，《考古与文物》2004年增刊。

b. 石自社：《隋唐东都形制布局特点分析》，《考古》2009年第10期。

[45] 杨焕新：《略谈隋唐东都宫城、皇城和东城的几个问题》，见《汉唐与边疆考古研究》第一辑，科学出版社，1994年。

[46] 韩建华：《唐东都"丽景（门）夹城"考》，见《考古学集刊》第19集，科学出版社，2013年。

[47] 睡虎地秦墓竹简整理小组：《睡虎地秦墓竹简》第40页，文物出版社，1990年。

[48] 陈治国、张立莹：《从新出简牍再探秦汉的大内与少内》，《江汉考古》2010年第3期。

[49] 陈治国、张立莹：《从新出简牍再探秦汉的大内与少内》，《江汉考古》2010年第3期。

[50] 《史记·孝景本纪》："以大内为二千石，置左右内官属大内。"

[51] 《汉书·严助传》："越人名为藩臣，贡酎之奉，不输大内。"应劭云："大内，都内也。国家宝藏也。"

[52] a. 《唐会要·大内》："景云元年十月二十一日，以京大内为太极宫。"

b. 《旧唐书·玄宗本纪下》："时太庙为贼所焚，权移神主于大内长安殿，上请谒庙请罪，遂幸兴庆宫。"

c. 《旧唐书·穆宗贞献皇后列传》："文宗孝义天然，大和中，太皇太后居兴庆宫，宝历太后居义安殿，皇太后居大内，时号'三宫太后。'"

d. 《旧唐书·德宗本纪上》："（德宗）天宝元年四月癸巳，生于长安大内之东宫。"

[53] a. 《旧唐书·哀帝本纪》："（元祐二年二月）丁未，灵驾发引，濮王已下从，皇帝、太后长乐门外祭毕归大内。"

b. 《旧唐书·宦官列传》："开元、天宝中，长安大内、大明、兴庆三宫，皇子十宅院，皇孙百孙院，东都大内、上阳两宫，大率宫女四万人，品官黄衣已上三千人，衣朱紫者千余人。"

c. 《旧唐书·裴度列传》："帝不听，令度支员外郎卢贞往东都已来检计行宫及洛阳大内。"

[54] 傅熹年：《隋唐长安洛阳城规划手法的探讨》，《文物》1995年第3期。

[55] 韩建华：《唐东都洛阳城宫城形制布局及相关问题》，《考古与文物》2004年增刊。

[56] 有关隋唐洛阳城的"隔城"，文献主要有三类，分别为《旧唐书·地理志一》："宫城有隔城四重"，（清）徐松辑、高敏点校：《河南志》"唐城阙古迹"载有3条。

a. "（宫城）城中隔城四重。最北曰圆璧，次曰曜仪，次曰玄武，最南曰洛城。"

b. "（庄敬殿）殿东有鹿宫院，次东即隔城。"

c. "（映日台）在九洲池之西。东有隔城，南有三堂，北有三堂，旧皆皇子、公主所居。"

一类是（清）徐松撰、张穆校补、方严点校：《唐两京城坊考》卷五《东京》载有2条。

a."（宫城）城中隔城二，在东南隅者，太子居之，在西北隅者，皇子、公主居之。城北隔城二，最北者圆璧城，次南曜仪城。"

b."（九洲池）西则达于隔城，隔城者，阛阓在其上，荫殿在其下。隔城中南有三堂，北有三堂，旧皆皇子、公主所居。"第136页，中华书局，1985年。

[57] 中国科学院考古研究所洛阳工作队：《"隋唐东都城址的勘查和发掘"续记》，《考古》1978年第6期。

[58] 王岩：《隋唐洛阳城近年考古新收获》，见《中国考古学论丛——中国社会科学院考古研究所建所40周年纪念》，科学出版社，1993年。

[59] 中国社会科学院考古研究所洛阳唐城队：《洛阳隋唐东都城1982—1986年考古工作纪要》，《考古》1989年第3期。

[60] 中国社会科学院考古研究所洛阳唐城队：《隋唐洛阳城城垣1995—1997年发掘简报》，《考古》2003年第3期。

[61] a. 李永强：《隋东都洛阳宫皇城考》，《三门峡职业技术学院学报》2011年第10卷第1期。

b. 韩建华：《唐东都洛阳城宫城形制布局及相关问题》，《考古与文物》2004年增刊。

c. 韩建华：《试论北宋西京宫皇城布局及其演变》，《考古》2016年第11期。

唐长安城梨园遗址浅识

龚国强　李春林

提起"梨园""梨园界""梨园行""梨园子弟""梨园世家",我们便会不自觉地联系到戏剧界、戏班、剧团、戏曲演员和几代人相继为业的戏曲名家。

探究"梨园"的历史来源,我们不禁要追溯到千余年之前的唐都长安城、唐玄宗及其所创立的梨园遗址。但由于历史变迁,唐长安梨园遗址早已被毁埋于地下,并逐渐被遗忘。新中国成立以后,随着文化建设事业的迅速发展,梅兰芳、程砚秋、贺敬之、曹禺等演艺大师、著名剧作家们都曾对"梨园"源头的唐代梨园遗址的现今地点问题高度关注。现今,我国经济实力和城市建设得到空前的提高和加强,地域历史文化的研究和展示利用更是受到人们的重视,西安市全国人大代表韩宝生等各界领导、学者和群众都曾呼吁和倡议在西安建立中华梨园文化园,以弘扬我国优秀的历史文化,加强西安历史文化名城的地位。然而,关于唐长安梨园遗址的现今地点,研究者们迄今仍众说纷纭,莫衷一是[1]。鉴此,笔者拟在相关古代文献记载的基础上,结合前人的研究成果、最新考古发掘成果以及本人的实地调查结果,对唐长安梨园遗址问题加以梳理,并提出自己的一些认识。

一、唐都长安城"梨园"的创始及兴衰演变

(一)"梨园"本是园林的名称。

仪凤元年(公元676年)八月时,唐高宗曾"停南北中尚、梨园、作坊,减少府杂匠"[2]。至景云元年(公元710年)"庚戌,上(唐中宗)御梨园毬场,命文武三品以上抛毬及分朋拔河,韦巨源、唐休璟衰老,随绹踏地,久之不能兴,上及皇后、妃、主临观,大笑"[3]。由此可知,早在唐初,梨园就已存在,是皇家禁苑中与枣园、桑园、桃园、樱桃园并存的一个果木园林场所,也是宫廷进行游乐的场所。

(二)"梨园"名称开始外延。

在唐玄宗开元二年(公元714年),"梨园"名称开始外延,移用于称呼玄宗创建的皇家音乐团体的培训和演习之地,而皇家音乐艺人则被称为"梨园子弟",故禁苑梨园是艺术之名"梨园"的本源地。《旧唐书·玄宗本纪》载:"玄宗于听政之暇,教太常乐工子弟三百人,为丝竹之戏,号为皇帝弟子,又云梨园弟子,以置院近于禁苑之梨园。"《新唐书·礼乐志》也载:"玄宗既知音律,又酷爱法曲,选坐部伎子弟三百,教于梨园。声有误者,帝必觉而正之,号皇帝梨园弟子。"

作者:龚国强,北京市,中国社会科学院考古研究所,研究员。

作者:龚国强,北京市,中国社会科学院考古研究所,研究员。

李春林,北京市,中国社会科学院考古研究所,助理研究员。

李春林,北京市,中国社会科学院考古研究所,助理研究员。

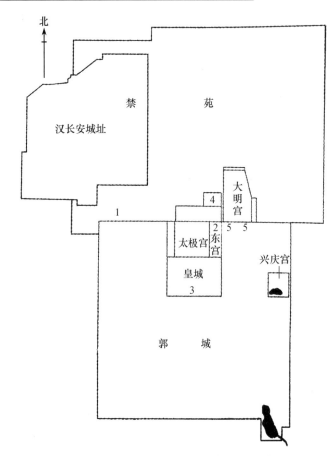

图一　唐长安城梨园有关地点分布示意图
1. 禁苑梨园　2. 东宫宜春北院　3. 太常梨园　4. 东内苑
5. 左右教坊　6. 西内苑含光殿

（三）宫城外侧多处地点冠以"梨园"之名

随着宫廷演艺团队培训基地和演艺活动的增加和扩大，"梨园"之名也冠于多个地点，具体表现在宫内和宫侧多地设有梨园组织，即有太极宫东宫宜春院北院、蓬莱宫或大明宫东侧内苑梨园、华清宫梨园法部（图一）。

据《新唐书·礼乐志》记："宫女数百，亦为梨园弟子，居宜春北院。"唐郑处诲《明皇杂录·逸文》也同样记曰："天宝中，上命宫女数百人为梨园弟子，皆居宜春北苑。上素晓音律，时有马仙期、李龟年、贺怀智皆洞晓音度。"按，宜春北院是太极宫东宫内的院落，故可知东宫的宜春北院内设有女乐的梨园。另外，在蓬莱宫即大明宫的旁侧还设有男乐的梨园。《唐会要》卷二七"行幸"："（太和）九年（公元835年）八月。幸左军龙首殿。因幸梨园会含光殿，大合乐。"再有，在天宝十四载（公元755年），于唐长安城郊的离宫华清宫也设立了梨园法部。《明皇杂录·逸文》载："六月一日，上幸华清宫，乃贵妃生日。上命小部音声。小部者，梨园法部所置，凡三十士，皆十五已下，于长生殿奏新曲。"《新唐书·礼乐志》也同载："梨园法部，更置小部音声三十余人。帝幸骊山，杨贵妃生日，命小部张乐长生殿，因奏新曲，未有名，会南方进荔枝，因名曰《荔枝香》。"白居易有《江南遇天宝乐叟》诗曰："白头病叟泣且言，禄山未乱入梨园。能弹琵琶和法曲，多在华清随至尊。"

除了上述梨园弟子这样的专业团队的训练和演艺活动以外，玄宗、杨贵妃、亲王、公主及其他贵族妇女及重要大臣也都经常参加梨园的演艺活动。

元杨维祯《明皇按乐团》诗赞："大唐天子梨园师，金汤重付乳荤儿。何人端坐阅乐籍，三万缠头不足支。龟年檀板阿蛮舞，花奴手中花如雨。钧天供奉真天人，上亦亲挝汝阳鼓。玉奴檀槽倦无力，忽窃宁哥手中笛。边风吹入新贡箫，铜池夜梦双飞翼。合门边奏塞挂聪，耳谱更访明月官。"唐李濬《松窗杂录》记"开元中，禁中初重木芍药……会花方繁开，上乘月夜召太真妃以步辇从。诏特选梨园弟子中优者，得乐十六色"[4]。《明皇杂录·逸文》亦载："安禄山自范阳入觐，亦献白玉箫管数百事，安皆陈于梨园。自是音响殆不类人间。有中官白秀贞自蜀使回，得琵琶以献。其槽以逻逤檀为之，温润如玉，光辉可鉴，有金缕红文，蹙成双凤。贵妃每抱是琵琶，奏于梨园，音韵凄清，飘如云外，而诸王贵主洎虢国以下，竟为贵妃琵琶弟子。每授曲毕，广有进献。"唐姚汝能《安禄山事迹》卷上记："王鉷、杨国忠选胜燕乐，必赐梨园教坊音乐。"更有意思的是，长安东城的老父贾昌，因善弄斗鸡而受到唐玄宗宠幸，玄宗甚至还为之牵线搭桥，解决婚事。"（开元）二十三年（公元735年），玄宗为娶梨园弟子潘大同女"[5]。

（四）设立官府梨园

在禁苑梨园、宫廷梨园以外，设立了官府的太常（寺）梨园。据《旧唐书·音乐志》曰"太常又有别教院，教供奉新曲"。《唐会要·诸乐》记："开元二年（公元714年），上于梨园自教法曲，号皇帝梨园弟子，又，太常梨园别教院法歌乐章曲等。"《雍录》卷九也载："开元二年置教坊于蓬莱宫处，上自教法曲，谓之梨园弟子。"同时，唐玄宗还将原太常寺的教坊机构改为归属宫廷，任宦官为教坊使，使教坊直接听命于皇帝。《新唐书·百官志》记："开元二年（公元714年）又置内教坊于蓬莱宫侧，……京都置左右教坊，掌俳优杂技。自是不隶太常，以中官为教坊使。"

在唐玄宗的倡导和参与下，梨园在开元天宝年间发展至鼎盛状况。其间，一些著名诗人如翰林学士李白、工部侍郎贺知章、尚书右丞王维、太常卿韦縚等也曾被请来编写曲目上演，梨园遂逐渐发展成为宫廷、中央官府所属的集音乐、歌舞的综合性艺术团队，涌现出像马仙期、李仙奴、李龟年、公孙大娘、潘大同、贺怀智、张野狐、雷海青等一大批名家。对此盛况，唐李肱《省试霓裳羽衣曲》有诗赞曰："开元太平时，万国贺丰岁。梨园进旧曲，玉座流新制。凤管送参差，霞衣竞摇曳。"

（五）梨园的衰败

公元755年，"安史之乱"爆发之后，安禄山叛军攻入唐都长安城，梨园及梨园弟子受到了极大的打击，梨园弟子四处离散，梨园遂致衰败。唐末段安节《乐府杂录》总结曰："泊从离乱，礼寺隳颓，簨虡既移，警鼓莫辨。梨园弟子半已奔亡，乐府歌章咸皆丧坠。"唐姚汝能《安禄山事迹》卷下描述更细："十七日甲午陷西京。……。禄山尤致意于乐工，求访颇切，于旬日间获梨园弟子数百人。群贼皆相与大会于凝碧池，宴伪官数十人，大陈御库珍宝，罗列前后。乐既作，梨园弟子皆不觉戱欷，相视泣下，群贼露刃持戈以胁之，而悲不自胜。"著名诗人白居易也有诗为证，如《梨园弟子》诗云："白头垂泪话梨园，五十年前雨露恩。莫问华清今日事，满山红叶锁宫门。"

"安史之乱"平定以后，玄宗返回长安，思念旧人，让高力士于里坊中寻求并召回旧时梨园弟子，于是梨园作为宫廷乐舞机构又很快恢复起来。直到唐大历十四年（公元779年）五月，《唐会要》卷三四记："（唐德宗）诏罢梨园伶使及冗食三百余人，留者隶太常。"于是乎，大批梨园弟子被精简，或为官宦乐伎，或流落民间江湖，靠卖艺度日，例如著名乐人李龟年流落江南，曾唱王维"红豆生南国"诗，聊以为生[6]。淮南节度使牛僧孺的幕僚、官终中书舍人的著名诗人杜牧有《出宫人二首》诗（选一）叹曰："闲吹玉殿昭华管，醉折梨园缥带花。十年一梦归人世，绛缕犹封系臂纱。"到唐末昭宗时，梨园演艺活动尚残存，但凡言及乐舞者，皆多提及梨园和梨园弟子。然自公元881年黄巢农民起义军攻入长安后，"乐工沦散"，"钟悬之器，一无存者"。致使唐昭宗即位（公元889年）和亲祭郊庙时，因缺乏乐器，只得临时铸造编钟，"求知声音处士萧承训、梨园乐工陈敬百与太乐令李从周，今先校定石磬，合而击拊之，八音克谐，观者耸听"[7]。

由此可见，唐梨园作为唐朝皇家、官府的乐舞机构，自始至终持续发展了200年左右。

二、唐长安禁苑梨园的建筑设置

有关梨园，有些研究者只承认禁苑梨园，而否认其他的梨园。如任半塘先生虽赞同陈寅恪先生有关唐长安有光化门北和蓬莱宫侧两梨园的论点，但认为前者是实，后者是虚[8]。李尤白先生反对梨园广义化，认为梨园只有禁苑梨园一处，因为梨园为起居和练习之所，与随处演出之地有区别，后者是临时之所，故不能凡"按乐之地"或凡"乐工机构"皆称梨园，否则梨园就遍天下了[9]。另有日本著名学者岸边成雄也认为，梨园则系禁苑内之著名果园，梨园本院与蓬莱宫、宜春北院等其他设施非同一处所，后者皆不能称为梨园[10]。这些前辈的观点虽然有一定的道理，即本源地和繁衍地有一定的区别，但是我们认为不能置唐代文献的明确记载于不顾，而强调梨园的唯一性。实际上，区分出梨园的原生地和衍生地不仅不会混乱我们的视线，反而更有利于我们理清和认识唐代梨园演变发展的历史。有关禁苑梨园的建筑设置，虽然文献记载少而零星，但我们仍可以从中理出一些大致的轮廓。

（一）球场

上文已经提到，早在唐初高宗和中宗时，梨园作为禁苑里的一处园林，植有许多梨树，还设有球场（"梨园毬场"），可以进行抛球及拔河等活动。至玄宗时，利用球场设立了培训艺术人才的梨园基地。

（二）院落

开元二年（公元714年），唐玄宗"以置院近于禁苑之梨园"[9]，唐段安节《乐府杂录》也提到"梨园新院"，故可明确梨园中有院落，以便300多位梨园弟子在此生活和练习。当然，这里的院落不同于《唐会要》卷三三所述的"太常梨园别院"。

（三）大型亭子、殿、楼

景龙三年（公元709年）正月，唐中宗"宴侍臣及近亲于梨园亭"，可见梨园内有大型的亭子，才能设宴接待来参加宴会的诸多亲近大臣。另从崔湜、沈佺期等的《幸梨园亭观打球应制诗》中可以看到还有鸳鸯殿、翡翠楼、琼楼这样的建筑物。崔湜（公元671—713年）诗曰："年光陌上发，香辇禁中游。草绿鸳鸯殿，花明翡翠楼。宝杯承露酌，仙管杂风流。今日陪欢豫，皇恩不可酬。"沈佺期诗曰："今春芳苑游，接武上琼楼。宛转萦香骑，飘飖拂画球。俯身迎未落，回辔逐傍流。只为看花鸟，时时误失筹。"

另外，《长安志》卷六记："又，梨园在通化门外正北禁苑南，有文宗会昌殿、含光殿、昭德宫、樱桃园、东西葡萄园、光启宫、云韶院右别见。"

按据《旧唐书》卷十七下，文宗李昂下载："戊辰，幸梨园亭，会昌殿奏新乐。"唐文宗在"大和四年七月，幸梨园会昌殿"，观赏新乐[10]。所以，禁苑梨园中的会昌殿可以确认。

又按，《旧唐书·职官志》："内教坊，武德以来，置于禁中，以按习雅乐，以中官人充使，则天改为云韶府，神龙复为教坊。"可见云韶府当在蓬莱宫侧的内教坊中，可确认不在禁苑梨园之中。而《长安志》卷六所述的含光殿，也可肯定非禁苑梨园之中的建筑。20世纪50年代，在大明宫西内苑遗址发掘出含光殿遗址，殿址出土一块石志，上刻"含光殿及毬场等，大唐大和辛亥岁乙未月建"，可证含光殿的地点远在蓬莱宫（大明宫）西侧的西内苑之中[11]。至于《长安志》卷六所记的"梨园"昭德宫、樱桃园、东西葡萄园、光启宫，正如其文误把"光化门"误认为"通化门"一样，很可能都是禁苑内的建筑，而误拉入梨园的。

由上可见，梨园是不断建设和逐步完善起来的一处大型建筑群落。

三、考古发现的唐长安城梨园遗址及相关遗物

（一）华清宫梨园遗址

如前文所述，唐都长安城的皇家、官府梨园地点有禁苑梨园、宫廷梨园、官府梨园（太常梨园、教坊梨园）三类，具体地点可知有禁苑梨园、太极宫东宫宜春北院、蓬莱宫（大明宫）侧内教坊、华清宫梨园、太常梨园、左右教坊等处。但由于历史原因，这些地点已大多掩埋于现代城市建筑之下，目前通过考古发掘可以确定的仅有华清宫梨园遗址一处。

据《明皇杂录》和《新唐书·礼乐志》载：天宝十四载（公元755年），唐玄宗和杨贵妃驾幸华清宫，命梨园法部所置小部音声凡三十人，皆十五岁以下，在长生殿奏新曲。元代李好文在其《长安志图·唐骊山宫图》中也明确画有梨园建筑。

1995年，临潼区唐华清宫梨园遗址被发掘出来[12]。从地层的叠压关系判断，明显存在着早、晚两期。早期遗迹有梨园和小汤，主要由主室、东西两个庭院、南北两庑、东西回廊、东庭院北回廊和主室外北回廊组成，平面呈南北长方形，总面积达近600平方米，分隔成8个室。晚期建筑遗迹共有五室两庑，可供梨园弟子居住（图二）。出土的建筑材料板瓦上带有"天宝二年内作官瓦"款识，南庑面积比前有所扩大，为37平方米，北庑面积为16.15平方米，室内有一个烧火坑。发掘者认为，梨园始建于开元二年至开元十二年之间（公元714—724年），天宝二年（公元743年）扩建。华清宫梨园遗址是梨园弟子的居住地，而非观演场所。

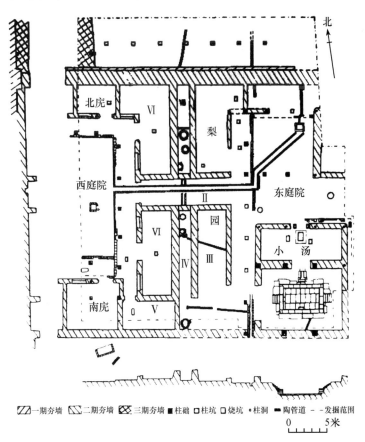

图二　唐华清宫梨园与小汤遗址平剖面图

（二）与梨园相关的碑石墓志

虽然梨园遗址确定的仅有一处，但传世碑志及唐代墓葬中出土的一批墓志，不仅弥补了文献记载的不足，而且也为我们认识唐代长安城梨园的历史提供了珍贵的实物资料。有关梨园的唐代墓志详情可参见表一。

表一　　　　　　　　　　　　　　　　与梨园有关的碑石墓志

碑志、墓志名称	出土地点/收藏地点	碑主、墓主	关键志文	资料出处	备注
唐故逸人窦居士神道碑并序	传世	窦天生	季子梨园教坊使	清王昶：《金石萃编》二编，卷八十七第486页，北京图书出版社，2003年	天宝元年（公元747年）
唐故特进行虔王傅扶风县开国伯上柱国兼英武军右厢兵马使苏公墓铭并序		苏日荣	充仕内教坊使	周绍良、赵超：《唐代墓志汇编》下册，第1898页，上海古籍出版社，1992年	约代宗宝应二年（公元763年）
大唐故宝应功臣开府仪同三司右龙武将军梁国公李公墓志	陕西师范大学历史博物馆	李元琼	品特进、上柱国、梨园使、京城修功德使	樊婧：《唐李元琼墓志考释》，见《唐史论丛》第18集，2014年	唐代宗大历十一年（公元776年）卒
唐故正议大夫行内侍省内寺伯上柱国陇西君开国子食邑五百户李公墓志铭		李升荣	至元和九年春，特授梨园判官	周绍良：《全唐文新编》第4部第1册，2000年	唐宪宗元和九年（公元814年）
唐故监事使太中大夫行内侍奚官局令员外置同正员上柱国赐绯鱼袋梁公墓志		梁元翰	元和十一年，恩命缀其时才，转充梨园判官	《隋唐五代墓志汇编》陕西卷2，天津古籍出版社，1992年	唐宪宗元和十一年（公元816年）
唐故仕内教坊第一部供奉赐金鱼袋清河张府君墓志铭并序	西安东郊的长安县郭家滩/陕西省博物馆	张渐	隶教坊供奉第一部	《西安碑林全集》第88卷，海天出版社，1999年	历经穆、敬、文、武宗四朝
唐赠陇西郡夫人董氏墓志		董氏	虽修蛾已老，椒房之贵人，而罗袖时翻，授梨园弟子	《唐代墓志汇编》开成010。转引自李尤白：《梨园考论》，见《陕西戏剧史料丛刊》第一辑	唐文宗开成二年（公元837年）卒
中大夫行内侍省内给事员餐置同正员上柱国赐绯鱼袋王公墓志铭		王文干	改梨园判官	《全唐文》第7838页，中华书局，1983年	

从表一中我们可以知道，墓主生活于中晚唐时期，生前曾分别为梨园女弟子、内教坊判官、梨园判官、梨园使等，这在一定程度上折射出宫廷和官府梨园的真实存在和发展状况。

四、对唐长安城禁苑梨园遗址地点的调查和推断

唐长安城禁苑梨园是艺术性"梨园"的本源地，其遗址地点的确定至关重要，直接涉及中华古代梨园文化的发扬光大、隋唐都城长安城遗址和盛唐文化艺术史的研究等问题。遗憾的是，由于废毁年代久历千年以上，加之近现代西安城市建设的扩大和发展，地表上已经无迹可寻，可能的相关地域也都已经被有关单位和房屋建筑所利用和覆盖，所以其地点的确定存在较大难度。

至20世纪七八十年代，西安学者李尤白先生对唐代梨园的历史展开了广泛的资料收集，并进行

了实地问询调查和深入的研究，发表了许多文章，最后汇集和出版了专著《梨园考论》一书，从而把唐代梨园的研究推向了一个新的高度。李尤白先生认为唐梨园只能有禁苑梨园一处，而其他冠有"梨园"名称的梨园机构和地点都是虚的，不能归入梨园范畴。他在文献记载的基础上，根据村民、干部关于村里田地曾出土玉管、铜编钟的说法，推断禁苑梨园遗址只能在大白杨村西，即今西安市未央区未央乡大白杨村的西部，范围约200亩地，不可能在其他任何地方。后来，当地历史爱好者王湛才先生更进一步地认为，唐代禁苑梨园遗址的中心在大白杨村村口，范围应呈L形，面积约1500—2000亩地，东西和南北直径均约一千米多[13]。

李尤白先生的论点影响较大，在中外学术界引起了强烈反响。另外，李尤白先生早在1987年就向全国戏曲界倡议，拟成立中华梨园学研究会及中国唐代梨园遗址纪念馆，一时得到全国200多位梨园弟子的纷纷响应，由此确立了李尤白先生在梨园学研究领域中无可争议的权威地位。

1988年，筹备中的中华梨园学研究会在西安市未央区大白杨西村大白杨小学附近，树立了《中国唐代梨园遗址纪念碑》，中国剧协主席和北京人艺院长曹禺先生及省市有关领导都莅临剪彩，全国各地梨园弟子等许多代表参加了盛会，并收到海内外贺电40余份。嗣后梨园学研究会对外宣告成立，李尤白先生荣膺首任会长，全国媒体新华社、光明日报、人民日报（海外版）、中央人民广播电台台湾民生报等30余家新闻单位都竞相进行报道。后来，西安市大兴新区也在大白杨村设立了梨园广场。

尽管李尤白先生的观点似乎已经成定论，但我们经过综合分析，认为李尤白先生关于禁苑梨园地点的论点是值得商榷的。主要理由如下。

第一，关于禁苑梨园的位置，古代文献已经明确说明是在唐长安城西北城门光化门以北的禁苑中，例《旧唐书》卷二八《音乐志》："以置院近于禁苑之梨园。"宋程大昌《雍录》卷九"梨园"条："梨园在光化门北。光化门者，禁苑南面西头第一门。在芳林、景曜门之西也。"清徐松《唐两京城坊考》也认为："所谓梨园者，在光化门之北。"但李尤白先生认为禁苑梨园所在地当在现在的大白杨村西。根据早年隋唐长安城遗址的考古调查结果和史念海先生主编的《西安历史地图集》中的"开元天宝时期的唐长安城"平面图[14]，大白杨村的位置相当于唐长安城景曜门和芳林门之间的北部一带。而据唐长安城遗址的考古实测报告[15]，光化门在修改坊与安定坊北墙之间，景曜门在安定坊与修德坊之间，芳林门在修德门与掖庭宫之间。此三坊的规模、大小依南面实测的居德坊为据（修改坊、安定坊、修德坊三坊的大小与之相同），南北长838、东西宽1115米，则光化门、景曜门、芳林门之间的距离都为1115米。这就是说，位于唐长安城景曜门和芳林门之间北端的大白杨村西地点，与文献所说的梨园在光化门北的位置足差1公里左右的距离（图三）。

第二，清徐松《唐两京城坊考》中的《西京三苑图》因拘于北面漕渠标注空间的挤压，不得不把梨园标注在光化门和景曜门之间的北面（图四）。李尤白先生的论点以此图为重要根据，应是深受了该图的误导影响。

第三，李尤白先生的论点还来自两个主要论据。其一是大白杨村曾出土过玉管（文献曾记安禄山进献玉管数百件，见上文），此系道听而来，遗物从来没有见过，所以不足为证；其二是根据当时的西安市魏明中副市长关于汉长安城遗址南墙安定门和覆央门之间发现了铜编钟的书面描述[16]而大致推断的。根据上述汉长安城两门遗址的实际位置（明显偏西），则反而证明该编钟乐器并不是现今大白杨村发现的，而应是在西边小白杨村一带出土的。

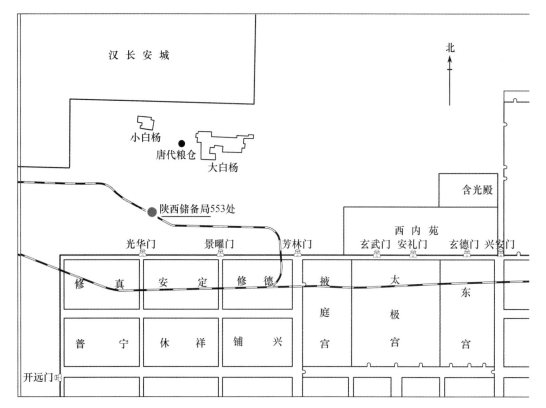

图三　拟是禁苑梨园地点及唐长安城遗址相对位置示意图

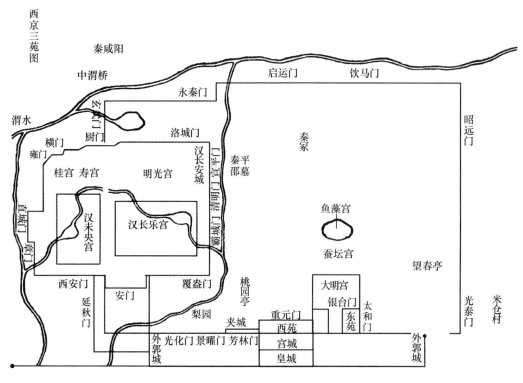

图四　唐西京三苑图与梨园位置图

2017年，受西安市文物局的委托和支持，中国社会科学院考古研究所西安唐城工作队对唐长安城梨园文献资料和相关研究成果进行了广泛的收集和分析总结，并实地踏查了李尤白先生认为的大白杨村一带所谓的梨园遗址，进行了部分钻探。经过反复比较研究，我们认为唐长安城禁苑梨园遗址的地点应在今西安市大兴新区的丰禾路以北、大兴西路以南、桃园北路以西、二环北路西段以东一带，具体而言，当在今小白杨村南面、陕西省储备物资局五三三处的库区场院一带。主要理由有以下几点。

第一，文献记载明确说明梨园是在长安城北的光化门以北的禁苑内（详见上文所引文献资料），这是我们确定遗址地点的唯一文献证据，不应轻易否定，否则无从谈论。

第二，2012年夏，中国社会科学院考古研究所汉长安城工作队在现代的大白杨村西的范围内发现了大规模的唐代太仓遗址[17]，除已经发掘清理的6处粮仓遗迹外（见图三；图五），根据对周边的调查资料，至少肯定还有26处大型粮仓遗迹，其范围包括了大白杨村全村范围，故可排除李尤白先生认为的禁苑梨园遗址在大白杨村西一带的可能。

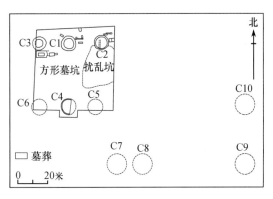

图五　大白杨村发现的唐代太仓粮窖遗址分布图

第三，2016年，我们根据唐代文献所载，在禁苑梨园所在的唐长安城西北隅外、大兴新区梨园路周边进行了较广泛的调查，认为唐代禁苑梨园被布置在光化门之北、禁苑之内的文献记载符合当时的空间分布情况，是正确的：唐代时，唐长安城北城墙西段光化门等三门以北、汉长安南城墙东段之间，因有东北—西南向的漕渠通过，故空间受到割裂和局限，所以我们认为唐禁苑梨园遗址的位置应略南偏北城墙一带，可能在今小白杨村以南一带，即今西安丰禾路以北、大兴路西段以南的空间范围里，恰当陕西省储备物资局五三三处库区一带（见图四）。

现在的陕西省储备物资局五三三处库区，位置恰在唐长安城光化门遗址以北，与文献记载的禁苑梨园位置相符。《旧唐书》卷七"（景云）四年二月庚戌，（中宗）令中书门下供奉官五品以上，并诸学士等，自芳林门入，集于梨园毬场，分朋拔河"。此段记载只说明官员们是从芳林门出城，然后汇聚于梨园球场进行活动的。据上文所讨论的那样，梨园球场位置在光化门北是非常明确的，所以虽然芳林门至梨园球场之间的一段路程未见《旧唐书》记述，但并不影响我们推断：官员们从皇城出来后，通过芳林门出城，然后顺着城墙外的道路往西行进，中间经过景曜门北，最后到达光化门以北的梨园球场。

又，根据早年的西安市地形图，现在陕西省储备物资局五三三库区场院位处龙首原西部高地之上。当年储备库选址在此，应就是考虑到此地势高畅（海拔400米，高出周边低地5米），不易受到洪涝灾害影响这个有利条件。而唐代在禁苑的西南隅种植梨树，当也与此地天然地势较高有关。

当然，需要特别说明的是，因为种种原因，储备物资局五三三库区场院一带还未能进行任何的考古工作，所以我们关于禁苑梨园地点的观点还有待于今后的调查和发掘来证实。

目前，根据相关消息，陕西省储备物资局五三三处库场即将搬迁。由于该库场内的房屋建筑较少，大部分是空旷的场院，所以考古空间应该较大。如果该场院能够保留和进行相关的考古发掘，证实为唐长安城禁苑梨园所在地的话，则对确定古代梨园文化的发祥地、弘扬中华梨园文化传统、加强西安的旅游文化等都具有重要的意义。

附记：西安市文物局唐龙、西安市隋唐长安城遗址保护中心刘勇、师文博参加了唐长安城梨园遗址的调查工作，谨此表示感谢。

注　释

[1] a. 陈寅恪：《元白诗笺论稿》第170页，上海古籍出版社，1982年。

b. 任半塘：《唐戏弄》"杂考—梨园考"，上海古籍出版社，1984年。

c.〔日〕岸边成雄著，梁在平、黄志炯译：《唐代音乐史的研究》上册第三章，台湾中华书局，2017年。

d. 李尤白：《梨园考论》，陕西人民出版社，1995年。

e. 周伟洲：《唐梨园新考》，见《周秦汉唐研究》第一册，西安三秦出版社，1998年。

f. 王湛才：《唐代梨园位置及其范围考》，《西安艺术》2001年第3期。

g. 左汉林：《略论唐代梨园的兴衰》，《中州学刊》2005年第1期。

h. 杜文玉：《唐长安大明宫娱乐性建筑考述》，《陕西师范大学学报（哲学社会科学版）》2014年第43卷第5期。

i. 方雪扬：《唐代三地梨园考述》，《交响—西安音乐学院学报》2016年第35卷第1期。

[2] 《新唐书·高宗皇帝纪》。

[3] 《资治通鉴·唐纪二十五》。

[4] 《唐五代笔记小说大观》，上海古籍出版社，2000年。

[5] （宋）李昉等：《太平广记》卷四八五《杂传·东城老父传》，中华书局，1961年。

[6] （宋）计有功：《唐诗纪事》卷十六。

[7] 《旧唐书·音乐志》。

[8] 任半塘：《唐戏弄》"杂考—梨园考"，上海古籍出版社，1984年。

[9] 李尤白：《梨园考论》第13、14、18、19页，陕西人民出版社，1995年。

[10]〔日〕岸边成雄著，梁在平、黄志炯译：《唐代音乐史的研究》，台湾中华书局，2017年。

[11] 中国科学院考古研究所：《唐长安大明宫》，科学出版社，1959年。

[12] 唐华清宫考古队（骆希哲）：《唐华清宫梨园、小汤遗址发掘简报》，《文物》1999年第3期。

[13] 王湛才：《唐代梨园位置及其范围考》，《西安艺术》2001年第3期。

[14] 史念海：《西安历史地图集》第88、89页，西安地图出版社，1996年。

[15] 中国科学院考古研究所西安唐城发掘队：《唐代长安城考古纪略》，《考古》1963年第11期。

[16] 李尤白：《梨园考论》20、21页，陕西人民出版社，1995年。

[17] 中国社会科学院考古研究所汉长安城工作队、西安市文物保护考古研究院：《西安市未央区大白杨唐代粮仓的钻探与发掘》，《考古》2016年第1期。

唐北庭都护吕休璟家族谱系考
——以出土文献为中心

范正霞　刘　勇　吴桂英　王永安

一、引　言

陕西省蒲城县博物馆藏有一块碑额形制为六龙螭首的神道碑，残存上半截，其小篆题额为"大唐左卫率临黄伯吕公之碑"（图一）；还有一盒篆盖为"大周松州都督公之誌"的墓志（图二）。通过对碑文的释读并结合相关文献研究确定，"大唐左卫率临黄伯吕公之碑"为唐北庭都护吕休璟祖父吕孝嗣的神道碑，"大周松州都督公之誌"为唐北庭都护吕休璟父亲吕志本的墓志。

图一　"大唐左卫率临黄伯吕公之碑"残碑

图二　吕志本墓志篆盖"大周松州都督
公之誌"

二、大唐左卫率临黄伯吕公之碑

吕孝嗣神道碑，六龙螭首，篆额三行，每行四字：大唐左卫率临黄伯吕公之碑。根据拓本将碑文释读如下（图三）。

大唐故左衛率上柱國臨黃縣開國伯……/夫盛德允休，餘慶不沬；公侯子孫，其□必……/範輝煥，縑緗戀□，嘉庸昭彰，簡□遺烈，不□……/國公，雅量□深，清規載遠，鄧騭以親，賢勳

作者：范正霞，南京市，南京宇通实验学校，一级教师。
　　　刘勇，北京市，中国社会科学院考古研究所，助理研究员。
　　　吴桂英、王永安，蒲城县，陕西省蒲城县博物馆，吴桂英文博馆员、王永安高级技工。

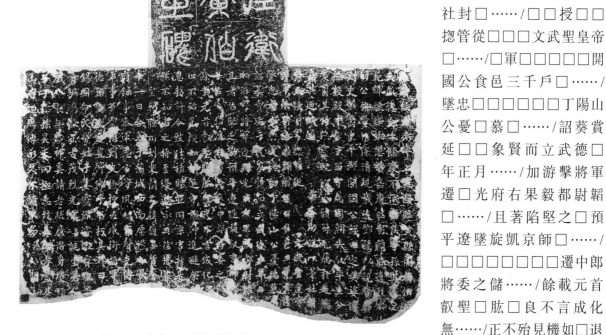

图三　"大唐左卫率临黄伯吕公之碑"残碑拓本

右侧竖排文字：

□……/刺史，□爵東平郡開國公，謚曰定。英姿傑□……/檢校殿中監，京留守。属國朝失馭，率土分□……/炭蔈，其豺狼□□□□禎符，允属扵是□……/棄（嘉）其㢴□□□□□□□功錫以茅社封□……/□□授□□揔管從□□□文武聖皇帝□……/□軍□□□□□開國公食邑三千戶□……/墜忠□□□□□□丁陽山公憂□慕□……/詔葵賞延□□象賢而立武德□年正月……/加游擊將軍遷□光府右果毅都尉韜□……/且著陷堅之□預平遼墜旋凱京師□……/□□□□□□□□□遷中郎將委之儲……/餘載元首叡聖□肱□良不言成化無……/正不殆見機如□退守謙沖進避榮□……/恩勅

許令致仕祿賜並同京官扵是□……/然不知老之將至優□永日荏苒暮□……/□皇朝睦州刺史蘭芬桂馥玉質金……/十一日合葬于蒲城西南原禮也長……/府錄事參軍志有等凤紹家聲克傳……/軍事兼靈州刺史檢校左威衛將軍……/德銘□□□豐碑傳乎不朽其辭曰……/錫國命氏受姓于姜靈源濬□寶地□……/青編鴻□冠古茂烈光□（其二）誕生若□……/致八表無塵祚奚請老疏廣潛身瓊□……/子子孫孫昊天冈極忠致□□孝□其……/山□□庶傳永久不積不易（其七）□□□……/

三、大周故吕将军墓志铭并序

《吕志本墓志》，有盖，武周长寿三年（公元694年）刻石。墓志呈正方形，边长66.4厘米，楷书三十一行，满行三十二字。该墓志1991年发现于陕西省蒲城县甜水井乡璋宝村北，现藏陕西省蒲城县博物馆。墓志内容如下（图四；图五）。

誌蓋：大周松州都督公之誌

大周故吕將軍墓誌銘并序

公諱志本，字小胡，青州北海人也。周文寶曆，以夢嘉遷□□龍鳳之池，兹乎令望令/問。秦朝歷宦，則吕氏髙斑；漢祖舌辰，即七年為政。曾祖和，周任奉車都尉，寧、紹二州/刺史。祖紹宗，

隋任觀軍府鷹楊郎將。望紫氣以應天，楼神堯而遞路。時逢晉川/龍躍，京兆鳳翔。盡忠節於神麾，騁明雄於大陣。唐朝任右領軍衛大將軍，上柱國。三/川未定，鄭梗王充。公以秘略沉謀，東蕃守隘，仍檢校穀州刺史。奉制以新安鎮壓，/親統紫氣之關，據函谷而攬垦機，開一封而向明主。蒙授上開府儀同三司，蒲城/縣開國公。父孝嗣，唐朝任左千牛。魁心紫樨，敬仰宸儀。授明光、豐隆二府果毅/都尉，左率府郎將。殄定三韓，乘天威而慶快，遷東宮左衛率。鶴禁振遠，質履貞樸。/蒙授上柱國，臨黃縣開國伯，對曰都督。公審變知權，仁歌慕德。汪汪珍席，則五字稱奇。絳帳石渠，談碧雞而辯金馬。年十九，唐任左衛勳一府勳衛。負戟紫庭，嚴更/禁闈。加以才新夢鳥，簡入天官。又任蔣王府法曹參軍。然而器梃逸羣，良佐蕃務；將/門應舉，昭着勳膚。制授永樂

图四　吕志本墓志篆盖"大周松州都督公之誌"拓本

府右果毅都尉。至上元元年，授上柱國，復制授游/擊將軍，涼泉府左果毅都尉。至儀鳳三年，授高陵府左果毅都尉。轉任天齊府折衝/都尉。折衝之稱，應乎萬里之聲；親縮禁戎，執符龜而輔主。至永淳元年，授左金吾衛/郎將，左羽林衛上下。至二年，檢校蔚州刺史。飛狐重寄，接狼望而系連。

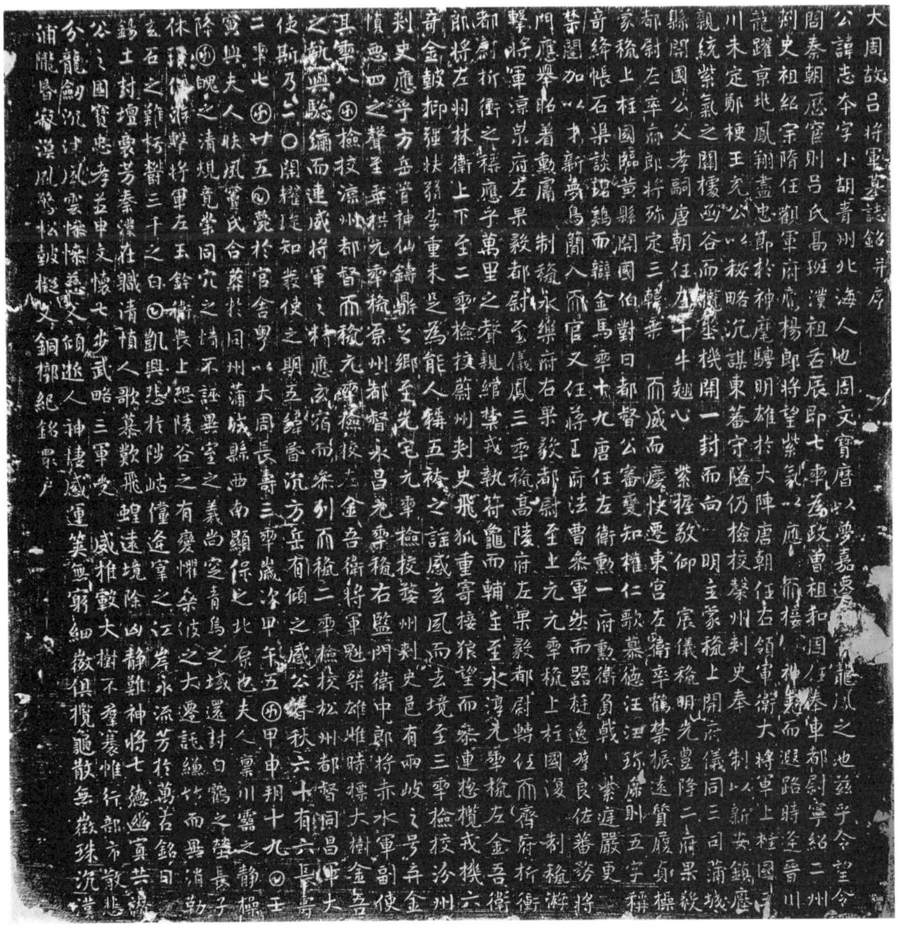

图五　吕志本墓志拓本

楤攬戎機，六/竒金皷；抑強扶弱，李重未足。為能人稱。五袴之謠，感玄風而去境。至三年，檢校汾州/刺史。應乎方岳，管神仙鑄鼎之鄉。至光宅元年，檢校婺州刺史。邑有兩岐之号，弃金/慎惡四之聲。至垂拱元年，授原州都督。永昌元年，授右監門衛中郎將、赤水軍副使、/其年八月檢校涼州都督。天授元年，檢校左金吾/衛將軍。魁桀雌雄，時標大樹。金吾之執，與驄繡而連威；將軍之精，應玄宿而系列。天授二年，檢校松州都督，同昌軍大/使。斯乃二星開耀，琁知發使之期；五緯昏沉，方岳有傾之感。公春秋六十有六，長壽/二年七月廿五日薨於官舍。粤以大周長壽三年歲次甲午五日甲申朔十九日壬/寅，與夫人扶風竇氏合葬於同州蒲城縣西南顯保之北塬也。夫人稟川靈之靜操，/降月魄之清規。竟崇同穴之恓，不誣異室之義。尚窆青鳥之域，還封白鶴之塋。長子/休璟，任游擊將軍，左玉鈐衛長上。恐陵谷之有變，懼桑波之大遷；託縑竹而異消，勒/玄石之難杇。嚳三千之白日，凱興悲於陟岵；儻逢宰之江岸，永流芳於萬古。銘曰：/

錫土封壇，裔芳秦漢。在職清慎，人歌慕歡。飛蝗遠境，除凶静難。神將七德，幽實共讚。/公之國寶，忠孝並申。文懷七步，武略三軍。受威椎轂，大樹不羣。褰惟行部，市散悲/分。龍劍沉津，風雲慘慘。慈父傾逝，人神悽感。運筴無窮，細微俱攬。龜散無徵，珠沉漢/浦。隴昏寂漠，風驚松皷。擬又銅槨，紀銘最戶。/

四、相关问题讨论

由《吕志本墓志》可知，吕志本在唐朝历任左卫勋一府勋卫、蒋王府法曹参军、制授永乐府右果毅都尉、授上柱国、复制授游击将军、凉泉府左果毅都尉、高陵府左果毅都尉、天齐府折冲都尉、授左金吾卫郎将、左羽林卫上下、检校蔚州刺史、检校汾州刺史、检校婺州刺史、授原州都督、授右监门卫中郎将、赤水军副使、检校凉州都督；在武周时期先后检校左金吾卫将军、检校松州都督、同昌军大使。

吕志本曾祖吕和，北周时期任奉车都尉，宁、绍二州刺史；其祖吕绍宗，隋任冠军府鹰杨郎将；唐朝任右领军卫大将军、上柱国，检校谷州刺史，授上开府仪同三司、蒲城县开国公；其父吕孝嗣，在唐朝历任左千牛，明光、豐隆二府果毅都尉，左率府郎将，东宫左卫率，授上柱国、临黄县开国伯；其子吕休璟，时年（长寿三年，公元693年）任游击将军，左玉钤卫长上。

关于吕绍宗，在下列几处史料中有记载。

《隋书·尧君素传》有载："大业之末，盗贼蜂起，人多流亡，君素所部独全。后从骁卫大将军屈突通据义兵于何东。俄而引兵南遁，以君素有胆略，署领何东通守。义师遣将吕绍宗、韦义节等攻之，不剋[1]。"在隋朝大业末年，吕绍宗已经投靠了起义军。

《大唐创业起居注》有载："时逼农月，遂奉令旋师宜阳、新安二郡而还。留行军总管史万宝、盛彦师镇宜阳，吕绍宗、任怀镇新安。"[2]新安郡，《隋书·地理下》有载："新安郡，统县三，户六千一百六十四。休宁，歙，黟。"[3]《吕志本墓志》有载："奉制以新安镇压，亲统紫气之关，据函谷而揽埊机，开一封而向明主。"《吕志本墓志》也记载了吕绍宗当时镇守新安郡的事情。

《资治通鉴》有载："隋将尧君素守河东，上遣吕绍宗、韦义节、独孤怀恩相继攻之，俱不下。"[4]

史料所载的吕绍宗活动于隋末唐初，镇守过新安郡，与《吕志本墓志》所载的吕绍宗所处时期与经历相同，应为同一人。

吕休璟在武周长寿三年（公元694年）担任游击将军、左玉钤卫长上。《唐大诏令集·命吕休璟等北伐制》有载："朕又闻不得已而用者，孰若兵机；不可得而违者，迺符人事。永言取乱，宜戒祖征。右领军卫将军、兼检校北庭都护、碎叶镇守使、安抚十姓吕休璟，心坚铁石，气横风雷。始则和戎之利，先得晋卿；终而逐虏之功，永邀汉将。"[5]此时是唐景龙四年（公元710年）五月十五日，吕休璟任右领军卫将军、兼检校北庭都护、碎叶镇守使。《唐大诏令集·命姚崇等北伐制》有载："可左军副大总管、检校左威卫将军、灵州都督吕休璟，惯知边要，久探戎律。诚期报国，去病安用家为；奋不顾身，伯昭不使遗贼。"[6]此时是开元二年（公元714年）二月二十八日，吕休璟检校左威卫将军、灵州都督。

《吕志本墓志》有载："长子休璟，任游击将军，左玉铃卫长上。恐陵谷之有变，惧桑波之大迁；托缣竹而异消，勒玄石之难朽。"可知该墓志是由吕志本的长子吕休璟所立，墓志中关于他们祖先（吕和、吕绍宗、吕孝嗣）的记载是可信的。

《元和姓纂》卷六有载："【冯翊】状云，本望东平，后居冯翊蒲城。北齐虞州刺史、东平公吕晟；生和，岐州刺史。和生绍宗，唐领军大将军、凉州都督。绍宗生休璟、休琳。休璟，左领军将军、北庭都护。休琳生广，太子舍人。广生洞，太常博士。"[7]根据《元和姓纂》所载，蒲城吕氏家族从北齐时期到唐元和时期的谱系为[8]：吕晟—吕和—吕绍宗—吕休璟、吕休琳—吕广—吕洞。

《元和姓纂》前言有载："然林氏以二十旬而纂撰成帙，姓繁时迫，故援引讹谬者有之，考稽失实者有之，世代颠倒着有之，此其所以见讥于洪迈也。且是书于北宋时即颇有散佚。陈振孙直斋书录解题亦谓绝无善本，存者仅得十之七八而已。"[9]表明《元和姓纂》存在记载失实的可能。通过《吕志本墓志》与《元和姓纂》分别所载的蒲城吕氏家族谱系对比可知，《元和姓纂》卷六中关于蒲城吕氏的记载漏掉了吕孝嗣与吕志本这两代人。

五、结　　语

唐北庭都护蒲城吕休璟家族谱系为：吕晟—吕和—吕绍宗—吕孝嗣—吕志本—吕休璟、吕休琳—吕广—吕洞。

《元和姓纂》卷六中关于蒲城吕氏家族的记载有遗漏之处，宜将吕孝嗣和吕志本二人补录到《元和姓纂》卷六关于蒲城吕氏家族的记载中。

附记：本文照片及相关拓本由陕西省蒲城县博物馆王永安老师及已故陕西省蒲城县博物馆原馆长 尉文庆 先生提供，在此表示诚挚谢意！

注　释

[1]《隋书·尧君素传》。
[2]（唐）温大雅：《大唐创业起居注》，《丛书集成初编》第3828册第30页，中华书局，1985年。
[3]《隋书·地理下》。
[4]《资治通鉴·唐纪二》。
[5]（宋）宋敏求：《唐大诏令集》卷130《命吕休璟等北伐制》第705页，中华书局，2008年。
[6]（宋）宋敏求：《唐大诏令集》卷130《命姚崇等北伐制》第706页，中华书局，2008年。
[7]（唐）林宝撰，岑仲勉校记：《元和姓纂（附四校记）》第871—872页，中华书局，1994年。
[8]因《元和姓纂》成书于唐元和七年，故将《元和姓纂》所记载的蒲城吕氏家族谱系的年代下限定于唐元和七年。
[9]（唐）林宝撰，岑仲勉校记：《元和姓纂（附四校记）》第1页，中华书局，1994年。

定窑遗址的考古发掘与研究述略

王 睿

定窑是宋代著名瓷窑之一，遗址位于河北省曲阳县涧磁村、北镇村及野北村、燕川村一带，总面积约10平方千米，其中涧磁、北镇窑区保存最好、规模最大（图一）。定窑烧造始于唐代，北宋中期白瓷烧制技术达到顶峰，开始用煤做燃料，发明了覆烧工艺，北宋晚期持续发展，至金代生产规模和产品数量空前，元代逐渐走向衰落。曲阳县宋代隶属于定州，故名"定窑"。定窑白瓷对当时及后世白瓷在釉色、装饰和装烧工艺等方面都有很大影响，宋元明清各代陆续有一些关于定窑的文献记载[1]。定窑宋代以烧白瓷为主，兼烧黑釉、酱釉、绿釉等，白釉有印花、刻花、划花和素面几种，金代定窑继续生产白瓷，以素面为主，印花装饰达到顶峰[2]，元代仅烧造磁州窑类型的粗白瓷，如白地黑花、白釉酱彩瓷和模印花器物[3]。

定窑研究大致可以分为四个阶段。第一阶段为20世纪20年代以前，主要是古器物学的著录，代表作品有《格古要论》[4]等。第二阶段为20世纪20年代至20世纪五六十年代，根据传世品和文献记载寻找定窑窑址，叶麟趾、小山富士夫、陈万里、冯先铭等先后四次调查[5]。第三阶段为20世纪60年代至20世纪末，以窑址、墓葬、塔基等遗址发掘出土定窑瓷器为基础进行全方位的研究，涉及定窑的烧造历史、分期、字款、覆烧工艺、装饰，以及定窑与宫廷用瓷的关系，定窑与其他瓷窑的关系等问题[6]。第四阶段为21世纪开始至今，定窑研究开始向纵深发展，出现了一些专题和综合性的论文，同时，新的考古发掘得以开展[7]。

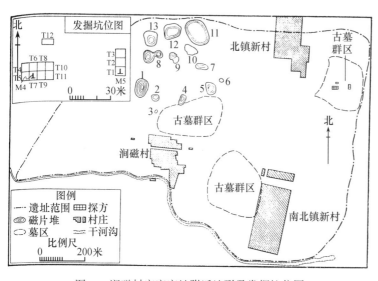

图一　涧磁村定窑窑址附近地形及发掘坑位图

一、1951—1987年定窑调查与发掘概况

（一）1951—1987年定窑窑址的考古工作

定窑遗址的调查开始于20世纪20年代，1922年叶麟趾先生前往调查，并于1934年在《古今中外

作者：王睿，北京市，中国社会科学院考古研究所，副研究员。

陶瓷汇编》一书中第一次明确指出"定窑在河北曲阳县"[8]。1941年，日本学者小山富士夫依据叶麟趾先生提供的线索，对涧磁村和燕川村进行了实地考察，并采集了大量的瓷片标本，发表《关于定窑窑址的发现》一文。此后，1951年陈万里先生的调查和1957年冯先铭先生的调查进一步确定了定窑址在河北曲阳县。20世纪50年代前后，故宫博物院、河北省文物工作队等单位对定窑进行了多次调查和小规模的发掘[9]，加上河北省文物研究所在80年代先后进行的近两千平方米的发掘[10]，基本上对定窑的烧瓷历史以及与邻近地区瓷窑之间的相互关系有了一个较为全面的认识。

（二）1960—1962年定窑窑址试掘发现的遗迹和遗物

20世纪五六十年代调查发现的定窑址[11]主要是密集于涧磁村东与村北两个地区，村东区窑址25万平方米，时代为晚唐、五代、北宋时期；村北区窑址20万平方米，时代为北宋、金、元时期。1960年底至1962年3月，在涧磁村东北1.5千米处试掘[12]了420平方米[13]，发现了代表三个不同时期的文化层堆积，有北宋层、五代层和晚唐层。其中北宋层中发现了大量北宋瓷片以及一些窑具和唐、宋铜钱等，以白釉带印、刻划纹饰的碗、盘碎片最多，黑、酱色釉很少，紫色釉极少，还有一些其他器类。试掘发现的瓷器在造型、纹饰、胎质、釉色等方面与村东区窑址地表调查情况均相同，试掘还发现残墙、瓷泥槽等有关瓷窑生产的建筑遗迹。

二、1951—1987年定窑的研究成果

据20世纪50年代对定窑的调查，1960—1962年发掘遗迹的资料，以及由相关渠道获取的1985—1987年的发掘资料，对定窑窑址的研究概况梳理如下。

（一）定窑的分期

对于定窑的分期，以往有学者进行过一些研究。冯先铭先生根据考古资料和传世品对定窑进行了编年，除确定唐、五代等早期作品外，又细分为北宋前期、中期、后期和金代，共分五期[14]。李辉柄、毕南海先生则根据调查并结合考古发掘材料，从工艺角度将定窑产品主要分为初创时期（唐高祖至唐代宗，公元618—779年）、发展时期（晚唐至五代，公元780—960年）、"独特风格"形成时期（北宋至金哀宗，960—1234年）、衰败时期（金哀宗至元代，1234—1368年）四期[15]。谢明良先生根据考古发掘资料和传世品，将定窑瓷器分为唐至五代、北宋早期至中期、北宋晚期至金代三期[16]。20世纪90年代，张金茹先生提出唐代中期、晚唐五代、北宋早中期、北宋晚期、金代的分期[17]；穆青先生提出定窑创烧于唐中期，将晚唐、五代列为一期，其他期与谢明良先生相同[18]。

冯先铭先生最早提出定窑的上下限，此后的分期多以此为基础。李辉柄、毕南海先生的分期时代较为宽泛，上限到唐初，下限到元代。张金茹、穆青先生将定窑时间推至唐代中期。

（二）定窑烧造工艺研究[19]

定窑的装烧方法与瓷器造型特征的形成关系是十分密切的，其发展是一个从简到繁，从粗到精的一个过程。定窑装烧工艺的发展经历了裸烧→匣钵装烧→半裸烧（叠烧），具体来说来，是三岔形支钉垫烧法、漏斗状匣钵正烧法、支圈覆烧法（支圈仰烧的时间很短）、叠烧法四个不同发展阶段，其发展之初和衰落之际工艺都不甚精致。

定窑在支圈仰烧法的基础上，发明了支圈覆烧法，充分利用了窑位空间，又最大限度地节省了燃料，是我国古代瓷器装烧方法上的一大革新。这种方法不仅对定窑的生产起到了相当大的推动作用，而且对全国其他瓷窑也产生了极大的影响。目前墓葬中发现的较早的比较可靠的由覆烧而形成的芒口定器，当推内蒙古哲盟库伦旗一号辽墓[20]（辽大康六年后，1080年以后）中出土的钵，而其

大量发现还是在北宋末和金代。这可能表明定窑覆烧法产生的时代或许应在神宗元丰年间（1078—1085年）及其以后。

1. 裸烧

为三岔形支钉垫烧法。一个坯体垫一个三岔形支具，逐件叠置起来烧造。器物以碗为主，碗形浅矮，胎体厚重。碗内中心留有三个支钉烧痕。釉色以黄绿釉及褐绿釉者居多，也有外施黄釉、里面施白釉的，胎与釉之间常常施以化妆土[21]（图二，1）。

2. 匣钵（装）

包括烧单一匣钵装烧、支圈匣钵组合烧。

（1）单一匣钵装烧

有筒状匣钵正烧、漏斗状匣钵正烧法和漏斗状匣钵垫饼烧。

筒状匣钵正烧　从三岔形支具发展到筒状匣钵，是定窑瓷器烧造工艺上的一大进步。用来烧制瓶、罐、炉等一些较大型的器物，和一些形制特殊的碗。这种筒状匣钵可以重复使用（图二，2）。

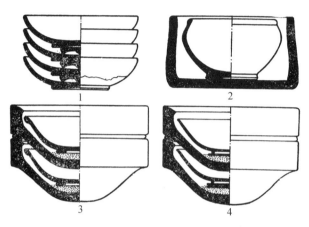

图二　定窑匣钵装烧示意图

漏斗状匣钵正烧法　采用这种匣钵烧制精致白瓷是从邢窑开始的。定窑受邢窑的影响烧制白瓷，也大量采用此种匣钵碗浅形，器壁45度直斜（受匣钵体积的限制），壁形底。碗口凸出一道边沿或唇口，器壁口沿薄，底渐厚，底足宽而矮。装烧方法是一匣一器叠置起来烧制的（图二，3）。

漏斗状匣钵垫饼烧　碗从壁形足演变到圈足，经过了由宽到窄、由矮到高的过程，碗壁从浅逐渐增高，胎体向更薄的方向发展。制瓷工匠根据瓷器造型上的需要，加大了这种漏斗状匣钵的高度，并为了适应圈足的需要在匣钵的底部加一圆形垫饼（图二，4），使其在烧造过程中避免变形和粘连。

（2）支圈匣钵组合烧

支圈是一种支具，它同支圈仰烧法一样必须与筒状匣钵配合起来使用，故取名支圈组合窑具。支圈仰烧、支圈覆烧。

支圈仰烧　在筒状匣钵内，先置一个高支圈，上面放一个碗坯，其上再置一个支圈和一个碗坯，一直迭到适当高度为止。这种方法烧制的碗，在造型上的特征是碗口沿部位明显外撇，为了避免与支圈粘连，碗口外沿留有较宽的无釉边（图三，1）。

支圈覆烧　定窑的支圈覆烧法有支圈叠置法，碗形支圈覆烧法，盘形支圈覆烧法与钵形支圈覆烧法等多种。

第一种是支圈叠置法。在开底式筒状匣钵内，先放一个较厚的底圈，上面放一个或两个碗坯后，其上再放一个支圈和一个碗坯，然后再放一个支圈、一个碗坯。这样一圈一坯叠置到一定高度后，放入窑中烧制。其特点是器口沿无釉，文献上称其为"芒口"，一般胎薄体轻，圈足矮浅为它的主要特征（图三，3）。

第二种是碗形支圈覆烧法。在一个较浅的开底式匣钵内，放入一个碗状支圈，然后扣装上口径大小不等的器物坯体，放到一定高度时，即可入窑焙烧。因为这种碗形支圈无直边，可以肯定上面

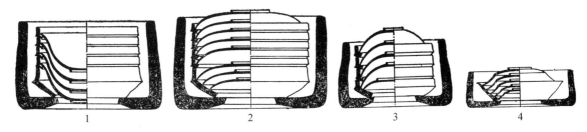

图三　定窑匣钵装烧示意图

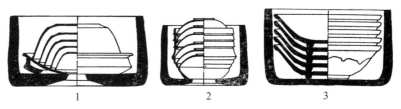

图四　定窑装烧示意图

不会再放支圈，所以称它为碗形支圈覆烧法。这种装烧方法，适合于口径较大而器形较矮的盘状器物，因为这种碗形支圈上大下小，承重力大，是烧制不同直径的盘状器物最理想的方法。因此，用此种方法烧制的大盘尽管直径大，胎体较薄，但也不易变形（图三，4）。

第三种是盘形支圈覆烧法。将一盘状支圈放入开底式筒状匣钵内，先在盘状支圈内扣一、二件不同口径的坯体，然后再在盘状支圈上端叠放一个支圈，圈口扣一坯体。这样一圈一坯交替迭到一定高度时即可入窑烧制。这种方法与碗形支圈覆烧法虽然大体相同，但适于烧体矮腹浅的盘类器皿为其独有特点（图三，2）。另一种在盘形支圈上再加一盘（作45度斜出），上面扣数个不同口径的深形器皿，为了多扣并防止器与器之间的粘连，不仅从小到大扣置，而且器底均不作圈足。扣烧时为避免变形和器体下塌，口沿外部均加厚，呈一带状唇沿。这类器皿，一般称之为圆洗（图四，1）。

第四种是钵形支圈覆烧法。在开底式筒状匣钵内，先放入一个钵形支圈，其上带有规则的锯齿形台阶，上大下小，扣置不同口径的碗形坯体数件，然后在钵形支圈上再放支圈，一圈一坯交替置放，到一定高度时为止（图四，2）。

3.半裸烧——叠烧法

叠烧法是将同样大小的碗坯一个个直接叠起来，放入筒状匣钵内烧制。为了避免上面的碗足与下面的碗心发生粘连，就将碗心釉刮去，形成比碗足稍大的无釉砂圈，由于叠烧，上面的坯体的重量全部落在下面的碗坯上，所以一般胎体较厚，除了放在最上面的碗无砂圈以外，其余全部碗心留有砂圈。定窑采用叠烧法是一种衰败的表现（图四，3）。

（三）定窑瓷器成型与装饰工艺研究

定窑瓷器的成形方法，在漏斗状匣钵正烧阶段是手拉坯成形，不带花纹装饰。在支圈覆烧阶段是印花模具加轮制成形，即采用成型与装饰一次成功的新方法提高产量。印花模具既起装饰作用，又起到成形的辅助作用。其做法是先把模具放在制坯轮上，将湿度适宜的坯泥压紧在模具上印出花纹，然后用样刀轮制成粗坯，将模具取下，待坯体阴干后，再旋削外形。因此器外有时留有明显的旋削的刀痕[22]。

定窑白瓷装饰主要有刻花、划花、印花三种。刻花装饰是宋代早期瓷器的主要装饰手段，南北方瓷窑大都采用。定窑早期刻花方法吸取了越窑的浮雕技法，但由于工艺处于初创期，布局不甚协调。除莲瓣纹外，还有缠枝菊纹。刻花装饰之后，又盛行刻花与篦划纹结合的装饰，在折沿盘盘心部位刻出折枝或缠枝花卉轮廓线条，然后在轮廓内以篦纹工具划刻复线纹；以双朵花常见。刻花还常常在花果、莲鸭、云龙等纹饰轮廓线的一侧划以细线，以衬托突出主题。

定窑印花装饰始于北宋中期，成熟于北宋后期，纹饰多在盘碗的内底部。布局严谨，层次分明，线条清晰，密而不乱。定窑瓷器印花取材于定州缂丝，所以一开始就具有较高的艺术水平。定窑印花装饰同时还受到金银器装饰技法的影响。所以，定窑印花瓷器在宋代印花白瓷中最有代表性，对南北方瓷窑有较大的影响。其题材以各种花卉纹最多见，还有动物、禽鸟、水波游鱼纹等，少量婴戏纹。花卉纹以牡丹、莲花多见，菊花次之。布局采用缠枝、转枝、折枝等方法，讲求对称；在敞口小底碗中印三或四朵花卉，碗心为一朵团花，有四瓣海棠花、五瓣梅花和六瓣葵花；不同于北方青瓷只一种团菊。禽鸟纹的孔雀、凤凰、鹭鸶、鸳鸯、雁、鸭，多与花卉组合，精品如布局严谨的织锦图案。印花龙纹[23]盘多见。北宋晚期丝织品上盛行婴戏纹，定窑印花器中也有婴戏图案。窑址出土标本和传世品种有婴戏牡丹、婴戏莲花、婴戏三果和婴戏莲塘赶鸭纹。

北宋早期定窑盘、洗、瓶等有些在口沿或圈足部分镶金属扣的，即所谓"金装定器"。《吴越备史》卷六记："太平兴国五年九月十一日，王进朝谢于崇敬殿，复上金装定器二千事。"定瓷金属扣的出现，有学者认为一方面与当时瓷器仿金银器风尚有关，一方面可能是为了提高瓷器价值和彰显物主身份，而与覆烧法所产生的"芒口"现象并无直接关系[24]。如法库叶茂台辽墓花口盘等，其"芒口"可能是便于镶金属扣而为之，与覆烧法无关。但后期定窑覆烧法流行，镶金属口的一些产品可能就是为了弥补覆烧时口沿无釉的缺陷了。

（四）定窑瓷器铭文与定窑瓷的性质

定窑白瓷铭文有十五种，多与宫廷有关，数量最多的是刻"官""新官"字款。"官""新官"款白瓷一般均制作精工，胎洁白细薄。器形以盘、碗为最多，釉色纯白或白中闪青，有的釉色白中泛黄；有的光素无花纹，有的带有刻划花或印花装饰。除少数几件在露胎底部直接刻划"官"或"新官"款，绝大多数作品均是在施釉之后入窑装烧之前以阴刻手法将铭文刻划于器皿底部[25]。

另外，在辽宁、北京、河北、河南、湖南、浙江等地的墓葬和遗址中也出土不少"官""新官"款白瓷。特别是在陕西西安唐长安城的安定坊遗址范围内，"官"字款白瓷一次出土33件[26]。目前，虽然除了在定窑遗址有"官""新官"款白瓷残片出土外[27]，在赤峰缸瓦窑也发现了"官""新官"款的匣钵和窑柱[28]，但从各地出土此类白瓷的造型、胎釉等各方面特征来看，大多数属于定窑产品。

出土与传世定窑白瓷铭文还有"尚食局""尚药局""五王府""食官局正七字""定州公用""会稽""易定""长寿酒"。这八种铭文中，红彩"长寿酒"杯为出窑后书写再经烘烤，其余都是在装坯烧窑之前刻划的[29]。

传世定窑白瓷还有一些带宫殿名称的字铭，这些铭文是瓷器入宫后，经宫廷玉工所刻。这类铭文有"奉华""德寿""凤华""慈福""聚秀""禁苑"等，以"奉华"铭文最多，"奉华"为宫殿名，传世定窑完整器物有折腰盘、小碗各一件，均藏于上海博物馆，故宫博物院收藏一件盘残片；汝窑和钧窑也有带"奉华"铭的瓷器，收藏于台北故宫。"德寿""慈福"也是宫殿名，文献中多次提到它们。从汝窑纸槌瓶底所刻"当日奉华陪德寿"诗句看，奉华似乎是德寿宫的配殿。"凤华""聚秀""禁苑"虽未见文献，但恐怕也和宫殿等建筑有关[30]。

传世品和发掘出土品中有大量带有字款的定窑瓷器，推测当时定窑被官府直接管理或为官府定烧瓷器的可能。南宋叶寘的《坦斋笔衡》记载："本朝以定州白瓷器有芒不堪用，遂命汝州造青窑器，故河北唐、邓、耀州悉有之，汝窑为魁"[31]，说明在"本朝"之前可能有定州白瓷一度被朝廷命令烧造的阶段。结合定州白瓷芒口器产生于北宋后期[32]的情况，定窑可能在宋代中后期之前被朝廷定烧。

（五）定窑科技考古研究[33]

定窑白瓷胎中含有较高的氧化铝（Al_2O_3），具有我国北方白釉瓷的特征。定窑所在的河北曲阳的涧磁村和燕川村周围，优质高岭土的储备较多，因而在总体上瓷胎的化学组成变化不大，基本上可以根据胎中氧化铝（Al_2O_3）含量大于30%和小于30%分成两大类。定窑白瓷原料主要采用灵山黏土，少量混以可塑性好的紫木节土之类的黏土；釉中氧化镁（MgO）的含量以滑石或白云石或其他含镁原料引入。定窑白瓷的烧造温度一般在1300℃，宋代的烧成温度略高于金代；定窑在开创阶段，晚唐时烧成温度已经达到1300℃。

定窑白瓷胎的特点是氧化铝（Al_2O_3）含量高，氧化硅（SiO_2）、氧化钾（K_2O）和氧化钠（Na_2O）含量低，同时含有少量的氧化钙（CaO）和氧化镁（MgO）。氧化钙（CaO）和氧化镁（MgO）的存在既可以作助熔剂，促使瓷胎烧结，提高致密度、降低气孔率，又可以作矿化剂，促进胎中莫来石的生成，有利于提高定窑瓷胎的机械强度。

定窑白瓷釉的特点也是氧化铝（Al_2O_3）含量高，氧化硅（SiO_2）、氧化钾（K_2O）和氧化钠（Na_2O），同时含有少量的（CaO）和氧化镁（MgO）。氧化镁（MgO）的含量一般在2%左右，氧化钾（K_2O）和氧化钠（Na_2O）的含量一般在3%左右，属钙镁釉或钙镁碱釉，即MgO-CaO-Al_2O_3-SiO_2系统的"镁-灰釉"。"镁-灰釉"，以氧化钙（CaO）和氧化镁（MgO）为主要熔剂，有利于形成薄釉层（0.05—0.1毫米），显现出牙白色和好透光，从而提高了定窑花纹的显花效果。

定窑白瓷釉的显微结构中很少见残留物及小气泡，属透明釉。但胎釉之间亦有钙长石反应层，所以外观上还有乳浊的感觉。晚唐和五代定窑白瓷多白中泛青，说明其在还原焰中烧成。北宋以后，定窑白瓷开始出现白中闪黄的釉色，有观点认为是北宋后改用氧化焰形成的，也有观点认为是改以煤做燃料形成的，因为煤中多少含有些硫化物[34]。

三、2009年定窑涧磁岭遗址A区的发掘

2009年，河北省文物考古研究所与北京大学考古文博学院联合考古队对定窑遗址进行了主动发掘，在北镇村、涧磁岭、涧磁西、燕川村4个地点布方23个，加上扩方，发掘总面积976平方米，清理各类遗迹94处，其中窑炉11座、作坊12座、房基3座、灰坑45个、灶7座、墓葬2座、沟6条、界墙8道。地面调查结果表明，涧磁岭地区创烧时间略晚于北镇村，但却是北宋时期定窑生产中心，也是金代定窑高质量产品生产的中心，尤其是供御产品的集中产地，是定窑遗址最具代表性的中心区域。20世纪80年代河北省文物考古研究所对定窑的大规模发掘，涧磁岭是发掘的主要区域。此次发掘为获得晚唐至金代各时期的地层资料，验证上述发掘的地层，

在涧磁岭地区三处布方，取得了较重要的成果。2014年首先发表了涧磁岭A区的发掘简报和分期初步研究。在涧磁岭A区共发掘清理2座窑炉、2座作坊和6个灰坑等遗迹，资料较为完整、清晰的反映了晚唐至金代定窑窑业生产的面貌，对于认识定窑各期贡御、装烧方法、装饰技法也具有重要价值[35]。

四、结　语

瓷器生产发展到唐代，逐渐形成了"南青北白"的制瓷格局，南方青瓷以越窑为代表，北方白瓷以邢窑为代表。定窑始于唐代，时代上晚于邢窑，由于原料情况相近，定窑制瓷业是从向邢窑模仿开始瓷业生产的。而越窑唐五代时期作为当时极具影响的名窑，也对定窑产生了积极的影响，比如在造型、纹饰和技法上。

定窑制瓷生产形成自己独特风格后，影响非常广泛，如北京龙泉务窑，山西平定窑、盂县窑、霍州窑、阳城窑、介休窑等，四川彭城窑，河北磁州窑、陕西耀州窑、江西景德镇窑、吉州窑，安徽宿州窑、泗水窑等在宋金元时期也都有仿定产品。

地理位置相近的定窑与磁州窑制瓷曾在不同时期相互影响。定窑与磁州窑在北宋前期的联系表现为定窑对磁州窑的单向影响，北宋后期两窑技术互相影响。元代以后，定窑和磁州窑先后进入衰败期，定窑转向生产磁州窑类型瓷器，两窑的联系表现在磁州窑对定窑的单向影响[36]。

从目前窑址发掘的地层来推测，当时金代定窑的产量相当可观，确实是定窑的极盛期。但是，对定窑历代生产水平的整体认识，还需要更全面更多的发掘资料来证明。

注　释

[1] 苏轼《东坡杂志》、陆游《老学庵笔记》、叶寘《坦斋笔衡》，元代刘祁《归潜志》、陶宗仪《辍耕录》，明代曹昭《格古要论》，清代的《南窑笔记》等都有提及。

[2] 秦大树、高美京、李鑫：《定窑涧磁岭窑区发掘阶段初探》，《考古》2014年第3期。

[3] 秦大树：《论磁州窑与定窑的联系和相互影响》，《故宫博物院院刊》1999年第4期。

[4] 桑行之：《说陶·新增格古要论（摘抄）》第303页，上海科技教育出版社，1993年。

[5] a. 叶麟趾：《古今中外陶瓷汇编》第10页，文奎堂书斋，1934年。

b. 陈万里：《邢越二窑及定窑》，《文物参考资料》1953年第9期。

c. 冯先铭：《瓷器浅说》，《文物》1959年第7期；《我国陶瓷发展中的几个问题》，《文物》1973年第7期。

[6] a. 傅振伦：《承前启后的定窑白瓷器》，《河北陶瓷》1981年第3期。

b. 李辉柄：《定窑历史以及与邢窑的关系》，《故宫博物院院刊》1983年第3期；《关于"官""新官"款白瓷产地问题的探讨》，《文物》1984年第12期；《略谈河北"三大名窑"》，《考古与文物》1984年第3期。

c. 李辉柄、毕南海：《论定窑烧瓷工艺的发展与历史分期》，《考古》1987年第12期。

d. 李国肖：《定窑考略》，《河北大学学报》1981年第4期。

e. 赵光林、张宁：《金代瓷器的初步探索》，《考古》1979年第5期。

f. 李国桢、郭演仪：《历代定窑白瓷的研究》，《硅酸盐学报》1983年第1期。

g. 李文献：《宋代定窑的龙纹装饰》，《河北陶瓷》1989年第4期。

h. 毕南海：《定窑造型艺术的探讨》，《河北陶瓷》1989年第3期。

i. 郭宝琛：《宋代定窑印花陶范》，《河北陶瓷》1984年第5期。

j. 张进、刘木锁、刘可栋：《定窑工艺技术的研究与仿制》，《河北陶瓷》1983年第4期。

k. 河北省定窑研究组美术组：《定窑的装饰技法与造型艺术》，《河北陶瓷》1984年第2期。

l. 蔡玫芬：《定窑瓷器之研究》，台湾大学历史研究所艺术史组硕士学位论文，1977年。

m. 台北故宫博物院：《定窑白瓷特展图录》，台北故宫博物院，1987年。

n. 谢明良：《有关"官"和"新官"款白瓷产地问题的探讨》，见《故宫学术季刊》五卷二期，故宫博物院，1987年。

o. 宿白：《定州工艺与静志、净从两塔地宫文物》，《文物》1997年第10期。

p. 孙新民：《宋陵出土的定窑贡瓷试析》，《文物春秋》1994年第3期。

q. 穆青：《早期定窑初探》，《文物春秋》1995年第3期。

r. 江松：《再论越窑对定窑的影响》，《上海博物馆集刊》第八辑，上海古籍出版社，2000年。

s. 刘毅：《定瓷基本特征和仿定瓷的窑口鉴别》，《文物世界》1998年第4期。

t. 秦大树：《论磁州窑和定窑的联系和相互影响》，《故宫博物院院刊》1999年第4期。

u. 俞永炳：《宋辽金纪年墓和塔基出土的瓷器》，《考古》1994年第1期。

[7] a. 刘涛：《依据纪年资料对宋金定窑的观察研究》，见《中国古陶瓷研究》第七集，紫禁城出版社，2001年。

b. 穆青：《定瓷艺术》，河北教育出版社，2002年。

c. 刘淼：《金代定窑瓷器研究》，南开大学博士学位论文，2006年；《考古发现的金代定窑瓷器初步探讨》，《考古》2008年第9期。

d. 彭善国：《定窑瓷器分期新探——以辽墓、辽塔出土资料为中心》，《内蒙古文物考古》2008年第2期。

e. 河北省文物研究所等：《河北曲阳县涧磁岭定窑遗址A区发掘简报》，《考古》2014年第2期。

f. 秦大树、高美京、李鑫：《定窑涧磁岭窑区发掘阶段初探》，《考古》2014年第3期。

[8] 叶麟趾：《古今中外陶瓷汇编》第10页，文奎堂书斋，1934年。

[9] a. 陈万里：《邢越二窑及定窑》，《文物参考资料》1953年第9期。

b. 冯先铭：《瓷器浅说》，《文物》1959年第7期；《我国陶瓷发展中的几个问题》，《文物》1973年第7期。

c. 河北省文化局文物工作队：《河北曲阳县涧磁村定窑遗址调查与试掘》，《考古》1965年第8期。

[10] a. 刘世枢：《曲阳县唐、宋定窑遗址》，见《中国考古学年鉴》，文物出版社，1986年。

b.《曲阳县定窑遗址发掘》，见《中国考古学年鉴》，1987年。20世纪80年代以来，定窑发掘一直为继，但均未发表报告。

[11] 河北省文化局文物工作队：《河北曲阳县涧磁村定窑遗址调查与试掘》，《考古》1965年第8期。

[12] 河北省文化局文物工作队：《河北曲阳县涧磁村定窑遗址调查与试掘》，《考古》1965年第8期。

[13] 河北省文化局文物工作队：《河北曲阳县涧磁村定窑遗址调查与试掘》，《考古》1965年第8期。

[14] 冯先铭：《中国陶瓷——定窑》，见《冯先铭中国古陶瓷论文集》，紫禁城出版社、两木出版社，1987年。

[15] 李辉柄、毕南海：《论定窑烧瓷工艺的发展与历史分期》，《考古》1987年第12期。

[16] 谢明良：《定窑白瓷概说》，见《定窑白瓷特展图录》，台北故宫博物院，1987年。

[17] 张金茹：《定窑瓷器分期初探》，《文物春秋》1995年第3期。

[18] 穆青：《定瓷艺术》第95页，河北教育出版社，2002年。

[19] 李辉柄、毕南海：《论定窑烧瓷工艺的发展与历史分期》，《考古》1987年第12期。

[20] 吉林省博物馆等：《吉林哲里木盟库伦旗一号辽墓发掘简报》，《文物》1973年第8期。

[21] a. 有些学者认为定窑瓷器生产开始于初唐时期，产品主要是粗黄釉瓷和青瓷。

b. 李辉柄、毕南海：《论定窑烧瓷工艺的发展与历史分期》，《考古》1987年第12期。

c. 穆青：《早期定瓷初探》，《文物春秋》1995年第3期。

[22] 李辉柄、毕南海：《论定窑烧瓷工艺的发展与历史分期》，《考古》1987年第12期。

[23] 有专文研究定窑龙纹装饰，参见李文献：《宋代定窑的龙纹装饰》，《河北陶瓷》1989年第4期。

[24] 刘涛：《依据纪年资料对宋金定窑的观察研究》，见《中国古陶瓷研究》第七集，紫禁城出版社，2001年。

[25] 谢明良：《有关"官"和"新官"款白瓷产地问题的探讨》，见《故宫学术季刊》五卷二期，故宫博物院，1987年。

[26] 王长启、成生安：《西安火烧壁发现晚唐"官"字款瓷器》，《考古与文物》1986年第4期。

[27] a. 刘世枢：《曲阳县定窑遗址发掘》，见《中国考古学年鉴》，文物出版社，1987年。

b. 河北省文物考古研究所等：《河北曲阳涧磁村定窑遗址》，《中国文物报》2010年6月11日特刊。

[28] 冯永谦：《赤峰缸瓦窑村辽代瓷窑址的考古新发现》，见《中国古代窑址调查发掘报告集》，文物出版社，1984年。

[29] 中国硅酸盐学会：《中国陶瓷史》，文物出版社，1982年。

[30] 冯先铭：《中国陶瓷——定窑》，见《冯先铭中国古陶瓷论文集》，紫禁城出版社、两木出版社，1987年。

[31] （宋）叶寘：《坦斋笔衡》，见《文渊阁四库全书》一〇四〇册，卷二九第十三页。

[32] 李辉柄、毕南海：《论定窑烧瓷工艺的发展与历史分期》，《考古》1987年第12期。

[33] a. 李国桢、郭演仪：《历代定窑白瓷的研究》，见《中国古陶瓷研究》，科学出版社，1987年。

　　b. 李家治：《中国科学技术史·陶瓷卷》第165、166、174、175页，科学出版社，1998年。

[34] 李家治：《中国科学技术史·陶瓷卷》第165、166、174、175页，科学出版社，1998年。

[35] a. 河北省文物研究所等：《河北曲阳县涧磁岭定窑遗址A区发掘简报》，《考古》2014年第2期。

　　b. 秦大树、高美京、李鑫：《定窑涧磁岭窑区发掘阶段初探》，《考古》2014年第3期。

[36] 秦大树：《论磁州窑和定窑的联系和相互影响》，《故宫博物院院刊》1999年第4期。

传播、复制与流变

——高丽蒲柳水禽纹片谈

郑 岩

　　韩国国立中央博物馆所藏蒲柳杂树水禽纹螺钿描金漆香箱，早年出土于高丽（公元918—1392年）时代的墓葬。香箱呈长方形，根据通常的描述，由"内外两重"组成。实际上，其内重为器身，外重为器盖，因为器盖较深，扣合后可以将器身全部覆盖。在器身口沿处有一隔板，平置于器身之上。早年发表的照片展示了香箱打开的状态，从中可以看到器身和器盖外壁各一长侧面和器盖的一个短侧面（图一）[1]。长侧面上的画面均饰有三组植物，一组居中，另外两组分布于两侧。中央一组植物的根部位于画面底部，两侧各组的根部略高起。其中外箱中央一组植物的右侧明显可辨为柳树，左侧一株枝条两侧均匀分布橄榄形羽状复叶，其他各组植物中也多见这种树木。此外，还有一种叶片分为三歧的树木，枝端有五瓣的花。后两种植物难以确认具体种类，即所谓"杂树"。各组草木下有湖石和鹅卵石。内外箱两长侧面下部左右有游弋在水中的凫鸭，上部有数尾飞鸟。外箱短侧面因面积所限，只有前后两组树木和一侧的水禽。根据对于实物的观察可知，器盖与器身其他各面也有同样的图像。箱内残存有香料，可据此判断其功用。有韩国学者推定香箱的年代为高丽时代初期[2]。

　　香箱上的图像在高丽时代的青铜器、青瓷器上也常见到，统称为"蒲柳水禽纹"。笔者注意到，与之结构相似的绘画和纹样，也出现于中国同时期或更早的艺术品中。这样，我们既可以在材质、技术、器物等物质文化的层面，又可以在时间和空间的概念下，具体地观察这种图像的传播、复制和流变。需说明的是，本文主要集中于观察作品形式（form）的变化，以及构成这种的形式的各种母题（motif）之间的关系，其主题（subject matter）或意义（meaning）涉及社会与时代背景，

图一　高丽蒲柳杂树水禽纹螺钿描金漆香箱（采自旧朝鲜总督府：《朝鲜古迹图谱》第九册，第1152页图3773、第1154页图3776）

作者：郑岩，北京市，中央美术学院人文学院，教授、博士生导师。

固然同样重要，但并非这篇短文的任务。

一

为了便于表述，本文将母题定义为构成作品形式的各种元素，即各种不同的物象（images）。高丽香箱上的图像可以分解为柳树、杂树、水禽、湖石等若干母题。在青铜器和青瓷器的同类图像中，这些母题并不总是全部出现，有时会省略其中某一两个，有时又会增加其他种类，如梅花、竹子、莲花，甚至包括渔舟和人物，整个画面也会在花鸟画和山水画之间灵活地转换。由此推知，这类图像在当时即使有一个共同的名称，也不存在一种语词层面的规定性。但是，要为之划定一个相对明确的范围却并不困难，因为在图像母题变化的同时，其形式仍基本稳定。

蒲柳水禽纹共同的形式特征是以画面纵向的中线为轴心，大致平衡地向两侧扩展。中轴线上一般有一棵树或一丛竹，或左右列置花草（如蒲草、莲荷）。有的根部有湖石或小岛，或单只水鸟，也可看作中轴线的延伸。中轴线左右均衡地排列数目大致相等的水禽，或栖息于岛岸，或游弋于水中，或飞翔于天空。这种形式可称作"基本单元"。蒲柳水禽纹基本单元并不是严格的几何学意义上的"对称"，而是形态和体量上基本的平衡；在其细节层面，又蕴含着丰富的变化。总体构图的对称、均衡，以及有规律的组合方式，与器物形态的标准化、规范化相一致，显示出鲜明的装饰特征；局部细节较为自由的构成和描绘，则更多地体现出绘画的特征。后者使得这类图像与几何纹样迥然有别[3]。

在许多作品中，多个基本单元通过组合，构成了更为复杂的画面。第一种组合方式可称作"重复平列"，即三个或四个基本单元横向并列组合。其中各单元相对独立，彼此缺少有机的关联。第二种组合方式可称作"分级连续"，即以一个基本单元为中心，两侧对称分布另两个居于次要位置的基本单元，构成一个新的连续性画面。此外，在少数情况下，以器物特殊的形制为依托，基本单元还可以切分为两个对角线式的画面；反过来，也可以看作以两个对角线式画面组合为一个基本单元。

在西方再现艺术的观念中，绘画是通向另一个世界的窗口[4]。绘画的主要目的是对物象的描绘，而不是炫耀材料、工具和技术。一幅传统油画，并不刻意突出画布、颜料和画笔本身的价值，而是要超越材料的物质性，凸显形象的力量。东亚绘画虽讲究笔墨韵致，但所谓"笔墨"指的是形式之中所蕴含的意境、格调和趣味，而不是作为工具的"笔"与"墨"。画面上近岸和远山之间不着一笔，以"留白"的手法表现一片江水，指向的是东方哲学中本体的虚空，而不是要呈现宣纸的质感。但是，当绘画与器物结合在一起时，我们却无法忽略其载体的物质性。一件工艺品的装饰与一般意义的绘画不同，匠师除了满足实用的功能，还要展现材料之特殊、工序之复杂和技术之高超。香箱和其他器物上的蒲柳杂树水禽纹具有绘画和装饰的双重取向，绘画的自由与装饰的严谨之间形成特有的张力，再加上某些外部因素的作用，使得这种图像既从心所欲，又不逾规矩。

以下通过一些例子，来具体观察一下蒲柳水禽纹的变化。在分析中，我们既强调这种图像所特有的"绘画-装饰"双重性，又注意观察材质、器形、技术等因素与图像的关系。

我们再从蒲柳杂树水禽纹螺钿描金漆香箱说起。香箱上基本单元的组合呈现出主次与前后的关系，属于分级连续式[5]。这种方式表现出较好的空间感，富有绘画的特征。早年发表的香箱黑白图片很容易使读者误以为图中流畅自然的树叶完全是以笔绘出的，但通过观察实物可知，大部分枝叶是以螺钿技术仔细拼镶而成，只有少部分以描金技术绘出。在这里，笔绘与镶嵌技术所塑造的物象形体十分相近，同时，描金的光泽与螺钿饰片鲜亮的虹彩也相当协调。从绘画的角度看，不同的材料和技术获得了相似的视觉效果。

载体的平面性是绘画的基本特征，而香箱长方体的外形恰好为绘画提供了多个平面，各面转折处的边缘构成一个个"画框"，边缘处精心制作的几何装饰，进一步强调了"画面"的意义，而蒲柳杂树水禽纹则如一幅幅小型的绘画，妥帖地安置在这些"画框"中。与之类似的是日本大阪市立东洋陶瓷美术馆所藏安宅捐赠的公元12世纪中叶象嵌梅竹水禽纹青瓷板（图二）。这件用途不详的瓷板上的图像也可被看作运用特定材料和技术，在一个标准平面上完成的一幅绘画作品。

图二 高丽象嵌梅竹水禽纹青瓷板（采自李秉昌：《韓国美術蒐選·高麗陶磁》第189页图196，東京大学出版会，1978年）

高丽青瓷特有的"象嵌"技术工序复杂[6]，高温烧成的器物为沉静典雅的"翡色"[7]，镶嵌在其中的两种粉料则分别呈现为深褐色（或黑色）和白色。这样，器物表面就出现了包括底色在内的三种明度不同的色彩。制作这件瓷板的匠师潜心致志，尽可能地发挥出绘画语言的各种功效，例如，镶嵌在器壁内的黑白两色被用作物象主体的颜色，岸渚以双钩手法表现，花树草木以及凫鸭则类似于"没骨"画法；以上方大片的空白，营造出水天一色的视觉效果，而翡色如同其名称一样，不仅在技术上发挥着中间色的作用，同时也是一种富有意义的形象。

当图像在不同材质的器物间传播的同时，各种技术也会彼此启发。盛行于12世纪中期到13世纪中期的象嵌技术源头并不十分清晰[8]，有学者认为象嵌产生于对早期釉下彩缺陷的认识，即这一技术可以弥补后者图像模糊的不足[9]。此说着眼于瓷器内部的传承关系，如果将视野扩展到不同材质的器物，则可以看到与青瓷象嵌相近的工艺也见于螺钿漆器和金属镶嵌。这些技术的原理十分相似，均通过拼合质地和色泽不同的材料，而取得绚烂视觉效果。

金属镶嵌工艺在高丽时代称作"入丝"。韩国国立中央博物馆藏银入丝蒲柳水禽纹青铜净瓶（图三，a），年代定于公元11世纪至12世纪初，是早于青瓷象嵌工艺的一个例子，可以证明二者制作技术上的联系。净瓶腹部以银丝镶嵌的蒲柳水禽纹（图三，b），也是研究这一图像流传难得的标本。

与象嵌瓷板有所不同，在这件作品中，青铜和银作为材料，除呈色的明度和色相有所不同外，

a　　　　　　　　　　　　　　　　　　　b

图三 高丽银入丝蒲柳水禽纹青铜净瓶及展开图（Park Haehoon, Jang Sungwook ed., *The Best under Heaven, the Celadons of Korea*, Seoul, National Museum of Korea, 2012, p. 159）

并不强调其与物象固有色的一致性，它们被抽象地分别用作底色和线条，与纸和墨的区别只在于材质更为昂贵，制作技术更为复杂。画面中物象为双钩的手法，强调了"线"的作用，而构图也更为繁复。以净瓶的流口为基准，瓶腹两侧各镶嵌一岛，其上植一棵垂柳。这是画面的两个基本单元，二者是一种重复平列关系。这两个平列的基本单元是画面的近景，在流口以下和对面的腹部，两座生满蒲草的小岛则是画面的中景；流口两侧又分别刻画一更小的岛，是画面的远景。这些远近不同的岛，在形式上并未偏离基本单元对称的结构，它们之间的组合方式又是典型的分级连续式。此外，四叶小舟穿插在这些静态的景物之间，舟上有渔人。远远近近，还有游曳和飞翔的水鸟。仔细看时，小舟和水鸟也大体上与各级基本单元保持着对称关系，由于体量较小而显得略为自由，与各个单元的联系较为松散。但这种归属的不确定性，反而模糊了各单元之间的界限，从而将整个画面联系为一个整体。如果说香箱上的图像属于花鸟画系统的话，那么，这一作品则近乎山水画。

香箱和瓷板上的蒲柳水禽纹尚保留着绘画平面性的特征，而铜净瓶的图像则分布在连续的曲面上。净瓶上画面依次展开的效果，类似于手卷的舒与卷，即在打开一段画面的同时，也遮蔽、隐藏了另一段画面；所不同的是，净瓶展开的方式不是单向度的，它可左可右，若环之无端，为数不多的几个基本单元回环往复，恍若江山千里。

面对香箱和瓷板，观者可以"袖手旁观"，而净瓶上的画面则必须依靠观者的眼睛与器物彼此相对的运动来展开。人们以双手转动器物，视觉与触觉同时启动，观赏图像的同时，也感受到器物坚实的形体，而这种观看方式也带给观者一种游戏的快感。需要补充的一点是，在香箱上，图像进一步与器物的使用方式结合起来。如前所述，香箱外重实际上起到器盖的作用，当香箱扣合后，器盖外壁装饰的蒲柳水禽纹便会倒置过来。这说明，扣合后的香箱宜于储藏，而不宜于展示。换言之，制作者期望观者看到香箱打开后器盖翻转并置于案上的样子，即图一所呈现的放置状态，而这种状态可能正与香箱特殊的用途相关[10]。

随着净瓶在高丽社会的普及[11]，也出现了青瓷的制品。如韩国国立中央博物馆藏公元12世纪初青瓷阳刻柳芦水禽纹净瓶（图四）即准确地仿制青铜净瓶的造型，连流口的小盖也采取了金属销轴的连接方式。青瓷器同样具有金属般的光泽，甚至色彩也与其原型有些接近[12]。

制作这件青瓷净瓶的匠师对于器物的结构有了新的理解，他可能注意到由于流口的存在，器壁有了确定性的两个"侧面"，于是便在每个侧面上单独制作一幅小画。从一侧看时，这"幅"画角度独特，打破了平板的对称模式，通过对角线式的构图，营造一种特殊的韵致。但如果将整个器壁联系起来看，则两侧的植物仍处于同一个小岛上，并构成大致对称、均衡的关系。这个"一分为二"或"合二为一"式的例子，与银入丝蒲柳水禽纹铜净瓶相比，进一步强化了图像结构与器物形体内在的关联。与之相似的另一个例子是首尔涧松美术馆藏公元12世纪中叶柳竹莲芦鸳鸯纹青瓷净瓶

图四　高丽青瓷阳刻柳芦水禽纹净瓶
（采自李秉昌：《韩国美术蒐选·高丽陶磁》第27页图25；崔淳雨：《国宝：韩国七〇〇〇年美术大系》卷三，第19页图7）

（图五），由于采用象嵌技术，净瓶上的图像出现了色彩的变化。

梅瓶的装饰也重视图像与器形的一致性。这种优雅的器物上阔下狭，图像上部的树冠和枝叶宽疏松散，根部则内敛密致，其亭亭如盖的风致与梅瓶的造型浑然一体。围绕东京国立博物馆所藏公元12世纪中叶镶嵌青瓷梅瓶（图六）的外壁，可以看到分别以柳树、蒲草和梅竹为中心的三组草木，即三个基本单元。这是重复平列的典型例子，一方面，每个基本单元的草木结构相似；另一方面，其种类、搭配，以及水禽的姿态，又有不同程度的差别，同中有异，异中有同。

异与同的把握，在不同的作品中各有千秋。美国纽瓦克博物馆（Newark Museum）所藏12世纪后半叶梅瓶的图像分作四组，采用镶嵌和"铁绘"两种技术，植物有柳树、竹子、梅花等，其下部各有一只悠闲的白鹤（图七），可以看作"异大于同"的例子。日本安宅所藏同时期的一件梅瓶上四组竹鹤纹简洁清新，则是"同大于异"的标本（图八）。这种四组式蒲柳水禽纹梅瓶在12世纪后半叶较为流行，但却不见完全相同的例子。制瓷匠师在"有法"与"无法"间平衡，继承与发展并在，挑战与突破共生，其存世的数量说明，这样的作品颇受人们的喜爱。

韩国梨花女子大学博物馆藏全罗北道扶安郡柳川里第12号窑址出土的梅瓶通高39厘米（图九），四个画面上部竹子、莲花、雏菊、芦苇、湖石等兀然而立，图像下部各有两个高9厘米的人物，其中两个画面的人物之间有一鹤，一个画面的人物间又加入一小童。人物、仙鹤与背后硕大的莲花不成比例，这种奇特大胆的手法，反而营造出一种奇妙的梦幻效果。金红男认为，这件器物的年代可能晚至14世纪20年代，其题材为赵孟頫、管道升夫妇四乐图[13]。叙事题材的加入，是蒲柳水禽纹传统在绘画性轨道上新的发展。

梅瓶造型秀颀而密闭，碗则低矮而开放，后者的装饰不再像前者那样分布在外壁，而是出现于内壁。韩国国立中央博物馆所藏12世纪中叶象嵌柳芦水禽纹碗内壁布列三个基本单元，分别以柳树、湖石为中心，每个单元两侧各有一只水鸟，是一种呈辐射状的重复平列（图一〇）[14]。与净瓶

图五　高丽青瓷象嵌柳竹莲芦鸳鸯纹净瓶
（采自崔淳雨编著：《国宝：韩国七〇〇〇年美术大系》卷三，图版52、53）

图六　高丽青瓷象嵌梅竹水禽纹梅瓶
（采自李秉昌：《韓国美術蒐選·高麗陶磁》第158、159页图161）

图七　高丽青瓷象嵌柳树芭蕉纹梅瓶（采自李秉昌：《韓国美術蒐選·高麗陶磁》第160、161页图162）

图八　高丽青瓷象嵌竹鹤纹梅瓶（采自李秉昌：《韓国美術蒐選·高麗陶磁》第154、155页图159）

图九　高丽青瓷象嵌莲花乐人纹梅瓶（采自李秉昌：《韓国美術蒐選·高麗陶磁》第163页图163）

图一〇　高丽青瓷象嵌柳芦水禽纹碗（采自李秉昌：《韓国美術蒐選·高麗陶磁》第214页图219）

图一一　高丽青瓷阳刻莲池水禽纹碗（采自李秉昌：《韓国美術蒐選·高麗陶磁》第109页图109）

和梅瓶不同的是，碗中三个单元可以从同一个角度一览无余，画面的连续性进一步增强。画面中只刻画三只水鸟，相邻单元的水鸟彼此"共用"，仍保持着各个基本单元的对称关系，这种巧妙有趣的链接，使得整个画面如一首回文诗。如果添以半盏茶汤，又可看作围绕一池春水而展开的景观，在这一点上，图像的母题、形式再次与器物的功能融为一体。

辐射状的构图也见于年代略早的韩国国立中央博物馆所藏青瓷阳刻莲池水禽纹碗（图一一）。该碗为六曲花口，内底一尾肥鱼游戏于碧波中，周壁刻画小岛、芦苇、莲花以及多名捉鱼的小童。我们不难发现其中蒲柳水禽纹的一些元素，但除了有几株芦草形体略高以与碗口内凹处相呼应外，整个画面的分区已十分模糊，换言之，其构图已经偏离蒲柳水禽纹常见的对称模式[15]。由此可见，蒲柳水禽纹的传统并不是一种教条，相反，其丰富而活跃的内部诸元素时时与器形、材质、色泽、技术等外部因素和条件相互作用，启发着那些富有智慧的匠师们不断创造出新的图画。

在这些例子中，技术与图像之间存在着一种有趣的矛盾。一方面，在制作过程中，匠师精益求精、一丝不苟：瓷器的胎体外形要准确把握，各种配料需十分标准，象嵌工序必步步为营，烧制火候应严格控制，而螺钿漆器和入丝青铜器的工艺要求可能更为复杂；另一方面，在这些器物上最后完成的画面却是逸笔草草，浑然天成，作者似乎成竹在胸，信笔点染，妙手偶得。实际上，最后呈现在视觉上的这种"不经意"，是深思熟虑、刻意经营的结果，即必须经过精心的制作，才能营造出自然自如的风格。如果说复杂的制作技术是身处社会下层的匠师们专有的谋生手段，那么具有文人情调的绘画则是社会上层人士独有的追求。匠师的目的是以复杂的材料和技术手段，表现出为高丽上层社会所喜爱的独特的绘画风格。这样一件器物上，包含着来自不同社会层面的力量。

二

有学者谈到高丽蒲柳水禽纹与中国内蒙古巴林右旗索博力嘎（白塔子）北辽圣宗耶律隆绪（公元983—1031年）和仁德皇后庆东陵表现四时捺钵的大幅山水画中春景一图的相似性[16]。这种比较主要着眼于绘画的题材，如果从形式方面看，与蒲柳水禽纹基本单元对称结构更为相近的作品可以追溯到北京海淀区八里庄唐墓和河北曲阳西燕川五代墓中的两幅壁画[17]。前者是幽州节度判官兼殿中侍御史王公淑夫妇的合葬墓，建于开成三年（公元846年），并于大中二年（公元848年）再次开启合葬；后者是卒于后唐同光元年（公元924年）的义武军节度使王处直及其妻妾的合葬墓。王公淑墓正壁绘一屏风，中央为一株枝繁叶茂、灼灼怒放的牡丹，两侧对称分布小株的秋葵和百合，下部左右各有一只鸳鸯（图一二）。王处直墓后室正壁壁画的构图与王公淑墓壁画相似，其中央一株硕壮的牡丹从湖石背后生出，上方有左右对翔的四只绶带，花下是四只觅食的鸽子，画面两端各有一小株蔷薇（图一三）。这两幅壁画对称式的构图，皆与蒲柳水禽纹大同小异。

这种对称式花鸟画可能与文献所载五代南唐（公元937—975年）画家徐熙所绘"装堂花"有关[18]。装堂花又称铺殿花，宋人郭若虚（约1041—约1100年）《图画见闻志》卷六云："江南徐熙辈，有于双缣幅素上画丛艳叠石，傍出药苗，杂以禽鸟蜂蝉之妙，乃是供李主宫中挂设之具，谓之铺殿花。次曰装堂花，意在位置端庄，骈罗整肃，多不取生意自然之态，故观者往往不甚采鉴。"[19]

考古材料显示，独幅的花鸟画在初唐就已出现。陕西乾县出土神龙二年（公元706年）至景云二年（公元711年）章怀太子李贤墓石椁正壁外侧即发现三幅线刻花鸟画（图一四）[20]，其中的花卉犹如植物学图谱所见，一一平列，目的可能在于完整而直接地展现草木的形态，这三幅线刻画已初步具备了对称的形态。卒于开元二十五年（公元737年）的贞顺皇后敬陵出土的石椁外壁左

图一二　北京海淀八里庄唐王公淑夫妇墓正壁花鸟壁画（公元846年）
（采自《文物》1995年第11期）

图一三　河北曲阳西燕川村五代王处直及妻妾合葬墓后室正壁壁画（采自河北省文物研究所、保定市
文物管理处：《五代王处直墓》彩版26.2）

图一四　陕西乾县章怀太子李贤墓石椁正壁外侧线刻花鸟（采自樊英峰、王双怀：《线条艺术的遗产
——唐乾陵陪葬墓石椁线刻画》第47、86页）

（南）右（北）后（西）三面雕刻的14幅花鸟画构图基本相同[21]，皆在上部刻画整株花树（种类可辨者有海棠、牡丹、菊花等），下部刻一禽鸟（包括鹤、鸳鸯、鹦鹉、鸿雁等），顶部还有对称的小鸟或蜂蝶，花树两侧有小棵的野花、野草，底部有的点缀小块山石，其对称的意味更为明显。晚唐五代墓葬的花鸟壁画，则均是"位置端庄，骈罗整肃"的对称式构图。如果进一步扩展视野，我们会发现，这类对称式构图与丝绸纹样有着密切的关联。

中国早期丝绸中偶见对称式图案，如湖北江陵马山1号战国楚墓出土的绦上即有对称的龙、凤、虎，还有一件织锦上有成对的舞人和动物[22]，但此类作品数量较少。汉代丝绸流行各种形式活泼的云气纹，少见对称式纹样。丝绸之路开通后，中国丝绸在向外输出的同时，也受到外来文化深刻的影响。在萨珊王朝（Sassanid Empire，公元224—651年）时期，波斯艺术对中国的影响越来越大，至迟在公元6世纪，所谓的"波斯锦"传入中国。如甘肃敦煌藏经洞发现的团窠尖瓣对狮纹锦（大英博物馆藏，MAS858，EO. 1199；法国巴黎吉美博物馆藏，EO. 1199，图一五）、红地联珠纹对羊对鸟锦（大英博物馆藏，MAS. 862；吉美博物馆藏，EO.1203/E）；淡红地团窠对鸭纹锦（大英博物馆藏，MAS. 863）、黄地小花中窠对鹰纹锦（吉美博物馆藏，EO. 1193）、黄地联珠对兽纹锦（吉美博物馆藏，EO. 1207）等，皆在团窠内装饰成对的动物，与比利时辉伊大教堂（the collegiate church of Notre-Dame de Huy in Belgium）收藏的带有粟特文"赞丹尼奇（Zandanījī）"字样的织锦相近[23]。波斯织物的输入使得中国丝绸艺术的传统产生了重要转向，出现许多具有外域风格的产品，最为典型的是中国生产的各种联珠动物纹丝绸，其团窠中常见成对的狮、羊、骆驼、马、孔雀等[24]。根据对于文献中纹样名称的统计，赵丰指出，"唐代丝绸图案题材已从早期的动物纹样为主转向动植物并重，动物纹样中则从兽类纹样为主转向飞禽类纹样占主导地位"[25]。一些大型的联珠团窠纹锦，如新疆吐鲁番唐墓出土的花树对鹿纹锦（图一六）、日本奈良法隆寺藏唐大窠联珠四骑狩狮纹锦（图一七）、青海都兰出土大窠联珠狩虎锦[26]等，均为中国产品，有的还带有汉字。而奈良正仓院藏唐代绀地夹缬䌷褥的纹样以一棵巨大的花树为中心，两侧对称并列多种姿态各异的禽鸟（图一八），已经俨然一幅花鸟画作品。

图一五　甘肃敦煌藏经洞出土唐团窠尖瓣对狮纹锦缘经帙（8世纪下半叶—9世纪）（采自赵丰：《敦煌丝绸艺术全集·法藏卷》第136、137页）

图一六　新疆吐鲁番唐墓出土的花树对鹿纹锦（采自赵丰：《中国丝绸艺术史》第150页图7-34）

图一七　唐大窠联珠四骑狩狮纹锦局部
（采自法隆寺昭和资财帐编集委员会：
《法隆寺の至宝》第12卷第11页，小学
馆，1993年）

图一八　唐绀地夹缬絁几褥局部
（采自中野政树等：《正仓院
と上代绘画：飛鳥·奈良の绘
画·工芸（日本美術全集）》图
版150）

丝绸对称式纹样对同时期的绘画产生了重要影响，吉美博物馆所藏敦煌藏经洞发现的一件麻布上有手绘的对狮、对凤和香炉，明显保留着丝绸图案对称式布局（EO.1174，图一九）[27]。山东博物馆也收藏类似一件手绘麻布，绘有花树和多组对鸟，画面更为繁复（图二〇）。这两件作品皆是对织物直接的模仿。正仓院所藏唐代鸟木石夹缬屏风（图二一）、羊木臈缬屏风[28]、麟鹿草木夹缬屏风[29]、鸟草夹缬屏风[30]、橡木臈缬屏风[31]等，已是典型的绘画。这些画面均以高大的花树为中轴线，动物对称分布树下两侧，或在树下正中描

绘一种动物，延续了贞顺皇后石椁外壁花鸟画的构图。吐鲁番阿纳斯塔那217号唐墓花鸟屏风壁画（图二二）、哈拉和卓50号唐墓纸本花鸟屏风画[32]也是类似的构图，这些作品可以看作上文提到的日本安宅所藏高丽青瓷梅瓶竹鹤纹构图的远祖。进一步讲，吐鲁番花鸟屏风的结构还影响到其他题材的绘画，如阿斯塔那唐开元三年（公元715年）张氏夫妇墓八扇木框联屏绢画牧马图屏风[33]、阿斯塔那38号唐墓树下人物屏风壁画[34]等，上部也见有一高大的树木[35]。这种树木与人物的组合方

图一九　甘肃敦煌藏经洞手绘对狮对凤纹麻布（采自赵
丰：《敦煌丝绸艺术全集·法藏卷》第210、211页）

图二〇　甘肃敦煌藏经洞手绘花树水禽纹麻布
（山东博物馆提供图片）

图二一　唐鸟木石夹缬屏风（采自中野政樹等：《正倉院と上代絵画：飛鳥・奈良の絵画・工芸》第137页图112）

图二二　新疆吐鲁番唐217号墓六扇花鸟屏风壁画（采自宿白：《中国美术全集·绘画编·墓室壁画》
第132页，文物出版社，1989年）

式，令人联想到梨花女大博物馆藏柳川里梅瓶上的图像。

　　织物图案对称的特征与工艺品的规范性相一致，机械技术也会进一步强化这种特征。王公淑墓和王处直墓牡丹壁画的对称式格局与以花树为中心的织物图案如出一辙，即使不是全部来源于后者，至少也受到其深刻的影响。此外，这类构图也与壁画在建筑中的位置相应。两幅壁画均位于墓室正壁，是对于厅堂正中"挂设之具"装堂花的模仿，其"位置端庄，骈罗整肃"的风格与建筑的对称性一致。因为是在横长的屏风上作画，这两个画面两侧增加了小株花卉，与蒲柳水禽纹分级平

图二三　河南安阳北关唐赵逸公墓花鸟屏风壁画（唐际根先生惠赠图片）

列的组合方式十分类似。

王公淑、王处直墓屏风横式构图与正仓院、阿斯塔那墓屏风竖式构图是两个不同的类型，从新近公布的河南安阳北关唐太和三年（公元829年）赵逸公墓正壁的花鸟屏风壁画中，可以清楚地看到这两个类型内在的联系（图二三）[36]。这幅壁画中央绘一水盆，可能为金银器，其背后有芭蕉，周围栖息禽鸟蜂蝶。这组花鸟与两侧湖石为中心的花鸟，共同构成分级平列式的横式构图。在这一基础上，三组花鸟又以竖向的宽线间隔，将画面切分为一大两小的三扇屏风，其中两侧的屏风成为两个相对独立的竖式画面。壁画中可以清楚地看到竖线压在了已经完成的花鸟上，显示出横式构图与竖式构图转换的具体方法和过程。而这类灵活的转换与组合，在高丽时代的艺术品中也可以见到。

装堂花是早期花鸟画常见的形式，但是到五代时已不太为人所称道。《宣和画谱》卷十七著录宋朝御府所藏徐熙画目中，有装堂花四种五幅，在徐氏作品249幅的总数中只占很小的比例[37]，可能与史书所记"徐熙野逸"主流风格不同[38]。

宋代宫廷收藏趣味的变化，与这一时期花鸟画风格的转变相表里。五代以后，宫廷和士人画家越来越多地参与到绘画创作中，使得花鸟画的发展步入一个新的阶段。例如，苏轼（1037—1101年）的《枯木怪石图》力避机械的对称，以枯笔淡墨草草挥就，荒寒散淡，独成一体（图二四）；宋徽宗赵佶（1082—1135年）的《芙蓉锦鸡图》一反传统的对称结构，花叶旁逸斜出，以新奇取胜，用笔设色亦极尽精微。这种转变，开启了中国绘画史的新篇章。

然而，田野考古则揭示出历史的另一面。徐熙所擅长的装堂花虽在后世宫廷和士人绘画传统中罕有继承者，但仍然在壁画和工艺美术的系统中延续。如辽宁法库叶茂台7号辽墓木棺内悬挂的一幅花鸟画即保留了对称的形式（图二五）。该画被定名为《竹雀双兔图》，常与传世花鸟画相提并

图二四　传北宋苏轼《枯木怪石图》卷（采自中国古代书画鉴定组：《中国绘画全集·2 五代宋辽金·第1卷》图版78，浙江人民美术出版社、文物出版社，1999年）

论。但根据李清泉的看法，该图所绘植物包括地黄、蒲公英、车前子等药草，与同时出土的一幅山水画都是殉葬专用的"冥画"[39]。换言之，这种具有宗教功能的绘画，可能与传世的卷轴画并不属于同一家族。此外，如河北宣化下八里辽天庆七年（1117年）张恭诱墓和张世古墓（图二六）均发现对称的花鸟湖石屏风壁画[40]。元代至大二年（1309年）的山西兴县红峪村武庆夫妇墓中荷花蒲草与湖石牡丹两图也继承了这一传统[41]。

当装堂花在墓葬壁画系统中延续的同时，对称式花鸟图案也被后世的丝绸艺术所继承，如内蒙古阿鲁科尔沁旗辽会同四年（公元941年）耶律羽之墓[42]出土独窠牡丹对孔雀纹绫[43]、花树狮鸟织成绫（图二七）和花树对鸟雀蝶妆花绫[44]等，都延续了唐代的形式。内蒙古巴林右旗庆州白塔天宫出土辽重熙十九年（1050年）红罗地联珠梅竹蜂蝶绣，以梅竹湖石为中心，两侧大致对称分布杂花，远处有云状的山石、小山、树木等，又有蜂碟穿插其间（图二八），这是唐风的延续，也与高丽蒲柳水禽纹颇为相近。在内蒙古哲里木盟（今通辽市）小努日墓出土的一件辽代绣品虽不是对称的布局，但也有树木、花草、小岛、水禽，甚至柳树、渔舟等纹样（图二九）[45]，与高丽蒲柳水禽纹的母题基本相同。辽代刺绣中还多见莲塘小景，以对称的构图表现大雁嬉戏于莲塘中（图三〇），可能就是南宋和元代"满池娇"纹样的前身[46]，而与之相近的图像，在高丽青瓷中也不难见到。

图二五　辽《竹雀双兔图》轴辽宁法库叶茂台7号辽墓出土（采自中国古代书画鉴定组：《中国绘画全集·3五代宋辽金·第2卷》第146页图版59，浙江人民美术出版社、文物出版社，1999年）

图二六　河北宣化下八里辽张世古墓后室西北壁、北壁和东北壁六鹤湖石花卉屏风壁画
（采自河北省文物考古研究所：《宣化辽墓——1974—1993年考古发掘报告》彩版75—77拼合，文物出版社，2001年）

图二八　内蒙古巴林右旗庆州白塔天宫出土辽红罗地联珠梅竹蜂蝶绣（采自赵丰：《织绣珍品》第159页）

图二七　内蒙古阿鲁科尔沁旗辽耶律羽之墓花树狮鸟织成绫纹样（采自赵丰：《织绣珍品》第160页）

图二九　内蒙古哲里木盟小努日木出土辽代蒲柳杂树水禽绣（赵丰先生惠赠图片）

中国的工艺品和绘画艺术也会通过各种渠道影响到朝鲜半岛，例如，已有不少研究者讨论过中国瓷器对于高丽青瓷的影响。这种比较研究，也应该注意到不同材质的艺术品之间的关系。1966年在韩国庆州皇龙寺木塔遗址出土的统一新罗时代（公元669—901年）圆形花树对禽纹银制金具（图三一），主体纹样为对称式，外缘饰一周联珠纹，几乎就是对丝绸联珠团窠纹样的复制[47]。

虽然《宋史·高丽传》称高丽"少丝蚕，匹缣值银十两，多衣麻纻"[48]，但该传和《宋会要》"历代朝贡"中所载高丽使节带给宋朝廷的"贡品"中却不乏丝绸制品[49]，同样，宋朝回赠高丽的物品也包括大量丝绸[50]。徐兢《宣和奉使高丽图经》卷十九"工技"条云"亦闻契丹降虏数万人，其工技十有一，择其精巧者留于王府"[51]，则是辽代艺术影响高丽一个

图三〇　辽莲塘双雁刺绣（采自赵丰：《中国丝绸艺术史》彩版14d）

图三一　统一新罗时代花树对禽纹银制金具
（采自秦弘燮：《国宝：韓国七〇〇〇年美
術大系》卷五，第192页图33）

重要的旁证。

徐兢对于高丽丝绸制品亦有所记载，如该书卷九"绣花扇"条云："绣花扇二。制以绛罗，朱柄金饰，中绣牡丹双花。"[52]卷二十八"供张一"之"绣幕"条云："绣幕之饰，五彩间错而成，不为横缝，逐幅自上垂下。亦有鸡鹑、翔鸾、团花等样，而红黄为胜，其质本文红罗。"[53]又同卷"绣图"条云："绣图红身绿袂，五彩间错，山花戏兽工巧，过于绣幕。亦有花竹、翎毛、果实之类，各有生意。国俗张帘幕每十余幅，则挂一图间之，不以皆当堂奥之中也。"[54]卷二十九"供张二"之"绣枕"条云："绣枕之形……复以绛罗装饰，如莲荷之状。"[55]

徐著原有附图，惜已佚失。从这些文字可知，花卉禽兽图案的织物在高丽较为常见。其中红罗绣幕似可与内蒙古庆州白塔辽代红罗地联珠梅竹蜂蝶绣加以对比。徐兢提到装饰有"花竹、翎毛、果实之类"的绣图与帘幕相间挂设，而"不以皆当堂奥之中"，似乎是注意到其张挂形式与中国同类物品置于居室中央的做法不同，这反而启发我们推测高丽绣图与中国装堂花对称式构图有共同之处，换言之，绣图的画面可能接近蒲柳水禽纹的布局。既然蒲柳水禽纹可以跨越材质的差别，见于青铜、瓷器、漆器等不同的器物上，那么这种图像呈现于织物，也在情理之中，只是后者难以保存，缺少可以供我们观察的实物而已。

此外，谈及蒲柳水禽纹的绘画性特征，我们也不能不注意到高丽人对于当时中国日益发展的宫廷及文人绘画艺术的重视。就绘画题材而言，柳树、蒲草、莲荷、水禽等元素均是两宋绘画中常见的母题，仅举《中国绘画全集》所收宋人佚名纨扇册页，就有多幅作品表现荷塘、垂柳、水禽、竹子等母题[56]，其构图多取半边一角，新意迭出。以上文所论韩国国立中央博物馆藏青瓷阳刻柳芦水禽纹净瓶一侧的蒲草凫鸭（图三二），与传为北宋禅僧惠崇（约公元965—1017年）所作《秋浦双鸳图》（图中水鸟实为凫鸭，而非标题所说的鸳鸯，图三三）相比，二者的相似之处昭昭在目。很

图三三　高丽青瓷阳刻柳芦水禽纹净瓶局部
（采自淳雨编著：《国宝：韓国七〇〇〇年
美術大系》卷三，第18页图6）

图三三　北宋惠崇《秋浦双鸳图》（采自彭莱：《中国花鸟画通鉴·2》第106页，上海书画出版社，2008年）

显然，前者在对蒲柳水禽纹结构"分"与"合"的理解和运用中，吸收了来自宋画的新鲜养分，这些具有实用价值的工艺品与卷轴画之间，并无决然不可逾越的鸿沟。由梨花女大博物馆藏柳川里梅瓶上赵孟頫、管道升四乐图的题材，我们也可以进一步看到，图像的传播并不是一次性的，而是一个不断流动、延续的过程。

三、结　语

借助于信息技术，图像转播在今天已经变得无远弗届。图像数字传播的一个重要特征，是摆脱了物质的羁绊。但是在古代，图像的传播则十分复杂，传播过程中种种的物质媒介以及社会因素，都可能与图像形成双向的甚至多向的关联。

在古代高丽，蒲柳水禽纹的图像与具体的器物、材质、技术时时产生互动，在保持共性的同时，又呈现出千姿百态的变化。装饰蒲柳水禽纹的器物，有的是佛教的法器，有的是上层社会的生活用具，有的墓葬中的随葬品。这种生机盎然的图像出现于如此广泛的场域，可以使我们对当时的宗教、世俗生活，以及与此密切相关的审美观念、社会心态有更为具体的认识，这一题材的文化意涵，也值得作更为深入的讨论。但这一点已超出了本文的主旨。

追溯蒲柳水禽纹源流，可以看到这种图像与中国乃至中亚艺术或直接或间接的关联，这也启发我们进一步思考东亚艺术史的整体性。这种整体性内部的交流毫无疑问有着时间的先后关系，但也不能据此否认处在每个历史时空坐标点上人们独特的贡献。郭若虚《图画见闻志》卷六"高丽国"条记："惟高丽国敦尚文雅，渐染华风。至于技巧之精，他国罕比，固有丹青之妙。"[57]该书谈到宋人对于高丽绘画艺术的购藏，以及高丽使者对于中国绘画的求访，反映出文化交流的双向性。

郭氏还记载了一个细节：高丽使者"每至中国，或用折叠扇为私觌物。其扇用鸦青纸为之，上画本国豪贵，杂以妇人鞍马，或临水为金沙滩，暨莲荷花木水禽之类，点缀精巧。又以银泥为云气月色之状，极可爱。谓之倭扇，本出于倭国，近岁尤秘惜，典客盖稀有得之"[58]。宋人所喜爱这种折扇由高丽使者自日本带入中国，扇上所绘上层社会的人物，以及花鸟云月等，想必也出自日本。至于其金沙滩上的花香鸟语，与高丽蒲柳水禽纹之间的有无关联，则有待于学者们新的研究来揭示。

注　释

[1] 旧朝鲜总督府：《朝鲜古蹟图谱》，第九册（高丽时代·四），第1152—1154页图3773—3776，1929年。

[2] 见韩国亚细亚博物馆及美术馆研究所（Asian Museum Institute）为"高丽时代蒲柳杂树水禽螺钿描金香箱研究国际学术研讨会"提供的背景资料，首尔，2013年11月。

[3] "蒲柳水禽纹"是韩国学者给出的定名。在现代中文语境中，"纹"一般指花纹、纹样，常用来描述构成元素较为简单，线条和色彩规范，具有较强装饰性的图案、图形、徽志等。蒲柳杂树水禽纹内容丰富，线条活泼，变化多端，虽有一定的装饰性，但同时也具有绘画的特征，与一般意义的"纹"有明显不同。

[4] Nancy Frazier, *The Penguin Concise Dictionary of Art History*, New York, Penguin Group, Penguin Putnam Inc., 2000, "picture plane", p.521. 文艺复兴早期意大利画家乔托（Giotto di Bondone，生于1266或1267年，卒于1337年）被认为是第一个将绘画看作表达空间的窗口的人。

[5] 蒲柳杂树水禽纹香箱短侧面省略一组次要的基本单元，是一种变通方式。

[6] "象嵌"一词曾被译为中文"镶嵌"。但刘毅指出，该词并非来自汉语，而是韩语的汉字，意即"嵌入图像"，因此他主张中文沿用"象嵌"一词。（刘毅：《高丽青瓷的装饰分类研究》，见《中国古陶瓷研究》第7辑，第263—267页，紫禁城出版社，2001年；《高丽青瓷的几项突出成就》，《中原文物》2004年第3期）本文暂从刘说。大致说来，象嵌工艺包括五个步骤：①在瓷胎上刻划出图像的线条，或刮出局部的一片；②以深浅两色粉料堆填至剔除的空隙间，并刮除增溢多余的部分；③素烧；④素烧后施以青釉；⑤第二次烧制。

[7] 北宋宣和五年（1123年），徐兢（1091—1153年）以国信所提辖人船礼物官身份访问高丽，在松都滞留一个月，次年著成《宣和奉使高丽图经》一书。其中卷三十二记："陶器色之青者，丽人谓之翡色，近年以来制作工巧，色泽尤佳。酒尊之状如瓜，上有小盖，而为荷花、伏鸭之形。复能作碗、碟、桮、瓯、花瓶、汤盏，皆窃仿定器制度。"徐兢撰，朴庆辉标注：《宣和奉使高丽图经》第66页，吉林文史出版社，1986年。

[8] 徐兢《宣和奉使高丽图经》一书中不见对于象嵌技术的记载，说明徐氏在宣和五年（1123年）到达高丽时，这一技术还未出现。多数学者相信象嵌技术开始于高丽毅宗（1147—1170年）时期，目前所见最早的象嵌青瓷作品是京畿道开城开丰郡文公裕（卒于1159年）墓出土的宝相唐草纹碗、盘。也有学者认为象嵌技术在公元10世纪已试验，文公裕墓象嵌青瓷展现的是最盛期的面貌。见郑良谟著，金英美译，金光烈校：《高丽青瓷》第3、4、19页，文物出版社，2000年。

[9] Edward B. Adams, *Korea's Pottery Heritage*, Seoul: Seoul International Publishing House, 1989, vol. II, p.57.

[10] 有关蒲柳水禽纹香箱使用方式的研究，见李溶振：《韩国国立中央博物馆藏高丽香箱内的香与香具之重构：通过公元10—13世纪韩、中、日香箱及香与香具之考究》，高丽时代蒲柳水禽纹螺钿香箱研究国际学术讨论会论文，首尔，2013年11月。

[11] 净瓶原为佛教法器，按照梵文kundika发音，称作"军持"。在中国和日本所见年代较早的净瓶多以铜制作，如日本奈良法隆寺所藏唐代胡面铜净瓶（法隆寺昭和资财帐编集委员会：《法隆寺の至宝》第12卷，第15页彩图，第282页图424小学馆，1993年）、北宋太平兴国二年（公元977年）重修的河北定县净志寺舍利塔塔基出土铜镀金净瓶（定县博物馆：《河北定县发现两座宋代塔基》，《文物》1972年第8期）。有研究者谈到高丽银入丝蒲柳水禽纹青铜净瓶时指出，公元11—12世纪高丽工艺品装饰盛行水景，与高丽社会禅宗的流行相关，而柳树母题可能与观音信仰有直接的关联（Choi Eung-chon, "Kundika with Idyllic Inlaid Design", Lee Kyong-hee ed., *Masterpieces of Korean Art*, Seoul, Korea Foundation, 2010, pp.141-143）。然而，蒲柳水禽纹并不限于净瓶这种特殊的器物。《宣和奉使高丽图经》卷三十一云："净瓶之状，长颈修腹，旁一流，中为两节，仍有辘轳。盖颈中间有隔，隔之上复有小颈，象簪笔形。贵人国官观寺民舍皆用之，惟可贮水。高一尺二寸，腹径四寸，量容三升。"（徐兢撰，朴庆辉标注：《宣和奉使高丽图经》第64页）这段文字中提到净瓶"贵人国官观寺民舍皆用之"，说明其应用范围扩大到世俗社会。日本大阪市立博物馆所藏12世纪高丽青瓷水滴，表现了一位女童手持净瓶的形象，充满了轻松的生活气息（Jon Cartar Covell and Alan Covell, *The World of Korean Ceramics*, Seoul, Korea: Si-sa Yong-o-sa; Honolulu, Hawaii: Dae-Won-Sa, 1986, p.56），是这种器物世俗化的明证。

[12] 中国南方战国"原始青瓷"常见模仿青铜器造型而用于随葬的明器（中国硅酸盐学会：《中国陶瓷史》第100、101页，文物出版社，1982年）。制作者很可能注意到二者色泽上的相似性，而青瓷比青铜的材料更为廉价，技术的要求也较低。

[13] Kim Hongnam, "The Ewha maebyeong vase with 'four scenes from the artistic life of Zhao Mengfu and Guan Daosheng'",《美術史論壇》第16·17期，pp.64-77；中文本见：《韩国梨花女大博物馆藏高丽青瓷镶嵌人物画"赵孟頫管道升四乐图"梅瓶：元—高丽文化的产物》，邱忠鸣、王新译：《艺术史研究》第6辑，第421—463页，中山大学出版社，2004年。这一新的断代意见，也提示研究者有必要对于其他同类形制、尺度和装饰风格的梅瓶的年代进行重新检讨。

[14] 韩国国立中央博物馆另藏有数件带有干支纪年款的碗，内壁也有相似的构图。其年款包括"己巳""庚午""壬申""癸酉"等，在2012年高丽青瓷专题展图录中，分别定为1329年、1330年、1332年和1333年（Park Haehoon, Jang Sungwook ed., *The Best under Heaven, the Celadons of Korea*, Seoul, National Museum of Korea, 2012, p.297, 298, 300, 301）。如果接受这一断代，那么此处所讨论的这件碗的年代可能也有重新研究的必要。

[15] 有学者将这件青瓷碗上的纹饰看作蒲柳水禽纹的早期形态（李美爱：《文化交流与蒲柳水禽纹》，《装饰》2002年第5期）。但是，在11—12世纪初的青铜净瓶以及年代可能较早的香箱上已出现十分成熟的蒲柳水禽纹，所以，我将这个例子看作偏离了蒲柳水禽纹基本图式的作品。

[16] 持这一看法的学者较多，如崔淳雨：《高丽陶磁の编年》，见《国宝：韓国七〇〇〇年美術大系》卷三，竹书房，1985年；郑良谟：《高丽青瓷》第16页。

[17] a. 北京市海淀区文物管理所：《北京市海淀区八里庄唐墓》，《文物》1995年第11期。

　　b. 河北省文物研究等：《五代王处直墓》，文物出版社，1998年。

　　c. 北京西城区丰盛胡同唐龙纪元年（公元889年）李殷辅墓也发现同样形式的花鸟画，但保存状况较差。见北京市文物研究所：《西城区丰盛胡同唐代壁画墓发掘简报》，《北京文博》2011年第1期。

[18] 关于该问题的讨论，见郑岩、李清泉：《看时人步涩，展处蝶争来——谈新发现的北京八里庄唐墓花鸟壁画》，《故宫文物月刊》总第158期，1996年；郑岩：《装堂花新拾》，《中国文物报》2001年1月21日；李清泉：《"装堂花"的身前身后——兼论徐熙画格在北宋前期一度受阻的原因》，《美术学报》2007年第3期。此外，孙彦还提到南唐二陵中一些装饰画也属于装堂花，但其外延或许过于宽泛。见孙彦：《"装堂花"新谈——以南唐二陵装饰画为例》，《南京艺术学院学报》2010年第1期。

[19] 郭若虚：《图画见闻志》，见《画史丛书》第1册，第92页，上海人民美术出版社，1963年。

[20] 樊英峰、王双怀：《线条艺术的遗产——唐乾陵陪葬墓石椁线刻画》第47、84—89页，文物出版社，2013年。

[21] 程旭、师小群：《唐贞顺皇后敬陵石椁》，《文物》2012年第5期。

[22] 湖北省荆州地区博物馆：《江陵马山一号楚墓》第44页图36，第48、49页图39、40，文物出版社，1985年。

[23] a. Dorothy G. Shepherd and W. B. Henning, "Zandanîjî Identified? ", in Richard Ettinghausen ed., *Aus der Welt der islamischen Kunst: Festschrift für E. Kühnel*, 1959, Berlin: Geberstag, pp.15-40.

b. 赵丰：《中国丝绸艺术史》第154页，文物出版社，2005年。

c. 赵丰、王乐：《敦煌的胡锦与番锦》，《敦煌研究》2009年第4期。

[24] 关于中国丝绸艺术在丝绸之路开通后发生"大转折"的论述，参见赵丰：《中国丝绸艺术史》第137—157页，文物出版社，2005年。

[25] 赵丰：《中国丝绸艺术史》第149页，文物出版社，2005年。

[26] 赵丰：《中国丝绸艺术史》图7-35，文物出版社，2005年。

[27] a. 赵丰：《敦煌丝绸艺术全集·法藏卷》第210、211页，东华大学出版社，2010年。

b. 劳合·费日（Laure Feugère）认为此物是供桌桌布，见同书第21、22页。

[28] 中野政樹、平田寬、阿部弘、菊竹淳一：《正倉院と上代絵画：飛鳥·奈良の絵画·工芸（日本美術全集）》图版147，講談社，1992年。

[29] 中野政樹、平田寬、阿部弘、菊竹淳一：《正倉院と上代絵画：飛鳥·奈良の絵画·工芸（日本美術全集）》第169页图35，講談社，1992年。

[30] 中野政樹、平田寬、阿部弘、菊竹淳一：《正倉院と上代絵画：飛鳥·奈良の絵画·工芸（日本美術全集）》第169页图36，講談社，1992年。

[31] 中野政樹、平田寬、阿部弘、菊竹淳一：《正倉院と上代絵画：飛鳥·奈良の絵画·工芸（日本美術全集）》第138页图115，講談社，1992年。

[32] 新疆自治区博物馆编：《中国博物馆·新疆自治区博物馆》图143，文物出版社、讲谈社，1987年。

[33] 金维诺、卫边：《唐代西州墓中的绢画》，《文物》1975年第10期。

[34] 新疆自治区博物馆：《吐鲁番县阿斯塔那—哈拉和卓古墓群发掘简报（1963—1965）》图版2，《文物》1973年第10期。

[35] 树木人物屏风的另一个源头是公元6世纪开始流行的高士屏风。

[36] 安阳市文物考古研究所：《河南安阳市北关唐代壁画墓发掘简报》，《考古》2013年第1期。

[37] 于安澜：《宣和画谱》，见《画史丛书》第2册，上海人民美术出版社，1963年。

[38] 郭若虚：《图画见闻志》，见《画史丛书》第1册，上海人民美术出版社，1963年。

[39] 李清泉：《宣化辽墓：墓葬艺术与辽代社会》第212页，文物出版社，2008年。

[40] 更多辽代墓葬壁画中花鸟屏风的例子，见李清泉：《"装堂花"的身前身后——兼论徐熙画格在北宋前期一度受阻的原因》，《美术学报》2007年第3期。

[41] 山西大学科学技术哲学研究中心等：《山西兴县红峪村元至大二年壁画墓》，《文物》2011年第2期。

[42] 内蒙古文物考古研究所等：《辽耶律羽之墓发掘简报》，《文物》1996年第1期。

[43] 赵丰：《织绣珍品》第146、147页，中国纺织出版社，2002年。

[44] 赵丰：《中国丝绸艺术史》第178页图8-52，文物出版社，2005年。

[45] 赵丰：《辽代丝绸》第160页，沐木堂，2004年。

[46] 赵丰：《中国丝绸艺术史》第178页，文物出版社，2005年。

[47] 对于二者关系的讨论，见秦弘燮：《韩国古代工艺品中示现的外来要素》，见《国宝：韩国七○○○年美术

大系》卷五，第188—196页，竹書房，1985年。

[48] 《宋史》。

[49] 《宋会要辑稿·历代朝贡》蕃夷七，第7840—7864页，中华书局，1957年影印本。

[50] 例如，《高丽史》详细记载了高丽文宗三十二年（1076年，即宋神宗元丰元年）六月二十五日宋朝国使所携带给高丽国王的礼品清单，其中丝绸占据较大的比例。见金渭显编著：《高丽史中中韩关系史料汇编》，食货出版社，1983年。

[51] 徐兢撰，朴庆辉标注：《宣和奉使高丽图经》第40页。

[52] 徐兢撰，朴庆辉标注：《宣和奉使高丽图经》第20页。

[53] 徐兢撰，朴庆辉标注：《宣和奉使高丽图经》第60页。

[54] 徐兢撰，朴庆辉标注：《宣和奉使高丽图经》第60页。

[55] 徐兢撰，朴庆辉标注：《宣和奉使高丽图经》第61页。

[56] 中国古代书画鉴定组编：《中国绘画全集·6·五代宋辽金·第5卷》，浙江人民美术出版社、文物出版社，1999年。该书所收与蒲柳水禽纹母题较为一致的南宋绘画作品有多幅，如《柳溪钓艇图》（图版10）、《柳塘秋草图》（图版20）、《柳阁风帆图》（图版60）、《天寒翠袖图》（图版94）、《柳塘泛月图》（图版103）、《竹汀鸳鸯图》（图版113）、《溪芦野鸭图》（图版129）、《荷塘鸂鶒图》（图版134）、《寒塘凫侣图》（图版142）、《桃竹溪凫图》（图版147）和《柳溪鸳鸯图》（图版150）等。

[57] 郭若虚：《图画见闻志》，见《画史丛书》第1册，第93页，上海人民美术出版社，1963年。

[58] 郭若虚：《图画见闻志》，见《画史丛书》第1册，第93页，上海人民美术出版社，1963年。关于摺扇在东亚传播的研究，见王勇：《日本摺扇的起源及在中国的仿制》，见《中日文化交流史大系·7 艺术卷》第202—225页，浙江人民出版社，1996年；石守谦：《物品移动与山水画——日本摺扇西传与山水扇画在明代中国的流行》，见《移动的桃花源——东亚世界中的山水画》第277—344页，允晨文化实业股份有限公司，2012年。

山东长清北宋城址调查札记

王子奇

长清位于山东省济南市西南，泰山西北麓，黄河东岸。2011年3月，为进行宋代北方地区新建城址的考古学研究，作为课题考古工作的一部分内容，笔者对山东省数座地方城址进行了田野调查，长清即其中之一，现就调查所获结合有关文献资料撰此札记。时间所限调查未能十分充分，只能就长清县城城建的有关问题加以简述。

一、长清沿革概况

《齐乘》卷三记云：

> 泰安州之长清县，济南西南七十里。本卢地。齐公子傁食采于卢，汉为县，属泰山郡。元魏孝昌二年（公元526年）自山茌故城移东太原郡置此，后废。隋开皇五年（公元585年）置长清镇，取清水为名，十四年（公元594年）改为县，属济州。唐贞观十七年（公元643年）属齐州。宋因之，至道二年（公元996年）徙治刺榆店，今县理。金亦属济南，国初乙未年属泰安。

雍正《长清县志》卷之一《地与志上》"沿革"条记云：

> 隋始析卢长清镇置县名，属济北郡，唐仍之，武德初年析置山茌平，天宝元年（公元742年）改山茌曰丰齐，元和十五年（公元820年）省入属齐州济南郡，五代仍长清县，卢县省入，宋仍长清县属京东东路济南府，至道二年（公元996年）徙治刺榆店，即今治。金仍长清县，属济南府。元仍长清县，改属泰安州。明山东布政司济南府，长清县编户四十一里，增四十四里。国朝因之。

由上知，自清代、民国沿用至今天的长清城，是在北宋至道二年（公元996年）迁至今治的。此后历代在此，其址不曾更易。

二、长清城现状

今长清城老城一带地势较为平坦。城垣、城门民国时期尚存，拆毁于1940年后期[1]。民国时期的城垣范围、城门位置、城市规模和格局尚可据民国时期的地图得以了解（图一）。老城四门十字街，北门大街、东门大街、西门大街、南门大街十字相交于城内，十字街下每隅内又有次一级的街道分割，这一格局仍保存到了今天。民国时期城外有壕，其遗迹在中国人民解放军总参谋部测绘局1969年12月航摄、1970年5月调绘、1972年第一版的1∶5万的长清县地形图上可以清晰地看出其范围，并一直保存到今天，由此可以进一步确认原长清城的范围（图二）。

作者：王子奇，北京市，中国社会科学院考古研究所，助理研究员。

图一　民国《长清县志·长清县城图》

长清县城西北隅原县粮油加工厂院内，曾于1987年清理了真相院释迦舍利塔塔基，是城内一处重要的宋代遗迹。该处原存砖塔一座，至抗战前仍存八层，新中国成立前夕尚存六层，1958年又拆去两层，至1963年建长清县粮油加工厂时彻底被拆除。清理塔基时，塔基上部已遭破坏，塔基地下结构不详。地宫位于塔基中间，砖筑仿木结构。平面呈"中"字形，由宫室和两侧的甬道组成。宫室平面呈方形，南北长2.63、东西宽2.53、高3.72米。宫室四角抹角上收，普拍枋上承转角铺作、补间铺作各八朵。转角铺作六铺作三杪偷心造斗口跳，补间铺作五铺作双卷头偷心造。铺作上承八边形藻井，再上叠涩为方形（图三；图四）。地宫1965年曾打开，部分遗物已散失。1987年清理出土器物19件，计银器15件、铜器1件、刻石3块（其中两块为长清县博物馆旧藏，一件原嵌在塔壁上）（图五；图六）。刻石包括苏轼元祐二年（1087年）撰书的《齐州长清县真相院释迦舍利塔铭并引》（出自地宫内，图七），真相院主持真教大师文海宣和三年（1121年）复制苏轼《塔铭》刻石（原嵌塔壁），真相院管勾主持赐紫僧文海政和三年（1113年）《齐州长清县真相院重修法堂等功德记》（出自真相院遗址内，具体位置不详，图八）[2]。地宫出土器物中，纪年最晚的是绍圣五年（1098年）的银樟盖（图九）。结合地宫营建做法和出土器物看，地宫的瘗埋时间应不早于绍圣五年，亦与原存元丰八年（1085年）落成的宋塔相去不远。真相院地宋代佛塔与地宫的发现，说明

图二　长清城现状
1.真相院舍利塔地宫　2.济南广电大学长清工作站　3.文庙大成殿　4.石麟小学

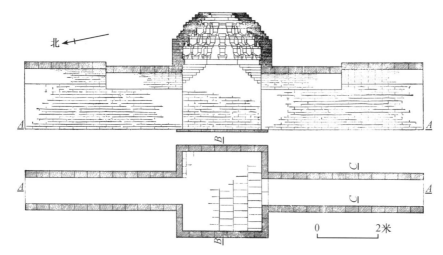

图三　真相院舍利塔地宫平、剖面图（采自济南市文化局文物处等：《山东长清县宋代真相院释迦舍利塔地宫》，
《考古》1991年第3期）

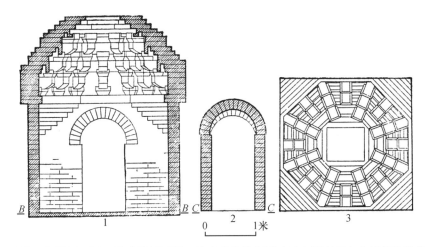

图四　真相院舍利塔地宫横剖面图、甬道横剖面图、地宫藻井仰视图（采自济南市文化局文物处等：《山东长清县宋代真相院释迦舍利塔地宫》，《考古》1991年第3期）

图五　真相院舍利塔地宫出土银罗汉及女供养人（采自济南市文化局文物处等：《山东长清县宋代真相院释迦舍利塔地宫》，《考古》1991年第3期）

图六　宋代真相院释迦舍利塔地宫出土银器（采自济南市文化局文物处等：《山东长清县宋代真相院释迦舍利塔地宫》，《考古》1991年第3期）
1. 银棺盒　2. 器座　3. 酒盅

长清县城西北隅的街道系统应该至少沿用自北宋中后期。

城内东门大街以北，今济南市长清区结核病防治站，即原长清县文化局院内，保存有单檐庑殿、面阔七间、进深三间的文庙大成殿一座（图一一）。大殿现立于低矮的台基上，柱头斗栱单翘双昂六踩（图一二）。现存大殿建筑，应是民国时期修缮后遗留下的遗迹。此外，城南门大街以西

图七　苏轼撰书《齐州长清县真相院释迦院舍利塔铭并引》刻石拓本（采自韩明祥：《苏轼撰书〈齐州长清县真相院释迦舍利塔铭并引〉刻石》，《文物》1983年第6期）

石麟小学内，存嘉庆二十二年（1917年）《五峯书院碑记》、光绪二年（1876年）《设局办差由》石碑二通，知此处原为清代五峰书院所在。

三、长清城的布局

雍正《长清县志》卷之二《地舆志下》"公署"条记云："县治在城内正北近东，宋至道三年（公元997年）肇造，至洪武初县丞石贵、正统中知县汤思恭、典史何聪重建。至宏（弘）治六年（1493年）有回禄之变，俞庄襄公谏改而新之，视旧加详，及崇祯十六年（1643年）焚毁殆尽。国朝顺治间邑侯吴公道凝、李公维翰，牛公友月相继修筑，始渐次复旧云。"可知衙署即在城内东北一带，结合图一〇考虑，图一中所示的民国时期的县政府，即应该沿用原址。因此，由图二可以大体推定原县署所即民国沿用的县政府，在今济南广电大学长清工作站一带，亦即新中国成立后原长清县委、县政府所在地。县署肇造于至道三年，即长清迁治之初。

雍正《长清县志》卷之三《学校志上》"儒学"条记云："儒学在县治东南。宋天禧二年（1018

图八　《齐州长清县真相院重修法堂等功德记》刻石拓本（采自济南市文化局文物处等：《山东长清县宋代真相院释迦舍利塔地宫》，《考古》1991年第3期）

图九　真相院舍利塔地宫出土银椁盖（采自济南市文化局文物处等：《山东长清县宋代真相院释迦舍利塔地宫》，《考古》1991年第3期）

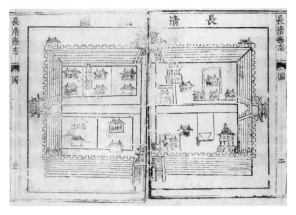

图一〇　雍正《长清县志·长清城图》

图一一　长清县文庙大殿

图一二　长清县文庙大殿前檐斗栱

年）县尹薛璘建。元至元间县尹赵文昌、明永乐中教谕邢哲、成化丙申（十二年，1476年）县尹朱琪俱重修。元时名乐育堂，明时改为明伦堂，仁和朱义重修。弘治六年（1493年）桐庐俞谏重修。隆庆间刘启汉增工大成殿为五楹，两庑增四楹，计二十四楹，一时轮奂，顿异昔年。迨崇祯癸未（十六年，1643年）之变，殿堂门庑以及古槐旧柏悉化瓦砾灰烬。国朝顺治初年，知县吴公道凝、吕公朝辅草创兴作，至李公维翰、牛公友月极力措置，庀材鸠工，规模粗备。杨公宏业、吴公从仁渐次修葺，及岳公之岭多方润色，先后继修者二十余年，迄今始焕然改观矣。"由此知文庙自宋代迁治以来，虽屡有修葺但其址未易。民国时期，大成殿前还立有元大德十一年的《追风孔子为大成至圣文宣王碑》一通[3]。结合前述现存的文庙大成殿，可知宋天禧二年建造庙学的位置即今东门大街以北文庙大成殿一带。城内东北部一带有自宋代以来时间沿用至20世纪的衙署和至今尚存大成殿的文庙，可以说明城内东北部一带的基本格局没有大的变化。

城内宋代的重要建置还有前述真相院，也是今天长清保存宋代遗物最多最集中的一处。结合前述发现的诸碑刻和民国《长清县志》卷十《祠祀志下》"真相寺"条著录的历代碑刻[4]知，元丰八年真相院造十三级砖塔，约在北宋晚期瘗埋地宫，其中部分遗物应来自苏轼的捐赠，在瘗埋地宫前后还重修了寺内法堂。明、清真相院历有修葺。如前述，真相院遗迹、遗物的发现，为长清县城西北一带的城市格局提供了坐标。

长清城内的重要建置还有城隍庙。道光《长清县志》卷之九《祠祀志上》记云："城隍庙。县治西，大殿三楹，后殿三楹，东西廊各十二楹，前为戟门，又前为大门，洪武二年敕封显佑伯，有敕文。三年诏去封号置主，止称本县城隍之神，今塑像仍旧。按至元二十二年县令吕庸重建，嘉靖七年县尹于德重建，至嘉靖四十年都御史李良重加修整，旧大门向东，规模逼隘，至万历二十二年邑侯李公宗延改建大门南向，中辟甬道，外立栅门，规模阔敞，俨然改观矣。……"由此知城隍庙曾于至元二十二年重建，又云"重建"说明在元代初年以前应该已有建置。城隍庙民国时期已不见于图一，检核图一〇知其约在真相院以西一带。这为了解金元时期的长清城提供了重要的参考。

雍正《长清县志》卷之二《地舆志下》"城池"记云："县城自汉唐宋以来未有城池，逮元至正十四年（1354年）始城之，土筑。明成化四年（1468年）重筑四门，至十一年（1475年）邑侯解公瑛始为石城。正德间邑侯刘儒、县丞吕俊再筑长堰。城高一丈五尺，阔一丈，周围四里，环砌以石，女墙以砖，雉堞一千四百一十有奇，城门楼额四，东为迎恩门景阳楼，南为距鲁门向离楼，西为把清门怀庚楼，北为拱极门安贞楼。其角楼有四曰干角楼、坤角楼、艮角楼、巽角楼。城外为池，深一丈五尺，阔二丈五尺，堤外有马道三尺。……至崇祯间以后刘公之蛟于四门各增月城，为重门四，东曰青阳，南曰南熏，西曰西成，北曰拱宸。"据此可知，保存到民国时期的长清城垣应修筑于元至正十四年。但是如前述，长清城北宋至道二年迁治，几处大的如衙署、文庙、真相院等，都在北宋时期就奠定基本格局，似可说明长清保存到今天的四门十字街格局应肇自北宋时期。据此试做图复原宋元时期（元至正十四年建城以后）长清城的概况（图一三）。

图一三　宋元时期（元至正十四年建城以后）长清城复原图
（上为北，底图为中国社会科学院考古研究所刘建国先生提供的长清城区Corona卫星影像）

四、结　语

　　长清于北宋至道二年（公元996年）迁至今治，这一时期内黄河下游在黄淮海平原内不断改道，使得这一区域内的城址频繁遭遇水患，有些最终就不得不迁址新建。长清的迁治，也即应是水患造成的。

　　北宋政府对这一情况也是熟悉的。而且对于遭水患较为严重的城市，采取迁城的办法予以解决，也正来自于北宋最高统治集团的认识。宋神宗曾于元丰四年（1081年）对辅臣说："河之为患久矣，后世以事治水，故常有碍。夫水之趋下，乃其性也，以道治水，则无违其性可也。如能顺水所向，迁徙城邑以避之，复有何患？虽神禹复生，不过如此。"辅臣皆曰："诚如圣训。"这也正是今天河北、山东地区宋代新建城址多和水患有关的背景和原因。

　　长清城内所保存的遗迹有限，但通过考古资料和地面建筑的遗存，并结合文献记载，我们尚可对其基本的平面布局做出复原，是这一时期中原北方地区流行的四门十字街格局。但眼下，随着城镇化进程的不断推进，这些地方城市格局亦随时面临改易的境地，近来发生的聊城、商丘城内的大拆大建，就是影响极为恶劣的例子。对于考古界的同仁们来说，也需要承担起相应的学术责任，尽快对地方城址展开调查和研究工作。

附记：本文为"2009年度国家社会科学基金项目《北方地区宋代新建城市的考古研究》（项目批准号：09BKG005）"和郑州中华之源与嵩山文明研究会重大课题"中国古代城市发展史——以中原地区为中心"（项目编号：ZD-5）成果之一。

注　释

[1] 长清县志编纂委员会：《长清县志（第一篇第三章）》第47页，济南出版社，1992年。

[2] a. 济南市文化局文物处、长清县博物馆：《山东长清县宋代真相院释迦舍利塔地宫》，《考古》1991年第3期。

b. 韩明祥：《苏轼撰书〈齐州长清县真相院释迦舍利塔铭并引〉刻石》，《文物》1983年第6期。

[3] 民国续修《长清县志》卷七《学校志上》。

[4] 民国续修《长清县志》卷十《祠祀志下》："寺内现存大佛殿、天王殿，半就摧残，神像亦丹黄剥落，院之东偏关帝庙亦倾圮无存，查寺内有大宋政和三年齐州长清县真相院重修法堂功德记石刻、洪武戊辰年春谷禅师道行碑记、正统十年颁发大藏经典圣旨碑记、正德十年铸造盘炉碑记、嘉靖元年重修大佛殿碑记、三十五年重修真相寺碑记、四十五年书补藏经碑记、万历三十年关王圣诞修醮碑记、崇祯十一年华峯禅师闭关果满施食利众碑记、清顺治十年重修全阳塔碑记、康熙十年重修真相寺碑记。"

建筑与考古学的相遇

——读《明代宫廷建筑史》

施劲松

2005年初夏，我陪同一位丹麦考古学家参观北京故宫。他问我谁是故宫的设计师，我既不知道也没想过，但也奇怪为何此前未见有人关心此事，在故宫的说明和介绍中似乎也没看到这方面的内容。大约是我们习惯于欣赏或展示那些包括宏伟建筑在内的古代文化遗产，却忽略了它们的创造者。又或许，我们习惯于将它们笼统归为劳动人民的创造，而并不关注为之贡献智慧、付出辛劳的个体。后来看到还有人关注故宫的细节，比如，阿城的访谈录中就记有张光直先生问过他故宫的茅房在哪里的问题，阿城的回答是故宫原本就没有[1]。诸如此类的"细枝末节"常被忽视，似乎是被宏伟的建筑"遮掩"了，其实是因为人们习惯于看表面而不重实质、只看"大体"而不求细节，才忽略了原本存在的问题。

2010年岁末，孟凡人先生送我他的专著《明代宫廷建筑史》[2]，其中即有对故宫深入系统、细致入微的研究。我首先从中查阅故宫的设计师，得知仅在永乐年间负责营建的官员就有陈珪等数十人，在总领其事的"董建"下又依次设立各级管理机构（第36、37页）。鉴于故宫的规模并历经始建、数次灾后重建、改建与维修等，每次修建仅有名可考的著名匠师就有多人（第61—63页）。至于被征用的工匠、军士、民夫等，每年可达百万人（第64—69页）。问题的复杂性再次出乎我的意料。

一

《明代宫廷建筑史》这部55万字的专著研究的对象并不只限于北京故宫，而是着重研究了明中都、明南京和明北京三个都城的紫禁城与皇城，其次是突出、宣扬和维护皇权的各种礼制性建筑，诸如太庙、社稷坛、天坛、地坛、日坛、月坛，以及同样体现了皇权和礼制的皇陵。此外，还论及皇帝敕建且与皇帝关系密切的苑囿、行宫、王府、王坟和皇家寺观。全书首先以"建筑史概说"说明上述明代宫廷建筑的构成与概况，之后依次论述明中都与明南京的宫城与皇城，明北京的皇城和紫禁城，天坛等庙坛建筑，明初三陵与明十三陵。明北京是全书重点，所占篇幅最多，详论皇城和紫禁城的营建、皇城形制、紫禁城形制、紫禁城外朝、紫禁城内廷中路与内外东西路、紫禁城的规划设计与布局艺术，以及紫禁城形制布局的源流。该书对明代宫廷建筑进行了多维度、多层面的深入系统的研究，内容十分丰富。

这项对明代宫廷建筑的研究，系统性与深广度自不待言。但我认为其最重要的特点还在于研究立足于"物"，而且是地面上留存完好的"物"。考古学研究本就以实物而非文字记录为对象，并

作者：施劲松，北京市，中国社会科学院考古研究所，研究员。

以地下埋藏的遗存为主，包括地下的城址、宫殿及各类建筑遗存，就保存完好的地上建筑"物"进行得如此全面的研究却不常见。其实考古学关注的"物"无所不包，从古至今、从地下到地上的，只要是"人造"的或与人的活动相关联的"物"，都是考古学认识的对象和建构历史的材料。对明代宫廷建筑"物"的研究，凸显了考古学自身的独特视角与鲜明特点，也扩展了考古学传统的研究领域。

现存建筑具有地下的建筑遗存所不可相比的优越性。比如地面建筑保存完好，不会像地下遗存那样可能因破坏而残缺；对地面建筑无须发掘，保存的信息相对于发掘资料更为全面；地面建筑的布局、形制等一眼可见，不需要根据发掘资料进行平面或立体的复原；地面建筑的功能明确而无须推断，等等。当然，今天保存的明代宫廷建筑也并不都是当时所建。无论是紫禁城还是天坛等，明清两代屡经重建、改建，绝大多数建筑已不是明代始建时的原样。如在紫禁城中，只有中轴线正中偏北的钦安殿是宫中少有的保存最完整的明代建筑（第284页）；又如东西六宫中，只有东宫钟粹宫前院正殿和西宫永寿宫还具备明代早期的建筑或初建时的格局（第300、301页）。天坛虽然保持了明代始建时的形制布局，但细部屡有改变。至于皇陵，地下部分多未发掘。因此，研究明代的宫廷建筑，也需要由观测、考察现存的建筑入手，由晚及早，仔细辨别它们在清代的建造与使用状况，最后探究明代的建筑及相关历史。在这一研究过程中，文献材料也提供了解读"物"的必要的背景与线索。

二

考古学通过"物"揭示出的是一个广阔的"历史舞台"。

作为宫廷建筑的"物"不是孤立的而是与其他事物相关联，不是静止的而是动态的。它包含的历史信息并非一眼"可见"，很多"不可见"的信息需要发掘。宫廷建筑"物"的历史，至少涉及三个层面："物"的类别的历史，"物"自身的历史，与"物"相关的历史。《明代宫廷建筑史》深入发掘建筑"物"所包含的"可见"和"不可见"的信息，从多角度探寻"物"背后的"多重"历史。

就"物"的类别史而言，明代的宫廷建筑"物"始建和使用于明代，但其源和流更为长久。仅以宫城为例，明中都宫城的态势、构成要素、布局，乃至宫殿名称和金水河的流向等，都承袭于南京的吴王新宫（第104页）。后者建于洪武元年至八年，是明代的首座宫城，它宫后依山、配置金水河、皇城环套宫城、宫城外有护城河的格局，以及宫城的主体架构、宫殿的配置方位、甚至主要殿名等，成为从明中都、明南京到明北京宫城所遵循的基本要素。明中都则是明宫城标准模式形成过程中的里程碑，并成为营建明南京宫城的蓝本（第105、380页）。至于北京皇城和紫禁城形制布局的轨迹，甚至可以追溯到北宋。北宋开封宫城开创了形制布局的新制，包括"择中立宫"和"前朝后寝"，设角楼和东西华门，宫殿呈工字形，宫殿配置有双轴线，出现宫廷广场，左祖右社，宫城与园林紧密结合，宫城中以金水河为引水系统，这些要素乃至宫城的周长，都对金中都和元大都宫城有明显影响，最终也体现在明北京紫禁城中（第386—393页）。清北京紫禁城全面承袭明紫禁城的规制和布局，但进行了修复、修缮、重建和改建，在建筑理念、技术、风格和装饰艺术等方面注入了新的内容，改变了其外在的形象，实为一种创新；明代紫禁城确立的中国古代宫城形制布局的最终模式在历经清代后保留成为今天世人所见的故宫（第393—415页）。

对于明代宫廷建筑"物"自身的历史，《明代宫廷建筑史》做了大量细致入微的分析和考证。

除宫廷建筑的大格局和诸种要素外，还包括某类、某座具体建筑的重建、改建和演变史。建筑"物"与"物"之间、"物"与人之间都存在关联。同一时期的不同的建筑"物"构成的体系，是宫廷建筑的重要内涵，涉及各类建筑的总体布局，单体建筑和建筑群的空间组合，单体建筑的结构、形制、技术、工艺和艺术等。"物"与人的关系则可扩展到建筑的性质、用途，皇室的构成，当时的政治、礼仪和宗教等。由室内的陈设等还延伸至相关的器用制度。

与建筑"物"相关的历史包括了"物"形成之前和之后的历史。如造"物"之前的董建班子、物料采办、管理运输、经费开支、匠役征用。以明北京的宫廷建筑为例，仅物料的采办和运输就涉及几乎大半个中国：采木的地点主要在四川和湖广等南方地区（第42—46页）；紫禁城的用砖主要出自山东，十三陵的用砖从砖文上看来自河北、山东、江苏、河南、安徽、直隶等省（第51、52页）；石料等多来自于北京周边（第56—58页）。由宫廷建筑还可了解北京的城市史，现今北京的一些地名即缘于当时的营建活动，如广渠门外的皇木厂原为各省采伐木材的存放地，崇文门内的台基厂设有广阔平整的台基用以加工木构件，和平门南的琉璃厂当时专烧琉璃瓦件，陶然亭公园的湖泊是制坯取土的遗迹（第46、47、53、56页）。宫廷建筑"物"的建造、使用、损毁和重建等，离不开时代与社会，建筑"物"的发展过程直接涉及元末、明、清时期的政治、文化、军事环境，以及诸多具体的事件或史实。由此可见，对建筑"物"的研究，可以引导我们在多层面上对历史进行新的解读。

三

古代的建筑"物"通常可以反映一个时代的科学、技术、艺术和观念。明代庞大的宫廷建筑群在地面上保存至今，形制完整，功能明确，并有丰富的文献记载，这在中国的古代建筑中独一无二，自然比其他任何建筑都更能体现科学和艺术的成就，以及其时的信仰与观念。

明代宫廷建筑，无论是紫禁城还是礼制建筑与皇陵，无论是整体布局还是单体建筑，都需要精确的规划与设计，并都有复杂的理念为指导。

明清北京紫禁城的规划设计理念最终是表现"象天立宫"的宇宙图式，体现儒家的天命观和礼制秩序。按此理念，北极星"独居天轴"，南北贯穿北京城和紫禁城的中轴线为地轴，宫城位于轴心，犹如天上的紫微大帝居住于天的中心紫微垣一般。轴线上的核心建筑以及城门、宫门等被精心安排，以象征手法规划出外朝和内廷，最终使紫禁城实现"天人合一"和"皇权与神权合一"的理念（第343—345页）。紫禁城作为皇权的象征和国家权力的中心，还需要充分而集中地体现出礼制秩序，因而规划和设计的理念也以礼制为核心，通过各类建筑的复杂类别、布局和形制，反映出森严的等级和至上的皇权（第346—350页）。此外，紫禁城的规划设计还深受堪舆术影响，突出的例证如紫禁城后枕万岁山、前开金水河，负阴抱阳；在紫禁城中设定"穴位"、四象和中轴线；隆宗门与景运门间区分外朝内廷的隆景线，与中轴线相交形成紫禁城东西与南北阴阳两极的格局，以阴阳和奇偶数理等设计全城建筑；以建筑名称、色调和河水等暗示五行、八卦（第350—359页）。总之，象天立宫、礼制秩序、风水、阴阳、五行、四象、八卦等设计理念，在紫禁城中既各自独立又相互渗透，相辅相成，形成一个不可分割的整体，最终用以突出礼制与皇权这一核心（第359页）。

紫禁城还具有实用性而涉及日常居所、给水排水系统和防火采暖等（第204—209页），相比之下，其他礼制性建筑就具有更强的象征性。以祭天为主题和设计理念的天坛，所有建筑构成了一个复杂的象征系统。内外坛的垣墙北圆南方，象征天圆地方。坛内建筑面积只占全坛面积的二十分之一，以使坛内保持"虚空"的意境。圜丘的所有结构及相关尺寸均为阳数或为九的倍数，以"九"象征"九天""九霄"，以"360"象征周天之度。大享殿（祈年殿）的四根龙井柱、十二根金柱和十二根檐柱等，分别或共同象征四季、十二月、十二时辰、二十四节气和二十八宿。天坛建筑的圆形轮廓、穹隆形的顶、蓝色的瓦，含义不言自明（第434—438页）。至于明孝陵，主体建筑更是直接设计为北斗七星状（第466页）。黑格尔说"建筑就是要为这种精神性的东西服务，这种精神性的东西就成了建筑的真正的意义和确定的目的"[3]，明代宫廷建筑正体现了这样的意思。

　　如上的设计与建筑理念来自于传统文化与皇权社会。抛开这些理念，营建这些宫廷建筑也离不开科学和技术。如今所见的这些建筑"物"，蕴含着科学原理，体现了卓越的技术成就。紫禁城的营建，为了处理远近两极的视觉感受与景观，以及空间上平面（进深和面阔）与立面（高度）的观赏视距，以"千尺为势，百尺为形"作为基本尺度。"千尺"的实际距离约为230—350米，这是可以观人轮廓和动态特征并加以识别的距离。"百尺"约为23—35米，这在现代建筑理论中是以看清人物表情与动作细节为标准的距离。紫禁城的建筑，在空间布局上远观视距都不逾千尺（350米），而单体建筑和绝大多数内部庭院，进深、面阔又都在百尺（35米）之内。紫禁城最高的单体建筑午门自地平面至脊吻高37.9米，太和殿连同三层台基通高35.05米，其余建筑之高均在35米以下。以"千尺为势，百尺为形"来划分、组织和控制整个建筑群，被证明是符合科学尺度的，保证了在空间转换中获得最佳的视觉和感受效果（第360—362页）。在紫禁城的具体设计中，还普遍采用了模数化的方法，即以乾清宫和坤宁宫之深作为中轴线上各主要区段的模数，以此两宫之宽深作为规划主要建筑群面积的模数。这使紫禁城各主要部分在规模和比例上有明显或一定的关系，不仅单体建筑与建筑群统一谐调、浑然一体，还简化和加快了规划设计过程（第362—364页）。同时，紫禁城各建筑群还采用方格网作为面积的模数，以10丈、5丈和3丈方格网为基准，设计不同规模和等级的建筑群的相对位置和尺度（第364—368页）。因此，紫禁城的建筑三维空间、各部分的比例，以及各建筑群相互配合的空间尺度，无不遵循数学比例。再如天坛，轴线上的主体建筑反映了天的概念、对天体几何形象和运动规律的认识，也体现出祭天的人文关系，成为我国古代运用几何形体、数学基数和声学频率的建筑典范（第442页）。至于宫廷建筑中的每一座单体或单组建筑，从设计到建造都极精准，体现出高超的技术。比如保和殿的梁上前后不对称，童柱不等高，结构亦不同，但屋顶前后两坡分毫不差（第247页）。

　　明代宫廷建筑能够让观者产生强烈的感受，正是有意规划和设计的结果。我们今天参观紫禁城，可以明显感受到午门的雄伟，这是因为午门前的广场与端门广场同宽但长度却有三倍，这使午门前的空间更为深邃；午门门阙合一，整组建筑形成三面合围的空间，拉近了建筑物与人的视线距离，扩大了景物的水平视角，建筑便显得更加宏伟（第193页）。至于紫禁城中轴线上的建筑，更是由体量和疏密的变化，形成节奏鲜明而又和谐统一的艺术效果（第371、372页）。在天坛，从圜丘到大享殿，丹陛桥逐渐升高，各种附属建筑远离主体建筑并隐蔽于丛林之中，以实对虚，以虚衬实，营造出崇高、空阔、宁静、肃穆和神秘的祭天氛围与意境（第434、435页）。

四

　　宫廷建筑在中外都是考古学研究的重要对象。有意思的是，前文提到的丹麦考古学家克劳斯·韩斯堡（Klavs Randsborg）对丹麦的皇家建筑也做过专门研究，如地处哥本哈根城中心的建于17世纪的罗森堡塔楼。他通过实物观测、文献分析，以及与哥本哈根周边及英国同时期建筑的比照，考证了罗森堡塔楼的建筑年代、设计师，以及丹麦王室与英国王室的关系等[4]。罗森堡似乎没有包含像明代宫廷建筑那样复杂的观念，给人更多的是和谐之美，但韩斯堡将罗森堡塔楼和其他一些建筑的尺度解析为建筑和艺术史上著名的"维楚维乌斯三角形"（Vitruvius Triangle），清晰地揭示出建筑中包含的科学与艺术。

韩斯堡称其研究为"考古学与建筑的相遇"，孟先生对明代宫廷建筑的研究也如此。孟先生的研究以两者的"相遇"，深刻地揭示了"物"于考古学研究的不可替代的价值与意义。作为"物"的明代宫廷建筑所蕴含的丰富信息，足以将我们引入研究历史、文化、科学和艺术的广阔空间。同样重要的是，这项研究将明代的宫廷建筑由物质形态转化成知识形态，赋予了这些建筑更多、更深的含义。这些宫廷建筑在脱离了它所产生的时代后，于当今有可能只是作为单纯的"人造的物"而"自在地"存在着。但通过我们的"活动"赋予这些建筑物更多的历史、科学、艺术、文化的价值和意义后，它们便由"人造的物"上升到了"人文作品"。 面对紫禁城、天坛这些古建筑，参观者的感受可能因人而异。我们尊重个体差异，但也需要在科学研究的引导下去更好地理解和欣赏。黑格尔曾这样说建筑的美："通过它所有的形式使它的目的显得一目了然，而在它的这些关系的和谐配合中就把单纯的符合目的性提高到美"[5]。了解建筑的目的、形式和组合，可以让人认识到建筑何以为美。如果我们不只是观赏作为物质形态的紫禁城或天坛，而是对知识形态的建筑物有所认识，那我们所"看到"的建筑将不再是"那个建筑"，对建筑物产生的个体的直观感受，也可进一步上升为对历史的认识、对古人思维和智慧的理解。

还需要说明的是，对过去的知识有不断梳理的必要。关于明代的宫廷建筑，留存有大量的文字记录和研究成果。《明代宫廷建筑史》对相关文献和研究成果进行了深入的分析和恰当的引用，将既有知识梳理、转化成为新的知识。以此作为一种方式，知识得以不断沿袭、更新和增进。当我们在重述—重构传统的同时，我们也在重塑传统。这是孟先生此项研究的另一重意义。

"无物长存"。相较于物质形态的宫廷建筑，作为知识形态的建筑将保存、传承得更为久远。

附记：原刊于《江汉考古》2019年第2期。

注　　释

[1] 查建英：《八十年代访谈录》第53页，三联书店，2006年。

[2] 孟凡人：《明代宫廷建筑史》，紫禁城出版社，2010年。下文引此书仅注页码。

[3] 黑格尔著，朱光潜译：《美学》第三卷上册，第62页，商务印书馆，1991年。

[4] Klavs Randsborg, Inigo Jones & Christian IV, Archaeological Encounters in Architecture, *Acta Archaeologica*, Vol. 75:1. Copenhagen: Blackwell Munksgaard, 2004.

[5] 黑格尔著，朱光潜译：《美学》第三卷上册，第61页，商务印书馆，1991年。

清末新疆分省与省名研究

刘志佳

一、刘锦棠的建省方案

刘锦棠在建省方案中明确表示仿照江苏建置大略："拟请将哈密镇迪道等处暨议设南路各厅州县并归甘肃为一省。惟归甘督遥制，窃恐鞭长莫及，拟仿照江苏建置大略，添设甘肃巡抚一员，驻扎乌鲁木齐，管辖哈密以西南北两路各道厅州县，并请赏加兵部尚书衔，俾得统辖全疆官兵，督办边防。并设甘肃关外等处地方布政使一员，随巡抚驻扎。旧有镇迪道，拟请援照福建台湾之例，赏加按察使衔，令其兼管全疆刑名、驿传事务"[1]。以往对新疆建省的研究虽均引用了这段话，似乎朝廷的批复正是遵循了刘锦棠的方案，但比较江苏建置的特点以及刘锦棠于光绪八年七月三日连上的三分奏折与朝廷的谕旨可以看出，朝廷定议的行省建置与刘锦棠的设想有较大不同。

江南分省以后，两江总督及江宁布政使驻江宁，江苏巡抚及布按二使驻苏州。乾隆二十五年，改江苏布政司为苏州等处布政使司，领苏州、松江、常州、镇江四府，太仓一州，仍治苏州府。分置江宁等处布政使司，领江宁、淮安、扬州、徐州四府，海通二州，治江宁府，与苏州府并为省会之地[2]。同省督抚分驻两城，设两个布政使司，分别由两江总督、江苏巡抚分领。从《清朝续文献通考》中"舆地考·江苏省"条可以看出，两江总督、江宁布政使与江苏巡抚、布按二使在江苏省内划界而治，各领辖区[3]。这一点也反映在文移中，如林则徐在江宁布政使任内试办倡损煮赈等事，并未推广至江苏巡抚辖区内，直至林则徐本人升任江苏巡抚，方推广于苏松各属[4]。

通过观照江苏地方行政制度的这一特点，可以看出，刘锦棠奏请将哈密、镇迪道等处暨南路各厅州县并归甘肃为一省，确实是仿江苏建置大略。按照这一方案，陕甘总督、甘肃布政使、按察使驻兰州；甘肃巡抚、甘肃关外等处地方布政使、镇迪道兼按察使驻乌鲁木齐，亦为同省督抚分驻两城，设两个布政使司，由督抚分辖。

既然设甘肃巡抚驻乌鲁木齐，那么暗含的另外一层意思便是陕甘总督毋庸兼巡抚事。甘肃巡抚、甘肃关外等处布政使领哈密以西，新疆境内府厅州县；总督、甘肃藩臬领安西敦煌以东甘肃境内府厅州县。甘肃巡抚、甘肃关外等处藩司、镇迪道兼臬司与陕甘总督、甘肃藩臬在甘肃省（按：刘锦棠所谓新疆归并甘肃为一省，含新疆）内划界而治，各领辖区。哈密以西暨南北两路府厅州县皆为腹地，从地域范围上看，新的甘肃省必将是个超级大省。

虽然从名义上看，新合并的"甘肃省"或甘肃统部范围很大，但光绪八年奏设的"甘肃巡抚"

作者：刘志佳，延安市，延安大学历史系，副教授。

仅管辖哈密以西南北两路各道、厅、州、县及全疆官兵，督办边防，甘肃关内通省事务并非在此"甘肃巡抚"的职权范围内，与顺治元年所置之"甘肃巡抚"有本质区别，"顺治元年，置甘肃巡抚，驻兰州卫（雍正二年改卫为府）。五年，徙兰州……乾隆十九年省，移陕甘总督来驻，兼巡抚事"[5]。

刘锦棠原意新疆、甘肃势难分为两省，因此在同日两折——《新疆各道厅州县请归甘肃为一省折》《各城旗丁并归伊犁满营添设抚标增置总兵等官额兵片》内明确提出要设立的是"甘肃巡抚"，并谓"似此办理，实较另为一省稍免烦费"[6]，并且如此办理的话，在实际上并未多添一缺，朝廷也易为接受。然而刘锦棠却在光绪十年四月《遵旨统筹新疆情形以规久远折》内称"臣原议请设甘肃新疆巡抚、藩司，未可再缓"[7]。另外，光绪十一年，刘锦棠在《请加镇迪道兼按察使衔折》内亦称其光绪八年奏请添设的是"甘肃新疆巡抚"，"臣于光绪八年七月初三日奏请添设甘肃新疆巡抚、布政使折内声明，镇迪道员仍照福建台湾成例"[8]。并在同年《新疆建省请改设添设各官折》与《巡抚布政使廉俸应照江苏例支给片》中均称"臣前奏设甘肃新疆巡抚、布政使"[9]。

事隔两三年，对同一奏请，却称呼有别。光绪十年后，刘锦棠屡称其原议、原奏请设立的为"甘肃新疆巡抚、藩司"，难道说其光绪八年两折内所奏请的"甘肃巡抚、甘肃关外等处藩司"有误？抑或是"甘肃新疆巡抚、藩司"与"甘肃巡抚、甘肃关外等处藩司"指的是同一回事？

一般来说，负责大臣奏折"看稿、缮折、封读"的文案幕友均有专人，在陈奏前朝臣亦多推敲词句，润色结构，甚至通过文字的微妙变化与朝廷进行巧妙的周旋，以期实现其政治目的。上文已述及，刘锦棠光绪八年奏设的"甘肃巡抚"的确与江苏建置大略相符，定非错误疏漏，可见刘锦棠更倾向于议设"甘肃巡抚"，只是其所奏"甘肃巡抚"并未得到朝廷的默许。

刘锦棠在奏请设"甘肃巡抚"时，为督办西北防务，曾请赏加兵部尚书衔。本来甘肃有总督无巡抚，总督必兼巡抚衔。江苏一省内督抚并设，虽不同城，已属特例。刘锦棠仿江苏例督抚并设，陕甘总督亦例加兵部尚书衔，于是便成了一省两兵部尚书兼有，这与江苏巡抚兼兵部侍郎衔又不一样。从制度上看总督品秩稍高于巡抚，职权不尽相同，但总督多辖几省，又非巡抚仅治一省可比。"甘肃巡抚"又加兵部尚书，节制全疆兵力，事权不下总督。兰州又距乌鲁木齐千里之外，总督节制必有名无实，亦与朝廷分权制衡的策略不符，因此朝廷迟迟未予允准。

因此，刘锦棠虽在光绪十年四月《遵旨统筹新疆情形以规久远折》内称"原议"，但却对巡抚、藩司的名称做了微妙的改动。这样的改动可以看作是其对建省方案的进一步限定，称之为"甘肃新疆巡抚"，随巡抚驻扎的亦非"甘肃关外等处地方布政使"，而是"甘肃新疆布政使"。既表明了新疆对甘肃唇齿相依的关系，明确了巡抚的统辖范围，又足以资守御。而且"甘肃新疆巡抚"必将与陕甘总督、伊犁将军互相牵制，又不失朝廷内外相维之意。因此，光绪十年九月三十日，经户部等部会奏，议覆刘锦棠所奏统筹新疆全局折，上谕"著照所议，添设甘肃新疆巡抚、布政使各一员"[10]。

二、新疆分省与置省方案的背离

虽然刘锦棠在补授"甘肃新疆巡抚"的谢恩折内一再强调："量为变通新疆各道郡县，仍合甘肃为一省"[11]，并在十一年七月所上的《巡抚布政使廉俸应照江苏例支给片》片中再申"甘肃新疆巡抚、布政使"是系仿江苏建置，"前奏设甘肃新疆巡抚布政使员缺，系仿照江苏建置大略办理。所有抚臣藩司岁支廉俸。应否比照江苏巡抚布政使成例支给，以符原奏"[12]。那么新设的郡县是否在制度上归并于甘肃？"甘肃新疆巡抚、布政使"的设置又是否与江苏建置相符？这是一个极其重要的问题，如果"甘肃新疆巡抚、藩司"与"甘肃巡抚、甘肃关外等处藩司"在职权范围及制度属性上不一致，甚至互相矛盾，那么可以说朝廷批复设立的行省太大偏离了刘锦棠原来的设定。

从字面上看"甘肃新疆巡抚、藩司"仿佛是甘肃加新疆两地的巡抚、藩司，而实际上并非如此。《清朝续文献通考》卷三百二十"舆地考"所列甘肃省统部下所述甚详："巩昌布政驻兰州，改称甘肃布政使……罢巡抚，以总督兼行甘肃巡抚事，徙治兰州。"直至清亡，甘肃另有藩司，且"陕甘总督关防内有兼管甘肃巡抚字样"[13]"甘肃新疆巡抚、藩司"在事实上亦从未能理甘肃省内事务。吴福环先生亦对此进行过探讨，认为"甘肃新疆巡抚"之名应办理甘、新两省事宜。而实际上巡抚、藩司均驻乌鲁木齐，处理的也仅是新疆一省事物，并指出这是一种"名实不符"的现象[14]。

建省以前，新疆东部刑名钱谷事均由甘肃藩臬会详陕甘总督办理，是为兼管，军兴善后时期南路州县设置、官员委署题补亦会同陕甘总督奏请。而光绪十年奏设的"甘肃新疆藩司"、镇迪道兼臬司并不直接向陕甘总督负责，而是由"甘肃新疆巡抚"负责，甘肃藩、臬亦不再办新省事务。关于巡抚与总督的关系，《新疆图志》卷一"建置一"中说："设巡抚于乌鲁木齐，归甘肃总督管辖；并设甘肃关外等处布政使一员。"关于"甘肃关外等处布政使"系刘锦棠原奏，朝廷正式的谕令为"甘肃新疆布政使一员"，这一点上文已经述及，可能是《新疆图志》此卷撰者并未考虑二者之间的微妙差别。但巡抚归甘肃总督（即陕甘总督）管辖当是其亲身体验，亦是实情。"新疆新设巡抚，关防内称甘肃新疆巡抚"[15]"故巡抚坐名犹兼甘肃，则新疆之归陕甘总督节制，隐隐可知"[16]，这可能也是朝廷最重要的目的。

虽然朝廷立意可能是甘肃新疆巡抚归陕甘总督管辖，但政书、方志中并未将新疆通省事务及建置归并甘肃省内。如光绪朝《钦定大清会典事例》（以下简称光绪朝《事例》）中载："陕西清吏司……掌敷陕西、甘肃、新疆三省刑名之事。"[17]将新疆与陕西、甘肃并列称省；《清朝续文献通考》（以下简称《续考》）凡例中谓："光绪十有一年，西域设新疆省……《续考》爰改西域为新疆省。"[18]其在"舆地考"中分别单列"甘肃省""新疆省"，但是"甘肃省"统部下并未列新疆所属郡县[19]，"新疆省"统部下亦未列甘肃郡县[20]，且《续考》中表明"新疆省界东连甘肃"[21]。《续考》"舆地考"在介绍"甘肃省"建置沿革时曾简要阐释了陕西、甘肃与新疆的历史关系："分设新疆省，仍系以甘肃二字，镇迪道所属划归新疆布政使。新析自甘，甘析自陕。军国大政，总督犹统辖三省焉。"在"新疆省"统部中亦介绍了督抚之间的关系："廷议定称甘肃新疆巡抚，由陕甘总督兼辖。十年，省制成"。《续考》同时也表明，甘肃与新疆是两个独立的省份："除云南、贵州、甘肃、新疆四省，均声明系边瘠之区"[22]"光绪二十二年，甘肃、新疆两省拟各增设掌道二缺"[23]。

由升允、长庚监修的《甘肃全省新通志》凡例中"舆地"条亦谓"新疆既设行省，另有专志，毋庸牵涉"[24]；由王树枏等纂修的《新疆图志》号为"纂修通省志事"[25]，不管是"通志"的部分还是绘制的"总、分舆图"中也均未开列甘肃郡县。

因此，从光绪朝《事例》《续考》及官修方志中可以看出，新疆设省伊始，刘锦棠虽强调"合甘肃为一省"，但实际运行中，实为"分省"。以两省之名并称却实为"分省"，"甘肃新疆"

并非孤例。康熙五年（1666年），定陕西、甘肃二省，改甘肃布政使驻兰州。六年，改左布政使司为西安布政使司，后改为陕西布政使司[26]。康熙八年西安布政使的传敕是"陕西西安等处承宣布政使司布政使"，雍正七年甘肃布政使的传敕全称是"陕西甘肃等处承宣布政使司布政使"[27]。根据此传敕，侯杨方先生并不认为布政使的改名是陕西、甘肃"分省"标准，囊括西安、甘肃的"陕西省"在文移中仍然存在。但这可以看作制度改革的惯性使然，官员的奏折中仍习惯性用"陕西""陕西省"来指称西安、甘肃两布政使司辖区。但随着乾隆以后巡抚辖区的固定，与康熙年间所改定的两布政使司政区重合，以巡抚辖区作为分省标志成为事实。因此，康雍年间关于西安、甘肃两布政使司的传敕反而可以认定为开启了陕西"分省"的标志。又如江南、湖广移驻裁撤左右布政使之初，其使司传敕亦分别称"江南安徽等处承宣布政使司布政使""湖广湖南等处承宣布政使司布政使"[28]，皆可看作其随后实质"分省"的肇端。

既然"甘肃新疆巡抚、布政使"的设立并非像刘锦棠所述"合甘肃为一省"，那么"仿江苏建置大略"亦是有名无实。江宁藩司、江苏藩司合称为江苏省，它们虽时而被称为江宁省、苏州省，如"江宁省嘉庆十五、十八、二十五等年并道光元年，耗羡支绌，请于河南、江西、苏州等省协拨"[29]。但江宁省、苏州省并不见于官方政书及官修志书，只在文移、题本中出现，皆出自官员们的称呼习惯，以及对使司驻地或巡抚驻地为"省"的看法有所含混，因为在清代，不同时期布政使司辖区与巡抚辖区均可称为"省"。但不管怎样，它们都处于一个"江苏省"统部下。如嘉庆朝《钦定大清会典图》"舆地十三·江苏省"内囊括了两江总督、江宁布政使司以及江苏巡抚、苏州布政使司的驻地[30]。因此虽然两江总督、江苏巡抚分领两布政使，分驻江宁、苏州两省会，但却并未"分省"。

最终，可以说刘锦棠光绪十年四月奏请设立的"甘肃新疆巡抚、藩司"与十年九月定议的"甘肃新疆巡抚、布政使"，已经偏离了刘锦棠最初"设甘肃巡抚、甘肃关外等处布政使"的设想，尤其是与"归并甘肃为一省""仿江苏建置"的提法相矛盾。

三、分省后的行政称谓与省名辨析

回顾左宗棠、刘锦棠等人新疆建省的主张，多将"置省，设郡县"并提。但朝廷的指示与实际的操作过程却是先在南北两路分置郡县，委署官员。设立郡县，新授巡抚、司道等省级官员可以看作是有行省之"实"，但关于新设立的行省之"名"，诏谕却无明旨，授刘锦棠"甘肃新疆巡抚"时也仅是说"前经左宗棠创议改立行省"。谕旨中虽经常提及"新疆建设行省"[31]"新疆改设行省"[32]，但这个行省的省名是什么，朝廷没有明文，文移、奏章对其称呼又多不一致，何为省名，何为专名，莫衷一是。新疆既已"分省"，改行新的行政制度，那么正确的认识建省后新疆省名或高层政区的称呼，对了解清末新疆政局具有重要的意义。

周振鹤先生认为："省在清代实际上并非地方行政单位的正式称呼。"[33]侯杨方先生从归纳全国的角度出发，认为清代的"省"只是一种区域的通称，不是巡抚辖区的专称，更不是正式的政区[34]。实际上，在清代多重体制下，对"省"作某些固定的阐释时，总会有一些特例会逾越其概念体系之外。而傅林祥先生根据清代各法典，将清代地方高层政区、省级行政机构、省会均称之为"省"[35]，并在《中国行政区划通史·清代卷》中进一步认为"省"是清代地方高层政区的正式名称[36]。但是，清代官方文献对"省"并无制度上的规定，甚至缺乏清代律法解释或原则上的约束性规范。正如新疆，虽然设立了行省，但是代表其行政区划的高级政区（抑或一级政区）的名称并没有我们想象中的那样明确，恰恰相反，因为没有官方文献尤其是法典的确立，对新疆省名或代表新疆高层政区的称呼缺乏一致性。

李之勤认为光绪十年建立的为"新疆省"[37]，齐清顺亦指出左宗棠、刘锦棠明确提出要建立的是"新疆省"[38]，并随后在《新疆省名及其相关问题述评》一文中继续对"新疆省""甘肃新疆省"进行探讨，将其设立过程分别置于左、刘二人的策划活动之下，尤其是介绍了"甘肃新疆省"是清朝政府批准使用的省名，也是今新疆地区设省时使用的正式省名。[39]陈剑平亦认为新设行省的命名为"甘肃新疆省"，并对"甘肃新疆省"省名的形成及内涵进行辨析[40]。朱玉麒先生指出"新疆"作为简称在行政称谓中完全替代了西域的旧名，同时也认可了"甘肃新疆省"的行政称谓[41]。

由上述的几个观点，可以看出，"新疆省""甘肃新疆省"均被定义为新疆的省名，其行政称谓的简称是"新疆"。然而通过分析清末法典、政书、方志、奏本等史料，可以发现，清政府并未正式确立过新疆的省名，但对表示新疆高层政区的称呼，或者如朱玉麒先生所指的"行政称谓"是相对明确的。随着清末制度变革的大潮的到来，新疆高层政区的称谓亦发生了明显的变化。

首先，对于齐清顺先生关于左、刘设立"新疆省""甘肃新疆省"的论断，似乎是左、刘二人明确提出过设立的行省省名即是"新疆省"，或之后的"甘肃新疆省"。但实际上分别分析左、刘二人的置省方案，可以看出此二人在置省策划中并未明确提出过省名问题。

左宗棠建议督抚并设，分别驻乌鲁木齐与阿克苏，藩臬各员均随督抚驻扎，虽然左宗棠明确提出要于甘肃划界而治，但是督抚辖区如何划定、使司辖区是否与巡抚辖区一致、如何领属府厅州县均未明确。不过左宗棠曾明确提出督、抚的坐名为"新疆"，分别为新疆总督、新疆巡抚，按照乾隆朝《清会典》卷八"户部·疆理"对清朝十八省的分部的记载，巡抚（包括兼巡抚事的总督）辖区即为省。

> 外列十有八省，分之为府，府领州县，直隶州亦领县，皆属于布政使司，而统治于总督、巡抚。巡抚专辖本省，总督所统或三省或两省。又或以总督管巡抚事，或专设巡抚不隶总督[42]。

按照乾隆《清会典》的解释，一省巡抚与使司辖地统一，即可看其是否为"省"的标志。因此左宗棠议设的"新疆总督、巡抚"的辖区在某种程度上可以称为"新疆省"。

然而刘锦棠最初提出的置省方案是将新疆东路、南路郡县归并甘肃为一省，设"甘肃巡抚"。巡抚坐名"甘肃"，又是仿江苏建置，那么即使要给这个新的省份一个省名的话，也应该是"甘肃省"。虽然刘锦棠于光绪十年四月改成"甘肃新疆巡抚、藩司"，随后上谕亦然，但也不能就此称之为"甘肃新疆省"。正如上一节所述，巡抚坐名"甘肃新疆"，但在实质上已经与甘肃分省。而且巡抚、使司辖区亦非常明确，《清史稿》中亦谓其巡抚是"巡抚新疆等处地方提督军务兼理粮饷一人"[43]，如果以巡抚辖区作为标准的话，那么只可能称之为"新疆省"，而非"甘肃新疆省"。

正是由于巡抚坐名还有甘肃，陕甘总督犹节制巡抚，尤其是伊犁将军在伊塔地区与巡抚权责仍不明确，统纪不清，因此，朝廷虽然承认新疆分省，但直至光绪二十五年，法典并不称之为"新疆省"。

关于新疆省名及其高层政区的称谓，仍要参考光绪朝法典的解释。光绪十二年，会典馆开馆，原定汇集典章至光绪十三年，但实际纂成已至光绪二十五年，因此所收典章便延至光绪二十二年。

此次续修会典、事例，奏准自嘉庆十八年起，讫光绪十三年止，以示限制。嗣因成书之日距截止之年已逾十年，于是又奏准，凡光绪二十二年以前，事之有关典礼者一律纂入[44]。

可以看出，会典馆开馆之时，正值新疆初立行省，因此会典馆将新疆新设行省及所属府厅州县编入。光绪朝《清会典》以各省"省名"领所属府州县，但却以"新疆"作为统部领新疆所属府州县，而未像其他省一样径直称为"省"[45]。作为一级政区，光绪朝《清会典》几乎不提"新疆省""甘肃新疆"，基本上是以"新疆"系某地、某官、某地某官，可以看出光绪朝《清会典》是将"新疆"作为一级政区或高级政区，而非"新疆省"。

光绪朝《事例》与光绪朝《清会典》的分部安排一致，使用省名来统属其所辖之府厅州县，如江苏省、福建省、陕西省、甘肃省等，但是像光绪年间新设的省份如"吉林、黑龙江、台湾、新疆"名后均未加"省"[46]。该书以"新疆"作为统部辖所属府厅州县，并谓"新疆，光绪十年分省"，将其作为一省对待，置于"甘肃省"后，但并未冠以"新疆省"字样。众所周知，台湾建省，系仿甘肃新疆建置，但光绪朝《事例》"疆理"下于"福建省"后列"台湾"，但领属其府厅州县的却是"福建台湾"。虽然书中亦提到"十一年，分为省"，正如"新疆"一样，仅将其作为"省"来看待，但其名称并未冠以"省"字。

除"户部·疆理"中以"新疆"作为高层政区，光绪朝《事例》亦使用"甘肃新疆"作为一级政区或高层政区的名称，如"光绪十年，甘肃新疆设布政使一人。十二年，甘肃新疆设布政司经历一"[47]"甘肃新疆置迪化县，设知县、典史等官"等[48]，其中出现的"甘肃新疆"、"甘肃新疆"某地、"甘肃新疆"某官、"甘肃新疆"某地某官均是以"甘肃新疆"作为高层政区。另外，新疆省一级的官员其关防内均刻有"甘肃新疆字样"，其刷印的衔条亦多伴有"甘肃新疆"，可见在一定程度上，"甘肃新疆"作为高层政区的称谓代表了官方的意志。

需要注意的是，光绪朝《事例》其他卷册中也出现过"新疆省"，以统领其省内具体事务。如卷二十六"吏部十·官制"："新疆省属迪化、伊犁知府二人"；卷八十九"吏部七十三·处分例"："改隶新疆省分，为厅县"；卷一百九十"户部三十九·积储"："今属新疆省。"

因此，在光绪朝《事例》中，"新疆""甘肃新疆""新疆省"均可作为一级政区或高层政区，而其看似混乱不一的编排，实则有规律可循。光绪朝《清会典》《事例》在编纂体例上几乎完全沿袭了嘉庆朝《清会典》《事例》《会典图》，而嘉庆朝《事例》及《会典图》虽然以各"省名"作为统部，各辖所属府厅州县[49]，但哈密以西镇迪一道郡县却被纳入"甘肃省"[50]，嘉庆朝《会典图》亦将伊犁厅属库尔喀喇乌苏城以东天山南北麓郡县绘入"甘肃省"图[51]。因此，在新疆的分部问题上，光绪朝《清会典》《事例》无从稽考旧章。按理说新疆已经改设行省，遵循嘉庆朝《清会典》《事例》《会典图》以各"省名"作为统部的体例，光绪朝《清会典》《事例》应该将"新疆省"作为统部，但是直到光绪二十五年光绪朝会典纂成，诏谕也没有明确过新疆的省名问题，而且伊塔地区又由伊犁将军节制镇道，统纪不明。如果以"新疆省"作为统部，伊塔道归属问题政治归属问题又难以明晰，因此选择"新疆"专名作为统部不失为一个好办法。

另外，光绪朝《清会典》《事例》在纂修过程中，曾参考过光绪二十二年以前的实录、奏本及内廷档案，而实录及奏本在"甘肃新疆""新疆省"的使用上又比较含混，在建省后新疆高层政区的称呼上并不一致，加上新设立的行省在政治上与甘肃有唇齿相依的关系。因此，光绪朝《清会典》《事例》在援引奏稿档案时，虽时而将"甘肃新疆""新疆省"编入，但在统部的安排上，光绪朝《清会典》《事例》是一致的，均使用"新疆"作为一级政区或高层政区的称呼。

然而同为会典馆纂修的光绪朝《钦定大清会典图》（以下简称光绪《会典图》），却称其编入的新疆舆图为"新疆省全图"[52]，并在其分目中冠以"新疆省一"至"新疆省十"，分别编排新疆通省及府厅州县舆图[53]。

光绪十五年，会典馆为绘制舆图分别咨行各省将军、督抚，要求"于一年内测绘省图、府直隶厅州图、厅州县图各一分，附以图说，解送到馆"[54]。而一年之后，新疆通省舆图并未完全脱稿，因此在光绪十七年七月，护理甘肃新疆巡抚魏光焘奏请展限半年。光绪十七年冬，新疆通省总散舆图全部绘制完成，但因喀什噶尔道属西南与俄有边界冲突，并未及时咨送会典馆。光绪十九年正月，新疆方将"新疆全省府厅州县舆图"三十四页以及两本"新疆省图说"送出[55]。

魏光焘与陶模的奏折中均表明，其创办、咨送会典馆的是"新疆全省府厅州县（总、分）舆图"，会典馆将其编入光绪《会典图》中，并称总图为"新疆省全图"，其"全图"后附图说："新疆省在京师西北，迪化府为省治，新疆巡抚、布政司共治焉"，亦当是新疆咨送会典馆的"新疆省图说"。可以看出，光绪《会典图》"舆地"的纂修者是受新疆转送的"新疆全省府厅州县（总、分）舆图"的影响，将"新疆省"作为一级政区的名称并统其所属府厅州县的。因此，光绪《会典图》的颁行，可以看作清代光绪朝法典在某种程度上承认了"新疆省"的省名。

光绪二十七年，清廷设立政务处，开始推行"新政"，并逐步厘定各项法律法令及官制草案，作为通行国内永久遵行的各项章程。其中关于地方行政制度转型过程中的重要法规——《各直省官制通则》的颁布，将地方高层政区明确称之为"省"[56]，从而在法律上确立及承认了新疆省区[57]，但是从《大清（绪、宣统）光新法令》中关于清末"新政"及法律规程来看，其行政称谓仍以专名"新疆"为主。

此外，《清朝续文献通考》对新疆名称的使用上也不混乱，这归功于刘锦藻在编纂《续考》时体例上的统一。《续考》列各省"总督巡抚"时，并未将光绪间几个新设的省份如新疆、"东三省"、西藏、台湾列入，而是单立一门分别介绍。刘锦藻认为新疆已经改设行省，以往的军府制度可以参考《清朝文献通考》，因此将"新疆"单立一门，按《清朝文献通考》体例续纂以备考[58]，统辖其司道州县等官。《续考》内"东三省"、西藏、台湾均是仿"新疆"例单列编纂。

《续考》在介绍光绪间新设督抚时，"巡抚四"下双行小字为"奉天、黑龙江、吉林、甘肃新疆"，可以看出，刘锦藻尊重史实录入巡抚为"甘肃新疆巡抚"，但职官分类时却不使用"甘肃新疆"，仅用"新疆"作为分部，而且《续考》中通篇几乎不用"甘肃新疆"来表示高层政区的名称。

《清朝文献通考》云："诏谕所颁文移所用并称各省，兹编纂《舆地考》亦概书为省焉。"[59]但此时新疆尚未建省，因此《清朝文献通考》"舆地考"中以"西域"作为统部。但光绪十年后，"西域设新疆省"，因此，《续考》"凡例"明确表示其"舆地"是在《清朝文献通考》体例的基础上"改西域为新疆省"[60]。

正如上文所述，《续考》在"舆地考"中将"新疆省"作为统部，结合光绪朝《会典》《事例》《会典图》，似乎可以发现一个规律，即表示高层政区及记载新疆行政区划时，多使用"新疆"作为高层政区的名称；在表示自然地理或沿革地理时，又多使用"新疆省"的名称。不管是"新疆""新疆省"，在清末均经过法典与政书的确认。从地名学上来讲，其专名"新疆"、通名类型为"省"毫无疑义，但是二者的结合成一个完整的地名并非发生在建省之初，而是在历经清末社会制度变革、新式法规引进确认的过程之后。

再回到"甘肃新疆省"，虽然齐清顺、陈剑平两位先生均认可此省名称谓，盖是"甘肃新疆"即为巡抚之名，又为"官司之署"名。傅林祥先生认为"康熙六年后，巡抚名称大部分与行政区划的省名相同"[61]，某某巡抚便有某某省的称呼。《清朝文献通考》中"以省为官司之署，其名原可以通用"[62]，那么有些省级官员的衙门也可称为"省"。那么照此标准，以甘肃新疆巡抚与甘肃新疆巡抚衙门之名，是否意味着可以称之为"甘肃新疆省"？答案是否定的，因为"甘肃新疆"的巡抚之名却与新疆实际行政区划名不相统一，使司亦然。以巡抚辖区与官司之署为标准，但从全国的范围来看，总有与此标准不相符合的例子存在，侯杨方先生亦总结出多条与其标准不一致的地方[63]。如果使用"甘肃新疆省"作为省名称谓，那么仅从字面意思上看，其省的空间范围、巡抚及使司的辖区均有一定程度上的混乱。因此，在清代的法典、政书、官修方志中并未记载过"甘肃新疆省"的行政称谓，谕令、奏稿中冠以"甘肃新疆省"的条目亦寥寥无几，光绪十九年许景澄《谨陈洋人测探新疆和阗一带金矿情形折》中曾出现过一次："甘肃新疆省南路以和阗州为极边。"[64]而其奏稿中亦多次出现了"新疆省"，可以看出，实际上许景澄在看待新疆省名的问题上是比较模糊的。

这一点与台湾建省后的行政称谓相似，刘铭传在《遵议台湾建省事宜折》中明确指出："台湾虽设行省，必须与福建联成一气，如甘肃新疆之制……台湾本隶福建，巡抚应照新疆名曰福建台湾巡抚。"[65]台湾建省系仿照甘肃新疆之制设福建台湾巡抚，但与新疆一样，会典、政书、奏本中多用"台湾""福建台湾""台湾省"作为高层政区的称谓，却从未使用过"福建台湾省"作为省名称谓。

综上可以看出，在光绪二十五年光绪朝会典纂成以前，官方对新疆省名的行政称谓缺乏统一的标准，以致文移、奏稿中在表述新疆高层政区的称谓时略显混乱。光绪朝法典确立了专名"新疆"作为统部，并认可了"新疆省"的使用，然而直到外官制改革以后，朝廷方在法律层面上确立了新疆省区。

注　释

[1] 刘锦棠：《新疆各道厅州县请归甘肃为一省折》，见《刘锦棠奏稿》，岳麓书社，2013年。

[2] 《清朝文献通考》卷二百七十五《舆地考·江苏省》。

[3] 《清朝续文献通考》卷三百十二《舆地考八·江苏省》。

[4] 《奏为已故督抚道泽在民恳合建专祠春秋致祭折》，见《左宗棠全集（奏稿8）》，岳麓书社，2014年。

[5] 《清史稿·职官三》。

[6] 《新疆各道厅州县请归甘肃为一省折》，见《刘锦棠奏稿》，岳麓书社，2013年。

[7] 《遵旨统筹新疆情形以规久远折》，见《刘锦棠奏稿》，岳麓书社，2013年。

[8] 《请加镇迪道兼按察使衔折》，见《刘锦棠奏稿》，岳麓书社，2013年。

[9] 《新疆建省请改设添设各官折》《巡抚布政使廉俸应照江苏例支给片》，见《刘锦棠奏稿》，岳麓书社，2013年。

[10] 新疆社会科学院历史研究所：《〈清实录〉新疆资料辑录》第254页，新疆大学出版社，2007年。

[11] 《授新疆巡抚沥陈下悃折》，见《刘锦棠奏稿》，岳麓书社，2013年。

[12] 《巡抚布政使廉俸应照江苏例支给片》，见《刘锦棠奏稿》，岳麓书社，2013年。

[13] 《刘壮肃公奏议·建省略》。

[14] 吴福环：《我国边疆治理制度近代化的重要举措——论新疆建省》，《新疆大学学报》1995年第4期。

[15] 《刘壮肃公奏议·建省略》。

[16] 恽毓鼎著，史晓风整理：《恽毓鼎澄斋日记》第一册第296页，浙江古籍出版社，2004年。

[17] 《钦定大清会典事例》卷五十七。

[18] 《清朝续文献通考》"凡例"，万有文库本十通第十种。

[19] 《清朝续文献通考》卷三百二十《舆地考十六·甘肃省》。

[20] 《清朝续文献通考》卷三百二十一《舆地考十七·新疆省》。

[21] 《清朝续文献通考》卷三百七十七《邮传考十八·邮政》。

[22] 《清朝续文献通考》卷七十二《国用考十·会计》。

[23] 《清朝续文献通考》卷一百二十七《职官考十三·都察院》。

[24] 升允、长庚监修，安维峻等纂：《甘肃全省新通志》，"凡例"。

[25] 《新疆布政使司就纂修通省志事札吐鲁番厅文》，见《清代新疆档案选辑（三三）》，广西师范大学出版社，2012年。

[26] 《清朝通志·地理略》。

[27] 侯杨方：《清代十八省的形成》，《中国历史地理论丛》2010年第3辑。

[28] 侯杨方：《清代十八省的形成》，《中国历史地理论丛》2010年第3辑。

[29] 《请拨济耗羡不敷银两疏》，见《韩大中丞奏议》卷一《续修四库全书》。

[30] 《钦定大清会典图》卷九十九《舆地十三·江苏省》。

[31] 《〈清实录〉新疆资料辑录》。

[32] 《〈清实录〉新疆资料辑录》。

[33] 周振鹤：《中华文化通志·地方行政制度志》第193页，上海人民出版社，1998年。

[34] 侯杨方：《清代十八省形成》，《中国历史地理论丛》2010年第3辑。

[35] 傅林祥：《政区、官署、省会——清代省名含义辨析》，《中国历史地理论丛》2011年第1辑。

[36] 周振鹤：《中国行政区划通史·清代卷》第24页，复旦大学出版社，2013年。

[37] 李之勤：《新疆一名的由来》，见《中国历史地理论丛》第一辑，陕西人民出版社，1981年。

[38] 齐清顺：《西域、新疆与新疆省》，见《清代新疆研究文集》，新疆人民出版社，2008年。

[39] 齐清顺：《新疆省名及其相关问题述评》，《西域研究》2003年第4期。

[40] 陈剑平：《清末"甘肃新疆省"省名辨析》，《历史教学》2013年第22期。

[41] 王树枏等纂修，朱玉麒等点校：《〈新疆图志〉整理前言》第1页，上海古籍出版社，2017年。

[42] 《钦定大清会典》卷八《户部·疆理》、《钦定四库全书荟要》。

[43] 《清史稿》卷一百十六《职官三》。

[44] 《钦定大清会典事例》"凡例"。

[45] 《钦定大清会典》卷四《吏部·尚书侍郎执掌》。

[46] 《钦定大清会典事例》卷一百五十二、卷一百五十三《户部·疆理》。

[47] 《钦定大清会典事例》卷二十四《吏部·官制》。

[48] 《钦定大清会典事例》卷三十一《吏部·官制》。

[49] 《钦定大清会典事例》卷一百二十八、卷一百二十九《户部·疆理》。

[50] 《钦定大清会典事例》卷一百二十九《户部·疆理》。

[51] 《钦定大清会典图》卷一百十五《舆地·甘肃省》。

[52] 《钦定大清会典图》卷二百十七《舆地七十九·新疆省一》。

[53] 《钦定大清会典图》卷二百十七至卷二百二十六。

[54] 《护理甘肃新疆巡抚魏光焘为请新疆测绘舆图展限事奏折》，见《光绪朝各省绘呈〈会典·舆图〉史料》，

《历史档案》2003年第2期。

[55] 陶模：《新疆巡抚为咨送事》，见《清光绪前中期新疆普通地图的绘制及其相关问题研究》，《中国历史地理论丛》2016年第2期。

[56] 《大清新法令》第二类《官制二·外官制》。

[57] 《中国行政区划通史·清代卷》。

[58] 《清朝续文献通考》卷一百三十八《职官考二十四·新疆》。

[59] 《清朝文献通考·舆地考》。

[60] 《清朝续文献通考》"凡例"。

[61] 《政区、官署、省会——清代省名含义辨析》。

[62] 《清朝文献通考·舆地考》。

[63] 《清代十八省形成》。

[64] 《许文肃公遗稿·奏疏二》。

[65] 《刘壮肃公奏议·建省略》。

大地之龟和月中玉兔：玛雅文明与中华文明相似性的初步思考

李新伟

中美地区文明、包括玛雅文明和中华文明的渊源关系久已成为学界和公众关注的焦点，热度至今持续不衰。美洲早期居民的主体是距今20000年至15000年前后由东北亚地区迁徙而来，这已是有大量考古资料支持的定论。张光直先生因此提出："中国文明和中美洲文明实际上是同一祖先的后代在不同时代、不同地点的产物。我们把这一整个文化背景称为'玛雅——中国文化连续体'[1]"。中华文明因与周边文明的广泛交流，如海纳百川，不断发展壮大。中美洲文明则孤悬海外，坚守着纯粹悠久的文化基因，绽放出独特的文明之花。对这两个有着共同祖先，却展示出不同发展轨迹的两大原生文明的比较研究，对认识早期中华文明的特征，对体悟人类文明发展道路的多样性，都有不可替代的价值。

一

龟崇拜是玛雅文明和中华文明一个饶有兴趣的相似点。

中国最早的龟崇拜的证据发现于地处淮河流域的河南舞阳贾湖遗址。在距今8000余年的贾湖墓葬中，常以龟甲随葬。龟甲中常有小石子，个别龟的腹甲上，刻着类似甲骨文的符号[2]。距今约7000年前后兴起于淮河下游支流汶水和泗水流域的大汶口文化继承了这个传统，墓葬中仍然流行以龟甲随葬[3]。关于这一时期龟甲的功能，其说不一。因为龟甲内多有石子，有学者认为是绑在腿上和胳膊上的响器，在舞蹈时沙沙作响[4]。

距今5500年前后，中国各地区的史前社会几乎同步进入跨越式发展的灿烂转折期。新生的社会上层需要新的意识形态树立威望，维护统治。龟崇拜有了新的表现形式和内涵，并广泛传播。安徽含山凌家滩墓地出土写实的玉龟，在其腹甲和背甲之间[5]（图一），夹着刻画出北极星和维系天地的"四维"的玉版[6]；还出土了一种玉筒形器，是抽象的龟的身体[7]。大汶口文化出现了形制相同的骨雕筒形器[8]。在辽河上游的红山文化典型玉器中，既有写

图一　凌家滩遗址出土玉龟

作者：李新伟，北京市，中国社会科学院考古研究所，研究员。

实的龟，又有筒形抽象龟体（图二），还有身体呈"勾云"状的龟形器。很明显，龟崇拜此时是与宇宙观密切相关的。先秦文献记载的龟为宇宙模型，龟背隆起像天，龟腹平整像地的观念5000多年前就已经形成[9]。

长江下游距今5200—4300年的良渚文化继承了凌家滩的传统，仍然有玉龟。但此后，龟崇拜迹象不明，直到商代才蓬勃复兴，龟甲成为灵验的占卜工具，取形于龟腹甲形状的"亞"字，也具有特殊内涵。商王大墓均为四墓道的"亞"字形，在商代青铜器铭文中，族徽常有一个"亞"字形外框。商人看重龟是因为龟为天然宇宙模型，还是有其他新内容？这个问题有待进一步探讨[10]。

图二　红山文化玉筒形器为抽象的龟体

龟壳制作的响器在北美洲和中美地区有悠久的传统，距今5000多年的古初时期（Archaic）即已成为墓中常见的随葬品，但龟当时是否具有宇宙观的内涵还不明了。在被称作"中美洲母文明"的奥尔梅克文明时期（约距今3500—2400年），中美地区已经形成了自己的创世神话，并成为萨满式宗教的核心内容。普林斯顿大学艺术博物馆所藏的一件玉龟表明，龟为大地的观念当时可能已经出现。但总体而言，龟的形象在奥尔梅克文明中并不多见。拉文塔（La Venta）遗址出土了距今约2400年的2.8米长的石棺（图三），上面雕刻着代表大地的巨口四足神兽，背上萌发出苗壮的幼苗，其形态与龟相去甚远，更像头部夸张的鳄鱼[11]。

玛雅文明中，鳄鱼仍然为大地的标志，但龟已经成为更重要的飘浮于冥初之海的大地的象征。玛雅前古典时期的圣巴特洛（San Bartolo）壁画中（约距今2200年），已经出现精彩的玉米神在大地之龟体内重生的画面。大龟的身体如同"亞"字的四瓣花形（quaterfoil，上部已残），腹中有三神，左为雨神查克（Chark），右为水神，居中的玉米神颈挂龟壳之鼓，左手执鹿角，右手高举，似在击鼓而舞。在玛雅观念中，玉米的收割、播种和生长对应着玉米神被砍头而死，进入冥界，再获重生的循环[12]（图四）。玉米是玛雅人最重要的农作物，玉米神的重生也就成为玛雅宗教中最重要的内容，流传至西班牙殖民初期的玛雅创世神话《波波乌》中对此有详细描述。圣巴特洛壁画与《波波乌》的记载有很多可以互相印证的地方，表明此创世神话的原型在2000多年前就已经形成。四瓣花形在奥尔梅克时期已经成为非常重要的符号，表示人间与冥界和天界的出入口[13]。在圣巴特洛壁画中，身在四瓣花中的玉米神已经完成重生，正要从这个出入口回到人间，带来万物复苏。

进入玛雅古典期，描绘玉米神从大地之龟中重生的绘画和雕刻成为玛雅宗教和艺术的重要主题。最为生动的画面出现在波士顿美术馆所藏的线绘陶盘上：身上有象征冥界的骷髅的双头大地之龟背甲裂开，羽冠飘逸的玉米神赤身而立，如破土而出的

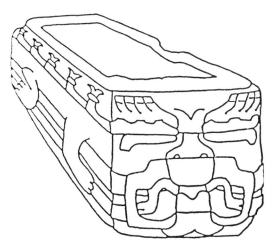

图三　拉文塔遗址出土的奥尔梅克文明石棺

图四　圣巴特洛壁画玉米神重生图

玉米新苗。两侧是战胜冥王，成功拯救父亲的英雄孪生兄弟，一个以瓶浇水，如灌溉初生的玉米，一个献上鲶鱼（已残，只有鱼尾可见），助其重生。相似的场面也出现在另一件玛雅陶杯上，龟背的裂口被表现为四瓣花形，强调玉米神重生之地是人间与冥界的出入口（图五）。

科潘遗址的C号石碑（stela C）和其祭坛则以更宏大的形式表现了这一场景。该石碑是科潘第13王为纪念玛雅长历法9.14.0.0.0（公元711年12月15日）这一重要日子而树立于科潘王宫区仪式大广场内的。石碑双面都雕刻着身如通天树的十三王形象。面向东侧的十三王面容年轻，如初生之日；面向西侧的十三王颌下戴假须，面向落日，腰间的垂带有象征冥界的水莲花装饰，怀抱的双头蛇形仪式杖蛇口大张，探出上半身的神灵手持玉米神头颅。石碑西侧横卧着一只巨大的大地之龟祭坛，站立在西侧观看，石碑如同从龟背破甲而出，像获得重生的玉米神一样。科潘王宫区由多个广场和金字塔组成，广场象征冥初之海，金字塔则象征圣山，十三王就是在这特意营造的天地初开的壮丽场景中，在萨满式的致幻通神的状态下，重演着玉米神历尽磨难，从大地之龟中复活，开启时间新纪元的英雄事迹，带来科潘王国的万物更始，欣欣向荣[14]。

以龟为响器的传统在玛雅古典期仍然盛行。博南帕克（Bonanpak）遗址壁画中的盛装鼓乐队中，有三人左手执被染成黄色和绿色的龟壳，右手执鹿角击打（图六）。在一件玛雅彩

图五　波士顿美术馆藏玛雅彩绘陶盘
上玉米神从大地之龟重生的场面

图六　博南帕克壁画中击打龟壳的仪仗队员

绘陶器上，玉米神刚刚从龟壳中完成重生，怀抱装满玉米种子的口袋。其右侧，有雨神、黄貂鱼神和美洲豹神乘舟前来迎接，准备护送玉米神渡过冥初之海。居中的黄貂鱼神左手抱着硕大的龟壳鼓，下面为表示黄色（玉米成熟的颜色）和珍贵之意的K'an字符号，右手执鹿角槌，正欲击鼓助力。

二

月中玉兔的形象在中国家喻户晓，已经成为中国神话传说中最广为人知的内容之一。玛雅文明的月亮神也是怀抱玉兔的。这个相似点颇为引人注目，也特别容易令人产生关于两个文明悠久联系的遐想。

中国文献中关于月中有兔的记载，大约可以追溯至《楚辞·天问》中的"顾菟在腹"；文物方面，则有马王堆一号汉墓帛画上的月中蟾兔图。月中玉兔的形象在东汉时期才盛行开来，是墓葬画像石的常见素材。同时流行的还有西王母的形象，兔子除了在月中，其实更经常出现在西王母身边，是捣药的灵兽。西王母的传说大约也出现在战国时期，《山海经》和《穆天子传》等都有记载。根据先秦占卜书《归藏》可知，战国时期，嫦娥偷吃丈夫羿向西王母求得的不死药，飞升奔月的传说也已经出现。也就是说，在战国时期，掌管生死的西王母、月亮女神嫦娥和玉兔的形象都已经出现，而且形成了奔月传说的早期版本[15]。

多数学者相信，西王母信仰是自西北方向输入的外来文化因素。兔的形象在中国史前时代几乎未见，商代才有了玉制兔形饰物。季羡林先生更提出公元前1500左右即开始编订的《梨俱吠陀》中就有了月亮与玉兔的内容，中国月中有兔的观念，可能自印度传来[16]。

可见，流传至今已经成为中国文化重要因素的嫦娥和玉兔的传说实际上很可能是中外文化因素经过复杂融合演变的结果。

玛雅文明中，月神和兔的传说更为丰富，也更为复杂。

危地马拉南部高地的玛雅部族齐切（K'iche'）人流传下来的玛雅创世神话《波波乌》（Popol Vuh）中记载，玉米神被冥王杀死后，其孪生儿子深入冥界，力图帮助父亲复活（图七）。为此，这对英雄双兄弟白天与冥界诸神赛球，晚上还要经受各种考验。在死亡蝙蝠之屋，哥哥乌纳普（Hunahpu）的头被蝙蝠砍掉，送给冥王挂在球场边。乌纳普只能用南瓜临时做头颅和弟弟西巴兰奇（Xbalanque）继续与诸神的球赛。西巴兰奇指使一只兔子埋伏在球场尽头的番茄地中，然后故意把球击落到兔子身边。诸神们去追球时，兔子在番茄地里像球一样跳动，引诱诸神们追逐。西巴兰奇乘机取下哥哥的头颅，重新安放在哥哥身上。最后，双兄弟战胜冥界诸神，救得父亲复活，哥哥成为太阳神，弟弟成为月神。立了大功的兔子，自然成了月神的宠物。

玛雅文物中确实有男性月神与兔为伴的形象。危地马拉波波乌博物馆收藏的一件彩绘陶筒形杯上，绘有以英雄双兄弟在创世纪之初战胜大鹦鹉神的儿子吉巴克那（Zipacna）为背景的画面。乌纳普身穿美洲豹皮战服，手提他的标志性武器长吹管枪。弟弟西巴兰奇背上有象征月神的弯月形符号，双手抱着兔子。看来兔子也参加了这场开天辟地的战斗。玛雅城邦基里瓜（Quirigua）遗址石雕像B上面的一个文字表现了背有弯月标志的月神与敌人搏斗的场面。月神将敌人压倒在地，敌人奋力挣扎，兔子赶忙扑上去帮助（图八）。

中国考古队正在发掘的科潘遗址8N-11号贵族居址东侧建筑的主殿内，在1990年美国宾夕法尼亚大学进行的发掘中，曾经出土了一个精美的石榻，上面雕刻着白天太阳神、夜晚太阳神、月

图七　玛雅陶杯上玉米神重生和黄貂鱼神击打龟壳画面

图八　基里瓜石雕B文字中的月
神和兔

图九　科潘8N-11贵族居址石榻上的月神抱兔雕刻

神和金星神。月神手挽玉兔，看其形象和衣着，应该是男性。在博南帕克遗址出土的一块石雕上，怀抱兔子的月亮神也像是男性[17]（图九）。

但在很多情况下，玛雅人会将月神描绘为女性。波士顿美术馆收藏的一件筒形杯上，彩绘有月亮女神给兔子哺乳的画面。普林斯顿大学艺术博物馆藏的一件著名绘画筒形杯上则生动描绘了月亮女神和兔子协助英雄双兄弟智斗冥王的故事。据《波波乌》的记载，英雄双兄弟被冥王杀死，但很快复活，扮装成魔法师，表演火烧房屋和砍头后复活等法术，吸引冥王的注意，最后诱杀冥王，拯救了父亲。但其中并没有提及月亮女神的参与。

普林斯顿筒形杯上描绘的场面丰富了《波波乌》故事的内容（图一〇）。在画面的左侧，双兄弟头戴面具，腰系美洲豹裙，手持石斧。哥哥乌纳普身边有一个被绑缚的冥界之神，身体赤裸，伸腿坐在地上，应该为配合乌纳普表演砍头复活法术。画面右侧是冥王（经常以玛雅神话研究中编号为God L的主神的形象出现，在这里也是如此）宫殿内景。右侧有两名侍女正在准备饮料，左侧侍女被双兄弟的魔术所吸引，冥王头顶的长尾鸟也被魔术惊得振翅鸣叫。但冥王似乎更专注于面前的裸身美女，笑容满面地悉心为她系上一串手链。冥王床榻之下，有一只扮作书写者的兔子，右手执笔，正在美洲豹皮装饰的折叠书（codex）上记录。这不禁让人推测，迷惑冥王的美女正是月亮女神变化而成的。虽然没有文字记载，我们不能知晓其中细节，但

图一〇　普林斯顿陶杯局部线图

月神和灵兔似乎正在协助英雄双兄弟引诱冥王放松警惕，落入圈套。

科尔（Kerr）收集品中的K5166号彩绘筒形杯上表现的是与此相关的故事（图一一）。画面中，月亮女神端坐在宝座之上，双手扶持站立在她膝盖上的灵兔。兔子手中拿着冥王的羽毛宝冠和衣物。冥王赤身裸体，单腿跪地，非常狼狈。

图一一　科尔收藏的K5166号筒形杯

三

玛雅文明和中国文明的关系由来已久。1969年，卫聚贤出版《中国人发现美洲》一书，集合前人研究证据讨论中国人航海发现美洲的可能性[18]。1970年，凌纯生在讨论中国远古海洋远航的专著中，对此也有综述[19]。此后的相关讨论绵延不断[20]。蒋祖棣对良渚文化和玛雅文明的对比研究，是基于考古学的中国文明与玛雅文明相似性的比较的较早的尝试[21]。

从目前的考古资料来看，没有两个文明交流的直接证据。考古资料证明，玛雅文明一直以玉米为主食，未发现旧大陆的农作物，如中国的传统的农作物粟和稻。玛雅文明也一直没有使用金属制作工具，没有驯化出马、牛、猪和羊等家畜。如果玛雅文明确实与旧大陆发生过交流的话，这些重要的文明因素应该会在玛雅世界留下痕迹。因此，对于学者们发现的和本文讨论的两个文明的相似性，我们不能以直接的交流来解释。

龟这一特殊的两栖动物自史前时代便在中国和美洲都受到青睐，被用为天然的乐器；随后，又同在文明演进和社会复杂化的关键时刻，被赋予了更丰富的内涵，成为社会上层创制新的宇宙观、新的创世神话、萨满式的新宗教观念以及新的仪式活动的重要道具。两个文明在龟崇拜方面的相似性，可能更多的是因为他们有共同的旧石器时代晚期的祖先，共享着在当时已经初步形成的宇宙观和萨满仪式。在中国文明的演进中，中国各文化区的碰撞以及外来文明的影响，使萨满式宗教观念自商代以后逐渐式微，龟崇拜也逐渐民间化。但在孤悬海外、与旧大陆文明鲜有接触的玛雅文明中，萨满式宗教则日益丰富、深邃，绽放出别样的文明之花。大地之龟也一直飘浮在玛雅人的宇宙中，孕育着玉米神和万物的一次次重生。

印度文明、中国文明和玛雅文明的先民举头望明月之时，可能都会发现月中阴影酷似一只兔子，但各文明由此创造出的神话传说则各不相同。从西王母、玉兔捣药、嫦娥偷灵药奔月的传说可见道家飞升成仙思想的形成脉络。而在玛雅文明中，最重要的观念是重生，万物如同玉米一样，只有经过死亡和重生，才能保持欣欣向荣。不管月神是男是女，兔子是战士还是书写者，他们奋力维护的都是重生这一最重要的宇宙秩序。月中玉兔观念的相似，可能来源于月球表面的阴影部分确实与兔子形状相似，不同文明的观测者会产生同样的比拟。但由同样的比拟演变出的相关神话、反映出的观念体系是非常不同的。由此我们也能体会到世界文明之多元发展。

本文的两个例证说明，文明比较研究虽然未必能够找到直接交流的证据，但也能加深对各文明特征的理解，这是文明比较研究更重要的目的。

注　释

[1] 张光直：《考古学专题六讲》，文物出版社，1986年。

[2] 河南省文物考古研究所：《舞阳贾湖》，科学出版社，1991年。

[3] 高广仁、邵望平：《中国史前时代的龟灵与犬牲》，见《中国考古学研究——夏鼐先生考古五十年纪念论文集》，文物出版社，1986年。

[4] 陈星灿、李润权：《申论中国史前的龟甲响器》，见《桃李成蹊集：庆祝安志敏先生八十寿辰》，中国考古艺术研究中心，2004年。

[5] 安徽省文物考古研究所：《凌家滩》，文物出版社，2006年。

[6] 李新伟：《中国史前玉器反映的宇宙观》，《东南文化》2004年第3期。

[7] 安徽省文物考古研究所：《安徽含山凌家滩遗址第五次发掘的新发现》，《考古》2008年第3期。

[8] 黄翠梅、郭大顺：《红山文化斜口筒形玉器龟壳说——凌家滩的启示》，见《玉魂国魄——中国古代玉器与传统文化学术讨论会文集（五）》，浙江古籍出版社，2012年。

[9] 李新伟：《仪式圣地的兴衰》，上海古籍出版社，2017年 。

[10] 艾兰（Sarah Allan）著，汪涛译：《龟之迷——商代神话、祭祀、艺术和宇宙观研究》，商务印书馆，2010年。

[11] Richard A. Diehl, *Ancient Peoples and Places*, Thames & Hudson, 2005.

[12] Karl A. Taube, David Stuart, and Heather Hurst William A. Saturno, *The Murals of San Bartolo*, El Peten, Guatemala, Boundary End Archaeology Research Center, 2010.

[13] 梅哲译：《波波尔·乌》，漓江出版社，1996年。

[14] W. Fash, Scribes, *Warriors and Kings——the City of Copan and the Ancient Maya*, Thames & Hudson, 2001.

[15] 王子今、周苏平：《汉代民间的西王母崇拜》，《世界宗教研究》1999年第2期。

[16] 季羡林：《季羡林文集第四卷：中印文化关系》，江西教育出版社，1996年。

[17] D. Webster, B. Fash etc. "The Skyband Group: Investigation of a Classic Maya Elite Residential Complex at Copan, Honduras", *Journal of Field Archaeology*, Vol.25, 1998.

[18] 卫聚贤：《中国人发现美洲》，香港巨轮出版社，1969年。

[19] 凌纯生：《中国远古与太平印度两洋的帆筏戈船和方舟和楼船的研究》，民族研究所专刊之十六，1970年。

[20] 杨令侠：《中国与美洲的早期交往》，《历史教学》1988年第8期。

[21] 蒋祖棣：《玛雅与古代中国》，中国社会科学出版社，1993年。

《黄文弼蒙新考察日记（1927—1930年）》及其学术价值

张　弛

1927—1930年，黄文弼作为中瑞西北科学考察团成员，对内蒙古、新疆部分地区进行了首次科学考察[1]，《黄文弼蒙新考察日记（1927—1930年）》（以下称《蒙新考察日记》）便是此次考察的重要成果之一，由黄文弼的哲嗣黄烈整理完成，起自1927年5月9日，终至1930年9月5日，详细记录了从北京经内蒙古至新疆沿途考察所见古迹、遗物、风土人情、民俗宗教等内容，是研究新疆考古、历史、民族及宗教等领域的重要资料，具有极高的学术价值。

一、西域史地

黄文弼先生在继承清代"乾嘉学派"的基础上，运用出土简牍资料，结合传世文献和实地考察，"开创了西北史地研究的新局面"[2]。《蒙新考察日记》中涉及西域史地研究的诸多方面，许多观点颇为独到，这与黄文弼先生推崇陶保廉的《辛卯侍行记》不无关系。光绪十七年（1891年），陶保廉曾随父陶模赴疆履任巡抚之职，对沿途地理、历史、民族、宗教、风俗、人口、矿藏、物产等均有详细考察，因此著有《辛卯侍行记》一书[3]。《辛卯侍行记》以历史地理考证为主线，每卷均注明始发、终点地名及里程。每至一地，必考察山川走向及源流，比较历代史料文献记载之异同，并用满、蒙古、维吾尔等语地名与汉语译名进行对照。黄文弼先生《蒙新考察日记》的行文风格在某种程度上参照了《辛卯侍行记》的体例。

在《蒙新考察日记》中，黄文弼先生敏锐指出西北地名讹误的主要原因："所谓河出昆仑之东北隅者，疑昆仑为山之通称，犹之蒙古名河为沟儿，山为乌拉，后人不察，遂在沟儿下加河字，乌拉下加山字，普通词变为转名词了。此虽余之臆说，然昆仑决非专指一山，《山海经》昆仑数见，皆非一地，可证。蒙古名昆仑为横之意，凡属横的以昆都伦名之，如横水为昆独伦河，横山为昆独伦山。昆仑即昆独仑之简称，以此论之，亦不能指为一地也。说河出葱岭又太宽泛，古时称葱岭山，犹之后人称天山，绵延数千里也。《新疆图志》谓葱岭即昆仑，此为大误也"（第215页）。

事实上，此类"同地异名"和"异地同名"现象在古代史籍中非常普遍。如《汉书》中有关"祁连山""天山"和"祁连天山"的地理位置至今仍是学术界争论的焦点，因关系到大月氏和乌孙等人群的历史问题。匈奴语"祁连"并非唐人颜师古所注的"天"之意，而是"昆仑"或"昆都伦"之变音，表示横向之意，即东西走向的山，这样也就能理解《汉书》中"祁连山"和"天山"混用的原因，即天山与祁连山皆为东西走向的山。在汉代，由于近代地理学尚未诞生，许多山脉缺乏精准的科学命名。如《清史稿·地理志》"镇西"条（今新疆巴里坤）中有"天山支脉逶迤南部

作者：张弛，广州市，华南师范大学历史文化学院，副研究员。

者为祁连山"的记载[4]。因此可以推测，汉人初识祁连山与天山，应该源于匈奴或西域胡之口，转译之后被史官记录，而司马迁并未亲访此地，所以才会出现以讹传讹的现象。

黄文弼先生实地考证了《魏书·西域传》中龟兹西北"膏流成川"之地即今日铜厂河流域，其"膏"乃为硫磺。据《魏书·西域传》记载："（龟兹）其国西北大山中有如膏者流出成川，行数里入地，如鍉錭，甚臭，服之发齿已落者能令更生，病人服之皆愈。"[5]西晋张华的《博物志》中，亦有关于西域硫磺成川的记载："西域使王畅说石硫黄出足弥山，去高昌八百里，有石硫黄数十丈，从广五六十亩。有取流黄昼视孔中，上状如烟而高数尺。夜视皆如灯光明，高尺余，畅所亲见之也。言时气不和，皆往保此山。"[6]此处所说的"去高昌八百里"，乃是在高昌以西八百里，大体方位即在今天的库车境内，"夜视皆如灯光明"描述的是煤炭自燃现象，由于库车—拜城煤田煤层厚、埋藏较浅，易发生煤炭自燃，这与《魏书·西域传》及郦道元《水经注》记载相吻合。

二、新疆考古

黄文弼先生一生四次赴新疆考察，被誉为中国"西北考古第一人"。在考古学领域，《蒙新考察日记》涉及的许多问题至今仍有重要的学术内涵[7]。他是最早关注新疆彩陶问题的中国学者。在《蒙新考察日记》中，他多次提到新疆彩陶的源流问题，并对年代下限进行了推断，如在雅尔湖，他根据一处土台建筑的层位关系认为："据此，则红底黑花之瓦片，或即匈奴遗物，或车师国人之用品亦未可知也。"尽管其发掘工作并不完全符合现代考古学的规范，但这一推断在当时的时代背景下极富预见性，并间接指出新疆彩陶延续到汉代的事实[8]。

在《高昌甸集》中，黄文弼先生进一步阐明了自己的学术观点，指出"（交河）沟北陶器中如彩色单耳瓶及圆底陶钵，因与波斯出土者多相似，余在陶器研究中曾述有受西方文化之影响。但吾人推其年代均认为公元前1世纪至公元3世纪之遗物……"此时，黄文弼先生尚未直接否定安特生的"中国彩陶西来说"，但他强调新疆彩陶是解决彩陶"西来"还是"东来"的关键，"吾人相信东西文化之推进，确曾经过新疆，新疆如水管，一方为水塔，一方为龙头，水塔之水，必然经过新疆，然后至龙头。故吾人欲研究东西文明之推进，非在新疆寻觅痕迹不可，此为无可怀疑之事"[9]。在第二次新疆之行中，黄文弼先生关于新疆彩陶的认识更为清晰，在与贝格曼的争论中，他坚信"新疆彩陶源于新石器时代"，并在"公元前后的一段时间内仍在使用"，这在贝格曼的著作中亦有记述[10]。

黄文弼先生对新疆境内的汉唐时期的烽燧进行过细致的比较。"汉墩中空，中住人，瞭望者由内部上墩墙，甘肃北部皆如此。唐以后土墩中实，全为土坯所砌，瞭望者自外登，新疆境内唐墩皆如此。知其中实者，以乡人常掘一洞，直至墩中，欲以探其锢物，而全为土坯也。"（第252页）黄文弼先生以内蒙古至新疆沿途的汉唐烽燧作参照，对其结构及附属设施的功能加以考证。据《汉书·贾谊传》记载，"边方备胡寇，作高土橹，橹上作桔皋，桔皋头兜零，以薪草置其中，常低之，有寇即火然举之以相告，曰烽。又多积薪，寇至即燃之，以望其烟，曰燧"[11]。黄文弼先生指出，汉代烽燧的特征是5根烽竿，"作高橹（即烽竿），橹上作桔槔（即横竿）头悬兜零，以薪草置其中，常低之。有寇则火，然举之"。即《墨子·号令篇》所谓"望见寇，举一垂；入竟，举二垂；狎郭，举三垂；入郭，举四垂；狎城；举五垂。夜以火，皆如此"[12]。黄文弼先生认为，"垂即桔槔，以陈束芦也。至竿之周围，尚有井穴，上覆柳条，余疑为看守烽华人憩息之所，且避矢弩之处"（第547页）。

烽燧制度在古代属于军事机密，历史文献记载甚少。正如《唐律疏议》所言："放烽多少，具有式文，其事隐蔽，不可具引。"[13]因此，关于汉唐烽燧的研究还需要进一步的考古工作来完成。

近年出版的《新疆维吾尔自治区长城资源调查报告》一书[14]，对新疆境内现存汉唐烽燧遗址进行了系统的归纳研究，可与黄文弼先生早期调查的资料互为补充。由此可见，《蒙新考察日记》对于研究新疆古代烽燧与交通线路的关系具有重要的参考价值[15]。

三、人类学与民族学

《蒙新考察日记》还保留了诸多珍贵的人类学与民族学内容，为研究民国时期的新疆提供了重要资料。

在哈密期间，黄文弼先生记录了哈密左公祠的相关信息。"祠为一大间，前为火院，殿中供左文襄公牌位，上书'诰授光禄大夫，追赠太傅，谥号文襄，世袭一等……'，牌前有塑像一，穿马褂、几根深黑胡须，隆眉，风骨凌峻。"（第155页）殿东首亭内供袁垚龄和谭（原文误作"潭"）上连神位，分别上书"诰授建威将军，头品顶戴、喀什喀尔提督骑都尉世职、伯奇巴图鲁、谭公讳上连神位"和"诰授资政大夫、追赠内阁学士衔、二品顶戴、喀什喀尔兵备道、那尔淋巴图鲁、袁公讳垚龄神位"。殿西首供戴宏胜、徐占彪神位，分别上书"诰授建威将军，头品顶戴、记名提督、陕西汉中镇总兵、额尔克巴图鲁、戴公讳宏胜神位"和"诰授建威将军，头品顶戴、记名提督、巴里坤镇总兵、骑都尉世职、哈西巴巴图鲁、徐公讳占彪神位"（第156页）。有学者曾撰文讨论袁垚龄的名讳问题，《蒙新考察日记》收录的内容无疑是一项重要的佐证[16]。

在吐鲁番，黄文弼先生记录了当地维吾尔族过开斋节的情景，"男女均华服游逛，并踩软绳为戏。其法两端各扎架一，相距20余丈，中系以绳，人履行其上。还有喂郎，讲说等。傍晚方归"。（第519页）其中的"绳戏"，即今天维吾尔族民间的"达瓦孜"表演。在阿克苏，黄文弼先生还记录了当地维吾尔人"说书"的场景，"至方神庙前有维民说书者2人，一手执铜铃，一手抱琵琶，手舞足蹈，指天画地，边演边讲说，观者甚众"（第371页）。此处的"说书"，即维吾尔民间的说唱艺术"埃提西希"，是一种双人说唱的艺术形式。该表演侧重于说唱，由一男一女或两名男性共同完成，表演风格以戏谑、风趣见长，常以器乐伴奏，主要流行于南疆地区[17]。20世纪30年代是维吾尔族戏剧"日趋发展为具有完备戏剧形式和浓郁民族特色"的关键时期。黄文弼先生的记录见证了维吾尔族戏曲发展的重要历史时期，其对民国时期"达瓦孜"、"埃提西希"的记录，对研究艺术史具有极其重要的意义。

在库车至拜城山中，黄文弼先生探寻考察了一处因"石质手足印遗迹"而出名的麻扎，并指出"此类印记"属于古生物化石的遗迹，广见于库车至拜城的山间。"验视之，有数石块，一大石……有马足迹1处，称从前女人所骑之宝马足迹。又一石……有人足迹3处，小足，疑即驴或羊之足迹，但传说为男子之足迹。又一小石……有女人足迹，中尚有小孔。"（第331页）黄文弼先生的发现，从侧面证实了《大唐西域记》中有关唐代龟兹东昭怙厘大寺佛印的记载。据《大唐西域记》记载，玄奘在龟兹停留期间，在东昭怙厘佛堂中见到一块玉石，"面广二尺余，色带黄白，状如海蛤，其上有佛足履之迹，长尺有八寸，广余六寸矣。或有斋日，照烛光明"[18]。黄文弼先生的实地调查表明，在库车、拜城等龟兹故地一直存在类似的"圣迹崇拜"习俗，其本身已超越了佛教与伊斯兰教的范畴，对研究新疆地区民间信仰的演变具有极其重要的意义。

四、结　语

以上所举，只是《蒙新考察日记》中的部分内容。当然，《蒙新考察日记》也记录了考察期间的一些遗憾。如黄文弼先生不知"浮沙保存古物,此为余第一次所见也"(第358页),使他与许多重大发现擦肩而过。再如黄文弼先生未能对孔雀河下游两种考古学文化进行区分,"又此地古坟,一种为深坑,人著锦衣,上为土垣;一种上覆木板,不着衣,头部置草篮,或骨针、骨锥之类。余以为此乃种族之区别,或贫富之区别,非古近之异。"(第541页)另外,黄文弼先生在罗布泊岸边发现许多古墓,根据对葬式、葬具及出土物的描述推断,应与1934年贝格曼发现的小河5号墓地属于同一文化类型,可惜由于种种原因,这些重要发现未被重视。关于黄文弼先生在罗布泊岸边发现的史前遗存的文化类型,李文瑛有专文讨论,笔者在此不再赘述[19]。

任何学术活动都不会尽善尽美。由于《蒙新考察日记》是在考察途中匆忙而成,其中多有讹误之处[20],但并不影响原著中的真知灼见。正如黄烈先生所言:"既然是遗产就不会是完美无缺的,它必然打着它的时代烙印,有它的不足之处,甚至错误的地方"[21]。

综上所述,《蒙新考察日记(1927—1930年)》是研究新疆民国时期学术史的重要资料。近年,新疆师范大学黄文弼先生研究中心召开了一系列学术会议,并出版了相关会议的论文集。2018年9月,阿克苏地区博物馆举办了《"令行天山,印证统一"——汉朝颁授西域印章展》,其中著名的"李崇之印"就是由黄文弼先生于1928年在新和附近征集的[22]。随着对黄文弼先生研究的不断深入,《蒙新考察日记》的学术价值定会愈加彰显。

注　释

[1] 李金鑫、杨斌:《"黄文弼与中瑞西北科学考查团"国际学术会议综述》,《西域研究》2014年第1期。

[2] 沈颂金:《黄文弼与西北边疆史地研究》,《史学史研究》2002年第1期。

[3] 陶保廉:《辛卯侍行记》,甘肃人民出版社,2002年。

[4] 《清史稿·地理志》。

[5] 《魏书·西域传》。

[6] (晋)张华撰,范宁校:《博物志校证》,中华书局,1980年。

[7] 王新春:《传统中的变革:黄文弼的考古学之路》,《敦煌学辑刊》2013年第4期。

[8] 黄文弼:《西域史地考古集论》第272、297页,商务印书馆,2015年。

[9] 黄烈:《黄文弼历史考古文集》第111页,文物出版社,1989年。

[10] 贝格曼著,王安洪译:《新疆考古记》第11页,新疆人民出版社,2013年。

[11] 《汉书·贾谊传》。

[12] 吴毓江撰,孙启治点校:《墨子校注》第924页,中华书局,1993年。

[13] (唐)长孙无忌等撰,刘俊文点校:《唐律疏议》,中华书局,1983年。

[14] 新疆维吾尔自治区文物局:《新疆维吾尔自治区长城资源调查报告》,文物出版社,2014年。

[15] 巫新华:《吐鲁番唐代交通路线的考察与研究》,青岛出版社,1999年。

[16] 魏长洪:《罗长祜与袁垚龄析疑》,《新疆大学学报》1984年第5期。

[17] 韩芸霞:《维吾尔民间说唱艺术对维吾尔戏剧形成的影响》,《中国戏剧》2007年。

[18] (唐)玄奘、辩机著,季羡林等校注:《大唐西域记校注》,中华书局,1985年。

[19] 李文瑛:《黄文弼发现罗布泊史前遗存的再认识及其它》,《新疆文物》2014年第2期。

[20] 周轩:《〈黄文弼蒙新考察日记〉的历史价值》,见《西域考古·史地·语言研究新视野——黄文弼与中瑞西北科学考察团国际学术研讨会论文集》,科学出版社,2014年。

[21] 黄文弼:《西北史地论丛》序言第6页,上海人民出版社,1981年。

[22] 亦有学者认为是"李忠之印",参见朱玉麒:《所谓"李崇之印"考辨》,《中国典籍与文化》2013年第4期。

手工业考古与历史文化遗产的保护和展示

白云翔

在人类社会发展史上，手工业和农业是古代社会的两大基础性产业，手工业、农业和商业是古代社会的三大经济活动，因此，手工业在古代社会历史发展中具有举足轻重的地位和作用。也正因为如此，手工业成为古代社会历史研究，尤其是经济史研究的重要课题，考古学亦然。

历史文化遗产，这里主要指物质文化遗产，是古代社会历史和文化的物质载体。它作为古代人们社会生产和生活的物质遗留，种类多样，内涵丰富，如聚落址、城址、墓葬、宗教遗存等，而手工业遗存作为一种重要的类型，同样是历史文化遗产重要的、有机的组成部分。

手工业考古作为当代考古学的一个分支，主要任务是古代手工业遗存的考古发掘和研究，而古代手工业遗存又是历史文化遗产保护和展示的重要内容，于是，手工业考古与历史文化遗产的保护展示便有机地联系在了一起。

一

所谓"手工业考古"（Archaeology of Traditional Industry），是指近代工业革命之前各种加工制造业以及矿业等各种传统工业的考古学研究，是考古学的一个分支学科[1]。之所以将其定义为近代工业革命之前"各种传统工业的考古学研究"，主要是因为其研究对象不仅包括了石器、骨角蚌器、金银器的加工制作等手工业，而且还包括了采矿业等传统意义上的非手工业活动，并且陶瓷烧造业、青铜冶铸业、铁器工业、制盐业等产业在近代工业革命之前都曾发展成为一定规模的工厂化生产。就其研究的时间范围而言，始于史前时代，止于近代工业革命的发生。至于20世纪60年代欧洲提出的"工业考古学"（Industrial Archaeology），主要是指18世纪工业革命以后"工业遗迹进行调查、测量和记录，有些情况下还要进行保护的研究学科"[2]，在研究的时间范围上，与手工业考古前后相接。

古代手工业是一个门类众多的产业系统，在研究的实践中需要对其进行分类。按照现代产业经济学的"三次产业分类法"分类，古代手工业属于"加工取自于自然的生产物"的"第二次产业"，主要是指其中的加工制造业及矿业。古代手工业的发展，一方面是手工业门类随着时代的发展而逐渐增多，另一方面是各门类之间的比重关系以及不同门类在整个社会生产中的地位和作用不断变化。如果从手工业考古的实际出发，根据考古发现并结合文献记载，近代工业革命以前的手工业至少可以大致分为25个大的门类，包括石器工业（包括玉器加工业）、木器加工业、骨角蚌器加工业、陶瓷烧造业、青铜冶铸业、铁器工业、钱币铸造业、金银器加工业、漆器制造业、玻璃制造业、纺织业、皮革加工业、服装加工业、制盐业、酿造业、制糖业、制茶业、油料加工业、车船制造

作者：白云翔，北京市，中国社会科学院考古研究所，研究员。

业、造纸业、印刷业、文具制造业、火药制造业、编织业和采矿业。

当然，上述分类并不是绝对的，并且其中有些门类又可划分为若干小的门类。这里需要说明的几点。其一，手工业各门类之间有着密切的联系，如青铜冶铸业、铁器工业等与采矿业有着直接的联系，纺织业与服装加工业直接关联等。其二，各种手工业与其他产业之间有着密切的联系，如酿造业、制糖业、制茶业、编织业等与农业生产直接相关，车船制造业与交通运输业、钱币铸造业与商业有着密切的联系。其三，上述门类之外，古代的加工制造活动还有许多，如粮食加工、食品加工等，并且有的在一定历史时期、一定的地域还具有一定的规模，但它们或者作为其他产业或日常生活的一部分而存在，或者没有形成一种独立的手工业，因此暂不将其列为手工业的一个门类。其四，手工业的分类往往因研究视角的不同而有所差异，如根据产品用途不同而划分出的兵器制造业、农具制造业、副食品加工业等门类。在研究的实践中，还往往因研究者的不同而有所差异。

古代手工业是一个复杂的产业系统，手工业考古同样是一个复杂的研究系统。手工业门类众多，但从总体上说，手工业考古的研究内容主要包括以下十个方面。

第一，原材料研究，即考察各种手工业原材料的种类、产地和来源等。

第二，生产工具和生产设施研究，即考察各种手工业工具的类型及其组合、结构、功能和使用方法，生产设施的形态、结构、建造方法及其功能等。

第三，工艺技术和生产流程研究，这是手工业生产的核心，因为只有通过它才能使原材料转化为一种产品。

第四，产品研究，即考察产品种类、特性、质量和产量等。

第五，产品流通和应用研究，即考察手工业产品进入到社会应用的途径（商品交换、调拨、分配等）、应用方法、应用领域乃至应用人群等。

第六，生产者研究，即主要考察生产者、管理者以及辅助劳动者的身份、来源、年龄、性别、技能、生存状况以及他们之间的相互关系等。

第七，生产经营方式研究，即考察手工业生产的性质或所有制问题，也就是生产关系的问题，既包括同一手工业内部并存的多种生产经营方式，也包括各种手工业之间生产经营方式的异同等。

第八，产业布局和产业结构研究，即考察某一种手工业在一定历史时期内的空间分布，考察一定历史时期、一定空间范围内各种手工业门类的构成及其相互关系。

第九，社会经济研究，即考察手工业与农业之间、手工业与商业之间的关系及其互动。

第十，社会文化研究，即考察手工业与社会组织结构、手工业与社会生活、手工业与社会文化之间的关系，也就是考察手工业在整个社会历史、社会文化和人类文明发生、发展和演进过程中的历史地位和作用等。

就手工业考古的研究方法来说，基于手工业考古是考古学的一个分支学科的基本属性和古代手工业门类众多、内涵复杂等特点，这里既强调最基本的方法是近代考古学的方法，但同时又强调必须跟其他学科有机结合，尤其是多学科合作。具体说来，一方面是通过田野考古获取有关手工业的遗迹、遗物和其他信息，并且科学运用考古地层学、类型学、文化因素分析法、考古遗物产地推定法等基本方法，对各种实物资料进行分析、判断和解释。另一方面是必须与相关学科有机结合，即①与文献史学的结合，就是考古资料与文献记载的有机结合；②与现代科技的结合，即现代科学技术方法和手段的应用；③与科技史学的结合，即科技史学理论和方法及其成果的运用；④与人类学的结合，即人类学理论、方法和民族志材料及其研究成果的科学运用；⑤模拟实验研究。

二

众所周知，历史文化遗产科学保护和展示的基础是对其性质和内涵的科学认知，而考古发掘和研究是揭示其内涵的基本途径。"就文化遗产保护来说，范围广，内容丰富，远远超过考古研究的对象，但就广义的遗址及其相关遗存来说，是离不开考古学做支撑的。——科学的考古发掘是大遗址保护的基础。科学的考古发掘促进大遗址的保护；没有必要的考古发掘，大遗址保护就缺乏坚实的基础"[3]。手工业考古的研究对象是古代手工业遗存，而手工业遗存又是历史文化遗产的有机组成部分，于是，手工业考古在历史文化遗产的保护和展示中同样具有基础性的地位和作用，手工业考古极大地推动了历史文化遗产的保护和展示。

从中国考古学和文化遗产事业的实践来看，以手工业遗存田野考古发掘和研究为核心的手工业考古，已经为文化遗产事业做出了重要贡献。据统计，迄今公布的全国重点文物保护单位中（1961—2013年），古遗址为1026处，其中有手工业作坊遗址103处，约占总数的10%，如山东广饶县南河崖盐业遗址群、湖北铜绿山古铜矿遗址、河南郑州古荥冶铁遗址、江西景德镇湖田古瓷窑址、湖南长沙铜官窑遗址、浙江富阳市泗州造纸作坊遗址、江西进贤县李渡烧酒作坊遗址、重庆丰都县冶锌遗址群等，它们都是经考古发掘研究之后被列入全国重点文物保护单位的。全国重点文物保护单位的其他古遗址中，也大多包含有手工业作坊遗址，尤其是历代古城址中，更是有丰富的手工业作坊遗存，并且不少经过了科学的考古发掘，如河南偃师二里头遗址、郑州商城遗址、安阳殷墟遗址、陕西周原遗址、东周列国都城遗址、秦咸阳城遗址、汉长安城遗址等。另外，在国家考古遗址公园（National Archaeology Site Park）建设活动中，2010年以来已先后三次公布国家考古遗址公园名单和立项名单，其中，已建成开放的考古遗址公园计36处，其中，以手工业作坊遗址为基本内容的考古遗址公园计5处，约占总数的14%，即江西景德镇御窑厂、长沙铜官窑、浙江大窑龙泉窑、浙江上林湖越窑、江西吉州窑考古遗址公园。其他考古遗址公园中，也有不少包含手工业生产遗存，如安阳殷墟、山东曲阜鲁国故城、河南郑韩故城、湖北黄陂盘龙城国家考古遗址公园等。

关于手工业考古在历史文化遗产中的地位和作用，从下面的实例中可以得到充分的反映。

（一）成都水井街酒坊遗址及其保护展示

四川是中国著名的白酒产地，历史悠久，享誉海内外。成都水井街酒坊遗址位于成都市锦江区水井街，原为成都全兴酒厂的曲酒生产车间。1998年8月，全兴酒厂的曲酒生产车间进行厂房改造时在地下发现一处用砖石砌成的圆形遗迹现象，可能是与酿酒相关的古代文化遗存。随后，考古工作者对其进行调查，于1999年3—9月，对该遗址进行发掘，发掘面积280平方米，同时对遗址以西100米处进行勘探和发掘，发掘成果被评为1999年度"全国十大考古发现"。2002年1月，为遗址保护和水井街酒坊遗址博物馆的建设，又进行扩大发掘，勘探9400平方米，发掘1300平方米。通过发掘，清理出明代、清代和近现代的酒窖、晒堂、灶坑、蒸馏器基座等遗迹，出土石臼、石碾、石盛酒器、铁铲、竹签等与酿酒有关的器具，以及以酒具为主的大量瓷器和陶器残片，证明是上迄元末明初、下至近现代、延续600年从未间断的一处集白酒酿造作坊和酒肆于一体的生产和消费遗址[4]（图一）。水井街酒坊遗址于2001年7月被公布为第五批全国重点文物保护单位，2006年12月作为"中国白酒酿造古遗址"之一，与河北徐水县刘伶醉烧锅遗址、江西进贤县李渡烧酒作坊遗址、四川泸州市泸州大曲老窖池群、四川省绵竹县剑南春天益老号酒坊遗址等被共同列入中国世界文化遗产预备名单重设目录。水井坊酒传统酿造技艺于2008年被列为"国家级非物质文化遗产"，其酿

图一　成都水井街酒坊遗址晾堂与酒窖

造的水井坊酒获"中华人民共和国原产地域产品"称号。

基于水井街酒坊遗址丰富的酒文化遗存和一系列的考古发掘成果，2013年7月建成遗址博物馆——水井坊博物馆并正式对外开放。水井坊博物馆集文物陈列、非物质文化遗产演示、酒文化体验、优质名酒原产地展示等于一体，通过水井街酒坊遗址的保护性展示、水井坊酒传统酿造技艺的传承展示、水井坊酒文化体验中心等三大板块，集中保护和展示水井街酒坊遗址的原貌，以真实的生产场景再现具有600年历史的国家级非物质文化遗产"水井坊酒传统酿造技艺"等，成为保护、传播和弘扬中国酒文化的重要基地，是考古发掘研究、物质文化遗产和非物质文化遗产保护展示有机融合的一个成功范例。

（二）长沙铜官窑遗址及其保护展示

中国作为瓷器的故乡，历史悠久，窑场众多，成就辉煌。长沙铜官窑就是历史上著名的瓷窑之一。长沙铜官窑遗址位于湖南省长沙市望城区铜官镇一带，是唐至五代时期的瓷窑址，距今约有1000多年的历史。该遗址发现于1956年，1957年古陶瓷学界将其认定为世界釉下多彩陶瓷的发源地。1964年以来，考古机构先后7次对遗址进行了考古发掘，初步究明了该遗址由石渚河两岸的石渚窑区和濒临湘江的铜官镇窑区构成，分布总面积约68平方千米，已经考古发掘或确认的遗存包括烧窑遗址（其中包括世界上保存最为完整的谭家坡一号龙窑）77处、采泥洞24处，以及作坊区、货藏区、码头区、生活区、墓葬区等[5]。考古发现和研究表明，该瓷窑以烧造青瓷为主，兼烧少量的白釉、褐釉、酱釉、绿釉和蓝釉瓷器，尤其是长沙铜官窑釉下多彩的发明，是中国陶瓷史上具有划时代意义的一项创新。超越现实创烧的铜红釉和集褐、绿、蓝釉等于一体的釉下多彩装饰制作技术，突破了当时"南青北白"一统天下的瓷器装饰格局；将中国传统文化中的诗词歌赋、绘画、谚语、产品广告和独特的模印贴花等融入瓷器之上，使得陶瓷装饰艺术更加丰富多彩（图二）。长沙铜官窑瓷器上目前共发现诗文题记103首，其中10首是全唐诗里有收录的，另外的93首则不见于文献记载，是直接通过瓷器传承下来的。这些诗文题记既有对人生价值的追求、对生命的赞美，又有对现世的无奈、对现状的哀鸣，包罗万象，极为珍贵。长沙铜官窑的产品，还是当时重要的外销瓷。1998年德国打捞公司在印度尼西亚勿里洞岛海域打捞的"黑石号"沉船（Batu Hitam），是9世纪前半一艘装载中国货物经由东南亚前往西亚、北非的阿拉伯商船，船上装载的67000余件唐朝瓷器中，有56500件来自长沙铜官窑，反映出长沙铜官窑在中外交流史上也占有重要地位。

长沙铜官窑遗址半个多世纪以来的考古成果表明，长沙铜官

图二　长沙铜官窑遗址出土青釉黑彩诗文壶

窑作为中国古代陶瓷生产技术、陶瓷装饰艺术以及对外交流研究不可或缺的瓷窑遗存，具有重要的历史、科学、艺术和社会价值。由此，1988年，长沙铜官窑遗址被公布为全国重点文物保护单位；2011年，长沙铜官窑陶瓷烧制技艺入选国家级非物质文化遗产名录；2012年6月，长沙铜官窑考古遗址公园建成并正式对外开放，主要由谭家坡遗迹馆等遗迹展示区和长沙铜官窑博物馆构成。其中，长沙铜官窑博物馆以展现1200多年前唐代长沙铜官窑陶瓷文化发展史为主题，总面积为11436.5平方米，展览面积6272平方米，由序厅、千年的积淀、瓦渣坪往事、土火之艺、教育互动区、彩韵唐风、世界的长沙窑等7个展厅构成；陈列以考古资料为核心，运用先进的博物馆展示手段，将文物、文献、沙盘模型、场景复原、多媒体演示、文字图表等完美结合，全方位展示长沙铜官窑的瓷器制作和装饰技艺，探寻尘封千古的秘密。2013年12月，获"国家考古遗址公园"授牌，每年接待数以十万计的游客，被誉为"国内领先、世界一流"的考古遗址公园，是集考古发掘研究、物质文化遗产和非物质文化遗产保护展示于一体的又一成功范例。

（三）临淄齐故城阚家寨铸镜作坊遗址及其保护展示

临淄齐故城位于山东省淄博市临淄区齐都镇。它作为中国著名的古代都城遗址，最初是周代齐国的都城，历时达638年之久，并且在战国晚期发展成为当时全国最为繁华的东方大都市。秦统一六国之后成为临淄郡的郡治，西汉时期作为齐郡的郡治和汉齐王国的都城所在，工商业进一步发展，是当时"市租千金，人众殷富，钜于长安"[6]的东方工商业重镇。新莽时期，临淄城仍然是东方工商业大都市，是当时的工商业"五都"之一。20世纪50年代以来的考古调查、勘探和发掘，初步探明了临淄齐故城的形制、布局、结构和文化堆积状况等[7]。1961年，临淄齐故城遗址被公布为全国重点文物保护单位；2013年12月，被列入国家考古遗址公园立项名单；目前，临淄齐故城国家考古遗址公园建设正在进行，其中的排水道口展示区已经建成开放，而阚家寨铸镜作坊遗址也是计划建设的一个展示点。

东周秦汉时期的齐都临淄，以工商业发达而闻名。2011年以来，考古工作者在以往田野考古的基础上，实施了"临淄齐故城冶铸考古"手工业考古项目，在位于齐故城大城东北部的阚家寨遗址考古调查60万平方米，并对阚家寨B区的3个地点进行发掘计700平方米。其中，在阚家寨BⅡ地点发现一处秦代至西汉前期的铸镜作坊遗址，发掘清理出水井、铸坑、房址和灰坑等与铸镜相关的遗迹，出土镜范残片180余件以及其他相关遗物[8]。考古出土的镜范表明，秦汉时期这里铸造的铜镜，主要是中小型铜镜，包括各种蟠螭纹镜、四乳连弧纹带镜、四乳龙纹镜、四乳草叶纹镜、博局草叶纹镜等，但同时也制造少量的大型和特大型铜镜[9]。秦汉时期临淄产铜镜，在主要供应当地的同时，还远销全国各地乃至海外。

中国古代有着悠久的铜镜铸造和使用传统，并且对整个东亚地区产生了直接的影响。临淄齐故城阚家寨秦汉铸镜作坊遗址，是全国首次科学发掘的古代铸镜作坊遗址，并且初步究明了当时铜镜铸造的工艺技术及其流程。有鉴于此，阚家寨铸镜作坊遗址，已经被纳入临淄齐故城国家考古遗址公园建设规划之中，将成为其重要的保护展示区之一。根据建设规划，将在阚家寨冶铸遗址划出6万平方米的保护展示区，并建设铜镜铸造作坊遗址陈列馆，采用陈列馆室内展示、室外模拟展示和遗迹现场展示等相结合的方式，展示临淄齐故城铸镜作坊遗址出土的镜范、秦汉时期的铸镜工艺技术及其流程、临淄地区出土的秦汉铜镜等。该陈列馆及展示区建成后，不仅是临淄齐故城国家考古遗址公园的一个重要展示区，而且是全国唯一的一处以古代铜镜铸造为主题的陈列馆，将成为中国古代铜镜文化的宣传和弘扬基地。

上述实例表明，手工业考古不仅与历史文化遗产的保护和展示紧密相关，而且对于历史文化遗产的保护和展示发挥了积极的推动作用。

三

我们知道，历史文化遗产的类型多种多样，如城址、聚落址、寺庙等宗教遗迹、埋葬遗存、交通遗迹、军事遗迹等，而各种类型的文化遗产都有其特有的历史、科学、艺术和社会价值。这里要强调的是，在类型多样的文化遗产中，手工业生产类遗存实际上是更带有根本性的遗存。因为，人类社会的发展从根本上说是两个再生产的问题，一个再生产是人类本身的再生产，即人类的繁衍；一个再生产是物质社会的再生产，一切社会生活都建立在物质社会的生产和再生产的基础之上，而手工业生产又是古代社会生产的两大部门之一。正因为如此，世界各国都重视手工业遗产的研究、保护和展示。譬如，截止到2005年，《世界遗产名录》中收录的工业遗产地已有22个国家的34处，其中就包括古代的手工业遗产[10]。在中国，已有许多重要的手工业生产遗址被列为全国重点文物保护单位，同时，在许多被列为"国保"的历代大遗址中，也大都包含有多种手工业生产遗存。在当今中国考古学界，手工业作坊遗址的发掘和研究日益受到重视。根据国家文物局主编、文物出版社出版的2012—2016年的年度《中国重要考古发现》统计，2012—2016年间入选全国年度重要考古发现的199个田野考古项目中，属于手工业作坊遗址发掘的项目有22项，占总数的11%以上，另外还有10余项聚落和城址考古项目中也包含有手工业遗存的发掘，内容涵盖制陶、铸铜、制铁、制瓷等手工业，从一个侧面反映出手工业考古日益受到重视。总之，手工业考古大有可为，前景广阔。

从文化遗产事业的视角观察，古代手工业遗产的展示和利用具有鲜明的自身特点。从各地的实践来看，这些特点可以概括为"两短""四长"。所谓"两短"，是指手工业遗产的展示和利用有两个短处或弱项。其一，可视性差。手工业生产遗迹是手工业遗产展示不可或缺的内容，但考古发掘清理出的手工业遗迹，大多是毁弃后的状态而残破不全；即使是其产品，手工业作坊遗址中的产品也大都是残次品和半成品。它们的可视性差是显而易见的。其二，展示和阐释的难度大。由于手工业作坊遗址中的生产遗迹和遗物大都残破不全，无论遗迹还是遗物在展示过程中都需要一定的复原，都需要配以相当程度的复原图、文字说明或解说；工艺技术和生产流程是手工业遗产展示的重点，但仅仅依靠生产遗迹和遗物等实物资料难以完成，而是需要大量的图片和文字说明，甚至需要多媒体演示。此外，手工业遗产往往难以同历史上著名的历史人物或历史事件直接联系起来，要讲好、讲活其背后的故事，无疑有相当的难度。至于"四长"，则是指手工业遗产展示和利用的四个方面的长处或优势。简单说来，其一，便于物质文化遗产和非物质文化遗产相结合进行展示；其二，便于活态展示和体验式展示，即采用现场模拟生产的方式进行展示以及观众参与到模拟生产过程中的展示，可以真正让文化遗产"活起来"；其三，便于文化创意产品的开发和文化产业，即以展示的内容为原型设计开发文创产品，或展示过程与实际生产相结合，展示的同时也制造出产品；其四是一般没有宗教和民俗等方面禁忌的制约。这些长处，使得手工业遗产的展示和利用具有不同于其他遗产类型的特点和优势。从各地文化遗产事业的实践来看，手工业遗产的保护、展示和利用同样大有可为，前景广阔。

从总体上看，与城址、陵墓、寺庙等的保护展示相比较而言，手工业生产类历史文化遗产的保护、展示和利用，还没有引起足够的重视，与手工业在历史上的地位和作用还很不相称。正是有鉴于此，这里就手工业考古在历史文化遗产保护和展示中的地位和作用进行观察、思考和讨论，以其有助于进一步推动手工业考古，进一步推动手工业历史文化遗产的保护、展示和利用，以便更好地担负起"系统梳理传统文化资源，让收藏在禁宫里的文物、陈列在广阔大地上的遗产、书写在古籍里的文字都活起来"[11]的历史使命。

注　释

[1] 白云翔：《手工业考古论要》，《东方考古》第9集，科学出版社，2012年。

[2] 格林·丹尼尔著，黄其煦译：《考古学一百五十年》第367、368页，文物出版社，1987年。

[3] 白云翔：《考古学与文化遗产保护》，《四川文物》2008年第3期。

[4] 成都市文物考古研究所等：《水井街酒坊遗址发掘报告》，文物出版社，2013年。

[5] a. 湖南省文物考古研究所等：《长沙窑》，紫禁城出版社，1996年。

　　　b. 湖南省文物考古研究所：《焰红石渚：长沙铜官窑遗址2016年度考古发掘出土瓷器》，文物出版社，2018年。

[6] 《汉书·高五王传》。

[7] 山东省文物考古研究所：《临淄齐故城》，文物出版社，2013年。

[8] 中国社会科学院考古研究所等：《山东临淄齐故城秦汉铸镜作坊遗址的发掘》，《考古》2014年第6期。

[9] 白云翔：《汉代临淄铜镜制造业的考古学研究》，见《探古求原》，科学出版社，2017年。

[10] 单霁翔：《工业遗产保护现状的分析与思考：关注新型文化遗产保护》，见《考古学与博物馆学研究导引》，南京大学出版社，2011年。

[11] 习近平：《提高国家文化软实力》，见《习近平谈治国理政》，外文出版社，2014年。

海昏侯主棺箱体包装与遗存清理处置

李存信

　　2015年下半年，海昏侯刘贺墓室和主棺的发掘引起了社会各界的广泛关注，国内多家考古文物单位共同参与，众多新闻媒体也予以多角度的跟踪报道。该墓葬本体规模宏大、设计严密、结构复杂、功能清晰、明确，是西汉中晚期列侯等级墓室的典型范本。

　　海昏侯墓园位于江西省南昌市新建区大塘坪乡观西村老裘村民小组东南约800米的墎墩山上，2015年之前称之为墎墩汉墓，其东北有新建区铁河乡的汉代紫金城城址、铁河汉代古墓群及昌邑乡游塘汉代城址。据文献记载，该墓园是西汉昌邑王（海昏侯）刘贺的封地，历史背景清楚，刘贺由昌邑王到汉废帝，后被改封为海昏侯的这段历史，在西汉也是仅此一例。目前的调查勘探和考古发掘表明，其为中国江南地区大型汉代列侯墓葬，具备汉代高等级墓葬所包含的诸多特点及要素，还是目前发现的结构最完整、布局最清晰、保存最完好的汉代列侯墓园，是西汉诸侯国"制同京师"的体现，对于研究西汉列侯园寝制度具有十分重要的学术意义和价值。经过数年的考古调查与发掘工作，已基本确认紫金城城址就是汉代海昏侯国的都城遗址，它与城址外包括墎墩汉墓在内的庞大汉墓群共同构成了一个完整的汉代侯国聚落遗址，是重要的国家级历史文化遗产，具有重大的学术研究和展示利用价值。其中，主棺是最重要的出土遗物，于工地现场对主棺周边遗存采取有效的保护处理的基础上，采用整体套箱的起取方式，在现场对主棺包装并迁移。

　　海昏侯刘贺的主棺出土状态基本完整，虽然出现了部分遗存（外馆和内棺侧板和端板）断裂破碎及缺失现象，但棺内不同材质遗存的位置多数没有发生变化，器物完整且较为丰富（图一）。由于椁室坍塌，造成棺木侧板破损，棺内遗存叠压情况严重，而且部分遗物散落棺外，特别是出土量占相当比例的脆弱质遗物。如果在现场进行常规的考古发掘与清理工作，缺乏合理性和针对性，可能会使原始有效的信息较快劣化或消失，其他遗存于较短时间内可能也会发生断裂、损伤、缺失等现象。如果海昏侯考古现场处于自然环境状态下，难于有效地控制相对区域的温湿度变化，也会造成遗存的劣化。为此，我们需要根据现场的出土状况和环境条件，对主棺和其他重要遗存实施现场包装、异地迁移的方式，并在室内环境可控的前提下，开展实验室考古的发掘与清理工作，对遗存进行妥善的处置和保护。

　　海昏侯的主墓室部分出土遗存层位较多且复杂，上方是主棺遗存，底端为椁室地板，上下相互叠压。由于椁室底板同为出土遗存的保护对象，不具备常规墓葬箱体包装的条件，所以需要采取适合于该出土遗存的包装形式，也就是下文介绍的主棺整体包装的措施。

作者：李存信，北京市，中国社会科学院考古研究所，副研究员。

图一　主棺出土状况

一、现场遗存的包装与迁移

（一）主棺的箱体包装

墎墩汉墓M1主棺是由棺床（也称輴轴）、外棺和内棺组成。主棺现存长380、宽160、高30—50厘米（棺头、棺尾不一），面积约6平方米。主棺为不规则形态，主要原因是椁室倒塌叠压所致。椁室盖板是由若干根条形木组成，长宽不一，宽约60、厚25厘米，由于长期浸泡在水中，完全处于泡水状态，很大程度上增大了木质的实际重量，其木质结构和外观完整程度基本保持着原始状态。椁室盖板倒塌时，巨大的下压重量对主棺侧板和端板造成了十分严重的破坏，致使该部分遗存变形、崩裂、粉碎，或缺失。从该遗存的出土情况判断，内、外棺侧板和端板的规格、形制结构等信息已难查寻。主棺下方的支撑体是双层排列有序的椁室底板，规格与盖板等同，椁室底板同为出土遗物，也是重点保护对象。由于棺床底部没有实施掏挖的空间，那么要采用何种方式，才能对主棺遗存进行整体套箱包装，需要认真思考。即在考古工地现有的条件下，规划设计出一种简单易行、方便操作且行之有效的方法是关键，我们采取的方式阐述如下。

1. 使用金属框架结构固定主棺

棺床（也称輴轴）呈"日"字形结构，左右两边框的长约380、高23、宽20厘米，纵木与横木之间的榫卯连接方式清晰可辨，木质框架虽然部分破损或缺失，但是基本保持着原始状态，其木材质量相当坚固，为主棺的整体包装起取提供稳妥的材质基础。

由于主棺体积较大，也具有相当的重量，为保障其在吊装和运输过程中的绝对安全，使用符合国家标准规格之槽形钢，将其加工成与棺床规模相当的长宽，分别在其两端钻出孔洞，放置于棺床四周底端，使用锚杆将两侧槽形钢材加以固定，使外侧金属框架与棺床形成牢固的整体（图二）。

图二　金属框架固定

2. 包装箱体的侧板与端板组合

将制作完成套箱的四个边框置于金属框架上方，再将木质边框与金属框架间连接坚固（图三）。

3. 箱体底板的安装

棺床部分与金属框架、木质箱体已经连接为整体，其稳定程度应该是比较坚固的。此时，使用起重设备将整体套箱包装的一端进行缓慢抬起，至其高度与底板厚度一致的空间距离具备时，再把加固完成的底板快速穿置于金属框架底部，并予以临时支垫处理。随后，把起重设备转到箱体包装的另一端，按照上述操作方式对该范围内底板实施置放，这个程序完成后，就拆下吊装绳索，至此，金属框架下方底板全部放置到位。再使用已经加工完成的扁铁，将底部插板和箱体侧板相互进行连接，并对套箱的两侧、两端和底板部分别连接坚固，最后组成完整的独立包装箱体。

4. 填充箱体内侧空间

箱体就位之后，使用柔软纸张铺设于棺内遗存表面，此上再铺两层塑料薄膜。遗存与木质边框之间的缝隙和遗存上方的空间需要使用潮湿土填充，并对其进行拍打加固，填充物需要与周围箱体边框保持同等高度。随后将箱体盖板安装固定，主棺的现场包装程序结束（图四；图五）。

（二）吊装运输

主棺包装箱体不仅体积较大，而且也有一定的重量，需要由专业人员具体实施吊装，才能保证迁移的顺利和安全。首先要采取必要的防震措施，即在运输主棺的车辆表面衬垫了一层较厚的泡

图三　底板与侧板连接

图四　填充包装物

图五　完成包装

沫，然后在运输车辆的底部泡沫之上衬垫海绵，再在遗存箱体的四周与车辆边框的间隔内放置防震材料。另外，由于包装箱体内考古遗存均比较脆弱，故对运输工具和行驶道路都有要求，在运输途中车速不宜太快，力求平稳，避免或减少颠簸及碰撞，还要做好其他的安全防范工作（图六）。

图六　外馆盖吊装

二、实验室考古的发掘与清理

主棺遗存被顺利运到1000米外的实验室考古操作间后（海昏侯文物保护工作用房），为保证实验室考古发掘与清理工作能正常进行，且遗存能够得到妥善处置和保护，我们在操作间内配置了环境控制、移动航吊、液压升降与液压移动等必要的设备，以及部分分析检测仪器。

（一）外棺的开启与清理

1. 外棺的开启

包装箱体就位后，使用专业工具对箱体盖板实施拆除，清理遗存表面填充加固的土体，保护与保持棺盖表层完整和清洁状态。主棺的外棺盖板保持原有的出土形态，呈南端较低（墓主头部）北侧偏高，中部区域略有凹陷。在棺盖四周边缘下方与侧板和端板的衔接处，出现部分破损及缺失现象，棺盖厚约8厘米。从棺盖的外表观察，外观表层比较完整，其牢固状况应该具有相当强度。依据遗存现有的保存条件，经过充分协商和论证之后，确定了开启外棺盖板的方法和技术手段。

第一步，在主棺一端棺盖底部与端板连接的缝隙处加入两层衬垫，再使用金属工具插入衬垫中间，使之形成杠杆作用，缓慢进行撬动。其次，随着缝隙不断扩大，交叉替换不同型号的工具，使缝隙能够达到相应高度时，在缝隙内固定数块支撑物体，并迅速将加工制作呈相对一致的木棒横向插入缝隙空间，并抽出金属撬动工具。再次，抬起木棒两端，使棺盖底端缝隙逐渐向内侧移动，待其空间距离能够容纳另一根木棒时，插入第二根木棒。此时，需要将插入的两根木棒进行同步抬升，插入第三根，下一步操作程序以此类推。这样棺盖下方横向插入了八根木棒，基本属于等距置放，使每一区域的受力程度均衡分布，避免棺盖在操作过程中可能出现的弯曲变形、断裂破损的现象。

随后，使用航车把制作完成的木质框架吊运至适宜高度，在框架与木棒之间用绳索相互连接，绳索捆绑的距离与松紧程度需要一致，以确保棺盖起吊程序的同步性（图七）。

2. 外棺的清理

外棺盖开启完成后，棺内遗存主要集中在外棺的头厢内，其他区域多为主棺的内棺棺盖。头厢长约70（横向）、宽约50厘米，在此范围内，上层出土一个工艺制作精良的漆木盒。漆盒表面和侧面均嵌有多种图案和不同动物形状的金箔饰片，由于受到上方棺盖重压

图七　箱体开启

图八 头厢出土遗存

的影响，漆木盒已完全破损变形，被压成平铺状。漆木盒下方出土两枚玉璧，其中一枚装在上下可以扣合的木盒之中。现场记录资料完成后，将上述遗物按照程序逐一取出。底层出土了不同规格、数量各异的纯金制品，其中包括麟趾金、马蹄金、金饼、金板等（图八）。在拍摄影像、文字记录后，按照编号分门别类取出遗物。至此，外棺头厢出土遗物的清理工作结束。

（二）内棺的开启与清理

1. 内棺的开启

主棺内棺的开启方式与外棺操作程序相同，内棺棺盖保存状况基本完整，只是在靠近北侧一端的棺盖局部有断裂现象，厚约6厘米。在南侧一端棺盖下方与端板连接的缝隙处，使用金属工具插入缝隙之内，缓慢进行撬动，待缝隙能够达到一端高度时，迅速将木棒横向插入缝隙空间，内棺棺盖下方横向插入了六根木棒，同样也是等距离置放，使受力程度分散且均衡，防止棺盖于操作中出现不可预测的情况。随后，使用航车缓慢起吊并将其置放于利于操作的工作台面上。

由于顶部椁木倒塌形成巨大重量压力，将内棺侧板和端板被挤压成破碎状，外形变化严重且散落于棺外周边。棺内所有出土遗存被压缩在约为5厘米厚的空间内，多数遗物均成扁平状，形状出现扭曲，并且互为叠压。由于埋葬环境及水土内含较高的酸性物质，致使墓主人遗骸几乎完全朽蚀且不存。墓主人腰间至足端上方表层似保留有已经泥化的纺织品（图九）。

图九 揭取内棺盖

2. 内棺的清理

内棺的清理共分四层。

（1）第一层遗存

内棺南侧为墓主人头厢部分，在该区域内出土了11件漆木盒和1件青铜长方形盒，规格不一、大小不同且存在叠压关系，这些遗物都被内棺盖板压成了扁平状，盒内的出土何物还待开启后再解读。

内棺头厢北侧为墓主人头部所在，上面覆盖一层夹纻髹漆敷面（也称温明），覆面表层置2枚直径各异、厚度不一的玉璧。在墓主人的颈、胸、腰等部位清理出规格各异的玉璧15枚。

上述遗存的影像拍摄、图表绘制（纸本及电子图）、登记编号、三维模型构建、文字描述等资料记录程序全部结束后，按照考古规程将遗物一一取出，并且分类予以妥善包装。

（2）第二层遗存

将覆盖于墓主脸部的玉璧取出后，下面是墓主人的上下颌牙齿，保存状况较好，具备一定的牢固程度。对其采取适宜的固定支撑处置后，将其妥善取出，放入密封包装盒内，以备此后研究利用。

墓主头部下面有一木枕（也称玉枕），已被压成平板状，表面髹褐色漆。根据现有遗存的基本形态，其长约50、宽18、高4厘米。在玉枕表面和侧面镶嵌有8枚素面玉饰，分别位于墓主头部下方、前侧和左右两侧，于玉枕两端相互对称的位置上，呈侧立状放置8枚规格不一的乳丁纹玉璧和透雕玉环，但均已断裂破碎，还有部分缺失（图一〇）。

在墓主人身体两侧中部，左侧出土一把较完整的青铜剑鞘的玉具剑，右侧出土一把带铁剑鞘的玉具剑，剑鞘为木质夹纻髹漆，后者存在断裂现象，玉质的剑首、剑格、剑璏、剑珌虽然部分断裂破碎，但是基本保持完整形态。在墓主人腰间和腹部下端及身体两侧，出土了多件玉、玛瑙、琥珀和角质小饰件。墓主腰间右侧出土一组合串饰，包括玉质印章和韘形佩、铁质书刀及2枚水晶饰件（图一一）。

（3）第三层遗存

为金丝缕编缀的琉璃席，长198、宽54厘米（图一二），该数据包括琉璃席四周的包边，包边宽约3厘米，厚度应与内侧琉璃席片相近（已部分腐蚀，现存厚约0.2厘米），底层为植物纤维组成，中间层由不规则与无规律的金箔片和红色彩绘互为镶嵌点缀，表面覆盖有一层云母片。云母片材质十分脆弱，多数已破碎，有缺失。琉璃席是由纵向32片、横向12片组成，总数量为384枚，每片长约6、宽约4、厚0.3厘米。

每枚琉璃席的四个角端，均有加工呈正面小、背侧较大单向钻磨的穿孔，使用金缕将相近的四枚琉璃席片互为连接组合。

图一〇　镶玉木枕

图一一　腰部饰件

图一二　琉璃席保存状况

从墓主人头端到膝盖，该区域的琉璃席断裂破碎，且局部略有残损，但基本没有缺失，并且具备相应的牢固强度。起取的方法为：统一编号，按照纵排、横排的顺序，使用适宜的小托板将每一块的组合部分进行拼接码放，装入合适的包装盒内，以待后期实施清理、拼合、粘接及复原。

膝盖以下至足端下面的琉璃席片多数表面已经高度粉化，材质完全泥化，边缘无法识别。对此采取的措施为：使用玉石文物加固剂对琉璃席片进行滴渗加固，待其达到一定强度时，将横排作为一个单位，于其表面铺设一层医用纱布，把加温成液态状薄荷醇涂刷至纱布表面，透过纱布与琉璃席片互为衔接，两者能够快速成为一个组合体。纱布作为有效支撑体，可以对横排琉璃席片实施整体揭取，确保下面遗物的完整形态。

（4）第四层遗存

琉璃席片的处置和揭取程序结束后，其底端则是相对距离一致、规格相同的金饼。该层遗存是由纵向20枚、横向5枚合计100枚的金饼组成（图一三），每枚金饼直径约6厘米、厚约1厘米，重量250克，重量之差在1克之内。

图一三　金饼排列组合

从金饼的外表观察，其边缘和底端部较为光洁，中部向上略凹陷，上部表层呈虚弱状蜂窝形态，这种情况的存在，与铸造金饼的模具有关，主要原因应为模具与铸造金属液态之间的温差及排气不顺畅所造成的。百枚金饼多数都是素面的，只有数枚于底端出现十分规律的"V"字形，这是模具加工时留下的印迹，寓意不详。另外，也有数枚金饼于铸造完成后，在底端光洁处有数量不一的刻画文字，其含义目前未知。

由于埋藏时间的久远，金饼体积虽小但比重较大，以及上层遗存和土体的重压等多重因素的影响，在金饼逐一被取出后，内棺底板表层留下了百个深度不一的坑窝，纵向、横向原始排列，代表着每一枚金饼原始位置。

（三）棺床的清理

前文已对承载外椁和内棺的棺床简单介绍过，其木质外观保存完整。棺床是由两根纵木、三根横木、四个木质轮和表面铺设木板组成的，纵木与横木用榫卯结构连接，形成"日"字框架形状，框架长372、宽152、厚26厘米，框架顶端加工有榫槽，用于棺床表面铺设木板的嵌入固定。

纵木　长372、宽24、厚26厘米。两端及中部为榫卯结构。在两根纵木表面的内侧，都有宽、高约6厘米的榫槽，用于置放棺床顶端木板。在两根纵木两端的底部区域内，分别掏挖出长方形孔洞，长35、宽14厘米，将木质轮镶嵌其中。在长方形孔洞的左右两侧，有两个掏挖呈圆形的孔洞，用于固定轴体。在放置轮体的纵木表面约2厘米厚的板体已被下面的车轮顶开，局部呈破碎缺失状。

横木　长152、宽24、厚26厘米。三根横木两端各有榫卯结构（与纵木连接），南侧和北侧两条横木与纵木相似，表面内侧各有宽、高约6厘米的榫槽，中间横木高度为20厘米，与左右横木内侧榫槽处于同一高度，用于置放棺床顶端木板。

棺床轮体　数量有四个，直径31、厚12厘米。由于长期处于重压之下，轮体已严重变形，并有断裂、错位，且部分缺失，但棺床东北角的轮体保存较为完整。轮体中间有一圆形孔洞，直径约5厘米，内置木质轴体，均已出现断裂、残损和缺失现象。

棺床之床板　长339、宽84、厚近6厘米。平铺于棺床框架之上，床板基本完整，局部有裂隙现象。由于两端和中间的底端均有支撑，没有支撑的区域则出现部分凹陷，使床板表层形成波浪形状。

棺床之上置放外棺底板，长353、宽103、厚约7厘米，外棺底板表层呈素面，整体外观较完整。

外棺底板上置内棺底板，长271、宽87、厚5—10厘米。

三、结　语

我国每年考古发掘项目数以百计，出土不同材质的遗存数量众多，为考古学研究提供了十分丰富和信息准确的实物史料。但由于时间和地域的不同，其出土状况和保存形式也存在着较大差异，特别是出土量占相当比例的脆弱质遗存，需要在现场操作处置过程中采取适宜的方法措施，使出土的不同类型的遗存得到有效原始状态保存。考古田野现场均处于自然环境状态，难于有效控制相对区域之温湿度变化，那么，需要根据不同遗迹遗物出土状态，运用实验室考古现场应急处置的办法手段，对部分保存大体完整、出土状况复杂、无法在相应时间内完成发掘程序的各种遗存实施整体套箱包装处理。由于遗存底部支撑体状况的差异，如黏性土体、沙性土体、岩石，或下方存在其他遗存等，遗存的起取包装方法及程序各不相同。如何保持遗迹遗物原始出土状况，经过稳妥的包装程序，顺利并安全的运输至实验室内，在温度和湿度完全可控的环境里，对遗存实施合理发掘清理和有效保护。

实验室考古发掘不是简单地把发掘对象搬迁到室内进行清理，而是在运用更多科技手段和设备进行有条不紊地考古发掘的同时，随时对不同材质的标本样品进行科学检测，对其在发掘过程中的变化进行监测，对脆弱易损文物实施加固保护，对易氧化文物进行处置封护，对易干裂文物予以滋润，减缓、避免文物的劣化进程，保持遗存出土时的原始状态。与此同时，加大多学科项目合作的参与力度，及时提取不同文物的各种信息，观察研究遗迹遗物的各种现象，对其质地、结构、工艺等进行分析研究，并通过计算机进行模拟复原、通过实验考古进行实物复制。

考古现场有效处理是做好文物保护十分重要的一个环节，这一问题解决的优劣直接影响到文物保护最终结果。发掘工作的正常进行，地下遗存原有稳定环境和平衡状态被打破，环境改变可能直接导致有机质遗存腐化、灰化等现象，无机质遗存存在着酥解、破损等现象。如何在现场与考古发掘进程保持同步并先期介入，对出土脆弱质遗存进行应急处置保护，于此基础上，对规模较大、保存完整的遗存采取整体套箱包装就更加凸显其重要价值，充分利用实验室考古环境可控、节奏可控、时间可控及设备仪器的优势，把不同材质的文物保护保存下来并加以利用，为考古学科进一步深入研究提供准确信息和实物资料。

考古遗址的低空拍摄与三维重建

刘建国

随着无人机低空拍摄技术的不断发展和多视角三维重建等技术的日益成熟，对大、中型考古遗址开展低空拍摄与三维重建等工作成为可能。考古遗址的三维重建可以认为是将整个遗址的表面空间信息采集到计算机中，由此能够获取整个遗址高分辨率的正射影像图、数字表面模型、地形图等成果，为考古遗址的分析、研究、保护、规划、展示等工作提供高精度的数据支持。

大中型考古遗址的面积往往比较大，低空拍摄之前需要了解遗址大小、植被覆盖、地形起伏等情况，确定获取影像的地面分辨率大小和拍摄范围，制定较为详细的飞行与拍摄方案。对于有树木覆盖的遗址，最好选择在冬季拍摄。

由于目前很多考古单位都是使用大疆精灵（Phantom）4系列和御2专业版等无人机拍摄考古现场，所以本文以大疆精灵4系列无人机设置、拍摄为例，介绍相关参数设置与拍摄方法等内容。

一、大疆精灵4系列无人机设置

大疆创新科技有限公司的精灵4 Pro、精灵4 Advanced、御2专业版等无人机性能很好，飞行稳定，螺旋桨可快速装卸，最长飞行时间约为30分钟。搭载Flight Autonomy技术，具有GPS/GLONASS双模卫星定位系统、惯性测量单元（IMU：Inertial Measurement Unit）和指南针双冗余传感器，飞行拍摄时可以获取实时图像、深度、定位等信息。拥有2000万像素的传感器，在细节层次和暗光条件下的成像质量较好。它采用高性能影像处理器，支持4K视频拍摄，机械快门可以防止快速移动过程中的拖影。

为了使超低空拍摄的影像效果最佳，有必要在大疆飞行控制系统DJI GO 4中对精灵4 Pro等无人机进行一系列的设置。照相机方面应该设置感光度为100或200，光圈8，采用光圈优先模式（A模式），曝光补偿-0.3，弱光情况下可以适当增加光圈至6.3，确保曝光时间小于1/200秒。白平衡的K值为5600左右，影像长宽比设置为3：2，即以最大的2000万像素拍摄影像（图一）。

无人机飞行设置方面，最大飞行高度设置500米，距离限制可以不予设置，或设置为3000米，摇杆模式最好是美国手：左手摇杆控制升降与左右旋转，右手摇杆控制前后左右飞行。开启"允许切换飞行模式"选项，以便大范围拍摄时使用运动模式（S档）快速飞行，不过每次起飞时需要切换到标准模式（P档），起飞后再切换到运动模式（S档），以达到最快20米/秒的飞行速度（图二）。

电池设置中，低电量报警设置成15%，严重低电量报警为10%，同时打开低电量智能返航选项。大疆精灵4系列无人机近距离飞行时，电量低于10%会自动强制降落。如果飞行距离比较远，

作者：刘建国，北京市，中国社会科学院考古研究所，研究员。

图一　大疆精灵4系列无人机相机设置

图二　大疆精灵4系列无人机飞控参数设置

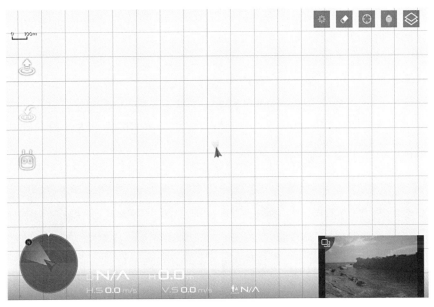

图三　DJI GO 4无人机地图显示界面

高度400米左右时，剩余40%以上的电量时可能就会自动返航，甚至降落，所以在山区、有遮挡的区域飞行拍摄时需特别注意。

　　尽量避免在遗址内升级无人机的相关软件、固件，应该在到达考古遗址之前完成，否则DJI GO 4会下载遗址及其周边的地图。每次无人机开机前，将用于监控的iPAD或手机设置为安全模式，断开网络连接。遥控器、无人机等开机、自检完成之后，将DJI GO 4的界面切换到地图模式，由于没有下载地图，所以操作界面上只显示浅色的网格（东西与南北方向），依据浅色网格线可以操控无人机沿直线往返飞行，无遗漏地完成整个遗址的拍摄工作（图三）。

二、平坦地域的遗址拍摄

　　对于地面平坦的遗址，可以使用相同的飞行高度进行拍摄，一些无人机能够设置自动巡航功能拍摄整个遗址，操作非常简便。飞行高度根据获取影像的分辨率来决定，以2000万像素的大疆精灵4 Pro无人机为例，飞行高度215米左右可以获得5厘米分辨率的正射影像，飞行高度430米左右可以获得10厘米分辨率的正射影像。一般较大的遗址可以输出10厘米分辨率的正射影像图，考虑到遗址内可能存在一些沟谷等低洼地带，相对飞行高度一般为400米左右。

大疆精灵4系列等无人机拍摄的影像记录有拍摄瞬间的位置数据（WGS84坐标系），一些多视角三维重建、倾斜摄影等软件都可以根据这种数据对三维模型进行控制，平面坐标的相对精度比较好，对于绝对精度要求不高的遗址调查等工作来说，可以不用设置高精度的地面控制点。地势平坦遗址的拍摄比较简单，无人机作往返飞行，照相机垂直向下拍摄，飞行方向（航向）相邻影像75%以上重叠，相邻航带（旁向）50%以上重叠，全面覆盖整个遗址即可（图四）。

手动控制无人机飞行拍摄时，首先根据遗址范围的大小制定简单的飞行拍摄方案。即便是小型遗址（10万平方米以内）也建议拍摄1平方千米以上的范围，无人机从遗址中心位置起飞，切换到运动模式（S档），然后升空并同时向东南或西南方向飞行，从监控显示器上监测飞行方向、升空速度、水平速度、飞行距离等参数。待水平距离达到750米左右且高度合适时，可以将其作为飞行航线的东南（或西南）角点。切换监控界面进入地图模式，调整格网左上角的比例尺为100米，无人机飞行至附近格网交叉点，调整飞行方向为正南北方向，开始沿格网线一边向北飞行一边拍摄，大致每个地点可以拍摄到相邻的4幅影像之中。与起飞点水平距离达到750米左右时停止向北飞行和拍摄，完成第一条航带的拍摄。所到达位置作为飞行航线的东北（或西北）角点，观察无人机拍摄的范围，记住影像中心点的大致位置，向西（或东）横向移动无人机，至横向移动前的中心位置到达影像边缘时停止，然后向南飞行拍摄第二个航带，完成后按照同样的方法横向移动无人机拍摄第三航带的影像，直至拍摄完成整个遗址（图五）。

图四　低空拍摄的相邻4幅影像重叠情况

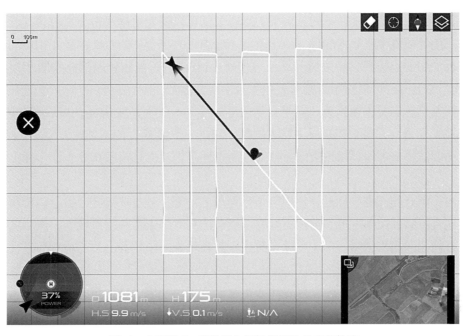

图五　大疆精灵4系列无人机拍摄遗址的飞行轨迹

图六　60米高度拍摄的4幅控制点标志板影像

　　使用手动控制无人机拍摄时，每块电池可以拍摄更大的范围。在平坦、无遮挡区域飞行时，无人机提示返航时可以手动取消返航继续飞行拍摄，直到开始自动下降时才手动控制返航，同时注意下降的高度，返航时最低相对高度应该保持在50米以上，如果自动下降速度太快就应该向前推动油门拨杆维持高度。

　　需要设置、测量地面控制点时，控制点标志最好摆放在拍摄区域四角附近的平坦位置，避免沿一条直线摆放。控制点标志一般使用4个具有红色、黄色三角形图案的环氧树脂标志板（图六），标志板的中心位置非常明显，在不同分辨率的影像上都可以精确地标定中心点位置。红、黄颜色在野外绿色、灰色等环境中也非常醒目，易于辨认。标志板大小合适的时候才能在拍摄的影像中清晰明显，易于标注中心点位置。一般情况下，飞行高度180米时，使用50厘米×50厘米控制点标志；飞行高度100米左右时，可以使用30厘米×30厘米控制点标志。

较大的控制点标志板不便携带，如果只携带有30厘米×30厘米标志板，可以在400米左右的高度拍摄全部遗址之后，在每个控制板上空大约200、100、60米高度的不同位置分别拍摄4幅影像，并确保60米高度的每幅影像都能拍摄到清晰的控制点标志板，而且控制点分布在影像上不同的位置（见图六）。

小范围内控制点的三维坐标最好使用电子全站仪或静态后差分GPS进行测量，使用电子全站仪的免棱镜方式直接瞄准控制点中心进行测量时，能够达到3—5毫米的测量精度，现场测量的控制点坐标数据最好使用照相机拍摄，以避免笔录时出现抄写错误。使用静态后差分GPS进行测量时的精度一般也能控制在5毫米以内。使用RTK测量控制点的平面精度为2—3厘米，高程精度大约是10厘米，基本能够满足大范围拍摄（影像空间分辨率为5—10厘米）的控制点精度要求。

三、山区遗址的无人机拍摄

对于地形起伏较大的大型山地遗址，尽量不要使用无人机的自动巡航方式在同一高度进行拍摄。应该首先下载遗址及其周边的卫星影像图和数字高程模型等免费数据，生成10米等高距的等高线与卫星影像进行叠加，再转换成投影坐标系（1954年北京坐标系或1980年西安坐标系）的数字影像（图七），并打印出A4幅面的纸质影像图。以便在无人机拍摄之前能够制定详细的飞行计划：具体拍摄范围、拍摄面积、首次起飞地点、谷底飞行高度、山顶飞行高度等等，使无人机在遗址内飞行拍摄的相对高度大致相同，确保每幅影像的地面分辨率大致相同。

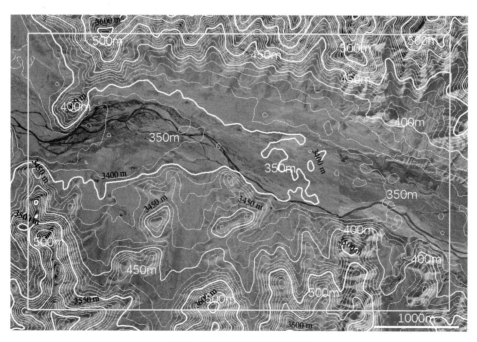

图七　山地遗址航拍规划图

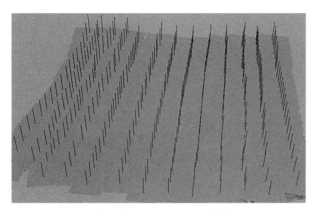

图八　低空拍摄山地遗址的影像位置图　　　　　图九　垂直和倾斜拍摄考古遗址的影像位置图

拍摄大范围的遗址时需要多次更换无人机电池，要求每次更换电池前暂停拍摄时无人机改变飞行方向，在飞行轨迹图中留下明显的转弯标记。更换电池之后无人机升空过程中飞向暂停拍摄点，高度和平面位置一致后继续拍摄。

纸质航拍规划图上可以标注影像比例尺、不同位置飞行高度、飞行范围等等相关内容，以便飞行拍摄过程中随时参照。

现场拍摄时每条航带长度应该不大于4千米，根据航拍规划图确定航带为南北方向，自西向东（或自东向西）逐条航带拍摄，操作无人机飞行拍摄的人员应该位于所拍摄航带中部附近，并随着拍摄进度自西向东（或自东向西）行进。参照DJI GO 4飞控界面中的格网，保持每条航带按照直线方向飞行拍摄，同时需要不断调整飞行高度，使遗址内不同局部的影像分辨率大致相同（图八）。

为了获得更好的三维重建效果，对于地表起伏较大的遗址、具有较深的探方壁等情况下，无人机垂直向下拍摄完毕，需要设置照相机倾斜，并作东西、南北方向往返飞行，从不同角度拍摄倾斜视角的影像，全面获取不同立面的空间信息，提升三维重建的精度（图九）。

使用携带一台相机的无人机拍摄一个区域的垂直和倾斜影像需要往返交叉飞行5次才能完成，需要花费很多时间，每一局部的垂直和倾斜影像中阴影差异往往比较大。有一些公司将5台索尼的镜头相机组装在一起，使用载重量较大的无人机携带，能够同时拍摄垂直向下和前后左右倾斜的5幅影像，飞行一次即可完成一个区域的倾斜摄影工作（图一〇）。

四、三维重建与坐标系设置

一个遗址拍摄结束，应该拷贝全部影像到计算机中，在拍摄现场进行简单检查或初步处理，确认拍摄区域内的影像覆盖是否完整，有没有遗漏的部分。最简单的办法是把全部影像加载到Agisoft Photoscan软件中，看看软件中显示的全部影像位置是否均匀分布（图一一）。间隔大的两幅影像需要局部放大后查出编号，再检查重叠度是否达到50%以上，最后再抽查一些影像看看是否清晰。如果有问题需要立即在现场进行补拍，没有问题才可以离开现场，回到室内使用高性能的计算机或图形工作站进行处理。

在遗址三维重建处理过程中，如果使用每幅影像记录的卫星定位信息进行遗址整体定位，需要在"参考"面板中点击"转换"图标（图一一），打开"选择投影"面板（图一二）。然后在"更

图一〇　5镜头相机同时拍摄的5幅影像

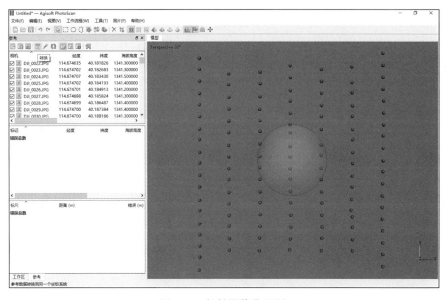

图一一　航拍影像位置图

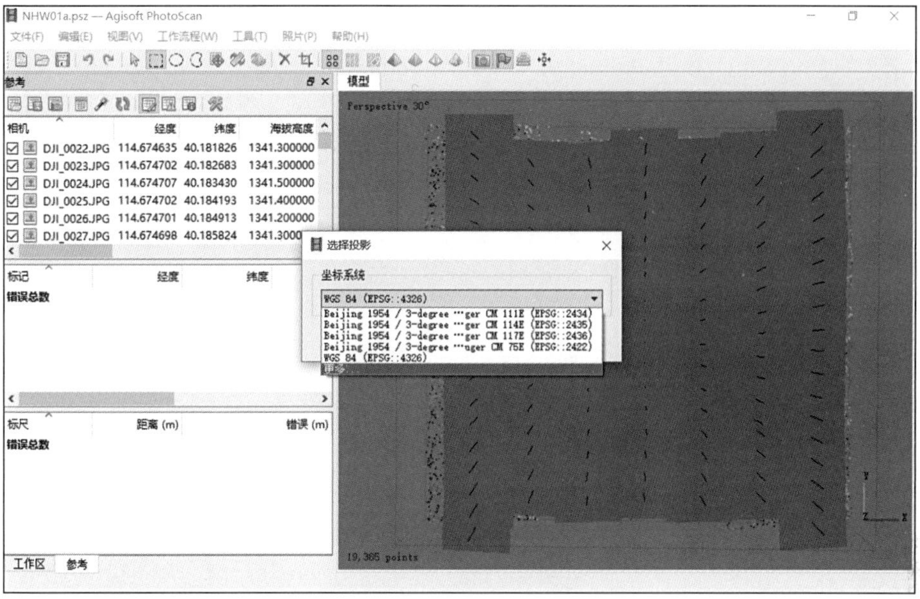

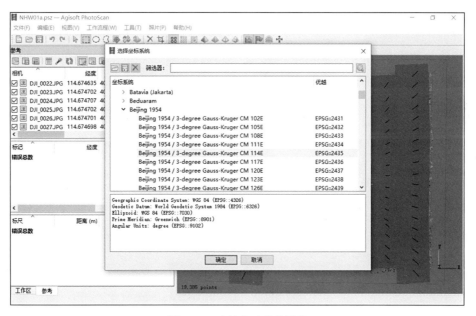

图一二　转换坐标系设置

图一三　选择合适的投影带

多"选项中收缩"地理坐标系统"，展开"投影坐标系统"，在"Beijing 1954"中选择与遗址范围内影像经度最接近的中央子午线的投影带（图一三）。确定后即可发现各影像的平面坐标由"经度""纬度"变成为"东距""北距"（图一四）。

　　考古遗址三维重建和坐标系设置完成之后，可以导出正射影像图、数字表面模型等成果，进而能够生成等高线图、遗址地形图等。

　　古城遗址数字表面模型往往能够显示城墙、城门、护城壕等重要考古遗迹的特征，为田野考古工作提供支持。安徽蒙城县坛城遗址三维重建后导出正射影像图和数字表面模型，正射影像图上显

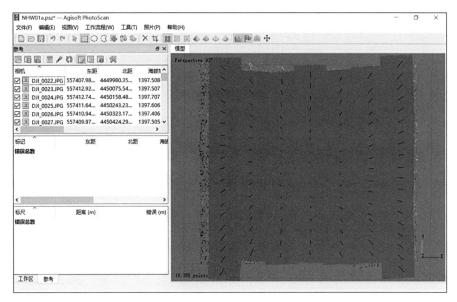

图一四　坐标系转换之后影像坐标的变化

图一五　坛城遗址正射影像图与数字表面模型

示的地表信息基本上都是农田和村镇，与现场调查时的观察到的情况一样。数字表面模型通过不同色调显示地势的高低起伏之后，能够清晰地辨认出深绿色调的护城壕，浅绿色的城墙及4座城门与瓮城的结构。由此可以推测这座古城应该大致呈正方形，每面城墙上有两座城门，每座城门的外侧很可能都有瓮城（图一五）。

五、结　　语

运用无人机低空拍摄技术，能够快速获取大、中型考古遗址的全方位空间信息，对遗址及其周边数千米乃至数十平方千米的范围进行三维重建，快速生成高质量的数字三维模型、正射影像图、数字表面模型、遗址地形图等数字成果，为遗址调查与发掘、人地关系研究、文化遗产保护、虚拟展示等提供精确的数据支撑。

考古遗址的数字三维模型，是整个遗址最全面、最真实的空间数据记录。生成的高分辨率正射影像图与精细数字表面模型，能够满足研究考古遗址的布局、结构及其与周边环境之间相互关系的需要，为探究古代人地关系模式、复原遗址形成过程奠定良好的基础。

随着农田改造、城镇建设和自然侵蚀程度的不断加剧，考古遗址的地面景观会变得越来越远离本初状态而难以重建其原貌，所以今天制作的遗址三维模型及其拍摄的原始影像数据，必将成为未来考古遗址研究的重要数据资源。

海上丝绸之路：环境、人文传统与贸易网络

姜 波

一、海上丝绸之路是风帆贸易的海上交通线路

海上丝绸之路是古代人们借助季风与洋流，利用传统航海技术开展东西方交流的海上通道，也是东、西方不同文明板块之间经济、文化、科技、宗教和思想相互传输的纽带。简言之，海上丝绸之路就是古代风帆贸易的海上交通线路。参与海上丝绸之路贸易活动的族群主要有：古代中国人、波斯—阿拉伯人、印度人、马来人以及大航海时代以后的西方殖民贸易者。以古代中国为视角，海上丝绸之路形成于秦汉时期，成熟于隋唐五代，兴盛于宋元明时期，衰落于清代中晚期。海上丝绸之路既包括国家管控的官方贸易，也涵盖民间自发的贸易形态。官方贸易以郑和下西洋（1405—1433年）为巅峰，民间贸易则以明代"隆庆开海"（1567年）为标志，曾一度达到极度繁盛的状态。

海上丝绸之路反映了古代不同文明板块之间及其内部的文化交流。从很早的时候，就形成了相对独立的贸易圈，如东北亚贸易圈、环南海贸易圈、孟加拉湾贸易圈、波斯湾—阿拉伯海—红海—东非贸易圈和地中海贸易圈，由此而对应形成了古代东亚儒家文明圈、印度文明圈、波斯-阿拉伯文明圈和地中海文明圈[1]。

由不同族群主导的海上贸易活动形成了各自的贸易线路与网络，古代中国人的海上贸易线路，以郑和航海时代为例，其主要的海上航线为：南京—泉州—越南占城—印度尼西亚巨港—斯里兰卡"锡兰山"（加勒港）—印度古里（卡利卡特）—波斯湾忽鲁谟斯（霍尔木兹）。这条航线将环南海贸易圈、印度—斯里兰卡贸易圈和波斯—阿拉伯贸易圈连贯成一条国际性的海上贸易网络，并进而延展至东非和地中海世界。进入地理大发现和大航海时代以后，西方殖民贸易者建立了有别于古代波斯—阿拉伯、印度人和中国人的贸易航线，如葡萄牙人的贸易线路为：里斯本—开普敦—霍尔木兹—果阿—马六甲—澳门—长崎；西班牙人的贸易线路为菲律宾马尼拉港—墨西哥阿卡普尔科港—秘鲁。澳门—马尼拉则是对接葡萄牙人贸易网络与西班牙人贸易网络的航线。

港口遗址是海上丝绸之路文化遗产的代表性遗存。中国境内的主要海港遗址有广州港、泉州港、福州港、漳州港、宁波港、南京港、扬州港、合浦港、登州港等。海外的港口，主要有越南的占城、印度尼西亚的巨港（旧港）、马来西亚的满剌加（马六甲）、斯里兰卡的加勒港、印度的古里（卡利卡特）、波斯湾口的忽鲁谟斯（霍尔木兹）等。西方殖民贸易时期形成的港口则主要有：

作者：姜波，北京市，国家文物局水下文化遗产保护中心，研究员。

里斯本、开普敦、霍尔木兹、果阿、马六甲、巴达维亚、马尼拉、澳门、长崎等。

由于海上丝绸之路的发展，形成了诸如广州、泉州、马六甲、古里等著名国际海洋贸易集散港口，同时还形成了诸如斯里兰卡、琉球、马尔代夫这样的贸易枢纽。而在古代中国，由于面向东南亚和东北亚海外贸易的发展，分别形成了广东上下川岛和浙江舟山群岛两个"放洋之地"（意即"远航出海之地"）。

二、季风与洋流：形成海上丝绸之路的自然因素

海上丝绸之路是人类交通文明的智慧结晶，它的形成经历了漫长的历史进程。初期的海上航行，最主要的方式是贴岸航行和跨岛航行。前者不言自明，即沿海岸线航行；后者则是沿岛链航行，如自登州港起航跨庙岛群岛抵达辽东半岛的航行活动；自琉球经奄美群岛等向北直抵九州岛的航行活动；印度尼西亚群岛海域的跨海航行活动；自印度东北部起航经安达曼群岛抵达苏门答腊岛的航行活动，等等。这种航海活动，多以地文坐标作为导航标志，多系短途航行。

真正形成远洋贸易的海上丝绸之路，则是利用季风与洋流开展的航海活动。

无论是古代中国、印度、波斯—阿拉伯还是地中海世界，人们很早就不约而同地发现了季风的规律。以中国东南沿海与东南亚地区为例，每年的冬季，盛行东北季风，风向从中国东南沿海吹向东南亚；每年的夏季，盛行西南季风，风向从东南亚的印度尼西亚、马来亚半岛一带刮向中国东南沿海。正因南海海域的季风存在这样明确而守时的规律，古代中国航海家称之为"信风"。居住"季风吹拂下的土地"上的人们，天才地利用季风规律，开展往返于中国东南沿海与东南亚地区之间的海洋贸易，冬去夏回，年复一年[2]。

作为连接太平洋与印度洋的马六甲海峡，正好位于季风贸易的十字路口，古代船队到达这里的港口以后，需要停泊一段时间，等候风向转换，再继续航行，由此形成了印度尼西亚的巨港和马来西亚的满刺加两大海港。中国雷州半岛的徐闻、印度西南岸的古里，因为也是季风转换的节点，所以很早就成为海洋贸易的港口。

风帆贸易的传统，使得"祈风"成为一种重要的海洋祭祀活动。泉州九日山的祈风石刻，便是这种祭祀传统留下的珍贵遗产（图一）。祈风石刻位于福建省南安县晋江北岸的九日山上，现存北宋至清代摩崖石刻75方，其中航海祈风石刻13方，记载自北宋崇宁三年（1104年）至南宋咸淳二年（1266年）泉州市舶司及郡守等地方官员祈风的史实，堪称研究宋代泉州港海上丝绸之路的珍贵史迹[3]。

洋流也是影响海上航行的重要因素。例如太平洋西岸的黑潮，是流速、流量都十分强劲的洋流，对古代福建、台湾海域的航行有重要影响。横跨太平洋的"大帆船贸易"（1565—1815年），正是因为西班牙人发现了北太平洋洋流规律（即北赤道暖流—黑潮—北太平洋暖流—加利福尼亚寒流的洋流圈），才得以实现菲律宾马尼拉-墨西哥阿卡普尔科港之间的航行。

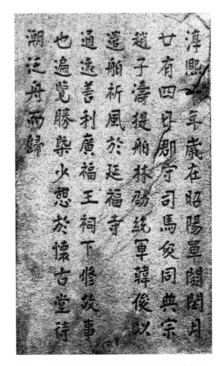

图一　泉州九日山祈风石刻（姜波摄）

自然因素影响下的风帆贸易，决定了海上丝绸之路航运特征。首先，由于季风的转向与反复，使得双向交流互动成为可能；其次，季风的季节性和周期性，使海洋贸易也具备了周期性的特征，如从中国东南沿海去东南亚，冬去夏归，一年一个周期；如从中国去往印度洋，则需在马六甲等候风向转换，再加一个年度周期完成在印度洋海域的航行，故郑和前往波斯湾等西洋地区，至少要以两年为一个贸易周期。最后，由于季风与洋流的影响，使海上丝绸之路具有港口转口贸易的明显特征，即中国航海文献所称"梯航万国"，像阶梯一样一站一站地实现货物的转运，同时也使海洋贸易达到前所未有的规模与广度。

三、文明板块与航海传统：海上丝绸之路的人文因素

海上丝绸之路是不同文明板块之间交流的海上通道。由于自然资源与人文传统的不同，基于各自的地理单元，旧大陆形成了不同体系的文明板块，各板块的资源、产品、科技、宗教与思想存在自身的独特性，使交易与交流成为可能。

以中国为核心的东亚板块，参与海上丝绸之路的贸易品主要有丝绸、瓷器、茶叶、铁器、铜钱等；东南亚板块则有名贵木材、香料等；印度—斯里兰卡板块则有宝石、棉布等；波斯—阿拉伯板块则有香料、宝石、玻璃器、伊斯兰陶器等；地中海板块有金银器、玻璃等；东非板块则有象牙、犀牛角等（殖民贸易时代甚至"黑奴"也成为贸易品）。大航海时代以后，美洲的白银、欧洲的羊毛制品等也成为重要的贸易货物。

从考古实证来看，海上丝绸之路已经使古代世界形成国际性的贸易网络，我们不妨以中国龙泉窑的一种产品—龙泉窑荷叶盖罐为例，来解读日本学者三上次男先生所谓的"陶瓷之路"（图二）。在龙泉窑大窑枫洞窑址上发现了荷叶盖罐的残件，确证这种产品的主要烧造地点就在浙江龙泉窑；在宁波港"下番滩"码头和泉州港宋代沉船上均发现了荷叶盖罐，结合文献记载，证明宁波港、泉州港是此类瓷器集散和装运出海的港口所在；韩国新安沉船是元"至治三年"（1322年）宁波港始发的一条商船，船上发现的荷叶盖罐可以看作是此类陶瓷产品装运出海的考古实证[4]。翻检海上丝绸之路各沿线港口遗址考古材料，可以看到荷叶盖罐在东南亚、日本、琉球、印尼、波斯湾、东非、土耳其等地均有发现，"窥一斑而知全豹"，由此可以看出中国外销瓷从窑址到港口到海外终端市场的贸易网络。

再如古代从海外输入中国的宝石，源于印度、斯里兰卡等地，却在中国明代墓葬中大量发现，尤以北京发掘的明定陵（万历皇帝朱翊钧与孝端、孝靖皇后合葬墓，下葬年代1620年）和湖北钟祥发掘的明梁庄王墓（梁庄王朱瞻垍与夫人魏氏的合葬墓，下葬年代1451年）为著[5]。明墓发现的宝石，品种主要有红宝石、蓝宝石、猫眼石、祖母绿等（世界五大品类的宝石唯有钻石尚未被发现，但文献记载有海外采购之举）。郑和航海文献，详细记述了郑和船队在海外采购宝石的史实，如巩珍《西洋番国志》载"（忽鲁谟斯）其处诸番宝物皆有。如红鸦鹘（红宝石）、刺石（玫瑰色宝石）、祖把碧（绿宝石）、祖母绿（绿宝石）、猫睛石、金刚

图二　韩国新安沉船出水龙泉窑荷叶盖罐
（引自《大元帆影》）

钻、大颗珍珠……"，云云，特别是书中记述的宝石名字，
还是按波斯语中的称呼来记载的。与梁庄王墓宝石一同出土
的还有郑和下西洋带回的"西洋金锭"（图三），生动佐证
了这些宝石应该是从印度、斯里兰卡等产地或满剌加、忽鲁
谟斯等交易市场购入的[6]。

四、海上丝绸之路的文化遗产与历史价值

海上丝绸之路留下的珍贵遗产生动展示了各文明板块之
间的文化交流，使我们可以通过解读港口、沉船和贸易品等
考古遗迹，探究海上丝绸之路上古代族群、语言和宗教的交
流史实。

海上贸易与族群之间的交流，首先需要解决语言交流的
问题。泉州出土的多种语言碑刻，展示了作为国际性海港城
市的族群与语言多样性。例如，泉州发现的元代至治二年

图三　明代梁庄王墓出土的"西洋金
锭"（引自《梁庄墓墓》）

（1322年）"阿含抹"墓碑，用汉文与波斯文书写（阿含抹本人是一名波斯与汉人混血儿），说明
当时的泉州有波斯语族群。波斯语是当时海洋贸易的国际通用语言，正因如此，郑和下西洋时曾专
程前往泉州，在泉州招聘翻译，史称"通事"。《星槎胜览》和《瀛涯胜览》的作者费信与马欢，
就是当年郑在泉州招聘的两位"通事"，其传世之作成为研究郑和航海的珍贵史料。

海上贸易活动，需要有通用的货币与度量衡，以方便实现价值交换。中国铜钱，以其轻重适
宜、币值稳定且携带方便成为东北亚、东南亚海上贸易的流通货币，甚至于成为周边国家的流通货
币。由于货币外流过甚，以至于宋元明清政府不得不颁布限制铜钱出口的政令，以遏制铜钱外流造
成的国内货币短缺。韩国新安沉船出水中国宋元铜钱28吨，总数高达800万枚之多，由此可见中国
铜钱外流之严重，也印证了中国铜钱在东亚国际贸易中的重要地位。与此相对应，在阿拉伯海—印
度洋海域，金银币成为海洋贸易的流通货币，而这一现象，竟被中国古代文献记载下来，《后汉
书·西域传》载："（大秦）以金银为钱，银钱十当金钱一。与安息、天竺交市于海中，利有十
倍"。与货币一样，海上贸易也促使不同地区在度量衡制度方面的交流，这些既有文献依据也有考
古实证，比如印度的杆秤与中国的天平，学界早有讨论。有意思的是，韩国新安沉船上出水了中国
宁波港商人携带的秤砣—"庆元路"铁权，堪称海上贸易在度量衡交流方面的实证。

作为海上丝绸之路的运输工具—帆船，也存在着造船工艺的交流。中国帆船（以福船为代
表）、阿拉伯帆船和西班牙大帆船是历史上有名的海船类型。以宋代海船为例，著名者有"泉州湾
宋代沉船""南海一号""华光礁一号"等，均系福船类型的代表之作。印度尼西亚海域发现的
印旦沉船、井里汶沉船、勿里洞沉船等，虽然船货以中国瓷器为大宗，但船型均属阿拉伯帆船。
菲律宾海域发现的"圣迭戈"号沉船，则是西班牙大帆船的代表。现存英国国家航海博物馆的
"CuttySark"号茶叶贸易船，则可以看作是殖民贸易时代晚期快速帆船的典型代表。这里要特别提
到的是，由于海上丝绸之路上的交流，造船工艺也出现了中西交流的现象，宁波发现的"小白礁一
号"可以看作是一个典型的例子。这艘清代道光年间的沉船（发现了越南和日本钱币），造船工艺
方面既采用了中国传统的水密隔舱和舱料捻缝工艺，也采用了密集肋骨、防渗层等外来造船工
艺[7]。又，据学者研究，横跨太平洋贸易的西班牙大帆船，也有不少是福建工匠在马尼拉修造的。

不但造船工艺存在中外技术交流，导航技术也有技术交流的史实。一般认为，以马六甲海峡为界，以东的南海海域，主要采用中国古代的罗盘导航技术，形成"针路"航线；以西的印度洋海域，主要采用阿拉伯的天文导航技术，即文献中的"牵星过洋"。令人称奇的是，反映郑和航海线路的"郑和航海图"，既准确绘出了的南海海域的"针路"，同时在海图的末端，即波斯湾附近，画出了北极星，正是阿拉伯"牵星过洋"的印迹[8]。作为海上丝绸之路晚期导航所用的海图，也出现了中、西绘图技术的交融，如牛津大学包德林图书馆所藏"东西洋航海图"（17世纪早期海图），既可以看出中国传统山水地图的影子，也可以看出西方正投影海图的绘图方法。

海上丝绸之路反映了不同族群、语言与宗教之间的交流，突出地体现了文明交流与对话的遗产价值。泉州港的开元寺（佛教）、真武庙（道教）、天后宫（妈祖）、清净寺、摩尼寺以及印度教、景教遗迹，生动展示了国际海港宗教文化的多样性。斯里兰卡加勒港出土的"郑和布施锡兰山碑"，是郑和在永乐七年（1409年）树立的一块石碑，碑文用汉文、波斯文、泰米尔文三种文字书写，分别记述了中国皇帝向佛教、伊斯兰教和印度教主神供奉的辞文，堪称反映海上丝绸之路上不同族群、语言和宗教相互交流的代表之作[9]。

注　释

[1] 关于这一点，法国年鉴学派学者对地中海贸易圈的研究堪称经典，参阅：〔法〕费尔南·布罗代尔（Fernand Braudel）著，唐家龙等译：《地中海与菲利普二世时代的地中海世界》，商务印书馆，2013年。

[2] 〔澳〕安东尼·瑞德著，吴小安、孙来臣译：《东南亚的贸易时代》，商务印书馆，2010年。

[3] 黄柏龄：《九日山志》（修订本），上海辞书出版社，2006年。

[4] 沈琼华：《大元帆影：韩国新安沉船出水文物精华》，文物出版社，2012年。

[5] 姜波：《"海上丝绸之路"上的宝石贸易：以明定陵和梁庄王墓的发现为例》，见《新技术·新方法·新思路——首届"水下考古·宁波论坛"文集》，科学出版社，2015年。

[6] 湖北省文物考古研究所等：《梁庄王墓（上、下册）》，文物出版社，2007年。

[7] 顿贺、林国聪：《"小白礁Ⅰ号"古船研究》，见《新技术·新方法·新思路——首届"水下考古·宁波论坛"文集》，科学出版社，2015年。

[8] 向达校注：《两种海道针经》，中华书局，1961年。

[9] 姜波：《从泉州到锡兰山：明代中国与斯里兰卡的交往》，《学术月刊》2013年第7期。

我国国际考古合作的现状和问题

张良仁

2017年3月2日，我国考古界发生了一件大事，就是中国社会科学院考古研究所成立了外国考古研究中心。近20年来，我国的一些大学和文物考古机构陆续走出国门，到世界各国开展考古工作，已成燎原之势[1]。不过，我国学者走出国门不久，仍然缺乏经验和人才。外国考古研究中心的成立，可以"整合各方力量，发挥协同作用"，可谓恰逢其时[2]。借此之机，笔者梳理我国开展外国考古的历程，总结经验，发现问题，为以后外国考古的发展建言献策。

一、关注外国考古

从20世纪20年代考古学传入我国开始，我国学者就一直关心我国文化的起源问题，他们发掘渑池仰韶、安阳殷墟、日照城子崖和宝鸡斗鸡台遗址，同时关注中亚和黑海北岸的考古资料，都是为了回答这个问题。我国考古学家真正关心外国的考古工作是从20世纪50年代开始的。当时，我国各条战线都在学习苏联，考古学界也不例外[3]。在此过程中，我国学者不仅翻译了苏联的教科书和教学大纲[4]，而且翻译了一些中亚、西伯利亚的发掘资料和研究成果[5]。1960年以后，又因为与苏联决裂，我国学术界批判苏联修正主义，又翻译了一些苏联考古学资料[6]。1976—1984年，林沄在吉林大学开过《西伯利亚考古》课程，为此收集了苏联考古资料[7]。

由于外交工作的需要，20世纪50—80年代，我国考古工作者还翻译介绍了其他一些国家的考古文献。他们主要关注的是社会主义阵营和亚非拉第三世界国家，其中包括朝鲜[8]、蒙古[9]、越南、柬埔寨[10]、巴基斯坦[11]、印度[12]、阿尔巴尼亚[13]、捷克斯洛伐克[14]、罗马尼亚[15]、埃及[16]、秘鲁[17]、墨西哥[18]。有些学者如夏鼐、安志敏、王仲殊和余明谦还访问过苏联[19]、伊朗[20]、阿尔巴尼亚[21]、保加利亚[22]和越南[23]。我国考古工作者偶尔也关注希腊[24]、澳大利亚[25]、西欧[26]、美国[27]、和日本[28]的考古工作。虽然处于冷战时期，但是我国考古工作者没有与世界隔绝，仍然开展了一些学术访问和文献翻译。

二、迎进来考古

1978年改革开放以后，我国逐渐摆脱意识形态的束缚，学术环境逐步宽松。封锁了几十年的国门逐渐打开，一直关心我国考古的日本和西方学者纷纷来我国考察，收集资料，讨论学术合作；而我国学者出国访问日本和西方国家的机会逐步增加，交流我国考古发现和研究成果。受此影响，我国考古学在外国迅速发展，成果和人才培养稳步增长。与此同时，区系类型学逐渐成为我国考古学界的指导思想，我国考古学家集中精力研究各个区域的文化序列和我国文明的起源问题。遗憾的

作者：张良仁，南京市，南京大学历史学院，教授、博士生导师。

是，80—90年代，我国学者对于外国考古的关心反而大幅度下降了[29]。

在60年代，曾经有过一个国际合作考古项目，影响非常深远。50年代末60年代初，我国与苏联决裂，全国各界大批"苏修"，朝鲜政府积极响应，因此中朝两国关系比较亲密。据孙秉根先生回忆，1963年朝鲜政府要求到中国东北开展考古调查和发掘，得到了我国政府的批准。由此，中国科学院考古研究所和朝鲜社会科学院考古学与民俗学研究所组成了中朝联合考古发掘队，从1963年8月到1965年8月，前后历时两年，在辽宁、内蒙古、吉林和黑龙江调查发掘了新石器时代、青铜时代、高句丽和渤海时期的遗址。但是在整理阶段，中朝双方学者在一些敏感问题上发生了分歧。朝鲜学者认为"古朝鲜"起源于我国东北地区，渤海是高句丽的直接继承者，遭到了我国学者的反对。后来，朝鲜单方面出版了发掘报告，发表了上述观点。我国学者1996年在出版发掘报告时，压根不提中朝联合考古发掘队的往事[30]。

或许是中朝合作考古项目留下的阴影，中国文物考古主管部门在此后的60、70和80年代一直抵制国际合作。1978年中美建交以后，哈佛大学的张光直教授就极力推动中美之间的学术合作，当时哈佛大学和四川大学已经谈妥一个合作项目，但是因为种种原因流产[31]。进入90年代以后，由于我国进一步改革开放，外国考古学家才开始进入中国开展考古工作。

最先发展起来的是中美合作项目。1990年，张光直教授为寻找商文明，发起了商丘考古项目。为此，哈佛大学皮保德博物馆与中国社会科学院考古研究所开始了长达10年的合作，在商丘寻找最早的商城[32]。1992年，美国埃德沃考古学研究基金会与江西省文物考古研究所合作，考察和试掘了江西万年、乐平、分宜等地的洞穴遗址，1993—1995年发掘了万年县的仙人洞遗址，推动了稻作农业和陶器起源的研究[33]。2004—2005年，为进一步揭开稻作农业起源的面纱，美国哈佛大学人类学系与湖南省文物考古研究所在道县发掘了玉蟾岩遗址[34]。1995年以后，芝加哥自然历史博物馆、耶鲁大学和山东大学合作在山东省日照市两城镇开展区域调查和发掘[35]。1997年，美国明尼苏达大学科技考古实验室与中国社会科学院考古研究所合作，在安阳市境内的洹河流域开展区域调查，并因此发现了洹北商城[36]。1999年，内蒙古文物考古研究所、中国社会科学院考古研究所、吉林大学边疆考古研究中心和匹兹堡大学组成的中美赤峰联合考古队在赤峰地区的锡伯河、半支箭河、西路嘎河和阴河做了区域考古调查[37]。同年，加州大学洛杉矶分校、北京大学考古系和成都市文物考古研究所组成联合考古队，在四川省和重庆市调查古代盐业遗址，并发掘了忠县的中坝遗址[38]。这些项目不仅为我国带来了紧缺的经费和新技术，而且推动了我国考古学在美国的发展，哈佛大学、匹兹堡大学、加州大学洛杉矶分校和耶鲁大学纷纷培养我国考古学方向的研究生。

与此同时，一些欧洲国家也来到中国做合作项目。1993—2005年，法国国家科研中心中亚考古研究所与新疆文物考古研究所联合，在新疆克里雅河下游做了连续的考古调查与发掘，因此发现了丹丹乌里克、喀拉墩和圆沙古城以及一些佛寺壁画和毛织品[39]。2000—2002年，巴黎高等研究实践学院与武汉大学历史学院合作，发掘了河南南阳龚营遗址[40]。借着这些项目的东风，法国、德国和英国的一些大学也开始培养我国考古学方向的研究生。

随后日本学者也逐渐进入我国开展合作项目。1995年以后，日本佛教大学与新疆文物考古研究所合作发掘了尼雅遗址，发现了一座佛寺和一处墓地[41]。2002年双方又调查发掘了丹丹乌里克佛寺[42]。1995—1996年，日本的东京共立女子大学、滋贺县立大学、茨城大学与宁夏文物考古研究所、固原博物馆和北京大学组成的"中日原州古墓考古队"，合作发掘了固原的唐代史道洛墓、北魏田弘墓[43]。1998年，日本奈良国立文化财研究所与中国社会科学院考古研究所合作发掘西汉长安城遗址[44]。2003—2005年，日本秋田县埋藏文化财中心与甘肃省文物考古研究所合作发掘武威磨咀子墓地[45]。与此同时，一些学术机构如千叶大学、九州大学、京都大学开始培养我国考古学方向的研究生。

三、"走出去"考古

在21世纪之交，随着我国经济的好转，我国文物考古机构的工作经费逐渐充盈。在我国境内的国际项目仍然存在，但是得到审批的项目不多，到了今天还有8项（中日良渚、中美洮河流域、中美两城镇、中美大凌河流域、中美归城、中美曲阜、中美石寨山）。这是一件让人遗憾的事情。虽然我国考古机构现在不缺经费，但是开放国门仍然是非常重要的。我国考古学不仅要面向国内，还要面向世界，而外国学者的参与是最好的宣传我国考古的方式。遗憾的是，研究我国考古学的外国学者本来就不多，近几年人数虽然还在增长，但是非常缓慢。

与此相反，我国文物考古机构开始走出去，由周边国家开始，逐渐走到了遥远的伊朗和中美洲。2012年以后，随着我国政府推行"一带一路"倡议，走出去的机构和发掘项目都越来越多，迄今已经在13个国家开展了22个项目（表一）。需要说明的是，我国学者参与的外国考古项目，如2000年中国社会科学院考古研究所到德国发掘美伦艾克遗址[46]，2017年武汉大学到吴哥城洞里萨特（Prasat Tonle Snguot）遗址的发掘[47]，2017年中山大学到伊朗锡斯坦萨迪格（Tepe Sadegh）遗址发掘[48]，都不在本文的讨论范围。下面分区域来叙述。

表一   我国参与的外国考古项目统计表

国家	合作单位	项目	时间	经费来源
蒙古	内蒙古自治区文物考古研究所	青铜时代、匈奴、突厥、回鹘遗址	2005—今	商务部
蒙古	河南省文物考古研究院	高勒毛都2号墓地（匈奴）	2017—今	河南省文物局
俄罗斯	黑龙江省文物考古研究所	哈巴罗夫斯克市郊遗址（新石器时代）	2001	自筹
俄罗斯	吉林大学边疆考古研究中心	特罗伊茨基墓地（渤海国）	2004	自筹
俄罗斯	中国社会科学院考古研究所	库纳列依斯克城址（渤海国）	2005	自筹
俄罗斯	吉林省文物考古研究所	克拉斯基诺城址（渤海国）	2011	自筹
俄罗斯	南京大学历史学院	卡勒望湖-I和苏联路遗址	2015—今	自筹
朝鲜	延边大学	高句丽和渤海国遗址	2008—今	自筹
越南	四川省文物考古研究院、陕西省考古研究院	永福省义立遗址	2006	自筹
柬埔寨	中国文化遗产研究院、中国社会科学院考古研究所	周萨神庙遗址的发掘与保护	1998—1999	商务部
柬埔寨	中国文化遗产研究院	茶胶寺遗址的保护和修复	2009—2013	商务部
柬埔寨	中国文化遗产研究院	吴哥王宫遗址修复	2017—今	商务部
老挝	云南省文物考古研究所、四川大学历史文化学院	沙湾拿吉省Sepon矿区	2014—今	自筹、国家文物局
孟加拉	湖南省文物考古研究所	毗诃罗普尔遗址群	2014—今	湖南省文物局
印度	故宫博物院	奎隆港口	2017—今	国家文物局

续表一

国家	合作单位	项目	时间	经费来源
乌兹别克斯坦	中国社会科学院考古研究所	明铁佩城址	2012—今	中国社会科学院创新工程
乌兹别克斯坦	西北大学丝绸之路文化遗产与考古学研究中心	撒马尔罕盆地遗址群	2012—今	陕西省人民政府
哈萨克斯坦	陕西省考古研究院	拉哈特古城遗址	2017—今	国家文物局、陕西省文物局
伊朗	南京大学	纳德利土丘	2016—今	自筹、国家文物局
肯尼亚	中国国家博物馆、北京大学考古文博学院	拉穆群岛及其周边	2010—2013	商务部
肯尼亚	河南省文物考古研究院、山东大学	东非大裂谷吉门基石遗址	2017—今	自筹
洪都拉斯	中国社会科学院考古研究所	科潘城址	2015—今	中国社会科学院创新工程

（一）东亚和北亚

在东亚和北亚，我国考古机构在俄罗斯、蒙古和朝鲜开始了合作考古项目。

1. 俄罗斯

我国在俄罗斯的合作考古项目开始较早。2001年，黑龙江省文物考古研究所与俄罗斯科学院远东分院远东历史考古民族研究所一道，在哈巴罗夫斯克市郊发掘了一处遗址，获得了新石器时代早期（距今13000—9000年）的30余件人工石器和陶器[49]。2002年，中国社会科学院考古研究所派人赴海森崴，参加了库纳列依斯克城址的发掘，并考察了靺鞨时期的墓地和渤海时期的城址[50]。2004年，吉林大学边疆考古研究中心与俄罗斯科学院西伯利亚分院考古与民族研究所组成考古队，发掘了靺鞨文化的特罗伊茨基墓地。发掘出土的人骨资料在长春市和新西伯利亚市的实验室做DNA分析[51]。时隔7年，吉林省文物考古研究所与俄罗斯科学院远东分院远东历史考古民族研究所合作发掘了渤海时期的克拉斯基诺城址[52]。

上述项目虽然为四家单位发起，但是由于种种原因，均历时一年即行终止。这种情况在南京大学的俄罗斯项目得到了改观。2014年，南京大学与俄罗斯联邦阿尔泰国立大学签订合作协议，共同调查发掘俄罗斯阿尔泰（包括阿尔泰共和国和阿勒泰边疆区）的青铜时代和早期铁器时代遗址，目的在于研究额尔齐斯河沿岸的人群迁徙、冶金技术、农业和家畜传播。2015—2017年，联合考古队先后发掘了耶鲁尼诺文化（青铜时代中期）的聚落卡勒望湖-I[53]和萨加雷文化（青铜时代晚期）的聚落苏联路-I[54]，都得到了大量的陶片、兽骨、铜渣、铜器和铜锭。2017年7月，双方利用合作平台举办了阿尔泰国际化考古实习，把南京大学多个学科的本科生带到了阿尔泰共和国，发掘了一座古代游牧民族的墓地，并让他们开展多学科研究[55]。

2. 蒙古

在蒙古的合作项目大不相同，不仅延续时间长，迄今已经连续工作了13年，而且规模大，前后多家单位参与。这与商务部有力的经费支持不无关系。合作单位主要为内蒙古自治区文物考古研究所、蒙古国游牧文化研究国际学院和蒙古国科学院考古研究所和蒙古国国家博物馆。从2005年开始，联合考古队调查了蒙古国中东部地区的后杭爱省、前杭爱省、布尔干省、中央省、乌兰巴托市和肯特省等7个省市的30多个苏木，发现了青铜时代的多日博勒斤祭祀遗址、匈奴时期的高勒毛都墓地、突厥时期的温格图祭祀遗址和回鹘时期的哈剌巴拉嘎斯古城，重点发掘了回鹘时期的胡拉哈墓地和浩莱山谷墓地。其中浩莱山谷5号墓园中发现的回鹘壁画墓，是蒙古国境内发现的第一座壁画墓。此外，在和日木塔拉遗址还发现了柔然墓葬。中蒙联合考古队一边工作一边整理，已经出版了3部（4册）考古报告，发表了10多篇简报及研究论文，成果颇为丰硕[56]。

2017年增加了一个中蒙合作项目。河南省文物考古研究院与蒙古国乌兰巴托大学合作，发掘匈奴时期的高勒毛都2号墓地。其中1号墓葬群是该墓地规模最大的，也是目前蒙古国境内同时期墓葬中规模最大的。在此之前，乌兰巴托大学已经连续10年发掘了这座墓地，清理了1座大型主墓葬和20余座陪葬墓，出土保存完好的汉代马车、玉璧、玻璃器、金银器、铁器、陶器等遗物[57]。

3. 朝鲜

出人意料的是，以往十分封闭的朝鲜开始对我国考古学家开放。2008年以来，延边大学的高句丽渤海研究所与朝鲜社会科学院考古学研究所合作，调查和发掘了朝鲜境内的高句丽和渤海王朝的遗址。其中高句丽王朝的城址为平壤一带的青岩洞土城、高坊山城、青湖洞土城。渤海王朝的遗址为咸镜北道清津市的富居里石城（平原城）、富居里土城（山城）、独洞山城、延台峰烽火台、独洞烽火台、达莱沟墓群、延次沟墓群、合田墓群、玉生洞墓群、土城墓群、独洞墓群以及会宁的仁溪里土城、云头山城、童巾山城、弓心墓地[58]。合作富于成效，据报道，到2016年中方已经出版了6本考古报告[59]。

（二）东南亚

迄今为止，我国考古机构已经在柬埔寨、越南、老挝开展了考古工作。

1. 柬埔寨

在柬埔寨的合作项目也是商务部支持的援外项目。1998年，中国文物研究所接受我国政府的指令，参与联合国教科文组织的"拯救吴哥计划"。吴哥是9—15世纪柬埔寨的首都，历代君主曾先后建筑起三个都城，遗留下大量的古迹建筑。该所具体承担周萨神庙（Chausay）的维修与保护工作。周萨神庙位于吴哥城胜利门外，暹粒河西侧。目前尚未发现有关周萨神庙的历史记载，神庙也没有遗留下铭刻文字。根据法国学者的研究，周萨神庙为1113—1150年在位的苏利耶跋摩二世时期开始建筑的。从1998年开始，该所做了实地考察并完成了基础测绘工作。按照国际通行的工作程序，在维修工程实施之前，需要实施考古勘查与发掘工作。为此中国文物研究所和中国社会科学院考古研究所组成考古组，从事周萨神庙的考古调查、勘探、发掘[60]。

周萨神庙的维修工作于2007年完成，当年中国文化遗产研究院（前身中国文物研究所）又接受了二期援柬项目茶胶寺（TaKeo）的维修工程。茶胶寺位于吴哥城胜利门外，周萨神庙以东。它建于公元10世纪末、11世纪初，属于吴哥王朝黠耶跋摩五世和苏耶跋摩一世时期的印度教国家寺庙。中国文化遗产研究院的主要任务为寺庙结构加固、材料修复和考古研究。经过3年的前期勘察，2011—2012年，项目组在茶胶寺内外做了考古调查。20世纪30年代，法国考古工作者就曾经调查了茶胶寺内的五座建筑，在这次工作中，中国文化遗产研究院系统测绘记录了这些建筑，并发现该寺出土的一些瓷器来自中国宋元时期南方窑口或受到中国的影响[61]。2017年，中国文化遗产研究院又接受了吴哥城王宫遗址的发掘与修复工程[62]。

2. 越南

1992年夏天，四川省文物考古研究所和四川大学的学者听说越南冯原文化遗址出土了玉牙璋，可能与广汉三星堆遗址有联系。2006年，四川省文物考古研究院和陕西省考古研究院自筹经费，组成越南考古队，考察了越南北部红河流域的青铜至铁器时代的冯元文化、桐豆文化、扪丘文化和东山文化[63]。同时，他们发掘了永福省的义立遗址，前后工作近三个月，获得了与三星堆文化有一定联系的一批遗物。后来两家单位与越南博物馆保持互访，共同编写了发掘报告。2016年报告出版，越南考古项目也随之结束[64]。

3. 老挝

2014年，云南省文物考古研究所开始了在老挝的考古工作。在完成了三个重点区域的考古调查以后，2015年该所联合四川大学以及老挝历史研究所，在沙湾拿吉省的维拉波利（Vilabouly）地区开展了考古调查和勘探，为下一步合作考古发掘做好了准备工作[65]。

（三）南亚

近几年在孟加拉和印度开始了合作考古工作，遗憾的是在巴基斯坦目前还没有合作项目。

1. 孟加拉

2014年，孟加拉国的阿格拉索·维克拉姆帕（Agrasor Vikrampar）基金会向中国大使馆请求，让我国考古工作者帮助发掘毗诃罗普尔（vikrampura）佛教遗址群。据研究，它是公元8—12世纪孟加拉国的一个都城，著名的藏传佛教鼻祖阿底峡在这里出生、学习和传教。在中国大使馆的协调下，湖南省文物考古研究所与阿格拉索·维克拉姆帕基金会签订了长期工作协议，双方组成联合考古队，共同发掘毗诃罗普尔遗址群的一个遗址纳特斯瓦尔（Nateswar）。发掘工作从2014年一直延续到2017年，没有中断[66]。

2. 印度

喀拉拉邦位于印度半岛西南角。2014年，喀拉拉邦历史研究委员会（KCHR）在奎隆港口（Kollam Port）扩建工程中，陆续发现了大量的古代遗物。除了印度本地的陶器和铜币、地中海地区的玻璃器、两河流域的陶器，还有来自中国的瓷器碎片与铜钱。同年，委员会在帕特南遗址（Pattanam Site）也发现了一些中国瓷器碎片。应委员会的邀请，故宫博物院调查了两处遗址，并分类、记录和检测了两批中国文物。经鉴定，奎隆港口遗址出土的铜钱，年代约在公元8—14世纪；瓷器残片包含了产自浙江、江西、广东、福建等省的产品，年代约在公元10—14世纪；帕特南遗址出土的瓷器残片，主要是公元15—19世纪产自江西、福建的产品。2016年，故宫博物院与喀拉拉邦历史研究委员会、喀拉拉邦大学组成联合考古队，计划勘察和发掘奎隆港口遗址[67]。

（四）中亚

近几年来，我国已经在乌兹别克斯坦、塔吉克斯坦和哈萨克斯坦开始了合作项目。

1. 乌兹别克斯坦

2011年，中国社会科学院考古研究所与乌兹别克斯坦科学院考古研究所签订合作研究项目，计划用五年时间，系统调查与发掘费尔干纳盆地东部的明铁佩城址（Ming Tepa）。从2012年以来，双方组成联合考古队，从事考古勘探与发掘工作。到2016年为止，完成勘探面积5万平方米，发掘1100平方米。现在已经清楚，明铁佩城址由内城、外城两重城垣，内城城墙外侧分布有"马面"设施。城内发现有1号台基、2号台基和两条道路。发掘者认为，明铁佩城址是公元前2世纪至公元3世纪费尔干纳盆地的一座王城等级的城市[68]。

在勘探过程中，联合考古队采用了我国的洛阳铲和钻探技术，因而发现了外城，使得明铁佩城址的面积从500米×800米扩大到约2100米×1300米。在内城南城墙内，联合考古队发掘了一处手工业作坊区，清理出土坯房址5间，房内发现了火灶、大陶瓮、堆石等遗迹以及磨石、兽骨残骸等遗物。发掘者初步推测这是一处可能与皮革加工有关的、功能完备的作坊遗址。在外城东墙附近发现了一处墓地，并清理了其中一座完整的墓葬。该墓葬人骨保存完整，出土随葬品丰富，包括陶器4件、铜戒指1件、玻璃珠7件[69]。

西北大学在新疆哈密市巴里坤县天山北麓做了10年的考古工作，由此萌生了到中亚追寻月氏人遗迹的想法。2011年，它先后考察了塔吉克斯坦和乌兹别克斯坦境内阿姆河、泽拉夫善河流域的铜石并用时代、希腊化时代、前贵霜时代、后贵霜时代遗址[70]。从2014年开始，在陕西省人民政府中亚考古专项经费资助下，西北大学与乌兹别克斯坦共和国科学院考古研究所组成联合考古队，先重点调查了撒马尔罕州南部的西天山北麓山前地带的萨扎干（Sazagan）和兹纳克（Zinak）古代游牧聚落遗址，发现了大量圆形石堆墓和土堆墓，时代可能为公元前4至公元4世纪。西天山西端先后有塞种、萨尔马提亚、大月氏、哌哒等古代游牧民族驻牧，撒马尔罕盆地南缘的游牧民族遗存很可能属于这些民族[71]。次年，联合考古队发掘了萨扎干遗址的5座墓葬和居住遗迹，根据出土的遗物，这些文物都属于公元前2世纪至公元1世纪的早期游牧民族[72]。

2. 哈萨克斯坦

2017年，陕西省考古研究院向哈萨克斯坦派出考古队，开始调查与试掘拉哈特城址。拉哈特遗址位于天山北麓，伊塞克金人墓葬附近，传说是塞人的居址。拉哈特城址呈长方形，面积约25万平方米。考古队在城址内发掘了三条探沟，初步确定以一号高台为核心，以壕沟为界，周围分布若干居住区的格局[73]。

（五）其他国家

除了上述的周边国家，我国考古机构在较为遥远的伊朗、肯尼亚和洪都拉斯开启了合作考古项目。

1. 伊朗

由中亚再往西，我国考古学家的脚步沿着陆上丝绸之路迈进了伊朗。2016年，南京大学与伊朗文化遗产和旅游研究所（RICHT）签订了合作协议。同年，南京大学和伊朗文化遗产、手工和旅游组织北呼罗珊省办公室（相当于我国的省文物局）组成的联合考古队发掘了纳德利土丘（Tepe Naderi）。这座大型土丘位于阿特拉克（Atrak）河上游，北呼罗珊省希尔凡市区内，曾经是古代丝绸之路的一个中转站。根据前人的地表调查，纳德利土丘为一圆形土丘，使用年限从铜石并用时代一直延续到伊斯兰时期，前后延续近6000年。联合考古队采用洛阳铲找到了土丘的原始边缘，并发现了土丘外围的文化层。经测绘，土丘基础的直径达185米，土丘现存高度为20米，底部在现存地面以下5米。最后，发掘了一条长30米的探沟，跨越土丘内外，由此发现了从铜石并用时代到伊斯兰时期的文化堆积[74]。

2. 肯尼亚

在非洲，肯尼亚是"郑和下西洋"船队曾经抵达的地方，也是我国古代贸易经过的港口。20世纪70年代，夏鼐就注意到了东非出土的中国陶瓷。1994年，美国作家李露晔在《当中国称霸海上》说，有个黑人告诉她，自己是中国人的子孙，是数百年前在拉穆群岛沉没的一条中国商船幸存者的后裔。之后《纽约时报》记者纪思道采访了当地的"中国人"后裔，并推测这些自称有中国血统的人，很可能是郑和部下的后裔。这个猜想不仅在国际上引起了广泛关注，而且很快引起了中国国内的关注。为此《人民日报》驻南非记者前往拉穆群岛，调查了传说中郑和船队的水手们上岸的地方。此地为上加村，公元8世纪至14世纪中后期是这一带的商贸中心，后因战乱频繁和淡水缺乏逐渐荒废[75]。

由于我国社会的高度关注，2005年国家文物局派人前往肯尼亚，考察拉穆岛的古代遗址[76]。经过5年的调查和水下考古培训，2010年，中国国家博物馆、北京大学考古文博学院和肯尼亚国家博物馆签订协议，决定在肯尼亚开展考古工作，为期三年，商务部将其作为重要援外项目，出资2000万元经费予以支持。2010 年11月至2011年1月，联合考古队调查了拉穆群岛、马林迪海域的水下遗存，共发现了6 处水下文化遗存线索、3 处滨海散落遗存[77]。2013年11月至2014年1月，他们发掘了马林迪奥美尼角（Ngomeni Ras）的沉船遗址，完成了遗址东北部A区船体以上堆积，发现了较为清晰的船体结构以及象牙、铜锭、铜范、水银、硫化汞、绿釉陶器、有孔石器等重要遗物。经考证，此沉船为公元16—17世纪的葡萄牙船[78]。

肯尼亚曾出土约250万年前的人类化石，是"现代人"的起源地之一。2017年，河南省文物考古研究院、山东大学和肯尼亚国家博物馆组成了联合考古队，到裂谷省的吉门基石遗址（Kimengich Site）工作。经过三天的调查，考古队在这里发现了三层堆积。上层为细石器堆积，中层为旧石器时代中期文化，而底层则发现了距今约200万年的早期石制品，发掘者推测是肯尼亚境内最早的人类文化遗存[79]。

3. 洪都拉斯

中美洲的玛雅文明与我国早期文明之间的联系，已经为不少学者所认识。只是相隔太平洋，以前没有条件前往实地考察，遑论田野发掘了。2014年，中国社会科学院考古研究所与洪都拉斯人类学与历史研究所签订了合作协议，启动科潘遗址发掘、研究和保护项目。科潘为玛雅文明一个城邦的都城，其遗址包括神庙宫殿区和贵族居住区两大部分。1885年，美国学者就开始开展考古工作，已经发现了仪式广场、金字塔、球场、王宫和贵族居住区等重要遗迹，出土了大量的雕刻、艺术品和文字。2015年，科潘项目列入中国社会科学院创新工程重大课题，中国和洪都拉斯联合考古队选择贵族居住区作为工作对象，开始了科潘遗址的发掘[80]。为此项目，哈佛燕京学社资助开办了中美洲考古培训班，为东亚培养中美洲考古人才[81]。

四、经验和问题

回顾我国的国际考古合作史，可以看到一个迅猛发展的过程。1998年只有柬埔寨，到了2005年增加到了3项（柬埔寨、蒙古、越南），2015年增加到了19家考古机构（含研究所和大学），到13个国家开展合作考古工作。据我们所知，中国社会科学院考古研究所正在酝酿在埃及的发掘项目[82]，河北师范大学和南京大学正在酝酿在巴基斯坦的发掘项目。除了蒙古、柬埔寨和肯尼亚的发掘项目为商务部支持以外，其他均为各机构自筹经费。这说明我国迅速增长的经济实力为我国考古机构提供了经费支撑。这些项目中，除了周边国家的一些项目，其他项目与我国的学术问题都没有直接联系，这说明我国的考古机构已经有意识参与国际学术问题，走进国际学术舞台。

在西方国家考古经费日渐拮据、国际考古项目日渐萎缩的背景下，中国文物考古机构的加入无疑为外国考古注入了新的活力。蒙古、柬埔寨、印度、乌兹别克斯坦、伊朗、洪都拉斯是过去一百多年来西方国家和俄罗斯考古学家活跃的地方，中国考古队为它们增添了新力量。我国考古队不仅带去了资金和人力，而且带去了新方法和新技术。尽管我国考古学起步晚，但是我国考古学家在复杂的土遗址中摸爬滚打，练就了高超的钻探和发掘技术。20世纪90年代以来，通过与西方合作，向西方学习了全新的田野调查、测绘和记录手段。在此基础上，2009年国家文物局颁布了新版《田野考古规程》，系统吸取了世界考古强国美国、英国和日本的理念和技术，整合成了一套新的田野考古规程，并向全国推广，迅速提升了我国考古学家的工作水平[83]。现在走出去考古的各个机构都按照先调查测绘，然后有计划地进行发掘和多学科研究，同时实施文物保护的工作步骤来开展工作。一些考古队将我国特有的洛阳铲和钻探技术带到了乌兹别克斯坦和伊朗，解决了一些重要问题。中国社会科学院考古研究所用洛阳铲找到了明铁佩城址的外城，而南京大学也用洛阳铲探明了纳德利土丘的边缘、深度和外围的文化层。

当然，在国际考古迅猛发展的今天，我们需要时刻反省。我国考古机构走出去不久，存在一些短板不足为奇，但是有几个是急需解决的问题。

第一个问题是人才。一些学者已经敏锐地意识到，我国目前还缺乏懂外语和学习外国考古的人才[84]。从现有的情况来看，我国考古机构目前大多满足于发表发掘资料，并且大多用中文发表在国内期刊或发掘报告上，很少用外文发在国际出版物上。在国际视野中利用这些考古资料，用外文写成论文在国际出版物上发表的更少。其根本原因就是我国缺乏外国考古人才。而我国高校的现行培养模式已经严重落伍，无法满足培养外国考古人才的需要。原因有二：一是我国高校还没有外国考古专业，缺乏系统的外国考古课程，学生无法了解外国考古；二是搞外国考古需要研读外文考古文献，学习外语。除了英语和日语这两门常用外语，搞外国考古还需要德语、法语、俄语、波斯语、西班牙语、乌兹别克语等。但是目前我国高校对于考古专业学生，本科生一般只要求他们达到英语四级或六级；对研究生我国高校迄今还没有要求学习第二外语，无法阅读用其他语言发表的文献。要改变这种现状，我国高校恐怕需要建立外国考古专业，专门培养外国考古人才。

第二个问题是经费。在一个国家的合作考古工作需要几十年的持续耕耘，才能达到取得成果，培养人才，滋润友谊的目的。现阶段只有内蒙古文物考古研究所在蒙古国的考古项目、中国文化遗产研究院在柬埔寨的考古和保护项目和国家博物馆在肯尼亚的水下考古项目作为商务部的援外项目得到了持续而充裕的经费支持。但是商务部资助的只能是援外项目，项目由所在国提出援助申请，周期漫长而口径狭窄，无法满足我国迅猛发展的外国考古项目。国家文物局虽然经费充裕，但是只能用于国内项目。现在也拿出了一些外事经费，解决了一些机构的燃眉之急，但也不是长久之计。目前大部分从事外国考古的机构带着科研目的，意图长期工作，但主要依靠自筹经费，难以为继。早年一些机构在俄罗斯、越南的合作项目运行仅一年就流产，恐怕与经费问题不无关系。一些学者为此提出了设立稳定的学术经费用于支持外国考古，有意向的机构可以申请立项，立项后要至少支持5年，可以对每年的工作进行考核，考核合格后可以继续资助[85]。这样的建议是非常合理的。

五、结　　语

考古学在20世纪20年代进入中国，很快就中国化，成为探讨中国文明起源的工具。1949年以后，中国文明起源问题仍然是我国考古学的核心问题，但是我国考古学家一方面向苏联学习，另一方面受到国际共产主义运动的驱使，关心亚非拉国家的考古工作。80年代以后，我国与西方关系缓和，但是我国考古学家集中精力解决我国各个区域的文化序列和文明起源问题。90年代以后，日本和西方国家考古学家来到我国，开展合作考古，带来了新的理念和方法。这些新理念和方法在2009年经过整理和补充，形成了2009年版《田野考古规程》。这个规程经过国家文物局的强力推行，大大提高了我国考古学家的水平。到世纪之交，我国经济腾飞，我国考古机构开始走出国门，带着研究经费和工作能力到周边国家开展合作考古工作。2012年，我国政府推行"一带一路"的倡议后，外国考古项目就像星星之火，迅速蔓延开来。

这种迅速发展的外国考古项目，一方面展现了我国考古界的实力，另一方面也暴露了一些问题。几十年来，我国考古学家已经练就了高超的田野工作技术，而2009年版《田野考古规程》的推行，确实提高了我国考古学家的理念和资料采集能力。我国考古学家开始在外国考古项目中注入调查、发掘和保护并举的理念，同时带去卓越的田野工作经验和钻探技术。但是，与日本和西方国家相比，我国考古学家刚刚走出去，存在一些突出的问题。一是缺乏外国考古人才，目前我国考古学家大多只能用中文发表发掘资料，还没有能力在国际视野下利用这些资料，用外文写成论文发表在国际期刊上。目前，我国大学的考古学科仍然只有中国考古专业，因此急需建立外国考古专业。二是外国考古项目需要长期稳定的经费来源，可以让考古学家长期从事外国考古研究，但是我国还没有这样的经费来源。现在的项目经费，大部分来自各个单位，但是这种来源不稳定，无法保障外国考古项目的长期运行。为此我们建议设立外国考古基金，为外国考古的发展提供稳定的经费支持。

注　释

[1] 袁靖：《境外考古热中的冷思考》，《光明日报》2017年4月11日。

[2] 杨阳：《中国社会科学院成立外国考古研究中心》，《中国社会科学报》2017年5月12日。

[3] Liangren Zhang, "Soviet Inspiration in Chinese Archaeology." *Antiquity*, 2011 (85) 1049-1059.

[4] 文献颇多，这里仅举3例。

　　a. A. Л. 蒙盖特：《苏联考古学》，中国科学院考古研究所译，内部发行，1963年。

　　b. T. C. 帕谢克：《特黎波里居址的田野考查方法》，《考古通讯》1956年第3期。

　　c. 佚名：《苏联"考古学通论"教学大纲》，《考古通讯》1955年第1期。

[5] 文献颇多，这里仅举3例。

　　a. M. E. 马松、B. M. 马松：《中亚金石并用时代及青铜时代的考古文化》，《考古通讯》1960年第3期。

　　b. M. Л. 格里亚兹诺夫、O. И. 达维母、K. M. 斯卡郎：《阿尔泰巴泽雷克的五座古冢》，《考古》1961年第7期。

　　c. 苏联大使馆新闻处供稿：《渤海王国的遗迹》，《考古》1960年第1期。

[6] 为了在考古学上批判苏修，吉林大学曾经组织翻译并批判一批苏联学者的论文，此举2例。

　　a. 林沄、杨建华：《舒藩河上出土的金代上享宜春县镜——兼驳苏修考古学家的谬论》，《吉林大学学报（社会科学版）》1979年第1期。

　　b. 杨建芳：《"仰韶文化西来说"旧调的重弹——评瓦西里耶夫的两篇文章》，《四川大学学报（哲学社会科学版）》1977年第1期。

[7] 林沄：《我的学术道路》，见《我的学术思想》，吉林大学出版社，1996年。

[8] 宿白：《朝鲜安岳所发现的冬寿墓》，《文物参考资料》1952年第1期。

[9] H. 赛尔奥德扎布：《蒙古人民共和国的考古遗存简述》，《考古》1963年第3期。

[10] 夏鼐：《柬埔寨著名的历史遗产——吴哥古迹》，《考古》1972年第3期。

[11] 夏鼐：《中巴友谊的历史》，《考古》1965年第7期。

[12] 印度大使馆新闻处：《印度河流域古文化的新发现》，《考古》1959年第3期。

[13] 安志敏：《阿尔巴尼亚考古新发现及其发现》，《考古》1963年第4期。

[14] 卢米尔·伊斯耳博士：《捷克斯洛伐克考古学概况》，《考古通讯》1958年第2期。

[15] 家皓译：《罗马尼亚人民共和国最近的考古工作》，《考古通讯》1958年第6期。

[16] 穆斯塔法·埃尔·埃米尔：《近年来的埃及发掘》，《考古通讯》1957年第2期。

[17] 中国科学院考古研究所资料室：《秘鲁古代文化》，《考古》1972年第4期。

[18] 王仲殊：《墨西哥古代文化简述》，《考古》1973年第4期。

[19] 王伯洪、王仲殊：《苏联考古工作访问记》，《考古》1959年第2期、1959年第4期、1959年第5期、1959年第9期。

[20] 夏鼐：《近年中国出土的萨珊朝文物》，《考古》1978年第2期。

[21] a. 夏鼐、王仲殊：《阿尔巴尼亚访问记》，《考古》1973年第5期。

　　b. 石兴邦：《欧洲旧石器文化略说》，《考古通讯》1958年第3期。

[22] D. P. 基米特洛夫：《保加利亚的旧石器、新石器、金石并用和青铜时代》，《考古》1959年第9期。

[23] 余明谦：《越南古迹记游》，《文物》1959年第2期。

[24] 考古研究所翻译组编译：《希腊弗吉纳发现马其顿大墓》，《考古》1978年第3期。

[25] 安志敏：《南澳大利亚的石器》，《考古》1974年第6期。

[26] 黄培熙节译：《英国圣奥尔班发现古罗马时代文物》，《考古通讯》1957年第5期。

[27] 邹志学节译：《美国早期石器时代文化考古简讯》，《考古通讯》1957年第5期。

[28] 杉原庄介：《日本农业文化的生成》，《考古通讯》1957年第5期。

[29] 1985年发表了三篇介绍外国考古的文章。
  a. 蔡凤书：《日本考古的历史与现状》，《文史哲》1985年第5期。
  b. 张光直：《当前美国和英国考古概况》，《考古与文物》1985年第3期。
  c. B. A. 切尔金，C. 克伦、J. C. 列别杰夫：《苏联考古学的成就和问题》，《史前研究》1985年第4期。后来期刊上就少见这类文章了。

[30] 孙秉根：《关于联合考古发掘队的一些情况》，见《东北边疆研究专刊·调研报告》2003年第1期。

[31] 夏鼐：《夏鼐日记》第九卷第96页，华东师范大学出版社，2009年。

[32] 侯卫东：《商丘区域考古研究书评》，《华夏考古》2016年第4期。

[33] 吴小红、张弛、保罗·格德伯格、大卫·科恩等：《江西仙人洞遗址两万年前陶器的年代研究》，《南方文物》2012年第3期。

[34] 吴小红、伊丽莎贝塔·博阿雷托、袁家荣等：《湖南道县玉蟾岩遗址早期陶器及其地层堆积的^{14}C年代研究》，《南方文物》2012年第3期。

[35] 中美两城地区联合考古队：《山东日照市两城镇遗址1998—2001年发掘简报》，《考古》2004年第9期。

[36] 唐际根、荆志淳、徐广德、瑞普·拉普：《洹河流域区域考古研究初步报告》，《考古》1998年第10期。

[37] 塔拉、郭治中、朱延平、滕铭予：《内蒙古赤峰地区区域性考古调查阶段性报告（1999—2001）》，《边疆考古研究》第1辑，科学出版社，2002年。

[38] 李水城：《近年来中国盐业考古领域的新进展》，《盐业史研究》2003年第1期。

[39] a. 张玉忠：《"新疆克里雅河流域考古考察学术讨论会暨文物展示会"在法国巴黎举行》，《考古》2001年第5期。
  b. 王瑟：《揭开圆沙古城的神秘面纱》，《光明日报》2007年3月29日。

[40] a. 杨宝成、杜德兰：《南阳附近的龚营遗址的发掘：方法和结果》，《考古发掘与历史复原》，中华书局，2006年。
  b. Alain Thote and Karine Michel, Une coopération franco-chinoise: les fouilles du site de Gongying, *Archéopages*, Hors-série 2 (2010), 79-84.

[41] 于志勇：《1995年尼雅考古的新发现》，《西域研究》1996年第1期。

[42] 新疆文物考古研究所：《新疆丹丹乌里克遗址新发现的佛寺壁画》，《边疆考古研究》第7辑，科学出版社，2008年。

[43] 刘泉龙、梁娟：《中日考古新发现》，《宁夏画报》1996年第5期。

[44] 本刊记者：《中国社会科学院考古研究所与日本奈良国立文化财研究所联合举行中日合作发掘西汉长安城遗址新闻发布会》，《考古》1998年第5期。

[45] 王辉、赵雪野、李永宁等：《2003年甘肃武威磨咀子墓地发掘简报》，《考古与文物》2012年第5期。

[46] 袁靖：《境外考古热中的冷思考》，《光明日报》2017年4月11日。

[47] 侯芝：《2017年柬埔寨洞里萨特医院遗址考古发掘纪实》，《中国文物报》2017年12月1日。

[48] 中山大学社会学与人类学学院谭玉华网页：http://ssa.sysu.edu.cn/teacher/2508。

[49] 黑龙江省文物考古研究所：《中俄专家首次联合探寻黑龙江流域文明起源》，新华网2002年6月4日。

[50] 中国社会科学院考古研究所赴俄罗斯考古考察发掘团：《俄罗斯滨海地区2002年考古考察纪要》，《考古》2005年第8期。

[51] 冯恩学、阿尔金：《俄罗斯特罗伊茨基墓地2004年发掘的收获》，《边疆考古研究》第5辑，科学出版社，2006年。

[52] 吉林省文物考古研究所、俄罗斯科学院远东分院远东历史考古民族研究所：《2011年俄罗斯滨海边疆区克拉斯基诺城址考古勘探报告》，《北方文物》2016年第2期。

[53] 南京大学历史学院、俄罗斯阿尔泰国立大学历史系联合考古队：《俄罗斯蛇山市卡勒望湖Ⅰ号遗址的发掘》，

《考古》2017年第9期。

[54] 水涛：《行走在中亚细亚草原上》，《中国文物报》2016年10月21日。

[55] 周倩嘉、李灿、张良仁：《阿尔泰考古实习助力南大本科生生"顶峰体验"》，南京大学新闻网，2017年7月31日。

[56] 陈永志、宋国栋、萨仁毕力格、程鹏飞：《中蒙考古合作十周年回顾与展望》，《草原文物》2015年第2期。

[57] 苏瑜、秦华：《河南首支境外考古队赴蒙古国发掘匈奴贵族墓地》，《郑州日报》2017年7月21日。

[58] 郑永振：《最近朝鲜境内的高句丽、渤海遗迹调查发掘成果》，《通化师范学院学报（人文社会科学）》2017年第4期。

[59] 郑永振：《朝鲜境内历史遗迹调查报告》，延边大学社会科学处网，2016年11月17日。

[60] 中国文物研究所、中国社会科学院考古研究所：《吴哥遗迹周萨神庙考古报告》，《考古学报》2003年第3期。

[61] 中国文化遗产研究院:《柬埔寨吴哥古迹茶胶寺周边遗址考古调查简报》，《考古》2017年第9期。

[62] 毛鹏飞：《中国援柬吴哥王宫遗址修复项目将探索吴哥文保新模式》，新华网，2018年6月6日。

[63] 雷雨：《从考古发现看四川与越南古代文化交流》，《四川文物》2006年第6期。

[64] 高大伦：《走出国门第一铲——记十年前的越南考古》，《光明日报》2016年6月10日。

[65] 佚名：《2015年度老挝考古调查勘探工作取得初步成果》，《东南亚考古研究》2016年1月13日更新。

[66] 莫林恒：《孟加拉国毗诃罗普尔佛教遗址发掘记》，《大众考古》2016年第3期。

[67] 宫古：《2017年印度奎隆港口遗址考古工作正式启动》，《中国文物报》2017年1月6日。

[68] 中国社会科学院考古研究所、乌兹别克斯坦科学院考古研究所联合考古队：《乌兹别克斯坦安集延州明铁佩城址考古勘探与发掘》，《考古》2017年第9期。

[69] 刘涛、朱岩石、艾力江、何岁利：《乌兹别克斯坦明铁佩古城遗址发掘取得突破性收获》，《中国文物报》2017年1月13日。

[70] 西北大学丝绸之路文化遗产保护与考古学研究中心、中国国家博物馆和陕西省考古研究院：《塔吉克斯坦、乌兹别克斯坦考古调查——前贵霜时代至后贵霜时代》，《文物》2015年第6期；《塔吉克斯坦、乌兹别克斯坦考古调查——铜石并用时代至希腊化时代》，《文物》2014年7期。

[71] 西北大学丝绸之路文物保护与考古学研究中心等：《2014年乌兹别克斯坦撒马尔罕盆地南缘考古调查简报》，《西部考古》第八辑，科学出版社，2015年。

[72] 西北大学丝绸之路文化遗产与考古学研究中心、乌兹别克斯坦共和国科学院考古研究所：《2015年度撒马尔罕萨扎干遗址发掘报告》，《西部考古》第十二辑，科学出版社，2016年。

[73] 陕西省考古研究院：《哈萨克斯坦伊塞克考古调查工作取得阶段性成果》，《中国文物报》2017年11月3日。

[74] 张良仁、水涛：《中伊合作考古，续写丝路故事》，《光明日报》2017年2月28日。

[75] 李新烽:《这里原是"中国村"》，《人民日报》2005年6月17日。

[76] 王庆环：《北京大学肯尼亚陆上考古记》，《光明日报》2016年8月18日。

[77] a. 钟天阳：《在肯尼亚追寻郑和遗迹》，《第一财经日报》2010年3月4日。

b. 中国国家博物馆水下考古研究中心、肯尼亚国立博物馆沿海考古部：《2010年度中肯合作肯尼亚沿海水下考古调查主要收获》，《中国国家博物馆馆刊》2012年第8期。

[78] 中国国家博物馆水下考古研究中心、肯尼亚国家博物馆滨海考古部：《肯尼亚马林迪奥美尼角沉船遗址2013年度水下考古发掘简报》，《中国国家博物馆馆刊》2014年第9期。

[79] 侯彦峰、赵清坡：《肯尼亚吉门基石遗址考古初战告捷》，《中国文物报》2017年10月10日。

[80] a. 中国社会科学院考古研究所科潘工作队：《洪都拉斯科潘遗址8N-11号贵族居址北侧晚期建筑》，《考古》2017年第9期。

b. 李新伟：走近玛雅：《科潘的发现和思考》，《中国社会科学报》2017年3月17日。

[81] 张春海：《中洪科潘遗址考古发掘"首战告捷"》，《中国社会科学报》2015年10月9日。

[82] 屈婷、龙瑶：《中国考古队将从孟图神庙"走进埃及"》，新华社北京1月7日电。

[83] Liangren Zhang New developments in Chinese archaeology, *Antiquity* 88 (2014): The Project Gallery.

[84] 袁靖：《境外考古热中的冷思考》，《光明日报》2017年4月11日。

[85] 王巍：《建议从两方面着手统筹设计"中国考古走出去"》，中国社会科学网，2017年3月11日。

孟凡人先生论著目录

一、专著和论文集目录

1. 《北庭史地研究》，新疆人民出版社，1985年。

2. 《新疆古代雕塑辑佚》（图录），新疆人民出版社，1987年。

3. 《中国古瓷在非洲的发现》（与马文宽合著），紫禁城出版社，1987年。

4. 《楼兰新史》，光明日报出版社，1990年。

5. 《北庭高昌回鹘佛寺遗址》（发掘报告与孙秉根、陈戈合著，孟凡人主笔），辽宁美术出版社，1991年。

6. 《北庭高昌回鹘佛寺壁画》（图录，论文孟凡人撰写），辽宁美术出版社，1990年。

7. 《高昌壁画辑佚》（图录），新疆人民出版社，1995年。

8. 《楼兰鄯善简牍年代学研究》，新疆人民出版社，1995年。

9. 《丝绸之路史话》，中国大百科全书出版社，2000年；中国大百科全书出版社，2003年再版；社会科学文献出版社，2011年再版。

10. 《新疆考古与史地论集》，科学出版社，2000年。

11. 《明代宫廷建筑史》，紫禁城出版社，2010年。

12. 《新疆考古论集》，兰州大学出版社，2010年。

13. 《明朝都城》，南京出版社，2013年。

14. 《尼雅遗址与于阗史研究》，商务印书馆，2017年。

15. 《北庭和高昌研究》，商务印书馆，2019年。

16. 《楼兰新史与楼兰汉文简牍合校》（《楼兰新史》增补版），商务印书馆，定于2020年出版。

17. 《宋代至清代都城形制布局研究》，中国社会科学出版社，2019年。

18. 《宋代至清代帝陵形制布局研究》，中国社会科学出版社，拟于2020年出版。

19. 孟凡人主编主笔《中国考古学·宋辽金元明卷》，中国社会科学出版社，待出版。

20. 《蒙古国和元朝的都城》，待出版。

二、新疆考古与史地等论著篇目

（一）北庭研究篇目

1. 北庭地区史研究

（1）《论乌孙西迁前的活动地域》，收入《北庭和高昌研究》。

（2）《车师后部史中若干问题的探讨》，《文史》第十六辑。

（3）《车师后部史研究》，收入《北庭史地研究》。

（4）《两汉和魏晋时期车师后部史研究——兼论两汉魏晋时期在东天山北麓地区的建置和统治概况》，收入《北庭和高昌研究》。

（5）《略论山北六国与车师六国》，收入《北庭史地研究》。

（6）《略论两汉魏晋时期山北六国与车师六国》，收入《北庭和高昌研究》。

（7）《唐北庭都护府建置沿革》，收入《北庭史地研究》及《北庭和高昌研究》。

（8）《唐庭州北庭历任刺史都护节度使编年》，收入《北庭史地研究》及《北庭和高昌研究》。

（9）《论唐朝征讨阿史那贺鲁之役》，收入《北庭史地研究》及《北庭和高昌研究》。

（10）《唐代回鹘控制北庭的过程》，《新疆社会科学》1983年第3期；收入《北庭史地研究》及《北庭和高昌研究》。

（11）《唐代北庭大事记》，收入《北庭史地研究》及《北庭和高昌研究》。

（12）《〈后汉书·班勇传〉补注和跋》，收入《北庭史地研究》及《北庭和高昌研究》。

（13）《〈旧唐书·阿史那社尔传〉注释》，收入《北庭史地研究》及《北庭和高昌研究》。

（14）《阿史那献辑传注释》，收入《北庭史地研究》及《北庭和高昌研究》。

（15）《〈旧唐书·郭虔瓘传〉注释》，收入《北庭史地研究》及《北庭和高昌研究》。

2. 北庭地区古代名城方位考

（1）《略论可汗浮图城》，《新疆大学学报》1985年第1期。

（2）《可汗浮图城略考》，收入《北庭史地研究》。

（3）《论别失八里》，收入《北庭史地研究》。

（4）《论别失八里——兼论北庭故城遗址的形制布局》，收入《北庭和高昌研究》。

（5）《唐轮台方位考》，收入《北庭史地研究》及《北庭和高昌研究》。

（6）《乌孙的活动地域和赤谷城的方位》，《甘肃师大学报》（社会科学版），1978年第1期。

（7）《乌孙西迁后的活动地域和赤谷城的方位》，收入《北庭和高昌研究》。

（8）《弓月城和阿力麻里城方位考》，《中国史研究》1979年第4期；收入《北庭和高昌研究》。

3. 唐代北庭与外界交通线研究

（1）《唐北庭城与外界的交通》，收入《北庭史地研究》。

（2）《唐代北庭地区交通线研究》，收入《北庭和高昌研究》。

4. 北庭高昌回鹘佛寺遗址研究

（1）《北庭高昌回鹘佛寺遗址的时代》，据《北庭高昌回鹘佛寺遗址》结语改写，收入《北庭和高昌研究》。

（2）《北庭高昌回鹘佛寺遗址的初步研究》，收入《新疆考古与史地论集》。

（3）《北庭高昌回鹘佛寺遗址壁画》，据《北庭高昌回鹘佛寺壁画》论文增补，收入《北庭和高昌研究》。

（4）《北庭高昌回鹘佛寺遗址形制溯源》，收入《北庭和高昌研究》。

5. "北庭学"与北庭故城保护规划问题

（1）《"北庭学"初议纲要》，收入《北庭和高昌研究》。

（2）《考古调查发掘、研究是制定北庭故城保护、展示、利用规划的基础》，收入《北庭和高昌研究》。

（二）高昌研究篇目

1. 《新疆柏孜克里克石窟寺流失域外壁画述略》，《考古与文物》1981年第4期。其增补版收入《新疆考古论集》及《北庭和高昌研究》。

2. 《略论高昌回鹘的佛教》，《新疆社会科学》1982年第1期；收入《北庭和高昌研究》。

3. 《吐鲁番出土的伏羲女娲图》，见《吐鲁番古墓葬出土艺术品》（新疆美术摄影出版社，1992年）；收入《新疆考古与史地论集》及《北庭和高昌研究》。

4. 《吐鲁番出土的木俑和泥俑》，见《吐鲁番古墓葬出土艺术品》（新疆美术摄影出版社，1992年）；收入《新疆考古与史地论集》及《北庭和高昌研究》。

5. 《吐鲁番十六国时期的墓葬壁画和纸画略说》，见《吐鲁番古墓葬出土艺术品》（新疆美术摄影出版社，1992年）；收入《新疆考古与史地论集》及《北庭和高昌研究》。

6. 《高昌故城遗址》，见《中国大百科全书·考古卷》，中国大百科全书出版社，1986年。

7. 《高昌故城形制初探》，《中亚学刊》第5辑（新疆人民出版社，2000年）；收入《新疆考古论集》。

8. 《高昌故城形制布局研究》，收入《北庭和高昌研究》。

9. 《交河故城形制布局特点研究》，《考古学报》2001年第4期；收入《新疆考古论集》及《北庭和高昌研究》。

10. 《唐代西州交通线研究》，收入《丝绸之路史话》及《北庭和高昌研究》。

11. 《高昌的地理、历史和文化》，《天山古道东西风——新疆丝绸之路文物特辑》，中国社会科学出版社，2002年。

12. 《吐鲁番考古学和"吐鲁番学"及其关系略说》，见《吐鲁番学研究——第二届吐鲁番学国际学术研讨会论文集》，上海辞书出版社，2006年；收入《新疆考古论集》及《北庭和高昌研究》。

13. 《高昌壁画述略》，收入《高昌壁画辑佚》。

（三）楼兰与鄯善都城方位研究篇目

1. 楼兰地区古遗址

（1）《罗布泊魏晋遗迹与文书》，见《中国大百科全书·考古学》，中国大百科全书出版社，1986年。

（2）《罗布淖尔土垠遗址试析》，《考古学报》1990年第2期；收入《新疆考古论集》。

2. 楼兰汉文简牍研究

（1）《楼兰简牍的年代》，《新疆文物》1986年第1期。

（2）《李柏文书出土于L.K遗址说质疑》，《考古与文物》1983年第3期。

（3）《论李柏文书的年代和出土地点》，《中国历史博物馆馆刊》1989年总第13、14期。

（4）《李柏文书与前凉楼兰史的探寻》，收入《新疆考古论集》。

（5）《楼兰古城所出汉文简牍的年代》，收入《新疆考古与史地论集》。

（6）《楼兰尼雅简牍的发现与研究——楼兰尼雅简牍发现百年历程回顾》，收入《新疆考古论集》。

3. 楼兰屯田研究

（1）《魏晋楼兰屯田概况》，《农业考古》1985年第1期。

（2）《伊循屯田与伊循城的方位》，收入《新疆考古论集》。

4. 楼兰古城的性质与楼兰·鄯善国都方位研究

（1）《楼兰古城的性质》，见《中国考古学研究——夏鼐先生考古五十年纪念论文集》第二集，科学出版社，1989年。

（2）《楼兰故城的性质》，收入《新疆考古论集》。

（3）《黄沙漫漫 古城寂寂——楼兰城废弃之谜》，《科学中国人》2002年第5期。

（4）《楼兰简牍与西域长史机构职官系统的复原》，见《庆祝苏秉琦考古五十五年论文集》，文物出版社，1989年；收入《新疆考古论集》。

（5）《论鄯善国都的方位》，见《亚洲文明》第二集，安徽教育出版社，1992年；收入《新疆考古与史地论集》。

5. 论楼兰考古学

（1）《楼兰考古学的重要性与开展楼兰考古的紧迫性、艰巨性、复杂性和科学性》，《新疆文物》2003年第2期。

（2）《论楼兰考古学》《缤纷楼兰》，新疆大学出版社，2004年；收入《新疆考古论集》。

（四）专著《楼兰新史与楼兰汉文简牍合校》研究篇目（《楼兰新史》增补版）

《楼兰新史》研究

《楼兰汉文简牍合校》篇目

（五）尼雅遗址与精绝、鄯善凯度多州研究篇目

1. 《尼雅遗址概述》，收入《尼雅遗址与于阗史研究》。

2. 《尼雅遗址考古学术课题构成略说》，1997年日本京都佛教大学"中日尼雅遗迹学术研究国际研讨会"演讲稿；收入《新疆考古与史地论集》及《尼雅遗址与于阗史研究》，略作修改。

3. 《尼雅佉卢文简牍的年代与鄯善王统》，见《楼兰鄯善简牍年代学研究》下篇《鄯善于阗佉卢文简牍年代学研究》第二章；收入《新疆考古与史地论集》及《尼雅遗址与于阗史研究》。

4. 《尼雅佉卢文简牍所记人物组合与纪年构成略析》，收入《尼雅遗址与于阗史研究》。

5. 《尼雅59MNM001号墓的时代与新疆佉卢文资料年代的上限》，《楼兰鄯善简牍年代学研究》下篇《鄯善于阗佉卢文简牍年代学研究》第八章；收入《新疆考古与史地论集》及《尼雅遗址与于阗史研究》。

6. 《佉卢文简牍记载的鄯善行政建置与职官系统》，收入《尼雅遗址与于阗史研究》。

7. 《佉卢文简牍所记"凯度多州"及"阿瓦纳"与尼雅遗址相关遗迹对应关系初探》，《中日共同尼雅遗迹学术调查报告书》第二卷，2000年；收入《新疆考古与史地论集》及《尼雅遗址与于阗史研究》。

8. 《尼雅N14遗迹的性质及相关问题》，收入《新疆考古与史地论集》。

9. 《精绝王治所方位与精绝故址范围探析——以尼雅N. XIV遗迹为中心展开探讨》，收入《尼雅遗址与于阗史研究》。

10. 《贵霜统治鄯善之说纯属虚构》，《西域研究》1991年第2期。

11. 《贵霜统治鄯善和于阗是虚构的假说》，见《楼兰鄯善简牍年代学研究》下篇《鄯善于阗佉卢文简牍年代学研究》第七章。

12. 《贵霜统治鄯善和于阗是依托佉卢文简牍臆想而虚构的假说》，收入《尼雅遗址与于阗史

研究》。

13. 《佉卢文简牍封泥无"鄯善郡尉"印文，西晋未设置鄯善郡》，收入《尼雅遗址与于阗史研究》。

14. 《Supiya人与婼羌的关系略说》，《新疆大学学报（哲学社会科学版）》1991年第3期。

15. 《苏毗与鄯善郡问题略说》，见《楼兰鄯善简牍年代学研究》下篇《鄯善于阗佉卢文简牍年代学研究》第五章。

16. 《佉卢文简牍所记Supiya人及其与婼羌的关系略说》，收入《尼雅遗址与于阗史研究》。

（六）于阗研究篇目

1. 《汉魏时期于阗王统考》，《西域研究》1993年第4期；收入《新疆考古与史地论集》。

2. 《汉至北魏时期于阗王统考》，收入《尼雅遗址与于阗史研究》。

3. 《隋唐时期于阗王统考》，《中国边疆史地研究》1994年第2期；收入《新疆考古与史地论集》及《尼雅遗址与于阗史研究》。

4. 《五代宋初于阗王统考》，《中国边疆史地研究》1992年第3期；收入《新疆考古与史地论集》及《尼雅遗址与于阗史研究》。

5. 《于阗国都城方位考》，《西域考察与研究》，新疆人民出版社，1994年；收入《新疆考古与史地论集》及《尼雅遗址与于阗史研究》。

6. 《唐代于阗境内外交通概述》，收入《尼雅遗址与于阗史研究》。

7. 《于阗汉佉二体钱的年代》，见《中国考古学论丛——中国社会科学院考古研究所建所40年纪年》，科学出版社，1993年；收入《新疆考古论集》及《尼雅遗址与于阗史研究》。

8. 《661号于阗佉卢文简牍与佉卢文〈法句经〉的年代》，见《楼兰鄯善简牍年代学研究》下篇《鄯善于阗佉卢文简牍年代学研究》第三章；收入《新疆考古论集》及《尼雅遗址与于阗史研究》。

9. 《敦煌〈粟特古书简〉第二号书信的年代及其与661号佉卢文简牍年代的关系》，见《楼兰鄯善简牍年代学研究》下篇《鄯善于阗佉卢文简牍年代学研究》第六章；收入《新疆考古论集》及《尼雅遗址与于阗史研究》。

（七）焉耆、龟兹研究篇目

1. 《尉犁城、焉耆都城及焉耆镇城的方位》，《中国边疆史地研究》1991年第1期；收入《新疆考古与史地论集》。

2. 《库车龟兹遗迹》，见《中国大百科全书·考古学》，中国大百科全书出版社，1986年。

3. 《库车的苏巴什佛寺遗址》，《中国边疆史地研究》1993年第1期。

三、丝绸之路、陶瓷之路（海上丝绸之路）及其交通线研究论著目录和篇目

1. 论文篇目

（1）《简论唐代"热海道"上的凌山与勃达岭》，《历史地理》第八辑，1990年；收入《新疆考古与史地论集》。

（2）《从历史和考古的角度确定丝路各路段的交通线》，《世界遗产》2015年第5期。

（3）《喀什在"一带一路"上区位优势独一无二，历史文化底蕴深厚，未来发展前途无量》，2015年在喀什噶尔学研究院成立大会学术研讨会讲演稿。

（4）《丝绸西传与丝绸之路》，收入《新疆考古与史地论集》。

（5）《丝路交通线概说》，收入《新疆考古与史地论集》。

2. 专著《丝绸之路史话》研究

3. 专著《中国古瓷在非洲的发现》研究

四、新疆考古综论篇目

1. 《新疆地区的汉魏遗迹》，见《新中国的考古发现和研究》，文物出版社，1984年。

2. 《关于新疆考古学今后发展问题的初步思考》，《考古》1997年第9期（与岳峰合著）。

3. 《新疆考古学百年回顾与展望》，1999年在新疆大学"新疆史学百年回顾与展望学术讨论会"演讲稿，收入《新疆考古与史地论集》。

4. 《斯坦因〈西域考古图记〉汉译本前言》，斯坦因著、巫新华等译：《西域考古图记》，广西师范大学出版社，1998年；收入《新疆考古与史地论集》。

5. 《斯坦因探险的性质与如何看待其著作问题》，斯坦因著、巫新华等译：《沙埋契丹废墟记》序言，《吐鲁番学研究》2002年第1期；收入《新疆考古论集》。

6. 《略谈新疆汉唐时期民族文化的共性和现实意义》，1999年昆明海峡两岸弘扬中华民族文化学术研讨会学术论文，收入《新疆考古与史地论集》。

7. 《新疆古代雕塑概述》，收入《新疆古代雕塑辑佚》。

8. 孟凡人整理，黄文弼著《新疆考古发掘报告（1957—1958）》，文物出版社，1983年。

五、都城和帝陵论著目录

（一）都城研究论文篇目

1. 《汉长安城形制布局中的几个问题》，《汉唐与边疆考古研究》第一辑，科学出版社，1994年。

2. 《北魏洛阳外郭城形制初探》，《中国历史博物馆馆刊》1982年第4期。

3. 《试论北魏洛阳城的形制与中亚古城形制的关系——兼谈丝路沿线城市的重要性》，见《汉唐与边疆考古研究》第一辑，科学出版社，1994年。

4. 《从北魏洛阳城到隋唐长安城》，1995年在日本橿原考古所学术报告。

5. 《北宋东京开封城的形制布局》，《故宫学刊》总第4辑，紫禁城出版社，2007年。

6. 《元大都的城建规划与元大都和明北京城的中轴线问题》，《故宫学刊》2006年总第3辑，紫禁城出版社，2007年。

7. 《从元大都到明清北京城》，见《千古探秘——考古与发现》，中华书局，2009年。

8. 《从元大都到明清北京城三城形制间的承袭与嬗变》，见《国博讲堂（2013—2014）》，上海古籍出版社，2016年。

9. 《元中都现阶段考古成果与元中都形制布局初探》，见《新世纪的中国考古学（续）——王仲殊先生九十华诞纪念论文集》，科学出版社，2015年。

10. 《明代中都的形制布局》（笔名：张义），见《明代文化研究·南京专辑》，中国文史出版社，2003年。

11. 《明代南京城的营建和形制布局研究》，见《明代文化研究·南京专辑》，中国文史出版社，2003年。

12. 《明北京皇城和紫禁城的形制布局》，《明史研究》，2003年。

13. 《中日古代都城的比较研究略说》，日本奈良国立文化财研究所1995年中日学术研讨会演讲稿。

（二）都城专著《明朝都城》研究

（三）都城专著《明代宫廷建筑史》研究

（四）都城重点学术课题研究专著

《宋代至清代都城形制布局研究》，体量超百万字，篇目过长，略。

（五）帝陵研究论文篇目

1.《北宋帝陵石像生研究》，《考古学报》2010年第3期。

2.《南宋帝陵攒宫的形制布局》，《故宫博物院院刊》2009年第6期。

3.《明孝陵陵园布局及其相关问题的探讨》，见《新世纪的中国考古学——王仲殊先生八十华诞纪念论文集》，科学出版社，2005年。

4.《明长陵陵园形制布局的主要特点和艺术特色》，见《明长陵营建600周年学术研讨会论文集》，社会科学文献出版社，2010年。

5.《明代藩王坟的形制布局》，《故宫学刊》总第5辑，紫禁城出版社，2009年。

6.《明清帝陵陵寝形制布局比较》，见《明清皇家陵寝保护与发展研讨会论文集》，北京燕山出版社，2007年。

7.《西夏陵陵园形制布局研究》，《故宫学刊》总第8辑，故宫出版社，2014年。

8.《西夏陵陵园形制布局溯源及陵园形制寓意探析》，见《交流与互动：民族考古与文物研究》，中央民族大学出版社，2013年。

（六）帝陵重点学术课题研究专著

《宋代至清代帝陵形制布局研究》，体量超百万字，篇目过长，略。

六、中国考古学重点学术课题研究专著

《中国考古学·宋辽金元明卷》，体量超百万字，篇目过长，略。

七、译文篇目

1.〔俄〕Б·А·李特文斯基著《1967—1977年苏联学者对古代中亚历史和文化史的研究》（原著俄文），《考古学参考资料（3—4）》，文物出版社，1980年。

2.〔日〕松田寿男、长泽和俊著《塔里木盆地诸国》（与耿世民合译），《考古学参考资料（3—4）》，文物出版社，1980年。

八、其他研究论文篇目

1.《论李岩》，《甘肃师大学报（社会科学版）》1977年第4期。

2.《试谈夏文化及其与商文化的关系》，《郑州大学学报（哲学社会科学版）》1979年第1期。

3.《试论河南龙山文化"王湾类型"》（与高天麟合著），《中原文物》1983年第2期。

4.《试以考古材料简论战国、西汉时期冶铁业的发展》（与张文彬合著），《郑州大学学报（哲学社会科学版）》1980年第1期。

5.《汉代农业、手工业的考古发现与研究》《新中国的考古发现和研究》，文物出版社，1984年。

6.《中国边疆考古学与世界考古学的关系初探》，见《21世纪中国考古学与世界考古学——纪念中国社会科学院考古研究所成立五十周年大会暨21世纪中国考古学与世界考古学国际学术研讨会论文集》，中国社会科学出版社，2002年；收入《新疆考古论集》。

7.《学风与治学之道》，《社会科学管理与评论》2001年第2期。

编　后　记

　　孟凡人先生八十华诞，从事考古六十余载，为先生编辑出版一部祝寿文集作为纪念，是我们弟子们的共同心愿。大家主动组稿，先生的故朋好友、同事同仁、晚辈后学，特别是中国社会科学院考古研究所汉唐研究室、边疆研究中心的各位同事，无不慷慨赐稿。正是有大家的全力支持，这部收录佳作40篇的文集才得以顺利完成，按期出版。在此向关心本文集和为文集提供帮助、赐稿的各位同仁、朋友表示诚挚的感谢。

　　值此文集出版之际，孟凡人先生特向为本文集撰稿的学者们表示衷心的感谢，向为本文集撰稿因篇幅所限而割爱的作者深表歉意，向首倡出版本文集的董新林先生和为此而奔走的诸位学生们致谢，向辛勤编辑文集的执行主编新华女士致谢，向资助文集出版的肖小勇先生致谢，向协助出版发行本文集的科学出版社的孙莉女士及编辑致谢。

编委会

2019年10月5日

www.sciencep.com

(K-3114.01)

ISBN 978-7-03-062528-1

定 价：268.00 元